天

Borderless

下

博稽古今　融汇天下

天
Borderless
下

博观

DE
L'ESPRIT
DES LOIS

论法的精神

[法]孟德斯鸠 著

钟书峰 译

法律出版社 LAW PRESS · CHINA

图书在版编目(CIP)数据

论法的精神 / (法) 孟德斯鸠著 ; 钟书峰译. ——北京 : 法律出版社, 2020 (2024.2重印)
ISBN 978-7-5197-4655-1

Ⅰ. ①论… Ⅱ. ①孟… ②钟… Ⅲ. ①政治学②国家和法的理论 Ⅳ. ①D0②D90

中国版本图书馆CIP数据核字(2020)第102546号

论法的精神
LUN FA DE JINGSHEN

作　　者: [法] 孟德斯鸠
译　　者: 钟书峰
责任编辑: 韩满春
装帧设计: 贾丹丹
出版发行: 法律出版社
编辑统筹: 学术・对外出版分社
责任校对: 王　丰　郭艳萍
责任印制: 陶　松
经　　销: 新华书店
开　　本: A5
印　　张: 25.5
字　　数: 570千
版　　本: 2020年7月第1版
印　　次: 2024年2月第3次印刷
印　　刷: 天津嘉恒印务有限公司
书　　号: ISBN 978-7-5197-4655-1
定　　价: 198.00元

销售电话: 010-83938349　客服电话: 010-83938350　咨询电话: 010-63939796
地　　址: 北京市丰台区莲花池西里7号(100073)
网　　址: www.lawpress.com.cn
投稿邮箱: info@lawpress.com.cn
举报盗版邮箱: jbwq@lawpress.com.cn
凡购买本社图书，如有印装错误，我社负责退换。电话: 010-83938349

作 者 简 介

孟德斯鸠 Baron de Montesquieu，1689~1755

法国伟大的启蒙思想家、法学家。孟德斯鸠不仅是 18 世纪法国启蒙时代的著名思想家，也是近代欧洲国家比较早的系统研究古代东方社会与法律文化的学者之一。他的著述虽然不多但影响广泛而深远，如《波斯人信札》《罗马盛衰原因论》等名著受到普遍欢迎，尤其是《论法的精神》这部集大成的著作，奠定了近代西方政治与法律理论发展的基础，也在很大程度上影响了欧洲人对东方政治与法律文化的看法。

译 者 简 介

钟书峰

法学博士,已出版翻译作品三百余万字,代表译著有卢梭《社会契约论》、孟德斯鸠《论法的精神》、托克维尔《旧制度与大革命》、泰戈尔《修行：生命的证悟》等经典作品以及美国《不动产》《美国财产法精解》等专业书籍，在法学核心期刊发表论译文若干。

高绍先序：重译《论法的精神》的价值与挑战

高绍先[1]

当严复为他的译稿《法意》画上最后一个句号而掩卷沉思时,或许并未想到在他殁后的一百年间还会有这么多的人钟情于这部法国人的法学巨作。

孟德斯鸠代表作《论法的精神》,耗费了他二十年心血,几乎占据了他生命的三分之一。如果除去孩童、青年时期,孟德斯鸠也可谓倾尽毕生精力了。

《论法的精神》被学者誉为自亚里士多德以来政治法律著述的第一书,对近代西方法律政治之影响至为深远。孟德斯鸠《论法的精神》和卢

---

[1] 高绍先,1935 年 10 月 10 日生于山西太原,西南政法大学教授、硕士生导师,曾任西南政法学院院长。著有《中国刑法史精要》等著作。

梭《社会契约论》堪称双星辉耀。如果说《社会契约论》重在民主政治的理念,则《论法的精神》除对许多法律理论有精辟论断外,其对政治制度的设计,则无人能及。他的“三权分立”理论几乎为西方所有重要国家所采纳,变成了数百年来的政治实践。虽然“三权分立”并不为我国现行体制所采用,但他的权力制衡与监督思想,对我们仍有重要的借鉴作用。《论法的精神》名言“一切拥有权力者,皆会滥权,皆会滥权至无以复加地步”“为防止滥权,就必须用权力制衡权力”,至今仍有振聋发聩的影响。

孟德斯鸠不但对西方资本主义国家影响至深,而且对我国近代思想也有重要启蒙作用。康有为、梁启超、孙中山等一批最早“睁眼看世界”的中国人,都深受孟氏影响。梁启超还写有《法理学大家孟德斯鸠之学说》的专论,文中称孟德斯鸠为“造势时之英雄”,对《论法的精神》一文推崇备至:“此书一出,全国之思想言论,为之丕变。直有河出伏流,一泻千里之势。”在政治实践中,孙中山五权宪法更直接源于孟氏三权分立的理论依据。

我不懂翻译,照理说是不应该来写这篇序言的,但我和译者有过三年师生之谊,学生既有所请,老师是不便拒绝的,只好“欣然命笔”。当译者告诉我《论法的精神》和《社会契约论》都将相继出版时,我确实感到震惊。这种震惊概括起来就是“两难感”。

一是有感于译者之难。译者是位检察官,而且是在经济发达、改革开放桥头堡的深圳,工作任务之繁重,更是可想而知。一般而言,从事法律实务的同志容易陷于具体事务,桌上堆的是案卷,心中想的是案情。即使有一点空闲时间,也比较零碎,况且还有家事需要料理,朋友需要应酬,很难有完整时间来考虑著书立说。而著书立说恰巧需要捉笔展卷、凝神静气、心无旁骛才行。译者能在繁忙紧张的检察官生活之余,修完博士学业,在短短几年内,翻译出近百万字的大部头著作《美国财产法精解》和卢梭《社会契约论》、孟德斯鸠《论法的精神》两部巨作。姑且不论翻译水平如何,就是要完成这近两百万字的翻译也是一个很大的工作量。译者名书峰。峰者,山之尖顶也。“书山有路勤为径”,爬山尚且以勤为路,登峰更不待言。我对他在求学时期感知最深的,也就是这个“勤”字。勤能补拙,书峰虽不算十分聪慧,但也绝不笨拙,于是勤就不但是一种补助作用,而且是一种支撑和促进作用。

二是有感于译著之难。翻译界有所谓“喜新厌旧”倾向。大家都喜欢翻译从来还未有过译本的著作,把最新信息介绍到中国来,抢得先机,拔得头筹。据说对于这种首译材料的争夺还十分紧张激烈,而对于已经问世多年的老版本,则钟情者不多。这也难怪,因为已有译本问世,自己又何必多此一举呢?特别是已有名家翻译在前的名著,敢于问津者更是寥寥。弄不好难免遭“狗尾续貂”之讥,“自讨苦吃”不说,而且还“吃力不讨好”。《论法的精神》即属于这样的书,作者是名人,作品是名著,问世以来译者无数,在中国不说译者成林,也是名家辈出,赫然站在历史云端的就是严复,以书峰这样的年轻人敢于问津这样的鸿篇巨著,没有超常的勤奋和勇气是不可想象的。

严复是近代翻译西方著述的大家,他自幼即饱受传统文化熏陶,后又赴英留学,于中英文均有很深造诣。说到他的翻译,就不能不提他的“信、达、雅”翻译三字经。严复在《天演论》“序言”中说“译事三难:信、达、雅。求其信已大难矣,顾信矣不达,虽译犹不译也,则达尚焉”。信,指忠于原文,不能随意增减,曲解杜撰。达,指通达,即用汉语把原文通顺流畅地表达出来,有人把翻译比作桥梁,由一国文字变成另一国文字,正像由此岸过渡到彼岸一个“达”字便点出了由此到彼的核心。说到雅,则要多费唇舌了。雅,本意为典雅,不仅要文理通顺流畅,还要文采斐然,而严复所谓的"雅"则需用汉以前的古文。所谓"译则信雅达,文必夏殷周"。所以他的《法意》译来古风盎然,甚至连音韵都要讲究。这在现在就未免太不合时宜了。因为现在古籍整理,所有的古代典籍都要译成现代文的,哪里还需要让外国文字又穿戴上古代衣冠呢?不过我们可以这样来理解严复的"雅":文字要优美。这对文学著作而言,更容易理解。如许多世界名著《巴黎圣母院》《悲惨世界》《双城记》等,文字之传神,使人读来,就好像作者是用汉语写作似的。对于政治法学译作,是否应当讲"雅",我认为还是不应忽视的,作为典范,以《共产党宣言》为例,其首句云:"一个幽灵,共产主义的幽灵,在欧洲游荡,为了对这个幽灵进行神圣的围剿,旧欧洲的一切势力,教皇和沙皇、梅特涅和基佐、法国的激进派和德国的警察都联合起来了。"可谓语出惊人,一下子就把读者吸引住了。再如对封建社会主义的批判:"贵族们把无产阶级的乞食袋当作旗帜来挥舞。但是每当人民跟着他们走的时候都发现他们的臀部带有旧的封建纹章,于是就哈哈大笑,一哄而散。"我想这就是文采。那种认为法学著作只能板着脸孔讲话,容不得幽默,不需要文采的观点,恐怕是一种误解。当然,我这样讲,也是坐而论道,隔靴搔痒。法学著作的翻译究竟是否要讲信、达、雅,如何才算信、达、雅,只有靠译界的名家、大腕们去研究了。

书峰能有机会翻译这两部巨作,凭借的是实力;能克服困难完成翻译,体现的是执着。我为有这样的学生感到高兴,所以唠唠叨叨地说了许多。至于这部译著水平到底如何,则只有就教于法学和译界方家了。

2012 年 12 月 15 日

于重庆西南政法大学

徐昕序：中国需要孟德斯鸠

徐昕[1]

孟德斯鸠《论法的精神》堪称不朽之经典。钟书峰先生重译该书，令人感佩。遥想当年，歌乐山下，烈士墓旁，西南政法，声名远扬，我与书峰，三年同窗，论法辩理，求学问道，铁西漫步，川外打望，嘉陵放歌，登山远眺……那时年少，学法只见法条，却难得要领，更未参透法的精神；那时青春，未曾想，今日一位工作繁忙的公务员，竟能静心研学问，重译这样一部充满挑战的经典著作。书峰兄嘱我作序，百般推却，但碍于西政同学之情，江西同乡之谊，请辞未成，说上几句。

最早的《论法的精神》中译本，系何礼之（日本人）、程炳熙、张相文合译的前四章《万法精

---

〔1〕 徐昕，北京理工大学法学院教授、博士生导师、司法研究所主任，知名律师，出版《论私力救济》《诗性正义》《无罪辩护：为自由和正义呐喊》等著作。

理》,1900年开始刊于中国学者在东京出版的《译书汇编》。第二个译本,系张相文节译的二十章《万法精理》,1903年上海文明书局出版。第三个译本,系严复节译的前二十九章《法意》,1913年商务印书馆出版。1961年,商务印书馆出版张雁深翻译的《论法的精神》全译本。主要囿于时代,包括严复和张雁深译本在内的前四个译本,均在翻译上存在不少问题。改革开放后,陆续有其他中译本问世,其中,2009年商务印书馆出版的许明龙翻译的《论法的精神》比较受关注。而将钟书峰译本与商务印书馆严复译本、张雁深译本和许明龙译本稍作对比,还是能看到钟书峰译本力图有所超越。这也是我愿意斗胆作序的原因之一。

孟德斯鸠,18世纪法国伟大的启蒙思想家、法学家,历任波尔多省法院法官、庭长以及法兰西学院院士、英国皇家学会会员、柏林科学院院士。他著述丰富,影响较大的有1721年《波斯人信札》、1734年《罗马盛衰原因论》和1748年《论法的精神》。《波斯人信札》显示了孟德斯鸠反封建统治、反教会迫害,争取平等、自由的思想。《罗马盛衰原因论》首次概述了他的政治法律理论。这些作品为撰写《论法的精神》做了铺垫。

《论法的精神》凝结了孟德斯鸠一生的心血,奠定了近代西方政治与法律理论发展的基础。这部集大成的著作,以法律为中心,遍涉社会、经济、政治、宗教、历史、地理等领域,被誉为"亚里士多德以后第一本综合性的政治学著作;是到他的时代为止的最进步的政治理论书"。该书涉猎法学的方方面面,是法学史上为数不多的鸿篇巨制,是一部包罗万象的法学百科全书。透过法律和社会现象,孟德斯鸠超越法律规范本身,力图探寻和阐释法律的精神,即法律符合人类理性之规律。孟德斯鸠基于历史事实和世界各国的制度实践,力图从法律与其他事物的普遍联系,从社会、历史、文化以及人们生存环境中诸因素的相互联系和影响中把握法律的精神。他认为,法律与国家政体、自由、气候、土壤、民族精神、风俗习惯、贸易、货币、人口、宗教等皆有关联,法律与法律、法律渊源、立法目的以及作为法律建立基础的各种事物的秩序也有关系。例如,他认为气候对一个民族的性格、感情、道德、风俗等会产生巨大影响,土壤与居民性格乃至政治制度有密切关联,国家疆域大小与政治制度联系密切。这些被称作"地理环境决定论"。

在《论法的精神》中,孟德斯鸠憧憬实行立宪、分权和法治的国家,并以英国为例提出君主立宪制的政治主张。在洛克分权思想的基础上,他第一次明确提出立法、行政、司法"三权分立"的学说。他认为,只有法律才能保障自由,而保障自由的基本手段即以权力制约权力,因此必须实行宪法框架下"三权分立"与制衡的宪政制度。《论法的精神》不仅为法国和其他国家的资产阶级革命提供了理论武器,也为资产阶级国家和法律制度的建立提供了思想资源和制度设计。

《论法的精神》是法律人必读之经典,但真正读完的人或许并不多,原因之一是译本可读性不足。期望钟书峰先生译本能在一定程度上促进法意传播,点滴推动中国法治进步。

草于 2012 年春节

改于 2019 年立夏

北京昆玉河畔

译者序：为何重译《论法的精神》

钟书峰

当年重译卢梭《社会契约论》时，就有人问，为何重译？我也一直苦苦追问自己：值不值得重译？有无必要重译？当时我给出了三个理由：第一，它是经典。第二，它对当代中国政治民主法治等方面的建设具有借鉴意义和现实意义。第三，已有译本存在不少改进空间。[1] 这同样可以回答人们可能提出的“为何重译《论法的精神》”之问。

一

沾沾自喜以为有点新感想的时候，翻开它，

---

〔1〕 参见钟书峰：《重译经典〈社会契约论〉的理由》，载[法]卢梭：《社会契约论》，法律出版社2012年版。

发现前人早有论述;遇到困惑久思不得其解的时候,翻开它,会有拨云见日豁然开朗的感觉。它,就是经典。

一本书,初版后即被当局列为禁书,不到两年印行22版,接着被翻译为多种外文;一本书,美国独立战争领袖们予以熟读,其治国理论尤其是分权理论被写入宪法;一本书,尽管其作者不受法国大革命领导人待见,但其内容却对法国大革命纲领性文件《人权宣言》具有潜在的巨大影响:该宣言不但宣布没有分权就没有宪法,而且把该书提出的人的自然权利即私有财产权宣布为"神圣的"。它,就是经典的《论法的精神》。

这本书,引进中国后,一再被重译;其宪治思想,先后对清朝、民国、新中国三个时期具有深刻影响。它,就是经典名著《论法的精神》。

若想领略亚里士多德以后的第一部涉猎哲学理论、政治理论、法律理论、经济理论等诸多领域的综合性社会科学著作,若想领略至孟德斯鸠时代为止最进步的政治法律著作,若想了解孟德斯鸠如何开风气之先批驳当时上帝创造人的神学迷信主义及其愚民政策,若想理解法与政体、地理、气候、人口、民族、历史、风俗、教育、内政、外交、战争、贸易、货币、税收、宗教等种种关系中的必然联系,即根本理性或者法的精神,就请阅读孟德斯鸠经典名著《论法的精神》。

二

1900年12月6日,有"留学生界杂志元祖"称号的清末留日学生创办的第一份法政月刊《译书汇编》,在日本东京出版。最早的

《论法的精神》中译本,系何礼之(日本人)、程炳熙、张相文以日译版为母本合译的前四章,名为《万法精理》,从 1900 年《译书汇编》第一期开始刊载。第二个译本,系张相文以日译版为母本节译的前二十章,也名为《万法精理》,1903 年上海文明书局出版。第三个译本,系严复很可能以托马斯·纽金特(Thomas Nugent)英译版为母本节译的前二十九章,名为《法意》,1913 年商务印书馆出版,下称"严译"。第四个译本,系张雁深以法国卡尔涅兄弟出版社 1949 年法文版为母本翻译的《论法的精神》全译本,1961 年商务印书馆出版,下称"张译"。第五个译本,系许明龙主要以法国伽利玛出版社 1995 年法文版为母本翻译的《论法的精神》全译本,2009 年 4 月商务印书馆出版,2010 年 6 月于北京第 2 次印刷,下称"许译"。

窃以为,上述五个译本,无论从所依据母本,还是从完译程度,抑或从译文准确程度来看,皆为后浪推前浪。不过,超越了前四个译本的许译,粗略来看,也存在如下一些值得商榷之处。

(一)同文不同译

1. 同一人名,不同译文。例 1:撰有《西班牙人内战史》《秘鲁通史》等著作的印加文学家、历史学家,许译有时译为"加尔希拉索",有时译为"加尔希拉梭",有时译为"加尔西拉索"。例 2:撰有《东哥特史》《远古史》等著作的古罗马政治家,许译有时译为"卡西奥多鲁斯",有时译为"卡西奥多卢斯",有时译为"卡西多鲁斯"。例 3:罗马皇帝狄奥多西一世、二世,许译有时译为"狄奥多西",有时译为"提奥多西",有时译为"提奥多西亚努斯"。例 4:撰有《李维〈罗马史〉补编》的古代学者,许译有时译为"佛兰舍缪斯",有时译为"佛兰舍谬斯",有时译为"弗赖因什谬斯"。例 5:墨洛温王朝国王克洛维第二子,在第十八章第二十七节前后紧连的两个脚注中,许译前注译为"克洛多米尔",后注译为"克罗多米尔"。

2. 同一地名,不同译文。例如:法国中部城市布尔日,时而译为“布尔日”,时而译为“布尔热”;法国古地名,墨洛温王朝时期的奥斯特拉西亚,时而译为“奥斯特拉西亚”,时而译为“奥斯特拉里亚”;法国古地名,墨洛温王朝时期的纽斯特里亚,时而译为“纽斯特里亚”,时而译为“纽斯特利亚”。

3. 同一书名,不同译文。例如:古罗马历史学家李维名著《罗马史》,许译先后译为《罗马编年史》《罗马古代史》《古代罗马史》《罗马史》等。古罗马拉丁语历史学家查士丁著作《世界通史》,许译先后译为《腓力史摘要》《世界史纲》《世界通史》等。古罗马著名法学家乌尔比安法学著作《摘要》,许译不但时而译为《摘录》时而译为《摘要》,而且在第二十三章第二十一节正文中译为《摘录》,在该节脚注中既有《摘要》又有《摘录》之译。

4. 同一法律,不同译文。例如:古罗马保民官欧皮乌斯倡议通过的防止妇女奢华之法,许译此处译为“欧皮阿法”,彼处译为“欧皮安法”。古罗马有关婚姻规定的同一部法律,许译此处译为“帕皮亚法”,彼处译为“巴比安法”。罗马皇帝小狄奥多西时期编纂的同一法典,此处译为“狄奥多西法典”,彼处译为“迪奥多西法典”;此处译为“提奥多西法典”,彼处译为“提奥多西亚努斯法典”。

5. 同一篇章,不同译文。例如:许译把第 104 页第七章第二节的前一脚注译为“……《世界文库》第三十六章……”,却把同一页同一章同一节指向同一著作同一篇章的另一脚注译为“……《世界文库》第三十六卷……”。

6. 同一段落,不同译文。《论法的精神》有三处引述塔西佗名著《日耳曼尼亚志》同一段落,许译有三个不同译文:在第十一章第六节脚注中,译为:“小事君主问,大事人人问;即使是人民有权决定的事,也要由君主通盘考虑。”在第十八章第三十节第二段正文中，又译为："小事由首领们讨论，大事由公民讨论；不过，民众所了解的事情也要向君主报告。"更令人匪夷所思的是，就是在这个第十八章第三十节第二段的脚注中，再次译为："大事问民众，小事问首领，不过，民众有权决定的事情，首先要由君主考虑。"拙译将其统译为："小事君主斟酌，大事国民审议，由国民审议之事也同时提交君主。"

（二）误译

1. 误译名著书名。例1：把《学说汇纂》误译为《法学阶梯》。例2：把《法学阶梯》误译为《学说汇纂》。例3：把亚里士多德的《政治学》误译为柏拉图的《理想国》。尤其值得注意的是，在第二十三章第十七节第四、六段正文中，原著已明示作者系亚里士多德，但是，在相应的三个脚注中，许译仍然把亚里士多德的《政治学》译为柏拉图的《理想国》。

2. 误译章节标题或者顺序。一是误译章节标题。第二十九章标题，许译系"制定法律的方式"。根据标题原文以及该章各节论述内容，应译为"立法研究"之类；第二十九章第十六节标题，许译系"制定法律时的注意事项"，应译为"撰写法律条文应注意的问题"之类；第三十一章第二节标题，许译系"民事管理有什么改革"，应译为"内政改革"之类。二是误译章节顺序。第二十三章第十二节第一段脚注原文"Au liv. XVI, chap. IV."，"本书第十四章第四节"的许译，应改为"本书第十六章第四节"；第二十一章第十六节第八段中的原文"chapitre VI"，许译"他们维持着我在本章第四节中……"，明显受张译"我们在前面第四节中……"的影响，应译为"……本章第六节……"；许译把色诺芬《希腊史》"第691、692页"误译为"第六百九十一至六百九十二章"。

3. 误译术语。例1：许译将第十二章第十八节倒数第二段的

“三巨头同盟”误译为“十人委员会”:原文是“三巨头同盟”;从上下文来看,也应译为“三巨头同盟”。例2:许译将第十七章第二节最后一段最后一句“这种现象也在美洲得到证实,两个专制帝国墨西哥和秘鲁都位于赤道附近,几乎所有自由的小国则过去和现在都靠近南极”中的“南极”,应为南北“两极”。拙译将其改正为:“美洲亦然:墨西哥与秘鲁这两个专制帝国,皆靠近赤道;几乎所有自由小国,无论今昔,皆靠近两极。”例3:许译将多处的“世俗法”误译为“民法”或者“公民法”,如第二十五章第五节第五段首句的“民法……”,第二十六章若干节标题的“公民法”及其相应正文的诸多“公民法”,均应改为“世俗法”之类译文。

4. 误译内容。例1:第十八章第二十二节第十七段,“父死而无子,法兰克法规定儿女不得继承萨利克土地,这份土地属于儿子们”中的“无子”与“儿女”,许译明显误译。若译为“父死遗有子女,《萨利克法》排斥女儿继承萨利克土地,而规定由儿子继承”之类译文,既符合原文,也合乎逻辑。例2:许译将第二十章第七节最后一段译为,“英国是世界上最善于借助宗教、贸易和自由炫耀自己的民族”,无论从原文还是上下文来看,均属误译。若译为“英国,乃世上最善于权衡宗教、贸易与自由三者关系之国”之类译文,才符合原意,才合乎上下文逻辑。例3:许译将第二十八章第七节第二段第三句译为“瓦姆巴在672年登上王位,从他的那部《瓦姆巴王的历史》获知……”,与原意不符、逻辑上不通,应改为“从672年登上王位的瓦姆巴传记,即可得知……”之类译文。

(三)疑欠准确与凝练

例1:第十一章第三节第二段,许译:“我们应该牢记,什么是不受约束,什么是自由。自由是做法律所许可的一切事情的权利;倘若一个公民可以做法律所禁止的事情,那就没有自由可言了,因为，其他人同样也有这个权力。”许先生曾作长文《译事历五载，甘苦告世人——写在新译〈论法的精神〉出版之际》，其中，围绕原文“liberté”与“indépendance”，详细探讨该如何翻译。窃以为，孟德斯鸠此处系定义自由，先从否定方面定义，后再从肯定方面定义。此外，许译随处可见的“……因为……”之类表述，在汉语中极其罕见，甚至属语病。因此，拙译改为：“应牢记：自由，不是无拘无束；自由，是做法律允许之事的权利。倘若可以做法律禁止之事，就不可能拥有自由，盖其他人也会享有这种权利。”

例2：第二十四章第二节第一段最后一句，“宗教纵然对于臣民们没有用处，对于君王们却不会没有好处，因为那些不怕人类法律的人只受一种约束，而这种约束就像是马嚼子，所以，以白沫清洗马嚼子不会没有好处”的许译结尾部分，令人费解。拙译改为“宗教，纵然于臣民没有用处，于君王却不会没有用处：对那些不惧怕人类法律者而言，宗教乃唯一约束，犹如马嚼子，能把口吐白沫、四处狂奔的烈马牢牢勒住”，并针对一般人没有什么概念的“马嚼子”加上脚注，以方便读者理解：“马嚼子，指连着缰绳、套在马嘴巴上的金属部分，借以控制马匹活动。一拉缰绳，马嚼子就被拉进马嘴巴里，如此可以控制马匹行进速度或者让马匹停步。”

例3：第十六章第八节最后一段正文，许译：“中国的一部古籍认为，一个男子在远离人群的房间里与女子独处而不对她施暴，这简直就是美德的奇迹。”该正文对应的脚注，许译：“在无人之处发现可以据为己有的财宝，在远离人群的房间里与女子独处，听到仇敌遇险求救的呼喊，这些都是极具考验力的试金石。”许译未注意到，“考验力”与“试金石”语义重复，应删除前者；更没有注意到，原文转述的系中国几个典故或者成语，翻译时完全可以而且应当把它们直接用上。因此，拙译改为：“中国有部经典认为：坐怀不乱，正人君子也。""能否拾金不昧、坐怀不乱、以德报怨,皆为绝佳试金石。"

此外,第二十章貌似突兀的"向缪斯祈求灵感"抒情散文与第二十三章第一节所引用的大段诗歌的理解与翻译,许译疑似存在一些问题,值得另行撰文探讨。

借此机会,特别说明以下几点:

1. 拙译依据的原文。拙译如许译一样以法国伽利玛出版社 1995 年法文版"DE L'ESPRIT DES LOIS"为母本,同时参考了以前述法文版为基础的如下网址"http://classiques.uqac.ca/classiques/montesquieu/de_esprit_des_lois/de_esprit_des_lois_tdm.html#Anchor-Seconde-7933"的网络法文版"DE L'ESPRIT DES LOIS"(登录下载文档时间:2010 年 12 月 2 日),以及张译所依据的法国卡尔涅兄弟出版社 1949 年法文版"DE L'ESPRIT DES LOIS"。在翻译中遇到难以理解的段落语句时,除参考许译、张译、严译外,还分别参考了托马斯·纽金特英译版和安妮·M. 科勒(Anne M. Cohler)、贝莎·C. 米勒(Basia C. Miller)、哈罗德·S. 斯通(Harold S. Stone)英译版"THE SPIRIT OF LAWS"。

2. 段落的技术处理。一是原文没有分段的,拙译予以分段。例如:"原著说明"部分原文只有三个自然段,拙译将其分为五个自然段。把原著第一自然段首句中的"为更好理解本书前四章,应注意"单独拎出,作为第一自然段内容。把原著第三自然段尾句"……为更准确表达我的思想,本版兹作以上说明,并以'政治美德'取代多数'美德'"单独拎出,作为第五自然段内容。二是原文分段的,拙译鉴于原著有时分段太随意并考虑相关性、文字多寡等因素,予以并段。限于篇幅,恕不再举例说明,请读者明鉴。

三

拙译定稿即将出版之际，特别感谢：

（一）许明龙、硕导高绍先与博导王家福三位老师

虽然前文对许译“吹毛求疵”，但是，窃以为，许译超越了此前所有译本。从我2010年着手翻译时收集的《论法的精神》中译本来看，没有译本可以超越许译。从2019年7月我向法律出版社交稿前夕已出版的中译本来看，也没有译本可以超越许译。1996年离休的许明龙老师，在2003年70多岁高龄时带病翻译《论法的精神》并发表了诸多这方面的论著，至出版时已是80岁高龄，令人无比敬佩。我博士时就读的学校，就是许老师任职的中国社会科学院研究生院。虽然求学时无缘得到许老师指点，但是，翻译《论法的精神》，就是接受许老师点拨的过程，就是向许老师学习的历程。拙译从许译得到诸多启发，甚至许多方面借鉴了许译。况且，没有许译指引，拙译不知要走多少弯路。诚挚感谢许老师！

在歌乐山求学时，硕导高绍先老师与师母给予无微不至的关怀。我们最喜欢到老师家品尝老师与师母精心准备的美味佳肴。快毕业时，老师与师母为我们的工作到处找人。毕业那年，祖父仙逝，得知消息的老师与师母，为我做了妥善安排，甚为感动。我考博士时，老师亲自到学校档案馆复印我的有关学业资料，亲自担任推荐人，并邀请知名学者担任另一推荐人。光明日报出版社出版拙译《论法的精神》（选译本）后，我斗胆请高老师为非常粗糙的当时尚未完稿的全译本作序，老师欣然应允，很快把序发来。谁知，

我拖拖拉拉，几乎快十年了，还没定稿。迟交作业，要向恩师与师母作出深刻检讨。

在2018年12月18日庆祝改革开放40周年大会上，党中央、国务院授予博导王家福老师“改革先锋”称号，表彰其作为“推动依法治国的理论创新者”的卓越贡献。记得博士入学时，平易近人的王老师就谆谆教导我们：法学研究与实践，要有家国情怀。恩师曾为第一部拙译美国《不动产》作序，我不满足，欲在《论法的精神》全译本定稿后，斗胆再请王老师作序。可是，没等到愚生定稿，王老师就于2019年7月13日仙逝。“家国情怀蕴法治睿智作先声雅范隽永，福泽学苑彰公理仁惠为师表卓品长存”。泪花纷飞，化成悲雨！王老师，愚生会谨记您的教诲！迟到的拙译，权且作为对恩师的纪念吧。

（二）梁永春与韩满春两位编辑老师

没有光明日报出版社梁永春老师，我就可能无缘翻译出版《论法的精神》。记得当年，是他从众多参与试译的译者中，选择了我，并于2012年4月在光明日报出版社出版了拙译《论法的精神》（选译本）。梁老师又安排我尝试翻译泰戈尔作品，2012年12月光明日报出版社出版拙译《萨达那：生命的证悟》。后来，他又向中国长安出版社成功推荐我翻译出版《旧制度与大革命》。衷心感谢梁老师的知遇之恩！

法律出版社韩满春老师，邀我重译卢梭《社会契约论》并任责任编辑，而后担任该书再版责任编辑，默默做了诸多出色的幕后工作。后又争取拙译托克维尔《旧制度与大革命》、泰戈尔《修行：生命的证悟》在法律出版社再版，并任责任编辑。感谢韩老师耐心等待，容许我前前后后拖了将近十年，才把《论法的精神》全译本交给他。没有他的耐心等待,没有他的不断催促,拙译全译本也许就无法问世。

（三）硕士同学徐昕教授

北京理工大学法学院博导徐昕教授,是我硕士同学。他,是一位被民诉法耽误的刑辩专家,是一位被法学教授耽误的洗刷冤案的知名律师。《论私力救济》《诗性正义》《无罪辩护:为自由和正义呐喊》等著作等身的他,忙得很,专门抽空为拙译作序,甚为感动!

（四）自己

孟德斯鸠在《论法的精神》“原著前言”中写道:在二十年写作历程中,他“多次提笔,又多次搁笔。曾无数次丢弃草稿让其随风飘去,曾每天都觉得执笔之手无力下垂”。这也是我近十年重译历程的写照。重译期间,因眼睛术后阅读写作极其不习惯,想过停笔;因惊闻青年翻译家孙仲旭,伏案工作,积劳成疾,英年早逝,想过搁笔;因肩颈僵硬,容易疲劳,想过弃笔。后来想想,有始无终,不应是我的风格。重新振作后,一边见缝插针搞翻译,一边挤时间锻炼身体,甚至练起瑜伽。但是,提笔又搁笔的状态,仍然反反复复。有时的翻译进度,不如减脂速度;有时的修改进度,不如增肌速度。唯一值得骄傲自豪的是,到如今终于要交稿了,肩颈灵活了一点点,胸肌有了一点点,腹肌有了一点点。

（五）读者

很不成熟的拙译《论法的精神》（选译本）出版后,不少读者的鼓励,是促使我完译《论法的精神》的动力之一。我深知,拙译甚是粗糙。有几次,我准备次日交稿,但晚上总是梦到诸多应改之处,惊醒后发现果然如此。甚至有一次,我交稿后酣然入梦,又梦到这也要修那也要改,晨起赶忙核对,确实如此,赶紧给责任编辑留言:容我再改后重新交稿。因此,衷心感谢读者诸君斧正拙译!

2019 年 7 月 23 日大暑

于南国鹏城

原著说明

为更好理解本书前四章,应注意:

首先,我所说“美德”,在共和政体,指爱祖国,即爱平等。它,非指伦理美德,非指基督教美德,而指政治美德。犹如荣誉乃推动君主政体原动力一样,美德乃推动共和政体原动力,故把爱祖国与爱平等称作“政治美德”。为表达一些新思想,我不得不寻找新词或者赋予旧词新义。在不明白上述情况者看来,我所论述的皆为令世界各国愤慨之谬论,盖任何国家与政体皆崇尚美德。

其次,“某种品德、纯洁心灵或者美德不是推动政体发展动力”与“这种政体根本不存在这种动力”,迥然有异。例如,不能从“这个齿轮或者传动装置并非这只钟表运转动力”论断中推出结论:该钟表根本没有这个齿轮或者传动装置。因此,认为君主政体排斥伦理美德、基督教美德甚至政治美德,显然与事实不符。总之,在共和政体，尽管政治美德是动力，但仍然存在荣誉；在君主政体，尽管荣誉是动力，但仍然存在政治美德。

再次，第三章第五节[1]所谈“善人”，非指基督教善人，而指政治善人，即我所说的具有政治美德之政治善人。其爱国家之法，而这种爱乃其行为动力。

为更准确表达我的思想，本版[2]兹作以上说明，并以“政治美德”取代多数“美德”。[3]

---

〔1〕 原文有误，应为“第三章第六节”。——译注

〔2〕 《论法的精神》出版后，有不少人非常愤怒，抨击孟德斯鸠不把美德视为君主政体原则，甚至指控其大逆不道。为回应抨击或者指控，孟德斯鸠补写此说明，首刊于1757年版，此时他已去世。——译注

〔3〕 但是，从正文来看，除极少之处以“政治美德”取代外，基本仍然沿用“美德”一词。——译注

原著前言

本书论述内容众多，若有什么违背初衷而冒犯谁，绝非居心不良。我天生不喜吹毛求疵。柏拉图感谢上苍，让其生在苏格拉底时代；我感谢上帝，让我生为我所在政体之臣民，让我服从它令我爱戴之人。

有个请求，却担心得不到读者支持：不要只浏览片刻，就对这部二十年心血之作妄下结论。请对全书而不是其中只言片语予以褒贬。欲探明作者意图，唯有从全书之中寻找。

我最先研究的是人，并得出如下结论：在千差万别的法律与习俗中，人并非只受奇思异想支配。

我探讨若干原则后发现：这些原则必会衍生诸多个例；各民族历史，皆为上述原则之体现；每一规则，皆与另一规则有关，或者说，皆取决于另一更具普适性的规则。

回溯古代历史时，我已竭尽全力把握其精神

实质,以免误将真正不同之物视为相同之物,或者误将表面相同之物视为实质不同之物。

上述原则,并非出于偏见而是通过考察事物本质而得出的。

唯有明白环环相扣的真理之链,才能让诸多真理大白于世。对个例研究越多,就越能洞察原则之确定性。当然,我并未逐一提及所有个例。谁会不厌其烦罗列所有个例?

读者无法在本书中读到当今作品所具有的生花妙笔。只要稍稍放宽视野,奇思异想般的生花妙笔就会不复存在。只集中精力注意问题的某方面而忽视其他方面,就往往会有生花妙笔。

本书无意指责任何国家已建立的任何制度。各国皆可以在本书中为其所遵循的原则找到依据,并自然而然地得出如下结论:唯有那些有幸天生就具有能力洞察国家整个政治制度者,才能提出政治制度的改革建议。

启迪民智并非无关紧要。官吏偏见始于民众偏见。在蒙昧时代,官吏即使犯下弥天大罪,也会毫无顾忌;在开明时代,官吏即使做了天大好事,也会诚惶诚恐。应洞悉旧时代弊端,应明白必须改革,也应了解改革本身也存在弊端。担心改革会带来更坏局面,就会任由旧制度继续存在;怀疑改革会带来更好局面,就会满足于旧制度。研究局部乃为对全局作出判断,研究种种原因乃为看清种种结果。

若我能提供全新理由,让每个人都热爱君主、祖国、法律和义务,让每个人都感觉在其国家与政体下生活更为幸福,我乃世上最幸福者。

若我能让治国者获得更多的其应获得的知识,让服从他们者在服从时找到新乐趣,我乃世上最幸福者。

若我能让人们抛弃偏见,我乃世上最幸福者。此处所说偏见,并非指人们不了解某物,而是指人们不了解自身。

唯有努力启发人的心智,才能将包括博爱在内的普世美德付诸实践。人乃能屈能伸之物,既能在社会中迎合他人思想和看法,也能在自身本性被揭示时认识自身,但是,倘若自身本性被遮掩,人也可能无法了解自身。

撰写本书,多次提笔,又多次搁笔。曾无数次丢弃草稿让其随风飘去,曾每天都觉得执笔之手无力下垂。虽然没有固定计划,但我一直追寻心中目标。我不懂得有什么条条框框,也不懂得有什么变通特例。我曾发现真理,却又弃之不顾。但是,在我揭示那些原则后,我所追寻的一切皆向我脑中涌来。在二十年写作历程中,我目睹此书萌芽、成长、成熟和完成。

若本书获得成功,主要应归功于宏大而严肃之主题。不过,我并不认为自己毫无才能。读到法国、英国和德国诸多伟人在我之前撰写的那些著述时,我敬仰不已,但我并未气馁,不妨借用勒科莱乔之语吧:“我,也是画家。”〔1〕

〔1〕 勒科莱乔(1499—1534),又译“柯雷乔”,本名“安东尼奥·阿莱格里”,意大利文艺复兴时代早期著名画家,代表作《圣母升天》。他在见到拉斐尔名作《圣赛希尔》时,萌发与之一决高下的雄心而有此言。——译注

目录

第一编

第二编

第三编

第五编

第六编

第一编

第一章　法之概论

第一节　法与万物

最广义之法，指源于物之本质的必然联系。万物皆有法：神有其法[1]，[2]物质世界有其法，超人智能有其法，兽有其法，人有其法。

有人断言，世上目睹的一切，皆由盲目命运决定。此说极其荒谬，盖除盲目命运创造智能物之妄言外，岂有更荒谬的？

可见，存在根本理性。法，乃此理性与万物之关系以及万物彼此之关系。

上帝，作为造物主与护物主，与宇宙存在关系。他创造万物所循之法，乃其护佑万物所循之法。他遵循那些法则，盖其了解它们；他了解那

---

〔1〕　普鲁塔克曰："法，人神主宰。"参见普鲁塔克：《君主务必博学》。——原注

〔2〕　普鲁塔克（约46—126），罗马帝国时代希腊传记作家、哲学家、历史学家，代表作《希腊罗马名人传》。——译注

些法则，盖它们系其制定；他制定那些法则，盖它们关乎其才智和权力。

我们已注意到，这个并非智能之世界，因物质运动而形成，历经漫长岁月而仍然存在，其运动必有恒定之法。臆造另一世界，也必有不变之法，否则，必然毁灭。

因此，看似随心所欲的创世行为，必蕴涵与无神论者命运之法一样的恒定之法。没有那些法则，造物主也可以统治这个世界之说，是荒谬的，盖没有它们，这个世界就不可能存在。

那些法则，乃恒定不变之关系。物体运动，依质量与速度之关系而产生、加速、减速或者停止；异乃同，变乃不变。

智能物，必有自定之法，也有非自定之法。智能物在出现前，就有出现可能，故有潜在关系及法则。换言之，在立法前，就可能存在公正关系。断言除实定法[1]要求或者禁止之行为外，无公不公正之说，与断言圆未画好前，所有半径皆不相等之说，并无二致。

因此，必须承认：先有公正，后有公正之实定法。循此推论：存在人类社会，遵守人类之法乃天经地义；某一智能物接受另一智能物恩惠，前者应感恩后者；某一智能物创造另一智能物，后者应保持依附前者状态；某一智能物伤害另一智能物，前者遭后者报复乃罪有应得。如此等等，不一而足。

---

〔1〕 又译“实在法”“人为法”“人定法”等，也有人译为“成文法”。除“成文法”之译值得商榷外，其余译文一般而言均可取，甚至译为“自定法”之类也并无不可。采“实定法”之译，未采观其文知其意的“人为法”“人定法”或者“自定法”等，主要基于行文更为合理的考虑。例如，下文“动物藉肉欲诱惑，传承个体与物种……其无实定法，盖其非藉认知而联系”，若改为“动物藉肉欲诱惑，传承个体与物种……其无人定法，盖其非藉认知而联系”，就会造成如下误解：若动物是通过认识而联系，就会拥有人为其制定的法律。而实际上，作者这段话的意思是：若动物通过认识而联系，就会拥有其自己制定的法律。又如，译为“自定法”也不够合理，因为会造成被统治者也有权立法的误解。——译注

智能世界之治理，远远不如井井有条物质世界之治理。智能世界，尽管也有其法，即本质上恒定之法，但不可能像物质世界般不折不扣遵循其法。究其原因：一方面是某些智能物囿于本性而易犯错误，另一方面是某些智能物本性要求自由自在。所以，智能物并非始终遵循原始之法，甚至还不时违犯自定之法。

无法确定动物是否受普遍或者特殊运动之法支配。无论如何，其与上帝之关系，也不可能比其与物质世界其他物之关系更密切。情感，于其而言，只是在彼此之间或者其与其他物之间才有用处。

动物藉肉欲诱惑，传承个体与物种。其有自然法，盖其藉情感而结合；其无实定法，盖其非藉认知而联系。其非始终遵循自然法，倒是既无认知也无情感之植物，能更好遵循自然法。

动物无人有之优势，却有人无之优势。其无人之希望，也无人之恐惧；其像人会死亡，却不知死为何物；甚至大多数动物比人更懂自我保护，而且不那么放纵情感。

人，作为自然物，与其他物一样，受恒定之法支配；作为智能物，不断违背上帝所定之法并改变自定之法。人，作为自治之物，乃有局限之物，与一切有局限智能物一样，必出现无知与犯错情形，甚至会丧失仅有的粗浅知识；作为感性之物，必受各种情感欲念驱使。如此之物，随时可能将造物主抛诸脑后，故上帝以宗教法提醒其履行义务；随时可能将自身抛诸脑后，故哲学家以道德法警示其究竟是谁；彼此结合而生活于社会，却可能将同类抛诸脑后，故立法者以政治法与市民法[1]促使其恪尽义务。

---

[1] 市民法，又译“公民法”，发端于古罗马，后演变为刑法、民法、商法等诸部门法。——译注

第二节　自然法

自然法,先于前述法而存在。之所以称为自然法,盖其力量完全源于我们的身体和生存环境。欲全面了解自然法,就必须考察社会建立前之人类,盖其时人类接受的乃自然法。

自然法给我们灌输造物主观念,引导我们归顺造物主。若论先后,这并非第一位自然法,却是第一重要自然法。处于自然状态之人类,在获得知识前,应具有认知能力。很显然,人类最初不会有思辨观念,首先想到的乃生存问题,而后才会追问来自何处。如此之人的最初感觉,乃自身弱小无能,甚至害怕恐惧至极。如需要例证,乃可看看在森林中发现的野人行为[1]:它们遇到树叶摆动都会颤抖,目睹影子都会逃跑。

在此状态,每个人都不会有与他人平等之感,而都会自认低人一等,故不会存在互相攻击之危险,和平应是第一自然法。

霍布斯[2]认为人类原始欲望乃互相征服,此观点毫无根据。控制与支配他人之想法,极其复杂,从属于诸多观念,绝不可能是人类最先产生之认识。

霍布斯问:"人类若不是天生就处于战争状态,为何全副武装?为何关门上锁?"[3]很显然,霍氏把只能在人类社会建立后发生之事,强加给之前的人类身上。人类社会建立后,人类才产生敌对攻

---

〔1〕 在汉诺威丛林发现而在乔治一世统治时期送至英国的野人,乃例证。——原注

〔2〕 托马斯·霍布斯(1588—1679),英国政治家、哲学家,著有《论公民》《利维坦》等。——译注

〔3〕 参见托马斯·霍布斯:《论公民》。——译注

击与自我防卫之动机。

人类先是自感弱小,随即发现有饥饿感,故另一自然法促使其觅食果腹。

前已论及,害怕会让人逃避,可是,害怕是相互的,这一特点不久就会推动人们互相交往。此外,某一动物亲近另一同类动物所体验的那种愉悦感,也会很快促使人们予以模仿而交往。再者,两性差异产生的吸引力,也会增强这种愉悦感,故人类自然而然地互往互爱,形成第三自然法。

人,除具有与动物一样共有之感觉或者本能外,还具有获得知识之能力,由此而产生动物不具有的第二种联系,即人类具有相互结合之新动机,第四自然法乃源于在社会中生活的这种愿望。

第三节 实定法

人类一旦进入社会状态,就不再有弱小之感,平等不复存在,战争状态开启。

每个社会都自感实力强大,国与国乃处于战争状态;如每个社会一样,每个人都自感武力高强,都竭力将社会主要资源据为己有,人与人乃处于战争状态。

上述两种不同战争状态,催生人类之法。作为必然含有不同之国的如此之大的星球居民,人类拥有国家相交之法,此乃万民法[1];作为必须予以正常维护之社会成员,人类拥有统治者与被

[1] 有的译为"国际法",系误会其内涵外延而不妥,何况表示调整国家关系之"国际法"概念,系边沁于1789年在其《道德与立法原则》著作中率先使用后才被普遍接受的。有的译为"国际公法",但彼时并无"国际公法"与"国际私法"之分。——译注

统治者相关之法,此乃政治法;作为彼此相联之人,人类还拥有一种法,此乃市民法。

万民法自然奠基于如下原则:和平时期,各国应竭力互求福祉;战争时期,在无损切身利益下,各国应尽力减少伤害。

战争目的乃胜利,胜利目的乃征服,征服目的乃保全自己。万民法一切规则,均源于这一原则和前一原则。

一切国家均有万民法,甚至吞食战俘的易洛魁人[1]也不例外,盖因其会派遣与接受使节,熟悉战争与和平时期之权利,但其万民法之坏,并非奠基于上述真正原则之故。

除与一切社会有关之万民法外,每个社会皆有政治法。不存在无政府社会,正如格拉维纳[2]之精辟论述:"种种个体力量之结合,组成我们所称之政治体。"

政府也许由某个人或者某些人执掌。有人认为,既然大自然已创立父权,那么由某个人掌权,乃最符合自然之政府。但是,父权之例不能说明任何问题,盖倘若父权与个人掌权之政府有着密切联系,则父亲去世后兄弟们拥有之权力以及兄弟们去世后嫡堂表兄弟拥有之权力,就与许多人掌权之政府有关。因此,最符合自然之政府,必定包括数人掌权之政府。

比较而言,如下说法更合理:最符合自然之政府,乃与政府设立时所服务的人民意向与性情最为一致之政府。

没有一切意志融合,就没有个体力量结合,诚如格拉维纳另一精辟论述:"那些意志之融合,构成我们所说之公民国。"

总之,法乃人类理性,规范着地球上一切居民行为。各国政治

---

〔1〕 易洛魁人,系北美洲印第安人部落之一。——译注

〔2〕 格拉维纳(1664—1718),又译"格雷维纳",意大利著名法学家、诗人,著有《民法起源与演进》。——译注

法与市民法,只不过是人类理性所适用之具体情形而已。

法为特定人民量身定制,理应十分适合该国民众。倘若某国之法适合另一国,纯属巧合。

法,应与各政体性质及其原则吻合。无论是组成政府之法如政治法,还是维护政府之法如市民法,均应如此。

法,应与各国气候、土壤以及地理位置、疆域大小吻合;应与各国民众主要职业,诸如农夫、猎人或者牧民等各种职业吻合;应与其基本政治制度所能承受之自由度吻合;应与居民宗教、喜好、富裕程度以及人口数量、贸易状况、风俗习惯吻合。最后,法与法之间也应吻合,正如法也与其起源、立法意图以及法律赖以建立的各种秩序吻合一样。总之,法应考虑上述方方面面关系。

这,就是下文将要阐述的。我将一一考察上述关系,正是它们构成我所说的"法的精神"。

我并未将政治法和市民法截然分开,盖我探讨的,不是法,而是法的精神。这种精神蕴涵于法与调整对象之间可能存在的种种关系中,所以,我将尽量遵循这些关系与调整对象之自然顺序,而会较少考虑法之自然顺序。

首先探讨的,是法与各种政体性质及其原则之关系。鉴于原则对法具有巨大影响,我将潜心研究,完全透彻地把它弄明白。原则问题一旦理清,就会看到,法将从其源头喷涌而出。随后继续探讨的,是其他更为具体的关系。

第二章　直接源于政体性质之法

第一节　三种政体性质

政体有三:共和、君主和专制。顾名思义,稍受教育者也能明白其性质。此乃意味有三个定义,毋宁说,有三种事实:共和者,乃全民或者全民中部分人拥有最高权力之政体;君主者,乃单独一人按照既有而确定之法实施统治之政体;专制者,乃单独一人随心所欲摆布一切之政体。

此乃我所言的各种政体性质。下面研究与政体性质直接相关之法,即最根本的制度。

第二节　共和政体以及民主政体性质之法

全民拥有最高权力之共和政体,乃民主政体;把最高权力托付给某部分人之共和政体,乃贵族政体。

民主政体下的人民,在某些方面乃主权者,在某些方面乃臣民。

民主政体行使主权唯有通过选票,选票乃主权者意志,主权者意志乃主权者本身。因此,规定选举权之法,至关重要。在共和政体,规定如何投票、由谁投票、投票给谁、就何事投票之重要性,不亚于在君主政体中知道君主是谁、君主应按照何种方式统治之重要性。

里巴尼乌斯[1]记载:雅典处死混入人民大会之异邦人,盖其篡夺了主权者之权。[2]

确定参加公共大会的人数极为重要,否则,无法确定投票的是全体还是部分人。在斯巴达,参加公共大会的人数为一万。[3] 但是,上天安排从最弱小走向最辉煌之罗马,命中注定经历种种坎坷波折之罗马,时而把所有居民置于墙外、时而把整个意大利以及大部分世界皆置于墙内之罗马,从未明确规定公共大会人数。[4] 窃以为,此乃罗马衰亡重要原因之一。

掌握最高权力之人民,能力范围之事,应亲自处理;超出能力范围之事,应由大臣处理。

人民无权任命大臣,就不能真正认为拥有其大臣。因此,人民有权任命其大臣即官员,乃该政体基本原则。

人民像君主一样需要甚至比其更需要,宫廷内阁或者元老院之指导。但是,人民应有权选任其成员,否则,很难产生信任:或如雅典,由人民直接选举;或如罗马有时采取的,由人民委派的官员选举。

人民极其适合挑选受托行使部分权力之人,只要根据其不可

---

〔1〕 里巴尼乌斯(约 314—393),古希腊演说家。——译注

〔2〕 参见里巴尼乌斯:《演说集》第十七、十八章。——原注

〔3〕 同上。——原注

〔4〕 参见孟德斯鸠:《罗马盛衰原因论》第九章。——原注

能不知道的情况以及显而易见的事实,就可作出决定。人民知道某个人身经百战、屡建战功,因此,能够选出将军;人民知道某位法官兢兢业业、人们普遍满意而且从未有人指控其受贿,因此,足以胜任挑选司法长官工作;人民对某位公民的非凡气度或者富裕印象深刻,因此,完全符合选举市政长官资格。人民在公共场合比君主在宫殿能更好了解上述事实。但是,人民能否胜任处理错综复杂事务,能否捕捉时机和把握关键时刻?不能,这超出其能力范围。

倘若怀疑人民识别他人长处之能力,只要看看雅典人和罗马人作出的一系列令人赞叹的选择,就会明白,那些选择绝非巧合。

我们知道,罗马人民尽管取得选拔平民担任公职之权力,却从未下定决心行使这种权力;尽管在雅典,根据阿里斯提德[1]之法,可以从任何阶层居民中选拔官员,但是,据色诺芬[2]记载,从未有普通民众请求担任事关雅典安危荣辱之职位。[3]

大多数公民虽胜任选举,但不胜任被选;人民尽管具有要求他人报告其治理状况之能力,但不具有亲自治理之能力。

处理公共事务讲究节奏,太快太慢皆不可。但是,人民的行动,不是太松懈,就是太猛烈。有时候,拥有千千万万双手的他们,可以摧毁眼前的一切;有时候,拥有千千万万双脚的他们,却像昆虫一样爬行。

民主政体居民分为若干等级。正是这种等级划分,凸显了伟大立法者的杰出才华;正是依靠这种等级划分,民主才得以持续

---

〔1〕 阿里斯提德(约公元前530—前468),又译“阿里斯底德”,雅典政治家、军事家。——译注

〔2〕 色诺芬(公元前427?—前355),雅典军事家、文史学家,苏格拉底弟子,著有《长征记》《希腊史》等。——译注

〔3〕 参见色诺芬:《希腊史》,韦什里乌斯1596年版,第691、692页。——原注

发展。

塞尔维乌斯·图里乌斯[1]在划分居民等级时，遵循贵族政体精神。从李维[2]与哈里卡纳斯的狄奥尼修斯[3]著述可知，他把选举权交给显要公民[4]。[5] 他把罗马人民分为193个百人团，百人团分为六个等级：人数较少的富人划归头几个等级的百人团，人数较多的不富不穷之人划归其后几个等级的百人团，人数众多的穷人划归最末等的百人团。每个百人团只有一票投票权[6]，所以，决定选举结果的，不是人数，而是财富。

梭伦[7]遵循民主政体精神，将雅典人民分为四个等级，目的不是确定谁可以选举而是确定谁有资格当选。因此，他规定每个公民都享有选举权，四个等级中任何人都有资格当选法官，但是，行政官员只能从由富人构成的前三个等级中选出。

谁拥有选举权，乃共和政体一项基本法；行使选举权方式，乃其另一基本法。

抽签选举乃民主政体性质，遴选选举乃贵族政体性质。

抽签选举，不会让任何人感到委屈，而会让人人都充满报国希

---

〔1〕 塞尔维乌斯·图里乌斯，传说中的罗马“王政时代”第六王（约公元前578—前534在位），其改革促使古罗马由氏族制向国家过渡。——译注

〔2〕 狄特-李维（公元前59—公元17），又译“提图斯-李维”，古罗马历史学家、文学家，著有《罗马史》即《罗马建城以来的历史》。——译注

〔3〕 哈里卡纳斯的狄奥尼修斯（公元前60—约前7），古希腊历史学家、修辞学家，著有《罗马古代史》《论修昔底德》《论摹仿》《论词的搭配》等。——译注

〔4〕 参见李维：《罗马史》第一章。——原注

〔5〕 参见哈里卡纳斯的狄奥尼修斯：《罗马古代史》第四章第十五节及以下各节。——原注

〔6〕 塞尔维乌斯·图里乌斯改革精神，如何在共和国保存，参见孟德斯鸠：《罗马盛衰原因论》第九章。——原注

〔7〕 梭伦（约公元前638—前559），古代希腊雅典城邦政治家、立法者、诗人，公元前594年任雅典城邦首席执政官后，制定法律，进行改革，奠定雅典民主制基础，有“民主先锋”之誉。——译注

望从而可以激励每个公民。

但是，它本身存在缺陷，所以，最杰出立法者都不遗余力对其作出修改和完善。

梭伦在雅典立法规定，军事官员应实行遴选选举，而元老和法官应实行抽签选举。

他还规定，需要自掏腰包履职之文职官员遴选选举，其余抽签选举。

为完善抽签选举，他又规定：唯有自荐才可当选；当选者应接受法官审查[1]，[2]而且每个人都有权质疑当选者不胜任。[3] 因此，它兼具抽签选举和遴选选举特点。当选者任期届满，必须就其表现再次接受审查。完全不胜任者必定极其羞于再次自荐参与抽签选举。

规定投票方式之法，也乃民主政体基本法。选举是公开还是秘密进行，很重要。西塞罗[4]认为，罗马共和国后期规定秘密选举之法[5]，乃其衰落主因之一。[6] 在这方面，不同共和政体有不同做法，兹提出浅见。

毫无疑问，人民投票应公开进行[7]，而且应视为民主政体基本法。下层人民应受上层人民指引，并受杰出人物庄重言行的约

---

〔1〕 参见德摩斯梯尼演说《论伪使节》以及反驳迪马尔库斯的演说。——原注

〔2〕 德摩斯梯尼（约公元前384—前322），雅典政治家、雄辩家。——译注

〔3〕 每人可抽两签，第一签抽出的为当选者，另一签抽出的为候补者；前者被否决，后者递补。——原注

〔4〕 西塞罗（公元前106—前43），全名“马库斯·图留斯·西塞罗”，古罗马政治家、演说家、雄辩家、法学家和哲学家，公元前63年当选执政官，代表作《论法律》《论共和国》。——译注

〔5〕 称作“表格法”。每个公民领到两张表格，第一张标有A字，表示“我反对”；第二张标有U和R，表示“我同意”。——原注

〔6〕 参见西塞罗：《论法律》第一、八章。——原注

〔7〕 雅典举手表决。——原注

束。因此,罗马共和国规定秘密投票后,一切均遭破坏,不再可能指引滑向毁灭的普罗大众。但是,贵族政体贵族集团投票时[1],或者民主政体元老院投票时[2],唯一要做的乃预防阴谋诡计,故选举越秘密越好。

在元老院搞阴谋诡计很危险,在贵族集团亦然,但在感情用事的人民中并非如此。在人民无权参政之国,常常看到,人民为国事所表现的狂热,犹如为演员表演所表现的狂热一样。共和国之不幸,在于不再有阴谋诡计。人民被贿赂时,就会出现如此情形。此时,人民对国事漠不关心,贪婪成为普遍欲望;人民不再关心政府及其一切,一心想着被收买。

唯有人民有权立法,这也是民主政体基本法。但在诸多时候,元老院必须有权发布政令,而且在正式确定前可以试行。罗马和雅典体制就很出色。元老院政令,有效期仅为一年[3],未获人民同意不具长期法律效力。

第三节　贵族政体性质之法

贵族政体最高权力,由一定数量之人执掌。他们拥有立法权、行政权,与其余人之关系,犹如君主政体中君主与臣民之关系。

贵族政体不采抽签选举,盖只会带来不便。已确立最令人痛苦之等级的政体,即使采抽签选举,也不能消除人们的厌恶,盖人

---

〔1〕 如威尼斯。——原注

〔2〕 雅典三十位暴君为操纵选举,规定公开选举最高法院和元老院成员。参见里西亚斯:《反亚戈特拉演说》第八章第三十七节。——原注

〔3〕 参见哈里卡纳斯的狄奥尼修斯:《罗马古代史》第四章第一节和第九章第三十七节。——原注

们嫉妒的，乃贵族而非官吏。

若贵族人数众多，应设立元老院执掌贵族集团无法处理之事，并准备方案供贵族集团讨论决定。如此情形，可以说元老院实行的乃贵族政体，贵族集团实行的乃民主政体，而人民无足轻重。

贵族政体若能通过某种间接方式让人民摆脱毫无地位状况，实乃幸事。例如，在热那亚[1]，圣乔治银行[2]业务由人民中的精英管理[3]，[4]人民对政府具有一定影响，故呈现欣欣向荣局面。

元老院绝不应享有任命其成员之权力，盖此乃让弊端永存的唯一途径。罗马早期实行的乃贵族政体，元老院出现空缺，非由元老院自行补充，而由监察官任命新成员。[5]

若突然赋予某公民超大权力，共和政体就会演变为君主政体，乃至甚于君主政体。君主政体已有一套为该政体服务之法，或者已有一套在某种程度上适合于该政体之法，而且政体原则制约着君主。但是，在共和政体，若某位公民拥有超大权力[6]，滥权可能性极大，盖法律未预见如此情形，无防止滥权之规。

但也有例外：国家危急关头，需要有官员大权在握。例如，罗马独裁官和威尼斯国家调查官，就属这种情形，权力大得令人畏惧，可以采取暴力手段恢复国家自由状态。为何这两个共和国的行政官员如此迥异？罗马乃维护残余贵族政体而对抗人民，威尼

---

〔1〕 热那亚，意大利地名。此处指从12世纪早期发展起来的热那亚共和国，它是当时雄霸地中海的海洋共和国。——译注

〔2〕 圣乔治银行，创立于1408年，系热那亚共和国公共银行，乃世界上第三家公共银行，甚至有“世界第一家现代化银行”之誉。——译注

〔3〕 参见艾迪逊：《意大利游记》，第16页。——原注

〔4〕 艾迪逊（1672—1719），英国散文家、戏剧家、政治家，著有诗篇《远征》、悲剧《卡托》等作品，《意大利游记》出版于1722年。——译注

〔5〕 最初由执政官任命。——原注

〔6〕 罗马共和国就是如此倾覆的。参见孟德斯鸠：《罗马盛衰原因论》第九章。——原注

斯乃维护贵族政体而对抗贵族。其结果，罗马独裁官只能短期存在，盖那是人民情急下作出的决定，而不是人民有计划作出的决定。这种行政官员实施独裁，必定大造声势，盖其目的不是惩罚而是震慑普罗大众。罗马独裁官，只为执行特殊任务而在紧急情况下设置，而且只能为执行这一任务而拥有不受限制之权力。威尼斯不同，长期需要强势行政官，盖这里是实施、保持、中止和恢复阴谋诡计之地，这里是一个人的野心演变为一个家族的野心、一个家族的野心演变为若干家族的野心之地。威尼斯需要秘密的行政官职位，盖所惩罚的罪行皆为秘密而悄无声息策划的。这种行政官必须拥有全面的调查权，盖其职责不是消灭已知骚乱，而是防止未知骚乱。总之，威尼斯行政官旨在惩罚可疑罪行，罗马行政官则旨在震慑而不是惩罚罪行，甚至对那些已经公开招供的罪行，亦然。

权力越大，任期应越短。多数立法者将行政官任期定为一年。超过一年很危险，不足一年则与政体性质相悖。谁愿意如此管理内部事务？腊古扎共和国〔1〕元首每月一换，其他官员每周一换，城堡总督每天一换〔2〕。〔3〕 这只能存在于小共和国〔4〕，盖其低级官员易被周围强国收买。

最佳贵族政体，乃无权力之人少而无足轻重，统治阶层根本没有兴趣压迫他们。在雅典，安提帕特〔5〕之法规定，任何人财产不

---

〔1〕 腊古扎共和国，位于今克罗地亚，系海洋共和国，存续时间从1358年至1808年，其商业成就在十五六世纪达至顶峰。——译注

〔2〕 参见杜纳弗：《利凡得游记》。——原注

〔3〕 杜纳弗（1656—1708），法国植物学家、旅行家。——译注

〔4〕 卢卡共和国官吏任期仅两个月。——原注

〔5〕 安提帕特（公元前397—前317），亚历山大部属，亚历山大出征时，任命其为马其顿监国（摄政）。——译注

足两千德拉克马[1]，皆无投票权[2]，[3]从而建立最佳贵族政体，盖因财产门槛很低，无选举权之人少而又少，城邦中略有身份或者地位者都能获得选举权。

因此，表面上贵族应尽可能与人民平等。贵族政体越近似民主政体就越完善，越近似君主政体就越不完善。

如波兰贵族政体的农民乃贵族奴隶那样，处于服从地位的那部分人民乃统治者之私奴，如此政体乃最不完善之贵族政体。

第四节　君主政体性质之法

单个人依照基本法实施统治之君主政体，其性质乃有中间、从属、依附之权力阶层，盖君主乃一切政治与社会权力之源；其基本法必然保障权力顺畅行使的中间层，盖倘若任凭那个实施统治之人朝令夕改、恣意妄为，就什么也无法确定，当然也就无所谓什么基本法。

贵族，乃最天然的中间、从属权力阶层，在一定意义上乃君主政体之本质，盖君主政体基本准则是：无君主无贵族，无贵族无君主，否则，就是专制君主。

欧洲某些国家有人试图废除领主司法权，但没有意识到，所极力推动的正是英国议会曾经做过的事情。废除君主政体的领主、贵族、教会和市镇特权，不久看到的，要么是民主政体，要么是专制

---

[1] 德拉克马，系希腊货币名。在古代，它既是重量又是货币单位。——译注

[2] 参见狄奥多罗斯：《世界文库》罗多曼版第十八卷，第 601 页。——原注

[3] 狄奥多罗斯（公元前 1 世纪），又称“西西里的狄奥多罗斯”，古希腊历史学家。编有《世界文库》，全书四十卷，完整保存下来的只有第一卷至第五卷和第十一卷至第二十卷，主要转述前人著作。——译注

政体。

欧洲有个强大的王国法院，几百年来不断削弱领主和教会的世袭司法权。本书无意斥责那些如此聪明的官员，留待公众评判如此做法会给政体带来多大改变吧。

我绝非要维护教会特权，但我希望教会司法权保持稳定。问题不在于其司法权是否正当确立，而在于是否已确立，是否已成为国家法律体系组成部分，是否在各方面适合其法律体系。两种公认的独立权力，是否相得益彰？维护长久以来为保护和限制君权所作的种种规定，是否一个好臣民的义务？

教会权力，于共和政体而言极其危险，于君主政体尤其是倾向专制的君主政体而言极其适当。西班牙和葡萄牙法律被破坏后，倘若不是有教会权力作为屏障而制衡独断专行之权，那两个国家不知会变成何样。没有其他制衡屏障时，这种屏障永远有益：专制政体会带来最令人恐怖的灾难，所以，遏制专制恶魔，有利臣民。

犹如企图淹没大地的海水，被散落在海岸上的小草和沙砾所阻挡一样，权力看似不受任何限制之君主，却受到最微不足道之障碍的限制，面对臣民祈求和祷告，将放下其天生骄横。

英国人为维护自由，废除了组成君主政体的一切中间权力阶层。他们具有非常充足的理由守护这种自由：倘若不幸失去这种自由，就会成为世上受奴役最深重民族之一。

对共和与君主政体一无所知的劳先生〔1〕，乃欧洲迄今所见的专制政权的最大鼓吹者之一。按其指令进行的那些变革，剧烈而异乎寻常。他想废除一切中间阶层，取消种种政治组织。他想以

〔1〕　劳先生，即约翰·劳（1671—1729），英国金融家，首创银行信用证，1720年被任命为法国财政大臣而实施财政改革，结果失败而沦为笑柄。传记作家珍妮特·格里森著作《百万富翁》乃以其为原型，该书副标题形容约翰·劳是英格兰“花花公子、赌徒、角斗士，开创了现代金融体制”。——译注

异想天开的赎买手段让君主政体解体[1]，却让人觉得欲赎买君主政体。

对君主政体而言，仅有中间权力层不行，还须有法律守护人。这种守护人，只能是最高法院法官，由其传播新法，由其激活旧法。贵族阶层天生无知、无所事事、蔑视文官政府，说明必须要有激活和执行法律的权力机构。君主枢密院并非合适守护人，其是朝令夕改之君主旨意天然守护人，而不是基本法守护人。此外，君主枢密院更迭频繁，不稳定，成员不多，无法获得人民充分信任，因此，在艰难危急关头，无法安抚人民，也无法让人民完全服从君主。

专制政体，根本没有基本法，也没有类似守护人。在专制之国，宗教普遍具有巨大影响，盖宗教在上述国家成为类似永久守护人；倘若具有巨大影响的不是宗教，受到人们尊重的，就可能是风俗而不是法律。

第五节　专制政体性质之法

专制政体性质，自然要求单独一人拥有权力，并由其把权力交付给某个人单独行使。唯我独尊而轻视臣民者，必乃懒惰、无知而骄奢淫逸者，结果必定撒手不管政务。但是，倘若把治理权委托诸多人行使，在那些受托人之间将产生无休无止的纷争，每个人都会要尽手段争当第一奴才，导致君主不得不把治理权抓在手中。因

---

〔1〕 阿拉贡国王费迪南德自封为各等级之首。仅凭此举，他就败坏了基本政制。——原注

此,君主把权力交给宰相并让其拥有君主般的权力[1],[2]更为理所当然。故设立宰相职位,乃专制政体的一条基本法。

据说,有位教皇当选后一再推辞就任,盖其很明白无力担此重任。最终被说服而就任后,把一切事务交给侄子处理。不久,他猛然醒悟:“从未想到当教皇如此轻松!”东方君主们亦然。在牢狱般深宫受教育的君主们,被太监腐蚀得胸无大志,能力低下,甚至对其高贵身份一无所知,因此,被人拽出推上王位时,最初感觉乃不知所措。在选定宰相后,他们立即沉溺于后宫声色犬马中而忘乎所以。在纵情玩乐、喜怒无常、极尽奢华之时,他们也许压根儿就未想过,当国王竟然如此轻松。

帝国越大,后宫妻妾美女就越多,君主就越骄奢淫逸。因此,臣民越多,国君就越不理朝政;朝政越重大,国君就越不想绞尽脑汁进行谋划。

---

〔1〕 沙尔丹在《波斯游记》中说,东方国家国王都设置宰相。——原注

〔2〕 沙尔丹(1643—1713),全名“杰·沙尔丹”,又称“约翰·沙尔丹爵士”,法国珠宝商、旅行家。其十卷本《沙尔丹游记》,乃西方早期学者全面介绍近东和波斯的最佳著作之一,《波斯游记》乃其中一卷。——译注

第三章　三种政体原则

第一节　政体性质与原则之区别

探讨各种政体性质相关之法后，接着研究与政体原则相关之法。

政体性质与原则之区别[1]是：前者决定政体组成，后者决定政体运行；前者乃政体的特殊构造，后者乃让政体运行的人之情感。

法与政体原则之关系，丝毫不亚于法与政体性质之关系。因此，必须研究这种原则，此乃本章主旨。

第二节　不同政体原则

前已阐述：共和政体性质是，要么人民作为

---

〔1〕 这种区别极为重要，据此可以得出诸多结论，换言之，这种区别乃理解无数法律之关键。——原注

整体拥有最高权力,要么部分家族拥有最高权力;君主政体性质是,君主拥有最高权力,但其权力行使必须遵循已立之法;专制政体性质是,单独一人按照其意志随心所欲实施统治。上述性质让我发现它们存在三种原则,这些原则系从其性质自然派生的。我将首先阐述共和政体尤其是民主政体原则。

第三节　民主政体原则

维护君主或者专制政体,无须拥有很多正直品德:君主政体之法律,专制政体之武器,足以掌控一切。民主政体,还必须拥有另一源动力,即美德。

上述论断,已得到全部历史之印证,并极其符合事物性质。很显然,在君主政体,下令执行法律者,通常认为自己凌驾于法律之上;在民主政体,负有执行法律职责者,认为自己服从法律指令。因此,较之民主政体,君主政体所需美德更少。

同样很显然的是,由于听信谗言或者懒惰而不执行法律之君主,容易弥补过失:只要改变主意或者改掉懒惰毛病就行;在民主政体,倘若存在不执行法律情形,只能是缘于共和国之腐化堕落,其结果必定国将不国。

上世纪,英国人上演了一出滑稽剧,企图建立民主政体却徒劳无功。由于执掌国事者缺乏美德,由于胆大包天者[1]之成功激起了他们的野心,由于宗派思想导致掌权派系你方唱罢我登台,政府

---

〔1〕 指奥利弗·克伦威尔(1599—1658),英国资产阶级革命家、政治家、军事家、宗教领袖,17世纪英国资产阶级革命中的资产阶级新贵族集团代表人物、独立派首领。曾逼迫英王退位,解散国会,建立英吉利共和国并任护国公,成为事实上的国家元首。——译注

不断更迭。惊诧不已的人民,欲建立共和国却以失败告终,历经最暴力之动荡后,最终只得接受曾经无情予以谴责的政体。

苏拉[1]欲将自由交还罗马,不幸的是,城邦无力接受,盖因美德所剩无几且日益减少。历经恺撒[2]、提比略[3]、卡里古拉[4]、克劳狄[5]、尼禄[6]和图密善[7]之统治,罗马人不但未觉醒,而且每天都戴着枷锁;倘若作出了斗争,也只是针对暴君而不是暴政。

生活于民主政体的希腊政治家早就明白,唯有美德可以维护这一政体。但是,现代希腊人整天谈论的,是制造业、商业、金融业,是财富与奢华。

美德不再时,野心就会侵蚀那些能够接受美德之人的心灵,贪婪就会充斥整个社会,追求就会发生变化:以前喜欢的就会不在乎;以前接受法律约束时人们都是自由的,如今却用自由对抗法律;每个公民都像从奴隶主家逃跑的奴隶,视公正准则为死板,视行为规范为羁绊,视谨慎为害怕,视节俭和淡泊名利为贪婪。个人财产,过去汇聚为公共财富,如今却成为个人遗产。共和国成员聚众哄抢公共财产,共和国力量只是少数人的权力、多数人的放纵。

---

〔1〕 苏拉(公元前138—前78),古罗马著名统帅,曾任执政官,实行军事统治。——译注

〔2〕 恺撒(公元前102—前44),又译"凯撒",史称"恺撒大帝",罗马共和国末期杰出军事统帅、政治家,曾与庞培、克拉苏结盟并称"前三巨头同盟",著有《高卢战记》。——译注

〔3〕 提比略,(公元前42—公元37),又译"提庇留"或"提贝里乌斯",罗马帝国朱里亚·克劳狄王朝第二位皇帝(14—37在位)。——译注

〔4〕 卡里古拉(12—41),又译"卡利古拉",罗马帝国朱里亚·克劳狄王朝第三位皇帝(37—41在位),罗马帝国早期的典型暴君。——译注

〔5〕 克劳狄(公元前10—公元54),又译"克劳狄乌斯",或称"克劳狄一世",罗马帝国朱里亚·克劳狄王朝第四任皇帝(41—54在位)。——译注

〔6〕 尼禄(37—68),罗马帝国朱里亚·克劳狄王朝第五位也即最后一位皇帝(54—68在位),古罗马甚至欧洲史上著名暴君。——译注

〔7〕 图密善(51—96),又译"多米提安",罗马帝国弗拉维王朝第三位也即最后一位皇帝(81—96在位)。——译注

雅典,无论在声名赫赫威震四方时,还是在遭受奴役受尽屈辱时,都拥有同样力量。抗击波斯保卫希腊时,与斯巴达开战争夺帝国时,进攻西西里时,它都拥有两万公民。[1] 德米特里乌斯·法列累乌斯[2]如同在市场上按人头清点奴隶数量一样核查雅典人口时,雅典拥有两万公民。[3] 腓力[4]决心征服全希腊而兵临城下时[5],雅典彼时坐失的仅仅是时机。从德摩斯梯尼著述可以得知,唤醒雅典人多么困难:雅典人惧怕腓力,并非其是自由之敌人,而是安逸之敌人。[6] 这座历经多次失败多次毁灭而总是能从废墟中重生的著名城邦,惨败于喀罗尼亚[7]后,一蹶不振。虽然腓力遣返了雅典战俘,但是,遣返的皆非铁血汉子,哪有可用?往昔压制雅典人美德有多困难,如今战胜雅典人军队就有多容易。

迦太基[8]怎能站稳脚跟?当上行省总督的汉尼拔[9]试图制止官吏掠夺共和国时,这些官吏不是把他状告到罗马吗?这些可怜虫,想成为城邦公民却没有城邦,竟然还想借助毁灭者之手拥有

---

〔1〕 参见普鲁塔克:《希腊罗马名人传》;参见柏拉图:《辩诉篇》。——原注

〔2〕 德米特里乌斯(约公元前350—前283),雅典国务活动家。——译注

〔3〕 公民两万一千人,异邦人一万人,奴隶四万人。参见阿泰奈:《诡辩派之宴》第六章。——原注

〔4〕 腓力(公元前382—前336),即"腓力二世",又称"菲利普二世",马其顿国王(公元前359—前336在位),亚历山大大帝之父。——译注

〔5〕 雅典当时拥有公民两万人。参见德摩斯梯尼:《驳阿里斯托吉东》第一章第五十一节。——原注

〔6〕 其法规定,凡主张将演出经费挪作军费的,一律处死刑。——原注

〔7〕 公元前338年,马其顿大军与雅典同盟军会战于中希腊喀罗尼亚,史称"喀罗尼亚战役",后者大败,其结果马其顿取代雅典成为希腊霸主。——译注

〔8〕 迦太基,古罗马人称为"布匿",北非古国(公元前8世纪—前146)。公元前9世纪末,腓尼基人在此建立殖民城邦;公元前7世纪,发展成为强大的奴隶制国家,首都迦太基城(今突尼斯城),疆域包括北非西部沿海,西班牙南部,西西里大部以及科西嘉、撒丁岛和巴利阿里群岛,垄断西地中海海运贸易。公元前3世纪70年代,罗马对外扩张,成为迦太基劲敌,爆发三次"布匿战争",最终迦太基灭亡。——译注

〔9〕 汉尼拔(公元前247—前183),迦太基统帅,与亚历山大、恺撒、拿破仑并称"欧洲四大军事统帅"。——译注

财产！此后不久，罗马即向他们索要 300 名显要公民作人质，令其交出武器舰船，接着便向其宣战。[1] 从迦太基被解除武装后所作的绝望抵抗，不难看出美德之能量。

第四节　贵族政体原则

民主政体需要美德，贵族政体也需要美德，但后者并非绝对需要美德。

人民之于贵族，犹如臣民之于君主。贵族受法律约束，对美德之需求逊于民主政体人民。但如何约束贵族？针对同僚执法者，其他贵族很快就会明白，同僚所作所为是在对抗他们自己。因此，就其性质而言，贵族政体离不开美德。

贵族政体具有民主政体不具有的天生力量。贵族拥有特权而形成集团，为自身利益而约束人民。因此，只要确保法律实施即可。

贵族集团约束人民很容易而约束自身很困难。[2] 这种政体性质就是如此：似乎要贵族臣服法律，又似乎要贵族不受法律约束。

这种集团只能以两种方式约束自身：要么借助高尚美德，让贵族与人民在一定程度上平等，从而组成伟大共和国；要么借助略低美德，至少让贵族相互平等、依存。

因此，节制乃贵族政体的灵魂。这种节制，乃以美德为基础之

---

〔1〕 战争持续三年。——原注

〔2〕 在那里，公罪受惩罚，盖惩罚公罪符合公共利益；私罪不受惩罚，盖不惩罚私罪符合公共利益。——原注

节制,而非源自懒惰或者怯懦之节制。

第五节　美德非君主政体原则

君主政体处理大事依靠政策,借助美德少之又少,犹如完美机器,技术运用可以减少其运转次数以及发条与齿轮数量。

君主国家之延续,不取决于是否爱国、追求荣誉、克己舍我和拥不拥有我们所景仰的但只是口口相传的古人所具有的一切英雄美德。

在君主政体,法律取代一切美德,完全不需要美德,没有美德国家照常运转:偷偷摸摸行苟且之事,也不会有什么后果。

就性质而言,一切罪行皆公罪,但是,真正的公罪与私罪还是存在区别的:有些罪行称为私罪,盖危害个人甚于危害社会。

不过,在共和政体,私罪更具公罪性质,换言之,其危害政体甚于危害个人;在君主政体,公罪更具私罪性质,换言之,其危害个人甚于危害政体。

但愿我的话不会冒犯任何人,不过,我的观点确实得到全部历史的印证。我并非不清楚,君主拥有美德绝非罕见,但我敢断言,君主政体人民拥有美德极其困难。[1]

不妨读读各时代历史学家的宫廷记述,不妨想想各国人民对朝臣卑劣品性的议论。这些绝非臆想捏造,乃悲惨经历所证明的实情。

---

〔1〕 此处指政治美德,就其指向公共利益而言,也指伦理美德。我极少论及个人伦理美德,根本不谈“神启真理”美德。关于这一点,本书第二编第五章第二节将进一步阐述。——原注

无所事事而野心勃勃，目空一切而猥琐卑劣，渴望发财而不愿辛勤付出，憎恶真理而溜须拍马，背信弃义而蔑视义务，惧怕君主有德而企盼君主孱弱，尤其是一直嘲笑美德。窃以为，此乃历国历代大多数朝臣的共同德性。显要是骗子，却要求下层诚实做人；显要是流氓无赖，却要求下层是愚民，此乃极其困难。

人民中碰巧有可怜的诚实人〔1〕，如何处理？枢机主教黎塞留〔2〕在政治遗嘱中委婉告诫君主，小心不要任用这种人。〔3〕 可见，美德确实不是君主政体源动力！诚然，它并不排斥美德，但美德非其源动力。

第六节　君主政体用何物代替美德

得立即着手论述这个问题，否则，就会认为我在讥讽君主政体。不，我绝非讥讽它。君主政体可以拥有美德之外的源动力，即荣誉。它，是人人皆想拥有之物，可以取代我所说的政治美德，可以处处代替美德，可以激发人们做出最崇高之举，辅以法律可以像美德那样引导人们实现统治目的。

在善治君主政体，人人几乎皆为善民，但善人极其罕见，盖要做善人〔4〕，首先得想做善人〔5〕，其次是为社会而不是为自身而爱国。

---

〔1〕 请以前注之义理解这句话。——原注

〔2〕 黎塞留（1585—1642），法国政治家，曾任枢密院成员和首相，法国专制制度奠基人，与德国铁血宰相俾斯麦齐名。——译注

〔3〕 他说："不要任用出身低微者，他们太寒酸、太难相处。"参见黎塞留：《政治遗嘱》。——原注

〔4〕 "善人"一词，此处仅具政治含义。——原注

〔5〕 参见本章第五节第一个脚注。——原注

第七节　君主政体原则

前已述及,君主政体意味着诸如优越地位、显赫身份以及高贵出身等。荣誉,本质乃渴求优待与爵位,故在君主政体有一席之地。

野心勃勃,在共和政体有害;在君主政体,却能产生良好效果,可以激发政体活力,而且具有优势,即不具有危险性,可以不断得到抑制。

政体体系犹如宇宙体系,既有不停地让物体远离中心之离心力,又有把物体拉回中心之向心力。荣誉,可以让政体各部分运转,并通过其运转把各部分链接。如此这般,每个个体虽然只追逐自身利益,但能同时促进公共利益。

冷静而言,推动政体各部分运转的,乃虚假荣誉。犹如真实荣誉有益个人,虚假荣誉也有益公众。

迫使人们实施诸如需要坚定意志和付出极大勇气的最困难行动,除享受荣耀和称赞外,并无其他报酬,难道不过分吗?

第八节　荣誉非专制政体原则

荣誉,绝非专制政体原则。在这种政体,人皆一样,谁也不可能自诩强于他人;人人皆奴隶,谁也不可能自诩优于他人。

荣誉有其法则,荣誉不知屈服,荣誉在很大程度上取决于个人品性而不取决于他人品性,所以,唯有在政体稳固和法律稳定之国,才能找到荣誉。

专制政体怎能容忍荣誉?荣誉以视死如归为荣耀,专制政体以剥夺他人生命而确立强权。荣誉怎能容忍专制政体?荣誉遵循其规则并具有坚定意志,而专制政体不讲规则,其欲望乃摧毁其他一切欲望。

专制政体不知荣誉为何物,而且在某些专制政体甚至找不到恰当词语表述这一概念。[1] 荣誉,乃君主政体主要原则,赋予整个君主政体、法律乃至美德本身生命活力。

第九节 专制政体原则

正如美德乃共和政体所必需、荣誉乃君主政体所必需一样,恐惧乃专制政体所必需。在专制政体,美德乃根本不需要,荣誉乃极其危险。

专制君主之巨大权力,完全交由其选定之人行使。自认为不同凡响之人就有可能造反,因此,必须以恐惧遏制其造反精神,将其野心扼杀于萌芽状态。

温和政体[2],只要它愿意,就可以松其弹簧,也不至于发生一丝危险。它赖以维续的乃法律及其自身力量。可是,专制君主,只要一刻不高扬手臂,只要不能立即打败委以重任之人,[3]就会一败涂地,盖作为政体源动力的恐惧不复存在后,人民就失去保护人。

---

〔1〕 参见佩里:《当今沙皇治理下的俄国》,第447页。——原注

〔2〕 似指君主政体或者共和政体。——译注

〔3〕 在军事贵族政体,此类事件经常发生。——原注

正因如此,穆斯林卡迪[1]便认为,大领主承诺或者誓言,倘若会损害权威,就没有兑现义务。[2]

人民应听命于法律,权贵应听命于君主反复无常的指令;最下层臣民生命安全无虞,高官随时有丢脑袋之虞。谈及这些恐怖政体,人人不寒而栗。如今被米利维伊斯[3]之子废黜的波斯国王,之所以在革命前就已垮台,乃因其未大开杀戒。[4]

历史告诉我们,正因为图密善骇人听闻的残酷惩罚令总督们恐惧不已,人民在其统治期间才略有休养生息机会。[5] 这犹如滔滔洪水毁坏一侧河岸,而另一侧安然无恙,极目远眺,尽是绿油油的草原。

第十节　温和与专制政体之服从区别

专制政体性质要求绝对服从:君主旨意一下立即生效,犹如抛球撞击另一球,不可逆转。

在这种政体,服从就是服从,无条件、无限制、无妥协、无商量、无回旋,不讲对等、不讲进谏、不得提议改变,人乃盲从另一动物绝对意志之动物。

在如此之国,既不能对未来厄运表示担忧,也不能将晦气归咎于命运无常,人若牲畜,能够拥有的乃本能、服从和受罚。

---

[1] 卡迪,系“Cadi”音译,即法官之意。——译注

[2] 参见里戈:《奥斯曼帝国》第一章第二节。——原注

[3] 米利维伊斯,坎大哈总督,1713 年起兵反抗波斯,创建阿富汗国家。——译注

[4] 参见迪塞尔索神父记述此次革命的著作。——原注

[5] 参见苏埃托尼乌斯:《帝王传·图密善》。图密善政府属军事性质,乃专制政体。——原注

讲什么自然情感,讲什么孝敬父母、关爱子女、夫妻恩爱、荣誉法则、关注健康,统统徒劳无益,逆来顺受,遵命行事就行。

波斯国王判决某人有罪后,就再也不得向国王提起此人,更不能为其求情。即使国王因醉酒或者神志不清而作出的判决,也得执行[1],否则,乃否定他自己,而法律不允许否定他自己。在那里,一直如此,例如,亚哈随鲁[2]由于不能收回灭绝犹太人之令,只得准许犹太人自卫。

不过,有件东西有时可以对抗君主旨意,此乃宗教。[3] 倘若国王下令,人们可遗弃甚至杀死亲父;但是,倘若国王强令喝酒,人们则有权拒绝。宗教法规乃超级戒律,上管君主,下管臣民。不过,就自然法而言,乃另一回事,君主不再被视为普通人。

在温和的君主政体,权力受其源动力限制。这种源动力,乃荣誉,犹如君主主宰人民一样,主宰着君主。朝臣绝不会向国王援引宗教法规,盖其明白很可笑。人们在各种场合援引的乃荣誉之法,并在必要时予以修正:荣誉自然要服从于某些古怪现象,并亦步亦趋。

在上述两种政体,虽然服从方式有所不同,但权力却一样。国王转向哪边,天平就倾向哪边,君命都得服从。君主政体君主比较开明,大臣们的能力和处理政务的干练程度强于专制政体大臣,此乃上述两种政体的全部区别。

---

〔1〕 参见沙尔丹:《波斯游记》第四章第十八节。——原注

〔2〕 亚哈随鲁,波斯帝国阿契美尼德王朝国王;也有一种说法,认为系《圣经》中的国王。——译注

〔3〕 参见沙尔丹:《波斯游记》第六章第二十一至第二十三节。——原注

第十一节　本章结论

以上所述乃三种不同政体之原则。但是,这并不意味着在某个共和政体,人人皆具美德,而是说人人皆应具美德;也并不能表明,在某个君主政体,人人皆受荣誉激励,或者在某个专制政体,人人皆心存畏惧,而是说,人人皆应遵循上述原则,否则,乃为不完善政体。

第四章　教育法应适应政体原则

第一节　教育法

教育法,乃人们最先接受之法,可以把人们培养成公民,因此,每个家庭都应按照包括所有家庭在内的那个大家庭模式进行治理。

若全民有一个原则,则全民组成部分的家庭也应有一个原则。不同政体拥有不同教育法:君主政体教育法,荣誉乃宗旨;共和政体教育法,美德乃宗旨;专制政体教育法,恐惧乃宗旨。

第二节　君主政体教育

君主政体主要教育,不是在学校而是在人们步入社会时才以某种方式开始进行的。社会,乃所谓的荣誉学校;荣誉,乃为应处处引导人们的全能导师。

在这里,人们看到并反复听到的,乃三点:品德要高尚,处世要坦诚,举止要礼貌。

在这里,灌输的美德,往往是鼓励自我完善多于劝导施惠、鼓动出人头地多于激励彼此亲近。

在这里,评判行为之标准,非好坏乃美丑,非公正乃伟大,非合理乃非凡。

在这里,一旦找到所谓高尚之物,法官就会证明其合法,诡辩家就会证明其合理。

若为情感或者征服,荣誉就允许献媚取宠。正因如此,君主政体道德风尚,远远不如共和政体道德风尚纯正。

若为伟大抱负或者事业,荣誉就允许施展权术权谋。例如,政治上工于心计,无损荣誉。

若非因追求荣华富贵而阿谀奉承,则为荣誉所允许;若因自惭形秽而阿谀奉承,则不为荣誉所允许。

如前所述,对于处世,君主政体教育应为培育坦诚之人。在这里,倡导讲真话。是否出于热爱真话?根本不是。之所以倡导讲真话,盖因习惯讲真话之人,让人感觉乃大胆而自由之人。的确,如此之人,似乎只顾讲事实而不顾听话人感受。

越推崇这种坦诚,平民百姓的坦诚就越受嘲讽蔑视,盖因其乃追求真实质朴。

总之,君主政体教育,乃要求人们举止得体。人天生就要共同生活,天生就要互相取悦。不遵守社交礼仪者,就会冒犯其他共同生活者,就会声名扫地,就会一事无成。

不过,礼仪之源,并不单纯。它源自出人头地之欲。人们讲礼貌,乃出于自尊。人们以自身行为为荣,盖可以证明,其并非卑鄙之人,不曾与历代所不齿之人为伍。

君主政体宫廷,讲究礼仪。在极其伟大者反衬下,其他人显得无足轻重。因此,需要敬重所有人,礼仪由此而生。礼仪,让彬彬有礼者喜悦,让受礼遇者高兴,让人们明白自己身在宫廷或者有资格身在宫廷。

宫廷氛围,舍真取娇;宫廷朝臣,喜欢矫饰甚于真实。矫饰之尊,培育的是傲视他人的些许谦恭。如此尊崇,尽管可以播撒四方,但是,越远离宫廷就越淡。

宫廷之中,事事追求品位情趣,其来有自。长期穷奢极欲、花样百出,尤其是享乐无度、慵懒无聊、嗜好怪癖、异想天开,这一切的一切,只要能够带来快乐,宫廷就欣然接受。

君主政体教育内容,就是这些东西;君主政体教育目的,就是培养符合其美德与品质要求之君子。

在这里,荣誉观念无处不在,渗透于人们的思维中,弥漫于人们的情感中,主导着人们的处世原则。

如此怪异的荣誉,按照其意愿,界定何为美德,为一切行为制定准则,随心所欲增减政治、宗教或者道德义务。

君主政体之法律、宗教和荣誉,向人们灌输最多的,乃服从君主旨意。然而,其荣誉也告诫说,君主绝不可谕令人们做有损荣誉之事,否则,就导致无法为君主尽忠尽职。

格里永拒绝亨利三世[1]暗杀吉斯公爵之令,但表示愿与吉斯公爵决一死战。圣巴托勒缪之夜[2]后,查理九世[3]令所有省督屠

---

〔1〕 亨利三世(1551—1589),法国国王(1574—1589在位)。——译注

〔2〕 1572年8月23日深夜,巴黎发生大规模杀戮新教徒血案,史称“圣巴托勒缪之夜”,吉斯公爵作为主谋参与其事。格里永乃当时将领。——译注

〔3〕 查理九世(1550—1574),法国国王(1560—1574在位)。——译注

杀胡格诺派[1]新教徒，巴约纳[2]驻军长官奥尔泰子爵上书国王："陛下，那些居民和士兵均为良民勇士，未发现一个刽子手。因此，我和他们都恳请陛下，允许我们将双手和生命用于有益事业。"[3]可见，在这位伟大仁慈的勇士看来，卑鄙之事绝对不能做。

荣誉对贵族之要求，莫过于为君主而战。事实上，此乃贵族扬名立万之业，盖无论胜败、生死，均乃迈向荣耀之路。此乃荣誉之法，此乃荣誉评判标准。冒犯这一标准，就会要求或者准许冒犯者引退。

荣誉之法还允许人们自由追求或者拒绝某种职业。荣誉珍视此类自由甚于财富。

因此，荣誉拥有至圣之法，教育必须与之适应。[4] 如此至圣之法，主要内容有：

第一，荣誉允许珍视财富，但严禁珍视生命。

第二，跻身显要之列，就不得无所作为，也不得从事与该地位不符之事。

第三，不得从事法律不禁止但荣誉禁止之行为，盖荣誉之要求高于法律之要求。

第三节　专制政体教育

君主政体教育旨在提升心志，专制政体教育旨在贬压心志。后

---

[1] 胡格诺派，基督教新教加尔文教派在法国的称谓。——译注

[2] 巴约纳，法国西南部城市。——译注

[3] 参见多比涅：《世界史》。——原注

[4] 此处所说的，是事实如此，而不是应该如此，盖荣誉乃先入之见，宗教时而要消灭它，时而要控制它。——原注

者，必为奴化教育，对显要者也有益，盖如此政体，暴君也是奴隶。

绝对服从，意味着服从者愚昧无知，甚至意味着发号施令者也愚昧无知，盖其不必思考、怀疑、论证，只需表示意愿即可。

专制之国，家庭皆为与世隔绝之帝国。在这里，主要传授社会交往知识的教育，内容必窄而又窄，只需培育恐惧心理，只需灌输某些极为简单的宗教观念。在这里，知识越多越反动，竞争会惹祸。至于美德，亚里士多德〔1〕认为，奴隶不可能拥有美德。〔2〕所以，专制政体教育内容窄而又窄。

故而从某种角度而言，专制政体无教育。它先取走一切，而后施舍一点；先把人培养为不良臣民，后把人培养为模范奴隶。

专制政体教育，有必要培养与人民同甘共苦的优秀公民吗？如此公民，倘若热爱国家，就会竭力松开专制政体之弹簧。倘若失败，就会一败涂地；倘若成功，就会毁灭自身、君王与帝国。

第四节　古今教育效果差异

大多数古代人生活在以美德为原则的政体中。在美德充满活力的古代，人们所作所为，如今再也无法见到，但我们渺小的灵魂会为之震撼。

古代教育另一优于如今之处，乃所受教育永远不会被否定。伊巴米浓达〔3〕晚年所说、所闻、所见和所做，与幼年所受教育毫无

〔1〕 亚里士多德（公元前384—前322），古希腊哲学家、科学家和教育家；柏拉图的学生，亚历山大的老师。——译注

〔2〕 参见亚里士多德：《政治学》第一卷。——原注

〔3〕 伊巴米浓达（公元前418—前362），又译“伊帕密浓达”“伊巴密浓达”等，古希腊底比斯将军、政治家。——译注

差别。

如今接受三类不同或者矛盾之教育：父辈、学校和社会教育。社会教育，完全颠覆父辈、学校教育。如此现象，乃如今宗教与世俗义务截然不同之故，而古代并非如此。

第五节 共和政体教育

共和政体需要教育的全部力量。专制政体之恐惧，产生于威胁与惩罚；君主政体之荣誉，受情感激励，同时激励着情感；共和政体之美德，乃舍弃自我，乃永远难上加难之事。

美德，可以定义为爱法律、爱祖国。这种爱，始终要求公共利益高于个人利益，乃一切个人美德之源泉。因此，可以说，一切个人美德皆为先公后私。

这种爱，乃民主政体所特有。唯有民主政体，才会把统治权赋予每个公民。统治权如同世上万物，欲拥有就要爱护。

君主不爱君主政体，暴君憎恨专制政体，乃闻所未闻。

在共和政体，一切取决于能否培育爱法律、爱祖国之情感，教育主要任务乃激发这种爱。想让儿童怀有这种爱，最可靠办法，乃父辈必须怀有这种爱。

向儿童传授知识，父辈是老师；在激励儿童热情方面，父辈更应是老师。

倘若并非如此，乃其他教育破坏父辈教育之故。

堕落的不是少年，唯有成年人堕落后，少年才会走向堕落。

第六节 古希腊某些制度

古希腊人深信,生活于民主政体者必须具有美德,因此,建立了极其奇怪的制度。在《莱库古传》〔1〕中读到其为斯巴达立法时,仿佛在读《塞瓦朗勃人的历史》〔2〕。窃以为,克里特法乃斯巴达法之源泉,而柏拉图〔3〕法乃斯巴达法之修正。

想想吧,这些立法者何等伟大啊!他们敢于冲破一切习俗,汲取世上一切美德,向全世界展示智慧。莱库古把偷窃与正义、最残酷奴役与最极端自由、最残忍感情与最大限度节制融为一体,从而给城邦带来稳定。他似乎铲除了城邦的诸如艺术、商业、金钱和围墙等资源,其结果是:人们虽然雄心勃勃,却没有追求更美好生活的愿望;虽然具有天生的感情,却不知自己是人子、人夫或者人父,甚至没有贞洁羞耻观念〔4〕。这正是斯巴达迈向伟大而荣耀之路径。其法律制度无往而不胜,不推翻其法律制度,即使在战场击败斯巴达,也无济于事〔5〕。〔6〕

---

〔1〕 莱库古(公元前800? —前730?),又译"莱克格斯""吕库古""莱库格斯""来古格士""莱古格斯"等,据传系古希腊斯巴达王国著名立法者。——译注

〔2〕《塞瓦朗勃人的历史》是部小说,作者韦拉斯·达莱,出版于1677年前后。此书模仿托马斯·穆尔著作《乌托邦》,在18世纪颇受好评。——译注

〔3〕 柏拉图(公元前427—前347),古希腊哲学家,与老师苏格拉底、学生亚里士多德并称"希腊三贤"。——译注

〔4〕 柏拉图《理想国》记述:斯巴达女子像男子,一丝不挂在大街上奔跑。——译注

〔5〕 菲洛皮门强迫斯巴达人放弃培养儿童的教育法,盖其知道,倘若不如此,斯巴达人就会永远士气高昂。参见普鲁塔克:《菲洛皮门》;参见李维:《罗马史》第三十八章。——原注

〔6〕 菲洛皮门(公元前253—前183),又译"腓罗佩门",古希腊政治家、军事统帅。——译注

克里特和斯巴达,乃借助这些制度进行治理。斯巴达乃马其顿最后吞并的城邦,克里特乃罗马最后捕获的猎物[1]。[2] 苏尼特人[3]推行相同制度,罗马人历经二十四次胜仗后才征服他们。[4]

古希腊法律制度非同寻常之处,在当今堕落腐败的残骸中仍然可以见到。[5] 正直的立法者培育了一个民族,光明正大在那个民族理所当然,犹如英勇无畏在斯巴达理所当然一样。佩恩先生[6]乃真正的莱库古式人物:他以和平为目标,莱库古以战争为目标,但是,在把人民引上独特之路、在自由人民中拥有巨大影响、在战胜偏见与克制欲望等方面,他们颇为相似。

巴拉圭又是一例:耶稣会[7]视发号施令为人生唯一乐趣。有人把此行为视为犯罪,但是,倘若把人民治理得更幸福,就永远是好事。[8]

耶稣会率先结合人道主义在这个地区传教,此乃其荣耀。它通过消除西班牙人大规模摧残的后果,而着手医治人类迄今最大

---

〔1〕 克里特捍卫其法律与自由长达三年之久。参见李维:《罗马史》第九十八至一百章。参见弗洛鲁斯:《李维摘录》。克里特人的抵抗,多于那些伟大国王们。——原注

〔2〕 弗洛鲁斯(74—150),罗马帝国时期史学家、演说家、诗人。——译注

〔3〕 苏尼特人,又译"萨谟奈人",古代居于意大利中南部的部族。——译注

〔4〕 参见弗洛鲁斯:《李维摘录》第一章第十六节。——原注

〔5〕 参见西塞罗:《致阿蒂库斯》第一章第一封信。——原注

〔6〕 威廉·佩恩(1644—1718),英国人,北美殖民地时期重要政治家、社会活动家。创建今宾夕法尼亚州雏形的殖民地,实行民主、开放、宽容的殖民政策,其名言"把权力交给人民",吸引各方移民,至1700年宾夕法尼亚殖民地首府费城人口超过纽约,后又成为全美最大城市和独立宣言签署地。在其精神指引下,包含各种宗教、民族和种族的宾夕法尼亚,为美国社会多元化奠定基础。有人把"佩恩"译为"潘恩",值得商榷:易误导读者以为是美国著名人物、《常识》作者"托马斯·潘恩";两者母语英文名也不同,前者为"Penn",后者为"Paine"。——译注

〔7〕 耶稣会,即天主教修会,不再奉行中世纪宗教生活的诸多规矩,其组织特色是中央集权,于1610年至1767年甚至在巴拉圭建立耶稣会国。欧洲对耶稣会南美洲传教活动态度不一。1767年西班牙将在巴拉圭的耶稣会成员驱逐出境。——译注

〔8〕 巴拉圭印第安人,不从属于领主,只缴纳五分之一贡品并拥有自卫火器。——原注

创伤之一。

耶稣会对于其视为荣誉的一切怀有美好情感，对于其宗教抱有异乎寻常热情。这种宗教，让聆听传教之人谦卑，更让传教之人谦卑；这种情感和热情，促使耶稣会从事伟大事业并获得成功。它把散居于丛林之人带出丛林，让他们可以养家糊口，让他们有衣遮体避寒。即使耶稣会的所作所为，只是增强了人们的生存本领，其功绩也很伟大。

要建立同样的法律制度，就必须首先建立柏拉图《理想国》所描绘的财产公有社会，就必须树立其所要求的敬重神明习俗，就必须与异邦人隔离而保存自身习俗，就必须由城邦而非公民开展对外贸易，就必须舍弃奢华而传授生活技能，就必须保留基本生活需要而摒弃其他欲望。

要建立同样的法律制度，还必须禁止使用金钱，因为金钱会让某些人日益富有而导致其财富超越大自然设定之限，会让人们毫无意义地积聚财富，会让贪欲毫无节制地滋长。大自然刺激人类欲望并促使人们彼此腐蚀的手段十分有限，可是在这方面，金钱能量却很大。

“埃皮达姆纳人〔1〕认识到，与蛮族交往而导致其制度受到腐蚀，于是，就选出一位官员，让他以城邦名义进行一切对外贸易活动。”〔2〕如此这般，贸易就无法腐蚀其制度，也不会因坚守制度而丧失贸易利益。

---

〔1〕 埃皮达姆纳人，又译“埃皮达姆努斯人”，埃皮达姆纳系希腊城邦共和国之一。——译注

〔2〕 参见普鲁塔克：《索求希腊物品》第二十九章。——原注

第七节　如此奇特制度适宜何种情形

上述制度,可能适合共和政体,盖美德乃共和政体原则,而在追求荣誉的君主政体以及制造恐惧的专制政体,就不必考虑如此制度。

此外,如此制度,只适合小国[1],盖在小国,可以推行全民教育,可以让全体人民如同在一个家庭那样受到教育。

米诺斯[2]、莱库古和柏拉图之法,乃以全体公民能够做到相互特别关照为前提,而大国人多,事繁又杂,无法指望公民能够做到这一点。

如前所述,如此制度必定禁止使用金钱。在大国,人口众多、需求不同、困难颇多、事情紧迫重要、买卖频繁、交易迟缓,所有这一切,都要求建立统一标准。这一标准欲得到普遍支持或者承认,就必须具有权威性。

第八节　某些古代习俗悖论之析

颇有见识的波利比乌斯[3]说:阿卡迪亚[4]人居于凄冷之

---

〔1〕 如古希腊城邦国。——原注

〔2〕 米诺斯(公元前16世纪—前15世纪),传说中的克里特王,著名立法家。——译注

〔3〕 波利比乌斯(约公元前203—前121),希腊历史学家。——译注

〔4〕 阿卡迪亚,希腊伯罗奔尼撒中部地区。——译注

地，需要音乐柔化习俗；西内特人[1]不重视音乐，乃最为凶残的希腊人，犯罪率高于其他城邦。柏拉图毫无顾忌地说：唯有改变国家基本制度，才可能改变一国音乐。亚里士多德撰写《政治学》，似乎就是为了反驳柏拉图，但在音乐对习俗的影响方面，却赞同柏拉图。诸如提奥弗拉斯特[2]、普鲁塔克[3]、斯特拉波[4]等古人[5]，均持同样观点。如此观点，乃深思之言，乃其政治主张之一。[6] 他们据此立法，并要求掌权者据此治理城邦。

窃以为能够对此作出解释。应明白，在古希腊城邦，尤其那些以战争为主要任务的城邦，人们认为，一切营利行业、职业，自由民不应从事。色诺芬说："大多数手工行业损害从业者身体。从事如此行业者，不得不坐在阴暗之处或者火边，没有闲暇时间与朋友相聚或者为共和国作贡献。"只是在民主政体城邦腐化后，如此手工业从业人员才得以成为公民。这些都是亚里士多德告诉我们的。[7] 他坚持认为，善治共和国绝对不应把城邦权力赋予手工业者。[8]

那时的农业，也是奴隶从事的职业，从业者一般是被征服民族人民，例如，受斯巴达人奴役的希洛人[9]、受克里特人奴役的佩里

---

〔1〕 西内特人，居于阿卡迪亚的部族。——译注

〔2〕 提奥弗拉斯特（约公元前 372—前 287），希腊哲学家，亚里士多德的学生。——译注

〔3〕 参见普鲁塔克：《佩洛皮达斯传》。——原注

〔4〕 斯特拉波（约公元前 64—公元 23），古希腊地理学家、历史学家，著有《历史学》《地理学》等。——译注

〔5〕 参见斯特拉波：《地理学》第一卷。——原注

〔6〕 参见柏拉图：《法篇》第四卷：音乐厅和体操馆乃城邦重要场所。其《理想国》："达蒙将会告诉你们，哪些音乐会分别熏陶出卑劣、蛮横以及与此相反的品德。"——原注

〔7〕 参见亚里士多德：《政治学》第三卷第七章：狄奥凡特曾在雅典制定法律，将手艺人确定为公奴。——原注

〔8〕 参见色诺芬：《苏格拉底言行回忆录》第五章。——原注

〔9〕 希洛人，居于斯巴达及其周围的原住民，斯巴达人的奴隶，由国家从战俘中拨给个人畜养，从事耕种等劳役。——译注

西亚人、受帖撒利亚[1]人奴役的佩内斯特人以及受其他共和国[2]奴役的其他民族人民。

总之,古希腊人认为,从事一切卑贱商业活动皆为名声不佳职业[3],盖从事商业活动的公民必定要侍候奴隶、房客和异邦人。此乃有违古希腊人自由精神,故柏拉图在《法篇》中主张惩罚经商公民。[4]

这导致古希腊诸共和国公民陷入两难境地:既不准经商、务农或者充当工匠,又不准无所事事。[5] 于是,他们只好在与体育锻炼和军事训练相关行业中谋职。[6] 他们的法律制度不允许其从事其他行业。所以,应把古希腊视为训练运动员和战斗员的社会。如此训练,让他们变得冷酷而野蛮[7],因而必须辅之以其他训练,让其性格略为柔和。通过感官刺激而陶冶心灵的音乐,极其适合这一目的。体质锻炼让人变得冷酷,思辨科学让人变得孤僻,音乐介于两者之间。当然,不能说音乐可以培育美德,盖因难以令人置信,不过,音乐倒是可以遏制野蛮制度之恶果,从而让良心在教育中占有一席之地。没有音乐,恐怕永远无法取得这一效果。

人们倘若醉心打猎而不从事其他活动,肯定会变得粗野。一旦爱上音乐,言行举止很快就会发生变化。总之,古希腊人的体育

---

〔1〕 帖撒利亚,位于希腊中部偏北。——译注

〔2〕 柏拉图和亚里士多德都主张由奴隶耕种土地。参见柏拉图:《法篇》第七卷、亚里士多德:《政治学》第七卷第十章。事实上,从事农业生产的并非都是奴隶,恰恰相反,正如亚里士多德所说,在最优良的共和国,从事农业生产的是公民;不过,这种情形只在古老政府因腐败而变为民主政体时才发生,古希腊城邦最初是贵族政体。——原注

〔3〕 如小酒店老板。——原注

〔4〕 参见柏拉图:《法篇》第十一卷。——原注

〔5〕 参见亚里士多德:《政治学》第十卷。——原注

〔6〕 参见亚里士多德:《政治学》第八卷第三章:“体操用来锻炼身体,教练的技艺用于从事各种体育竞技活动。”——原注

〔7〕 参见亚里士多德:《政治学》第八卷第四章:斯巴达人自幼接受训练,极为凶悍。——原注

军事训练只能激发一类情感：残酷、愤怒和凶悍，而音乐则可以激发一切情感，可以让心灵体验怜悯、温和、慈爱和柔情。道德家强烈反对戏剧，足以说明音乐对心灵具有影响力。

倘若让他们听的，只是战鼓号角之声，而不是柔和优美之曲，欲达上述目的则难上加难。所以，为淳化民风，古人在某些场合对音乐有所选择，颇有道理。

有人会问，为何偏偏选择音乐，盖因在所有感官享受之中，唯有音乐最不会腐蚀心灵。阅读普鲁塔克的著作[1]，我们不无羞愧地得知，底比斯为淳化年轻人的行为举止，其法律允许世上其他国家都会禁止的一种情爱。[2]

---

〔1〕 参见普鲁塔克：《佩洛皮达斯传》。——原注

〔2〕 底比斯乃古希腊城邦国家。古希腊具有浓郁同性恋文化，底比斯尤甚，如底比斯神圣兵团乃由同性恋官兵组成。——译注

第五章　立法应符合政体原则

第一节　本章主旨

前已阐述,教育法应符合政体原则。立法者为全社会立法,亦然。法与政体原则的这种关系可以增强政体源动力,政体原则也可由此获得新活力,犹如物理运动,作用力永远伴随着反作用力。

下面将逐一探讨各政体的这种关系,并从以美德为原则之共和政体说起。

第二节　共和政体美德含义

共和政体美德十分简单,乃热爱共和国。这是一种情感,而不是认知结果。在共和国,从元首至小民,人人皆可怀有这种情感。普罗大众一旦接受良好准则,就会比正人君子更能长久地遵循。腐败始于普罗大众极为罕见，正因为所知不多，他们才会对已有法律习俗有着更强烈依恋。

人民热爱祖国，民风就淳朴；民风淳朴，又让人民更加热爱祖国。个人感情越难以满足，投入公共事务之热情就越高。修道士为何如此热爱教会？教会让修道士难以忍受之处，就是教会令修道士钟情之因。教规剥夺了常人感情赖以支撑的所有事物，唯余折磨感情的教规。教规越严酷，换言之，教规剥夺的欲望越多，残存欲望就越强烈。

第三节　在民主政体热爱共和国之含义

在民主政体，热爱共和国乃热爱民主政体，爱民主政体乃爱平等。

热爱民主政体，也会热爱节俭。既然人人都享有同一幸福和同一利益，就应享有同一快乐，怀有同一希望。只有当人们普遍奉行节俭时，乃可出现上述情形。

热爱民主政体的平等，把人们的雄心限定为只拥有一种愿望、只追求一种幸福，即为国奉献大于其他公民。每个公民为国奉献不可能完全相等，但是，每个公民都应以同样热情为国奉献，盖每个公民呱呱坠地就对国家负有永远无法清偿的巨债。

在民主政体，卓越源自平等原则，尽管有时候，在杰出贡献或者超人才能面前，平等似乎不存在。

节俭之爱，让占有欲受到抑制，人们追求拥有的只是获取家庭必需品，其余全归国家所有。财富可以带来权力，但不能用于一己私利，否则，就是不平等；财富也可以带来欢愉，但不能独自享受,否则,也会损害平等。

因此,善治民主政体,如雅典和罗马,均倡导家庭节俭而为公共开支敞开大门,也正因节俭而呈现富足繁华景象。正如宗教要求人们用洁净双手将祭品奉献给神明一样,法律要求人们养成节俭生活,才能为国慷慨奉献。

才不出众,财不富有,乃个体明智而幸福的重要原因。因此,以法律造就诸多平庸之辈之共和国,倘若拥有睿智之人,就会是治理得井井有条之国;倘若拥有幸福之人,就会是极其幸福之国。

第四节　如何激发平等与节俭之爱

在法培育了平等节俭之美德风气的社会,平等节俭本身就能极大激发人们对平等节俭之爱。

在君主与专制政体,不但无人向往平等,而且绝不会产生如此念头。在那里,人人渴望高人一等,卑微者渴望出人头地并希冀驱使他人。

节俭与此同理。只有以节俭为乐,才能热爱节俭;没有享乐就萎靡不振,不可能喜爱节俭生活。倘若热爱节俭乃自然而然并司空见惯,阿尔基比亚德[1]就不可能饮誉世界。羡慕或者嫉妒奢华者,也不会热爱节俭。他们眼里,只有阔佬和与自己一样的穷汉;

---

〔1〕 阿尔基比亚德(约公元前450—前404),古代雅典著名政治家、军事家。出身贵族,受过良好教育,擅长演说,精于政治谋算,生活放浪形骸。在伯罗奔尼撒战争中力主远征西西里,被公民大会任命为率军远征的三将军之一。远征中遭遇政敌指控,自觉凶多吉少而逃奔雅典敌国斯巴达,对雅典造成巨大伤害;后叛逃波斯,助雅典海军粉碎寡头政变,并指挥雅典舰队痛击斯巴达海军,重获雅典公民拥戴,成为军队统帅。——译注

他们憎恶贫困,却不知贫困真因。

因此,为让共和国人民热爱平等节俭,就必须用法律倡导平等节俭风气。此乃千真万确之真理。

第五节　民主政体如何运用法律确立平等

莱库古和罗慕洛斯[1]等古代立法家均主张均分土地。如此做法,只能在共和国初创时期或者在如下情形采取:共和国已经腐败不堪,人民具有这种要求——走投无路的穷人具有这种强烈要求,富人无奈被迫接受如此要求。

立法者均分土地时,如不立法维护土地分配结果,新制度必然短命,不平等就会利用法律疏漏乘虚而入,共和国就会解体。

为维护平等,就必须立法规范陪嫁、捐赠、继承、遗嘱处分以及其他契约形式,盖倘若可以随心所欲处分财产,基本法秩序就会被个人意志打乱。

梭伦准许无男嗣雅典人将财产遗赠其所指定之人。[2] 此举违背财产应留在立遗嘱人家族之古法,也违背梭伦所定之法[3],盖其曾经采用废除债务的方法确立平等。

对民主政体而言,禁止继承双份遗产乃上乘之法。[4] 追根溯源,此法源自把土地和财产均分给每个公民的制度。它不允许某

---

〔1〕 罗慕洛斯,传说中古罗马城缔造者,古罗马王政时期第一位国王(公元前157—前86在位)。罗马城系以其名命名。——译注

〔2〕 参见普鲁塔克:《梭伦传》。——原注

〔3〕 同上。——原注

〔4〕 科林斯的菲洛劳斯在雅典(疑为底比斯之误。——译注)规定,土地份额与继承数量应永远相同。参见亚里士多德:《政治学》第二卷第十二章。——原注

个人占有多份土地和财产。

规定女继承人必须嫁给血缘最近亲属之法，渊源同一。犹太人在采用均分制后作如此规定。柏拉图在均分制基础上立法时也作相同规定[1]，在此之前有部雅典法律亦然。

雅典有部法律，窃以为至今无人正确理解其精神。该法允许娶同父异母姐妹为妻，但不准许与同母异父姐妹结婚。[2] 这种习俗源自各共和国，盖根据共和国精神，一人不得占有两份土地，也不得继承两份遗产。男子娶同父异母姐妹后，只可能获得其父遗产。但是，倘若该男子与同母异父姐妹结婚，这个姐妹就可能因其父没有男嗣而获得遗产。在此情形下，与这位姐妹结婚之男子就可能拥有两份遗产。

这与斐洛[3]的观点并不矛盾：雅典人可以娶同父异母姐妹，但不能娶同母异父姐妹。斯巴达人可以娶同母异父姐妹，但不能娶同父异母姐妹。我在斯特拉波著作[4]中读到，在斯巴达，女子若嫁给兄弟，就可以获得所嫁兄弟所继承遗产的一半作为陪嫁。很显然，制定此项法律旨在防止前项法律之不良后果。把兄弟所获遗产一半作为姐妹陪嫁，乃为防止姐妹家财产转移到兄弟家。

塞涅卡[5]在提及娶姐妹为妻的西拉奴斯时说，在雅典，娶姐

---

〔1〕 参见柏拉图：《理想国》第八卷。——原注

〔2〕 科纳留斯·尼波斯在《序言》中说，这种习俗很古老，亚伯拉罕谈到萨拉时说："她是我妹妹，我与她同父异母。"（参见《圣经·创世纪》第二十章第十二节。——译注）各民族过去制定类似法律时，皆依据同一理由。——原注

〔3〕 斐洛·尤迪厄斯（约公元前20—公元40），生于亚历山大城，犹太哲学家和政治家，其思想是希伯来文化、希腊文化和基督教文化的联系纽带，被恩格斯称为"真正的基督教之父"。——译注

〔4〕 参见斯特拉波：《地理学》第十卷。——原注

〔5〕 塞涅卡（约公元前4—公元65），古希腊哲学家、剧作家。——译注

妹为妻受限制,但在亚历山大,普遍准许。[1] 在君主政体,几乎很少有人关注诸如此类的财产分配问题。

为维护民主政体的这种土地分配制度,有若干子女的父亲应从中选择一人继承其份额[2]并负责抚养其他兄弟姐妹的法律,是良法,盖它可以使公民数量与土地份额始终保持一致。

卡尔西冬的费勒亚斯[3]曾为财富极为不均之共和国提出一个极其不寻常的均富设想:富人嫁女给穷人时应提供陪嫁,但不得接受穷人嫁女时的陪嫁;穷人嫁女时可以接受聘礼,但无需准备陪嫁。据我所知,没有一个共和国采纳此法。此办法会让公民们极其难受,会令他们憎恨立法者试图通过此法达到的那种平等。有时候,法律不宜采用过于直接之法达成目的。

虽然真实平等乃民主政体灵魂,但确立如此平等绝非易事,而且极其绝对的平等也并非总是适宜。只要能把贫富差别缩小或者稳定在一定程度上即可[4],然后,可以制定专门法律向富人征税,同时减轻穷人负担,从而消除已有不平等现象。只有中等程度富人能够提供或者接受这种补偿措施,盖在腰缠万贯的富人看来,凡是不能给其带来权力与荣誉之物,皆为侮辱。

在民主政体,一切不平等都源自该政体性质甚至平等原则本身。例如,人们可能担心出现以下情形:那些需要不停工作才能维持生计者,担任公职后,会陷入贫困或者疏于公务;工匠们可能变得趾高气扬;获得自由的奴隶数量太多,其势力可能会压倒原有公

---

[1] 塞涅卡《克劳狄之死》记述:雅典准许与半姐妹结婚,亚历山大准许与全姐妹结婚。——原注

[2] 柏拉图也曾制定类似法律。参见柏拉图:《法篇》第三卷。——原注

[3] 卡尔西冬的费勒亚斯,柏拉图同时代人,年龄稍长于柏拉图。——译注

[4] 梭伦主张分为四级:谷物和现金收入达到 500 米纳者为第一级,收入达到 300 米纳、养得起一匹马者为第二级,收入达到 200 米纳者为第三级,所有依靠体力劳动为生者为第四级。参见普鲁塔克:《梭伦传》。——原注

民。在这种情况下,为维护国家利益,民主政体平等就可能被取消。但是,取消的仅仅是表面平等,盖担任公职而家道中落者,其家境可能逊于其他公民,而此人若因此而不得不疏于公务,将造成其他公民的境况甚至比他更糟。

第六节　民主政体如何保持节俭

在优良民主政体,不但要均分土地,还必须像罗马人那样把土地分割成一小块一小块。库里乌斯[1]对其士兵说:"公民若觉得足以养活他的土地太小,苍天难容!"[2]

节俭得以保持,凭借财富平等;财富平等得以保持,凭借节俭。二者虽然不同,但彼此相关,相互依存。在民主政体,一个不存在,另一个也必定不存在。

民主政体若以贸易为基础,即使私人拥有巨额财富,道德风尚也不会败坏,此乃千真万确,盖贸易精神自然伴随节俭、节约、节制、勤奋、谨慎、安分、秩序与规则。因此,只要有贸易精神,所产生的财富就不会有任何恶果。贸易精神若因财富过多而遭破坏,恶果就会产生,就会因感受到不平等而产生纷乱。

要保持贸易精神,显要公民必须经商,必须独尊贸易精神,法律主要目的必须是促进贸易,而且随着财富因贸易而日渐增多,法律应对个人财富进行分配,让每个贫穷公民都能过上宽裕生活,都能与别人一样参加劳动;法律还应让每个富有公民都保持中等水

---

〔1〕 库里乌斯(?—公元前270),罗马将军,曾四次当选罗马执政官,以无私精神著称。——译注

〔2〕 士兵们要求获得更大块的被征服土地。参见普鲁塔克:《道德篇·古代君王和将军传略》。——原注

平,都能凭借自身劳动创造或者拥有财富。

在贸易共和国,规定父亲遗产由子女均分之法,乃上乘之法。如此这般,无论父亲创造多少财富,其子女都不可能如父亲一样富有,也就不会奢侈无度,而会像父亲那样勤奋经营。此处所说的仅仅是贸易共和国,其他共和国另当别论,立法者应制定不同之法。[1]

希腊有两类共和国:军事共和国如斯巴达,贸易共和国如雅典。前者希望公民无所事事,后者激励公民热爱劳动、勤奋工作。梭伦规定无所事事乃犯罪,要求每个公民皆具有谋生手段。的确,在善治共和国,个人开支应以满足生活必需品为限,人人都应拥有生活必需品,否则,其生活必需品该如何提供?

第七节　民主政体原则其他维护方法

所有民主政体都均分土地,不现实。在某些情况下,实行这种制度不可行且危险,甚至会颠覆民主政体。凡事不能走极端。倘若旨在维护道德民风的土地均分不适合该种民主政体,就应采用其他制度。

要建立堪称道德风尚楷模之稳固政体,唯有那些在年龄、品德、地位和业绩等方面受尊敬者进入元老院才行。这种在公众面前宛若神明的元老,必须能够自然激发人们的美德情感,并使之渗透至每个家庭。

尤其重要的是,元老院必须坚守已有制度,并让人民与官吏永

[1] 这些共和国应对女性财富份额作出诸多限制。——原注

不违背。

维护既有风俗习惯,非常有利于道德风尚。腐化之人民,几乎无甚伟大作为——几乎没有建立新社会的,几乎没有建造新城的,几乎没有制定过什么法律的。与此相反,民风淳朴人民,建树颇多。因此,维护古老风俗,乃保持原始淳朴民风之路。

倘若发生革命而建立新政体,往往只能是经历无数艰难困苦后的结果,仰仗懒散而堕落的人民不可能成功。即使革命者希望人民分享革命成果,若无良好之法,也难以实现。旧制度往往能够改革民风,新制度往往会腐化民风。在漫长执政岁月,走向堕落不知不觉,重拾美德则需付出艰巨努力。

所谈及的元老院成员应采取终身制还是任期制,存在争议;但毫无疑问,应终身制,罗马如此[1],斯巴达如此[2],甚至雅典也如此。不应把雅典元老院和雅典最高法院混为一谈:雅典元老院成员三个月一换,雅典最高法院成员则作为永久典范而终身任职。

因此,普遍规则应为:若想让元老院成为民风楷模即民风保管所,其成员就应终身任职;若设立元老院乃为处理政务,其成员就无需终身任职。

亚里士多德说,精神就像躯体,会衰老。若指某个官吏,其言正确;若指整个元老院,其言有误。

在雅典,除最高法院外,还有公共道德保护官和法律保护官[3];在斯巴达,所有老人皆为监察官;在罗马,有两名专职行政官负责监察工作。元老院监督人民,监察官监督人民和元老院。

---

〔1〕 罗马官吏任期一年,但元老院成员终身任职。——原注

〔2〕 色诺芬在《斯巴达政制》第十章第一、二节写道:莱库古主张元老院成员从年长者中选出。若如此,即使行将就木,他们也不会放松对自身要求。此外,他主张由老年人评判年轻人的勇气。若如此,老年人的年龄就比年轻人的活力更显荣耀。——原注

〔3〕 即使是最高法院本身也要接受他们监督。——原注

监察官职责，乃革除共和国腐败弊端，警告怠惰者，谴责玩忽职守者，纠正错误；更恶劣的犯罪行为，则交由法律惩处。

罗马法为维护淳朴道德风尚，要求公开指控通奸行为。这一规定值得称赞，盖其既可震慑已婚妇女，也可震慑对其行为负有监督职责者。

维护道德风尚，莫过于长幼有序。如此这般，双方都受约束：年轻人尊重年老者，年老者检点自身行为。

公民如能绝对听命于官吏，法律就能发挥最大威力。色诺芬说："莱库古让斯巴达有别于其他城邦的最大之处，乃特别强调公民服从法律：官吏一声号令，公民立即行动。可在雅典，富人若被认为听命于官吏，就会感到极其痛苦。"[1]

父权对于维护道德风尚也很有效。前已阐述，在共和国，不存在其他政体那种强制性权威，因此，法律就应用其他权威填补空缺，父权就是这么一种权威。

在罗马，父亲对子女拥有生杀大权[2]；[3]在斯巴达，每个父亲都有权教训他人子女。

在罗马，父权随共和国覆灭而消失。君主政体并不需要如此淳朴的道德民风，它要求人人只服从官吏。

罗马法让年轻人养成俯首听命习惯，因此把未成年期定得很长。我们沿用这个规定也许是个错误，盖君主政体无需如此之多的限制。

---

〔1〕 参见色诺芬：《斯巴达政制》第八章。——原注

〔2〕 从罗马历史可以看出，这种权力对共和国非常有利，甚至最腐化时期亦然。奥鲁斯·伏尔维乌斯已上路欲加入喀提林阵营，其父把他召回后处死。另一些公民也有同样举动。参见狄奥：《罗马史》第三十七章。——原注

〔3〕 狄奥（150—235），古罗马政治家、历史学家，曾任执政官。著有从公元前8世纪中期罗马王政时代至公元3世纪早期罗马帝国时期的历史著作《罗马史》。——译注

在共和国，子女绝对服从父亲，因而要求父亲终身掌管子女财产，罗马乃如此。但是，这不符合君主政体精神。

第八节　法律应如何适应贵族政体原则

贵族政体平民若拥有美德，就能享有与民主政体大致一样的福祉，而且国家也会强盛。但在贵族政体，财富悬殊而美德罕见，法律应不遗余力鼓励节制精神，设法重建因国家体制而必然丧失的平等。

节制精神乃贵族政体的所谓美德，其地位犹如民主政体的平等精神。

若君主拥有奢华乃其权力组成部分，举止谦逊坦诚就是贵族力量所在。[1] 若他们不刻意凸显尊贵，而与平民打成一片，穿同样服饰，分享快乐，平民就会忘却自身之卑微。

各政体皆有其性质和原则，贵族政体不应具有君主政体性质和原则。除具有贵族集团特权外，贵族不应拥有个人特权，否则，贵族政体就具有君主政体的性质和原则。因此，特权应归元老院，元老院成员只是受人尊敬而已。

贵族政体存在两个动乱根源：统治者与被统治者之间的极端不平等和统治集团成员之间的极端不平等。两者皆会引发嫉妒仇恨，法律应防止或者消灭上述不平等。

贵族特权荣耀得让平民感到羞耻时，呈现的主要是第一种不

---

〔1〕 如今的威尼斯政府很开明：有位威尼斯贵族与一位大陆绅士因争夺教堂座位而发生争执，威尼斯人裁定：在威尼斯境外，威尼斯贵族对其他公民不享有任何优先权。——原注

平等。罗马法禁止贵族与平民联姻[1]，其唯一后果，就是造成贵族更加傲慢、可憎。读者可以看出，保民官是如何利用这一点增强其演说魅力的。

公民纳税待遇不同时，也会呈现另一种不平等，具体表现有四：首先，贵族拥有不纳税特权；其次，贵族可以弄虚作假逃避纳税义务[2]；再次，贵族以担任公职所获报酬或者薪俸之名取回所纳之税；最后，贵族把平民变成进贡者，在贵族集团内部分享平民所纳之税。最后一种情形极其罕见，出现这种情形的贵族政体最无法令人忍受。

罗马走向贵族政体时，就避免了上述弊端。官吏担任公职不领取任何报酬；共和国政要须像其他人一样纳税，甚至纳税更多，甚至有时只有他们才纳税。总之，他们不但不分享国库收入，而且将其从国库中分得的一切钱财，将幸运赐予其的一切财富，全都分给平民，藉以让人们宽恕其享有的荣华富贵。[3]

把财富分给民众，在民主政体会产生恶劣后果，在贵族政体却会产生相当良好的结果——这是一条基本规律。前者使民众丧失公民精神，后者使民众重铸公民精神。

若不把国家财富分给人民，则至少应让他们确信，国家收入管理得当。换言之，只要人民能够亲眼看到国家财富，就几乎等于享用了那些财富。陈列于威尼斯的金链[4]，展示于罗马凯旋仪式的财宝，收藏于萨特恩农神庙的珍宝，实乃属于人民的财富。

贵族政体极为重要的一点，乃贵族不亲自征税。罗马一等公

---

〔1〕 罗马十人委员会把这条规定放在最后两表中。参见哈里卡纳斯的狄奥尼修斯：《罗马古代史》第十章。——原注

〔2〕 犹如当今的一些贵族行为，对国家损害最大。——原注

〔3〕 参见斯特拉波：《地理学》第十四卷关于罗得人这方面行为的记载。——原注

〔4〕 此乃一条硕大金链，逢节庆向公众展示。——译注

民从不涉足税务，而将其交由二等公民办理。即便如此，后来依然产生不少问题。在贵族政体，贵族亲自征税，就会导致个人任由公职人员摆布，而且没有诸如更高一级的监察委员会之类的机构制衡其权力。负责铲除滥权者，反而会乐于享受滥权好处。如此，贵族就会像专制君主那样，想没收谁的财产就没收谁的财产。

此后不久，如此不义之财就会视为家产，贪婪之心就会肆无忌惮膨胀，结果是应征税费减少、国家收入枯竭。为何有的政权尽管并未遭受重大打击却日渐衰弱，不但令邻国感到惊讶，而且令本国臣民感到惊讶，原因在此。

法律还应禁止贵族从事一切商业活动，盖地位如此之高的商人可能垄断一切。商业乃地位平等者从事之职业。在专制国，最糟糕的乃君主经商。

威尼斯法律禁止贵族经商[1]，盖他们即使老老实实做生意，也可能获取令人咋舌之财。

法律应采用最有效手段，促使贵族公正对待人民。法律未设立保民官，法律本身就应是保民官。

任何妨碍执法的包庇行为都会摧毁贵族政体，而且不久都会导致暴政。

法律应始终抑制统治者的骄横，必须设置临时或者固定官职威慑贵族。例如，斯巴达的监察官、威尼斯的国家调查官，执法时不受任何程序约束。这种政府需要强大推动力，例如，威尼斯有只石兽张着大嘴——也许会有人视为暴政之嘴——供人举报之用。[2]

---

〔1〕 参见阿姆洛·德·拉·乌赛：《威尼斯政府史》第三部分。克劳狄制定的法律禁止元老院成员拥有载重 40 桶以上的船只。参见李维：《罗马史》第二十一章。——原注

〔2〕 举报人可以将检举信投入石兽口中。——原注

贵族政体这种独立行政官,有点类似民主政体的监察官,就其性质而言,同样是独立行使职权。毫无疑问,监察官履职行为不应受追究,应充分信任他们,绝不应让他们泄气。在这方面,罗马人的做法值得称赞:除监察官外[1],其他行政官都须为自身履职行为负责。[2]

贵族政体有两大隐患:贵族阶层太穷或者太富。为防止其贫困潦倒,尤其重要的是,应督促他们及早偿还债务;为平抑其过多财富,应谨慎采取巧妙措施,但不要采取没收财产、均分土地、废除债务等必将产生无穷后患之法。

法律应废除贵族长子继承权[3],以便不断分割遗产而让贵族财产始终大致均等。

应废除替代继承制[4]、家产赎回制[5]、长子优先权或者收养等陋习。君主政体为永续家族显赫而实施的,贵族政体均不可采。[6]

在借助法律实现家族平等后,下一步乃维护家族团结与和谐。要迅速解决贵族纷争,否则,个人纷争就会演变为家族纷争。仲裁官既可化解争议,也可防止争议产生。

最后,有些家族自诩比其他家族更尊贵或者更古老而目空一切,法律不能偏向这种家族。其实,如此虚荣心实乃人性弱点。

---

〔1〕 监察官甚至不得过问其他同事的工作,监察官无须征求其他监察官的意见就可作出决定,否则,监察官职位就形同虚设。参见李维:《罗马史》第六十九章。——原注

〔2〕 雅典监察官要求所有行政官都必须为自身行为负责,但他们自己不必为自身行为负责。——原注

〔3〕 威尼斯实行长子继承制。参见阿姆洛·德·拉·乌塞:《威尼斯政府史》第30、31页。——原注

〔4〕 法定继承人无法行使继承权,指定另一人继承。——译注

〔5〕 死者生前出售之物,其死后一定期限,可作为遗产由继承人原价赎回。——译注

〔6〕 某些贵族政体追求的,与其说维护国家,毋宁说维护贵族。——原注

只要考察一下斯巴达，就会明白，那里的监察官是如何应对君主、贵族以及平民弱点的。

第九节　法律如何适应君主政体原则

君主政体原则乃荣誉，法律就应适应它。

法律应尽力维护贵族利益，盖从某种意义上而言，荣誉乃贵族之父，又乃贵族之子。

法律应规定贵族可以世袭，目的不是使之成为君主权力与平民弱点之界限，而是使之成为两者之联系。

替代继承，于这种政体而言，可以保护家族财产极其有用，但于其他政体而言并不合适。

在这种政体，家产赎回制度很有用，可以让贵族家庭重新获得亲长为满足挥霍欲望而转让出去的土地。

贵族土地应像贵族本身一样享有特权，君主尊严与其王国尊严密不可分，贵族尊严与其封地尊严同样密不可分。

所有上述特权，皆贵族独有，不得转让给平民，除非有意违背政体原则并削弱贵族以及平民力量。

替代继承会阻碍贸易，家产赎回会引发无穷讼争：在王国范围内出售之地，从某种程度上而言，在一年内处于某种无主状态。附着于封地特权而产生的权力，对于容许那些特权的政体而言，是非常沉重的负担。它们会给贵族带来麻烦，不过，较之给贵族带来的普遍利益，可以忽略不计。但是，若把这些特权转让给平民，所有政体原则就会遭到肆意破坏。

君主政体允许人们把大量财产留给其中一个子女，此做法于其而言适宜。

法律应促进符合君主政体的一切贸易[1]，以便臣民满足君主及其随从贪得无厌之求，以便臣民免遭灭顶之灾。

法律应规范征税行为，以免呈现征税手段比赋税本身更加令人难以忍受的局面。

赋税沉重致人民劳苦，劳苦致疲惫，疲惫致懈怠。

第十节　君主政体之特有行政高效

相较共和政体，君主政体具有一大优势：国家只由一人主导，故其行政效率更高。高效可能蜕变为轻率，故法应使之放慢速度。法，不仅应发挥政体性质优势，还应矫正政体性质潜在弊病。

枢机主教黎塞留认为：集会、结社，会在诸方面引起种种问题，故君主不应允许。[2] 黎塞留，不是对专制权力心有所属，就是满脑子专制思想。

负有执法职责机构，最佳臣服乃在处理君主事务时深思熟虑、稳重得体。这种品质，在君主那无知随从、急躁朝臣身上乃鲜见[3]。[4]

若君主冲动之下大肆褒奖无比骁勇、无限忠诚的臣下之服务，官吏们即使采取拖延、劝诫、恳求等方法，都无法阻止君主仓促

---

[1] 君主政体只允许平民从事贸易活动。参见《商业与商人法典》第三条之规定。这部法典十分合情合理。——原注

[2] 参见黎塞留：《政治遗嘱》。——原注

[3] 参见塔西佗：《编年史》第五卷第三十二章："蛮族认为，拖沓乃奴性表现，迅捷乃王者风范。"——原注

[4] 塔西佗（约55—120），古罗马历史学家，著有《阿古里可拉传》《日耳曼尼亚志》《罗马史》《编年史》等。——译注

决断甚至其美德沦丧，如此之国怎能成为世上最完美的君主之国？

第十一节　君主政体优势

相较专制政体，君主政体具有巨大优势：君主国必然拥有与政体休戚与共的各等级阶层，国家更稳定，政体更坚实，统治者更安全。

西塞罗认为，罗马因设立保民官而拯救了共和国："事实上，群龙无首之民众暴力更可怕。首领明白肩负之责，会认真思考。可是，民众一旦群情激昂，就可能全然不知自己正迈向危险境地。"〔1〕这也适用于专制与君主政体，前者民众没有保民官，后者民众拥有某种保民官。

我们可以看到，专制国发生动乱时，群情激愤的民众总是走向极端，把混乱局势推向不可收拾地步。而在君主国，走极端情形极其罕见：首领们总是有所顾忌，他们害怕被抛弃；依附的中间势力〔2〕则不愿意让民众拥有太大优势；各阶层全都彻底腐化极其罕见。君主依靠的就是上述阶层。谋乱者既没有颠覆政府的愿望与意志，也没有推翻君主的意志与力量。

出现动乱，谨慎、权威之人就会出来干预：提出缓和措施并得到双方认可，最终纠正错误，于是，法律恢复活力，政令得到遵守。

可以说，纵观我国历史，有内战而无革命；反观专制国历史，有革命而无内战。

国家内战史撰写者，甚至策划内战之人，都已充分证明，君主

---

〔1〕参见西塞罗：《论法律》第三章第十节。——原注

〔2〕参见本书第二章第四节第一个脚注。——原注

几乎无甚理由怀疑其所赋予特定阶层的权威,盖那些人即使在犯错而迷失方向时,寻求的也只是法律和职责,所做的是设法缓和谋乱者之亢奋和狂躁,而不是煽风点火。[1]

枢机主教黎塞留或许意识到自己过于贬损君主政体,转而求助君主及大臣美德维系该种政体。[2] 但是,他提出了太多要求,事实上,唯有天使才可能具有其要求的那种专注、决心和知识。在君主政体消失前,恐怕难以见到拥有如此美德的君主与大臣。

同那些成天在森林里游荡、无规矩也无首领的民众相比,良政下的民众生活更幸福;同无法控制民心和己心的专制君主相比,受国家基本法约束的君主也生活得更幸福。

第十二节　君主政体优势(续)

在专制政体,哪有什么宽宏大量,君主本人不具备这种伟大品质就无以教化他人,盖其自身毫无荣耀可言。

人们在君主政体看到的,是臣民簇拥着君主,君主的光辉映照着臣民。可以说,每个人都在广阔空间沐浴着那些美化心灵的美德。这不是放任,而是真正的尊严与伟大。

第十三节　何谓专制

路易斯安那蛮人想吃果子时,就把果树从根部砍倒,然后采摘

---

〔1〕 参见枢机主教雷斯回忆录以及其他历史著作。——原注

〔2〕 参见黎塞留:《政治遗嘱》。——原注

果实。[1] 此乃专制。

第十四节　法律应如何适应专制政体原则

专制政体原则乃恐惧，那些怯懦、愚昧和萎靡之民无需多少法律。

对专制而言，有两三个概念就行，不需要任何新概念。驯马时，切忌更换主人、课程与步法，要让马匹牢记的只是两三个动作，无需更多。

幽居深宫君王若离开淫逸宫殿，那些幽禁他的人们就会担忧。他们不能容忍君主本人及其权力旁落他手。因此，君主极少亲自征战，也几乎不敢放手让将领指挥作战。

如此惯于他人唯命是从的深宫君主，一旦有人武装挑衅其意志，就会勃然大怒，几乎都会任凭愤怒或者复仇心理使唤。他也不可能懂得真正的荣光。因此，如此之国的战争，必然残暴，遵守万民法必定弱于他国。

如此君主，缺点如此之多，故十分惧怕自己与生俱来的愚蠢暴露于众。他深藏宫中，人民就无法知道其真面目。幸运的是，如此之国，乃借用君主名义治国而已。

驻扎宾杰里的查理十二[2]，发觉瑞典元老院有人反对他，立即致信国内说，要寄一只自己的靴子回去统率他们。此靴子就可像专制君主一样统治一切。

---

〔1〕 参见《耶稣会士书简集》第二册，第 315 页。——原注

〔2〕 查理十二（1682—1718），瑞典国王（1697—1718 在位），1713 年与土耳其作战时率军驻扎摩尔达维亚的宾杰里。——译注

若君主被俘，就会视其已亡，由另一人继位。被俘君主所签条约一律无效，继任者不会批准。事实上，君主既是君王，又是国家与法律；其不再是君主时，就什么都不是。因此，不视其已亡，国将不国。

土耳其人决定与彼得一世[1]单独媾和，最重要之因，乃俄罗斯人告知土耳其宰相，瑞典已另有人登基为王[2]。[3]

因此，保卫如此之国，只不过是保卫君主或者幽禁君主之宫殿而已。凡是不对宫殿或者都城构成直接威胁的，都无法触动那些无知、自负而偏见之人的神经。至于事态后续发展，他们根本不理会。在这种政体，政治及其源动力与法律，作用极其有限，盖政治治理简若民事治理。[4]

在这种政体，一切努力都在于使政治治理与民事治理趋同于家庭治理，使国家官吏与后宫随从无甚区别。

如此之国，只有在把自己视为世上唯一之国时，只有在其四周都是沙漠而且不与它视为蛮族之民族为邻时，才是最幸福之国。如此之国，由于无法指望军队，毁坏部分国土不失为上策。

专制政体原则乃恐惧，其目的乃稳定。但是，稳定绝不等于太平，而是敌人即将占领前的沉寂。

由于实力不在国家而在创建国家的军队之手，保卫国家就必须保存军队。可是，对君主而言，军队却是可怕的。如何兼顾国家安全和君主安全？

请看看，为摆脱专制政体，莫斯科公国付出了多么艰巨的努

---

〔1〕 即俄国沙皇彼得大帝。——译注

〔2〕 参见普芬道夫：《世界通史》第十章“论瑞典”。——原注

〔3〕 普芬道夫（1632—1694），德国法学家、史学家，近代杰出自然法学思想家。——译注

〔4〕 据沙尔丹说，波斯不举行内阁大臣会议。——原注

力。如此政体，政府负担大于人民负担。他们裁减军队，减缓刑罚，建立法院，传播法律，教化民众。但是，基于某些特定原因，它也许还会再次陷入其努力摆脱的苦难。

如此之国，宗教影响大于其他国家，那是在恐惧之上再添恐惧。在伊斯兰国家，民众异常敬畏君主，部分原因在于宗教。

土耳其政制得到一定程度纠正，盖因宗教。那里的臣民，不以国家伟大光荣而为荣，之所以与国家联系在一起乃宗教教义与力量所致。

宣称自己拥有所有土地、宣称自己乃所有臣民遗产继承人之君主，绝对乃一切专制君主中作茧自缚最甚者：农耕废弛，若君主还插手贸易，则一切行业都会遭受灭顶之灾。

如此之国，什么也不能修复，什么也不能改善。[1] 盖房仅为遮风避雨；不挖沟，不栽树；只向大地索取，不给大地任何投入。于是，处处杂草丛生，举国如同荒漠。

若法律取消土地所有权和财产继承权，能否抑制显要吝啬与贪婪？绝对不可能！如此反而会刺激其吝啬与贪婪。他们会无所不用其极，盖其认为，其能够拥有的只剩下黄金白银，唯有如此之物，才能予以掠夺或者藏匿。

因此，为防止国家最终走向灭亡，必须确立某种风俗抑制君主贪婪。例如，在土耳其，君主通常满足于享有百分之三的民众遗产价值。[2] 但是，由于他把大部分土地赐给其将士并有权任意处分那些财产，由于他可以把帝国所有官吏遗产据为己有，由于他可以将死而无男嗣者的财产收入囊中而死者女儿只能享有这些财产的

〔1〕 参见里戈：《奥斯曼帝国》1678 年版，第 196 页。——原注

〔2〕 参见圣乔治：《斯巴达的过去和现在》关于土耳其人遗产继承的记述；参见里戈：《奥斯曼帝国》。——原注

用益权,国家大部分财产所有权就处于不确定状态。

万丹国[1]法律规定[2],国王不仅可以取得臣民遗产,甚至可以拥有其妻子儿女和房屋。为了逃避这一最残忍之法,民众不得不让子女在十岁、九岁、八岁甚至更小时就结婚,以免他们成为父亲遗产中倒霉的组成部分。

在没有基本法之国,王位继承没有定制,君主有权从家族内外挑选王位继承人。即使确立长子继位制也徒然,君主依然可以另选他人继承王位。王位继承人由国王或者大臣宣布,有时则由内战确立。因此,如此专制之国比君主之国更易瓦解。

由于皇室每位王子都享有继位资格,继位王子立即要做的,乃迫害兄弟:或者如土耳其把他们统统绞死,或者如波斯把他们的眼睛弄瞎,或者如莫卧儿[3]把他们整成疯子。若不采取此类措施,如摩洛哥,每当王位出现空缺,可怕内战就会降临。

依照沙皇俄国宪法[4],沙皇可以从皇室内外选定继位人。如此帝位继承制度引发无数动荡,帝位极不稳定,犹如帝位继承确定极为随意一样。由于帝位继承顺序乃民众最应知道之事之一,最佳办法乃以最能让人知晓之事为准,例如,以出生顺序为准。此办法可以遏制不轨图谋,抑制狼子野心。如此这般,懦弱君主就不必再为王位继承问题忧虑不已,也不必再让临终君主口谕遗愿。

王位继承制度由基本法作出规定后,只有一位王子是王位继承人,其兄弟就不拥有与其争位的任何事实上或者表面上的权

---

〔1〕 万丹国,爪哇岛上小王国,17世纪末被荷兰侵占。——译注

〔2〕 参见《创建东印度公司历次航行记》第一卷。勃固国法律不那么严苛,死者如有子女,国王只取其遗产的三分之二。又参见该书第三卷第1页。——原注

〔3〕 莫卧儿帝国,乃突厥化蒙古人帖木儿后裔巴布尔在印度建立的封建专制王朝。——译注

〔4〕 参见该国多部宪法,尤其是1711年宪法。——原注

利，就无法编造或者利用父王遗愿。如此这般，国王兄弟就如任何臣民那样，不再有被捕或者被杀之虞。

但是，在专制政体，君主兄弟是国王奴隶与政敌。为谨慎起见，国王不得不囚禁他们。伊斯兰国家尤其如此，盖其宗教把胜利或者成功视为真主作出的有利于自己的裁决，所以，谁也不是法律上的君主，而只有事实上的君主。

在某些国家，王子们知道，不能继承王位，不是被杀就是被囚，所以，其野心远远大于我们的王子。在我们这里，不能继承王位的王子纵然不能使自身野心得到满足，至少还能让自己那些并不过分的愿望得到满足。

专制君主总是破坏婚姻制度，通常妻妾成群，如此情形尤以专制司空见惯的亚洲国家为甚。他们子女太多，无法给予所有子女父爱，众多王子之间也毫无手足之情。

帝王家宛若国家：本身极其脆弱，首脑却极有权力；看似庞然大物，却可能瞬间土崩瓦解。阿塔薛西斯〔1〕处死其所有儿子，盖他们谋反〔2〕。〔3〕五十个儿子共谋推翻父亲，似乎不太可能。据说，他们谋反之因乃父亲不愿将妃子让给长子，似乎更不可能。我们宁可相信，此乃东方常见的宫廷阴谋。宫廷乃奸诈与背叛悄无声息作祟之所。越来越年迈体弱之君王，实乃宫中头号囚徒。

综上所述，人类天性乃不断反抗专制。尽管人类崇尚自由、憎恶暴力，但是，大多数民族却依然屈从专制。这不难理解。要组建温和政体，就必须整合各种权力，加以规范控制，使之发挥作用，并增强其中一种权力，使之抗衡另一种权力。此乃立法杰作，凭运气

---

〔1〕阿塔薛西斯，波斯国王。——译注

〔2〕参见查士丁：《世界通史》第五卷第一、二章。——原注

〔3〕查士丁（公元2世纪），罗马拉丁语历史学家。——译注

难以创造如此杰作，凭谨慎也难以创造如此杰作。反之，专制政体一目了然，无论何地，均属一个模子，只要有此种冲动就能建立，无论何人都能干成。

第十五节　法律应如何适应专制政体原则(续)

气候炎热地区通常盛行专制。在那里，人之情欲萌动早、消失得快[1]，人之智力发展快，挥霍财产危险较小，出人头地机会少，年轻人深居简出、彼此交往不多，人们结婚早，因此，较之欧洲人，成年早。在土耳其，十五岁乃成年。[2]

在那里，财产不能转让。在无恒产之国，人们更关注依赖的，乃自身，而非财产。

在温和政体，财产当然可以转让[3]，共和政体尤其如此，首先因为大家皆相信公民都讲诚信，其次因为共和政体激发人之宽厚精神，而这种政体又是人人自愿投身其中的。

当年罗马共和国立法者若确立财产转让制度[4]，就不会发生那么多叛乱与民事纠纷，也不至于经受那些灾祸之险与救援之难。

在专制国，由于贫穷以及财产不稳定，高利贷大行其道。放款时风险越大，利息就越高。因此，贫困从四面八方袭向这些不幸之国，人们一贫如洗，甚至借贷无门。

在专制国，商人无法做大生意，只能糊口度日。若购进大批货

---

〔1〕 参见本书第十四章。——原注

〔2〕 参见拉吉耶梯也尔:《新旧斯巴达》，第 463 页。——原注

〔3〕 良性破产后也可缓期付款。——原注

〔4〕 该制度直至《朱利安法》“财产转让”之规定才得以确立，此后不再因此坐牢，财产转让也不再丢脸。——原注

物，盈利不足支付高利。因此，几乎无甚商业法，仅有维持治安之法。

政府中无干坏事者，就不会不公。可是，欲让其不谋私利，绝不可能。因此，在专制国，贪污贿赂司空见惯。

既然贪污贿赂乃专制政体常见罪行，财产充公就极其有用：可以慰藉人民；可以增加国库收入，君主很难从穷困潦倒臣民身上获得这么一大笔赋税。在如此之国，君主不愿保护任何家庭。

在温和政体，则大不相同。没收财产会使所有权不稳定，会使无辜孩子遭到掠夺，会毁灭整个家庭而不是只惩罚犯罪分子。在共和政体，没收财产会剥夺公民生活必需品[1]，会破坏平等——这正是共和政体的灵魂。

罗马法规定，除罪大恶极的叛逆罪外，不适用没收财产刑罚。[2] 按照这一法律精神，没收财产仅限于几项罪行。这很明智。博丹[3]说得很对，在习惯法对继承所得有专门规定的地方，没收财产对象应仅限于婚后所得。[4]

第十六节　委托行使权力

在专制政体，权力完全授予他人行使：宰相本人就是专制君主，每个官吏都是宰相。在君主政体，权力行使没那么直接，君主

---

〔1〕 雅典共和国似乎太热衷于没收财产。——原注

〔2〕 参见《查士丁尼法典》关于没收财产的规定。——原注

〔3〕 博丹(1530—1596)，法国哲学家、政治学家、法学家，近代资产阶级主权学说创始人。——译注

〔4〕 参见博丹：《论共和国》第五章第三节。——原注

授权有所保留:[1]把部分权力授予他人行使时,必保留更大部分权力由本人行使。

因此,君主政体市政官员固然要对省督负责,但更要对君主负责;军官固然要服从将军,但更要服从君主。

大多数君主政体都有如此巧妙安排:拥有较大指挥权的军官不管辖任何一支部队,只有奉君命时才统率军队,就是说,他们可以被任用,也可以不被任用,即从一定意义而言,他们在服役也不在服役。

此做法与专制不容。那些不担任实际职务者,若仍然拥有特权和头衔,必为呼风唤雨人物。这直接与专制政体性质相悖。

若市政官员不听命于省督,就需要每天进行协调以保持政令畅通,这对专制政体而言极其荒谬。此外,若市政官员可以拒绝服从省督,省督又该如何为所辖行省负责?

在这种政体,权威总是摇摆不定,即使是最下层官吏权威也不比君主权威更稳定。在温和政体,法律规定处处明智而且家喻户晓,因此,即使最下层官吏也能依法办事。但在专制国,君主意志乃法律,即使君主英明决断,可是官吏如何执行其并不知晓之意志?所以,他们只能按自身意志行事。

由于法律只是君主意志,由于君主欲做的只可能是其所知道的,就得有大批人为君主出主意并让自身意志与君主意志保持一致。

最后,由于法律乃君主一时意志,为其出主意者也得像君主般一时一个主意。

---

〔1〕“落山太阳总是柔和的。”——原注

第十七节　礼物

专制国习俗是：无论拜见哪位上司都要送礼，拜见国王也不例外。若臣子两手空空，莫卧儿皇帝就会拒绝接受奏折。[1] 这些君主甚至在赦免臣民时也会索取礼物。

如此政体呈现如此情形，实属必然，盖在那种政体，没有人是公民；大家都认为，上司对下属不负任何义务，除一部分人惩罚另一部分人外，人与人之间不存在任何关联；那里政务不多，而且人民很少需要拜见大人物请求帮忙，更不必说向他们申诉。

在共和政体，礼物令人生厌，盖美德不需要礼物。在君主政体，荣誉比礼物更能激励人。但在专制政体，美德、荣誉皆无，人们只是希冀过上略好生活才会做事。

柏拉图按照其共和国理念，主张凡收礼才履职者应一律处死："无论做好事还是坏事，都不应收礼。"[2]

罗马有一坏法，准许官吏接受小礼物[3]，但一年内礼物总值不得超过一百埃居。[4] 不曾收礼者，不期望收到任何礼物；收过一点礼物者，希望再收一点，不久就会贪得无厌。此外，不应收礼而收礼者，较容易认错；可以收小礼却收大礼者，没那么容易认错，往往找借口、托词或者似是而非的理由进行辩解。

---

[1] 参见《创建东印度公司历次航行记》第一卷，第 80 页。——原注

[2] 参见柏拉图：《法篇》第十二卷。——原注

[3] 拉丁文为"*muniscula*"，指微不足道的小物品。——原注

[4] 参见《查士丁尼法典》第六章以及《朱利安法》"惩治索贿"条。——原注

第十八节　君主赏赐

如前所述，在专制政体，人们做事主要动力，乃希冀过上略好的生活，君主能够赏赐的唯有金钱。在荣誉主宰一切的君主政体，君主赏赐本应仅限于名誉地位；但是，荣誉所确立的名誉地位总是与某种奢华相连，而奢华必然产生种种需求。因此，君主不得不以能够获得财富的荣誉作为赏赐。在美德主宰一切的共和政体，美德本身乃激励而不需其他东西，故国家奖励只需褒扬美德即可。

君主或者共和政体颁发重奖，乃走向衰落征兆，此乃普遍规律，盖重奖表明其原则已被腐蚀：荣誉观念在君主国不再拥有强大力量，公民资格在共和国分量已减弱。

最坏罗马皇帝乃赏赐最多的皇帝，诸如卡里古拉、克劳狄、尼禄、奥托[1]、维特里乌斯[2]、康茂德[3]、埃拉伽巴卢斯[4]和卡拉卡拉[5]等。奥古斯都[6]、韦斯巴芗[7]、安敦尼·皮乌

---

〔1〕 奥托（32—69），全名“马库斯·萨尔维乌斯·奥托·恺撒·奥古斯都”，原名“马库斯·萨尔维乌斯·奥托”，罗马皇帝（69 年 1 月 15 日—69 年 4 月 16 日在位），“四帝时期（四帝内乱期）”第二位皇帝。——译注

〔2〕 维特里乌斯（15—69），又译“维特利乌斯”，罗马皇帝（69 年 4 月 16 日—69 年 12 月 22 日在位），“四帝时期”第三位皇帝。——译注

〔3〕 康茂德（161—192），罗马皇帝（180—192 在位），哲学家皇帝马库斯·奥勒留之子。史学家认为，康茂德统治时期，乃罗马帝国走向衰落之始。——译注

〔4〕 埃拉伽巴卢斯（约 203—222），又译“埃拉伽巴路斯”，罗马皇帝（218—222 在位）。——译注

〔5〕 卡拉卡拉（186—217），罗马皇帝（211—217 在位）。——译注

〔6〕 奥古斯都（公元前 63—公元 14），即“盖维斯·屋大维·奥古斯都”，原名“盖乌斯·屋大维·图里努斯”，后三巨头同盟之一，统治罗马长达 40 年。——译注

〔7〕 韦斯巴芗（9—79），罗马皇帝（69—79 在位），“四帝时期”第四位皇帝，罗马帝国弗拉维王朝开创者。——译注

斯[1]、马库斯·奥勒留[2]和佩提纳克斯[3]，均乃精打细算好皇帝。好皇帝在位，国家回归其原则，荣誉法宝可以代替财物法宝。

第十九节　三种政体原则新结论

结束本章前，必须说说上述三种原则的具体应用。

第一个问题：法律可否强迫公民担任公职？窃以为，共和政体可以，君主政体不可。在前一政体，公职乃美德之标志，乃国家对公民之信任与委托，而公民之所以生活着、行动着、思想着，皆为国家，故公民不能拒任公职。[4] 在后一政体，公职乃荣誉之体现，可是，荣誉这种东西有些任性，除非符合其意愿及其所要求的方式，否则，可以拒绝接受公职。

撒丁[5]已故国王[6]对拒受官衔与公职之臣民予以惩处，乃无意识遵循共和政体理念，盖其治国方式表明非其初衷。

第二个问题：在军队，公民应接受低于先前之职，好不好？在

---

〔1〕 安敦尼·皮乌斯(86—161)，又译“安东尼”“安托尼乌斯”“安托尼努斯”，罗马皇帝(138—161在位)，罗马帝国“五贤帝”之一。“五贤帝”系指涅尔瓦、图拉真、哈德良、安敦尼、奥勒留。——译注

〔2〕 马库斯·奥勒留(121—180)，罗马帝国五贤帝时代最后一位皇帝(161—180在位)，代表作《沉思录》。——译注

〔3〕 佩提纳克斯(126—193)，又译“佩蒂纳克斯”，罗马皇帝(192年12月31日—193年3月28日在位)。禁卫军统领莱塔斯谋杀暴君康茂德后，拥戴佩提纳克斯为皇帝，并希望得到回报，即欲让新皇帝任命其为埃及长官。佩提纳克斯即位后，积极争取元老院支持，矫正康茂德时代过错，深受人民爱戴，但未迅速满足莱塔斯等的要求。193年3月28日凌晨，在莱塔斯煽动下，禁卫军突袭皇宫，杀死佩提纳克斯。——译注

〔4〕 柏拉图在《理想国》第八卷中认为，拒任公职系共和国腐败标志之一；在《法篇》第六卷主张对这类人处以罚金。在威尼斯，这类人被处以流放。——原注

〔5〕 撒丁王国(1720—1861)，19世纪中期意大利境内唯一独立王国，位于意大利西北部。后在其基础上意大利实现统一。——译注

〔6〕 指维克托·阿马戴乌斯二世。——原注

罗马,经常可以看到,前一年是上尉,次年是原属其部下的中尉之部属。[1] 共和政体美德要求人们为国家不断作出牺牲,既牺牲自身也牺牲个人好恶。但在君主政体,荣誉,无论是否货真价实,都不准许降格。

在专制政体,头衔、官职和荣誉,统统都被滥用,贩夫走卒可当国王,国王也可沦为贩夫走卒。

第三个问题:同一人可否身兼军职与文职?窃以为,共和政体可以,君主政体不可。前一政体,军文职分开,军职成为特殊身份,极其危险;后一政体,一人身兼文武两职,也极其危险。

在共和政体,人们拿起武器,乃为捍卫祖国与法律。他们是公民,就必须参军服役。若公民与士兵是两种不同身份,就会让那些自信是公民的士兵认为自己只是士兵而已。

在君主政体,军人追求的只是荣耀或者荣誉与财富。对这如此之人千万小心,君主切不可让其兼任文职,而要让其受文官节制。不能让同一人既享有人民信任,又拥有滥用该信任之武力。[2]

只要看看貌似君主政体而实为共和政体之国,就会明白,人们多么担心军人会成为特殊职业阶层,始终把军人身份与公民身份甚至行政官员身份融为一体,目的乃让上述身份都应为永远牢记心中的祖国效力。

共和政体寿终正寝后,罗马把官职分成文武两类。这并非随意之举,而是罗马政体变化结果,符合君主政体原则。如此区分始

---

[1] 几位百夫长向人民呼吁恢复其原职,有位百夫长对他们说:"兄弟啊,你们应把保卫共和国的任何职位都视为光荣才对。"参见李维:《罗马史》第四十二章第三十四节。——原注

[2] 为防止政治权力转至贵族精英手中,伽利埃努斯皇帝禁止元老院成员加入军队,甚至不准他们接近军队。参见奥勒留·维克托:《英杰传》"恺撒"篇。——原注

于奥古斯都,[1]继任皇帝们为了驯服军事政体,不得不继续如此区分[2]。[3]

曾与瓦林斯[4]争夺帝位的普罗科皮乌斯[5],把省督授予波斯亲王奥尔米兹德[6]时,恢复该职位曾经拥有的军权。[7] 如此行事,有悖情理,必定事出有因。觊觎帝位者,追求更多的是自身利益而非国家利益。

第四个问题:官职可否买卖? 窃以为,专制政体不可,盖臣属去留完全在君主闪念之间。

但在君主政体,官职买卖并非完全不可,理由是:原本为了美德无人愿干之事,如今不但有人愿干,还可以成为家族事业;还能促使官吏各尽其责,并让各等级阶层秩序更稳定。叙达斯[8]说得很对,阿那斯塔修[9]变卖所有官职,把帝国改造为贵族政体。

柏拉图无法容忍如此交易:"这犹如可以花钱当上船长或者水手一样。如此交易,对任何职业均有害,难道对治理共和国就有益?"[10]不过,柏拉图所说的乃以美德为基础的共和政体,而我们所说的乃君主政体。在君主政体,即使没有官职买卖制度,朝臣由

---

[1] 奥古斯都剥夺了元老院成员、省督携带武器之权。参见狄奥:《罗马史》第三十二章。——原注

[2] 例如君士坦丁。参见索西穆斯:《历史》第二卷。——原注

[3] 索西穆斯,为与教皇索西穆斯相区别,人称"历史学家索西穆斯";古希腊历史学家,著有《历史》。——译注

[4] 瓦林斯(328—378),东罗马帝国皇帝(364—378 在位)。——译注

[5] 普罗科皮乌斯(325? 326? —366),东罗马皇帝(365 年 9 月 26 日—366 年 5 月 27 日在位),登上帝位后不久即被瓦林斯所杀。——译注

[6] 奥尔米兹德,波斯国王之子,后继任波斯国王(306—309 在位)。——译注

[7] 参见安米阿奴斯·马西利纳斯:《罗马史》第三十四章:"按照古代习惯和战争规则。"——原注

[8] 叙达斯,公元 5 世纪古希腊词汇学家,所编《词汇》保存了许多人物传记资料和名著摘录。——译注

[9] 阿那斯塔修(430—518),东罗马皇帝(491—518 在位)。——译注

[10] 参见柏拉图:《理想国》第八卷。——原注

于清贫和贪婪也会出卖官职,而且或许有时买官者能力强过君主所选之人。总之,凭借财富而获得高位,可以培养、激励人们勤奋工作,而这正是此类政体所亟需的。[1]

第五个问题:何种政体需要监察官?窃以为,以美德为原则的共和政体需要。亵渎美德的,不仅仅是犯罪行为,还有失职、渎职、爱国心减弱、恶劣先例和腐败苗头等。它们并不触犯但逃避法律,并不摧毁但削弱法律。所有这一切都应由监察官纠正。

有只麻雀被老鹰追得无处逃遁,扑至雅典最高法院法官怀中。该法官因杀死这只麻雀而受刑,人们感到震惊。有个孩子挖掉小鸟眼睛,雅典最高法院判他死刑,人们也感到震惊。请注意,上述现象并非关乎刑罚,而是关乎以风尚为基础的共和政体的风尚评判。

君主政体根本不需要监察官,盖其基础乃荣誉,而荣誉本质乃把世人均视为监察官。凡玷辱荣誉者,皆会受所有人指责,甚至会受本身并无荣誉者之指责。

在君主政体,监察官会被监察对象腐蚀;对君主政体之腐败,监察官无能为力,盖反对他们的腐败势力过于强大。

很显然,专制政体应当不需要监察官,但中国似乎例外。下文将论及,为何中国要设立监察机构。

---

〔1〕 西班牙公职均为分配,故西班牙人都很懒惰。——原注

第六章　政体原则与民刑法繁简、审判形式和刑罚

第一节　不同政体民法繁简

君主政体之法不能如专制政体之法那般简略。君主政体必须设立法院，法院必须作出判决，判决必须存档供学习研究以统一前后判决，从而确保人民生命财产如同政体般安全稳定。

在君主政体，审判不仅事关人民生命与财产，而且事关人民荣誉，故断案要特别谨慎仔细。案件越棘手，判决涉及利益越重要，法官越要谨慎仔细。

因此，不必惊讶，君主政体之法存在诸多规则、限制和类推规定，进而又产生浩如烟海的具体案例，适用法律简直是一种推理艺术。

君主政体的等级、门第、出身等差异，往往导致财产差异，而与政体组织有关之法则可能再扩

大差异。我们这里的财产,分为不动产、动产、陪嫁财产、非陪嫁财产、父系财产与母系财产,分为各种动产,分为非限嗣继承财产与限嗣继承财产、继承性财产与非继承性财产、免税贵族不动产与负税平民不动产、实物地租与货币地租。不同财产适用不同规则,处分不同财产适用不同规则。所以,调整诸如上述财产类型之法,不可能简单。

在我们这种政体,封地世袭。为了一直为君主服务,贵族就必须拥有一定财产,就是说,封地必须具有一定程度稳定性。这样就出现诸多情况,例如,在有些国家,兄弟们不能分割封地;在另一些国家,弟弟可以获得较多封地份额而过上更好生活。

熟悉各省情况的君主,可以为各省制定不同法律,或者容许各省拥有不同习惯法。但是,专制君主什么也不懂,什么也不关注,仅凭独断专行意志实施统治,一切都被他踩在脚下。

随着君主国家判决增多,充斥着相互矛盾之判决,其原因可能是前后法官思维不同,也可能是辩护有好有坏,也可能是滥权。如此弊端,尽管有悖于温和政体精神,尽管立法者不时纠正,也难以避免。人们不得不求助法院,乃政体性质使然,而不在于自相矛盾或者不确定之法。

有身份差别就必有特权,法律更不可能简略,例外更数不胜数。

有一种特权对社会尤其对特权赋予者最没负担,此乃选择法院之特权。如此会呈现新问题,即究竟应在哪个法院诉讼?

专制政体民众面临情形完全不同。如此之国,我不知道,立法者有何法可立,法官有何案可审。土地属于君主,故几乎没有土地归属法;君主有权继承一切,故根本没有继承法;君主垄断贸易,故一切贸易法形同虚设。男子娶女奴为妻,故几乎没有陪嫁财产以及已婚妇女权益法。奴隶数量多得惊人，以至于几乎没有谁拥有自我意志，因此，谁也不可能在法官面前为自身行为负责。大多数道德评判只不过是父亲、丈夫或者主人意志之体现，故只能由这些人而不是官吏规范人们行为。

我忘记论及如下一点：我们所说的荣誉，在那些国家几乎无人明白；在我们这里极其重要的与荣誉有关的一切，在那些国家根本不存在。专制权力足以应付一切，其四周乃真空状态。旅行家向我们介绍那些专制之国时，极少提到其有民法。[1]

因此，在那些国家，完全没有产生纠纷与诉讼之土壤。也正因为如此，在那里，诉讼者会受到极其恶劣的对待。由于不法行为不受法律审查、遏制，正当要求不受法律保护，一切都一览无余地暴露在公众面前。

第二节　不同政体刑法繁简

常常听到如此论调：司法活动，应像土耳其那样开展。世上最无知之民族，竟然最清楚人类最应知道之事，可能吗？

考察一下那里的臣民为索回财产，或者为受辱或者受伤而讨回公道，而必须履行的一套司法手续，就会明白其司法程序实在太繁琐；考察一下那里的司法与个体自由、安全之关系，就会觉得其司法程序实在太简单，并确信司法程序产生的那些麻烦、花费、拖延乃至风险，乃每个臣民为自由而必须付出之代价。

---

〔1〕 印度马祖立巴塔姆地区未发现成文法。参见《创建东印度公司历次航行记》第四卷第一章，第 391 页。印度仅依据习俗审案。吠陀经及其他类似书籍均无民法而只有宗教箴言。参见《耶稣会士书简集》第四册。——原注

在土耳其，很少有人关心臣民生命、财产和荣誉。一切纠纷都以这种或者那种方式草草了结。只要能结案，方式无关紧要。帕夏[1]草草审问后，胡乱下令将一方当事人痛打一顿，就把他打发回家。

在那里，打官司很危险。要打赢官司，一定要有强烈的讨回公道的意志、爱憎分明的情感、敏锐的思辨能力和锲而不舍的决心。在恐惧是唯一占统治地位情感的政体，上述一切都应当予以避免，因为在那种政体，民众躁动不安往往会引发无法预见的骤然而至的革命。那里的每个人都应懂得，绝不能让官吏听到别人议论自己，唯有卑躬屈膝才能保障自身安全。

但是，在温和政体，即使最卑微臣民的生命也是宝贵的，不经漫长审查，绝对不能剥夺其财产或者荣誉；除非国家提起公诉，不能剥夺任何人之生命。即使国家提起公诉，也必须为他保留一切可能的辩护手段。

因此，当一个人赋予自身绝对权力时，他首先想到的乃简化法律。[2] 在这种国家，他更关注其是否方便，而不是无人关心的臣民自由。

很显然，共和政体司法程序至少如君主政体一样繁多。在这两种政体，公民的生命、自由、荣誉和财产越受重视，司法程序就越繁多。

共和政体人人平等，专制政体也人人平等。前者人人平等，盖人乃一切；后者人人平等，盖人什么也不是。

---

[1] 帕夏，系土耳其等国的高级文官或者武官。——译注

[2] 如恺撒、克伦威尔以及其他诸多人。——原注

第三节　在何种政体与情形下应依法断案

越接近共和政体,审判方式越稳定明确。因此,斯巴达共和国监察官无法可依,随心所欲断案,乃其一大弊端。早期罗马执政官也像斯巴达监察官那样断案,后发觉不妥,就制定了具有明确规定的法律。

专制政体无甚法律,法官本身就是规则。君主政体有法律:法律规定明确时,法官依法断案;法律规定不明确时,法官探究法律精神断案。共和政体性质要求法官依照法律明文规定断案;涉及公民生命、财产或者荣誉的,谁也不能对法律作出有悖公民利益之解释。

在罗马,是否有罪由法官决定,而处刑有明文规定,这点从尚存法律也可看出。在英国,陪审团依据查明的事实宣判被告人是否有罪;作出有罪宣判后,由法官依据法律规定作出处刑判决。作出这种判决不难,睁眼查查法律规定就行。

第四节　审判方式

断案,存在多种审判方式。君主政体,采合议制:法官一起讨论,交换看法,彼此协调,修正己见,少数服从多数。如此做法不符合共和政体性质。在古罗马,在古希腊城邦,法官之间从不交换看法,每位法官都按照如下三种方式之一发表意见:“我认为无罪”

“我认为有罪”“我认为案情不清”〔1〕。这是因为真正的法官是人民，或者说，是人民在断案。但是，人民根本不是法学家，他们完全不懂合议的一切方法及其规定，所以，只应向他们提出一个目标、一个唯一要作出判断的事实，让他们决定应否判有罪、无罪或者延期审理。

罗马人效仿希腊人，引用固定审判方式〔2〕，并规定每个案件都必须采用相应审判方式。这对罗马人的审判方法而言是必需的，盖首先要确定诉讼内容，并让人民了然于胸。否则，在漫长诉讼过程中，诉讼内容不断变化，人民就会不知所云。

因此，罗马法官只接受具有明确诉讼请求的案件，该请求不得增减或者改变。但是，罗马司法官另外设计了一种称为“诚信模式”〔3〕的审理方式。其审理结果由法官决定，更符合君主政体精神。所以，法国法学家说：“法国所有诉讼，皆循诚信模式审理。”〔4〕

第五节　何种政体元首可以充当法官

马基雅维利〔5〕认为，佛罗伦萨丧失自由，乃因其没有像罗马那样，以集体形式审判反对人民的大逆罪。〔6〕 在佛罗伦萨，审判

〔1〕 拉丁文为“*Non liquet*”。——原注

〔2〕 这些审判程序完全依照人民愿望确立，盖人民希望审判严肃而可靠。参见《学说汇纂》第二卷第六章“法律起源”。——原注

〔3〕 此类案件标明“凭良心”字样。——原注

〔4〕 在法国，债务人未交付或者提存所欠债款，债权人要求偿还金额即使多于债款，债务人也得负担诉讼费。——原注

〔5〕 马基雅维利（1469—1527），又译“马基雅维里”“马基雅弗里”等，意大利政治思想家、历史学家。代表作《君主论》主要论述为君之道、君主应具备哪些条件和本领、应如何夺取和巩固政权等。——译注

〔6〕 参见马基雅维利：《论李维前十章》第一章第七节。——原注

大逆罪的法官只有八位。马基雅维利说:“数个人就可以腐蚀几个人。”很赞同这位伟人之箴言。从某种程度上而言,大逆罪政治利益大于民事利益,由人民审理自身案件始终不妥。法律应尽可能保护个人安全,才能弥补这个缺陷。

出于上述考虑,罗马立法者采取两大措施:一是允许被告人在判刑前[1]自行流放[2];二是发布命令要求把被判有罪者的财产献给神祇,以防止其财产被民众没收。本书第十一章,将阐述人民审判权的其他限制规定。

梭伦懂得如何防止人民滥用刑案审判权,规定该类案件应由最高法院复审:倘若判处被告人无罪不公正[3],就会重新起诉,交由人民审判;倘若判处被告人有罪不公正[4],就会停止执行所判刑罚并重新审理。好法——人民不仅要接受最尊敬官吏之审查,还要接受自身之审查!

如此案件,放慢审理速度往往有益,在被告人已被拘禁情况下尤其如此,人民可以冷静下来,从容审理案件。

专制政体君主可充当法官,君主政体君主不可,否则,君主政体就会遭到破坏,从属的中间力量就会被消灭,所有司法程序就会统统废除,人们就会惊恐万状、面如土灰。臣民信任、荣誉、友爱、安全感越多,君主政体力量就越强。

还应进一步考虑如下因素:君主政体的君主,是指控被告人并使其定罪受罚或者获判无罪的一方当事人,因此,君主亲自审案,既是法官又是当事人。

---

[1] 西塞罗在“为恺希纳辩护”演说中对此作了很好解释。——原注

[2] 这是雅典的一条法律,由于似乎是德摩斯梯尼制定的,苏格拉底拒绝采纳。——原注

[3] 参见德摩斯梯尼:《论王位》法兰克福 1604 年版,第 494 页。——原注

[4] 参见菲罗斯特拉图斯:《诡辩家传》第一卷“埃斯基涅斯传”。——原注

在君主政体,没收的财产往往归君主所有,因此,君主亲自审案,既是法官又是当事人。

此外,君主充当法官还将失去最荣耀的主权标志,即特赦权。[1] 倘若推翻自己作出的判决,那相当荒谬:首先,他肯定不愿自打耳光;其次,还会把所有概念都搞混,究竟判无罪,还是特赦?

路易十三[2]很想亲审拉瓦莱特公爵案件[3],召集高等法院几位法官和王室议会几位成员讨论此案。路易十三命令他们就逮捕公爵问题发表意见,高等法院院长贝列弗尔说:"怪哉!君主居然审判臣民案件。君主应保留特赦权,将定罪权交给官吏。陛下竟然愿意屈尊亲临法庭审判被告人,亲自作出判决,令其很快在这个世界上消失。君主露面时,应令人充满希望而不是恐惧。只有在撤销教会禁令时,国王才应驾临现场。应让每个臣民告别君主时,都感到高兴才对。"作出判决时,他又说:"此乃前所未有之审判:法兰西国王以法官身份判处贵族死刑,史无前例。"[4]

此外,君主断案是造成无穷无尽不公和滥权之根源,朝臣会没完没了请求君主断案。曾有几位罗马皇帝热衷断案,结果最让世人感到不公和压迫的,莫过于他们在位的那几个朝代。

塔西佗说:"克劳狄将审判官和行政官揽于一身,给各种各样的巧取豪夺提供了可乘之机。"[5]尼禄继克劳狄登基后,为收买人心而公开宣称:"我会时时提醒自己不得充当任何案件的法官,以

---

〔1〕 柏拉图认为,国王也是祭司,不应参与可能判处死刑、流放和监禁的审判。参见柏拉图:《书信集》第八卷。——原注

〔2〕 路易十三(1601—1643),法国国王(1610—1643在位)。——译注

〔3〕 参见蒙特雷索:《回忆录》第二卷,第62页:《德·拉瓦莱特公爵审讯记》。——原注

〔4〕 后改判,参见上书第二卷,第236页。——原注

〔5〕 参见塔西佗:《编年史》第二卷第二十四章。——原注

免当事人受宫中某些释奴淫威之侵害。”[1]

索西穆斯说：“阿卡狄乌斯[2]在位时，诬告诽谤之风遍及全国，宫廷也乌烟瘴气。每当有人死亡，立即就有人说他死而无后，于是，其遗产就被一道敕令赐给他人。[3] 由于君主愚钝无比，肆无忌惮、大权在握的皇后就成为贪得无厌的奴仆和心腹谋取私利之工具。如此这般，安分守己者比死还惨。”[4]

普洛科比[5]说：“从前，宫廷人很少，但是，查士丁尼[6]在位时，法官不再享有自由审判权，法院门庭冷落，当事人都涌向宫廷，王宫人声鼎沸。”[7] 人人都知道，宫廷出卖判决，甚至出卖法律。

法律犹如君主双眼，借助它可以看见原本看不见之物。君主履行法院之职，不是为自身忙碌，而是为欺君谄媚之徒忙碌。

第六节　君主政体大臣不应充当法官

在君主政体，大臣充当法官也是一大弊端。在一些国家至今还能看到，审理财政诉讼案件的，不但有法官，而且有大臣，不可思

---

〔1〕 参见上书第五卷。——原注

〔2〕 阿卡狄乌斯（377—408），又译“阿卡迪乌斯”，东罗马皇帝（395—408 在位）。——译注

〔3〕 小狄奥多西皇帝在位时，也发生如此混乱之事。——原注

〔4〕 参见索西穆斯：《历史》第五卷。——原注

〔5〕 普洛科比（约 500—565），又译“普罗科比”，拜占庭历史学家，为查士丁尼皇帝同代人，著有《秘史》等。——译注

〔6〕 查士丁尼（约 483—565），又译“优士丁尼”，即查士丁尼一世，东罗马帝国皇帝（527—565 在位），史称查士丁尼大帝。他下令编纂、整理的《查士丁尼法典》《学说汇纂》《法学阶梯》及其去世后法学学者整理的《新法集》等四部法律典籍资料，总称《国法大全》或者《民法大全》，为罗马法重要典籍，对后世法律影响巨大。——译注

〔7〕 参见普洛科比：《秘史》。——原注

议！感慨颇多，只说一点：

内阁与法院存在某种矛盾，此乃事物性质使然。内阁成员应为数不多，而法官应有许多。内阁成员处理政务时要有激情，这注定只能由四五个人做这项工作；反之，法官要头脑清醒，而且在一定程度上而言，无论处理何案，不能带有感情色彩。

第七节　唯一的法官

唯有专制政体才会只有一位法官。罗马史上，就可以看到，当只有一位法官时，滥权会至何种程度。阿皮乌斯[1]甚至敢于践踏自己所立之法，在法庭上怎会不把法律当儿戏？[2] 李维曾记述这位十人委员会成员如何践踏法律与公正。他唆使某人向他当面索要维吉尼亚女子为奴。女子亲属向阿皮乌斯提出，依据他所立之法，判决前维吉尼亚应交给其亲属。阿皮乌斯竟宣称：其法系为父亲所定，其父维吉尼亚乌斯未出庭，就不能适用该法。[3]

第八节　不同政体之控告

在罗马[4]，公民控告另一公民合法。这符合共和政体精

---

〔1〕 阿皮乌斯（公元前340—前273），又译“阿庇乌斯”。出身罗马贵族家庭，其父盖乌斯·克劳狄·克拉苏曾于公元前337年出任独裁官。阿皮乌斯本人曾任监察官。——译注

〔2〕 参见《民法大全》第二卷第二十四章“论法的起源”。——原注

〔3〕 女子父亲未出庭，这正是枉法好时机。参见李维：《罗马史》第三章第四十四节。——原注

〔4〕 以及其他诸多城邦。——原注

神，盖共和政体每位公民都应对公共福祉抱有无限热情，都应享有祖国的一切权利。在帝政时期，人们仍然遵循共和政体原则，但是，不久就出现一群阴险告密者。那些狡诈、邪恶、卑劣却又野心勃勃者，醉心于寻找那些一旦被判刑就会让君主高兴的罪犯。此乃名利双收之路。[1] 幸好我们国家不存在如此情形。

我们国家拥有一条极佳之法，即为实施法律而设立的君主，在每个法院任命一名官吏，让其以君主名义控告各种犯罪。如此这般，我们无法知道谁是告发者；倘若这位为公众复仇的官吏涉嫌滥权，就可强令其交代谁告发的。

柏拉图《法篇》指出，对犯罪活动，怠于向官吏告发或者提供协助者都应受罚。[2] 如此做法已不适宜，盖国家公诉人可以保障公民安全，由其履职，公民可享受安宁。

第九节　不同政体之刑罚轻重

专制政体原则是恐惧，君主与共和政体动力分别是荣誉和美德，所以，较之君主政体或者共和政体，严酷刑罚更适合专制政体。

在温和政体，具有约束力的爱国心、知耻心、畏惧责难心，可预防诸多罪行。对劣迹的最大惩罚乃认识自身确有劣迹。因此，纠正错误，轻缓之法足矣，无需过多动用严厉刑罚。

在温和政体，优秀立法者更热心的乃预防犯罪而非惩治犯罪，更关注的乃培育良好风尚而非动用刑罚。

---

〔1〕 塔西佗记述了对告密者的奖励。参见塔西佗：《编年史》第五卷第三十章。——原注

〔2〕 参见柏拉图：《法篇》第九卷。——原注

中国文人一直强调：在他们帝国，刑罚越多，暴动就越近[1]，盖世风越败坏，刑罚就越多越严。

在所有或者几乎所有欧洲国家，政府给予人民的自由越多，刑罚就越少；政府给予人民的自由越少，刑罚就越多。

在专制政体，人民生活极其悲惨，恐惧死亡甚于热爱生命，因此，其刑罚就应更严酷；在温和政体，热爱生命甚于恐惧死亡，因此，实施剥夺生活之刑足矣。

极端幸福者和极端不幸者都具有冷酷倾向，僧侣和征服者乃明证。只有家境不穷不富、命运不好不坏者，才会性情温和，才会怀有恻隐之心。

个人如此，国家亦然。在蛮族国家，大家过着异常艰辛的生活；在专制之国，一人享尽奢华，臣民过着悲惨生活且受尽前者凌辱。在这两国，人人都很凶残。唯有温和政体，才能存在宽厚仁慈。

从史书上读到苏丹司法残暴行径时，不禁为人性种种邪恶而战栗。

对温和政体立法者而言，任何一种办法皆可用作刑罚。斯巴达主要刑罚之一是：不许将妻子借给他人，也不许接受他人之妻，而且在家里只许与未婚女子在一起。怪乎？无论如何，只要法律规定为刑罚，就是有效刑罚。

第十节　法国古代法

法国古代法充分体现君主政体精神：凡处以罚金的案件，贵族

---

[1] 我将在以下篇章中说明，在这一点上中国情形与共和、君主政体相同。——原注

交纳的比非贵族多[1]。[2] 处以其他刑罚的案件，恰恰相反：贵族丧失的是荣誉和法庭答辩权，没有任何荣誉的平民只有接受体罚。[3]

第十一节　民有德，则刑罚少

罗马人秉性正直，正直具有巨大力量，只需立法者指出何者为善，就会齐心向善；法对其而言并非必需品，只要向其提出建议就行。

在罗马共和国，由于制定了《瓦雷烈法》[4]和《鲍尔希安法》[5]，昔日王法和《十二铜表法》[6]几乎全被废除。我们并未发现共和国治理不如往昔，治安也未出现任何恶化迹象。

《瓦雷烈法》规定，禁止官吏粗暴对待向人民提出申诉的公民；对违反的官吏，处罚也只是称其为恶吏而已。[7]

---

〔1〕 参见布蒂利耶：《乡村大全》，1512 年哥特版，第二卷，第 198 页："获得保释，非贵族应交罚金 40 苏，贵族应交 60 锂（1 锂等于 20 苏。——译注）。"参见博马努瓦：《博韦习惯法》第三十六章，第 61 页。——原注

〔2〕 布蒂利耶，法国 14 世纪法学家，著有《乡村大全》。——译注

〔3〕 参见德方丹：《谏言》第十三章尤其是第二十二节。——原注

〔4〕 李维指出，《瓦雷烈法》是在诸王被逐不久后由瓦雷烈·普勃里科拉制定的，此后由其家族官吏修改两次，李维在《罗马史》第十章第五节中谈及这一点。修改目的，不是加大惩罚力度，而是完善措施。李维在同节中写道：使之更不易被践踏。——原注

〔5〕 "制定《鲍尔希安法》乃为保护公民。"该法制定于罗马建国 454 年时（公元前 300 年）。——原注

〔6〕 《十二铜表法》，最早罗马法文献。公元前 5 世纪，罗马法律还是习惯法，解释权在贵族法官手中。法官利用这个权利为贵族谋利。平民要求制定成文法，经过长期斗争，罗马于公元前 449 年成立十人委员会制定、颁布成文法。因该法刻在十二块铜表上而得名。——译注

〔7〕 李维在《罗马史》中写道："除认定是恶劣行径外，没有其他处罚。"——原注

第十二节　刑罚力量

事实表明,居民精神受刑罚影响,刑罚轻缓之国不亚于刑罚严酷之国。

倘若呈现弊病,暴政之国虽然立即想到的是消除弊病,但是,不是执行已有之法,而是规定即刻奏效之酷刑。如此这般,政府此后再也拿不出新措施。如同对轻缓刑罚一样,人们对酷刑慢慢习以为常,刑罚再严酷也不觉得严酷,导致人们对酷刑的恐惧减弱,政府很快就不得不事事重罚。拦路抢劫在某些大国时有发生,为遏制这种恶行,该国发明车碾刑,虽然恐惧如此刑罚使该种恶行消停一段时间,但不久以后,拦路抢劫依然如故。

当今时代,士兵开小差屡见不鲜,虽然因此而规定开小差处死刑,但开小差并未减少,其理不言自明:习惯于面对死亡的士兵,视死如归或者自诩视死如归。他们具有害怕羞辱之心,故更适当处罚乃应让他们终身受辱。[1] 判死刑,看似加重刑罚,实乃减轻刑罚。

治理人类不必采用极端严厉手段。对于大自然赋予的种种管人手段,应当慎而又慎。深究人类腐化之因,不是刑罚太轻,而是未能有罪必究。

顺从自然吧!自然赋予人类犹如受鞭笞的耻辱心,就让耻辱成为刑罚的最重要内容吧!

倘若某国刑罚不能让人感到耻辱,定是暴政所致,盖无论是对

---

〔1〕 裂鼻或割耳。——原注

恶棍还是对君子，暴政都施以相同刑罚。

倘若某国人民只觉得酷刑有威慑力，最大原因定是暴政，盖其对轻微过失也处酷刑。

立法者欲革除弊病时，往往只想到革除弊病本身，眼睛死死盯着它，而无视其措施负面效应。弊病革除后，人们看到的只是立法者的严酷。恰恰是这种严酷成为国家梦魇，造成人民心灵受到腐蚀，从而习惯专制。

来山得〔1〕战胜雅典人后审讯战俘，指控雅典城邦曾将两条战船上的战俘推下悬崖，指控雅典城邦曾在全体会议上作出此后一律砍掉战俘双手的决定。〔2〕 除反对该决定的阿蒂曼图斯外，被俘雅典人全被处死。处决菲洛克莱斯〔3〕前，来山得斥责其败坏雅典人的精神，让残忍充斥整个希腊。

普鲁塔克写道："阿戈斯〔4〕人处死雅典 1500 公民后，雅典人举行赎罪祭，祈求众神让雅典人心灵摆脱如此残酷想法。"〔5〕

腐化有二：人民不再守法与人民遭法腐化。后者无可救药，盖病根就在药中。

第十三节　失效日本法

刑罚过度甚至会腐化专制主义，日本即如此。

---

〔1〕 来山得（？—公元前 395），斯巴达名将，伯罗奔尼撒战争后期任斯巴达海军统帅。——译注

〔2〕 参见色诺芬：《希腊史》第二卷第二章第二十至二十二节。——原注

〔3〕 菲洛克莱斯（公元前 5 世纪），古希腊诗人，任雅典将领时曾提出一条恶劣之法。——译注

〔4〕 阿戈斯，位于伯罗奔尼撒半岛东北的古希腊城邦。——译注

〔5〕 参见普鲁塔克：《道德篇·国务执掌人》。——原注

在那里，只要犯罪，几乎全判死刑[1]，其理由：拒不服从伟大君主天皇，犯滔天大罪。其考虑的，不是惩戒罪犯，而是维护君主权威。如此观念源自奴隶制度，尤其源自如下事实：天皇乃一切财产之主，几乎所有罪行皆直接侵犯天皇利益。

对在官吏面前撒谎者处死刑[2]，违背自辩人类本能。

在日本，即使完全不像犯罪的行为也处重刑，如赌博者处死刑。

日本民族，其性格极其任性、固执、坚毅，敢于蔑视一切风险和苦难。这似乎可以理解其法之严酷，不应因其残忍而责难立法者。可是，这些天生不怕死、动辄切腹自杀之人，会不会由于经常看到他人受刑而改弦易辙或者受到威慑，还是无动于衷？会不会因为见怪不怪而习以为常？

旅行家游记[3]在谈到日本人的教育时告诉我们，对儿童要温柔一些，盖其在受罚时很倔强；对奴隶不能太粗暴，盖其会立即自卫。从处理家事应具有的精神，难道不能看出该以何种精神处理国事和民事？

睿智立法者会借助合理奖惩手段，宣扬与日本人性格相宜的哲理、道德和宗教箴言，适当采用荣誉规则，诱以安逸平静生活，引导人民安居乐业。立法者倘若担心，人民已经养成不受重刑就不收敛习惯，乃至轻缓之刑无济于事，就应另辟蹊径逐渐达成目的：从可以宽恕个案入手，判处轻刑，最终对所有案件都实现轻刑化

---

〔1〕 参见坎弗尔：《日本史》。——原注

〔2〕 参见《创建东印度公司历次航行记》第三卷，第428页。——原注

〔3〕 此处指《创建东印度公司历次航行记》第五卷荷兰东印度公司职员哈格纳尔记述，他于1634—1637年居留日本。——译注

目标。[1]

但是,专制权力不知道采取上述措施。专制主义能做的,就是滥用专制主义。日本专制权力作了一番努力,结果更残酷。

人之心态变得更粗野残暴后,只有更残暴刑罚才能驾驭。

此乃日本法根源与精神。日本法之暴虐胜于其力量。它曾成功摧毁基督教。然而,其无法解释之成效恰恰证明其缺陷。日本人试图确立善政,却进一步显示其无能特质。

应看看皇帝[2]在京都会见大佬的记述[3]。在京都,被暴徒杀死、掐死者不计其数;每天都有男女青年被掠走,夜里被抛弃在公共场所,而且为了不让他们知道经过了哪些街道,歹徒把他们赤身装在布袋。抢劫无所不在,暴徒刺破马腹,让骑马者摔下。他们还掀翻马车,抢劫车上女士的财物。得知若在露台上过夜肯定会被杀死的荷兰人,只好走下露台……

又如,皇帝沉溺于声色犬马而不结婚,有无嗣之虞。大佬送两名绝色美女,皇帝出于礼貌娶其一,却从不同房。皇帝奶妈令人找来全国最有姿色美女,仍然毫无效果。后来,皇帝看中兵匠之女[4],执意娶她,并生下一皇子。出身如此卑贱竟更得宠爱!宫中女子气愤不已,遂掐死该皇子。手下对皇帝隐而不报,否则,就会血流成河。可见,法律过于严酷,就会妨碍执行;刑罚残酷无度,人们往往宁可不执行。

---

〔1〕 当人们精神受到严酷刑罚损害时,请把这种做法视为一种实际有效做法。——原注

〔2〕 此处的皇帝实乃当时军事首领即将军,将军当时握有全权。大佬则是当时的宗教领袖。——译注

〔3〕 参见《创建东印度公司历次航行记》第五卷第二章。——原注

〔4〕 同上。——原注

第十四节　罗马元老院精神

在阿基利乌斯·格拉布里奥和比索担任罗马执政官时期，为防止阴谋诡计而制定阿奇利亚法。[1] 狄奥认为，是元老院促使执政官提出该法，盖保民官哥尼利乌斯决心设立更为严厉的刑罚对付这种犯罪，而且人民也有同样强烈意愿。元老院认为，严酷刑罚虽然可以震慑人心，但也会有副作用：恐怕再也不会有人控告犯罪，再也不会有人敢判案定罪。反之，刑罚适度，就不愁没有控告人和法官。元老院观点很正确。

第十五节　罗马法刑罚

发现罗马人为我提供论据后，我更坚信自己观点。当看到伟大的罗马人民根据政体变化改革市民法时，我确信，刑罚与政体性质相关。

王政时期之法，为惩治逃亡者、奴隶和匪徒而制定，非常严酷。根据共和政体精神，十人委员会不应把其收入《十二铜表法》，但向往暴政者根本无意遵循共和政体精神。

---

〔1〕 罪犯被处以罚金，并不得再进入元老院，也不得再担任官职。参见狄奥：《罗马史》第三十六章第二十一节。——原注

李维认为，图卢斯·霍斯提利乌斯[1]用车裂处死阿尔巴[2]独裁者梅蒂乌斯·苏菲蒂乌斯，乃罗马人第一次也即最后一次适用不人道酷刑。[3] 不，李维错了，《十二铜表法》就有诸多异常残忍条文。[4]

将讽刺作者和诗人处死事件，最能揭示十人委员会意图。如此做法，不符共和政体精神，盖人民乐见大人物受辱。可是，旨在压制自由的他们，害怕唤起自由精神的著作。[5]

十人委员会被驱逐后，几乎所有规定刑罚之法皆被废止。其实，并未明文废止，但是，由于《鲍尔希安法》禁止处死罗马公民，原规定的那些刑罚就不再执行。

李维在谈到罗马人时说，人民从来不曾如此喜爱轻缓之刑。[6] 他所说的就是这个时期。

罗马在这个时期，不仅刑罚轻缓，而且在宣判前，被告人有权出走。可见，罗马人遵循我所说的共和政体精神。

将暴政、无政府状态和自由混为一谈的苏拉，制定《科纳利法》[7]。制定它们，似乎只是为了设立新罪名。他把诸多行为定为谋杀罪，盖其看来处处皆有谋杀犯。此外，他以惯用手法，在公民必经之路，设陷阱，种荆棘，挖鸿沟。

---

[1] 图卢斯·霍斯提利乌斯（公元前673—前642），传说中的罗马王政时代第三代国王。——译注

[2] 阿尔巴，罗马东南部城市，长期与罗马对抗。公元前665年被罗马第三代国王图卢斯·霍斯提利乌斯消灭。——译注

[3] 参见狄奥：《罗马史》第一章第二十八节。——原注

[4] 其中有火刑，而且几乎都是极刑，偷窃也处以死刑，如此等等。——原注

[5] 持有与十人委员会相同想法的苏拉，也像他们一样加重对讽刺作者的刑罚。——原注

[6] 参见狄奥：《罗马史》第一章第二十八节。——原注

[7] 该法名称源于苏拉之名“吕西乌斯·科纳利乌斯·苏拉”。——译注

苏拉之法几乎均禁止流放人员返回，恺撒再增加没收财产之法[1]，盖被流放富人依然拥有财产，就会更加肆无忌惮地犯罪。

建立军政府的皇帝们，不久发现如此政府于民于帝皆为恐怖之事，就设法让其变得温和，认为人们需要尊严以及与尊严相伴相生的尊重。

因此，军政府微微向君主政体靠拢，把刑罚分为三类：针对国家显要者[2]之刑罚，相当轻缓；针对官阶较低者[3]之刑罚，较为严厉；针对身份卑微者之刑罚，最为严酷。[4]

愚蠢而残忍的皇帝马克西米努斯[5]本应让军政府变得略微温和，却使之变得更残暴。据卡皮托里努斯[6]记载[7]，元老院获悉，有人被钉在十字架上，有人被扔给野兽噬咬，有人被装进用刚刚杀死的野兽之皮做成的袋子，毫无尊严。他似乎是在执行军纪，盖其扬言要依军纪处理内政。

拙著《罗马盛衰原因论》介绍了君士坦丁[8]如何把军事专制政体改造为军民专制政体，并向君主政体靠近。阅读此书，可以回溯这个国家历经的多次急剧变革，并明白刑罚如何从严酷变为轻缓，从轻缓变为不动用刑罚。

---

〔1〕“他加重惩罚犯罪，盖拥有财产者容易犯罪；倘若他们因犯罪而流放，就不触动其财产。”参见苏埃托尼乌斯：《帝王传·恺撒》第六十二章。——原注

〔2〕拉丁文为“*Subliminores*”，“最显要者”之意。——原注

〔3〕拉丁文为“*Medios*”，“中等者”之意。——原注

〔4〕拉丁文为“*Infinos*”，“最低下者”之意。参见《学说汇纂》第四十八章第八节、《科纳利法》第三条以及《学说汇纂》和《查士丁尼法典》诸多条文。——原注

〔5〕马克西米努斯（173—238），罗马皇帝（235—238 在位）。——译注

〔6〕卡皮托里努斯（公元 4 世纪），罗马历史学家，其《奥古斯都传》记述了十三位皇帝生平。——译注

〔7〕参见卡皮托里努斯：《两个马克西米努斯》第八章。——原注

〔8〕君士坦丁（272—337），又译“康斯坦斯”，罗马皇帝（306—337 在位）。313 年颁布米兰诏书，承认基督教为合法、自由的宗教。——译注

第十六节 罪刑相当

刑罚轻重适当、协调,至关重要,盖预防重罪甚于轻罪,预防社会危害性较大之罪甚于社会危害性较小之罪,也至关重要。

"自称康斯坦丁·杜卡斯的骗子,在君士坦丁堡煽起大暴动,捕后被判鞭刑;在告发几个显要人物后,又被当作诬告者而被判火刑。"[1]犯大逆罪和诬告罪如此量刑,匪夷所思。

这令我想起英王查理二世[2]之语。他见有人戴枷示众,问:犯何罪?有人禀报:"陛下,他乱写材料诽谤您的大臣。"国王说:"大傻瓜!怎么不诽谤我?诽谤我,啥事没有。"

"有七十人阴谋反对巴兹尔皇帝[3],皇帝下令施鞭刑、火烧头发胡须。有一天,鹿角挂住皇帝腰带,随从拔剑割断腰带,救了皇帝一命。但是,皇帝却下令将此随从斩首,说其在皇帝面前拔剑乃图谋不轨。"[4]谁能料到,同一君主,判决如此不同。

我们对拦路抢劫和杀人劫财判处相同刑罚,极其错误。为保障公共安全,两罪量刑应有所区别。

在中国,抢劫杀人者凌迟[5],[6]其他抢劫犯不凌迟。有了这种区别,中国抢劫犯不杀人。

---

〔1〕 参见尼塞弗卢斯:《君士坦丁堡史》。——原注

〔2〕 查理二世(1630—1685),英国国王(1661—1685在位),人称"快活王",1679年签署《人身权保护法令》。——译注

〔3〕 巴兹尔(811—886),东罗马皇帝(867—886在位)。——译注

〔4〕 参见尼塞弗卢斯:《君士坦丁堡史》。——原注

〔5〕 参见杜赫德:《中华帝国全志》第一卷,第6页。——原注

〔6〕 杜赫德(1674—1743),法国神父、著名汉学家。他未曾到过中国,但出版了被誉为"法国汉学三大奠基作之一"的《中华帝国全志》。——译注

在俄罗斯,抢劫犯和杀人犯处刑相同,故那里的抢劫犯往往杀人。[1] 他们说,死人不会说什么。

倘若刑罚没有区别,就应在赦免上有所区别。在英国,拦路抢劫者从不杀人,盖抢劫犯可能获得流放殖民地待遇,而杀人犯不可能享有如此待遇。

在温和政体,赦免大有用武之地。君主谨慎运用赦免权,会产生极佳效果。专制政体原则乃不宽恕他人也得不到他人宽恕,故不具有这一优点。

第十七节　刑讯逼供

人性本恶,法不得不推定人比实际略善,有两位证人就足以惩处一切犯罪行为,盖法相信他们,犹如他们所说皆真实可信;在婚姻期间所怀婴儿,视为婚生子女,盖法相信母亲,犹如其本身乃为贞洁。但是,对刑讯逼供,不能以现实需要等理由为借口。如今已有善治之国[2]摒弃刑讯逼供,并未产生不便。可见,刑讯逼供并非必不可少。[3]

鉴于已有诸多博学而才华横溢学者撰文反对刑讯逼供陋习,故我不敢再多言。我想说的是,刑讯逼供也许适合专制政体,盖凡令人恐惧的,皆为最适合这类政体的源动力。我还想说希

---

〔1〕 参见佩里:《当今沙皇治理下的俄国》,第229页。——原注

〔2〕 英国。——原注

〔3〕 除犯大逆罪外,对雅典公民不得刑讯(参见吕西亚斯:《反阿尔戈拉的演说》)。刑讯需在判刑30天后进行(参见库里乌斯·佛图那图斯:《修辞学》第二章)。不得在定罪前刑讯。至于罗马人,从《朱利安法》第三条和第四条(参见《查士丁尼法典》第九章第八节)可以看出,出身、门第、爵位和军职都可使案犯免受刑讯。请参考西哥特人对刑讯的明智限制。——原注

腊和罗马的奴隶……但是，我听到大自然在高声斥责我。

第十八节　罚金与肉刑

我们祖先日耳曼人只采用罚金刑。这些好战而崇尚自由者认为，他们的血液只能洒在战场上。日本人却不同，拒用罚金刑，认为富人会因此逃避惩罚。[1] 可是，难道富人就不怕剥夺财产吗？难道罚金数额就不能依据财产多寡确定相应比例吗？此外，难道不可以在罚金之外再施以耻辱刑吗？

优秀立法者懂得拿捏，既不会一直规定处罚金，也不会一直规定处肉刑。

第十九节　同态复仇

专制政体喜好简单之法，故大量采用同态复仇法；[2] 温和政体有时也采用此法。不过，两者有所不同，前者不折不扣执行同态复仇法，后者有所变通执行同态复仇法。

《十二铜表法》允许采用两种变通方法：第一，只有在其他方式无法抚慰原告情形下，才可以适用同态复仇法；[3] 第二，作出有罪

〔1〕 参见坎弗尔：《日本史》第二卷第三章，第121页。——原注

〔2〕 这是古兰经创立的，参见《古兰经·黄牛》。——原注

〔3〕 “倘若被人打断手或者腿，除达成调解外，应按同态复仇法作出处理。”参见奥卢斯·格利乌斯：《阿提卡之夜》第一章。——原注

判决后，可以通过支付损害赔偿金[1]，将肉刑改为罚金刑。[2]

第二十节　子罪父坐

中国子罪父坐，秘鲁亦然。[3] 如此做法源自专制思想。

有人说，中国子罪父坐，盖父亲未行使大自然所赋予而又由法律本身所强化的父权，如此说法无甚意义。其实，这只能说明中国人根本没有荣誉观。我们这里，无论是子判刑之父，还是父判刑之子，皆会感到羞耻，[4]犹如中国人因被处死而感到羞耻一样。

第二十一节　君主之仁慈

仁慈乃君主品质。在以美德为原则之共和政体，仁慈并非完全必要。在恐惧盛行之专制政体，仁慈并不多见，盖要用严厉手段控制国内显要人物。在以荣誉治国之君主政体，仁慈较为必要，盖荣誉所要求的往往乃法所禁止的。在君主政体，羞辱等同受刑，即使过过堂也等同受刑，盖来自社会方方面面之羞辱乃惩罚。

在君主政体，羞辱以及财产、信誉、朋友和欢乐之丧失等同受刑，而且往往想到其丧失，对显要人物已是严重惩罚，故不必严厉惩罚他们。严厉惩罚只会让大臣不再热爱应热爱的君主、不再尊

---

[1] 参见奥卢斯·格利乌斯：《阿提卡之夜》第一章。——原注

[2] 参见《西哥特法》第六卷第四章第三、五节。——原注

[3] 参见加尔希拉索：《西班牙人内战史》。——原注

[4] 参见柏拉图：《法篇》第九卷："不但不应惩罚他们，还应褒扬他们不像父亲。"——原注

重应尊重的公职。

专制政体显要者地位不稳，由政体性质决定；君主政体显要者地位稳固，也由政体性质决定。

仁慈，可以带给君主诸多益处，可以极大提高其声誉，可以让其受到臣民拥戴。因此，君主有机会展示仁慈，永远是幸事。在我们欧洲，几乎不缺如此机会。

君主某些权力也许会受到挑战，但其整体权力几乎永远不会受到挑战。即使君主有时要为王冠而战，但也不必为生命而战。

也许有人会问：何时惩罚，何时宽恕，才合适？只可意会，不可言传。仁慈遭遇危险，危险显而易见。这与君主软弱而受轻视甚至无力惩罚，截然不同，盖识别仁慈与软弱轻而易举。

莫里西乌斯皇帝[1]决心不让臣民流血；[2]阿那斯塔修从不惩罚罪犯；伊撒克二世[3]发誓在位绝不杀人。希腊皇帝们忘了，佩剑非为摆谱。

---

[1] 莫里西乌斯(539—602)，东罗马皇帝(582—602在位)。——译注

[2] 参见埃瓦格里乌斯：《教会史》。——原注

[3] 伊撒克二世(？—1204)，东罗马皇帝(1185—1195在位)。——译注

第七章　三种政体不同原则与奢侈、节俭法和妇女地位

第一节　奢侈

奢侈与财富不均,永成正比。国家财富均分,就不存在奢侈,盖唯有方便取得他人劳动成果,才可能奢侈。

为达至财富均分,法律就应规定,拥有财富限于生活必需。超出此限,有人挥霍,有人牟利,贫富不均由此而生。

生活必需假定为一定额度,仅仅拥有生活必需者,奢侈为零;拥有两倍额度者,奢侈为一;拥有额度翻番者,奢侈为三;拥有额度再翻番者,奢侈为七。假设后者始终比前者多一倍,奢侈度就会以"一倍加一"方式递增:0、1、3、7、15、31、63、127。

在柏拉图的共和国[1],奢侈可以精确计算,按拥有财产分为四级:第一级恰好脱贫,奢侈为零;第二级两倍,奢侈为一;第三级三倍,奢侈为二;第四级四倍,奢侈为三,按算术级数递增。

各国人民奢侈度,与公民间财产不均以及国家间财富不均成复合正比。例如,波兰公民财产极端不均,但国家贫穷,就不可能呈现如富国般的奢侈度。

奢侈度也与城市尤其首都人口密度成正比,进而与国家富裕度、个人财产不均度以及人口聚集数量成复合正比。

人越多,虚荣心就越强,就越想在小事上出风头[2]。[3] 人口膨胀,互不相识,成功机会更多,出人头地欲望就越加膨胀。奢侈刺激欲望,人人皆摆出高人一等姿态,皆欲出人头地,结果谁也无法出人头地;皆欲引人注目,结果谁也无法引人注目。

因此,人人苦恼不已。技艺超群者可以随意为自身技艺定价,才艺平庸者亦步亦趋,于是,需求与财力失衡。不得不打官司时,得有钱请律师;患病时,得有钱请医生。

有人认为,首都人口如此之多,居民不再分散居住,会削弱商业活动。我不苟同,盖人口集中,就会激发更多欲望、需求和幻想。

---

[1] 第一级财产乃世袭土地,柏拉图主张其他财产不应多于世袭财产之三倍。参见柏拉图:《法篇》第五卷。——原注

[2] 参见曼德维尔:《蜜蜂的寓言》第一卷,第 133 页:在大城市,穿着超越身份,乃为博得更多尊敬,如此尊敬非应得尊敬。庸人从如此尊敬所获喜悦,几乎可与实现其全部愿望所获喜悦相媲美。——原注

[3] 《蜜蜂的寓言》作者:伯纳德·曼德维尔(1670—1733),英国哲学家、古典经济学家。《蜜蜂的寓言》主旨乃西方思想史上著名的曼德维尔悖论:“私人恶德即公共利益。”它影响了休谟、亚当·斯密和哈耶克等诸多思想大师。——译注

第二节　民主政体节俭法

刚才已述，财富均分共和国，绝不存在奢侈现象；第五章也论及，财富均分乃共和政体优越性之一。[1] 因此，在共和政体，奢侈越少政体越完善。早期罗马人不奢侈，斯巴达人亦然。在平等未完全丧失之共和国，商业、劳动和美德精神，让每个人都能够而且愿意凭自身财产生活，故无法滋长奢侈现象。

有些共和国强烈要求制定田地重分法。如此之法，就本质而言有益，但贸然执行就会带来危险。如此之法，突然剥夺部分人财富而增加另一部分人财富，会使诸多家庭发生巨变，进而引发全国性革命。

奢侈在共和国扎根，人们就会转向关注私利。除生活必需品外，不再索取其他任何东西者，除国家与个人荣耀外，别无所求；心灵受奢侈腐蚀者，拥有其他诸多欲望，很快就会成为约束其法律的敌人。雷吉厄姆[2]守卫部队，刚刚沉湎于奢侈中，就大开杀戒，屠城戮民。

罗马人腐化后欲壑难填，物价乃明证。法莱纳[3]葡萄酒一瓶一百罗马锝[4]，产自黑海[5]沿岸的咸肉一桶四百罗马锝，好厨师

---

〔1〕 参见本书第五章第三节和第五节。——原注

〔2〕 雷吉厄姆，意大利南部城市。屠城事件发生于公元前280年。——译注

〔3〕 法莱纳，古意大利著名葡萄产地。——译注

〔4〕 锝，古币名。——译注

〔5〕 黑海，欧亚内陆海，面积约42.4万平方公里，通过土耳其海峡与地中海相连，沿海国家有土耳其、保加利亚、罗马尼亚、乌克兰、俄罗斯和格鲁吉亚。——译注

四塔兰特[1]，侍童价更高得离谱。[2] 骄奢淫逸蔚然成风[3]，美德什么也不是！

第三节　贵族政体节俭法

不完善贵族政体之不幸，乃贵族富有而不能挥霍，盖禁止与节俭精神相悖之奢侈。因此，只有无法获得财富之穷人和有钱不能花之富人。

威尼斯法强制贵族崇尚简朴，贵族习于节俭度日，唯有妓女才能让其掏钱。威尼斯人就用这种方式保持勤劳。于是，最受鄙视之妇人胡乱花钱而无虞，提供金钱让其挥霍者却过着最黯淡日子。

政体优越的古希腊共和国对此制定了理想之法：富人财富用于节日庆典、组织歌咏团、购置车马、用于赛马以及开支巨大的官职上。所以，富裕和贫穷，皆为负担。

第四节　君主政体节俭法

塔西佗说："日耳曼民族遂昂人[4]崇尚财富，故生活于一君统治之政体。"[5]这说明，奢侈特别适合君主政体，如此政体根本不

---

〔1〕 塔兰特，古币名。——译注

〔2〕 参见君士坦丁·波菲洛戈尼图斯《品德与邪恶摘录》转引的狄奥多罗斯《世界文库》第三十六卷片段。——原注

〔3〕 同上："人人攀比奢侈。"——原注

〔4〕 遂昂人乃日耳曼部落，居于斯堪的那维亚现属瑞典的领土上。——译注

〔5〕 参见塔西佗：《日耳曼尼亚志》第四十四章。——原注

需节俭法。

君主政体,财富悬殊,必然奢侈。富人不大肆挥霍,穷人就会饿死。甚至可以认为,富人挥霍度应与富裕度成正比,如前所述,奢侈度也应按比例增加。个人财富增多,乃剥夺部分居民生活必需之故,因此,应把生活必需归还他们。

维护君主政体,就得大兴奢侈之风,从农夫至工匠、商人、贵族、官吏、王公、总包税人乃至君主,奢侈应层层加码,否则,一切都会完蛋。

罗马元老院由严肃的行政官、法学家和满脑远古思想者组成。奥古斯都在位时,就有元老提出,要整饬妇女奢侈之风。在狄奥著作中[1],就可惊奇地读到,对元老们喋喋不休的提议,奥古斯都如何虚与委蛇,盖其正致力创建君主政体而瓦解共和政体。

提比略执政时期,市政官在元老院提议,恢复古代节俭法。[2] 这位贤明君主不同意:"目前恢复此法,国家就可能无法存在,罗马如何生存?行省如何生存?我们只是城邦公民时,确实很节俭。如今,我们享用着天下财富,所有奴隶主和奴隶都在为我们干活。"他很明白,不再需要节俭法。

还是在他执政时期,有人在元老院提议,禁止省督携妻随行,理由乃防止妻子把放荡之风带往行省。该提议未获采纳,盖因"古人简朴之风,已演变为更惬意生活方式"。[3] 人们感到需要另一种生活风气。

因此,奢侈乃君主政体所必需,专制政体亦然。在君主政体,奢侈乃享用所拥有之自由;在专制政体,奢侈乃滥用奴役他人

---

[1] 参见狄奥:《罗马史》第五十四章第十六节。——原注

[2] 参见塔西佗:《编年史》第三卷第三十四章。——原注

[3] 参见塔西佗:《编年史》第三卷第三十四章:"古人之简朴,已变成更好更舒适的方式。"——原注

之权。奴隶受主子委派而压迫其他奴隶时，不知明日能否享有今日欢愉，其唯一快乐乃今朝有酒今朝醉、耀武扬威、放纵享乐。

这一切让我们得出如下结论：共和政体毁于奢侈，君主政体毁于贫穷。[1]

第五节　何种情形节俭法有利君主政体

13 世纪中叶的阿拉贡[2]，根据共和政体精神抑或出于某种特殊需要，制定节俭法。海梅一世[3]下令，除自己捕获的猎物外，国王与臣民每餐不得有两种以上肉食，而且每种肉食只能用一种方法烹饪。[4]

如今瑞典也制定了节俭法，但目的不同于阿拉贡。

出于绝对简朴而制定节俭法，此乃共和政体节俭法精神。从性质来看，阿拉贡目的即如此。

制定节俭法目的，也可以是相对简朴。发现外国商品价格偏高而大量输出本国商品，从而造成本国商品匮乏甚于外国商品不能满足需求，政府就会禁止进口。此乃今天瑞典节俭法精神[5]，此乃唯一适合君主政体之节俭法。

一般而言，国家越穷，越容易因相对简朴而衰败，就越需要相对节俭法；国家越富，越容易因相对奢侈而繁荣，就应特别注意不

---

〔1〕 参见弗洛鲁斯：《李维摘录》第三章第十二节："富贵即生贫穷。"——原注

〔2〕 阿拉贡，西班牙西北边境王国。——译注

〔3〕 海梅一世（1208—1276），又称"雅克一世""詹姆斯一世"，阿拉贡国王（1213—1276 在位），人称"征服者"。——译注

〔4〕 颁布于 1234 年的海梅一世宪法第六条。参见马尔卡：《西班牙史》第六章，第 1429 页。——原注

〔5〕 瑞典禁止进口高级葡萄酒和其他珍贵商品。——原注

要制定相对简朴法。关于相对简朴,将在贸易之章节充分阐述[1],此处仅论述绝对奢侈。

第六节 中国奢侈

有些国家,由于种种原因,需要节俭法。由于气候原因,人口可能众多,维持生计手段可能极不稳定,必须全民务农。在这些国家,奢侈有害,节俭法应极其严厉。因此,应否鼓励抑或禁止奢侈,首先应关注人口数量与谋生难易之关系。英国生产的谷物,养活农业耕作者和衣物制造者绰绰有余,因此,英国人会生产一些时髦工艺品,并呈现奢侈现象;法国生产的小麦,也足以养活农业耕作者和衣物制造者,此外,还可以通过外贸,用生活必需品换取时髦工艺品,因此,法国几乎不惧怕奢侈。

中国不同,妇女生育力极强,人口繁衍迅速,无论如何耕作土地,只能勉强果腹。因此,奢侈当然有害,它犹如共和政体,需要勤劳和节俭精神[2],需要日常生活所需的手工业而远离专供奢侈享受的手工业。

中国历代皇帝辞藻华丽之圣旨,体现的乃上述精神。唐代有位皇帝诏曰:"古之人曰:一夫不耕,或受之饥;一妇不织,或受之寒……"[3]根据这个原则,他谕令拆毁诸多寺庙[4]。[5]

---

[1] 参见本书第二编第二十章第二十节。——原注

[2] 共和政体始终禁止奢侈。——原注

[3] 贾谊《论积贮疏》:"古之人曰:一夫不耕,或受之饥,一妇不织,或受之寒。"此处所谓圣旨,应为贾谊之文,或许是孟德斯鸠引用的杜赫德之文本身误会所致。——译注

[4] 参见杜赫德:《中华帝国全志》第二卷所载圣旨。——原注

[5] 参见司马光主编:《资治通鉴》第二百四十八卷(唐武宗会昌五年):"……上恶僧尼耗蠹天下……释教之弊,宣告中外。凡天下所毁寺四千六百余区……"可见,唐代确有大规模拆毁佛寺之事,但是否与引文圣谕有关,存疑。——译注

中国第二十一个朝代第三位皇帝在位时，有人进贡宝石。其认为，如此之物，不能吃、不能穿，徒然劳民，遂谕旨关闭出产宝石之矿山。[1]

建文帝诏曰："奢侈如此盛行，甚至老百姓被迫出卖的小孩也穿着绣花鞋。"[2]一帮人为一个人做衣服，难道是让许多人不缺衣服之法吗？一人耕种，十人吃饭，难道是让许多人不饿之法吗？

第七节　中国奢侈致命后果

中国历史上先后有二十二个朝代[3]，换言之，曾改朝换代二十一次，其余诸多大小变乱忽略不计。最初三朝，治国有方，疆域虽不如后朝广袤，但存续时间很长。总体而言，历朝历代开局不错。美德、谨慎和警觉，乃中国必需，王朝初期皆具备，王朝末期则荡然无存。开国之君饱经戎马倥偬之苦，最终推翻骄奢淫逸旧朝，深知美德之效与奢华之害，自然珍惜美德而警惕奢华。但三四代后，继位者骄奢淫逸、不出深宫、萎靡不振、寿命不长，尽是幼童登基，皇室衰微，大臣擅权，宦官得宠，皇宫成为国家之敌，宫中大群游手好闲之辈把辛勤劳作之人折腾得倾家荡产；篡位者弑君驱帝，自立新朝，但至第三四代，新朝皇帝又自幽深宫。

---

〔1〕 参见杜赫德：《中华帝国全志》第一卷：关于中国第二十一个朝代第三位皇帝（明成祖朱棣。——译注）的历史记述。——原注

〔2〕 参见杜赫德：《中华帝国全志》第二卷，第48页。——原注

〔3〕 或许是18世纪西方学者通常将中国历史分为如下二十二朝之故：夏、商、周、秦、西汉、东汉、晋、北宋、南宋、南梁、南齐、南陈、隋、唐、后梁、后唐、后晋、后周、宋、元、明、清。——译注

第八节　公众节操

女失美德，无数弊病就会接踵而至，心灵就会急剧堕落。主要原则失守，其他也走向堕落，故在民主政体，骄奢淫逸之风，乃最终灾难，乃政体必变先兆。

因此，共和政体卓越立法者，要求妇女具有庄重美德。他们摒除的，不仅仅是邪恶，甚至是邪恶外表。他们禁止一切风流交往，盖如此交往后果乃懒惰，是让妇女先引诱他人堕落而后自身堕落，是让庸俗之物具有价值而贬低真正有价值之物，是让人们只能遵照妇女谙熟之游戏人生规则行事。

第九节　不同政体妇女地位

在君主政体，妇女几乎不受拘束。她们被显要揽入宫中，自由自在、无拘无束，盖唯有宫中能容忍妇女如此行为。每个朝臣皆利用美色娇爱增加自身财富，女性软而不傲却爱慕虚荣，故奢华总与女人相伴相生。

在专制政体，妇女不会导致奢华，但她们本身乃奢华之载体，绝对是奴隶。朝臣皆遵循政体精神，并把外面规矩带回家中。专制政体严刑峻法而且往往立即执行，故朝臣皆担心妇女放纵会给自己带来危险。女人下作取悦权贵之雕虫小技，诸如争风吃醋、轻佻妒忌、谄媚愠怒之类，必会招致严重后果。

此外，如此之国君主，本性好色，妻妾成群，出于种种考虑，不得不把妻妾幽禁深宫。

在共和政体,妇女法律上是自由的,却受习俗约束。共和政体荡涤奢华,也就荡涤了腐败与邪恶。

有一种宗教宣称美德之一,乃男人也得遵守纯正风俗。希腊城邦不受如此宗教约束,其情爱炽热得不敢描述,其婚姻只不过友谊而已[1],其妇德、俭朴和操守无可挑剔,几乎从未见过哪个民族在这方面具有如此良好的管理。[2]

第十节　罗马家庭法庭

罗马不同,未设置负责监督妇女行为的专职官吏。监察官既监察妇女也监察共和国其他人。家庭法庭[3]之设立,起到希腊人设置专门官吏之作用。[4]

丈夫把妻子亲属请来,当面审讯妻子。[5] 家庭法庭维护共和国良好风俗,良好风俗又维护家庭法庭。家庭法庭不仅审理违法案件还审理风化案件。既然要审理风化案件,就必得有良好风俗

---

〔1〕 至于真正的爱情,普鲁塔克说:“与妇女无缘。”参见普鲁塔克:《道德篇·爱情》,第600页。这反映了他那个时代的普遍想法。参见色诺芬以《希埃罗》为题的对话录。——原注

〔2〕 雅典专设官吏监督妇女行为。——原注

〔3〕 罗慕洛斯设立家庭法庭。参见哈里卡纳斯的狄奥尼修斯:《罗马古代史》第二章,第96页。——原注

〔4〕 从李维《罗马史》第三十九章可以看出:处理酒神节针对共和国的谋反事件时曾诉诸家庭法庭。所谓对共和国的谋反,乃指有伤妇女和青年风化的群众性集会。——原注

〔5〕 从哈里卡纳斯的狄奥尼修斯《罗马古代史》第二章可以看出:依据罗慕洛斯之法,一般由丈夫独自一人当着众亲属之面审讯妻子;案情重大,就由丈夫与五位亲属共同审讯。因此,乌尔边在《法律与拜星教》第六章第九、十二、十三节,将涉及风化的案子区分为“重案(mores graviores)”和“轻案(mores leviores)”。——原注

才行。

家庭法庭的量刑只能随意,事实也如此。一部法典很难把风化准则全都包括在内。规定个人对他人应尽义务并非难事,但规定个人对自己应做什么,就很困难。

家庭法庭审理妇女的一般行为,而通奸罪,除受家庭法庭谴责外,还要提起公诉。或许是它严重败坏共和国风俗,不能不引起政府关注;或许是妻子淫乱会让人怀疑丈夫也不忠;或许是人们担心,不如此惩办,恐怕老实人宁可装聋作哑、息事宁人,也不想惩处。

第十一节 罗马审判制度如何随政体改变

设立家庭法庭,提起公诉,盖因风俗良好。风俗堕落时,两者皆无必要,皆随共和政体一起消亡。[1]

由于建立了常设审判机构,换言之,法官有专属管辖权,法官审理一切案件[2]的做法日益取代诸家庭法庭。历史学家们深感意外,提比略竟让家庭法庭断案,此举甚为奇怪,乃古代诉讼之重现。

随着君主政体确立和风俗改变,提起公诉做法也被取消。人们担心,卑劣男子若遭女子蔑视拒绝,可能会恼羞成怒,甚至迁怒于其美德,进而萌生杀害她的念头。《朱利安法》规定,控告妻子通奸前,得先控告丈夫为妻子通奸提供了便利。如此这般,此类控告

---

〔1〕 参见《查士丁尼法典》第二章第二节“休妻”:“风尚审判,乃旧时规定,由于不常用,就完全废弛。”——原注

〔2〕 同上“特殊审判”。——原注

大幅减少甚至绝迹。[1]

西克塔斯五世[2]似乎欲恢复公诉通奸行为。[3] 但是,略微想想就不难看出,如此法律不适合任何君主国,对他这样的君主国就更不适合。

第十二节　罗马人针对妇女之监护

除受夫权支配的妇女外[4],罗马法给予妇女永久监护,监护权由亲缘关系最近的男性拥有。从一句俗语[5]来看,受监护之妇女颇受限制。如此做法,于共和政体合适,于君主政体完全没有必要。[6]

从蛮族法来看,早期日耳曼妇女似乎也处于永久监护之下,[7]并延续至日耳曼各君主国,但未长期保留。

第十三节　罗马皇帝针对妇女淫乱之刑罚

《朱利安法》对通奸处以刑罚,但是,此法以及此后相关之

---

〔1〕 君士坦丁完全取消此类控告,说:“婚姻家庭被胆大妄为外人搅乱,耻辱也。”——原注

〔2〕 西克塔斯五世(1521—1590),罗马天主教教皇(1585—1590 在位)。——译注

〔3〕 西克塔斯五世谕令:丈夫不控告妻子出轨的,处极刑。参见列梯:《西克塔斯五世传》。——原注

〔4〕 除非她们处于男子保护之下(Nisi conveni sent in manum viri)。——原注

〔5〕 我求你们不要像叔父那样训斥我(Ne sis mibi patruus ero)。——原注

〔6〕 奥古斯都在位时的帕皮亚法规定,妇女育有三子女免受监护。——原注

〔7〕 日耳曼人把这种监护称作“Mundeburdium”。——原注

法,远非风尚良好之体现,而是风尚不良之体现。

至君主政体,涉及妇女的一切政治制度都有变化。不再是要她们遵守纯正风俗,而是要惩治其犯罪。之所以制定惩治其犯罪的新法,盖不属于犯罪行为的越轨,已不再受到惩罚。

风俗败坏日趋严峻,皇帝们不得不立法遏制淫乱现象,但无意全面改造风俗。历史学家的有关记述,胜于任何法律规定之反证。在狄奥著作中,可以看到奥古斯都在这方面的态度、行为,其任执政官和监察官时,是如何回避人们向其提出的要求的。[1]

从历史学家著作确实可以看出,奥古斯都和提比略在位时,曾对罗马妇女淫乱行为作出严厉判决。这不但让我们了解到那两个时代之精神,也让我们了解到此类判决之精神。

奥古斯都与提比略主要意图,乃惩治女性亲属不端行为。他们惩治的,并非伤风败俗行为,而是其臆造的亵渎罪和大逆罪,[2]企图借此提升威望并公报私仇。因此,罗马历史学家强烈反对如此暴政。

《朱利安法》刑罚较轻[3],罗马皇帝们要求法官在法外加重刑罚。历史学家猛烈抨击说,他们考虑的,不是这些妇女应否受罚,而是她们是否犯法,实乃为惩罚而惩罚。

---

〔1〕 参见狄奥:《罗马史》第五十九章第十六节:有个青年与同其有不正当关系女人结婚后,被带到奥古斯都面前。奥古斯都既不敢对其行为表示赞同,也不敢处罚,犹豫良久,说:“大恶祸根乃骚乱,统统忘了吧!”元老院请求整饬妇女伤风败俗行为,他叫他们像他那样惩戒妻子,以此回避他们的请求。元老们请他说说,他如何对待妻子(窃以为如此问很无礼)。——原注

〔2〕 参见塔西佗:《编年史》第三卷第二十四章:“把男女间常犯过错定为亵渎罪和大逆罪,违背祖先之仁慈和皇帝制定之法。”——原注

〔3〕《学说汇纂》提及该法但未提及刑罚。估计是放逐,盖乱伦刑罚也只终身流放。参见该书“诉讼”“谁娶寡妇”等。——原注

提比略主要暴政之一乃滥用古法。[1] 欲对一罗马贵妇处以比《朱利安法》更重之刑时，他就恢复家庭法庭。[2]

这些有关妇女之规定，仅适用于元老家庭，与百姓无关。指控权贵需要借口，而贵妇放荡可以源源不断提供借口。

总之，良好风尚并非君主政体原则，早期几位罗马皇帝乃最佳明证。倘若有疑，就请看看塔西佗、苏埃托尼乌斯[3]、尤维纳尔[4]、马提亚尔[5]等的著作。

第十四节　罗马人节俭法

之所以谈淫乱，乃淫乱与奢华密切相关：淫乱随奢华而生，奢华随淫乱而盛。放纵欲念，何以抑制薄弱意志？

罗马为维护妇女简朴之风，除一般规定外，还应监察官要求，制定特别规定。此乃《法尼安法》[6]《利西尼安法》[7]《欧皮安法》[8]之宗旨。读读李维著作就可知道，当妇女们要求废除《欧皮

[1] 参见塔西佗：《编年史》第四卷第十九章："提比略特点之一乃用古代术语包装新罪行。"——原注

[2] "提比略对其通奸罪免除了最严厉的惩罚，向其亲属建议依照古例把其流放至罗马万里之外。禁止奸夫曼利乌斯前往意大利和非洲。"参见塔西佗：《编年史》第二卷第一章。——原注

[3] 苏埃托尼乌斯（约 75—140），罗马传记作家，代表作《帝王传》。——译注

[4] 尤维纳尔（约 58—183），罗马作家。——译注

[5] 马提亚尔（约 38—102），罗马诗人。——译注

[6] 《法尼安法》，公元前 161 年颁布，旨在限制娱乐消费。——译注

[7] 《利西尼安法》，公元前 367 年颁布，但从未执行。——译注

[8] 罗马保民官欧皮乌斯（公元前 3 世纪）倡议并促使于公元前 215 年通过的防止妇女奢华之风之法，史称"《欧皮安法》"。——译注

安法》时，元老院何等震怒。[1] 在瓦莱里乌斯·马克西姆斯[2]看来，废除此法，罗马就跨进奢华时代。

第十五节　不同政体嫁妆与婚姻利益

在君主政体，为维护丈夫地位和已有奢华，嫁妆应丰厚。在共和政体，奢华不应蔚然成风，嫁妆不必丰厚。[3] 在专制政体，妇女在一定程度上乃奴隶，几乎不需任何嫁妆。

法兰西法的夫妻财产共有制，极其适合君主政体，盖可以让妇女关心家事，而且不管其乐意否，皆可以迫使其照顾家庭。它不太适合共和政体，盖其妇女拥有更多美德。把它适用于专制政体，相当荒谬，盖其妇女几乎永远是主人财产。

妇女因其地位而醉心于婚姻，故法律规定可以从丈夫财产中获益，并无实际意义。在共和政体，如此规定乃有害，盖财富将导致奢华。在专制政体，婚姻收益只能维持生活。

第十六节　苏尼特人优良习俗

苏尼特人有种习俗具有良好效果，尤其在他们那种小小的共和国：召集所有年轻人评定品行，最优秀者最先择妻，次优者接着

[1] 参见李维：《罗马史》第四章第三十四节。——原注

[2] 瓦莱里乌斯·马克西姆斯，公元1世纪拉丁作家。——译注

[3] 斯特拉波在著作中说，当时最明智的马赛共和国规定，嫁妆不得超过一百银埃居，嫁衣不得超过五件。参见斯特拉波：《地理学》第四卷。——原注

择妻,如此依次进行。[1] 这值得赞赏,盖人们看重的,乃优秀品德和对祖国的贡献,最优秀青年可以在全国挑选姑娘为妻。爱情、美貌、贞操、品德、出身、财富,皆为品德之嫁妆。这种奖赏,于小国而言负担很轻,却能使男女两性得到最大满足。很难想象出另一更高尚、更丰厚之奖赏。

苏尼特人乃斯巴达人后裔[2]。柏拉图法,乃改进莱库古法而已,与苏尼特人习俗相似。[3]

第十七节　女性执政

妇女理家有违天性与理性,埃及人就如此看待,但女性理政却不能如此看待。理家,妇女天性柔弱而不占优势;理政,天性柔弱反而赋予其仁慈宽厚,较之严酷凶残,仁慈宽厚利于施行仁政。

印度女性执政状况不错。其规则是,若男性非由同血统之母所生,就由具有王族血统之母所生之女继位[4],并由若干人辅佐治国。据史密斯先生记述,非洲妇女执政状况也不错。[5] 若再加上俄罗斯与英国,可以相信,在温和抑或专制政体,女性同样可以成功治国理政。

---

〔1〕 尼古拉斯・达马斯著作片断,引自斯托巴乌斯著作,参见《君士坦丁・波菲洛戈尼图斯文集》。——原注

〔2〕 苏尼特人,又称“萨谟奈人”,系古意大利中南部人,似非斯巴达人后裔。——译注

〔3〕 甚至允许男女经常见面。参见柏拉图:《理想国》第五卷。——原注

〔4〕 参见《耶稣会士书简集》第十四册。——原注

〔5〕 参见史密斯:《几内亚游记》第二部分,第 165 页,有关黄金海岸王国的记述。——原注

第八章　三种政体原则腐化

第一节　本章主旨

各种政体腐化，均普遍始于原则腐化。

第二节　民主政体原则腐化

民主政体原则腐化，会发生在平等精神泯灭时、人们陷入绝对平等精神时、每个公民皆要求与所选首脑平起平坐时。此刻，人民甚至不能容忍其已授之权，凡事皆欲亲自处理，欲代元老院议事，欲代官吏履职，欲代法官断案。

如此这般，共和政体不再拥有美德。人民欲代官吏履职，官吏不再受人尊重；元老院审议无足轻重，元老不再受人尊敬，长者也随即不再受人尊敬。不再尊敬长者，也就不会尊敬父辈；丈夫也不必顺从，主人也不必服从。人人向往自由，无论管束人还是被人管束，皆不痛快。妻子、子女、奴隶不再服从谁，也不再存在风俗、秩序或者美德等。

色诺芬《盛宴记》，就对共和政体人民滥用平等权情形，作了非常生动的描述：每个客人轮流讲述自己快乐的理由。夏米德说："我穷我乐。从前我富有时，不得不讨好告密者，因为我明白：我更容易受到他们的伤害，他们不容易受到我的伤害。共和国不断要求我纳新税，我无法拒绝。沦为穷人后，我反而享有威望：无人再来威胁我，我倒可以威胁他人；我想走就走，想不走就不走。富人纷纷起身给我让路。从前我是奴隶，现在我是国王：从前我给共和国纳税，现在共和国养我；我不再害怕会失去什么，而期待可以得到什么。"

当人民所信任、托付之人为掩饰自身腐化而企图腐化人民时，人民就会陷入不幸。为不让人民看透其野心，那些人就大谈特谈人民如何伟大；为不让人民发觉其贪婪，那些人就不断迎合人民的贪婪。

腐化，会在腐化者之间加深，也会在被腐化者之间加深。如此这般，人民会把所有公共财产分光，会怠于政务，会穷且沉迷于奢华享乐。又懒又奢之结果，只有国库才能满足需求。

若发现用选票换钞票，不必惊讶。不大肆榨取人民财物，就不可能慷慨赏赐人民。若如此，必然导致国家政府被推翻。从自由获取的好处显得越多，就越接近丧失自由。于是，就会出现许多小暴君，他们集暴君一切邪恶于一身。不久，残存的一点自由也不被容忍，专制暴君应运而生，人民会被剥夺一切，甚至腐化带来的利益也会被剥夺。

因此，民主政体要防止两个极端：一是不平等精神，它会导致蜕化为贵族或者君主政体；二是绝对平等精神，它会导致蜕化为专制政体，犹如专制统治往往因被征服而寿终正寝一样。

诚然，腐化希腊各城邦共和国者并未都变成暴君，盖他们更酷爱雄辩而不是武艺，而且每个希腊人都对共和国颠覆者充满刻骨仇恨。所以，由此导致的无政府状态并未演变为暴政，而是因恶化而毁灭。

但是，身处众多小国之中的叙拉古[1]，由寡头统治变为暴君统治，[2]由史书上几乎从未提及的元老院[3]进行治理，所遭遇的诸多磨难不是普通腐化所致。这个城邦国，始终处于放纵之中或者压迫之下，不断遭受不期而至的自由与奴役的交替袭击。[4] 尽管其貌似强大，但是，极其微弱的外部势力就可促使其发生剧变。拥有众多居民的这个城邦国，注定只有两种残酷选择：不是拥戴暴君统治自己，就是自己充当暴君。

第三节　绝对平等精神

天地间有多遥远，真正平等精神与绝对平等精神就有多大差异。真正平等精神，并非人人皆可发号施令或者皆应俯首听命，乃指应指挥或者服从与我们平等者。此种精神并非不要主人，而是让与我们平等者做主人。

---

〔1〕 叙拉古，又译“锡拉库萨”，古希腊人在西西里岛建立的殖民城邦国。——译注

〔2〕 参见普鲁塔克：《提摩勒翁和狄奥传》。——原注

〔3〕 此乃狄奥多罗斯在《世界文库》第十九卷第五章中所说的六百人元老院。——原注

〔4〕 他们赶走暴君后，让外邦人和雇佣兵成为公民，从而引发内战。参见亚里士多德：《政治学》第五卷第三章。人民在对抗雅典人的战争中发挥决定性作用，导致共和国发生变化。两个年轻官员的激情促使共和国政体形式发生变化，其中一人把另一人儿子拐走，后者则勾引前者妻子。参见同书第七卷第四章。——原注

在自然状态下，人人生而平等，但不可能长期平等。社会让人们变得不平等，唯有法律才能重建平等。

有序与无序民主政体之区别在于：有序者，平等仅体现在人人皆为公民；而无序者，平等还体现在人人皆为官吏、元老、法官、父亲、丈夫和主人等。

美德天然紧挨着自由，但与极端自由之距离，犹如与奴役之距离般遥远。

第四节　人民腐化特殊原因

巨大成功，尤其主要归功于人民的巨大成功，会让其沉醉不已，会让其再也无法接受他人领导。他们怀疑官吏，不久就怀疑所有官职；他们敌视执政者，不久就敌视体制。战胜波斯人的萨拉米斯海战[1]，就是这样腐化雅典共和国的；[2]击败雅典人的胜利，就是这样摧毁叙拉古共和国的。[3]

马赛共和国，从未经历从弱小步入强盛之巨变，因此，始终坚守原则。这归功于该共和国的谨慎明智。

第五节　贵族政体原则腐化

贵族政权若变得独断专行，乃已腐化。此时，统治者和被统治

---

〔1〕 公元前480年希波战争期间，希腊人在萨拉米斯海战中取得决定性胜利，奠定雅典海上帝国的基础，强大的波斯帝国从此走向衰落。——译注

〔2〕 参见亚里士多德：《政治学》第五卷第四章。——原注

〔3〕 同上。——原注

者都不再拥有美德。

掌权家族遵守法律,就是由若干君主实施统治的君主政体。这种政体,就本质而言,乃最优秀政体之一,盖所有君主均受法律约束。掌权家族不遵守法律,就是由诸多专制君主实施统治的专制政体。

在后一种情形,共和政体仅存在于贵族之间。统治集团属共和政体,被统治集团属专制政体,形成两个最异质集团。

贵族权力世袭,腐化就会达致极点〔1〕,盖此时的贵族几乎没有任何节制精神。若贵族人数很少,权力就会较大,但安全度就会较低。若贵族人数较多,权力就会较小,安全度就会较高。循此规律,随着权力不断增大,安全度日渐降低,最终导致出现集无限权力与极端危险于一身的专制君主。

因此,世袭贵族政体贵族人数若多,统治就没那么暴戾。可是,由于其缺乏美德,人们就会陷于懒惰而不负责任的状态,结果国家孱弱无力。〔2〕

若法律能够让贵族们认识到,发号施令之风险和劳累远多于满足感;若虽无内忧外患,而政府仍然具有忧患意识,贵族政体就可以完全拥有活力。

君主政体需要一定程度的自信,才能获得稳定与荣耀,相反,共和政体则必须具有忧患意识。〔3〕 希腊人畏惧波斯人而使其法律得以维续,迦太基与罗马相互畏惧而各自变得强大。真是怪

---

〔1〕 贵族政体蜕为寡头政体。——原注

〔2〕 有些共和国用法律矫治世袭贵族政体弊端,威尼斯乃其中最佳之一。——原注

〔3〕 查士丁把雅典人美德沦丧归咎于伊巴米农达之死;他们不再争强好胜,把收入全都花费在节庆上;"常常只顾晚宴而不顾城堡"。于是,马其顿人悄然涌现。参见查士丁:《世界通史》第六卷第九章。——原注

事！国家越安全，就会越像一潭死水而滋生腐败。

第六节　君主政体原则腐化

人民剥夺元老院、行政官与法官职权后，民主政体就会走向终结，导致多数人专政；君主冷漠地剥夺城市或者各种团体权力后，君主政体就会走向腐化，导致个人专政。

有位中国人写道："晋朝与隋朝灭亡原因，是君主们不愿像古人那样只做元首唯一应做之事，即统领大局，却事必躬亲。"〔1〕他所说的，几乎是所有君主政体腐化之因。

在君主认为改变而不是遵循规律更能展示权力时，在君主剥夺臣民的世袭职务而任意赏赐给另一些人时，在君主热衷于突发奇想而不是理智判断时，君主政体就会走向灭亡。

在君主事必躬亲，把全国政务系于首都，把首都政务系于朝廷，把朝廷政务系于自身时，君主政体也会走向灭亡。

最后，在君主误解自身权威、地位以及人民拥戴时，在君主并不完全相信自己应犹如专制君主知道自己处于险境一样知道自己处于安全之中时，君主政体也会走向灭亡。

第七节　君主政体原则腐化(续)

在头等爵位成为头等奴役之标志时，当显要者不再受人民尊

---

〔1〕 参见杜赫德：《中华帝国全志》第二卷，第 648 页，转引自《明人著作集》。——原注

敬而沦为专制权力之卑劣工具时,君主政体原则就会腐化。

在荣誉与尊重发生矛盾时,在声名狼藉[1]与尊贵爵位集于一身时,君主政体原则就会腐化。

在君主把公正变为严酷时,如同罗马皇帝那样把美杜莎[2]头颅挂在胸前时[3],如同康茂德对其雕像所要求的那样摆出威胁与恐怖气氛时[4],君主政体就会腐化。

此外,在卑劣龌龊之徒因奴颜婢膝而跻身显贵之列并沾沾自喜时,在人们认为对君主负有无限义务而对国家不负有任何义务时,君主政体原则也会腐化。

倘若如同各个时代历史所昭示的,君主权力越大越不安全,那么,腐化这个政权直至改变其性质的,难道比反对他的大逆罪更轻吗?

第八节　君主政体原则腐化危险

腐化危险,不在于由某一温和政体变为另一温和政体,例如,由君主政体变为共和政体,或者由共和政体变为君主政体,而在于由温和政体剧变为专制政体。

欧洲大部分国家至今仍然依靠习俗治国。倘若长期滥权或者

---

〔1〕 提比略在位时,为告密者塑像并赐以胜利大奖,大大贬损荣誉,致使有资格获得荣誉者皆以荣誉为耻。参见《狄奥片断》第五十八卷第十四章,引自君士坦丁·波菲洛戈尼图斯:《品德与邪恶摘录》。参见塔西佗:《编年史》第十四卷第七十二章:尼禄发现并惩罚一个所谓的谋反集团后,向佩特罗尼乌斯·图尔比利亚努斯、涅尔瓦、提吉利努斯颁发胜利大奖。参见塔西佗:《编年史》第十三卷第五十三章:罗马将军因鄙视荣誉而不屑参战。人们不把胜利当一回事。——原注

〔2〕 美杜莎,又译"梅杜莎",希腊神话中的蛇发女妖。——译注

〔3〕 这个国家君主对其政体原则十分清楚。——原注

〔4〕 参见希罗迪安:《历史》。——原注

发生大规模征服战争而转向一定程度的专制政体，习俗就无法保持强大影响力。至少在某些时期，人性就会在这部分美丽国家[1]受到侮辱，如同在其他三部分国家[2]受到侮辱一样。

第九节　贵族捍卫王位

英国贵族把自己与查理一世[3]埋葬在国王宝座的废墟下。此前，菲利普二世[4]用自由蛊惑法兰西人时，国王始终得到贵族支持，盖贵族把臣服国王视为荣誉，把与人民分享权力视为奇耻大辱。

奥地利王室曾不断竭力压迫匈牙利贵族，却不知道有朝一日他们多么宝贵。它想方设法搜刮其本来就不充盈的钱财，对众多有识之士视而不见。各路诸侯群起瓜分奥地利时，君主国各邦坐以待毙而纷纷败落。此时，唯有具有生命活力的匈牙利贵族拿起武器，奋起抗争，把牺牲生命与抛弃前嫌视为最高荣誉。[5]

第十节　专制政体原则腐化

专制政体原则腐化从未间断，盖其原则本质乃腐化。其他政

---

[1] 指欧洲。——译注

[2] 指亚洲、非洲、美洲。——译注

[3] 查理一世（1600—1649），英国国王（1625—1649 在位）。——译注

[4] 菲利普二世（1165—1223），又称“腓力二世”“腓力·奥古斯都”，法国加佩王朝第七任国王（1180—1223 在位）。——译注

[5] 乃指在 1741 年至 1748 年的奥地利皇位继承战争中，匈牙利贵族效忠奥地利皇后玛利亚-特雷莎之事。——译注

体被推翻,乃因特殊事变破坏了其政体原则。专制政体不同,是在某些因素不能抑制其原则腐化时,由其内在弊端推翻的。所以,只有在气候、宗教、形势以及人民才智等因素所形成的局势下,被迫遵循某些秩序并接受某些规则时,它才得以维持。这些因素,虽然对专制政体性质影响至巨,但无法改变其性质:专制政体之凶残依然如故,只不过暂时被驯服而已。

第十一节　政体原则健全与腐化必然后果

政体原则一旦腐化,至良之法也会变坏而有害国家;政体原则健全时,坏法也会起到良法之效,盖原则之力可以带动一切。

克里特人为让主要官吏接受法律约束,采非常手段,即起义。部分公民揭竿而起[1],驱逐官吏,迫使他们恢复平民身份。此乃于法有据。虽然有人会认为,这种防止官员滥权手段,足以摧毁任何共和政体,但是,并未摧毁克里特共和政体,原因如下:[2]

古人谈及最热爱祖国的人民时,必首推克里特人。柏拉图说:"祖国这个词,对克里特人而言,非常亲切。"[3]他们用表示母爱之词称呼祖国。[4] 热爱祖国,足以矫治一切。

波兰法也有类似的起义规定,其结果却证明,唯有克里特人民能够成功服用这剂良药。

希腊人创立的体育运动,同样离不开健全的政体原则。柏拉

[1] 参见亚里士多德:《政治学》第二卷第十章。——原注

[2] 参见普鲁塔克:《道德篇》,第 88 页:人们总是首先联合对付外敌,此乃一致对敌。——原注

[3] 参见柏拉图:《理想国》第九卷。——原注

[4] 参见普鲁塔克:《道德篇·年长者应否参与公共事务》。——原注

图说:“正是斯巴达人与克里特人开设的这些著名学院,让其跻身于世界杰出民族之列。最初人们感到羞涩不安,但这种情绪最终让位于公共利益。”[1] 在柏拉图时代,这些制度令人钦佩不已[2],盖它与至关重要的军事技术有关。当美德远离希腊人时,这些制度竟然摧毁了军事技术:走上角斗场,不再为锻炼身体,而为纵情享乐。[3]

普鲁塔克说:与其同时代的罗马人认为,竞技运动乃希腊人沦为奴隶之主因。恰恰相反,希腊人沦为奴隶,乃竞技运动衰败之因。[4] 在普鲁塔克年代[5],公园裸体搏斗与角力,让年轻人变得胆怯懦弱,沉湎龌龊情欲,堕为纯粹卖艺者。可是,在伊巴米农达[6]年代,底比斯人因经常练习角力而赢得琉克特拉战役[7]胜利。[8]

若国家未丧失原则,坏法会少而又少,正如伊壁鸠鲁[9]谈及财富时所说:“坏者,非酒,酒罐也。”

---

〔1〕 参见柏拉图:《理想国》第五卷。——原注

〔2〕 体育运动分为舞蹈和角斗两部分。克里特有库莱特武装舞蹈,斯巴达有卡斯托和波留克斯武装舞蹈,雅典有帕拉斯武装舞蹈,所有这些武装舞蹈都非常适合尚未达到奔赴沙场年龄者。柏拉图在《法篇》第七卷说,角斗是对战争的想象。他称赞古人创立了和平舞和剑舞两种舞蹈。关于剑舞在军事中的应用,参见柏拉图前引书。——原注

〔3〕 参见马提亚尔:《短诗集》第四卷讽刺诗第 55 首:“或是莱达(希腊神话中的公主)喜爱的淫荡的斯巴达角斗场的竞技。”——原注

〔4〕 参见普鲁塔克:《道德篇 · 关于罗马》第 40 个问题。——原注

〔5〕 同上。——原注

〔6〕 伊巴米农达(约公元前 420—前 362),又译“伊帕密浓达”,古希腊哲学家、军事家,琉克特拉战役中率军打败斯巴达,后领军颠覆斯巴达霸权。——译注

〔7〕 公元前 371 年,琉克特拉爆发一场影响整个希腊的战役,有角力手等参战的底比斯以少胜多击败斯巴达而获胜。——译注

〔8〕 参见普鲁塔克:《道德篇 · 杂谈》第二卷第五章。——原注

〔9〕 伊壁鸠鲁(公元前 341—前 270),古希腊哲学家、无神论者。——译注

第十二节　政体原则健全与腐化必然后果(续)

罗马最初从元老中选任法官。后来,格拉古兄弟[1]从骑士中选任法官,德鲁苏斯[2]从两者中选任法官,苏拉从元老中选任法官,科塔[3]从元老、骑士与公共财政官中选任法官,恺撒禁止从公共财政官中选任法官,安东尼[4]规定由元老、骑士与百夫长组成十人委员会充当法官。

共和政体已腐化时,只有铲除腐化,恢复原则,才能抑制正在滋生的邪恶。其他任何方法,非但不能奏效,反而可能产生新弊端。罗马的原则完好无损时,元老执掌司法,也不至于滥权。罗马一旦开始腐化,无论是元老、骑士或者公共财政官独掌司法,还是他们共掌司法,抑或是其他人执掌司法,都无法消除弊端。骑士不比元老更有美德,公共财政官不比骑士更有美德,他们与百夫长一样缺乏美德。

当罗马平民同贵族一样可以担任官职时,人们自然认为,讨好平民者将立即主宰政府。然而,人们看到的是,允许平民担任官职的罗马人民,依然选择贵族。人民因为品德高尚,所以宽宏大度;人民因为拥有自由,所以鄙视权力。可是,丧失原则后,他们权力

---

〔1〕 格拉古兄弟,指提比略·格拉古(公元前168—前133)和盖约·格拉古(公元前154—前121)两兄弟,均为公元前2世纪罗马共和国著名政治家,平民派领袖。前者当选公元前133年的保民官,后者当选公元前123年、公元前122年的保民官。两者在各自任期内实施改革触犯保守势力利益,先后在保民官任上被杀。——译注

〔2〕 德鲁苏斯(公元前38—公元9),古罗马政治家、将军。——译注

〔3〕 科塔,又译“柯塔”,全名“路奇乌斯·奥列利乌斯·科塔”,公元前65年任罗马执政官。——译注

〔4〕 安东尼(约公元前82—前30),罗马后三巨头同盟之一。——译注

越大就越不谨慎，最终蜕变为自身暴君与奴隶，丧失自由力量，堕落孱弱。

第十三节　誓言对品德高尚者之作用

李维认为，较之其他民族，罗马人滋生骄奢淫逸之风最迟，以节俭清贫为荣时期最长。[1]

誓言对罗马人作用极大。没有什么比誓言更能让罗马人遵纪守法。为誓言的付出，多于为荣耀或者为祖国的付出。

执政官昆提乌斯·金基纳都斯[2]，欲在罗马招募军队征讨埃魁人和窝尔西人[3]，遭保民官反对时说："那就让去年向执政官宣誓者在我的旗帜指引下前进吧。"[4]保民官闻言高喊：誓言无效！宣誓时，金基纳都斯乃普通百姓。但是，保民官的叫喊毫无作用，人民比企图引领他们的人更加虔诚，他们根本不听保民官的区分与解释。

罗马人欲退却至圣山时，想到曾向执政官发誓一定追随其作战后，就有点后悔。[5] 于是，欲杀死执政官。有人告诉他们，即使杀死执政官，誓言也不会失效，因此，他们主动放弃谋杀。从此事就不难看出，对背弃誓言，罗马人抱着何种观念。

---

〔1〕 参见李维：《罗马史》第一章"序论"。——原注

〔2〕 昆提乌斯·金基纳都斯（约公元前 519—前 430），古罗马早期政治家、军事统帅、民族英雄。——译注

〔3〕 埃魁人和窝尔西人，皆为居于古意大利中部部族。——译注

〔4〕 参见李维：《罗马史》第三章。——原注

〔5〕 参见李维：《罗马史》第二章。——原注

坎奈战役[1]后，惊慌失措的罗马人欲退往西西里。但是，西庇阿[2]说服他们发誓绝不离开罗马。就这样，罗马人因为恐惧违背誓言而战胜了一切恐惧。可以说，罗马犹如在狂风暴雨中漂泊的船只，但有宗教和道德两支锚紧紧拽住它。

第十四节　政体最微小变化如何破坏原则

亚里士多德说，迦太基乃善治共和国。波利比乌斯说，第二次布匿战争时期[3]，迦太基出现危机，元老院几乎完全丧失权威。李维说，汉尼拔回到迦太基时发现，官吏与显要滥用权力、中饱私囊。官吏品德与元老院权威均同时丧失，且丧失均归于同一原因。

众所周知，罗马监察制度具有极大作用。有段时期，它却成为罗马的沉重负担，但仍然得到人们支持，盖彼时的奢华甚于腐化。克劳狄削弱监察制度后，腐化甚于奢华，该制度即走向式微。[4]奥古斯都和克劳狄统治期间，它不断遭遇破坏与恢复的命运，最终毫无用处而被完全废止。

---

〔1〕 坎奈，意大利地名，公元前 218 年汉尼拔在此以少胜多打败罗马，此乃第二次布匿战争的“坎奈战役”。——译注

〔2〕 卢西乌斯·西庇阿（公元前 235—前 183），第二次布匿战争期间罗马主要将领之一。——译注

〔3〕 约百年后。——原注

〔4〕 参见狄奥：《罗马史》第三十八章；参见普鲁塔克：《西塞罗传》；参见西塞罗：《致阿蒂库斯》第四章第十、十五封信；参见阿司卡尼乌斯：《占卜》论及西塞罗的有关段落。——原注

第十五节　坚持三种原则的有效方法

读者唯有阅读如下四节后，才能正确了解我的想法。

第十六节　共和政体显著特性

因性质所定，共和国疆域应小，否则，难以长期存在。疆域大的共和国，由于拥有大量财富，人们缺乏节俭精神，个人拥有财富就会过多，利益就会各不相同。人们起初觉得没有祖国照样幸福、伟大、显赫，不久就会认为只有让祖国变成废墟才能彰显其伟大。

领土辽阔共和国，公共福祉会成为千百种观点的牺牲品：它得臣服于种种特别情形，又得依赖于种种偶然因素。领土狭小共和国，每个公民都能更多地感受到、了解到、享受到公共福祉，故滥权较少见也较难得到包庇。

斯巴达共和国能够长期存在，盖其历经所有战争后，并未扩张领土。斯巴达唯一目标，乃自由；而自由唯一好处，乃光荣。

希腊诸共和国精神，既满足于其领土，又满足于其法律。雅典共和国最先萌发野心并把它传给斯巴达。不过，这种野心，不是为了役使奴隶，而是为了统治自由的人民；不是为了破坏联盟，而是为了领导联盟。更倾向于扩大疆域的君主政体兴起后，所有这一切都不复存在。

没有特殊情况，除共和政体外，其他政体很难在单独一个城市存活。一方面，如此小国的君主肯定会压迫人民：其拥有巨大权力却不知该如何行使并让其权力得到尊重，于是就恣意蹂躏人民。另一方面，如此君主很容易被外国甚至国内势力摧毁，本国人民也可能会随时团结反对他。因此，控制一个城市的君主，一旦被赶走，纷争就此结束；控制若干城市的君主，一旦被赶走，纷争才刚刚开始。

第十七节　君主政体显著特性

君主国疆域应不大不小。很小，就会成为共和国；很大，拥有大量财富的贵族就会不把君主放在眼里，会在朝廷之外拥有自己的朝廷，而且窃以为，由于山高皇帝远，贵族就无所畏惧，很有可能不再臣服于一国之君。

因此，查理曼[1]不得不分割他刚刚创建的帝国。不是因为各行省总督不服从命令，而是因为让他们更愿意服从命令，他才被迫把帝国分为若干王国。

亚历山大[2]死后，帝国即被瓜分。若非如此，希腊与马其顿的头头脑脑怎会服从他人？毕竟他们都是自由独立之人，至少也是广袤土地上的征服者首领。

阿提拉[3]死后，帝国四分五裂。不受约束的诸侯，绝对不会重新给自己戴上枷锁。

---

〔1〕 查理曼（742—814），法兰克国王，即“查理曼大帝”，建立了囊括西欧大部分地区的庞大查理曼帝国。——译注

〔2〕 亚历山大（公元前 356—前 323），马其顿国王（公元前 336—前 323 在位），即“亚历山大大帝”，亚历山大帝国创建者。——译注

〔3〕 阿提拉（406—453），匈奴王，欧洲人称“上帝之鞭”。在阿提拉带领下，匈奴帝国版图极盛：东起咸海，西至大西洋海岸，南起多瑙河，北至波罗的海。阿提拉死后，帝国即瓦解消失。——译注

在上述情形下，立即确立不受限制权力，乃防止帝国瓦解之有效手段，但是，这种补救措施，却是继扩张灾难后的又一个灾难！

百川归海，君主政体归宿，乃专制政体。

第十八节　西班牙君主政体系特例

请不要拿西班牙反驳我，西班牙恰恰印证了我的观点。西班牙为保住美洲竟然把其居民斩尽杀绝，此等事甚至专制政权也无法做出。为保住殖民地，它唯有让殖民地的生存仰赖于它。

西班牙试图在荷兰推行专制，而当放弃这一努力时，陷入两难境地：瓦隆人[1]不愿接受西班牙人统治；西班牙士兵不愿服从瓦隆人军官指挥。[2]

西班牙能待在意大利，乃因其让意大利日益富庶，而其自身却筋疲力尽。原想摆脱西班牙国王统治之人，贪恋其金钱而作罢。

第十九节　专制政体显著特性

疆域辽阔帝国，统治者必须享有专制权力。由于路途遥远，传达君主决定颇费时日，君主必须当机立断；必须让远离朝廷的总督或者其他官员有所畏惧而防治懈怠；必须令出一人，并且必须根据疆域辽阔之地不断发生的种种意外事件，适时调整政令。

---

〔1〕 瓦隆人，比利时民族之一，居于比利时南部地区。——译注

〔2〕 参见勒克莱尔：《联合省史》。——原注

第二十节　前述各节结论

综上所述,就自然特性而言,小国宜采共和政体,中等国家宜采君主政体,大国宜采专制政体;为维护已确立的政体原则,就得保持国家既有疆域,而且必须依疆域伸缩而调整国家精神。

第二十一节　中华帝国

结束本章前,就人们可能针对前述观点之诘难,我先作出回应。

传教士说,幅员辽阔的中华帝国令人赞叹,兼具恐惧、荣誉与美德原则。如此说来,我对三种政体原则的阐述辨析,毫无意义。

首先,倘若不是恐惧棍棒,就什么也不干的人民[1],有何荣誉可言?

其次,从商贾记述中,丝毫感觉不到传教士大谈特谈的那些美德。不妨看看商贾所讲述的中国官员巧取豪夺丑行[2]。[3] 杰出的安逊勋爵[4]见闻,乃佐证。

---

〔1〕 杜赫德神父说,统治中国的乃棍棒。——原注

〔2〕 例如,参见朗克记述。——原注

〔3〕 朗克,瑞典人,1716 年以俄国特使身份来华,先后五次担任俄国驻华商务代表;著有《朗克驻节北京日记》等。——译注

〔4〕 安逊,英国水师军官,曾率舰队作环球航行,其间在澳门及广州作短暂逗留。回国后著有《环球航行记》。——译注

再次，巴多明神父[1]书信有如下记述：皇上对几位亲王[2]皈依基督教甚为不快而予以惩治。这明白无误地证明，暴政乃常态，统治乃野蛮残酷冷血。德梅朗[3]先生谈论中国政府的书信，也与巴多明神父的大致相同。

窃以为，略为回应后，一切疑虑皆烟消云散。

传教士或许为表象所惑，或许是对一人意志就可掌控一切而赞叹不已，盖他们自己就受唯一一人意志的统治，而且企图在印度诸王中找到这种个人意志。他们去印度的目的，就是希望引起巨变。对他们来说，让君主们相信自己无所不能，远比让老百姓相信自己能够忍受一切，容易得多。[4]

总之，即使是谬误，往往也存在某种真理。或许由于某些特殊或者独一无二的原因，中国政府之腐败并未达至其应达至之度。或许由于气候以及其他物质因素对这个国家的道德具有强大影响，在一定程度上催生了某些奇迹。

中国妇女生殖力世界最强。最残酷暴政也不能抑制人口增长。中国君主不能像法老那样说："让我们用妙计对付他们！"[5]中国君主只能抱有尼禄那样的愿望：但愿全人类只有一位首领。总之，即使是暴政，中国气候都会使其人口越来越多，并最终战胜暴政。

中国像其他稻谷生产国一样[6]，经常闹饥荒。百姓挨饿时四

---

〔1〕 巴多明，在华法国耶稣会传教士。——译注

〔2〕 苏努家族成员。参见杜赫德：《中华帝国全志》第十八卷。——原注

〔3〕 德梅朗（1678—1771），孟德斯鸠同时代法国著名学者，因关注中国，与许多在华传教士保持通信联系，与许多欧洲学者探讨中国问题。——译注

〔4〕 从杜赫德神父著作可以得知，传教士们如何借助康熙皇帝权威，让那些一再声称中国法律不允许洋人在中国传教的官员免开尊口。——原注

〔5〕 引自《圣经·出埃及记》。——译注

〔6〕 参见本书第二十三章第十四节。——原注

处谋生,各地就会出现三五成群的盗贼团伙。多数被剿灭于萌芽状态,其余的则会越聚越多,但终究逃脱不了被镇压的命运。然而,在众多边远省份,难免会有几伙人立稳脚跟,组建武装,渐成气候,直捣京城,直至其首领登上皇位。

中国不良政府很快就会受到惩罚,此乃必然。诸多民众生计无着时,就会突然爆发动乱。而在其他国家,革除弊端十分困难,民众抗争效果并不明显,所以,其君主不会像在中国那样立即受到明确警告。

我们的君主明白,国家治理不好,今生权力和财富会变少,来世幸福会更少。中国君主则不同,他们明白,国家治理不好,帝国就会倾覆,身家性命就难保。

中国虽有弃婴现象,但人口依然不断增长。[1] 因此,必须不断辛勤耕作,才能养活其居民。这需要政府给予巨大关注,要时时留意,人人都可以安心劳作,不必担心劳动成果被他人攫取而白忙。因此,这种政府,与其说治理国政,不如说操持家政。

此乃人们议论甚多的种种典章制度之由来。他们试图让法律与专权并行不悖,但是,任何东西一旦与专权结合,就不再拥有力量。中国专制权力面对自身种种弊端,企图约束自己,却于事无补。它用枷锁武装自己,变得更加凶残恐怖。

因此,中国乃以恐惧为原则之专制国。也许王朝统治初期,疆域并无如今广阔,故其专制倾向可能略为缓和。可是,今非昔比也。

---

〔1〕 参见《耶稣会士书简集》第二十一册关于一位总督提倡垦荒的记述。——原注

第二编

第九章　法与防御

第一节　共和国如何维护安全

共和国，小则亡于外敌，大则毁于内弊。

民主与贵族政体，无论好坏，这两种弊端在所难免。弊病存在于内部，无法补救。

倘若不创造集共和政体内在优势与君主政体外部力量于一体的联盟共和国，人类极有可能最终不得不永远生活于一人统治之国。

这种联盟，系由若干小国依协议组建的、各国系其成员的更大之国，系各国联合组建的新国家，随新成员加入而扩大。

希腊长期保持繁荣，就在于这种联盟；罗马人攻击世界各地，世界各地抗击罗马人，皆凭借这种联盟；罗马鼎盛时期，畏惧罗马人的蛮族抵御罗马进攻的，就是在多瑙河[1]与莱茵

---

〔1〕 多瑙河，欧洲第二长河，发源于德国西南部，自西向东流经奥地利、斯洛伐克、匈牙利、克罗地亚、塞尔维亚、保加利亚、罗马尼亚、摩尔多瓦、乌克兰等九国，最后注入黑海。——译注

河[1]沿岸结成的这种联盟。

正是这种联盟，荷兰[2]、德意志和瑞士同盟，在欧洲视为永恒共和国。

较之当今，古代城邦更需要结盟。实力不强城邦，面临更大危险：一旦被征服，不仅如当今般丧失立法权与行政权，甚至丧失一切。[3]

这种共和国，防腐于内，御敌于外，盖结盟可以防止一切弊端。

图谋篡权者，无法在所有加盟国获得信任。倘若其在某加盟国权力过大，其余加盟国就会警惕；倘若其控制了部分地区，其余仍然自由的地区就会运用其尚未掌控的兵力与其对抗，趁其尚未站稳脚跟就将其击败。

某加盟国发生叛乱，其他加盟国足以平定；某地呈现弊端，无弊端之地足以纠正；部分倾覆，其余无虞；联盟国解体，加盟国无损。

这种由若干小共和国组成的联盟国，在内部，各加盟国享有各自优势；在外部，凭借联盟而具有大君主国各种优势。

第二节　联盟国应由性质相同之国尤其是共和国组成

迦南[4]遭灭顶之灾，盖其系一些未结盟而共同防御的小小君主国，其性质也不宜组成联盟国。

---

[1] 莱茵河，西欧第一大河，发源于瑞士境内的阿尔卑斯山北麓，向西北流经列支敦士登、奥地利、法国、德国和荷兰，最后在鹿特丹附近注入北海。——译注

[2] 荷兰由近 50 个共和国组成。参见贾尼松：《联省国》。——原注

[3] 公民自由、财产、妇女、儿童、庙宇乃至墓地等。——原注

[4] 迦南，《圣经》对腓尼基之称，后指巴勒斯坦、叙利亚、黎巴嫩地区。——译注

德意志，系由若干自由城邦与不同君主治下之小国组成，事实证明不如荷兰与瑞士完善。

君主政体精神，乃战争与扩张；共和政体精神，乃和平与宽容。这两种政体，唯有借助强制力量，才能共存于联盟共和国。

在罗马史中，我们看到，维爱人[1]推选国王后，就立即被托斯卡纳地区所有小共和国抛弃。马其顿君主在近邻同盟[2]谋取席位后，希腊就丧失了一切。

由君王国与自由城邦组成的德意志，之所以能够生存，盖因只有一个领袖，在某种程度上，其既是联盟首脑又是君主。

第三节　联盟共和国其他要件

在荷兰共和国，任何省未经其余省同意，不得与他人结盟。对联盟共和国而言，此法极好，甚至必不可少。德意志就缺少此法，否则，就可以防止因某个成员的轻率、野心或贪婪而给全体成员带来不幸。加入政治联盟的共和国，已把自己完全交出，再也没有任何东西可再交出。

加盟之国，权力相同、强弱一致，难也。由 23 个城邦结盟的吕基亚[3]共和国，在共同会议中的表决权，大城邦三票，中城邦两票，小城邦一票。[4] 由 7 个大小不一省份组成的荷兰共和国，每省一票。

---

〔1〕 维爱，意大利西北部托斯卡纳地区一个古代城邦。——译注

〔2〕 近邻同盟，古希腊中部和北部诸城邦组成的联盟；形式上是宗教同盟，实质上是政治同盟。——译注

〔3〕 吕基亚，古代小亚细亚南部地区，今属土耳其南部。——译注

〔4〕 参见斯特拉波：《地理学》第十四卷。——原注

吕基亚各城邦按票数多寡纳税，荷兰各省不以票数多寡而按照各自实力纳税。

在吕基亚，法官与城邦其他官员，由共同会议按照上述表决权选举产生。[1] 在荷兰共和国，法官与各省其他官员不由共同会议选出，而由各省任命。倘若推举联盟共和国典范，我选吕基亚共和国。

第四节 专制国如何维护安全

共和国凭结盟而谋求安全；专制国凭分割彼此、各据一方而谋求安全，牺牲部分国土，摧毁、荒芜边境，让腹地与外界隔绝，让外敌无法接近。

几何学公认原理是：物体面积越大，其周长相对越短。因此，对于这种毁坏边境做法，大国容忍度大于中等国家。

如此之国，竟对自己做残暴敌人所做之坏事，却无法阻挡敌人。

专制国谋求自保的另一隔离方式，就是把边缘省份交由封建藩属治理。莫卧儿[2]、波斯以及中国皇帝都有藩属，土耳其人则把鞑靼人、摩尔多瓦[3]人、瓦拉契亚[4]人和昔日的特兰西瓦尼

---

〔1〕 参见斯特拉波：《地理学》第十四卷。——原注

〔2〕 莫卧儿，即莫卧儿帝国（1526—1858），乃突厥化蒙古人帖木儿后裔巴布尔在印度建立的封建专制王朝。在帝国全盛时期，领土几乎囊括整个南亚次大陆以及阿富汗等地。1858 年，英国维多利亚女王被授予印度女皇称号，成立英属印度，莫卧儿帝国灭亡。——译注

〔3〕 摩尔多瓦，又译“摩尔达维亚”，位于欧洲巴尔干半岛东北部多瑙河下游、东欧平原南部边缘地区，曾与瓦拉契亚合并组成罗马尼亚，今属摩尔多瓦共和国。——译注

〔4〕 瓦拉契亚，南喀尔巴阡山和多瑙河之间地区，在今罗马尼亚境内。——译注

亚[1]人,置于自身与敌人之间。

第五节 君主国如何维护安全

君主国不会像专制国那样自戕。中等大小君主国,易受侵略,故建造要塞卫戍边境,驻守军队保卫要塞。寸寸土地,都要用战术、坚毅和果敢去争夺。专制国彼此侵犯,唯有君主国发动战争。

君主国才有要塞;专制国惧怕要塞,不敢把要塞托付给任何人,盖无人爱国爱君主。

第六节 国家防御力量概论

国家欲拥有强大武力,幅员大小应适中。遭遇突然袭击时,能够迅速挫败袭击者;无论入侵者出现在何处,都能将其击退。因此,国土大小应适中,否则,人之天生移动速度就无法适应。

法国与西班牙,疆域大小恰好适中。军队可以快速调动、集结,可以迅速从这一边境调至另一边境,不必担心来不及调遣。

法国很幸运:越薄弱边境,离首都越近;领土越暴露,国王看得越清。

可是,像波斯这样的疆域大国,一旦遭到攻击,散驻各地的军队数月才能完成集结。军队急行军半月不难,数月则不可能。边

---

[1] 特兰西瓦尼亚,位于喀尔巴阡山麓地区,今属罗马尼亚。——译注

境军队抵挡不住就必然溃散，盖附近无处可以撤退。在毫无抵抗的情形下，胜利者长驱直入，直逼都城，围而攻之，此时几乎不可能有时间通知诸省派兵救援。那些认为革命时机成熟者，将拒绝服从命令而加速革命爆发。那些由于惧怕近在咫尺之惩罚而效忠君王者，在惩罚远去时，就不再效忠，而只顾个人利益。于是，帝国解体，都城陷落，征服者就与省督争夺各省。

君主真正实力，不在于征服敌国时轻而易举，而在于敌国攻击时难以取胜，甚至可以大胆地说，在于其岿然不动。不过，疆域扩张后，就会暴露出更多易遭攻击之软肋。

因此，君主们固然应具有增强实力之智慧，同样应具有适可而止之谨慎；在消除疆域狭小之不便时，也应始终关注疆域扩大带来之不便。

第七节　反思

有在位甚久的伟大君主[1]，不时遭到敌人攻击，说其制定了庞大的欧洲王国计划并付诸实施。窃以为，如此攻击，乃出于恐惧，而非言之有据。倘若其果真实现如此计划，对欧洲及其臣民、家族和本人，皆为致命灾难。上帝知道真正好处何在，没让其打胜仗，而让其打败仗；没让其成为欧洲之王，而赐给其更大恩惠，让其成为最强大的国王。

其臣民，在国外时，唯有留在国内的东西能让他们动情；离乡出发时视荣耀至高无上，远在异国他乡时又视荣耀为归国障碍；其

[1] 乃指法国国王路易十四。——译注

优秀品质甚至引起人们不满，盖这些品质掺杂着对他人的鄙视；能够承受困顿、危难和创伤，却无法容忍丧失欢乐；其至爱乃欢娱，每当战斗失利时，就在颂扬将军的歌声中得到慰藉；对凡在一国失败就必然在所有国家失败之事业，对凡一旦失败就永远失败之事业，绝不会把它进行到底。

第八节　防御弱于进攻情形

库西勋爵[1]对查理五世[2]说："在国内，英国人最软弱，最容易被击败。"人们对罗马人，有如此评论；对迦太基人，亦然。任何派遣远征军之国，欲借此促使因政治、社会、个人利益而分裂的国民团结起来，均可能面对如此评论。国家积贫积弱，除而不去，就会越补救越虚弱。

普遍规律告诫人们不要远征作战，库西勋爵箴言乃例外。例外也有力证明了这一规律，因为其仅仅适用于违背规律者。

第九节　相对国力

一切显赫、力量、权力，皆相对而言。因此，努力增强实力时，切记不能削弱相对实力。

---

〔1〕 库西勋爵(1340—1397)，即昂盖朗·库西，法国贵族、英王爱德华三世女婿，拥有英国"贝德福德男爵"称号。——译注

〔2〕 查理五世(1337—1380)，法国国王(1364—1380在位)，扭转了英法百年战争第一阶段战局。——译注

路易十四[1]统治中期,法国相对强盛达至顶峰。彼时,德意志尚未产生后来那样伟大的君主;意大利亦然;英格兰与苏格兰尚未形成统一王国;阿拉贡与卡斯蒂利亚[2]也未合并为一国,西班牙分离地区因而受到削弱,分离地区反过来又削弱西班牙;在欧洲的知名度,莫斯科公国并不大于克里米亚。

第十节　邻邦之衰弱

邻邦正在衰落,务必谨慎,不要加速其灭亡,盖此乃最幸运局面。对君主而言,旁边有弱不禁风之国替他承受命运的所有打击和凌辱,再好不过。征服如此之国,国力增强而相对实力不减,实乃罕见。

---

〔1〕 路易十四(1638—1715),法国国王(1661—1715 在位),建立中央集权的君主专制王国,造就法国欧洲霸主地位。——译注

〔2〕 卡斯蒂利亚,西班牙中部地区。——译注

第十章　法与进攻

第一节　进攻

进攻由万民法调整。万民法系调节各国相互关系之政治法。

第二节　战争

国之生命如人之生命，人自卫时有杀人权，国家自保时有战争权。

自卫时我有权杀人，盖生命之于我，无异于攻击我之人。自保时发动战争，乃正义之举，任何国家自保而发动战争均如此。

公民有正当防卫权，并不意味着必须攻击。倘若诉诸法律即可，就不必攻击。唯有情况紧急，等待诉诸法律，可能丧失生命时，才能行使正当防卫权。但是，国家自保权有时必然含有攻击权,例如,不反击,就会被毁灭,此时实施攻击乃避免毁灭之唯一手段。

小国比大国更常拥有进行战争的权利,盖前者比后者更常处于担忧被毁灭的处境中。

所以说,战争权源自情非得已与严格正义。引导君主良心或者为其建言者,不以此为准则,后果可怕。若以荣耀、财富和功利等自以为是的原则为由发动战争,大地将血流成河。

千万不要奢谈所谓的君主荣耀,其荣耀乃妄自尊大。此乃一种情欲,而非正当权利。

诚然,君主以强大著称,可以增强国力。但君主以公正著称,也可以增强国力。

第三节　征服权

征服权源自战争权,乃战争权之果,故应遵循战争权精神。

征服者对被征服者之权,受四大法约束:一是自然法,要求保存万物种类;二是本能理性法,要求“待人如待己”;三是政治社会法,对政治社会的存在期限不加限制;四是征服派生之法,征服乃获取,其精神乃保存与使用,而非破坏。

征服者对待被征服者,有四种方式:一是继续依照被征服者之法进行治理,征服者仅行使政治社会治理权;二是重建政治社会治理组织;三是摧毁原有社会组织,将其居民分散到其他社会组织;四是灭绝其居民。

第一种方式符合当今万民法,第四种方式更符合罗马人万民法。[1] 不妨想想,如今进步多大啊。在此,应赞颂当今时代,赞颂当今的理性、宗教、哲学和习俗。

我们的公法学者,以古代历史为依据,脱离严格必要之情形,从而陷入重大谬误之中,极其专横地断定:征服者有权杀人。我不明白这是什么权利。他们还从中推导并确立同样恐怖的原则。如此原则,略有理智的征服者即不会遵守。很显然,征服后,征服者就不再拥有杀人权,盖其不再处于自卫和自保状态之中。

公法学者持如此观点,乃认为征服者有权摧毁被征服者,并进而推论有权消灭其居民。此乃由错误原则推导出错误结论,其逻辑是:既然其国应摧毁,组成该国之人也应消灭。但是,国家不是人,而是人之结合;公民可以消灭,人却应留下。

从征服者拥有杀人权原则,政治家引申出奴役权。这个结论,与其原则一样,毫无根据。

除非在保护征服成果的必要情形下,才能拥有奴役权。征服目的乃保护,而非奴役,尽管奴役有时可以作为保护的必要手段。

即使出现如此情形,永久奴役也违背事物本性。应让被奴役者成为臣民。征服后之奴役,乃权宜之计。经过一段时间后,因习俗、婚姻、法律、交往以及精神具有某种程度融合,征服者与被征服者的各个组成部分就彼此结合,此时,就应终止奴役。唯有不存在上述状况,而且征服者与被征服者彼此不信任而存在隔阂情形下,征服者才有奴役权。

因此,实施奴役的征服者应采取措施(此类措施不胜枚举),让

---

[1] 孟德斯鸠似乎有误:罗马人对征服之地,并非灭绝其居民。——译注

受奴役者恢复自由。

这绝非泛泛而谈。我们征服罗马帝国的祖先，就是这样做的。他们在战火中、在狂暴中和在胜利的骄横中所立之法，相当严酷，后来皆修改得比较温和、公平。勃艮第人〔1〕、哥特人〔2〕、伦巴第人〔3〕希望罗马人永远是战败者，然而，欧里克〔4〕、贡德鲍〔5〕和罗塔利〔6〕所立之法，均授予罗马人和蛮族人公民身份。〔7〕

查理曼为驯服撒克逊人〔8〕，剥夺其自由和财产。宽厚者路易〔9〕让他们恢复自由〔10〕，这是其在位期间的最大仁政。时间和奴役软化了他们的习俗，他们始终忠于宽厚者路易。

---

〔1〕 勃艮第人，属东日耳曼民族部落，可能最初从斯堪的纳维亚半岛移居丹麦勃恩霍姆岛即勃艮第岛，再向欧洲大陆迁徙。古代关于维京人的诗歌说，他们来自“勃艮第”，故称为勃艮第人。——译注

〔2〕 哥特人，属东日耳曼人部落，从2世纪开始定居在斯基泰、达契亚、外潘诺尼亚与黑海北岸的乌克兰大草原。五六世纪时，德涅斯特河河东的叫东哥特人，河西的叫西哥特人。410年，西哥特人进入意大利，围攻罗马城，并在西罗马帝国境内建立西哥特王国（位于高卢西南部和西班牙、卢西塔尼亚）和东哥特王国（位于意大利和克罗地亚）。——译注

〔3〕 伦巴第人，日耳曼人部落之一，起源于今斯堪的纳维亚瑞典南部。1世纪起迁徙至今德国西北部，最后到达并占据亚平宁半岛北部。——译注

〔4〕 欧里克（420—484），西哥特王（466—484在位）。——译注

〔5〕 贡德鲍，勃艮第国王（473—516在位），制定《贡贝特法》。——译注

〔6〕 罗塔利，伦巴第王（638—653在位），制定《伦巴第法》。——译注

〔7〕 参见蛮族法和本书第二十八章。——原注

〔8〕 撒克逊人，日耳曼人部落之一，最早居于波罗的海沿岸和石勒苏益格地区，后迁至今德国境内尼德萨克森一带，称“萨克森人”。公元5世纪初，萨克森人北上渡海，在高卢海岸和不列颠海岸登陆入侵。为了区分，史学界把在不列颠定居的萨克森人，称为撒克逊人。——译注

〔9〕 宽厚者路易（778—840），即路易一世，查理曼之子，法国加洛林王朝国王（814—840在位），又称“虔诚者路易”。——译注

〔10〕 参见佚名作者：《宽厚者路易传》。参见杜申：《文集》第二卷，第296页。——原注

第四节　被征服人民所获好处

政治家与其从征服权中引申出如此可怕之原则，不如谈谈征服权有时给被征服人民带来之好处。倘若万民法能在全世界得到确认并且不折不扣得到执行，人们对这些好处也许会有更深切的体验。

一般而言，被征服国均处于非正常状态，腐化已渗至社会各个角落，法律已停摆，政府已成为压迫者。若其遭受的不是毁灭性征服，谁会怀疑征服能给它带来好处？若国家已无法自我革新，让别人重建有何损失？富人狡诈采用种种手段悄无声息恣意掠夺财富，穷人眼睁睁看着滥权竟成法律而在重压下无处申冤只有痛苦沉沦，征服者就可以进入如此之国，推倒重建，首当其冲遭受冲击的理应是人人怨恨的暴政。

例如，我们看到，征服者不会像被征服君主那样贪得无厌，从而缓解了被征服人民所受压榨。无需征服者动手，弊端就自行消除。

征服者节俭，有时甚至会把原君主搜刮的部分民脂民膏，交还被征服国家的人民。

征服可以消除有害偏见，甚至可以说，征服可以把被征服国置于更优秀的明君统治之下。

对墨西哥人，西班牙人做了什么“好事”？他们本应向墨西哥人传播仁慈的宗教，却带去狂热的迷信；本应把奴隶变为自由民，却把自由民变为奴隶；本应教化墨西哥人抛弃活人祭祀陋习，却大肆屠戮墨西哥人。他们所做“好事”，罄竹难书！

征服者对自身恶行,终究要付出代价。因此,我给“征服权”所下定义是:它是一种必要的、正当的、不幸的权力,它对人性摧残所欠巨额债务终究要偿还。

第五节 叙拉古王格隆

窃以为,史上最高尚的和平条约,乃格隆[1]与迦太基人签订的和约。格隆要求迦太基人废除儿童活祭陋习。[2] 多么伟大啊!击败30万迦太基人后,格隆提出的条件只对迦太基人有利,或者说,他是为人类而签订和约。

大夏人有将年迈父亲喂狗陋习。亚历山大下令禁止,[3]此乃其破除迷信的一大胜利。

第六节 共和国征服行为

在联盟国内,一成员国征服另一成员国,就像如今瑞士[4]发生的那样[5],这违背事物本性。在那些由小共和国和小君主国混合组成的规模不大的联盟国,这种事情引起的震惊较小。

民主共和国征服一些城邦后,不给予这些城邦民主,这更违背事物本性。应赋予被征服人民主权权利,罗马人最初就是这样规

---

[1] 格隆(公元前540—前478),叙拉古僭主(公元前485—前478在位)。——译注

[2] 参见巴贝拉克:《古代条约史》第一百一十二条。——原注

[3] 参见斯特拉波:《地理学》第九卷。——原注

[4] 此处指托根堡。——原注

[5] 1706年至1718年,瑞士东部托根堡反对圣加仑的战争。——译注

定的。征服应有度，公民数量应能为民主政治所容纳。

民主共和国征服某一民族并将其作为臣民进行统治，将危及民主共和国自身之自由，盖它必将对管辖被征服地的官员授予过大权力。

当年汉尼拔倘若战胜罗马而统治罗马，迦太基共和国不知会处于多么危险的境地。战败后，他尚且能在国内一再掀起波澜。倘若他当年得胜而归，不知将会做出什么?[1]

汉诺[2]倘若只是妒忌，就绝不可能说服元老院不驰援汉尼拔。亚里士多德认为，元老院决定很明智，迦太基的繁荣就足以证明。是的，无充足理由，它不会作出如此决定。倘若看不到远在三百法里外的军队将遭受难以避免的损失而急需补给，乃愚不可及。

汉诺派主张把汉尼拔交给罗马人[3]，盖那时惧怕的，不是罗马人而是汉尼拔。

有人说，是他们不相信汉尼拔会取得成功，可是，他们怎会怀疑呢？迦太基人散居世界各地，怎会不知道在意大利发生的事情？不，正因为了如指掌，才不愿意驰援汉尼拔。

特利比亚河战役、特拉西米诺湖战役[4]、坎奈战役之后，汉尼拔更加破釜沉舟，不是由于其猜疑而是由于其恐惧在增大。

第七节　共和国征服行为(续一)

民主政体国家进行的征服还有一个问题，被征服国永远憎恨

〔1〕 他是国内某派别首脑。——原注

〔2〕 汉诺(公元前3世纪)，迦太基军事统帅、政治家。——译注

〔3〕 汉诺欲把汉尼拔交给罗马人，犹如加图欲把恺撒交给高卢人。——原注

〔4〕 如坎奈战役一样，特利比亚河战役、特拉西米诺湖战役均是第二次布匿战争中的重要战役。——译注

其统治。这种统治,看似是君主政体性质的,但各国各代经验表明,远比君主政体严酷。

被征服人民处境悲惨,既不享有共和政体之好处,也不享有君主政体之好处。

上述关于民主政体之国的论述,同样适用于贵族政体之国。

第八节　共和国征服行为(续二)

共和政体之国拥有附属国时,应赋予附属国人民优良政治法和市民法,努力补救违反事物本性而产生的弊病。

附属意大利共和国的一些岛国,其居民的政治和公民权利状况很糟糕。人们应当记得,大赦法规定:不得根据总督私人情报对岛民处以刑罚。[1] 常常有岛民请求享有特殊权利,但是,主权国赋予的仅仅是各民族都拥有的权利。

第九节　君主国对邻邦之征服

君主政体国家倘若不因扩张而削弱,能够长期存在,实乃强大可怕之国;因有邻邦君主国牵制,其实力不减。

因此,君主国之征服,不应超越其政体性质所允许之限度;一旦超越,就应明智停止征服行动。

---

〔1〕 1738 年 10 月 18 日热那亚弗朗盖里版:"禁止总督仅依据私下情报对任何国民处以刑罚。总督可以逮捕和监禁疑犯,但必须立即报告上级。"又参见 1738 年 12 月 23 日《阿姆斯特丹报》。——原注

进行此类征服后，诸如司法、法律、习俗、特权等当地的一切应保持不变，只改变军队和主权。

君主国征服邻邦省份而扩大疆土后，应在这些省份实施仁政。

长期进行征服的君主国，原有省份一般会不堪重负而且新旧苛政都得承受，独吞一切的京城往往导致那些省份人烟稀少。征服邻邦后，像对待原有臣民般对待被征服人民，国将不国。被征服省份向京城大量进贡却无回馈，边疆就会日益凋敝，边防就会空虚脆弱，边区居民就会萌发反叛心理，边境部队后勤补给就会岌岌可危。

此乃进行征服的君主国必然出现的状况：京城奢华阔气，邻近省份穷极潦倒，最边缘省份富裕丰足。如此情形，犹如地球，地心是火，地表是翠绿，地心与地表之间则是寒冷和贫瘠的不毛之地。

第十节　君主国对君主国之征服

君主国有时会征服另一君主国。被征服的君主国越小，越宜用堡垒威慑它；被征服的君主国越大，越宜用殖民形式保住它。

第十一节　被征服民族习俗

在被征服地区，仅仅保留被征服者法律不够，也许保留其习俗更有必要，盖一般而言，较之法律，人民更钟爱自身习俗。

法兰西人九次被逐出意大利。历史学家认为，乃因法兰西人粗暴地对待女性。[1] 忍受征服者的傲慢已极为不堪,征服者的粗野荒淫乃辱上加辱,必将激起义愤与暴动。

第十二节 居鲁士法律

居鲁士[2]立法规定,吕底亚[3]人只能从事卑贱或者可耻的职业。我不认为这是良法。居鲁士着眼于当务之急,即防止造反,而未防备外族入侵。可是,两个民族结合后相互腐化,不久就遭外族入侵。与其用法律维护被征服民族的软弱萎靡,不如用法律保持其质朴粗鲁。

库麦暴君亚里斯多德穆斯[4]竭力削弱年轻人意志[5],要求男孩像女孩一样,留长发,戴花饰,穿五颜六色拖到脚跟的袍子;到音乐和舞蹈老师那儿去时,要女人给他们带阳伞、香水和扇子;洗澡时,要女人给他们拿梳子和镜子。如此教育,一直持续到二十岁,只能培养为活命不惜放弃社稷的小暴君。

第十三节 查理十二

这位只凭一己之力的君主,制定只有进行长期战争才能执行

---

〔1〕 参见普芬道夫:《世界通史》。——原注

〔2〕 居鲁士(约公元前598—前530),波斯帝国皇帝(约公元前558—前530在位)。——译注

〔3〕 吕底亚,小亚细亚古代小国。——译注

〔4〕 库麦,位于意大利的古代城邦,公元前5世纪被亚里斯多德穆斯征服。——译注

〔5〕 参见哈里卡纳斯的狄奥尼修斯:《罗马古代史》第七章。——原注

的计划，结果导致自己垮台。

他企图颠覆的，不是穷途末路之国，而是蒸蒸日上之国。俄罗斯人把其强加给他们的战争当成学校。战败一次就让他们向胜利靠近一步，国外之败教会他们如何在国内保卫自己。

来到波兰旷野上，查理自以为是世界主人；漫步波兰旷野上时，自以为是在瑞典。就在此时，劲敌俄罗斯增兵把他牢牢困住，在波罗的海站稳脚跟，摧毁或者占领了里弗尼亚。[1]

瑞典就像河流，为了让其改道，人们就阻断其源头。

断送查理的，并非波尔塔瓦会战[2]。此处不败，彼处必败。命中偶发事件不难补救，源自事物本性而接连不断地发生的事件防不胜防。

然而，沉重打击他的，不是命运，不是事物本性，恰恰是他自己。

他决策行事，不是依据当前局势而是某个范例，而且是邯郸学步。他不是亚历山大，却可以成为亚历山大最出色的士兵。

亚历山大之所以成功，乃谋划合理。波斯入侵希腊失败、阿偈西劳[3]征战成功以及万人撤退[4]等事件均证明，希腊人在战法和武器方面均具优势，况且大家也都知道，波斯人傲娇而难以纠正自身错误。

波斯人不再可能分裂、削弱希腊，盖当时的希腊统一在一个首

---

〔1〕 里弗尼亚，今立陶宛境内波罗的海沿岸地区。——译注

〔2〕 波尔塔瓦，今乌克兰境内城市，1709 年 7 月查理十二于此地被彼得大帝击败。——译注

〔3〕 阿偈西劳（公元前 444—前 360），又译“阿格西劳斯”“阿格西劳”“阿吉斯拉斯”“阿格西莱”等，斯巴达国王（公元前 399—前 360 在位），公元前 396 年战胜波斯。——译注

〔4〕 公元前 401 年，色诺芬率领 13000 名希腊雇佣军自小亚细亚胜利撤回希腊，史称“万人撤退”。——译注

领的统率下。这个首领掩盖希腊人受奴役的最佳方式,莫过于消灭宿敌和激发征服亚洲之欲望。

有这么一个帝国,土地肥沃,物产丰富,有世上最勤劳的人民遵循宗教原则在土地上劳作,这就为敌人维持生存提供了便利。

从这个国家君主骄横无能、不断战败而徒然受辱,就不难断定:在不断进行的征战中,他们必将加速垮台;侍臣阿谀奉承,令他们永远不可能怀疑自身之伟大。

亚历山大宏图大略、充满智慧,实施过程散发着睿智光芒。在迅疾行动中,在火一般热情中,让我来说,总有一种"理性激情"引领他。那些想把其经历写成传奇故事而思想境界远不及他之人,无法掩去这种"理性激情"。那就纵情谈谈他吧!

第十四节　亚历山大

亚历山大在巩固马其顿,使之足以抵御邻近蛮族进攻并驯服希腊人后,才开始远征。他为实现宏图大略而驯服希腊人;他让斯巴达人既嫉妒又无能为力;他攻击沿海省份;他令陆军沿海岸前进,并同舰队协同作战;他巧妙运用训练有素的军队战胜众多敌军;他的军队从不缺乏给养;倘若取胜给他回报了一切,那也是他为取胜准备了一切。

宏图大略实施之初,略有闪失就可能万劫不复,因此,他从不贸然行事;在命运需要作出抉择时,他敢于采取胆识过人行动。远征亚洲前,首先拿特利巴尔人[1]和伊里利亚人[2]开刀,于是就暴

---

[1] 特利巴尔人,古代居住在巴尔干地区色雷斯的居民。——译注

[2] 伊里利亚人,古代居住在当今奥地利、匈牙利等地的居民。——译注

发了一场如同恺撒在高卢进行的战争。[1] 回师希腊时，占领并摧毁底比斯，在一定程度上并非其本意。[2] 他包围底比斯，静待其求和，但底比斯人加速了自己的毁灭。在攻击波斯海军问题上，与其说展示了巴尔美尼欧[3]之胆量，莫如说尽显了亚历山大之谋略。他的计策是让波斯人离开海岸，迫使其放弃具有强大优势的海军。提尔[4]基本附属于波斯人。没有它，波斯人就无法开展航运和贸易。亚历山大就摧毁了这个城市。大流士[5]在另一个地方集结重兵，致使埃及防备空虚，亚历山大乘机占领埃及。

跨越格拉尼库河[6]后，亚历山大成为希腊殖民地主人，伊苏斯战役[7]让其获得提尔和埃及，阿尔贝拉战役[8]让其成为全球霸主。

伊苏斯战役后，他欲擒故纵，任由大流士逃走，而全力巩固整顿征服之地。阿尔贝拉战役后，他紧追不放，让大流士在其自己帝国都无路可逃。[9] 大流士每到一个城市或者省份，立足未稳，就得逃跑。亚历山大进军神速，似乎全球帝国乃希腊奥林匹克运动会的奖品，而不是战场胜利的果实。这就是他的征服谋略。再看

---

〔1〕 参见亚里安：《亚历山大远征记》第一卷。——原注

〔2〕 同上。——原注

〔3〕 巴尔美尼欧，又译“帕米尼奥”“帕墨尼奥”等，亚历山大的著名部将。——译注

〔4〕 提尔，又译“蒂尔”“苏尔”“推罗城”，古代腓尼基城市，位于今黎巴嫩首都贝鲁特南约 80 公里。——译注

〔5〕 大流士（公元前 380—前 330），即大流士三世，古代波斯国王（公元前 336—前 330 在位）。——译注

〔6〕 格拉尼库河，又译“格拉尼克斯河”。公元前 334 年格拉尼库河战役，亚历山大战胜波斯。——译注

〔7〕 伊苏斯战役，公元前 333 年亚历山大击败波斯之战。——译注

〔8〕 阿尔贝拉战役，又称“高加米拉会战”，公元前 331 年，亚历山大在波斯腹地彻底击败大流士之战。——译注

〔9〕 参见亚里安：《亚历山大远征记》第三卷。——原注

看他如何巩固征服成果。

有人希望他视希腊人为主人，视波斯人为奴隶。[1] 他反对如此主张，只想让两个民族融合，消除征服者和被征服者之分。征服波斯后，他抛弃曾经用来为征服辩解的所有偏见，遵循波斯习俗，以免强制波斯人遵循希腊习俗而激怒他们。他对大流士的妻子和母亲敬重有加，极力克制自身欲望，原因就在于此。这是怎样的征服者啊！他逝世时，所有被他征服的人民都落泪致哀！这是怎样的篡夺者啊！他逝世时，被他推翻的王室都洒泪默哀！这是他生命光彩夺目之处，历史学家从未讲过还有哪位征服者能够以此为傲。

巩固征服成果之最佳手段，莫过于让两个民族通婚而融合。亚历山大娶战败民族之女为妻，要求部属也照办。[2] 其余马其顿人纷纷仿效。这种通婚，法兰克人和勃良第人准许[3]；在西班牙，西哥特人起初禁止，而后准许；[4] 伦巴第人不但准许，而且鼓励。[5] 罗马人试图削弱马其顿时就规定，不同行省男女不准通婚。

亚历山大为让两个民族融合，打算在波斯大量建立希腊殖民地。他兴建了诸多城市，让新帝国各部分成功凝聚在一起。他去世后，在混乱而骚动的恐怖内战状态下，希腊人自取灭亡，但是，竟没有任何波斯省份发生叛乱。

---

〔1〕 此乃亚里士多德谏言。参见普鲁塔克：《道德篇 · 亚历山大的命运》。——原注

〔2〕 参见亚里安：《亚历山大远征记》第七卷。——原注

〔3〕 参见《勃艮第法》第十二章第五节。——原注

〔4〕 参见《西哥特法》第三卷第五章第一节。此条将强调族群差异甚于社会地位差异的旧法废除。——原注

〔5〕 参见《伦巴第法》第二卷第七章第一、二节。——原注

为防止希腊和马其顿负担过重，他把一批犹太人[1]送至亚历山大[2]。他认为，犹太人习俗如何并不重要，只要臣服即可。

他不仅让被征服人民保留其习俗，而且让他们保留其市民法，甚至常常让其国王和总督留任原职。他让马其顿人率领军队，让本地人担任政府首脑。[3] 与其冒大规模叛乱之风险，他宁可冒有人对他不忠之风险，确实偶尔发生过此类事件。他尊重各民族古老传统和当地人引以为荣的一切纪念物；他重建波斯国王摧毁的希腊人、巴比伦人和埃及人的庙宇[4]；几乎所有已臣服民族的祭坛，都有其祭品。他进行征服，似乎仅仅是为了成为每个被征服国的君主和每个被征服城市的第一公民。罗马人征服一切，毁灭一切；他征服一切，保存一切。无论征服哪个国家，他首先想到的，就是设法促进这个国家的繁荣强盛。他能够实现宏图大略，在于：第一，他是伟大天才；第二，他勤俭节约；[5]第三，他不惜成本做大事。他对私人开支把得很严，对公共开支放得很松。处理家务时，他是马其顿人；发放军饷时，让希腊人分享征服果实时，慷慨对待每个军人时，他是亚历山大。

他干了两件坏事：一是烧毁帕赛波里斯[6]，二是杀死克里图斯[7]。这两件坏事广为人知，乃他深深忏悔之故，正因如此，人们

---

[1] 叙利亚国王抛弃帝国缔造者的谋划，强迫犹太人遵循希腊习俗，结果招致可怕动乱。——原注

[2] 指亚历山大大帝于公元前 332 年兴建并以其名命名的亚历山大港口城市，今为埃及第二大城市。——译注

[3] 参见亚里安：《亚历山大远征记》第三卷及其他各卷。——原注

[4] 参见亚里安：《亚历山大远征记》第七卷。——原注

[5] 同上。——原注

[6] 帕赛波里斯，又称“波塞波利斯”“波斯波利斯”“塔赫特贾姆希德”等，从大流士一世开始建造的波斯古都。公元前 330 年，亚历山大率军攻占并疯狂掠夺后，将整个城市付之一炬。——译注

[7] 克里图斯，又译“克利托斯”，亚历山大朋友、部将，为亚历山大酒后所杀。——译注

忘记其罪行而推崇其品德,不把其罪行视为有意为之而视为不幸事件;后人看到的是其失态与弱点,但几乎也发现其心灵之美。总之,人们同情而不憎恨他。

不妨拿他与恺撒比较:恺撒欲仿效亚洲国王而故意卖弄,罗马人大失所望;亚历山大欲仿效亚洲国王,实施的乃符合征服宏图之事。

第十五节 巩固征服成果新手段

君主征服大国后,有个既可缓和专制权力,又可巩固征服成果之绝佳手段。中国的征服者就曾采用如此手段。

为不让战败者绝望,为不让胜利者傲慢,为防止政府军事化,为让两个民族各守本分而不互相猜忌,目前统治中国的鞑靼皇朝规定:驻守各省军队由满汉各半组成,法院官员也是满汉各半。它产生多种良好效果:第一,两个民族相互制约。第二,两个民族各自保有军政实力,不会被对方消灭。第三,征服者可以扩散全国,不会被削弱、被击败,足以应对内乱外战。这个制度十分合理,这种制度之缺几乎是所有征服者失败之因。征服者所属民族可以到处扩展而不至于自我毁灭,还有能力抵御内外敌人。缺乏如此明智制度,乃几乎所有征服者最终失败之因。

第十六节 专制君主征服行为

征服广袤疆域后,就会产生专制,盖驻扎各省军队不足以应付事变,君主身边得有一支可以随时派往各地平乱的亲信部队。它应能制约其他部队,并震慑君主不得不授予帝国巨大权力的那些人。中国皇帝就有一支庞大的鞑靼贴身卫队,随时听候调遣;莫卧儿、土耳其和日本君主,往往都有一支独立于一般部队的贴身卫队。对贴身卫队,一般部队均敬畏有加。

第十七节　专制君主征服行为(续)

前文已论及,专制君主应将被征服国纳为附属国。对征服者将王冠归还战败君主的慷慨大度,历史学家竭力颂扬。罗马人极其慷慨大度,到处如此封王,当作奴役工具。[1] 这种做法完全必要。征服者倘若直接治理被征服国,所派总督无法管束臣民,甚至君主也无法管束总督。于是,君主只得调遣守卫原有领土之部队,去守卫新近征服之疆土。两国将遭受同样灾难,一国内战会波及另一国。反之,征服者倘若扶植原合法国王,就可以拥有盟友,盟友实力将会增强其实力。最近例子就是,纳迪尔沙[2]征服莫卧儿后,只取财宝,而把整个印度斯坦留给莫卧儿。

---

〔1〕 参见塔西佗:《阿古里可拉传》第十四章:"他们甚至视国王为奴役工具。"——原注

〔2〕 纳迪尔沙(1688—1747),波斯阿夫沙尔皇朝皇帝(1736—1747 在位)。名"纳迪尔";"沙"即"沙赫",系皇帝称号。——译注

第十一章　确立政治自由之法与政体

第一节　本章要旨

我把确立政治自由之法分为两类:一类是与政体有关之法,另一类是与公民有关之法。本章探讨前者,下章探讨后者。

第二节　自由诸种含义

没有哪个词比"自由"含义更多,没有哪个词在人们心中的概念比"自由"更多。有些人认为,有权废黜他们曾经赋予专制权力之人,乃自由;有些人认为,有权选择他们应服从之人,乃自由;有些人认为,有权携带武器并实施暴力,乃自由;还有些人认为,有权受本民族之人或者受本民族之法统治,乃自由[1]。有的民族曾长期把蓄长须视为自由。[2] 有的民族把自由与特定政体联系在一起而排斥其他政体:崇尚共和政体者认为,在共和政体才享有自由;喜好君主政体者认为,在君主政体才享有自由。[3] 总之,人们在最符合其习俗与喜好之政体下,才享有自由。在共和政体,民众很少看见有什么弊病及其产生根源,而且官员似乎都是依法办事,故通常认为:在共和政体,享有自由;在君主政体,不享有自由。在民主政体,民众似乎想干什么就可以干什么,故认为:民主政体乃最自由政体,人民权力乃人民自由。

第三节 何谓自由

不错,在民主政体,人民似乎想做什么就可以做什么,但是,政治自由并非享有不受限制之自由。在一国,即在有法可依之社会,自由,仅是做应想做之事并不被强迫做不应想做之事。

应牢记:自由,不是无拘无束;自由,是做法律允许之事的权利。倘若可以做法律禁止之事,就不可能拥有自由,盖其他人也会享有这种权利。

第四节 何谓自由(续)

本质上,民主与贵族政体之国,皆非自由之国。政治自由仅存

---

[1] 西塞罗:"我沿用斯凯沃拉法,允许希腊人按其法律解决他们之间的争端。这样就让他们视自身为自由人民。"——原注

[2] 沙皇彼得大帝让莫斯科人剪掉长须,他们表示无法接受。——原注

[3] 卡帕多西亚人谢绝罗马人为他们建立共和政体之建议。——原注

在于温和政体,即使温和政体,也并非皆存在政治自由。只有在权力未被滥用时,温和政体之国才存在政治自由。自古以来的经验皆证明:一切拥有权力者,皆会滥权,甚至滥权至无以复加地步。即使美德,也应接受约束。这一点都不奇怪,事实乃如此!

按照事物本性,为防止滥权,就必须用权力制衡权力。完全可以建立这么一种政体:不强迫任何人做法律不强迫其做之事,也不强迫任何人不做法律允许其做之事。

第五节　不同政体目标

虽然所有政体都拥有同样目标,即维护自身生存;但是,各政体还拥有各自不同目标。罗马目标乃扩张,斯巴达目标乃战争,犹太法律目标乃宗教,马赛目标乃贸易,中国法律目标乃安定[1],罗德人[2]法律目标乃航海,蛮族目标乃天赋自由。一般而言,君主欢娱乃专制国目标;君主与国家之光荣乃君主国目标。人人不受约束乃波兰法律目标,结果却是人人受压迫。[3]

世界上还有这么一个国家,其政体直接目标乃政治自由。下面将考察其立国原则。倘若这些原则确实很好,自由就会犹如照镜子般显得清清楚楚。

某政体是否存在自由,不难发现。存在就能看见,即刻就可发现,何须寻觅?

---

〔1〕 此乃没有外敌或者自信有障碍物阻遏外敌之国理所当然的目标。——原注
〔2〕 罗德人,即罗德岛人。罗德岛乃希腊岛屿,位于爱琴海东南部。——译注
〔3〕 此乃自由否决权导致的弊病。——原注

第六节 英格兰政治制度

各政体皆存在三权:立法权、与万民法有关的执行权、与市民法有关的执行权。

君主或者执政官制定永久或者临时法律、修改或者废除已有法律,行使的系第一种权力;宣战或者媾和、派遣或者接受使节、维护国家安全、防止外敌入侵,行使的系第二种权力;惩治犯罪、裁决个体争议,行使的系第三种权力。可以把第二种称作行政权,把第三种称作司法权。

公民政治自由,乃人人都感觉自身安全的一种平和心理状态。要享有这种自由,就必须建立公民彼此不恐惧对方之制度。

立法权与行政权集于一人或者一个机构之手,不可能享有自由,盖人们担心君主或者元老院会制定暴虐之法并以暴虐方式实施该法。

司法权不独立于立法权和行政权,也不可能享有自由。司法权合于立法权,公民生命与自由就会任人宰割,盖此时法官乃立法者;司法权合于行政权,法官就会粗暴压迫他人。

同一人,或者无论是由权贵还是由平民抑或是由两者组成的同一机构,行使前述三权,即立法权、行政权和司法权,后果不堪设想。

欧洲大多数国家政体都比较温和,盖拥有前两权的君主都把第三种权力留给臣民行使。土耳其苏丹则集三权于一身,实施残暴恐怖之专制统治。

意大利诸共和国三权合而为一,其自由不如我们的君主国。

为了维护自身生存,它们不得不采取土耳其那样恐怖的手段:设立国家监察官[1],设置供告密者随时可以使用的检举箱,乃明证。

这些共和国公民处于何等境地啊!作为司法者的同一机构,拥有以立法者身份赋予自身的一切权力。它握有立法权,可以用一般规定蹂躏国家;它握有司法权,可以用具体判决摧毁每个公民。

那里的一切权力集于一体。尽管没有专制统治之奢华场面,但却无时不感到其存在。

所以说,企图实施专制统治的诸多欧洲君主,皆从独揽一切权力于一身开始。

我确实认为,意大利共和国那些纯粹世袭的贵族政权,与东方诸国专制政权并不完全相同。官员数量有时可以节制官僚机构权力,所有贵族并非总是怀有同一意图,设立诸多机构可以起到制衡效果。因此,在威尼斯,立法权归大议会,行政权归元老团,司法权归四十人团。可是,其弊端在于上述不同机构均由来自同一集团的官员组成,结果就是几乎只有一种权力。

司法权不能由常设的元老团把持,而应由从平民中选出的人员行使[2]。应当按照法定方式和程序,在每年的某个时间选出这些人组成法院,其任期根据实际需要确定。

如此一来,令人不寒而栗的司法权,由于不依附某个阶层或者某种职业,就变得如其本来面目一样无影无踪。此时,法官绝不会在人们眼前晃来晃去;人们惧怕的不再是法官,而是司法机关。

在重大刑事诉讼案件中,被告人应在一定程度上有权依法选择断案之法官,或者至少有权要求诸多法官回避,而把其余法官视

〔1〕 威尼斯即如此。——原注

〔2〕 如雅典。——原注

为被告人挑选的。

除司法权外的其余两权，不妨赋予某些官员或者常设机构，盖它们针对的不是个人，其中一权体现国家的一般意志，另一权执行国家的一般意志。

虽然法庭组成人员不应确定，但是，判决却应确定，而且应确定到永远与法律条文一致程度。倘若判决仅仅是法官个人意见，人们就无法确切知道，自己在社会中究竟负有何义务。

法官甚至应与被告人处于同等地位，换言之，法官与被告人可以平起平坐。若如此，被告人就不会觉得落入了可能对其施暴者之手。

倘若立法机构允许行政机构拘禁能够保证自己行为端正的公民，自由就不复存在。但是，倘若犯重罪，就应立即拘禁。在这种情况下，人们仍然享有真正的自由，盖他们只是服从法律权威。

但是，倘若立法机构认为存在某种针对国家的阴谋或者勾结外敌的行为而使国家处于危险境地，就可以授权行政机构在短暂而有限的时期内拥有监禁犯罪嫌疑人的权力。让这些人暂时失去自由，为的正是永远享有自由。

上述方法，正是补救斯巴达监察官和威尼斯国家监察官暴戾行径的唯一合理方法。

在自由国度，每个人皆被视为自由人，皆应自我管理，所以，立法权就应由全体人民行使。但是，这种做法，在大国不可行，在小国也存在诸多不便，因此，可行办法是，人民可以通过代表处理无法亲自处理之事。

人们对所在城市的需求比对其他城市的需求更了解，对邻居的才干比对其他同胞的才干有更准确判断。所以，立法机构成员不应在全国范围内遴选，而应在每一个有相当规模的地区，由居民遴选代表担任。

代表最大优势,是有能力参与公共事务讨论,而人民作为整体,则完全不具备这种能力。此乃民主政体一大缺陷。

已经接受选民一般指示之代表,就没有必要如同德意志议会那样,就每件具体事务接受选民具体指示。不错,采用德意志议会那种做法,代表发言可能更为代表人民呼声,可是,如此这般,也会导致无限拖延局面,会导致每个代表都拥有控制会议权力,而且尤其严重的是,在紧急关头,只要有一个代表反复无常,就可能让整个国家的车轮停滞不前。

西德尼先生[1]说得好:议员倘若代表一群人,如荷兰,就应向其选民负责;倘若代表市镇,如英国,就应另作处理。

各地区所有居民,都应享有代表之选举权。不享有的,只能是那些人们认为没有自身意志的卑贱者。

多数古代共和政体都存在一个重大弊端:人民有权对诸如属于行政行为的某一具体行动作出决定,可是,这是人民根本无法胜任的。人民参政方式,应限于适合其能力范围内的选举代表行为。虽然没有多少人能够确切了解他人能力如何,可是,每个人一般都知道其所选之人是否比其他人更为胜任将从事的代表工作。

代表机构也不应成为政权组成部分的行政部门。它不适合充当行政部门,而适合立法或者监督法律执行。这些是它有能力做好的,甚至可以说,只有它才能做好。

在一个国家,总有一些人出身高贵、财富众多或者出类拔萃。倘若把他们混同于平民,与其他人一样只享有一个投票权,人人享有的自由对其而言就是奴役,他们就会毫无兴趣捍卫那种自由,盖

---

〔1〕 西德尼(1623—1683),英国政治活动家,著有《政府论》,因反对斯图亚特王朝而被处死。——译注

普通民众作出的大多数决议都可能不利于他们。因此,他们在立法中享有的权力应与其在国家中拥有的其他优势相适应。要做到这点,唯有让他们组成一个集团,像平民有权遏制他们的侵犯一样,有权制止平民的侵犯。

就是说,立法权应交给贵族集团以及代表平民的集团,两者各有议会,各自讨论,各有利益与观点。

在上述三权中,司法权在某种程度而言几乎不存在。若此,在只剩下的两权之间,需要一种制衡力量进行调和。立法机构中的贵族集团,非常适合发挥这个作用。

贵族集团成员应世袭,首先是其性质使然,其次是保持特权乃其重要利益之所在。当然,这些特权本身就是可憎可恶的,而且在自由国度,始终是危险的。

世袭力量很可能趋于追求自身利益而忘却人民利益,人们可以腐蚀贵族而获取私利,因此,在涉及征税等方面的法律上,贵族世袭力量在立法上应只有否决权而无决定权。

我所说的决定权,是指制定法律或者修改他人所制定法律之权。我所说的否决权,是指将他人所作决定归于无效之权,罗马执政官就享有这种权力。拥有否决权也可以拥有批准权,但是,批准权仅仅是声明不使用否决权而已,因此,批准权派生于否决权。

行政权应由君主掌握,其原因在于,该机构需要立即作出行动,因此,由一人掌握优于由许多人掌握。反之,立法问题由许多人掌握往往优于由一人掌握。

倘若没有君主而把行政权交给从立法机构选出的若干人掌握,自由就可能不复存在,原因在于,两权就会合而为一,有时同样一帮人就会同时拥有这两权,而且可能一直拥有这两权。

立法机构长期闭会,自由也可能不复存在,盖必将导致如下任一情形：其一，不再有任何立法决定，国家会陷入无政府状态；其二，行政部门取而代之，从而拥有绝对权力。

立法机构也不必总是开会。总是开会，不但给代表们带来不便，而且过多占用行政机构的时间和精力，致其无心政务而考虑如何捍卫特权和行政权。

此外，倘若立法机构总是开会，很可能只得以新议员填补已故议员空缺才能保持开会状态。在这种情形下，立法机构一旦腐败就不可救药。倘若有一届接一届的立法机构，对本届不满意的人民，就可以顺理成章地寄希望于下一届。倘若始终是同一届立法机构，人民一旦发现它被腐蚀，就不再对其所立之法抱有好感，就会愤怒不已或者麻木不仁。

立法机构不得自行召集开会，盖一个机构唯有在其成员聚齐时才能认为具有意志。倘若参会的并非全体成员，就无法分清究竟哪一部分才真正属于立法机构，是参会者还是未参会者。立法机构倘若有权自行决定休会，就很可能永不休会。在它企图侵犯行政权时，这是非常危险的。此外，立法机构开会的时间选择有适宜和不适宜之分。所以，应由行政机构根据其掌握的情况，规定会议的召集时间和会期。

倘若行政机构不拥有制止立法越权之权，立法机构就会变成专制机构，盖它可能想要什么权力就可以攫取什么权力，不久就会摧毁其他一切权力。

立法机构不应对等拥有制止行政机构之权，原因在于：行政权天然存在限度，无须作出限制。此外，行政权针对的始终是需要立即处理之急事。所以说，罗马保民官既享有制止立法机构之权，又享有制止行政机构之权，存在极大危害。

在自由国度，立法权虽然不能制止行政权，但有权而且应有权审查其制定之法的执行情况。这正是英格兰优于克里特和斯巴达之处:克里特国务官员[1]和斯巴达监察官都不用报告其施政情况。

无论是否有审查法律执行之权,立法机构都不应享有审讯执政人的权力,当然也不应享有审讯执政人行为的权力。执政人应是神圣的,为了防止立法机构胡作非为,这对国家而言是必需的。一旦执政人受立法机构控告或者审判,自由就不复存在。

倘若执政人受立法机构控告或者审判,国家就不再是君主国,而是一个没有自由的共和国。但是,倘若不是佞臣当道,执政人不可能滥权。这些佞臣尽管受惠于法律,可是,他们身为大臣却憎恨法律,所以,应当受到法律追究和惩罚的是这些佞臣。这正是英格兰政权优于尼多斯[2]政权之处:尼多斯法律规定,不准审讯民选官员[3],卸任后亦然[4],所以,人民冤屈永无昭雪之日。

一般而言,司法权不应与立法权的任何部分糅合,但为保护被告人特有利益,存在三种例外情形。

显要往往易遭嫉妒,若由平民审判,就可能处于危险境地,甚至不能享有自由国度最卑微臣民享有的权利,即受地位相同者审判。因此,贵族不应交由普通法庭而应交由立法部门中由贵族组成的机构审判。

有时可以明辨是非、有时又黑白不分的法律,在某些情形有可能过于严酷。可是,正如前文所述,国家法官仅仅是法律代言人而

---

〔1〕 国务官员,克里特城民选的十位官员,任期一年,代行国王职务,相当于罗马执政官。——译注

〔2〕 尼多斯,古希腊城邦,位于小亚细亚今土耳其境内。——译注

〔3〕 指民众每年一次选出的官员。参见艾蒂安·比赞斯著作。——原注

〔4〕 罗马官员卸任后,可以被控告。参见哈里卡纳斯的狄奥尼修斯:《罗马古代史》第九章关于保民官格奴梯乌斯案件的记述。——原注

已，是被动执行法律者。他们不能削弱法律之权威，也不能减缓法律之严峻。前述立法部门中由贵族组成的那个机构，既是上述情形中审判贵族不可缺少的法庭，也是前述情形中必不可少的法庭：为有利于法律本身的实施，需要借助这个法庭的最高权威作出从宽判决，从而减缓法律之严峻。

管理公共事务的公民，可能会侵犯人民的权利，犯下一般官吏不能或者不愿惩治之罪。一般而言，立法机关不能审理案件。上述个案，更不能由立法机关审理，盖该机关代表的是被害一方当事人，即人民。它只能充当原告。可是，应向哪个法院起诉？屈尊向一般法院起诉？法院是其下级，而且像它一样由选自人民之人组成。若向这种法院起诉，该法院肯定会受如此有权有势的原告摆布。因此，绝对不能向这种法院起诉。为维护人民尊严和该公民安全，立法机关中代表人民的那个机构，应向立法机关中代表贵族的那个机构起诉，盖贵族与平民利益不同、情感也不同。

此乃英格兰政治制度比大多数古代共和国优越之处。在那些古代共和国，人民既是法官又是原告，很容易滥权。

根据前述，行政机构应通过享有否决权而参与立法工作，否则，将很快丧失其特有权力。然而，倘若允许立法机构享有行政权，行政机构同样将丧失其特有权力。

倘若君主通过享有决定权而参与立法工作，自由就会不复存在。但是，为维护自身特有权力，他必须参与立法工作，所以，他参与立法工作的途径，只能是行使否决权。

罗马政体发生改变，原因就在这里：掌握部分行政权的元老院和掌握其余行政权的行政官，都不拥有否决权。这种否决权，完全由人民掌握。

此乃英格兰基本政治制度。其立法机构由两部分组成。这两部分都通过行使否决权而相互制衡,都受行政机构制约,而行政机构则受立法机构制约。

这三权本应形成一种静止或者无为状态,但是,在处理人类事务过程中,运动是必然的,因此,它们不得不前进,而且协同前进。

鉴于只能通过行使否决权参与立法工作,行政机关就不能参与公共立法辩论。它甚至不必提出议案,盖它拥有否决他人所提议案之权,当然可以直接否决违背其意愿之议案。

在某些古代共和国,由于全体人民都有权参与公共立法讨论,行政机构当然有权提出议案并与人民一起讨论,否则,所作决议就会混乱不堪。

倘若行政机关在税收问题上拥有决定权而不仅仅是批准权,自由就会不复存在,盖若如此,在这个最重要立法事项上,行政机构就会变成立法机构。

倘若立法机关不是逐年审议税收问题,而是一劳永逸作出决定,就会面临丧失自由危险,原因在于:如此这般,行政机构就不再依赖于立法机构,而且一旦拥有这种永久性权力,这种权力究竟是其自身固有的还是他人授予的,对行政机关而言就显得无关紧要。在应交由行政机构管理的陆海军问题上,倘若立法机构不是逐年议决而是作出一劳永逸决定,其结果也将如此。

为防止行政机构压制他人,交由其管理的军队应是人民军队,而且具有人民精神,就如马略[1]之前的罗马那样。要做到这点,只有两种办法:要么服役者应拥有足够财产为其行为向其他公民作担保,并且只服役一年,就像当年罗马的做法那样。要么组建一支主要由全国地位最卑微者组建的常备军,立法机构应拥有随

---

〔1〕 马略(公元前157—前86),古罗马统帅、政治家,先后七次当选执政官,将征兵制改为募兵制。——译注

时解散这支军队的权力;这支军队的士兵应当与平民共同生活,不另设兵营,不修建碉楼。

军队建立后,不应直接隶属立法机构,而应隶属行政机构。这是由事物性质所决定的,盖军队使命不是辩论而是行动。

人之惯性思维,崇尚勇敢而蔑视怯懦,赞扬积极主动而鄙视小心谨慎,重视实力而轻视韬略。因此,军队总是轻视元老院而尊重其军官。对军人视为懦夫者组成的机构发出的命令,军队往往不予理睬,盖军人认为这些人不配指挥军队。因此,军队倘若完全隶属立法机构,很快就会变成军政府。倘若不是如此,就是有特殊原因:要么是军队始终处于分散状态;要么是军队由若干部队组成,每支部队分隶各行省;要么是主要城市地势优良而易于防守,因而没有驻军。

例如,荷兰比威尼斯更稳定,盖它可以淹死或者饿死叛军:其军队不是驻扎于能够提供给养的城市里,故其生存很成问题。

倘若军队由立法机构掌握,即使由于某些特殊原因没有演变为军政府,不良后果依然难以避免:不是军队推翻政府,就是政府削弱军队,二者必居其一。倘若军队被削弱,必定有其致命原因,那就是政府软弱。

读读塔西佗名著《日耳曼尼亚志》就会发现,英格兰政治制度观念源自日耳曼人。[1] 这种优良制度是在森林中建立的。

人世间的一切都会终结,我们谈论的国家有朝一日也会丧失自由,也会灭亡。罗马、斯巴达和迦太基不都已灰飞烟灭吗?立法腐败甚于行政腐败时,这个国家就会灭亡。

探究英格兰人如今是否享有自由,不是我的着眼点。阐明其

---

[1] 参见塔西佗:《日耳曼尼亚志》第二章:“小事君主斟酌,大事国民审议,由国民审议之事也同时提交君主。”——原注

法律已经确立自由,就已经达我之目的,无需再作深究。

我丝毫无意借此贬损其他政权,也无意说在这种极端政治自由面前,只享有一般政治自由者应感到沮丧。我怎会那样说呢?我很明白,即使最高理性也并非总是令人满意,人类一般认为,中庸之道胜于极端之举。

哈林顿[1]在《大西洋》一书中,也探讨了一国政治制度究竟能够承受何种程度的自由。可以说,他是在不知自由性质的情形下追寻不切实际的自由的,换言之,他心想的是拜占庭,建造的却是卡尔克冬。[2]

第七节　我们所熟悉的君主政体

不像我们所论及的君主政体,我们所熟悉的君主政体,不以自由为直接目标,追求的只是公民、国家和君主之荣耀。然而,这种荣耀能够产生一种自由精神。在那些国家中,这种自由精神所能成就的伟业和所能带来的幸福,可与自由本身媲美。

在这些国家,三权划分与建立,并不以前述的英格兰政治制度为模式。这些国家各有各的特色,都拥有或多或少的政治自由。倘若没有任何政治自由,君主政体就将蜕化为专制政体。

---

[1] 哈林顿(1611—1677),英国政治理论家,著有描述乌托邦蓝图的《大西洋》。——译注

[2] 拜占庭,希腊古城,建于公元前658年;卡尔克冬,希腊古城,建于公元前685年。两城相对。先有卡尔克冬,后有拜占庭,就不可能先设想拜占庭而建造卡尔西冬。孟德斯鸠借此讥讽哈林顿关于自由的论述乃空中楼阁。——译注

第八节　古人为何对君主政体认识不清

古人不了解以贵族集团为基础的政体，更不了解以由人民代表组成的立法机构为基础的政体。希腊和意大利诸共和国，皆为城邦国，各有其政体，皆把各自公民集中于城内。在罗马人吞并其他共和国之前，在意大利、高卢、西班牙和日耳曼，只有一些小民族或者共和国，几乎没有一个地方存在国王。即使是非洲，也归属一个大联盟国管辖，占据小亚细亚的则是希腊移民。因此，那里根本不存在城市代表或者国家大会之类的东西。只有远至波斯才能找到君主政体。

我知道确实存在一些由若干城市派代表参加议会的共和国联盟。不过，窃以为，以这种联盟为模式之国，没有一个是君主政体。

看看我们所熟悉的君主政体最初是怎样形成的。大家知道，征服罗马帝国的日耳曼民族是相当自由的民族。关于这一点，只要读读塔西佗的《日耳曼尼亚志》就会明白。征服者分散在全国各地，大多居住在乡村，只有少数居住在城里。当年他们居住在日耳曼尼亚时，全民族可以聚集在一起开会，而当他们分散到被征服各地后，就不可能再举行全民族大会。可是，如同战前，有些事情还需要全民族讨论，于是，他们选派代表讨论。这就是欧洲哥特式[1]政体的起源。这种政体最初是贵族政体和君主政体的混合物，其弊端是下层百姓皆为奴隶。不过，这是一种很好的政体，而且具有变得更好的潜力。后来，建立了为奴隶颁发解放证书

---

〔1〕 哥特式，乃指“中世纪”之意。——译注

的习俗，不久后，人民的政治自由与贵族、牧师的权力以及国王的特权，变得高度协调，让我不得不认为，在这个政体存续期间，世界上没有任何一种政体比欧洲各地的政体更为温和，持续时间更为长久。令人吃惊的是，征服民族政体的腐化，竟然形成了人们难以想象的最佳政体。

第九节 亚里士多德观点

亚里士多德论述君主政体时，完全陷入窘境。[1] 他把君主政体分为五类，但其依据不是政治制度，而是君主好坏等一些偶然因素以及暴政被篡夺或者被继承等外部因素。

亚里士多德把波斯帝国和斯巴达王国都归入君主政体。谁不知道，一个是专制国，一个是共和国？

古代人不懂一人统治政体的三权配置，所以，无法正确理解君主政体概念。

第十节 其他政治家观点

伊庇鲁斯[2]国王阿利巴斯想让一人统治的君主政体趋于温和，除采取共和政体外，再也想不到其他办法。[3] 莫洛斯人[4]不

---

〔1〕 参见亚里士多德：《政治学》第三卷第十四章。——原注

〔2〕 伊庇鲁斯，又译“埃皮鲁斯”，巴尔干半岛小国，位于今希腊北部山区。——译注

〔3〕 参见查士丁：《世界通史》第十七卷。——原注

〔4〕 莫洛斯人，古代居住在伊庇鲁斯（今属阿尔巴尼亚）的一个部族。——译注

知如何限制王权，就设置两个国王。[1] 此种做法，削弱国家甚于削弱王权。其初衷是让两个国王竞争，结果却让两个国王成为死敌。

两个国王只能共存于斯巴达，盖在那里，国王仅仅是政权的一部分，而不是全部。

第十一节　希腊英雄时代国王

希腊英雄时代，人们曾建立过一种君主政体，但该政体存续时间不长。[2] 那些创造发明了技艺、为本民族打过仗、把散居各地的民众聚集起来或者把土地分给平民之人，获取王国权力并传其子孙。他们是国王、僧侣和法官。此乃亚里士多德所说的五种君主政体之一，[3]而且只有这类君主政体才能令我们想到君主政体的政治制度。可是，这种政治制度与当今君主政体制度迥然不同。

在这种君主政体，三权这样配置：人民掌握立法权，国王掌握行政权和司法权。而如今的君主政体，君主掌握行政权和立法权或者部分立法权，不参与审判活动。

英雄时代君主政体，三权配置不适当。这类君主政体无法长期存续，盖人民一旦掌握立法权，只要一时心血来潮，就会推翻王权——此种举动随处可见。

对禁锢于可鄙事物变得越发可鄙的城市而掌握立法权的自由民族而言，妥善配置司法权需要高超立法技巧。最糟糕的莫过于把司法权交给拥有行政权之人手中。若如此，君主就会立即变得

---

〔1〕 参见亚里士多德：《政治学》第五卷第九章。——原注

〔2〕 参见亚里士多德：《政治学》第三卷第十四章。——原注

〔3〕 同上。——原注

很可怕。但是,君主并不掌握任何立法权而无法抵御立法权,因此,其权力既太大又太小。

那时的人们尚未认识到,君主的真正作用是任命法官,而不是自任法官。与此背道而驰的做法,使得一人统治的政体令人无法容忍,从而导致所有的国王都被废黜。希腊人不知道在一人统治的政体中如何妥善分配三权,而只知道在多人统治的政体中如何妥善分配三权。他们把多人统治之政体称作"波里斯"(police)。[1]

第十二节　罗马王政时期政体及其三权配置

罗马王政时代政体与希腊英雄时代政体,有某些共同点。就其本身而言,罗马诸王政体是不错的政体,可是,像其他政体一样,因其自身存在重大弊端而被推翻。

为让读者充分了解其政体概念,兹将最初五位国王在位时的政体与塞尔维乌斯·图里乌斯、塔克文[2]在位时的政体加以区分。

国王是选任的,而且在最初五位国王在位时期,元老院享有最大份额选举权。

每逢一位国王去世,元老院就会开会研究是否保持原有政体形式。倘若认为原有政体形式应予保持,就从元老中任命一位官员[3],随后由这位官员选定新国王。其选定的国王必须得到元老

---

[1] 参见亚里士多德:《政治学》第四卷第八章。——原注

[2] 塔克文(约公元前 534—前 509),罗马王政时代第七王,第六王塞尔维乌斯·图里乌斯女婿。——译注

[3] 参见哈里卡纳斯的狄奥尼修斯:《罗马古代史》第二章,第 120 页以及第四章,第 242、243 页。——原注

院批准、人民认可以及由占卜者宣布得到神祇同意。三者缺一不可,否则,重新选择。

这种融君主政体、贵族政体和民主政体为一体的混合政体,在最初几位国王在位时期,权力部门之间相当和谐,不存在明争暗斗。国王指挥军队,主持祭祀,拥有审理民事〔1〕和刑事〔2〕案件权力,主持元老院会议与召集人民大会,有权将某些事项交付人民大会审议而将其余事项交付元老院审议。〔3〕

那时的元老院权力很大,国王常常挑选元老与他一起审理案件。国王不会将任何未经元老院讨论的事项提交人民大会审议。〔4〕

人民有权选举官员〔5〕、批准法律,而且经国王同意,人民还拥有宣战与媾和之权。但是,人民不享有司法权。图卢斯·霍斯提利乌斯把荷拉斯〔6〕交给人民审判,有特殊理由,在哈里卡纳斯的狄奥尼修斯著作中可以找到这些理由。〔7〕

---

〔1〕 参见李维:《罗马史》第一章塔纳吉尔演说词,以及哈里卡纳斯的狄奥尼修斯:《罗马古代史》第四章,第229页记述的塞尔维乌斯·图里乌斯条例。——原注

〔2〕 参见哈里卡纳斯的狄奥尼修斯:《罗马古代史》第二章,第118页以及第三章,第171页。——原注

〔3〕 图卢斯·霍斯提利乌斯就是遵照元老院法令,派兵摧毁阿尔巴的。参见哈里卡纳斯的狄奥尼修斯:《罗马古代史》第三章,第167、172页。——原注

〔4〕 参见哈里卡纳斯的狄奥尼修斯:《罗马古代史》第四章,第176页。——原注

〔5〕 参见哈里卡纳斯的狄奥尼修斯:《罗马古代史》第二章。但是,人民不能任命所有官员,盖瓦雷烈·普勃里克拉曾发布一著名法令,禁止任何未经人民投票选举的公民担任任何公职。——原注

〔6〕 荷拉斯,又译"贺拉斯""贺雷修斯"等。荷拉斯三兄弟系罗马人,居里亚斯三兄弟系阿尔巴人。荷拉斯三兄弟之妹荷拉提雅与最小的居里亚斯相恋。在好战罗马国王图卢斯·霍斯提利乌斯发动下,罗马人与阿尔巴人交战。两军对峙下,为避免过多死伤,双方同意各派代表公平决战定胜负,输者臣服胜者。居里亚斯三兄弟代表阿尔巴出战,荷拉斯三兄弟代表罗马应战。不久,荷拉斯两兄弟战死。幸存的荷拉斯先后将居里亚斯三兄弟杀死,凯旋而归。荷拉提雅见兄长身上披着她给居里亚斯的斗篷,不禁悲从中来,放声大哭。荷拉斯斥责荷拉提雅为罗马敌人哭泣,即提剑将其杀死。荷拉斯杀妹,被判死刑。荷拉斯父亲申诉,罗马人民大会改判,荷拉斯得以免死。——译注

〔7〕 参见哈里卡纳斯的狄奥尼修斯:《罗马古代史》第三章,第159页。——原注

塞尔维乌斯·图里乌斯主政时期,上述政治制度被改变。[1]元老院无权选择国王,塞尔维乌斯·图里乌斯让人民宣布自己是国王。他放弃民事案件审判权[2],只保留刑事案件审判权。他把各种事务直接交给平民审议,免除平民赋税,而把全部负担加在贵族身上。因此,通过削弱王权和元老院权力,他扩大了平民权力。[3]

塔克文既没让元老院选他为王,也没让人民选他为王。他把塞尔维乌斯·图里乌斯视为篡位者,以拥有世袭权力为由夺取王位。他杀死了大多数元老,并不再征询其余元老意见,甚至不让他们审理案件[4]。虽然其权力增大,可是,由于其篡夺人民权力而违背人民意志制定法律,其权力中令人憎恶的东西更加令人憎恶。[5] 尽管塔克文通过上述手段将三权集于一身,但是,在关键时刻,人民想起自己才是立法者,就推翻了塔克文之统治。

第十三节　驱逐国王后的罗马政体反思

我们永远离不开古罗马人,即使今天,外地人到名都罗马,都会无视新建宫殿而寻找残垣断壁,看惯花红草绿之双眼总是青睐悬崖峭壁。

贵族世家一向拥有巨大权势,其地位在王政时期十分显赫,国

---

〔1〕 参见哈里卡纳斯的狄奥尼修斯:《罗马古代史》第四章。——原注

〔2〕 哈里卡纳斯的狄奥尼修斯说,他放弃一半王权。参见哈里卡纳斯的狄奥尼修斯:《罗马古代史》第四章,第 229 页。——原注

〔3〕 有人认为,倘若没有遭到塔克文阻挠,他可能早已建成民主政体。参见哈里卡纳斯的狄奥尼修斯:《罗马古代史》第四章,第 243 页。——原注

〔4〕 参见哈里卡纳斯的狄奥尼修斯:《罗马古代史》第四章。——原注

〔5〕 同上。——原注

王被逐后显得更显赫,由此招致平民嫉妒并试图削弱贵族权力。这种斗争冲击了罗马政体,却并未削弱政府,盖只要官吏权威不受影响,出身贵贱并不重要。

像罗马这样的选举制君主政体,必然得到强大贵族集团支持,否则,就会立即蜕变为暴政或者民主政体。民主政体无需寻求显赫家族支持,因此,王政时期不可或缺的贵族,到执政官时期就显得多余。此时,平民可以压制贵族而自己毫发无损,可以改变政体而不至于腐化政体。

塞尔维乌斯·图里乌斯削弱贵族集团后,罗马自然从国王之手落入平民之手。在平民削弱贵族后,就不必再担心权力会重新落入国王之手。

国家改变存在两种方式:一是政体修正,二是政体腐化。原则保持不变而只是政体发生变化,乃政体修正;政体变更时丧失其原则,乃政体腐化。

驱逐国王后的罗马政体,本应是民主政体:人民已经掌握立法权,而且驱逐塔克文是他们的一致意见;倘若他们不始终坚守那些原则,塔克文之流就可能随时复辟。有人声称,驱逐国王乃为接受某些家族奴役。此说相当荒谬。当时形势要求罗马成为共和政体,但实际上罗马并未如此。因此,必须驯服显要家族权势,法律必须向民主倾斜。

一个国家不知不觉从一种政体转向另一种政体时,往往会比在前一政体或者后一政体下更加繁荣昌盛。这是因为,此时政府机器全都处于紧张状态,公民都有所希冀,人们或者相互攻击或者握手言和,捍卫旧政体者与努力开创新政体者展开的是一场声势浩大的斗争。

第十四节　驱逐国王后的三权配置变化

有四件事严重危害罗马自由：一是贵族垄断一切公职；二是赋予执政官过多、过大权力；三是平民受到欺辱；四是平民在公共选举中没有任何影响力。平民纠正的正是这四大弊病。

第一，明确规定平民可以担任某些官职，并可以逐步担任除临时执政官外的所有官职。

第二，把执政官官职分解为若干官职：[1]设置民事司法官，授予审理民事案件权力；设置刑事司法官[2]，[3]授予审理刑事案件权力；设置市政官，授予治理内政权力；设置财政官[4]，授予管理公共财政权力；设置监察官，取消执政官部分立法权，即有关民俗和国家各个机构临时权力的立法权。仍由执政官掌握之权，主要是主持人民大会[5]、召开元老院会议和统率军队。

第三，神圣法[6]设置了保民官，这个官职拥有制止贵族侵害个人或者公众之权。

第四，平民在各种大会上影响力增强。罗马人民是按百人团、库里亚和部族这三种方式进行划分的。每逢选举，他们参加的大会，要么是百人团大会，要么是库里亚大会，要么是部族大会。

按照百人团划分，贵族、显要、富人以及元老院元老，几乎是同

---

〔1〕 参见李维：《罗马史》第一、六章。——原注

〔2〕 刑事司法官职。参见庞波尼乌斯：《法的起源》第二章第二十三节。——原注

〔3〕 庞波尼乌斯（公元2世纪），罗马著名法学家，著有《法的起源》。——译注

〔4〕 参见普鲁塔克：《普勃里克拉》第六章。——原注

〔5〕 人民大会，即百人团人民大会。——原注

〔6〕 指公元前494年平民登上圣山后，授予平民权力的法律。——原注

一批人,几乎掌握了所有权力。按照库里亚划分,其权力略小一些;按照部族划分,其权力更小一些。

百人团之分,与其说按人划分,不如说按财富地位划分。按照这种划分方式,所有人被分为193个百人团[1],每百人团拥有一票表决权。贵族和显要组成98个百人团,平民组成其余95个百人团。按照这种划分,贵族自然是选举主人。

在库里亚大会上[2],贵族虽然不再拥有上述优势,但还拥有一些优势:需要占卜,而占卜师都是贵族;任何建议不先向元老院提出并经元老院批准,不可能提交库里亚大会讨论。部落大会则不同,不必占卜,也不必取得元老院批准,而且贵族根本不能参加会议。

平民不断争取把过去按百人团举行的大会改为按库里亚举行,把过去按库里亚举行的改为按部落举行。如此这般,原由贵族主导的公共事务就转由平民主导。

平民在获得审判贵族权力后——这种权力始于科利奥兰纳斯[3]事件[4]——就主张按部落而不是按百人团召开大会。[5] 在设立有利于平民的保民官和市政官职位后[6],平民争取了按库里亚召开大会任命上述官员的权力。平民在上述权力比较稳固

---

〔1〕 参见李维:《罗马史》第一章以及哈里卡纳斯的狄奥尼修斯:《罗马古代史》第四、七章。——原注

〔2〕 参见哈里卡纳斯的狄奥尼修斯:《罗马古代史》第九章,第598页。——原注

〔3〕 科利奥兰纳斯,又译“科里奥拉努斯”“科里奥兰纳斯”“科里奥拉奴斯”等,罗马将军,竞选执政官失败后率领窝尔西人于公元前488年围攻罗马。在其母亲和妻子苦苦哀求下,他放弃攻城计划。窝尔西人认为被他出卖,遂将他杀死。莎士比亚据此创作了戏剧《科利奥兰纳斯》。——译注

〔4〕 参见哈里卡纳斯的狄奥尼修斯:《罗马古代史》第七章。——原注

〔5〕 这与习惯不符。参见哈里卡纳斯的狄奥尼修斯:《罗马古代史》第五章,第320页。——原注

〔6〕 参见哈里卡纳斯的狄奥尼修斯:《罗马古代史》第四章,第410、411页。——原注

后,又争取了召开部落大会任命上述官员的权力。[1]

第十五节　罗马何以在共和政体鼎盛时期突然丧失自由

在与贵族的极为激烈斗争中,平民要求制定稳定的法律,以防止随心所欲或者专断行使国家审判权。元老院一再抗拒后终于同意上述要求,任命十人委员会负责起草制定上述法律。人们认为,应授予十人委员会大权,盖其负责起草制定的法律需要兼顾几乎难以协调的不同人群的利益和观点。在起草制定上述法律期间,暂停任命一切官员,人民大会只选出上述十人委员会作为共和国的唯一管理者。因此,十人委员会拥有执政官和保民官职权。拥有执政官权力,就可以主持召开元老院会议;拥有保民官权力,就可以主持召开人民大会。可是,十人委员会既没有召开元老院会议,也没有召开人民大会,而是独占共和国的一切立法权、行政权和司法权。罗马又处于残酷暴政之下,与塔克文时代无异。塔克文践踏自由时,罗马人对他篡权怒不可遏;十人委员会倒行逆施时,罗马人对自己赋予他们的权力感到目瞪口呆。

这是怎样的暴政啊!实施暴政的那些人,仅凭其民事知识就执掌军政大权,而且在那个转折关头,为便于统治而要求公民在国内软弱怯懦,为保护他们自己却又要求公民在国外英勇无畏。

维吉尼亚之父为自由和女儿贞洁而杀死女儿。这位女子惨死的状况,终结了十人委员会的权力。[2] 人人都重新获得自由,盖

---

〔1〕 参见哈里卡纳斯的狄奥尼修斯:《罗马古代史》第九章,第605页。——原注

〔2〕 维吉尼亚,卒于公元前449年,美丽的罗马少女。据传,十人委员会成员之一阿皮乌斯为其美貌所倾倒,向其求爱但遭拒绝。阿皮乌斯恼羞成怒,利用自己的地位宣布维吉尼亚为奴。身为百夫长的维吉尼亚父亲维吉尼乌斯出征归来,闻听此事,为让女儿免遭羞辱,亲手将她杀死。此事掀起第二次平民造反。参见本书第六章第十五节。——译注

人人都受到伤害;人人都证明自己是公民,盖人人都觉得自己就是那位父亲。元老院和人民重新获得曾托付给那些荒谬可笑的暴君们的自由。

没有任何民族比罗马人对如下悲惨场景感到更激愤。鲁克莱西亚血淋淋的尸体,导致王权覆灭;[1]遍体鳞伤的债务人出现在公共广场上,引发共和国改变;[2]维吉尼亚的悲剧,致使十人委员会被驱逐;为了审判曼利乌斯,不得不遮挡卡皮托尔神庙;[3]恺撒浸染鲜血的长袍,致使罗马重陷奴役境地。[4]

第十六节　罗马共和国立法权

在十人委员会执政时期,人民无权提出异议。人民重获自由后,妒忌就卷土重来,只要是贵族还拥有的特权,平民均予以剥夺。

倘若平民仅仅满足于剥夺贵族特权,给社会造成的伤害也不会如此巨大,可是,平民还侵犯贵族的公民权。库里亚或者百人团召开大会时,按规则元老、贵族和平民都有权参加会议。但是,倘若发生争议而平民占优势,[5]则无须贵族与元老参加会议,平民也可以独自通过称作"平民法"(Plebiscita)的法律。通过这种法律

---

〔1〕 鲁克莱西亚,卒于公元前509年,罗马妇人。据传,被罗马第七位国王塔克文之子塞克斯图斯强暴后的鲁克莱西亚,当着父亲及若干朋友之面,将此事告知丈夫,请他报仇,然后当众自杀身亡。此事激起民愤,引发推翻王政之革命。——译注

〔2〕 此事引发平民圣山起义。——译注

〔3〕 曼利乌斯,卒于公元前348年,曾任罗马执政官和保民官。高卢人侵时,曼利乌斯率领千余士兵退守卡皮托尔神庙,击退来犯之敌。后因实行暴政被判死刑,被人从悬崖推下致死。——译注

〔4〕 公元前44年3月15日,恺撒被其政敌谋杀,身中二十三刀,血染长袍。——译注

〔5〕 参见哈里卡纳斯的狄奥尼修斯:《罗马古代史》第九章,第725页。——原注

的会议，称作部落人民大会。由此可见，有时候，贵族不但不享有任何立法权，[1]而且还得屈从于国家另一集团所立之法。[2] 此乃极端自由。为建立民主政体，人民反而违背民主政体原则。但是，如此强大的力量并未摧毁本应可以摧毁的元老院权威。这归功于罗马拥有令人赞叹的制度，其中两种制度尤其引人注目：一种确定人民的立法权，一种限制人民的立法权。

可以这么说，第一种，是监察官和此前的执政官享有每隔五年就将人民这个机构重组一次并针对拥有立法权的这个机构制定法律的制度。[3] 西塞罗说："监察官提比略·格拉古依靠的不是雄辩力量，而是一句话，一个手势，就让部族接纳了释奴。不是他作出这种安排，今天勉强支撑着的共和国也许早就不复存在。"

在独裁官面前，拥有最高权力的人民也得低下头，最得人心的法律也得沉默不语。[4]

第十七节　罗马共和国行政权

人民十分珍惜立法权，对行政权倒不太在意，几乎把它完全交给元老院和执政官，仅仅保留选举官员和确认元老院或者将军决

---

〔1〕 依据神圣法，平民可以独自制定平民法，贵族不参加此类立法会议。参见哈里卡纳斯的狄奥尼修斯：《罗马古代史》第四章，第 410 页；第七章，第 430 页。——原注

〔2〕 依据十人委员会成员被逐后制定之法，贵族尽管没有参与投票，却受平民法约束。参见李维：《罗马史》第三章；参见哈里卡纳斯的狄奥尼修斯：《罗马古代史》第九章，第 725 页。这项法律又为独裁官普勃里乌斯·菲罗于罗马 416 年（公元前 338 年）所肯定。参见李维：《罗马史》第八章。——原注

〔3〕 从哈里卡纳斯的狄奥尼修斯的《罗马古代史》第九章来看，执政官们在罗马 312 年（公元前 442 年）依然进行户口调查。——原注

〔4〕 例如，那些让人民有权审理所有官员的法律。——原注

定之权。

罗马,其欲望是发号施令,其野心是征服一切,其初创、发展与壮大历史,一直都是攻城略地、强取豪夺的历史,故而大事不断:不是敌人密谋置其于死地,就是其密谋置敌人于死地。

无论做什么,罗马都必须拥有英雄气概和过人智慧,这就要求国事必须由元老院执掌。人民与元老院争夺每一项立法权,乃因他们珍惜自由。人民对行政权没有任何争议,乃因他们在乎荣耀。

由于元老院拥有巨大行政权,波利比乌斯说,外邦人都误以为罗马是贵族政体国家。[1] 元老院执掌国家财政与税收;担任盟国争端仲裁人;拥有战争与和平决定权并在这方面指挥执政官;有权决定罗马军队和盟国军队兵员数额;拥有把行省和军队分配给行省总督或者执政官之权,并在其任期届满时拥有任命继任者之权;有权发布举行凯旋仪式之命令;有权接收和派遣使节;有权册封、奖惩、审判国王,并有权授予或者剥夺他们享有的罗马人民同盟者之称号。

执政官有权征召作战部队,统率海陆军,调遣盟国军队;在行省拥有共和国的一切权力;有权答应战败者的媾和请求、强迫战败者接受有关条件或者将他们提交元老院处理。

人民最初也参与处理战争与和平问题,但行使的与其说是行政权,毋宁说是立法权。他们所做的几乎只是追认国王以及此后的执政官或者元老院决定而已。我们看到,是否进行战争,根本不是人民决定的,而是执政官和元老院在常常不顾保民官反对情形下决定的。人民因成功而忘乎所以时,就扩大自己的行政权。于

---

[1] 参见波利比乌斯:《历史》第六卷。——原注

是，人民设立由其任命的军事保民官；[1]第一次布匿战争前夕，人民发布命令：只有人民才拥有宣战权。[2]

第十八节　罗马政体司法权

罗马司法权曾经由人民、元老院、行政官以及具体法官所享有。我们有必要了解其司法权是如何分配的。先从民事案件说起。

罗马司法权，最早由国王执掌；废黜国王后，由执政官执掌；[3]后来，由司法官执掌。塞尔维乌斯·图里乌斯自己放弃了民事案件审判权。除极少数非常案件外[4]，执政官也不再审理民事案件。[5] 执政官仅仅任命法官，负责组织审理案件的法庭。从哈里卡纳斯的狄奥尼修斯的著作所载阿皮乌斯·克劳狄演说[6]来看，似乎最早从罗马 259 年始，上述做法就已成为罗马人习惯法。倘若回溯至塞尔维乌斯·图里乌斯时代，也不算太早。

司法官在任期内，每年提出一份担任法官职务人员名册，足以

---

〔1〕 罗马 444 年（公元前 310 年）。参见李维：《罗马史》第九章。鉴于征伐佩修斯的战争出现危险迹象，元老院决定停止执行该法，人民对此表示同意。参见李维：《罗马史》第二章。——原注

〔2〕 佛兰舍缪斯说，人民从元老院夺走宣战权。参见佛兰舍缪斯：《李维〈罗马史〉补编》第六章。——原注

〔3〕 在设置司法官之前，执政官执掌司法权，对此不应存有疑虑。参见李维：《罗马史》第二章，第 19 页；参见哈里卡纳斯的狄奥尼修斯：《罗马古代史》第十章，第 627、645 页。——原注

〔4〕 非常案件，即不按正常程序进行调查的案件，拉丁文作“*Judicia extraordiaria*”，参见《法学阶梯》第四卷。——原注

〔5〕 保民官们通常独自审理，令人憎恶的行为莫过于此。参见哈里卡纳斯的狄奥尼修斯：《罗马古代史》第十一章，第 709 页。——原注

〔6〕 参见哈里卡纳斯的狄奥尼修斯：《罗马古代史》第四章，第 360 页。——原注

供人们从中选出担任其诉讼案件的审理法官。这与当今英国做法几乎完全相同。上述做法十分有利于自由[1]，盖司法官选定的法官得到案件双方当事人认可。[2] 如今英国人在诉讼过程中可以申请法官回避之规定，与当年罗马做法颇有异曲同工之妙。

这些法官只能审理事实问题[3]，例如，某笔款项是否已偿还，某个行为是否已实施等。凡涉及法律问题的[4]，必须具有一定资格才能处理，通常是提交百人法官团审理。[5]

罗马国王自己保留刑事案件审判权，后来的执政官们也继续保留此项权力。执政官布鲁图就是凭借此项权力，处死其儿子和所有为塔克文卖命的密谋者。[6] 这是一项大得极其离谱的权力。已经拥有军权的执政官，又把其权力伸入内政领域。他们那毫无正义可言的审判程序，与其说是审判，不如说是暴力。

于是，催生了《瓦雷烈法》。《瓦雷烈法》规定，凡执政官作出的危及公民生命之决定，都必须提交人民大会审议通过，才合法有效。因此，除非人民大会同意，否则，执政官再也不能对任何罗马公民宣判极刑。[7]

---

〔1〕 西塞罗在“为克鲁恩西奥辩护”中写道：“我们先人不愿意由未经当事各方同意之人审理案件，不但有关公民名誉案件如此，即使有关金钱的小案件亦然。”——原注

〔2〕 参见《塞尔维法》《科里尼法》等法片断，看看这些法律对于其所规定必须惩罚的罪行是如何指派法官的。法官指派方法有三：一是挑选，二是抽签，三是挑选和抽签兼而用之。——原注

〔3〕 参见塞涅卡：《论恩惠》第三卷第七章结尾处。——原注

〔4〕 参见坎蒂利安：《雄辩术》巴黎 1541 年版，第四卷，第 54 页。——原注

〔5〕 参见庞波尼乌斯：《法的起源》第二章第二十四节。若干被称作十大法官的官员在一名司法官引导下进行审讯。——原注

〔6〕 布鲁图（公元前 6 世纪），又译“布鲁图斯”“布鲁特斯”，即“卢修斯·朱尼厄斯·布鲁图”。罗马共和国主要缔造者，与柯拉汀同为罗马共和国第一任执政官（公元前 509 年）。鲁克莱西亚被塔克文之子强暴后，他率领人民赶走国王。其两个儿子帮助塔克文复辟，他发现后，下令处死这两个儿子和其他几名密谋者。——译注

〔7〕 “没有罗马人民的嘱咐，执政官不得对罗马公民宣判极刑”。参见庞波尼乌斯：《法的起源》第二章第六节。——原注

因此,塔克文第一次图谋复辟时,由执政官布鲁图审判犯罪分子;塔克文第二次图谋复辟时,由布鲁图召集元老院和人民大会进行审判。[1]

那些所谓的神圣法,为平民设立了保民官。保民官所组建的机构,最初提出诸多要求。很难说清是哪一方责任更大,是人民大会提出要求时胆大妄为,还是元老院批准时屈尊俯就?《瓦雷烈法》规定,允许将案件提交人民大会审判,即由包括元老院元老、贵族和平民在内的人民审判。人民大会则规定,应把案件交由他们自己组成的机构进行审判。不久,就产生了人民大会是否有权审判贵族问题。这一引起争议的问题,是随弹劾科利奥兰纳斯案件而起,并随此案结束而结束。被保民官提交人民大会审判的科利奥兰纳斯,置《瓦雷烈法》精神于不顾,坚称他是贵族,只有执政官有权审判;人民大会同样置《瓦雷烈法》精神于不顾,声称唯有他们才有权审判,并且说到做到,对他进行审判。

《十二铜表法》修改规定,只有人民大会才有权对涉及死刑案件的公民进行审判。[2] 自此以后,人民大会,或者相当于人民大会的部落人民大会,除处以罚金案件外,不再有权审理刑事案件。判处极刑,需依据法律;课处罚金,可以只依据人民大会决定。

《十二铜表法》的这种规定极其明智,妥善调解了人民大会与元老院的关系。按照刑罚轻重和罪行性质规定两者审判权限,才能得到两者同意。

《瓦雷烈法》废除了罗马政体中与希腊英雄时代诸王政体有关的一切残余。执政官不再有权惩治犯罪。尽管所有罪行都与公众

---

〔1〕 参见哈里卡纳斯的狄奥尼修斯:《罗马古代史》第五章,第 322 页。——原注

〔2〕 百人团人民大会,即按百人团划分而召开的人民大会。曼利乌斯·卡皮托利努斯也是在此类人民大会中受审的。参见李维:《罗马史》第六章第二十节。——原注

有关,但是,需要区分两种不同情况:其一,主要涉及公民之间关系的犯罪,其二,主要涉及国家与公民之间关系的犯罪。前者称作私罪,后者称作公罪。公罪,由人民亲自审理;私罪,由人民通过一个特别委员会任命刑事司法官负责追诉。这个刑事司法官,通常是一位官员,有时也可能是人民挑选的一位普通百姓,叫作重罪刑事司法官,《十二铜表法》提到了这个职务。[1]

这位刑事司法官任命一位主审法官,再由主审法官以抽签方式选定若干法官组成由其担任审判长的法庭。[2]

应注意元老院在任命刑事司法官时扮演何种角色,才能看清楚这两种权力是如何相互制约的。元老院有时选出独裁官履行刑事司法官职务;[3]有时下令保民官召集人民开会任命一位刑事司法官。[4] 此外,人民有时会任命一位官员,由其向元老院报告某一具体犯罪行为,并请求元老院任命一位刑事司法官。李维在《罗马史》中提到的审判卢西乌斯·西庇阿的案件,就是如此。[5]

罗马604年,上述职位有一部分成为常设职位。[6] 所有刑事案件逐渐被分为不同类别,称作长久问题。随后又设置若干司法官,每位司法官分管某方面的长久问题。这些司法官有权在一年任期内审理各自管辖的案件,一年后就出任行省长官。

---

〔1〕 参见庞波尼乌斯:《法的起源》第二章。——原注

〔2〕 参见乌尔比安:《摘要》片断。其中提到《科纳利法》另一片断。这段文字载于《摩西法与罗马法校勘录》第一章:暗杀与杀人。——原注

〔3〕 这种做法尤其针对发生在意大利的犯罪行为,元老院担负主要调查职责。参见李维:《罗马史》第九章关于加布亚密谋的记述。——原注

〔4〕 罗马340年(公元前414年)追查波斯杜谬斯被杀案时就是这样做的。参见李维:《罗马史》第四章第一节。——原注

〔5〕 参见李维:《罗马史》第八章第三十八节。——原注

〔6〕 参见西塞罗:《布鲁图》。——原注

在迦太基，百人元老院由终身任职的法官组成。[1] 在罗马，司法官任期只有一年，法官任期甚至不到一年，盖其法官身份仅限于案件审理期间。本书第六章已提及，在某些政体中，这种制度多么有利于维护自由。

格拉古兄弟执政前，从元老中挑选法官，提比略·格拉古提议制定之法规定，应从骑士中挑选法官。这个转变如此之大，乃至执政官提比略夸口：一个法律提案就可斩断元老筋骨。

必须看到，三权配置，就其与公民自由关系而言，难以做好；就其与政治自由关系而言，却可以做得很好。在罗马，人民拥有大部分立法权、部分行政权和部分司法权。如此巨大的权力需要另一种权力制衡。的确，元老院拥有部分行政权和一定程度的立法权，[2]但是，这不足以抗衡人民拥有的权力。元老院必须拥有部分司法权。从元老中选任法官时，元老院就拥有部分司法权。但是，在格拉古兄弟剥夺元老院司法权后[3]，元老院就无法再与人民抗衡。为公民自由而损害政治自由，可是，公民自由也随政治自由的丧失而丧失。

正因如此，引起无穷后患，内乱纷争不已，最终处于几乎无所谓政体可言之地步。于是，政体被改变。在骑士不再是联系人民与元老院的中间阶层时，政体锁链就被打断。

在当时，甚至还存在一些特殊理由反对将审判权转移给骑士阶层。罗马政体建立于如下原则之上：要当兵就必须拥有足够财产，才能在行为上为共和国负责。作为最富有者，骑士组成罗马骑

---

〔1〕 李维证实这一点，他在《罗马史》第四十三章第四十六节中写道，是汉尼拔把他们的任期改为一年的。——原注

〔2〕 尽管未经人民认可，元老院法令仍有为期一年的法律效力。参见哈里卡纳斯的狄奥尼修斯：《罗马古代史》第九章，第595页以及第十一章，第735页。——原注

〔3〕 罗马630年（公元前124年）。——原注

兵军团。地位有所提升后，他们就不愿服役，于是，就得再征招一支骑兵。正是这个原因，马略不得不把各色人等招入部队，不久共和国就走向灭亡。[1]

此外，骑士，乃共和国包税人，贪得无厌，在灾难上增加灾难，在社会贫困中制造社会贫困。不但不应把司法权交给这种人，而且应始终把他们置于法官监视下。在这一点上，应褒扬法兰西古代法律，其不信任税收官员的程度丝毫不亚于不信任敌人的程度。罗马把审判权交给包税人后，一切美德、法律、治理和政体，统统都不复存在。

在西西里的狄奥多罗斯和狄奥著作片断中，我们可以读到一些率真记述。狄奥多罗斯写道："穆基乌斯·斯凯沃拉[2]欲恢复古代习俗，让人们靠自身财产俭朴而清廉生活。其前任勾结包税人，而包税人当时执掌罗马审判权，种种腐败行径在各行省层出不穷。于是，斯凯沃拉就惩治包税人，而将那些陷人于冤狱者投进监狱。"[3]

狄奥说，他的副手普布里乌斯·鲁蒂里乌斯也为骑士阶层所憎恶，回国后就被指控收受贿赂而处以罚金，不得不立即变卖家产。[4] 但是，他最终讨回清白，盖大家发现，其家产远远少于被指控的非法所得，而且他出示了家产合法所有权证书。从此，他再也不愿与那些肆意妄为的恶棍生活在同一城市。

狄奥多罗斯又说："意大利人在西西里收购大量奴隶种地、放

---

〔1〕 "大多是赤贫市民"。参见萨鲁斯特：《朱古达之战》第八十四章。——原注

〔2〕 穆基乌斯·斯凯沃拉（公元前4世纪），据传系罗马英雄。——译注

〔3〕 该作者著作片断第三十六章，转引自君士坦丁·波菲洛戈尼图斯：《品德与邪恶摘录》。——原注

〔4〕 狄奥所著历史片断，参见君士坦丁·波菲洛戈尼图斯：《品德与邪恶摘录》。——原注

牧,却不向他们提供生存必需的食物。这些可怜的奴隶不得不身披兽皮,手持长矛和棍棒,带着高大狼犬到大路上抢劫。因此,整个西西里都遭蹂躏,除城堡里得到保护的东西,当地人说不出还有什么属于自己的东西。没有一个总督或者司法官能够或者愿意制止骚乱,敢于惩罚这些奴隶,盖这些奴隶是属于骑士阶层的,而骑士在罗马执掌审判权〔1〕。"〔2〕这正是导致奴隶战争的原因之一。我只想说一句:一个唯利是图的职业阶层,一个索取无度而从不付出的职业阶层,一个冷酷无情地使富人变穷、使穷人更穷的职业阶层,永远不应在罗马赋予其审判权。

第十九节 罗马诸行省政体

三权配置,在罗马,如上所述;在各行省,却迥然有异:自由存于中央,暴政施于边陲。

罗马仅仅统治意大利时,其他各地作为同盟国而被治理,各共和国法律均予以保留。随着罗马所征服疆域扩大,元老院无法再直接监管各行省,身在罗马的官员也无法再亲自治理整个帝国,不得不向各地派出总督和司法官。至此,三权和谐分配不复存在。派至行省的官员,大权独揽,集罗马官员各种权力于一身,不,甚至拥有罗马官员的权力、元老院的权力乃至人民的权力。〔3〕他们是专制官吏,非常适合派往边远地区任职,行使三权。不客气地

---

〔1〕 他们属于在罗马执掌审判权的骑士,而法官就是从骑士中通过抽签遴选的,其审讯对象是任期届满后的行省总督和副行政长官。——原注

〔2〕 该作者著作片断第三十四章,转引自君士坦丁·波菲洛戈尼图斯:《品德与邪恶摘录》。——原注

〔3〕 他们抵达驻地时都要颁布各自法令。——原注

说，他们就是共和国的帕夏。

前已述及[1]，这种官员应拥有行政权，既要拥有军事权又要拥有内政权。所以说，征服他国的共和国，几乎不可能在被征服地推行共和政体并依照共和政体统治被征服国。实际上，派遣至被征服地的官员，由于拥有军政两方面行政权，就必然也拥有立法权，盖除了他，谁还能制定法律？他还应拥有司法权，盖除了他，谁还能独立审判？所以，派遣该地的总督拥有三权，罗马各行省省督正是如此。

相对而言，君主国比较容易推行其政体。盖它派遣的官吏，有的执掌内政权，有的执掌军事权，不至于必然导致专制。

罗马公民只受人民审判，乃一大特权。没有这一特权，身在行省的罗马公民就得受制于省督或者该地行政长官的专断权力。这种暴政，仅仅施于被征服民族，在罗马这个城市丝毫感觉不到。

所以说，犹如斯巴达，罗马世界的自由民拥有极度自由，而奴隶则遭受极度奴役。

公民纳税之规定，极其平等公正。它沿用当初塞尔维乌斯·图里乌斯所定之法：依据财富多寡将所有公民划为六等，并按公民所任公职大小，确定每位公民应纳税额。其结果是，声望高者为税额高而叫苦不迭，声望低者为税额低而深感欣慰。

另一值得赞赏的是，由于塞尔维乌斯·图里乌斯的阶层等级划分在某种程度上而言是政体的基本原则，税收公平与政体基本原则密不可分。税收公平一旦取消，政体基本原则也不复存在，两者相互依存。

但是，罗马可以毫无困难地纳税或者什么税也不缴纳[2]，而

---

〔1〕 参见本书第五章第十九节，也参见本书第二、三、四、五章。——原注

〔2〕 征服马其顿后，在罗马不再征税。——原注

任共和国包税人的骑士却把行省践踏得苦不堪言。前已提及的其鱼肉百姓的种种劣迹记载,史书中俯拾皆是。

米特里达提[1]说:“整个亚洲期盼着我去解放,省督的掠夺[2]、包税人的勒索以及司法官的吹毛求疵与枉法裁判[3],激起人们对罗马的仇恨。”[4]

正因如此,各行省不但没有增强共和国力量,反而削弱其力量。也正因如此,各行省把罗马自由的丧失,视为其自由时代的开始。

第二十节　本章结语

我很乐意探讨,在我们所知的各类温和政体中,上述三权如何分配,并计算各类政体可以享受何种程度自由。不过,我不应大包大揽而不给读者留下探索余地。我要做的,不是让人阅读,而是让人思考。

---

〔1〕 即米特里达提一世(公元前195—前132),又译“米特里达特”,波斯帕提亚国王(公元前165—前132在位)。——译注

〔2〕 参见西塞罗:《驳韦列斯》。——原注

〔3〕 众所周知,激起日耳曼人反叛的乃瓦鲁斯法庭。——原注

〔4〕 此语出自特罗古斯·庞培尤斯,转引自查士丁:《世界通史》第三十八卷。——原注

第十二章　确立政治自由之法与公民

第一节　本章主旨

研究政治自由,除考察其与政体关系外,还应考察其与公民关系。

前已述及,就政治自由与政体关系而言,政治自由系由三权配置方式所确立的。但是,就政治自由与公民关系而言,必须从另一角度审视政治自由。政治自由,指拥有安全感或者自认为安全。

有可能出现两种情况:一是政体自由而公民不自由;二是公民自由而政体不自由。前者,政体在法律上自由但事实上不自由;后者,公民事实上自由但在法律上不自由。

就自由与政体关系而言,唯有通过法律尤其是基本法,才能确立自由;就自由与公民关系而言,风俗习惯可以带来自由,某些市民法可以促进自由,本章将阐述这些内容。

此外，在大多数国家，自由所受限制或者压制，大于其政体所要求程度，所以，有必要谈谈特别法，盖在每一种政体中，它们既可促进也可限制各国所能接受的自由原则。

第二节　公民自由

从哲学上而言，自由乃指自由行使自身意志，或者针对一切制度而言，至少自认为自由行使自身意志。政治自由乃指拥有安全感，或者至少自认为自身安全。

安全之最大威胁，素来是公诉或者私诉，因此，公民自由主要取决于是否拥有完善之刑法。

刑法完善绝非一日之功。即使最追求自由之地，也并非就能找到自由。亚里士多德说，库麦的原告父母可充当证人。〔1〕罗马王政时期法律极不完善，塞尔维乌斯·图里乌斯竟然以谋杀其岳父〔2〕之罪名，将安库斯·马尔蒂乌斯〔3〕的孩子们处死。最初几位法兰克国王执政期间，克洛泰尔〔4〕制定的法律〔5〕规定：未经审判不得认定有罪。这表明，某些案件或者某些蛮族风俗习惯与上述做法截然相反。首次规定作伪证处以刑罚的，是卡隆达斯〔6〕。〔7〕

---

〔1〕参见亚里士多德：《政治学》第二卷。——原注

〔2〕即塔克文·普里斯库斯（塔克文·普里斯库斯，又称“老塔克文”或者“塔克文一世”，罗马王政时代第五位国王，公元前616—前579在位。——译注）。参见哈里卡纳斯的狄奥尼修斯：《罗马古代史》第四章。——原注

〔3〕安库斯·马尔蒂乌斯，又译“安库斯·马尔西乌斯”，罗马王政时代第四代国王，约公元前640年上台，约公元前614年逝世。——译注

〔4〕克洛泰尔（497？511？—561），又译“克罗泰尔”，即克洛泰尔一世，克洛维一世之子，法兰克国王（558—561在位）。——译注

〔5〕在560年。——原注

〔6〕卡隆达斯（公元前7世纪），古希腊立法家，曾为多个城邦立法。——译注

〔7〕参见亚里士多德：《政治学》第二卷第十二章。卡隆达斯于第84个奥林匹克运动会期间将其法律交给图留乌姆。——原注

清白无法保障,自由就无法保障。

在刑事审判中应遵守的最可靠规则方面,某些国家[1]已经获得的认识,或者此后其他国家将获得的认识,乃人类最切身利益。

唯有实践这些认识,才能确立自由。在这方面拥有最佳法律之国,即使受审判并被判处次日就执行绞刑者,也比土耳其帕夏享有更多自由。

第三节　公民自由(续)

仅凭一个证人就判处某人死刑之法,对自由是致命的。必须有两个证人才合理,盖一个人证明有罪而被告人否认,就会僵持不下。因此,需要第三个人打破这种状况。

希腊人和罗马人要求多出一票才能定罪[2],[3]我们法国法律要求多出两票才能定罪。希腊人宣称其做法乃神定的[4],其实我们的乃神定之说法才更为合理。

第四节　罚当其罪有利自由

根据犯罪性质规定刑罚,乃自由之胜利。此时,专断休矣:刑罚不是立法者之心血来潮,而由犯罪行为性质决定;人不对人

---

〔1〕 指英国。——译注

〔2〕 参见阿里斯提德:《智能女神颂》。——原注

〔3〕 参见哈里卡纳斯的狄奥尼修斯:《罗马古代史》第七章中关于科利奥兰纳斯的记述。——原注

〔4〕 拉丁文为“*Minervae calculus*”,意为“智能女神的主张”。——原注

施暴。

犯罪可分为四类:第一类是有损宗教犯罪,第二类是有伤风化犯罪,第三类是破坏公共安全犯罪,第四类是侵犯公民安全犯罪。应根据具体犯罪性质规定具体刑罚。

我只把直接破坏宗教犯罪,如普通亵渎神明罪,列为有损宗教犯罪。至于骚扰宗教活动犯罪,其性质属于破坏公共安全或者公民安全犯罪,应分别归入第三类或者第四类犯罪。

根据行为性质处罚普通亵渎神明罪〔1〕,刑罚就应剥夺宗教赋予犯罪者的一切好处,将其逐出教堂,暂时或者永久禁止其与其他教徒交往、见面,要求其他教徒唾弃、诅咒、憎恨他们。

在危害国家安全或者稳定事件中,只要是秘密行为,都要受世俗法律制裁。但是,在侵犯神明事件中,只要不是公开行为,就谈不上犯罪,而属于人与上帝之间的事情,上帝知道何时、如何施行报复。若官员不分青红皂白,追究非公开亵渎神明行为,对完全没有必要查处的行为进行查处,就是赋予懦夫和莽夫以热情而让其与公民作对,就会摧毁公民自由。

乱象之所以产生,就是源于有人抱着"为上帝复仇"思想。其实,应敬重上帝,而不应为上帝复仇。若抱着"为上帝复仇"思想,就会导致惩罚无穷无尽。若世俗法律要为无所不能之物复仇,法律就应遵循无所不能之上帝旨意,而不是遵循无知、软弱任性之人类旨意。

普罗旺斯有位历史学家〔2〕所记述的一件事,为我们生动描述了"为上帝复仇"思想会对脆弱者带来何种后果。有个犹太人被控

---

〔1〕 为了惩治用脏话亵渎上帝者,圣路易制定了极为严厉之法,乃至教皇都认为不得不对他提出劝告。后来圣路易抑制自身宗教热情,减轻刑罚。参见圣路易:《条例》。——原注

〔2〕 布热雷尔神父。——原注

亵渎圣母而被判剥皮刑。于是，出现奇怪一幕：一群骑士头戴面具，手执利刃，走上行刑台，赶走刽子手，欲亲自为圣母复仇……我不想预言读者会有何种感想。

第二类是有伤风化犯罪，例如，违反公私禁欲规定之行为，即违反有关享受两性肉体愉悦结合管理规定之行为。惩罚此类犯罪，也应罚当其罪。剥夺罪犯享受社会赋予道德纯洁者所拥有的好处、判处罚金、当众羞辱、不准公开露面、予以驱逐等，是适当的足以遏制不当两性关系的惩罚措施。其实，此类犯罪，与其说是恶意使然，莫如说是不自爱、不自重所致。

上面只谈及纯粹有伤风化犯罪，并未谈及牵涉破坏公共秩序相关犯罪，诸如强奸等属于第四类犯罪。

第三类犯罪，指破坏公共安全犯罪。惩罚此类犯罪，也应罚当其罪，即按照其行为与公共安全的关系予以处罚，诸如监禁、流放、矫正，促使犯罪人回归正常生活而重新融入社会并遵纪守法。

我所指的破坏公共安全犯罪，仅限于破坏治安犯罪。那些既破坏公共秩序又侵犯公民安全的罪行，应归入第四类犯罪。

对最后一类犯罪施以的惩罚，乃名副其实的刑罚。它们就是一种报复：谁剥夺或者企图剥夺另一公民的安全，就剥夺其安全。这些刑罚由犯罪性质所决定，以理性为基础，源自善恶是非观念。严重侵犯他人安全致人死亡或者企图致人死亡者，应处死刑。这种死刑，犹如病态社会的一剂良药。对于侵犯财产安全犯罪，处以极刑也有理由；不过，处以财产刑可能更合适，也许更符合这类犯罪性质。倘若财产是双方共有或者享有均等份额的，就应处以财产型。但是，侵犯财产的往往是一贫如洗的穷汉，所以，只好代之以肉刑。

我所说的这一切，均以事物性质为基础，非常有利保障公民自由。

第五节 某些指控务必特别克制与谨慎

有条重要准则,即追究巫术和异端的刑事责任,务必极其慎重。倘若立法者不对此加以限制,指控这两种罪行很可能极大地侵犯自由,造成无穷无尽压迫。这种指控,直接针对的往往不是人之行为,而是人之品格观点,所以很危险,而且人们越无知,危险就越大。于是乎,人民终日处于危险中,即使是行为最规范者、道德最纯洁者、时时最尽义务者,也无法保证不被怀疑犯下上述罪行。

曼努埃尔·克穆宁[1]在位时,新教徒被控使用隐身术阴谋反对皇帝。[2] 据这位皇帝的传记说,亚伦在阅读一本有关所罗门[3]的书时被人发现,而阅读这本书就能让魔鬼军团出现。[4] 既然认为巫术具有把魔鬼武装起来的能力,人们又把巫师视为世上最可能扰乱和倾覆社会者,当然就要采取最严厉手段惩罚此人。

人们一旦认为巫术具有摧毁宗教的力量就会格外愤怒。君士坦丁堡历史[5]告诉我们:神在启示中告诉一位主教,由于某人施展巫术,某处神迹就不再出现。于是,此人及其儿子皆被处死刑。有什么稀奇古怪的事,不能作为这种犯罪的证据?神的启示有何稀奇?主教怎会得到这种启示?说什么启示是真实的,说什么有神迹,说什么神迹不再有,说什么有巫术,说什么摧毁宗教,说什么

---

〔1〕 曼努埃尔·克穆宁(1118—1180),东罗马帝国皇帝(1143—1180 在位)。——译注

〔2〕 参见尼塞塔斯:《曼努埃尔·克穆宁传》第四章。——原注

〔3〕 亚伦和所罗门均为圣经人物,前者乃先知摩西之弟,后者乃希伯来国王。——译注

〔4〕 参见尼塞塔斯:《曼努埃尔·克穆宁传》第四章。——原注

〔5〕 参见西奥菲拉克特:《莫里斯皇帝传》第五卷。——原注

某人就是巫师，说什么某人施展巫术，皆为一派胡言！

西奥多·拉斯卡里斯[1]皇帝把其患病归咎于巫术，受指控者只有一个办法证明自己无罪，那就是手捧烧红的烙铁而不被烫伤。在古希腊，要证明自己未施展巫术就必须先成为巫师。希腊人竟然如此愚蠢，将最不确凿之证据，加诸最不确定之罪上。

大个子菲力普[2]在位期间，犹太人因被指控指使麻风病人在泉水中投毒而被逐出法兰西。如此荒谬的指控，必定令我们怀疑一切基于公众仇恨而进行的指控。

我并非说，不应惩罚异端；我只是说，惩罚异端应极其谨慎。

第六节　违背天性罪

但愿我没有降低公众对违背天性罪[3]厌恶程度的意思。这种行为，是受政治、宗教与道德共同谴责的犯罪。它把两性中一方伤风败俗的嗜好传给另一方，以可耻的青春为名誉扫地的晚年做准备，所以，应禁止。我要说的，无非就是反对暴戾地对待这种犯罪行为，不过，我的观点丝毫不会减轻这种罪行的耻辱。

这种犯罪本质上是隐秘实施的，立法者往往依据一个小孩的证言就予以惩处。这就给诬告大开方便之门。普洛科比写道："查士丁尼颁布法律惩治这种犯罪，该法律颁布前后的行为，均要惩处。仅凭一人证言，有时甚至只需要一个小孩或者一个奴隶的证

---

[1] 西奥多·拉斯卡里斯（1175—1222），东罗马皇帝（1204—1222在位）。——译注

[2] 大个子菲力普（1294—1322），法兰西国王（1316—1322在位）。——译注

[3] 即性反常罪。——译注

言,就足以定罪,对富人和绿党[1]尤其如此。"[2]

巫术、异端和违背天性罪这三种犯罪很古怪:第一种犯罪,可以很容易证实并不存在;第二种犯罪,可以有无数差异、解释和界限;第三种犯罪,通常是令人费解而不确定的。可是,在我们这里,这三种犯罪的刑罚却都是火刑,岂非咄咄怪事?

我可以大胆断定,违背天性罪绝不可能在一个社会中蔓延发展,但受某些风俗影响的,另当别论。例如:在希腊,那里的青年在所有体育锻炼中都习惯裸体;在我们法国,家庭教育已经不再时兴;在亚洲,有些人妻妾成群却又鄙视她们,而有些人则连一个妻子也娶不起。因此,要革除激起这种犯罪的风俗,要像对待所有伤害风化行为一样,政府要严加治理防范。若如此,不久就会发现,天性会捍卫或者恢复其权利。温柔的、可爱的、魅力无穷的大自然,将会用它那慷慨之手播撒愉悦,在让我们尽情享受欢愉的同时,赐给我们子女,让我们在子女身上获得新的生命,从而让我们获得比那种愉悦本身更大的满足。

第七节　大逆罪

中国法律规定,任何人对皇帝不敬,都要被处死。由于无明确规定何为不敬,任何理由均可作借口,想剥夺谁的生命就剥夺谁的生命,想消灭哪个家族就消灭哪个家族。

两位负责撰写朝廷告示的官员在告示中插入不实之事。由于

---

〔1〕 在东罗马帝国的马车比赛中,狂热车迷们形成不同派别,有红党、绿党、蓝党、白党之分。各派争执有时甚至导致政治动乱。查士丁尼皇帝支持蓝党。——译注

〔2〕 参见普洛科比:《秘史》。——原注

如此说谎行为被认为是对朝廷不敬，两位官员被处死。[1] 有亲王在皇帝朱批奏折上不经意写了几个字，就被断定对皇帝不敬，结果整个家族遭受迫害，惨烈程度在历史上颇为罕见。[2]

大逆罪定义模糊，足以让政体沦为专制。我将在“立法研究”章节进一步详述。[3]

第八节　滥用亵渎神明罪与大逆罪

不是大逆罪按大逆罪处理，也是令人震惊的滥权行为。罗马皇帝们的法律[4]规定，凡对君主裁决表示异议或者对君主所任用官员才干有所怀疑者，均以亵渎神明罪追责。[5] 如此规定显然是内阁和宠臣起草的。另一条法律规定，谋害君主的大臣与官员，等同谋害君主本人，也是大逆罪。[6] 这条法律是以软弱无能著称的两位君主[7]制定的。大臣们摆弄这两位君主，就像牧人驱赶羊群一样。这两位君主，在宫廷是奴隶，在枢密院是孩童，在军队是外人。他们之所以还拥有权威，只是因为他们无时无刻不在把权威奉送给宠臣。这些宠臣，有的不仅密谋推翻国王，还密谋推翻整个帝国而引入蛮族。当人们试图阻止他们时，国家已衰弱至极，以至

---

〔1〕 参见杜赫德神父：《中华帝国全志》第一卷，第 43 页。——原注

〔2〕 参见《耶稣会士书简集》第十九册所载巴多明神父的信。——原注

〔3〕 孟德斯鸠在第二十九章“立法研究”章节未兑现承诺。——译注

〔4〕 三位皇帝：格拉提亚努斯、瓦伦提尼安、狄奥多西。亵渎神明罪第三条。——原注

〔5〕 “怀疑皇帝选定之人是否称职，等同亵渎神明罪。”在那不勒斯宪法第四章中，这条规定成为罗杰法范本。——原注

〔6〕 参见《朱利安法》第九卷第八章第五条。——原注

〔7〕 阿卡狄乌斯与霍诺里乌斯。——原注

于不得不违反宠臣制定之法，冒大逆罪之危惩治他们。

审判德·珊马尔[1]先生依据的就是这种法律。[2] 为证明其企图把枢机主教黎塞留赶下台而犯大逆罪，审理法官就认为："依据皇帝们所立之法，侵害君主大臣人身，与侵害君主人身一样严重。大臣为君主与国家效劳，因此，企图把他从君主与国家手中夺走，无异于砍掉君主一条手臂，废除国家部分权力。"当奴颜婢膝来到人间时，就不可能有其他说辞。

瓦伦提尼安[3]、狄奥多西[4]与阿卡狄乌斯三位皇帝制定的另一部法律规定，制造假币系犯大逆罪。[5] 这岂非混淆事物概念吗？把大逆罪加在另一犯罪行为头上，岂非削弱大逆罪威慑力吗？

第九节　滥用亵渎神明罪与大逆罪(续一)

鲍里努斯上奏亚历山大皇帝[6]："有法官违背皇帝敕令断案，我打算以大逆罪追究其责任。"帝曰："在我的时代，根本就没大逆罪。"[7]

---

[1] 德·珊马尔，法国权贵，原名"吕泽·戴费亚"，法国国王路易十三宠臣，因密谋反对首相黎塞留而被处极刑。——译注

[2] 参见蒙特雷索：《回忆录》1723年版第一卷，第233页。——原注

[3] 即瓦伦提尼安一世(312—375)，又称"弗拉维斯·瓦伦提尼安努斯"或者"瓦伦梯尼安一世"，罗马帝国皇帝(364—375在位)。——译注

[4] 狄奥多西(约346—395)，即狄奥多西一世，又译"提奥多西""狄奥多西乌斯""提奥多西乌斯"等，罗马帝国皇帝(379—395在位)，最后一位统治统一的罗马帝国君主。393年，他认为古奥运会有违基督教教旨，翌年宣布废止古奥运会。临终时，将罗马帝国分给其两个儿子：次子霍诺里乌斯统治西罗马，长子阿卡狄乌斯统治东罗马。——译注

[5] 参见《狄奥多西法》第九条关于假币的规定。——原注

[6] 亚历山大皇帝(208—235)，即"亚历山大·塞维鲁"，罗马皇帝(222—235在位)。——译注

[7] "在我的治下，大逆罪由于各种原因而不再发生。"参见《朱利安法》第九卷第八章第一条。——原注

福斯蒂尼亚努斯上奏亚历山大皇帝：他曾以君王生命发誓，绝不宽恕其奴隶，因此，他觉得自己一定要永久保持怒火，否则就等于犯大逆罪。帝曰："你无需害怕，你不懂我的规矩。"[1]

元老院有法令规定，熔化被废弃的皇帝雕像，不以大逆罪论处。[2] 塞维鲁和安敦尼二位皇帝致信本蒂乌斯：出卖尚未供奉过的皇帝雕像，不以大逆罪论处。[3] 这两位皇帝又致信朱里乌斯·卡西亚努斯：非故意投石击中皇帝雕像者，不以大逆罪论处。[4] 《朱利安法》作出修正，乃因该法原来规定：不但熔化皇帝雕像者以大逆罪论处，而且有类似行为者[5]也以大逆罪论处。如此这般，大逆罪乃相当随意的罪名。既然设立多种大逆罪，就必须作出区分。法学家乌尔比安[6]指出，对大逆罪的控告不因嫌犯死亡而撤销；接着又说，但并非所有大逆罪都如此，只有伤害帝国或者皇帝生命的大逆罪才如此。[7]

第十节　滥用亵渎神明罪与大逆罪(续二)

亨利八世[8]在位时颁布的法律规定，预言国王驾崩者以大逆罪论处。这一规定极其含糊，结果专制者反遭专制报应：这位国王

---

〔1〕"你不了解我的意思，你的担心多余。"《朱利安法》第三卷第四章第二条。——原注

〔2〕参见《朱利安法》第四条第一款。——原注

〔3〕参见《朱利安法》第五条第二款。——原注

〔4〕参见《朱利安法》第五条第一款。——原注

〔5〕"那些做了某些类似事情之人或者其他人。"参见《朱利安法》第六条。——原注

〔6〕乌尔比安(约 170—228)，古罗马著名法学家。——译注

〔7〕参见《朱利安法》最末一章"通奸"条。——原注

〔8〕亨利八世(1491—1547)，英国国王(1509—1547 在位)。——译注

病入膏肓时,医生绝口不敢说他已病危。[1] 医生这么做非常明智。由此可见,专制何等可怕!

第十一节 思想

有位名叫马尔西亚斯[2]者,梦见自己割断狄奥尼西乌斯[3]喉咙。[4] 狄奥尼西乌斯把他处死,理由是:马尔西亚斯日有所思才夜有所梦。这极其残暴。即使确实这么想过,但其并未付诸行动。[5] 法律只惩处外在行动。

第十二节 言辞不慎

因言辞不慎而以大逆罪论处,更专横武断。言辞有不同解释,虽然不慎与恶意差异巨大,但两者表达方式的区别很小,所以,法律几乎不可能因言辞而判处极刑,除非明确规定哪些言辞应判极刑。[6]

言辞不是外在行为,仅是思想而已。一般而言,言辞本身并不能表明任何意思,倒是说话语气能够表明一定意思。重复同样言

---

〔1〕 参见比尔内:《英格兰教会改革史》。——原注

〔2〕 马尔西亚斯,狄奥尼西乌斯属下军官。——原注

〔3〕 狄奥尼西乌斯,又译"狄奥尼西奥斯",(公元前431—前367),叙拉古僭主、暴君(公元前403—前367年在位)。——译注

〔4〕 参见普鲁塔克:《狄奥尼西乌斯传》。——原注

〔5〕 思想必须与某种行动相结合。——原注

〔6〕 莫德斯狄努斯在《朱利安法》第七条第三款写道:"除非法律明文规定,或者有先例,否则,不能作为犯罪处罚。"——原注

辞,意思往往不同。言辞之意取决于与其思想相联系的其他东西。有时,沉默包含之意甚于任何言辞。最含混不清的莫过于言辞,怎可凭言辞就以大逆罪论处?凡有如此法律之地,就没有自由,甚至无自由之影。

已故俄国女沙皇〔1〕在惩处多尔哥鲁基家族〔2〕的告示中宣布:处死该家族的一位亲王,盖他用下流言辞侮辱女沙皇;处死该家族另一位亲王,盖他恶意曲解女沙皇对帝国所做的英明安排,并且以不敬言辞侮辱女沙皇圣洁人身。〔3〕

我无意减轻人们对存心诋毁君主声望者应有的愤慨,我想说的是,专制君主倘若有意减缓专制之暴戾,对于此类案件,以大逆罪论处不如以轻罪论处,盖大逆罪即使对于无辜者而言也极其可怕。〔4〕

外化行为并非每天都在发生,但它们都逃不过公众眼睛,因此,不符事实的虚假指控很容易得到澄清。已转化为行为的言辞具有行为性质。在公众场所煽动人们造反,就是触犯大逆罪,盖言辞已和行为结合,而且具有行为性质。这时,处罚的不是言辞,而是利用言辞的行为。言辞本身不构成犯罪,只有附属于犯罪行为时才构成犯罪。不是把言辞视为死罪的一种迹象,而是仅凭言辞就定为死罪,乃黑白不分。

---

〔1〕 指安娜·伊凡诺芙娜(1693—1740),彼得一世侄女,彼得二世死后继位为俄国女沙皇(1730—1740 在位)。——译注

〔2〕 伊凡·多尔哥鲁基,彼得二世宠臣,被流放西伯利亚,后被处以车刑。其父母也被流放和处死。——译注

〔3〕 此事发生于 1740 年。——原注

〔4〕 莫德斯狄努斯在《朱利安法》第七条第三款中写道:“模棱两可言辞,难以明确解释。”——原注

罗马皇帝狄奥多西、阿卡狄乌斯和霍诺里乌斯[1]写信给审判长鲁菲努斯[2]："虽然可能会有人指责我们或者我们的政府，但我们无意惩处。若出于轻率，当轻视之；若出于疯痴，当怜悯之；若为诅咒，当宽恕之。总之，任由他们去说吧。你应告诉我们的是，根据人品判断言辞，慎重考虑应否惩处抑或不予理睬。"[3]

第十三节　文字狱

与言辞相比，文字更为稳定长久。文字并非为实施大逆罪而准备的，就不能以大逆罪追究责任。

但是，奥古斯都和提比略都曾将写下讽刺文字者以大逆罪论处。[4] 奥古斯都对写下攻击名人文字者以大逆罪论处，提比略则对怀疑写下攻击其的文字者以大逆罪论处。罗马自由所受致命伤害，莫过于此。克雷姆狄乌斯·科尔都斯[5]因在编年史书中称卡西乌斯[6]是最卑鄙的罗马人而遭受指控。[7]

专制之国难以见到讽刺文字，气馁与无知让人们不能也不愿意撰写讽刺文字。民主之国不会禁止讽刺文字，其理由恰恰与一

---

〔1〕 霍诺里乌斯(384—423)，罗马帝国正式分裂为东西两部分后首任西罗马帝国皇帝(395—423在位)，系罗马帝国皇帝狄奥多西一世(347—395在世，379—395在位)次子，东罗马帝国皇帝阿卡狄乌斯弟弟。——译注

〔2〕 鲁菲努斯(335—395)，罗马政治家、法学家。——译注

〔3〕 "若出于轻率，当轻视之；若出于疯痴，当怜悯之；若为诅咒，当宽恕之。"参见《查士丁尼法典》"咒骂"条。——原注

〔4〕 参见塔西佗：《编年史》第一卷。此后诸朝继续这种做法。参见《查士丁尼法典》第一章。——原注

〔5〕 克雷姆狄乌斯·科尔都斯(？—25)，罗马历史学家。——译注

〔6〕 卡西乌斯(？—公元前2)，罗马将军。恺撒将其俘虏后，予以宽恕并任命其为高官。但其忘恩负义，与他人共谋将恺撒刺死。——译注

〔7〕 参见塔西佗：《编年史》第四卷。——原注

人专政之国禁止此类文字之理由完全相同。在民主之国，讽刺文字往往用来抨击权贵，也用来迎合作为统治者的人民怨恨情绪。君主之国虽然禁止讽刺文字，但视之为一般治安问题而不是犯罪。讽刺文字可以舒缓普通民众之怨恨，安抚人们之不满，化解人们对公职人员之嫉妒，增强人民忍受痛苦之能力，让人们能够笑对痛苦。

最厌恶讽刺文字之国，莫过于贵族政体。其官吏个个都像小君主，心胸狭窄得根本容不下胆敢冒犯他们的行为。君主之国君主高高在上，纵然有人讥讽也难以伤及君主。但是，贵族则不同，一旦成为讥讽目标，就会遍体鳞伤。所以，十人委员会组成的贵族政体，对撰写讽刺文字者以死罪论处。[1]

第十四节　惩罚犯罪时对羞耻心的破坏

世上所有民族都会遵守与保护羞耻心相关之规矩。惩治犯罪时，破坏这些规矩，乃极其荒谬，盖惩治主要目的乃为恢复秩序。

东方国家用经过训练的大象对妇女实施骇人听闻的刑罚，岂不是想以破坏法律之方式维护法律？

罗马人古老习俗禁止处死未满婚育年龄之女子。提比略却心生一计，让刽子手先奸污少女，再处死。[2] 这个阴险嗜血暴君为遵循习俗而践踏民俗。

当日本官吏迫使赤身裸体妇女示众并强迫其像野兽般爬行

〔1〕 参见《十二铜表法》。——原注
〔2〕 参见苏埃托尼乌斯：《帝王传·提比略》。——原注

时,廉耻心为之战栗。[1] 当他们强迫一位母亲……强迫一位儿子……的时候,我不忍心再说下去,大自然也为之战栗。[2]

第十五节　为控告主人而释奴

奥古斯都规定:对密谋反对他之人,应将其奴隶公开出售,以便他们揭发主人。[3] 对有助于发现重大罪行之线索,绝不能忽视。因此,在蓄奴之国,应允许奴隶充当告发者,但他们不能成为证人。

温德克斯[4]揭发了支持塔克文的阴谋活动,但在指控布鲁图之子的案件中,不允许他作证。对为祖国作出巨大贡献者,给予自由,正确;但给予其自由,并不是让他对祖国作出这种贡献。

因此,塔西佗皇帝[5]下令,即使是大逆罪,奴隶也不得充当指控主人之证人。[6] 不过,这条法律并没有列入《查士丁尼法典》。

第十六节　诬告大逆罪

应为罗马皇帝们说句公道话,他们所制定的那些令人讨厌的法律,最初设计者并非他们自己。教导他们不要惩罚诬告者的是

---

[1] 参见《创建东印度公司历次航行记》第五卷第二章。——原注

[2] 参见《创建东印度公司历次航行记》第一卷,第496页。——原注

[3] 参见狄奥:《希费林》第五十五卷第五章。——原注

[4] 温德克斯,原为罗马奴隶,因揭发主人有密谋帮助塔克文行为,被授予公民身份。——译注

[5] 克劳狄·塔西佗(200—276),罗马皇帝(275—276在位)。——译注

[6] 参见弗拉维乌斯·沃比斯库斯:《塔西佗传》。——原注

苏拉,[1]不久,他们竟然规定要奖励诬告者。[2]

第十七节 揭发阴谋

“你的同胞兄弟,或是你的儿女,或是你怀中的娇妻,或是你的生死之交,若暗中引诱你,并对你说‘我们不如去侍奉别神’,你要用石头打死他,你先下手,其他人也会跟着下手。”《旧约·申命记》这条律法,[3]不能用作我们所知的大多数国家法律,盖它会为所有罪恶大开方便之门。

有些国家的法律规定,即使没有参与阴谋活动,也要揭露阴谋,否则处死。此种法律之严酷与以上所说法律相差无几。在君主国作出如此规定,很有必要增加适当限制条件。

非最罪大恶极的大逆罪,不应适用这一规定。区分不同程度的大逆罪,非常重要。

日本法律颠覆人类一切理性,即使对一般知情行为,也以知情不举罪论处。

有则故事记述,有两位女士,一位与他人有奸情,一位没有揭发该奸情,皆被禁锢于插满尖钉的柜子里,直至断气。[4]

---

〔1〕 苏拉所立之法规定一项大逆罪,西塞罗《演讲录》第三章“为克鲁恩西奥辩护”、第二十一章“毕荪”、第五章“再驳韦列斯”以及第三章第二封“家信”,均提及该法。恺撒和奥古斯都把该法纳入《朱利安法》,后来又有人作了补充。——原注

〔2〕 “告发者提供的细节越多,就越能赢得诉讼,而且几乎不会受到侵害。”参见塔西佗:《编年史》第四卷第三十六章。——原注

〔3〕 参见《圣经·旧约·申命记》第十三章第六至九节。——原注

〔4〕 参见《创建东印度公司历次航行记》第二卷第五章,第423页。——原注

第十八节　共和国过于严厉惩治大逆罪之危险

在共和国,在打倒企图推翻共和国者后,应立即停止复仇、惩罚,甚至也要立即停止奖赏。

若非大权落入少数几人之手,怎可能滥施重典,怎可能引起重大变故?在如此情形下,少惩罚比多惩罚明智,少放逐比多放逐明智,少没收财产比多没收财产明智。借口为共和国复仇,复仇者可能实施残暴统治。问题不在于消灭叛乱者,而在于摧毁叛乱行为。应尽快回归正常轨道,让法律保护每个人而不伤害任何人。

对暴君或者怀疑是暴君者,希腊人从不为报复设限。他们杀死其子女[1],甚至杀死其最亲近的五位亲人[2],还驱逐无数家庭。结果,共和国遭受最猛烈冲击:有人被放逐或者被放逐者回归之日,往往乃政体变更之时。

罗马人更理智。卡西乌斯企图实施暴政而被判死刑时,有人提出是否也处死其子女,结果这些子女得到保护。哈里卡纳斯的狄奥尼修斯写道:“在马尔斯战争和内战结束后,欲修改法律,严厉谴责禁止被苏拉宣布为不受法律保护的那些孩子担任公职之人。”[3]

从马略与苏拉之战,可以看出,罗马人野蛮至何种地步。人们以为,如此残酷场景再也不会重演。可是,三巨头执政期间的行为,表面很仁慈,实质更残忍。看到他们以诡辩掩饰其毫无人性的

---

〔1〕 参见哈里卡纳斯的狄奥尼修斯:《罗马古代史》第八章。——原注

〔2〕 “杀死暴君后,官吏把其五个最亲近的亲属也杀死。”参见西塞罗:《论修辞学的发明》第二章第二十九节。——原注

〔3〕 参见哈里卡纳斯的狄奥尼修斯:《罗马古代史》第八章,第547页。——原注

行为,人们很愤怒。阿庇安著作记载了有关流放的规定。[1] 有人也许会认为,如此做的唯一目的,乃为共和国利益。他们说话时无比镇静,指出多么有利于共和国,证明所采取手段多么有效,向富人保证生活会多么安全,向穷人保证生活会多么稳定,多么担心会危及公民生命,多么想让士兵们安然无恙。总之,他们多么想让共和国幸福无比。[2]

雷必达[3]打败西班牙时,罗马血流成河,却无比荒谬下令全城尽情玩乐,违者流放。[4]

第十九节　中止共和国自由之情形

在最崇尚自由之国,为保障整个社会之自由,法律可以剥夺个别人之自由。英国《褫夺公权法》[5]就是这样的法律。

雅典也存在类似针对个别公民的法律[6],需要六千名公民投票赞成方可通过。罗马也存在这种法律,叫作《特殊法》,[7]只能由人民大会制定通过。西塞罗认为,这种法律,无论人民是以何种方

---

〔1〕 参见阿庇安:《内战》第四卷。——原注

〔2〕 "祝你幸福吉祥。"——原注

〔3〕 雷必达(约公元前89—前13),古罗马政治家、恺撒部将。恺撒死后,雷必达、安东尼、屋大维结成政治同盟,史称"后三巨头同盟"。——译注

〔4〕 "这一天用来欢宴和祭祀,谁不这样做就不受法律保护。"——原注

〔5〕 在王国法庭上,仅有法官信服的证据不够,证据还必须是合法的,要求控方必须有两个证人,其余证据不足为凭。被怀疑犯叛国罪的嫌犯若有办法排除证人,致使法律无法对他判刑,此时就可以适用《褫夺公权法》。换言之,可以制定特别法处置其行为。制定这种法律的程序与所有的法律一样,必须由两院通过,并经国王批准,否则就无所谓法律亦即审判可言。被告可以通过律师发言反对此项法律,议员可以在议会发言为此项法律辩护。——原注

〔6〕 "不能专为个别人立法,除非有六千人认可。"参见安多希德斯:《神奇论》。此乃贝壳放逐法。——原注

〔7〕 "专为个别人颁布之法"。参见西塞罗:《论法律》第三章第十九节。——原注

式制定的，都应废止，其理由是，法律具有威力，乃因适用于整个社会。[1] 不过我承认，自古以来世上最自由国度的一些做法让我相信，在某些情况下，犹如遮盖神像一般，需要用面纱暂时遮盖自由。

第二十节　有利共和国自由之法律

在民主政体，控告通常公开，任何人均可指控欲指控之人。因此，为保护无辜公民，有必要制定相应法律。在雅典，控告人未能得到五分之一票数支持的，必须支付一千德拉克马罚款。控告忒昔丰的埃斯基涅斯[2]就受过这种惩罚。[3] 在罗马，对无根无据之控告人，在其额头上刺上“K”以示羞辱。[4] 为防止控告人行贿法官和证人，会安排专人监视控告人。[5]

前已提及，雅典与罗马法律都规定，允许被告人在接受审判前自行放逐。

第二十一节　残酷对待债务人的共和国法律

借钱给其他公民的债权人，地位比债务人优越。债务人由于

---

〔1〕 同上：“法令和法律及于所有人”。——原注

〔2〕 忒昔丰（公元前4世纪），雅典政治家。埃斯基涅斯（公元前4世纪），雅典政治家、演说家。公元前336年，忒昔丰建议赠送为国家做出突出贡献的德摩斯梯尼一顶金冠，埃斯基涅斯控告此举违法但败诉。——译注

〔3〕 参见菲罗斯特拉图斯：《诡辩家传》第一卷“埃斯基涅斯传”；又参见普鲁塔克和福西乌斯著作。——原注

〔4〕 雷米尼亚法有此规定。——原注

〔5〕 参见普鲁塔克：《如何从敌手获得好处》。——原注

需要用钱而借钱,很快又会身无分文。若共和国法律还进一步加重债务人负担,结果会如何?

在雅典和罗马,起初允许债权人出售无力还债的债务人。[1] 雅典的梭伦予以纠正,下令不得强迫任何人以人身偿还民事债务。[2] 十人委员会却并未对罗马习惯法作同样改革。虽然梭伦之法就在其眼前,但他们不愿效法梭伦。在《十二铜表法》中,揭示十人委员会破坏民主精神意图的,绝不限于此。

残酷对待债务人之法,让罗马共和国多次陷入危险境地。遍体鳞伤的债务人从债权人家逃离,出现在公共场所。[3] 人民见此情景群情激愤,其他债权人不敢继续拘禁债务人,这些债务人得以走出囚室。他们获得一些承诺,却无人兑现承诺。于是,众人退到圣山上。他们虽然没有争取到废除这些法律,不过却得到一个保护他们的官吏。此后,人们脱离无政府状态,随即却险些陷入暴政统治。曼利乌斯为笼络人心,欲把沦为奴隶的公民从债权人手中解救出来。[4] 曼利乌斯计划受到欢迎,可是弊端并未消除。后来又专门制定一些法律,为债务人偿还债务提供便利。[5] 罗马 428 年,执政官提议立法[6]剥夺债权人在家中拘禁债务人的权利。[7] 名叫巴比里乌斯[8]的债权人用铁链铐住名叫普布里乌斯的年青

---

〔1〕 参见普鲁塔克:《梭伦传》:不少人为还债而出卖子女。——原注

〔2〕 同上。——原注

〔3〕 参见哈里卡纳斯的狄奥尼修斯:《罗马古代史》第四章。——原注

〔4〕 参见普鲁塔克:《福里乌斯·卡米鲁斯传》。——原注

〔5〕 参见本书第二十二章第二十二节。——原注

〔6〕 此事发生在《十二铜表法》颁布后的一百二十年。“对罗马平民而言,这一年好像是自由的又一次开始,盖他们再也不会因欠债而被囚禁。”参见李维:《罗马史》第八章第二十八节。——原注

〔7〕 “应受其累的乃债务人财产,而非人身。”参见前引书。——原注

〔8〕 巴比里乌斯,系富商、高利贷者。——译注

人,企图性侵。塞克斯图斯[1]的犯罪换取了罗马的政治自由,巴比里乌斯的犯罪换取了罗马的公民自由。

此乃这座城市的命运:新犯罪确认旧犯罪让它获得的自由。鲁克莱西亚的厄运激起人民反对暴君的狂潮,阿皮乌斯谋害维吉尼亚事件再次把人民投入这个狂潮。在声名狼藉的阿皮乌斯犯罪后的第三十七年[2],又发生同样事件[3],迫使人民退守杰尼库卢姆[4]进行斗争,让为保护债务人安全而制定的法律获得新生。

此后,债权人因违犯反高利贷法而被指控的案件,就多于债务人因欠债未还而遭受债权人迫害的案件。

第二十二节　君主国侵害自由之物

在君主国,削弱自由的,往往是世界上对君主而言最无用之物,即为审判某个人而组建的专门机构。

对君主而言,这种机构简直无甚用处,不值得为此而抛弃正常做法。从道德上而言,君主的正直和公正肯定胜过这种机构。由于其受命于君主,由于其地位,由于其不关心国家利益,由于其非常恐惧,这种机构总是极其自以为是。

亨利八世在位期间,每当要审判贵族时,都下令由上议院组成

[1] 塞克斯图斯,系罗马第七位国王塔克文之子。鲁克莱西亚遭塞克斯图斯强暴后,当着父亲及若干朋友之面,将此事告知丈夫,请他报仇,然后当众自杀身亡。此事激起民愤,引发推翻王政的革命。——译注

[2] 罗马465年(公元前289年)。——原注

[3] 即普劳狄乌斯强暴维杜里乌斯事件。参见瓦莱里乌斯·马克西姆斯:《名家言行录》第六卷第一章第九节。不应将两个事件混为一谈:人物不同,时间也不同。——原注

[4] 杰尼库卢姆,罗马城内一座小丘。——译注

专门委员会进行审理。他采用这种手段,把想杀掉的贵族都杀死了。

第二十三节　君主国密探

君主国需要密探吗？好君主通常不需要密探。遵守法律,就尽到对君主负有的义务。最起码,其住处就是其避难所,其行为应免受无辜调查。正人君子担当密探,倒可以容忍;卑鄙者担当密探,就难以保证其不做卑鄙之事。总之,对待臣民,君主应当诚实、坦率和信任。

焦虑不安、满腹狐疑和心惊胆战者,犹如对自己要扮演的角色感到不知所措的演员。君主看到法律得到普遍遵守和执行,就会感到自身是安全的,盖社会公众行为乃个体行为的保障。他何须恐惧？他不知道人们多么爱戴他！人们为何不爱戴他？一切幸福皆为君主恩赐,一切惩罚皆为法律所定！君主出现在老百姓面前时,总是那么慈祥。臣民分享着他的荣耀,他的权力保护着臣民。人们爱戴君主的证据之一,就是臣民都信任他:每逢遭到大臣拒绝时,人们总是认为,君主本人肯定会答应的。纵然遭受公共灾害,人们也不会怪罪君主,而只会抱怨他并不知情,或者抱怨他被贪官污吏蒙蔽。人们会说:“要是君主知道就好!”此乃臣民之祈盼,也乃臣民信任君主之明证。

第二十四节　匿名控告信

鞑靼人必须在箭上刻写姓名,以便让人知道箭是谁射出的。

马其顿的腓力围攻一个城市时受伤,人们发现致其受伤的投枪上写着:“阿司特给腓力致命一击。”〔1〕控告人倘若为公共利益而指控某人,就会找官吏而不会找君主,盖君主比较容易产生偏见,而官吏则握有只会让诬告者闻之丧胆的法律。倘若控告人不愿意用法律解决其与被告人的纠纷,就说明其害怕法律有隐情,对其最轻处罚就是根本不要相信他们。因此,不应理睬那些匿名控告信,除非该案件必须立即处理而不容许按部就班进行审理或者涉及君主安全。倘若是涉及君主安全的案件,可以相信控告人是万不得已才开口说话的。但是,除此以外的案件,就应该如君士坦丁皇帝所说:“一个人虽有仇敌但无人控告,就不应怀疑他。”〔2〕

第二十五节 君主国治国方略

王权乃弹簧,应当运转自如地发挥作用。中国人称赞他们的一个皇帝时说,其统治就像天一样,换言之,治国以天为范。

权力,有时应用至极致,有时应适可而止。治国最高境界,乃深谙因时因势宽严适度运用权力。

君主国一切幸福,乃让人民享受仁政。笨拙大臣总是不忘提醒我们是奴隶。倘若真是奴隶,就应设法让我们忘记自身悲惨遭遇才对。君主应口谕或者手谕的是,得知臣民遭遇,深感不安,深感震惊,会抚平臣民创伤。治国有窍门,那就是,君主应激励国民士气,让法律威慑臣民。〔3〕

---

〔1〕 参见普鲁塔克:《道德篇:一些罗马和希腊故事比较》第二卷,第 487 页。——原注

〔2〕 参见《狄奥多西法典》第六条:关于仇人的匿名信。——原注

〔3〕 塔西佗说,涅尔瓦增进了帝国的快乐。——原注

第二十六节　君主应平易近人

这一点，通过对比就能看得更清楚。佩里先生说："沙皇彼得一世最近谕曰：臣民不得直接向他申诉，除非已向其大臣申诉两次；若两次申诉无法申冤，才可以向其申诉；若申诉无理，就要处死申诉人。从此以后，再也无人向沙皇申诉冤情。"[1]

第二十七节　君主品行

君主品行对自由之促进，丝毫不亚于法律。君主如同法律，既可以把人变成禽兽，也可以把禽兽变成人。他倘若崇尚自由宽厚之精神，就会拥有臣民；倘若喜爱卑劣软弱之灵魂，就会拥有奴隶；倘若懂得统治之伟大艺术，就会以荣耀和美德为重，就会鼓励人们建功立业。他会不时器重有才干者，不会担心才华出众者成为对手——只要喜爱这类人才，他就会立即礼贤下士；会争取人心而绝不控制臣民精神——让人民爱戴自己，尊重最下层臣民想法，盖他们也是人。普罗大众只要一点点恩赐，因此，理应满足其要求。君主与百姓远隔千里，因此，百姓难以骚扰君主。君主应慷慨解囊，严禁勒索。换言之，他应懂得，百姓能从其禁令中获益，宠臣将从其恩惠中得益。

---

〔1〕 参见佩里：《当今沙皇治理下的俄国》巴黎 1717 年版，第 173 页。——原注

第二十八节　君主应尊重臣民

君主应慎于戏言。适度玩笑增进亲近感，让人愉悦。但是，尖刻玩笑出自君主之口，较出自卑微臣民之口，更不可原谅，盖唯有君主可以对臣民造成致命伤害。

君主更不应公开羞辱臣民。之所以要有君主，乃为惩罚与宽恕，不为羞辱。

君主倘若羞辱臣民，残忍伤害甚于土耳其或者莫斯科国王。土耳其和莫斯科国王羞辱臣民时，只是贬低其人而不会败坏其名声。可是，君主倘若羞辱臣民，既会贬低其人，又会败坏其名声。

视君主羞辱为父辈慈爱之体现，乃亚洲人愚见。欧洲人则认为，羞辱对被羞辱者而言是残忍伤害，而且是终生无法雪耻之绝望。

君主应为拥有如此臣民而陶醉：臣民珍视荣誉甚于生命；荣誉既是忠诚动力，也是勇敢动力。

人们应记得，君主因羞辱臣民而惹祸上身：凯雷亚[1]、宦官纳尔塞斯[2]以及朱利安伯爵[3]的复仇；还有蒙庞西耶公爵夫人的复仇：亨利三世透露她身上不为人知的缺陷，她受此羞辱，耿耿于怀，终其一生从未停止与国王作对。

---

〔1〕 凯雷亚，又译“卡瑞亚”，卡里古拉的近卫军大队长，因丧失生殖器而遭卡里古拉嘲笑，后谋杀卡里古拉。——译注

〔2〕 纳尔塞斯（478—573），东罗马帝国名将。被查士丁尼二世妻子侮辱后，在意大利纠集伦巴第人对她进行报复。——译注

〔3〕 朱利安伯爵，系安达卢西亚总督，为保卫该地而与摩尔人作战，后听说国王罗德里格对其女儿施暴，于是帮助摩尔人抗击国王罗德里格，以示惩罚。——译注

第二十九节　专制政体中给予少许自由之市民法

专制政体,其性质无处不一样,但是,由于信仰、成见、先例、思想、风俗习惯等不同而可能存在巨大差异。

专制政体确立的某些观念有益,例如,中国人把君主视为百姓父母,阿拉伯人在帝国初期把君主视为布道师[1]。

有可以用作戒律的圣书是很合适的,例如,阿拉伯人的古兰经、波斯人的袄教经典、印度人的吠陀经以及中国人的经典古籍。宗教教规可以取代市民法并限制专制权力。

遇到疑难案件,法官征询神职人员意见,并非全无益处。[2]因此,在土耳其,卡迪会征询毛拉意见;遇到应判死刑案件,承办法官,倘若有法官,会听取总督意见,这样可以起到调节宗教、世俗权力之作用。

第三十节　专制政体中给予少许自由之市民法(续)

父亲犯罪而妻子儿女连坐之法,极其过分,乃专制权力之残暴体现。犯罪者妻子儿女即使不当罪犯也已经够可怜,何况君主还应在其与被告人之间留一些人来求求情,让其消消气,或者彰显其裁决之英明。

马尔代夫人有个极其良好习惯:权贵失宠后,天天都去宫中朝

[1] 即哈里发。——原注

[2] 参见《鞑靼史》第三部分,第 277 页附注。——原注

见国王,直至重新获得国王恩宠。他天天面向国王求情,最终消解国王怒气。[1]

有些专制国存在如此观念:失宠者向国王求情,乃不尊重国王。这些国家的君主,仿佛是在想方设法抛弃仁慈宽容之美德。

在已提及的[2]那部法律[3]中,阿卡狄乌斯和霍诺里乌斯坚称:绝不宽恕任何敢于在他们面前为罪犯求情者。[4] 这种法律确实非常糟糕,即使在专制国也如此。

波斯有个好风俗:只要想离开波斯王国,就可以离开。与此相反的做法,也源自专制国,却把臣民视为奴隶[5],把离开王国者视为逃犯。不难看出,波斯风俗即使对专制国而言也有益:由于担心债务人逃跑而躲避债务,可以迫使帕夏和讨债人停止或者减轻对债务人的迫害。

---

〔1〕 参见皮拉尔:《游记》。——原注

〔2〕 参见本章第八节。——原注

〔3〕 参见《朱利安法》第五条。——原注

〔4〕 弗雷德里克把这条法律抄进那不勒斯宪法第一章。——原注

〔5〕 君主政体之国,通常都有禁止公职人员未经君主允许而擅自出国之法。该法也应在共和国施行。在那些体制与众不同之国,如此禁令应扩大到每一个人,否则,就会引进异邦习俗。——原注

第十三章　征税及国库收入多寡与自由

第一节　国库收入

国库收入来自每个公民。他们将部分财产交给国家,以确保其余财产安全,或者可以享用其余财产。

合理确定国库收入计划,要兼顾国家与公民之需求。绝不应为想象之国家需求而罔顾真实之人民需求。

想象之需求,源自当权者之欲望与软弱,源自好大喜功而不切实际之计划,源自病态追求荣誉之心理,源自无力抗拒异想天开之冲动。那些位于君主之下浑浑噩噩的大臣常常以为,他们那渺小卑鄙灵魂之需求乃国家之需求。

规定臣民应纳多少税与可以保留多少收入,最需要大智慧,最需要谨慎对待。

确定国家收入之依据,绝非人民能够拿出多

少,而是人民应拿出多少。即使以能够拿出多少作为依据,也应以他们稳定的支付能力为依据。

第二节　从重征税好之论调荒唐

曾经有些小君主国,虽然免除百姓赋税,但却穷得与饱受赋税之苦的邻邦毫无二致,主因在于:大国包围中的小国,几乎不可能拥有自己的手工业、制造业或者工业;周围大国给小国制造无数发展障碍;这些大国拥有自己的手工业、制造业或者工业,制定大国可以获取种种优势之法。因此,无论税收多么微薄,那些小国注定贫困。

可是,却有人从这类贫穷小国得出结论:欲让人民勤劳,须课以重税。其实,正确结论,应为根本不征税。聚居于那些小国的,都是来自邻邦的贫民。他们无所事事,唯以慵懒为幸,盖劳苦重压已让其心灰意冷。

国家富裕,必激励人人满怀希望;国家贫穷,必导致人人沮丧失望。劳动激发希望之心,慵懒抚慰沮丧之心。

大自然对人类是公平的,人类付出劳动而它给予报酬:付出劳动越多,给予报酬也越多,从而促使人类更为勤劳。可是,倘若专横君主竟然剥夺大自然赋予人类之奖赏,就会导致人们厌恶劳动,视游手好闲、无所事事为唯一幸福。

第三节　蓄奴国赋税

蓄奴国有时是在被征服国建立的。在这种情况下,耕作土地的奴隶应与主人分享收益。唯有得失与共,才能让命中注定劳作者与命中注定享福者和睦相处。

第四节　蓄奴共和国赋税

共和国若把另一民族沦为农奴,就应绝对不允许公民加重其负担。斯巴达人就不允许加重农奴负担。那些勇敢的斯巴达人认为:希洛人若知道自己所受奴役不会再恶化,就会更勤奋耕作;奴隶主若满足于既有收益,就能成为更优秀的公民。[1]

第五节　蓄奴君主国赋税

君主国贵族若让被征服民族为自己耕种土地,就更不应加重赋税。[2] 若君主满足于已有领地和军队,乃好事。若君主针对贵族奴隶征税,就应由贵族负责征税,[3]先由贵族替奴隶纳税,然后再由贵族向奴隶征税。不如此,贵族和替君主征税者就会接踵而至榨取奴隶,直至他们死于贫困或者逃进深山老林为止。

第六节　蓄奴专制国赋税

对专制国而言,上面那些规定更为必要。那里的贵族随时可

---

〔1〕 参见普鲁塔克:《名人名言》。——原注

〔2〕 查里曼正是基于这个理由确立这方面的优良之法,参见其《敕令》第三百零三条。——原注

〔3〕 德意志就是这样做的。——原注

能丧失土地与奴隶,故对保有土地与奴隶不太热心。

彼得一世仿效德意志,以货币形式征税,制定至今仍在俄罗斯得到实施的非常明智之法。地主绅士向农民收税后再上缴沙皇。农民数量减少,地主绅士纳税额并不减少;农民数量增多,地主绅士纳税额并不增多。因此,地主绅士不再有兴趣绞尽脑汁压榨农民。

第七节　非蓄奴国赋税

在人人皆为自由民之国,恰如君主拥有帝国一样,人人皆拥有财产家园。在这种国度,可以征收人头税、土地税或者商品税,也可以征收其中两三项税种。

征收人头税时,严格按照财产比例征收,就会不公平。雅典公民分为四等。[1] 固态或液态收益达到五百计量单位者,纳税一塔兰;达三百计量单位者,纳税半塔兰;达二百计量单位者,纳税十米那,即六分之一塔兰。第四等级公民免税。其赋税是公平的,尽管与财产不成比例,却与需要成比例。人们认为,各人生活必需品相同,对生活必需品不应课税;而对实用财物应课税,但其税率应低于多余财物之税率;高税率有助于抑制多余财物。

征收土地税,就要对土地分类造册登记。但要掌握土地等级差异相当困难,要物色到不会故意搞乱土地等级差异者更是难上加难。因此,会产生两种不公正:一是人之不公正,二是物之不公正。但从总体看,这种赋税一点也不过分,盖留给老百姓的生活必

---

〔1〕 参见波鲁克斯:《词汇学》第八章第九节。——原注

需品比较充裕，个别不公正也不会有甚害处。倘若留给老百姓的生活必需品只够勉强果腹，即使极其微小不公也会导致极其严重后果。

少数人不足额纳税危害不大，其富足往往会增进公众福祉；但是，少数人纳税过重，其衰败就会祸及公众。国家与个人财富保持适当比例，个人富足很快就会促使国家财富增多。所有这一切，均取决如下关键选择：国富就要民穷？抑或民富促进国富更好？国先受益还是民先受益，何种选择更明智？国家应以富始还是以富终？

最不为人察觉的是商品税，盖国家并不向人们正式提出征收此税要求。这种税可以安排得非常巧妙，乃至人们根本不知道要缴纳此税。之所以如此，最主要的原因是让出售商品者缴纳商品税。出售商品者当然知道不是自己在纳税，而实际纳税的商品购买者却并不知道价格包含税金。有人著文称，尼禄取消了应当按照出售奴隶所得价款二十五分之一纳税规定。[1] 其实，他只不过是规定由出售者而非购买者缴纳此税而已。该税看似被取消，实则依然存在。

欧洲有两国对酒类商品课重税，一国只对酿酒商征税[2]，另一国不加区别地让所有消费酒类的臣民纳税[3]。前一国无人感到酒类商品赋税沉重，后一国人们认为酒税重得难以承受；前一国人们感受到的是不纳税之自由，后一国人们感受到的是被迫纳税之无奈。

---

〔1〕 “取消按照出售奴隶所得价款二十五分之一纳税之规定，只是表面取消而不是真正取消，盖这项规定要求出售者纳此税。这样做无非是提高售价而已，盖税乃售价一部分。”参见塔西佗：《编年史》第十三卷第三十一章。——原注

〔2〕 指英国。——译注

〔3〕 指法国。——译注

更糟糕的是，为迫使消费酒类的臣民缴纳此税，还不断搜查其住宅，这是最严重侵犯自由之行为。推出这种税制者很不幸，盖他们没有找到此税最佳征收办法。

第八节　如何维持未征商品税之错觉

为让购买人分不清税金和商品价格，就应让商品价值和税金保持一定比例，对商品价值较低商品，征税不能过高。有些国家的商品税竟然高达商品价值的十七倍。如此做法不啻是消除臣民错觉，让其很容易发现自己受到不合理对待，进而意识到自己处于最严酷奴役之下。

商品税额大大高于商品价值，就必须由君主专卖，让民众除向君主购买外无处可买。倘若如此，就会产生无穷弊端。

在这种情况下，走私就能获得暴利；最自然最合理处罚，即没收商品，难以制止走私行为，何况这种商品的价值通常很低。于是，不得不严加处罚，严至与重罪刑罚相同。如此这般，就无所谓罚当其罪，并非罪大恶极也被当作罪大恶极惩治。世上最违背温和政体精神之事，莫过于此。

此外，人们越想从包税人手中漏税，包税人就越能发财，人们就越来越穷。为了制止走私行为，就得赋予包税人非同一般压榨手段。如此这般，国家就会毁灭。

第九节　无理之税

顺便说说，应注意，有些国家针对民事契约各种条款征税。这种征税规定需要借助非常细致研究才能搞清楚，因此，欲不受包税人欺弄，就得拥有丰富知识。可是，包税人乃君主所立之法的解释人，有权任意处置纳税人财产。经验表明，对契约文书征税，或许更好。

第十节　赋税轻重取决于政体性质

专制政体赋税应很轻，否则，谁愿意自找苦吃在那里耕种？再说，在臣民付出得不到任何补偿的政体，臣民拿什么缴纳沉重赋税？

君主权力大得惊人，人民弱小沮丧至极，此时，容不得半点差错。赋税应易于征收，而且税则应一清二楚，让包税人无法增减。除从土地产出中收取一部分税、征取人头税、对商品征收百分之几的税外，不应再征取任何赋税。

在专制国，商人应享有人身安全，应得到尊重，否则，他们与君主官吏发生争执时，就处于软弱无助境地。

第十一节　没收财产

没收财产处罚规定，欧洲苛于亚洲。这种做法很特别，不合常理。在欧洲，不但要没收商品，而且有时运输商品的船只车辆也被没收，而在亚洲，既不没收船只，也不没收车辆。原因在于，欧洲商人可以得到法官保护而不受压迫，但在亚洲，专制政体法官本身就是压迫者。倘若帕夏决定没收某个商人的商品，商人能有什么办法？

但是，压榨至一定程度也会自我克制，无奈表现出一定程度的温和。土耳其只收进口税，全国都向缴纳此税的商人开放。对报关不实者，不没收，也不加税。在中国，不是商人的货包无须开包检查。[1] 在莫卧儿，对逃避关税者，不处以没收，只需加倍缴税即可。驻在亚洲各城市的鞑靼王公，对过境商品几乎不征税。[2] 在日本，走私行为系死罪，盖其试图禁绝与外国的一切交往；走私与其说违反商业法，莫如说违反国安法。[3]

第十二节　税额与自由

普遍规律是：臣民自由越多，赋税越重；奴役越重，赋税越轻。过去、现在、将来，始终如此。此乃源于大自然的规律，此乃永恒不变的规律，所有国家概莫能外，英国如此，荷兰如此，自由趋于消失的一切国家如此，甚至土耳其也如此。似乎唯有瑞士例外，盖该国人民根本不用纳税。不过，瑞士不用纳税的特殊原因人所共知，而且恰恰可以证明前述所论有理有据。瑞士山多且贫瘠，生存不易，人口又稠密，导致一个瑞士人交给大自然的“赋税”，四倍于一个土耳其人交给苏丹的赋税。

诸如雅典和罗马这种居于统治地位的民族，可以根本不用纳税，盖他们统治被征服民族。毫无疑问，他们不必依享有自由的程

---

〔1〕 参见杜赫德：《中华帝国全志》第二卷，第 37 页。——原注

〔2〕 参见《鞑靼史》第三部分，第 290 页。——原注

〔3〕 日本人既想与外国人做生意，又不想与外国人交往，就选择了两个国家，一是与之做欧洲生意的荷兰，一是与之做亚洲生意的中国。日本人把经纪人和水手关在类似监狱之地，不把他们折磨得失去耐心绝不罢休。——原注

度纳税，盖他们不是臣民，而是帝王。

但是，上述普遍规律仍然在起作用。在温和之国，赋税过重有所补偿，那就是自由。在专制之国，[1]有一种相当于自由的东西，那就是赋税较轻。

在欧洲某些君主国，有些省份[2]由于当地政府性质的原因而比其他省份更富裕。但是，有人声称，这些省份纳税偏少，其理由是，既然那里的政府好，就应该有能力多纳税；甚至有的官员总是想着要废除这种远播福祉并有利于君主的政府。

第十三节　何种政体可以增税

大多数共和政体都可以增加赋税，盖人民相信赋税是缴纳给自己的，故愿意缴纳，而且由于政体性质原因，人民有能力缴纳。

君主政体是一种温和政体，能够促使财富增长，故可以增税。这就像是对君主的褒奖，盖他尊重法律。

专制政体不可增税，盖不能加重已趋极其严重的奴役。

第十四节　赋税性质与政体

人头税更宜于奴役，而商品税更宜于自由，盖此税与人身不存在直接关系。

---

〔1〕 俄国赋税不高，在专制主义有所收敛后，赋税就增加。参见《鞑靼史》第二部分。——原注

〔2〕 三级会议行省。——原注

专制政体君主不发给士兵军饷,不发给大臣俸禄,而是分发土地,因而很少征税。这是很自然的。但是,倘若君主发放军饷俸禄,最合理的就是按人头征税,不过,永远不能征收过高人头税。在此种不公与暴虐的政体中,不可能对纳税人划分等级,盖如此划分,必然流弊丛生。所以,其税额必然只能根据最贫困潦倒者纳税能力予以确定。

温和政体最合理赋税,乃商品税。这种商品税,实际上由购买人缴纳。尽管商品税先由商人支付,但它是商人借给购买人的款项而已。所以,一方面,应把商人视为国家之债务人;另一方面,应把其视为所有个人之债权人。商人向国家缴纳购买人今后将向国家缴纳之赋税,换言之,他替购买人预缴商品税。由此不难看出,政体越温和,就越充满自由精神,私人财产就越安全,商人就越愿意把大笔税金预缴给国家,即越愿意为购买人预缴大笔税款。在英国,商人每购进一桶葡萄酒,就等于借给国家五十到六十英镑。像在土耳其这样的国家,有哪个商人敢这样做?即使有人敢这样做,在财富不确定而随时面临破产情形下,能做得到吗?

第十五节　滥用自由

由于自由可以带来诸多好处,就有人滥用自由;由于温和政体政绩斐然,就有人舍弃温和;由于征收了大量税款,就有人欲征收更多税款。人们不感恩奉献了礼物的自由之手,反而转向什么实惠也不会赋予的奴役。

自由导致赋税过度,而赋税过度结果乃奴役,奴役结果乃减少赋税。

亚洲帝王几乎没有一年不下诏免除帝国某个省份的赋税,[1]以体现他们施惠于民的恩德。但在欧洲,即使没有看到君王敕令,人们也愁眉不展,盖其敕令永远只讲君王需求,而从来不提人民需求。

由于政体原因,也常常由于气候原因,亚洲国家大臣们懒散得不可饶恕,但这对人民倒是幸事,盖他们不会被不断增多的要求压得喘不过气来。由于大臣不会提出新计划,国库支出也就不会增加。即使偶然提出新计划,那也是很快就可以完成的计划。统治者不会不断折磨人民,盖他们不想不断折磨自己。我们欧洲人在财政方面却不可能有什么稳定制度:我们始终知道要做一些事情,却从来不知道要做什么。

在我们这里,再也不存在把善于管理国库收支的大臣称作贤臣的习惯。如今被称为贤臣的,乃工于心计、诡计多端者。

第十六节　穆斯林征服之战

穆斯林不费吹灰之力就征服他国,乃因被征服国赋税繁重。[2]希腊诸国帝王贪婪狡诈,推出种种苛捐杂税压榨人民,结果人民宁愿接受穆斯林统治,这样只需负担一种赋税,纳税征税都很便利。被征服国民众还感受到,服从腐败政府不如服从蛮族,盖在腐败政府统治下,不但要忍受丧失自由之痛苦,而且要承受当前奴役带来之恐惧。

---

〔1〕 这是中国皇帝的习惯。——原注

〔2〕 史书对赋税的沉重和荒诞有所记载。阿纳斯塔修竟然想出了一种呼吸税:“无论是谁,每吸一口气都要付一份罚金。”——原注

第十七节　扩军备战

有一种新的疾病在欧洲蔓延,传染了君主们,引诱其保持极其庞大的军队。这种病情一旦加剧,就会传染。某一君主扩军,其他君主就会如法炮制,其结果是,除共同走向毁灭外,谁也捞不到便宜。每位君主都令军队严阵以待,仿佛其臣民面临灭顶之灾一样。他们把这种互相防备状态称作和平。如此这般,把欧洲搞得一贫如洗,乃至欧洲三大最富有之国民众,也难以维持生计。我们拥有全球财富和全球贸易,但过着贫穷生活。由于不断扩军备战,不久,我们除全民皆兵外,将一无所有,就像鞑靼人那样。[1]

大国君主不满足于向弹丸小国招募雇佣军,还竭力四处花钱组建同盟国,就是说,到处大肆烧钱。

如此烧钱后果,乃无休止加税,最终无法再加,只有拼老本发动对外战争。这并非耸人听闻,有些国家甚至在和平时期就已在拼老本,采用所谓非常手段——这些手段之恶劣,就连那些最浪荡的败家子也难以想象——最终走向毁灭。

第十八节　免税

东方各大帝国免除受灾省份赋税政策,所有君主国都应采用。事实上,有些君主国采取了这种政策,可是,人民受到的压迫反而

---

〔1〕为此只需把新近发明的在欧洲随处可见的民团加以推广,像正规军那样大肆扩张即可。——原注

更重,盖君主所征根本没有减少,是全国其他地方分摊所减免的赋税。为了减轻纳税能力较弱之村负担,就加重纳税能力较强之村负担,结果是:前者并未恢复元气,却搞得后者一蹶不振;人民进退维谷、不知所措。一方面是必须纳税,否则就会遭受欺压;另一方面是倘若纳税,就会面临增税危险。

善治之国,应当在第一项开支中预留款项应对偶发紧急之需。国家如同个人,挣多少就花多少而一文不剩,就会走向破产。

有人认为,同村人联保之法合理[1],盖不如此,他们就可能合谋欺骗国家。难道仅凭推测就可以建立一种不公平并且危害国家的制度?

第十九节　包税与国家直接征税何者更适宜

国家直接征税,就如亲自收租的勤劳父亲一样,既省钱又有序。

君主直接征税,可根据自身需要或者人民需要,作出按时或者暂缓征税之决定,可把包税人无所不用其极而攫取的暴利收归国有;君主直接征税,人民再也不会因看到有人暴富而难过;君主直接征税,中间环节减少,税款直入国库并很快用之于民。君主直接征税,可让人民免受以往包税人因贪得无厌而强求君主制定的无数恶法之苦,要知道,那些恶法在当前貌似有益,实乃为未来埋下祸根。

有钱人永远是他人主宰,所以,包税人在君主面前乃说一不二

---

〔1〕 参见《罗马财政论》巴黎布里松1740年版,第二章。——原注

霸王。包税人尽管不是立法者,却可以强迫立法者立法。

我承认,把某种新税交由包税人征收,在初始阶段有益。在利益驱动下,包税人会想出稽征人员意想不到的偷税、漏税花招并采取能够防范该花招的征税办法。在包税人确定征税办法后,就可以由国王派人直接收税。英国如今的消费税和邮政税征收之法,就是向包税人学习的。

共和政体一般直接征税。罗马没有采取该政策,此乃罗马政体一大弊病。[1] 在直接征税的专制之国,人民远远更为幸福,中国和波斯乃明证。[2] 人民最不幸福之国,乃君主将海港和商业城市交给包税人代为征税之国。纵观各君主国历史,包税人罪恶行径俯拾皆是。

尼禄痛恨包税人压榨行径,打算取消一切赋税。这个想法虽然宽宏大度,但无法实行。他完全没有想到直接征税,而只是下了四道手谕:公布以往秘而不宣的制裁包税人之法;包税人不得追缴前一年未征之税;由法官审查包税人征税手续是否齐全;商船不必纳税。[3] 不过,这也造就了尼禄皇帝在位期间的繁荣昌盛。

第二十节　包税人

包税人这个肥缺成为荣耀职业,国家就会完蛋。在专制政

---

[1] 参见狄奥:《罗马古代史》第四十二章第六节:恺撒被迫废除亚洲行省的税吏,建立另一种管理方法。参见塔西佗:《编年史》第一卷第七十六章:奥古斯都留给罗马人民的马其顿和阿卡伊亚,沿用原来的治理方法,后来才争得由皇帝任命的官吏直接治理地位。——原注

[2] 参见沙尔丹:《波斯游记》第十二章。——原注

[3] 参见塔西佗:《编年史》第十三卷。——原注

体,或许是好事,盖征税往往是省督职责之一。在共和政体,绝非好事,盖如此做法毁了罗马共和国。在君主政体,也不会好到哪里去,盖违背君主政体精神者莫过于此。国家其他阶层都厌恶包税人,荣誉不再有任何价值,自然而缓慢的出人头地手段不再奏效,政体原则就遭破坏。

历史上,确有过不少极不光彩致富事件,五十年战争这场灾难乃其一。这些往日令人作呕的财富,如今却大受人们羡慕。

各种职业皆有其追求:包税人追求钱财,而对钱财的褒奖依然是钱财。贵族追求显赫与荣誉;除显赫与荣誉外,他们不知道、看不见,也感觉不到什么是真正的幸福。为帝国日夜操劳的大臣和官员,追求尊重与器重。

第三编

第十四章　法与气候

第一节　本章主旨

倘若气候不同，人之精神性情确实大为迥异，法律就应与之协调。

第二节　气候不同，人也不同

寒气致人体外层纤维末端收缩[1]，弹性增大，有利血液从末端回流心脏；寒气致纤维长度缩短[2]，力量增强。反之，热气致外层纤维末端松弛，长度增大，弹性与力量减弱。

因此，人在寒冷气候下，精力较充沛：心脏搏动和纤维末端反应较强，体液温度较高，血液更顺畅回流心脏，在交互作用下心脏更有力。心脏

---

〔1〕 如此现象，肉眼就能看出，寒冷时人较瘦。——原注

〔2〕 众所周知，降温时铁收缩。——原注

力量增强必然产生诸多效果,例如,自信心增强,即勇气更大,更了解自身优势;又如,复仇欲望降低,安全感增强,即更直率开朗,更少猜疑、权谋和狡诈。总之,会表现出不同性情。同理,在闷热之地,人就会极其萎靡不振。在如此情形下,让他做出果敢行动,他肯定不会有什么兴致,盖萎靡不振让其沮丧,他会感觉自己什么都怕、什么都不想做。炎热地区居民,胆怯得如同老人;寒冷地区居民,骁勇得如同青年。最近的那场战争〔1〕,依然历历在目。某些细节,如今还能看清;时间久远,就会模糊。至南方作战的北方人〔2〕,不如在本地气候下作战的同胞那般英勇善战。

北方人纤维力量较大,能从食物中汲取粗液,由此带来两个结果:其一,分泌乳糜液或者淋巴液之器官,因表面大而较易附着于纤维并滋养纤维;其二,分泌乳糜液或者淋巴液之器官,因粗糙而不易把精细汁液传给神经。因此,他们身材魁梧而不灵活。

从四面八方通达皮肤组织之神经,组成神经束。一般而言,活动神经,并非全部,只有极小部分。在炎热地区,皮肤组织松弛,神经末梢舒展,极小物体之极微动作都能感受到。在寒冷地区,皮肤组织收缩,乳头状物质受到压缩,神经小乳头稍许有些麻痹,只有最强烈和由全部神经传导之感觉才能到达大脑。想象、味觉、感觉以及活力,都依赖无数细微感受器官。

我观察过羊舌外表组织:肉眼看去,羊舌表面似乎布满乳头状细粒;用显微镜观察,在乳头状细粒上可以看到细小茸毛,在乳头状细粒之间则是顶端呈毛刷状之锥体物质。这些锥体物质很可能就是主要味觉器官。

把羊舌一半冰冻,再用肉眼观察,发现乳头状细粒大大减

---

〔1〕 即西班牙王位继承战。——原注

〔2〕 如在西班牙。——原注

少,有几行甚至缩回鞘内;用显微镜观察,锥体物质消失。解冻后,用肉眼观察,乳头状细粒似乎逐渐凸起;用显微镜观察,细小神经乳头再度出现。

这个观察证实前面所说,在寒冷地区,神经末梢不怎么舒展,大多缩在鞘内,难以感受外部对象动作,故感觉不灵敏。

人之愉悦敏感度,寒冷地区较低,温暖地区较高,炎热地区极高。气候用纬度区分,在一定程度上也可以用敏感度区分。我在英国和意大利观看过歌剧,剧本、演员与音乐均相同,两国观众反应却迥异:一个静若处子,一个动如狂汉。真不可思议!

由身体某些纤维撕裂而引起之疼痛,亦然。造物主规定:撕裂越大,就越疼。较之炎热地区者之精细纤维,北方魁梧身材者之粗壮纤维较难撕裂,痛觉就较迟钝。因此,俄国人不剥皮就不觉得痛。

炎热地区之人器官敏锐:两性结合,最易心动;无论何事,皆引向男欢女爱。

在北方气候下,爱情几乎难以在生理上令人冲动;在温暖气候下,爱情有诸多相伴之物,令人喜悦,乍看似爱,实则非爱;在炎热气候下,谈情说爱就是为了爱,爱乃幸福唯一原因,爱乃生活。

南方人,体质纤弱又异常敏感,或沉溺于朝朝暮暮的三妻四妾之爱,或追求给予妇女较大地位而剪不断理还乱之爱。北方人,身体健壮但粗笨迟钝,能从一切振奋精神之活动中找到乐趣,如狩猎、旅游、作战、饮酒等。到北方,会发现人们恶习少而美德多、特真诚和特坦率。到南方,会觉得简直远离道德,强烈情欲致罪恶丛生,人人竭尽攫取好处而满足私欲。在温暖地区,民风无常,恶习无常,美德无常,盖气候变化不居致行为反复。

气候炎热无比,人就浑身乏力,就萎靡不振,就丧失好奇心,就缺乏进取精神,就没有激情,一切皆消极被动,慵懒乃幸福:与其动脑,不如受罚;与其殚精竭虑,不如受奴役。

第三节 某些南方民族性格矛盾

印度人生来缺乏勇气,[1]甚至生于印度的欧洲儿童也丧失了欧洲气候下的勇气。[2] 如此状态,是怎么与其习俗、凶残和野蛮苦行协调的?印度男人用种种剧痛折磨自己,印度女人引火自焚。此乃既坚毅又软弱之表现。

大自然赋予他们柔弱而让其生性怯懦,赋予他们丰富想象力而让其对任何事物均反应激烈。器官脆弱让他们惧怕死亡,也让他们更惧怕诸多其他事物。同一敏感,既让他们逃避一切危险,却让他们无视任何危险。

儿童需要良好教育甚于理智成熟者,与此同理,这种气候之人需要立法者甚于欧洲人。越敏感者,越应以合适方式接受刺激,越应不接受偏见,越应接受理性指导。

罗马时代,北欧人既无艺术,也无教育,几乎也无法律。但他们仅凭其气候下粗糙纤维具有之理智,就以惊人智慧抵抗罗马人,一直坚持到走出森林,最终摧毁罗马帝国。

---

〔1〕 塔维尼耶在《印度游记》中写道:“一百个欧洲士兵轻易就可打败一千个印度士兵。”——原注

〔2〕 旅居印度之波斯人到第三代就染上印度人之懒散。参见贝尼耶:《莫卧儿帝国游记》第一卷,第 282 页。——原注

第四节 东方国家宗教、风俗和法律持久不变之因

东方人纤维敏感而易受外界影响,身体怠惰而精神不振,精神不振而倦怠无为,故不难理解,一旦接受某种思维定式,心灵就无法改变。所以,今天东方人法律、风俗乃至那些看似无关紧要的事情,诸如服装样式等,依然千年不变。[1]

第五节 拙劣立法者助长气候弊病而优秀立法者革除其弊病

印度人认为,静止与虚无,乃万物根本与归宿;无为,乃最高境界与追求;视至尊为真如[2]。暹罗[3]人认为,不让机器运转,不让身体活动,乃最大快乐。[4]

这些地区,酷热令人萎靡,静止令人舒适,运动令人痛苦,因此,这套玄学体系似乎顺应自然。印度立法者佛,顺其所感,置人于极度消极状态。[5] 然而,佛之学说,产于气候所致之怠惰,又助

---

〔1〕 从君士坦丁·波菲洛戈尼图斯辑录的尼古拉斯·达马斯著作残篇可看到,派人绞死令人厌烦的总督乃古老习俗,在米底人时代就存在。——原注

〔2〕 真如,佛教术语,一般解释为不变之最高真理或者本体,即非真如,假名真如,真如无我,无我一切皆真如;真如者,非实非虚,非真非妄,非有非无,非是非非,非生非灭,非增非减,非垢非净,非大非小,非子非母,非方非圆等,不可尽说。玄奘糅合十家之说的《成唯识论》卷九称:"真谓真实,显非虚妄;如谓如常,表无变异。谓此真实于一切位常如其性,故曰真如。"——译注

〔3〕 暹罗,古代中国对现东南亚国家泰国之称。——译注

〔4〕 参见拉鲁贝尔:《暹罗记事》,第446页。——原注

〔5〕 佛主张心呈虚空状态。参见杜赫德:《中华帝国全志》第三卷:"我们有眼睛和耳朵,至高境界却听而不闻、视而不见;我们有嘴有手,至高境界却让肢体处于无为状态。"此乃引自一位中国哲学家之语。——原注

长怠惰，导致无数祸害。

中国立法者较理智，不是在人必将享有之安宁中，而是在履行人生义务之行动中，去观察人，因此，其宗教、哲学和法律皆符合实际。物质因素越让人倾向静止，精神因素就越应让人远离静止。

第六节　炎热气候之耕作

耕种乃人类最主要劳动。气候越让人逃避这种劳动，宗教与法律就越应鼓励从事这种劳动。因此，规定土地归君主之印度法律，破坏了私权观念，加剧了气候之不良影响，助长了天生之怠惰。

第七节　僧侣制度

那里的僧侣制度，存在同样祸害。该制度源于东方炎热地区，人们不喜行动而爱冥想。

在亚洲，似乎气候越热，僧侣就越多。印度酷热，僧侣奇多。欧洲亦然。

欲战胜气候导致之怠惰，法律就应竭力清除不劳而获之谋生手段。南欧各国法律，却恰恰相反，为那些喜欢闲适者提供适于虚度光阴之地，并给予其大量财富。他们生活富足，财富反而成为负担。他们把多余财富送给下层人民，此乃正确之举。本来丧失财产之下层人民得到补偿，过上无所事事日子，反而喜欢上自身之清贫。

第八节　中国优良习俗

有关中国的著作[1]记述皇帝每年举行亲耕式。[2] 这种公开隆重之仪式旨在鼓励农耕。[3] 此外,皇帝还年年根据禀报,赐予当年最出色农民八品官职。

古代波斯,在称为劳作日[4]的每月第八天,国王会放下架子与农夫进餐。此举有利促进农业,值得称赞。

第九节　奖掖勤劳之法

本书第十九章将谈及,懒惰民族通常骄傲。结果可以反对原因,骄傲可以摧毁懒惰。南欧人崇尚荣誉,故褒奖种田能手或者各行各业技艺精湛者乃好办法。如此做法,在任何国家都能获得成功。例如,爱尔兰采用此法,就建立了欧洲最大纺织厂之一。

---

〔1〕 参见杜赫德:《中华帝国全志》第二卷,第72页。——原注

〔2〕 印度也有几个国王举行这种亲耕仪式。参见拉鲁贝尔:《暹罗记事》,第446页。——原注

〔3〕 汉文帝亲自耕作,并令皇后嫔妃在宫中纺绩。参见杜赫德:《中华帝国全志》第一卷,第380页。——原注

〔4〕 参见海德:《波斯人的宗教》。——原注

第十节 法与节制饮酒

炎热地区，血液中水分因出汗而大量流失[1]，需要同类液体补充。人们乐于饮水，盖饮用烈酒会使水分渗出后的血球凝固。[2]

寒冷地区，血液中水分因很少出汗排出而积留体内，饮用烈酒不会导致血球凝固；体内富含液体，饮用烈酒促进血液流动，乃适宜。

因此，穆罕默德[3]禁酒令适合阿拉伯气候；在其之前，阿拉伯人饮料也是水。迦太基人禁酒令[4]也与气候相宜。这两国气候极为相似。

禁酒令不适宜于寒冷地区，其气候造成不同于个人嗜酒的全民性嗜酒风气。嗜酒之风遍及全球，乃与寒冷潮湿气候有关。从赤道往北极，纬度越高越嗜酒；从赤道往南极，亦然，纬度越高越嗜酒。[5]

过量饮酒之罚，饮酒与气候相悖而有害健康之地，理应严于嗜酒恶果不大之地。在后者，嗜酒对社会危害更小，人不会嗜酒而发

---

[1] 贝尼耶从拉合尔至克什米尔的旅途中写道："我的身体就像筛子，刚喝吞下一品特水，四肢乃至指尖就渗出露珠般汗水。我每天喝十品特，丝毫未感到不适。"参见贝尼耶：《莫卧儿帝国游记》第二卷，第 261 页。——原注

[2] 血液中有水分，红血球、纤维质和白血球都在水分中游动。——原注

[3] 穆罕默德（约 570—632），政治家、宗教领袖，穆斯林认可的伊斯兰先知。——译注

[4] 参见柏拉图：《法篇》第二卷；参见亚里士多德：《家政论》；参见尤塞比乌斯：《布道准备》第十二卷第十七章。——原注

[5] 在霍顿督人和智利最南端各民族中可以看到如此情形。——原注

酒疯,只是变得愚蠢迟钝而已。因此,为惩治醉酒及其过失之法,只适用于个人,而不适用于全民。[1] 德国人饮酒出于习俗,西班牙人饮酒出于喜好。

炎热地区,纤维松弛导致体液大量外泄,但固体部分消散较少;纤维活动弱而缺少弹性,损耗极小,只需补充少量滋养液汁,因此,人食量很小。

气候不同,需求不同,生活方式不同,需要不同法律。交往频繁之民,需要某种法律;互不往来之民,需要另一种法律。

第十一节　法与气候疾病

希罗多德[2]说,犹太人有关麻风病的立法源自埃及人。[3] 不错,同病需同药。希腊人与早期罗马人,不知这种法律也不知这种疾病。埃及与巴勒斯坦气候,需要这种法律。这种疾病传播如此之快,让我们深深体会到这些法律具有远见卓识。

我们自己就亲身体验了这些法律的作用。十字军把麻风病带回法国,幸亏有这些明智法律遏制麻风病肆虐横行。

从《伦巴第法》可以看出,十字军东征前,麻风病就传至意大利并引起立法者关注。[4] 罗塔利规定:麻风病人被逐出住所而禁锢于特殊地方后,就不得处分其财产,盖从其被逐出住所起,就被视

---

〔1〕 参见亚里士多德《政治学》第二卷第三章:毕达库斯制定的就是这种法律,其居住地气候并未养成全民嗜酒恶习。——原注

〔2〕 希罗多德(约公元前480—前425),古希腊作家、历史学家,代表作《希波战争史》,誉为“历史之父”。——译注

〔3〕 参见希罗多德:《希波战争史》第二卷。——原注

〔4〕 参见《伦巴第法》第二卷第一章第三节、第十八章第一节。——原注

为死亡。为阻止麻风病患者与外界交往,就剥夺其民事行为能力。

这种疾病,很可能是希腊皇帝们征服意大利时带来的,他们军队中可能有来自巴勒斯坦或埃及的士兵。无论如何,十字军东征前,麻风病蔓延势头已被遏制。

据说,庞培的军队从叙利亚带回与麻风病非常相似的疾病。如今未有那时为此而制定的法律,不过,大概有过此类法律,盖至伦巴第人时代,这种病不再蔓延。

两个世纪前,从新大陆传来祖先从不知道的疾病[1],从生命与欢愉之源危害人类。南欧大多数望族毁于此病。患此病,见多不怪,不再羞耻,唯余致命后果。淘金之热,致使此病蔓延而无法遏制:一批又一批人前往美洲,不断把此病新病毒带回欧洲。

虔诚于宗教者,似乎听任此病流传,作为对罪恶的惩罚。可是,由此引起的灾难危及婚姻,甚至危及儿童。

关注公民健康,乃立法者睿智之所在,所以,以摩西法为基础,制定遏制这种疾病蔓延之法,乃极其合乎情理。

瘟疫系传染更迅猛的疾病。埃及系主发病区,从那里蔓延全世界。为阻止其传染,大多数欧洲国家制定了有效之法。如今有人想出了更好办法遏制其蔓延,就是在疫区周围部署军队,断绝与外界一切联系。

同城的基督教徒躲过了灾祸,而土耳其人未采取任何措施[2],唯有死于瘟疫。他们购买染病者衣服穿在身上,若无其事照常生活。命运不可违的教义支配着一切,把官员变成了安逸的旁观者,他们认为,真主已准备一切,什么也不必再做。

---

〔1〕 指梅毒。——译注

〔2〕 参见里戈:《奥斯曼帝国》,第 28 页。——原注

第十二节 反对自杀之法

历史上从未见过罗马人无故自杀[1];英国人却无故自杀,甚至生活幸福也自杀。罗马人自杀,系教育之果,与其习俗、观念有关;英国人自杀,系患病之果[2],与其身心有关,别无他因。

很可能系神经液渗透缺陷:身体器官驱动力时常处于停滞状态,从而感到疲惫;人之心灵虽然不苦,但觉得疼痛。疼痛乃局部不适,促使产生消除疼痛之欲望;生命重压让人感到疼痛,但说不出疼在哪里,从而催生了结生命之欲望。

某些国家市民法反对自杀,显然有道理。但在英国,若不消除精神错乱之影响,就不可能杜绝自杀。

第十三节 英国气候效应

在某个国家,气候引起的疾病影响巨大,导致人们厌恶一切甚至生命。对其居民而言,让他们无法将自身烦恼归咎于某个人的政府,乃最合适政府。这个政府实行法治而非人治,因此,欲变更政府,就得推翻法律。

倘若他们还因气候而缺乏耐心,无法容忍某些事物长期不变,则上面所说的那个政府仍然是最适宜政府。

---

〔1〕 自杀,违背自然法和神启宗教。——原注

〔2〕 这种疾病可因败血症而更为复杂。在某些国家,这种疾病患者性情古怪,甚至难以自容。参见皮拉尔:《游记》第二卷第二十一章。——原注

缺乏耐心本身并非什么大事，不过，如此性格一旦与勇气结合，就会变得不得了。

这种性格不同于轻率。轻率乃无缘无故从事或者放弃一件事。缺乏耐心与固执比较相似，源于对痛苦的强烈感受，甚至不因已习惯于承受苦难而减弱。

在自由国度，这种性格非常有助于挫败暴政阴谋〔1〕，盖这种暴政，最初缓慢微弱而最后迅速猛烈；起初伸出一只手援助人，后来就用无数只胳膊压迫人。

奴役总是始于沉睡，但是，受奴役者无可安宁，时时忧虑，唯有痛苦，无法入睡。

政治犹如钝锉刀，一下一下慢慢锉出工件。刚才说到的那些人，无法忍受慢慢吞吞、婆婆妈妈和冷冷淡淡的谈判，较之其他民族更难取得谈判胜利，战场胜利品往往丧失于条约中。

第十四节　其他气候效应

我们的祖先，古代日耳曼人，居于让其情感极为平静的气候中，其法律只对看得见的伤害作出规定，未作更多考虑。他们根据创伤大小判断受伤程度，对妇女所受凌辱未作更细致规定。因此，日耳曼法相当特别：造成妇女裸露头部者，罚六苏；造成妇女裸露膝盖以下部位者，也罚六苏；造成妇女裸露膝盖以上部位者，加倍处罚。〔2〕可见，该法就像测量几何图形一样，衡量妇女受辱程

〔1〕此处所说暴政，指推翻现政府特别是民主政府的图谋。此乃希腊人与罗马人赋予这个词的含义。——原注

〔2〕参见《日耳曼法》第十八章第一、二节。——原注

度;只惩罚眼睛看得见的犯罪,不惩罚想象的犯罪。可是,一支日耳曼人迁居西班牙后,为适应气候就制定了不同法律。西哥特人法律禁止医生为女自由民放血[1],除非其父母、兄弟、儿子或者叔伯在场。人民的想象升温时,立法者的想象也随之升温;人民怀疑一切,法律也怀疑一切。

这些法律极其关注两性之事,不过,主要考虑私人复仇之欲,而非国家惩治之需。因此,在绝大多数情形下,法律将犯罪者交给父母或者受辱配偶发落:女自由民私通已婚男子,就将其交给该男子的妻子随意处置;[2]奴隶若发现女主通奸,有义务将其捆绑交给其丈夫;[3]法律允许子女告发母亲,允许刑讯奴隶而促使她认罪。[4] 如此法律,乃迎合过分维护声誉之求,无法满足良治之需。因此,当朱利安伯爵[5]认为,洗刷此类凌辱,得以君王性命与社稷抵偿,就不必有丝毫惊诧。与此同理,摩尔人[6]与西班牙人习俗相同,毫不费力就进入西班牙,站稳脚跟,进而延缓了摩尔帝国的垮台,也不必有丝毫惊诧。

---

[1] 放血,乃当时一种治疗手段。——译注

[2] 参见《西哥特法》第三卷第四章第九节。——原注

[3] 参见《西哥特法》第三卷第四章第六节。——原注

[4] 参见《西哥特法》第三卷第四章第十三节。——原注

[5] 参见本书第十二章第二十八节最后一段有关朱利安伯爵的译注内容:朱利安伯爵,系安达卢西亚总督,为保卫该地而与摩尔人作战,后听说国王罗德里格对其女儿施暴,于是帮助摩尔人抗击国王罗德里格,以示惩罚。——译注

[6] 此词由罗马人最先使用,最初指罗马毛里塔尼亚省居民;也指在中世纪居住在伊比利亚半岛、西西里岛、马耳他、马格里布和西非的穆斯林;也指在11—17世纪创造了阿拉伯安达卢西亚文化,随后在北非定居的西班牙穆斯林居民或者阿拉伯人。——译注

第十五节　立法者信任人民程度因气候而异

日本人生性残忍，根本得不到立法者与官吏信任，摆在其面前的只有审判、威吓和惩罚，因此，他们动辄得咎，处处受钳。其法律规定：每五户择一户主为甲长，监管其余四户；一人犯罪，全家乃至全村受罚；一人犯案，均受牵连，无人清白。如此立法，旨在人人互不信任，无人不受他人监视，无人不监视他人，人人皆为他人之监视人、证人和裁判官。

反之，印度人生性温和、软弱、富有同情心〔1〕，深得立法者信任：刑罚很少，也不严酷，甚至不严格执行〔2〕；把甥侄交给叔伯舅抚养，把孤儿交给监护人抚养，犹如别国把小孩交给父母抚养一样；在确定遗产继承时，主要考虑继承人的品德与才干；似乎认为，每个公民都应完全相信他人本性善良。

他们可以痛快地把自由还给奴隶〔3〕，为其操办婚嫁，待其如子女〔4〕。气候良好让人淳厚，法律也随之温和！

---

〔1〕 参见贝尼耶：《莫卧儿帝国游记》第二卷，第140页。——原注

〔2〕 参见《耶稣会士书简集》第十四册，第403页，关于恒河半岛印度人的主要法律和习俗的记述。——原注

〔3〕 参见《耶稣会士书简集》第九册，第378页。——原注

〔4〕 我曾想，狄奥多罗斯认为印度既无主人也无奴隶，在于印度奴隶制度相当宽和。不过，据斯特拉波《地理学》第十五章所说，狄奥多罗斯把印度某一民族误为整个印度民族。——原注

第十五章　民事奴役法与气候

第一节　民事奴役

所谓奴役，乃某人对另一人拥有绝对支配权而成为其生命与财产的主人。本质上，它不是好制度，不论对奴隶还是对奴隶主，皆无益处：奴隶不可能凭品德做事；奴隶主有权绝对支配奴隶，就会养成种种恶习，不知不觉丧失美德，变得傲慢无礼、暴戾残忍、骄奢淫逸。

专制政体人民，已是政治奴隶，故较之其他国家，更容忍民事奴役。在专制政体，能苟且活着就很满足，故奴隶的生活不会比臣民差多少。

在君主政体，最重要的是不让人性受摧残或者贬损，故不应有奴隶。在民主政体，人人平等；在贵族政体，法律应在政体性质允许范围内，竭力寻求最大程度平等，故奴役违背政体精神，盖奴隶只会让公民获得其不应享有的权利与奢华。

第二节　罗马法学关于家奴役权起源之观点

怜悯催生奴隶并以三种方式催生奴役之说[1]，无法令人信服。

万民法准予战俘充当奴隶，以免其遭滥杀；罗马市民法准许债务人卖身，以免其受债权人虐待；自然法要求，做奴隶的父亲无力抚养子女，其子女就应像父亲一样做奴隶。

罗马法学家上述说法，毫无道理。在战争中，除情非得已外，不许杀人。让战俘成为奴隶后，就不能再说战俘本来非杀不可，盖事实上战俘并未被杀。对战俘，战争赋予的全部权力就是看好战俘，不让其继续为害。冷酷滥杀战俘，为世界各国所唾弃。[2]

卖身为奴之说，也不对。买卖就得讲价钱，可是，出卖自己，所有财产自然归主人。就是说，买主什么也不付，奴隶什么也没得到。有人会说，奴隶可以得到一笔赎身钱。但是，这笔钱附属于人身。禁止自杀，盖因其让国家少了一个人；卖身为奴，也同理。每个公民之自由，乃大众自由之组成部分，甚至是民主政体主权之组成部分。出卖自由，乃荒谬行为[3]，简直无法理喻。自由，于买主有价，于卖主无价。民法允许人们分割财产，就不允许把参与分割者列为供分割之财产。一切不法契约，民法皆视为无效；若会导致重大损害，民法必然要求恢复原状。

第三种即生而为奴之说，与前两种一样，同样没有根据。出卖

---

[1] 参见《法学阶梯》第一卷第三章。——原注

[2] 食用战俘的民族除外。——原注

[3] 此处指严格意义上的奴隶制，例如，罗马人的奴隶制和我们殖民地的奴隶制。——原注

自己尚且不可,更不可出卖尚未出生之婴。战俘不该沦为奴隶,战俘子女更不该沦为奴隶。

处死罪犯合法,盖制裁之法,乃为保护其而制定。以杀人犯为例,处其死刑之法,曾施惠于其,曾时刻保护其生命,故其无理由反对该法。奴隶与此不同:奴役法从未施惠于奴隶,从未维护其利益,无论如何皆于其不利。因此,该法违背一切社会基本原则。

有人说,奴役法有利于奴隶,盖主人养活了奴隶。照此说来,只应让无力谋生者充当奴隶。可是,谁要这种奴隶?至于孩子,是大自然把乳汁赋予母亲而养活他们,他们童年时代后期非常接近自食其力年龄。但是,不能据此认为,养活他们者,就有权成为其主人。

因此,奴役违背民法,更违背自然法。奴隶并非社会成员,与民法毫无关系,哪条民法能阻止奴隶逃跑?唯有家法也即主人的权力能阻止他逃跑。

第三节　奴役权起源另一学说

我宁愿认为:习俗不同导致某一民族鄙视另一民族,从而催生奴隶。

洛佩兹·德·伽马写道:“西班牙人在圣玛尔塔[1]附近发现几个篮子,里面装着当地居民的食品,诸如螃蟹、蜗牛、蝉和蚱蜢等,征服者借此对被征服者横加指摘。”[2]他认为:西班牙人把美洲人充当奴隶,就是基于这个事实以及美洲人吸烟、不按西班牙人

〔1〕 如今的哥伦比亚港口城市。——译注

〔2〕 参见《英国丛书》第十三卷第二章第三节,第525~526页。——原注

样式蓄须留胡。

知识让人温和,理性让人仁慈,唯有偏见让人抛弃温和与仁慈。

第四节　奴役权起源又一学说

我宁愿认为:为便于传教,宗教就赋予传教者奴役不信教者之权。

正是在这种观念鼓励下,破坏者们犯下种种蹂躏美洲人的罪行[1];正是在这种观念基础上,他们确立了把诸多民族沦为奴隶的所谓权力。这些强盗,是极其虔诚的信徒,绝对是死心塌地要做强盗与基督徒的。

路易十三对把法国殖民地黑人沦为奴隶的法律深感不安。[2]有人竭力进谏,此乃让那些黑人皈依基督教的最佳手段。于是,他予以恩准。

第五节　黑奴

倘若我为奴役黑人作辩护,就会这样说:

欧洲人灭绝美洲人后,为开垦如此广袤土地,不得不奴役非洲人。

---

〔1〕 参见索利斯:《墨西哥征服史》第一卷第一章,第 14 页;参见加尔希拉索:《秘鲁通史》。——原注

〔2〕 参见拉巴神父:《美洲诸岛新游记》1722 年版第四卷,第 114 页。——原注

倘若没有奴隶从事种植业，糖价就会极高。

这些人，从头黑到脚，鼻子扁平，难以让人怜悯。

无法置信，睿智的上帝，竟把一个灵魂而且是美好的灵魂，放到如此黝黑丑陋的躯体上。

由肤色判断人性，很自然，因此，使用太监的亚洲人，总是强调黑人与我们没有任何关系。

从头发颜色也许可以判断肤色。世上最优秀的哲学家埃及人，非常看重头发颜色，把落入其手的长红头发者，统统杀死。

文明民族珍爱黄金项链，黑人珍爱玻璃项链，此乃黑人缺乏常识之明证。

我们不可能视黑人为人，盖视其为人，就会怀疑自己是不是基督徒。

心胸狭隘者过分夸大非洲人遭遇的不公正。果真如其所言，彼此缔结了那么多无用条约的欧洲列强，难道就不能代表慈善和怜悯而缔结一个普世条约？

第六节　奴役权真正起源

现在探寻奴役权的真正起源。确立奴役权的基础应为情理，就看看奴役权产生于哪些情形吧。

在一切专制政体，卖身为奴很容易，盖其政治奴役在一定程度上扼杀了公民自由。

佩里先生说，俄国人出卖自己很方便。[1] 我知道原因：其自

[1] 参见佩里：《当今沙皇治理下的俄国》巴黎 1717 年版。——原注

由毫无价值。

在亚齐[1],人人都想卖身为奴。有些大贵族的奴隶不下千人。[2] 这些奴隶都是大商人,他们也有大量奴隶,他们的奴隶又有许多奴隶。奴隶可以继承,也可以买卖。那里的自由民,过于软弱而无力反抗政府,只有设法成为暴政者奴隶。

此乃某些国家温和奴役的合乎情理的真正起源。如此奴役,理应温和,盖其建立于为自身利益而自由选择主人的基础上,并在双方之间形成契约关系。

第七节　奴役权另一起源

下面是奴役权的另一起源。这种奴役,甚至是人间最残酷的。

在有些国家,天气炎热,人们身体疲惫、精神萎靡,唯有惩罚才能威慑人们从事艰苦工作,因此,奴役更合乎理性。由于奴隶主懈怠于君主,奴隶也就懈怠于奴隶主,民事奴役就与政治奴役并存。

亚里士多德企图证明天生有奴[3],但其根本无法证明。倘若确有天生之奴,相信就是上文所说之奴。

人人生而平等,故奴役反自然,尽管有些国家的奴隶制建立于自然理性基础上。因此,必须把这些国家与理性否定奴隶制的国家,如有幸废除奴隶制的欧洲国家,作严格区分。

---

[1] 亚齐,今印度尼西亚苏门答腊岛西北部地区。——译注

[2] 参见丹皮尔:《新环球航海记》1711 年版。——原注

[3] 参见亚里士多德:《政治学》第一卷第一章。——原注

普鲁塔克在《努玛[1]传》中写道：萨特恩[2]时代，没有奴隶主也没有奴隶。在我们欧洲气候下，基督教又回归那个时代。

第八节　奴役权对我们无益

自然奴役，应限于地球上的某些国家。在其余国家，社会所需劳动，无论多么艰辛，在我看来，皆可由自由人完成。

我之所以有这种看法，是因为基督教在欧洲废除民事奴役前，矿山劳动极其艰辛，只能驱使奴隶或罪犯去干。可是，如今都知道，矿山矿工生活很幸福[3]。略微优待就可以鼓励人们从事这种职业：多劳就可多得，矿工们热爱这份工作胜于其他工作。

只要是理性而非贪婪支配劳动，任何劳动都不会艰苦到体力无法适应程度。驱使奴隶去干的苦活，可以通过技术发明或者应用机器去完成。土耳其蒂米什瓦尔总督管区中的矿藏比匈牙利丰富，产量却比匈牙利少，原因就是土耳其人只知道驱使奴隶开采。

不知道我写这些东西，是出自我的精神还是心灵。世上也许没有哪个地方的气候会让自由人无法参加劳动。坏法养懒人，懒人变奴隶。

---

[1] 努玛(公元前753—前673)，全名努玛·庞皮留斯，罗马王政时期第二任国王。——译注

[2] 萨特恩，罗马神话人物，农业之神，主管播种和葡萄等，传说其统治时期系古意大利黄金时代。——译注

[3] 可以从下德意志的哈尔茨和匈牙利的矿山获知有关情况。——原注

第九节　公民自由已普遍确立之国

天天都有人说：要是有奴隶，该多好！

欲作出正确判断，不应只看奴隶对每个国家中少数骄奢淫逸的富人是否有用。毫无疑问，奴隶于其肯定有用。可是，从另一角度看，倘若要抽签决定哪些人应做自由民、哪些人应做奴隶，恐怕就没人愿意。鼓吹奴隶制最卖力者最害怕抽签，最贫苦者也同样害怕抽签。因此，鼓吹奴隶制之喧嚣，就是骄奢淫逸之喧嚣，而不是关注公共福祉之呼声。有谁不想成为他人财产、荣誉和生活之主人，有谁不会想到这点就无比激动？在这些事情上，若想知道每个人的愿望是否正当，就得逐一审视每个人的愿望。

第十节　各种奴役

奴役有二：一种是生产奴役，一种是家务奴役。生产奴役把奴隶困于土地上，塔西佗记述的日耳曼奴隶就属于此类。[1] 这种奴隶，不在主人家中干活，只向主人交纳一定数量谷物、布匹或者牲畜等，仅此而已。匈牙利、波希米亚[2]和下德意志部分地区仍然还有这种奴隶。

---

〔1〕 参见塔西佗：《日耳曼尼亚志》第二十五章。——原注

〔2〕 波西米亚，中欧地名，原为拉丁语、日耳曼语对捷克的称呼，约占古捷克西部三分之二区域。现位于包括布拉格在内的捷克共和国中西部地区。广义上，尤其在有关波希米亚王国的历史文献中，也常指包括摩拉维亚和捷克西里西亚在内的整个捷克地区。——译注

家务奴役，就是让奴隶从事家务劳动，主要依附于主人。

生产与家务两种奴役兼有，乃极度滥用奴役。斯巴达的希洛奴隶，乃属这种奴役。他们承担户外所有劳作，在家里受尽各种凌辱，因此，这种奴役有违情理。俭朴平民只有生产奴隶[1]，盖妻子儿女从事家务劳动。奢华富人拥有家务奴隶，盖奢华需要奴隶从事家务劳动。希洛奴役制，则让同一人兼做奢华者之家务奴隶和俭朴者之生产奴隶。

第十一节　法律应为奴役做什么

无论是哪种奴役，市民法都应一方面防止奴役之滥用，另一方面防止奴役之危险。

第十二节　滥用奴役

在伊斯兰国家[2]，女奴生命与财产任由主人摆布，其贞操或者名声也由主人操纵。这些国家最大不幸之一是，大部分人天生就是服务于他人的奢华淫逸。这种奴役，就是听凭奴隶懒惰。对国家而言，这又是一种不幸。

对被幽禁者而言，这种懒惰使东方后宫变成乐园。[3] 害怕劳动者，会在幽静后宫找到幸福。由此来看，这有悖于建立奴隶制度

---

〔1〕 参见塔西佗：《日耳曼尼亚志》："从生活享受看不出主奴之别。"——原注

〔2〕 参见沙尔丹：《波斯游记》。——原注

〔3〕 参见沙尔丹：《波斯游记》第二章关于伊扎古尔市场的记述。——原注

初衷。

依据理性，主人权力不得超出奴役范围。奴役，为使用而设，非为淫逸而设。各国应当明白，保护贞操之法归属自然法。

保护奴隶贞操之法，在权力无限之国，是好的，在君主政体岂不更好？在共和政体也岂不更好？

《伦巴第法》有一条规定[1]似乎适合所有政体："主人糟蹋奴隶之妻，奴隶夫妻均可获得自由。"这既可防止主人淫乱又不失之过严，真乃令人赞叹的折衷之法。

在这方面，罗马人似乎没有良法，听任奴隶主淫乱无度，甚至在某种程度上剥夺奴隶结婚权。奴隶，乃国民地位最卑微者，但无论多么卑微，也要尊重道德风俗。禁止奴隶成婚，就破坏了道德风俗。

第十三节　奴隶众多之危险

不同政体，奴隶数量众多的后果不同。在专制政体，奴隶多根本不构成负担，盖其政治奴役让人几乎无法察觉民事奴役。所谓的自由人与没有如此称号者所享有的自由，相差无几。后一种人，即太监、释奴和奴隶，几乎控制着一切。自由民与奴隶的地位，差异极小。因此，在专制政体，奴隶多寡无关紧要。

但在温和政体，奴隶不能太多却事关重大。政治自由让人珍视公民自由，被剥夺公民自由就丧失政治自由：眼巴巴看着人人生活幸福，而自己不是其中一员；看着别人安全受保障，而自身安全

[1] 参见《伦巴第法》第一卷第三十二章第五节。——原注

不受保障;看着主人心灵日益升华,而自己心灵日益压抑;看着别人享受自由,而自己无法享受,从而感到自己与牲畜无异。这种人,是社会天敌;若人数众多,必定危险。

因此,温和政体常有奴隶造反掀起的动乱,而专制政体罕见如此情形,此乃不足为奇。

第十四节　军事奴隶

军事奴隶之危险,君主政体小于共和政体。在君主政体,尚武人民和贵族集团能够有效控制军事奴隶。在共和政体,普通公民很难控制与其地位平等的手持武器的奴隶。

征服西班牙人的哥特人,散居全国各地,很快就虚弱不堪。因此,他们作出三项重要规定:将禁止与罗马人通婚的旧习废除〔1〕;所有免交税者均须服役,否则,降为奴隶〔2〕;每个哥特人参战时,均须武装其十分之一的奴隶参战〔3〕。与留下的奴隶相比,十分之一微不足道。此外,这些参战奴隶,不单独组队,可以说在部队就像在家里一样。

第十五节　军事奴隶(续)

倘若全民皆兵,军事奴隶更不足为惧。

---

〔1〕 参见《西哥特法》第三卷第一章第一节。——原注
〔2〕 参见《西哥特法》第五卷第七章第二十节。——原注
〔3〕 参见《西哥特法》第九卷第一章第九节。——原注

日耳曼法规定：奴隶若盗窃，处罚就与自由民无异[1]；若抢劫[2]，只须物归原主。在日耳曼人看来，凡出于勇敢和力量之为，皆无罪。因此，他们动用奴隶打仗。大多数共和国总是设法削弱奴隶勇气，武器不离身、自信心十足的日耳曼人却增强奴隶胆量，一点也不惧怕军事奴隶，而使其成为劫掠和赢得荣誉之工具。

第十六节　温和政体应采取的防备措施

在温和政体，给予奴隶人道待遇，就可以防止因奴隶众多而担心出现的危险。只要主人不比奴役本身更残忍，人们能适应一切，甚至能适应奴役。斯巴达被奴隶搅得动乱不安，而雅典却平安无事，盖雅典人对奴隶十分宽厚仁慈。

我们知道，早期罗马人并未因奴隶而遇到麻烦。当罗马人对奴隶不再人道时，就爆发了堪与布匿战争相比的内战。[3]

从事劳动者对待奴隶，通常比不从事劳动者宽厚。早期罗马人，与奴隶同吃同住同劳动，对待奴隶宽厚公正。他们对奴隶的最严厉惩罚，就是令其身背木叉从邻居门前走过。他们的道德风俗足以让奴隶忠诚，无须求助法律。

罗马人强大后，奴隶就不再是伙伴，而是奢华与骄横之工具。由于道德沦丧，就得求助法律甚至极其严苛的法律，否则，残忍奴隶主的安全就无法确保。这些奴隶主，生活在奴隶中间，就犹如生活在敌人中间。

---

〔1〕 参见《日耳曼法》第五章第三节。——原注

〔2〕 参见《日耳曼法》第五章第五节“以暴力”段。——原注

〔3〕 弗洛鲁斯说：“内战给西西里造成的破坏超过布匿战争。”——原注

因此,罗马制定了西拉里亚诺元老院法令和其他法律[1]:奴隶主被杀,居住在奴隶主家及其附近能听到呼救声的奴隶,一律处死;救助此种奴隶而将其藏匿者,以谋杀论处。[2] 即使奉奴隶主之命而将其杀死的奴隶,依然有罪[3];甚至没有阻止奴隶主自杀的奴隶,也将受罚[4]。若奴隶主在旅途中遇害,陪同的奴隶和逃跑的奴隶都将处死[5]。即使证实清白无辜,也要受到惩处,其目的在于迫使奴隶极度尊敬奴隶主。如此法律,并非表明内政管理必须如此行事,而是表明内政管理存在弊端或者缺陷。它们并非源自市民法的公正,而是违背市民法原则。它们赖以确立的是战争原则,不同之处乃敌人就在内部。西拉里亚诺元老院法令,源自万民法。该法认为:一个社会,无论如何不完美,也要得到保护。

官吏们不得不制定残酷之法时,乃政府之不幸,盖让奴隶服从已非易事,而不得不加重处罚,或者怀疑其忠诚。谨慎立法者能够防止自己变成恐怖立法者,盖若要罗马人的奴隶信任法律,法律就应信任奴隶。

第十七节　主奴关系规范

官吏务必确保奴隶衣食有着落,并由法律加以规定。

法律应确保奴隶病有所治、老有所养。克劳狄法规定[6],因

---

〔1〕 参见《西拉里亚诺元老院法令》条目全文。——原注

〔2〕 参见《查士丁尼法典》第三章第十二节。——原注

〔3〕 安东尼命令伊罗杀死自己,其实,这不是令伊罗杀安东尼,而是令伊罗自杀,盖杀死安东尼的伊罗,将被当作杀人犯惩处。——原注

〔4〕 参见《查士丁尼法典》第一章第二十二节。——原注

〔5〕 参见《查士丁尼法典》第一章第三十一节。——原注

〔6〕 参见希费林:《克劳狄传》。——原注

病遭主人抛弃之奴,若幸免于死,应获自由。此法保障了奴隶的自由,但其生命更需要保障。

法律允许奴隶主处死奴隶时,所允许行使的乃法官而非主人的权力,因此,应规定必要程序,防止其滥施暴力。

罗马不再允许父亲处死子女后,就由官吏依父亲意愿决定其子女之罚[1]。在主人对奴隶拥有生杀大权之国,在主奴之间作出类似规定乃合理。

极其严厉的摩西法,有如此规定:“殴打奴仆当场致死者,应受罚;一两天后才死,不受罚,盖奴仆乃花钱买来的。”[2]什么民族,其市民法竟背离自然法!

希腊法律规定,遭主人过分虐待的奴隶,可以要求转卖。[3]罗马后期,也有类似规定:不满主人之奴与不满奴隶之主,应该分开。[4]

某公民凌辱另一公民之奴,被辱之奴的主人应可以起诉。柏拉图之法[5]和大多数民族的法律都剥夺奴隶的自然防卫权,因此,应赋予其民事自卫权。

在斯巴达,奴隶无法为所受凌辱讨回公道,悲惨至极,不但是某个公民而且是公众的奴隶,既为一人所有也为所有人所有。在罗马,奴隶受到伤害时,只考虑主人利益[6]:根据阿奎利亚法,伤害一个奴隶等同伤害一头牲畜,关心的仅仅是奴隶与牲畜的价格贬损程度。在雅典,凌辱他人奴隶者,处重刑,有时甚至处死。[7]

---

〔1〕 参见亚历山大皇帝法典第三条“父权”。——原注

〔2〕 参见《圣经·旧约·出埃及记》第二十一章第二十节。——原注

〔3〕 参见普鲁塔克:《道德篇·迷信》。——原注

〔4〕 参见安托尼乌斯·皮乌斯:《法制》第一卷第七章。——原注

〔5〕 参见柏拉图:《法篇》第十卷。——原注

〔6〕 日耳曼各族法律通常也如此,在其法典中可以看到这种精神。——原注

〔7〕 参见德摩斯梯尼:《驳米地亚姆》法兰克福 1604 年版,第 610 页。——原注

雅典法律不让已丧失自由的奴隶再丧失安全保障,非常合乎情理。

第十八节 释奴

共和国奴隶数量过多时,很显然,就应解放一部分。棘手之处在于:奴隶太多,就难以管束;释奴太多,就会生计无着而成为共和国负担;释奴过多,与奴隶过多一样,都会对共和国构成威胁。因此,法律应注意此两难问题,勿顾此失彼。

罗马颁布的诸多法律和元老院法令,对奴隶,有的有利,有的不利;对释奴,有的设置障碍,有的提供方便。不难看出,进退两难,有段时间甚至不敢就此立法。尼禄在位时,人们请求元老院规定将忘恩负义释奴重新沦为奴隶,其谕令个案处理而不作普适规定。〔1〕

善治共和国对此该如何规定,取决于诸多具体情况,难以提出什么建议。下面仅谈一些思考。

不要制定普适法律而突然大量释奴。众所周知,伏尔西尼安人〔2〕大量释奴,造成多数选民是释奴,结果制定了一部臭名昭著之法,赋予释奴与自由民新娘同房的初夜权。〔3〕

不知不觉增加共和国新公民,办法很多:可以准许奴隶积攒钱财,让其有能力赎身。可以像规定希伯来奴隶奴役期限不超过六年的摩西法〔4〕那样,规定奴役期限。根据年龄、健康或者勤奋表明能够自立的状况,每年释放一定数量奴隶。甚至可以从根本上

---

〔1〕 参见塔西佗:《编年史》第十三卷。——原注

〔2〕 伏尔西尼安人,居于今属意大利的伊特鲁里亚地区部族。——译注

〔3〕 参见佛兰舍缪斯:《李维〈罗马史〉补编》第二章第五节。——原注

〔4〕 参见《圣经 · 旧约 · 出埃及记》第二十一章。——原注

消除弊端:大量奴隶的存在与奴隶承担的大量工作分不开,倘若把奴隶承担的某些工作如经商与航海,交由自由民从事,就可大大减少奴隶数量。

释奴较多,市民法就应规定其对原主人负有什么义务,否则,就应在释奴契约中写明其义务。

窃以为,释奴民事地位应优于政治地位,盖即使在民主政体,权力也不应落入地位低下者之手。

释奴众多的罗马,有关法律令人钦佩。其法律给予释奴很少,但几乎不排斥他们:他们可以参与立法,但对决定几乎无甚影响;他们可以担任公职乃至神职[1],但该权力在某种程度上形同虚设,盖其在选举中处于不利地位;他们可以当兵,但必须拥有一定财产;他们与自由民通婚没有任何障碍,但不能与元老家庭联姻;[2]最后,他们的子女生而自由,尽管他们自己不是生而自由。

第十九节　释奴与太监

在共和政体,释奴地位略低于自由民,法律让释奴不对其地位生厌,这样做往往有益。在专制政体,奢华与专横主宰一切,在这方面就不可能如此:释奴地位几乎都高于自由民,掌管君王宫廷和权贵府第;他们琢磨的乃主人之弱点而非美德,设法让主人以弱点而非美德治国。罗马帝政时期释奴,就是如此。

释奴若为太监,又拥有诸多特权,就不能视为释奴。他们不能拥有自己的家庭,只能依附某个家庭。因此,视他们为公民,只不

〔1〕 参见塔西佗:《编年史》第三卷。——原注

〔2〕 奥古斯都演说。参见狄奥:《罗马史》第十四章。——原注

过是假设而已。

不过,有些国家的官职,完全由释奴担任。丹皮尔[1]写道:"在东京[2],文武百官皆为太监[3]。"[4]他们都没有家庭,却贪婪成性,但最终受益的,乃其主人或者君主。

丹皮尔还说,该国太监离不开女人,而且也结婚。[5] 法律允许其结婚,似乎一方面是尊敬太监,另一方面是歧视妇女。

其实,正因为他们没有家庭,才让其当官;正因为他们是官员,才准许其结婚。

他们身上残存之感官,欲顽强弥补丧失之感官,欲把绝望努力当作享受。因此,在弥尔顿[6]诗作中,那个因深受残损之痛而仅剩欲望之神,恼怒之下,竟然连自己的性无能也想利用。[7]

我们看到,在中国历史上,为废黜太监担任的一切文武官职而制定了大量法律,可是,他们总是官复原职。看来,太监乃东方无法避免之祸。

---

〔1〕 威廉·丹皮尔(1652—1715),又译"唐比埃",英国船长、探险家和科学观测者;第一个到新荷兰(澳大利亚)和新几内亚探险并绘制地图的英国人,三次环球航海第一人;对后世有着重要影响,例如:其航海技术革新被库克和纳尔逊学习和继承;其第二次环球航行时救活塞尔刻克,后者经历催生笛福小说《鲁宾逊漂流记》;其《新环球航海记》是乔·斯威夫特小说《格列佛游记》其中一个章节的素材来源。——译注

〔2〕 "东京",即上圻或者北圻,指越南北部地区。——译注

〔3〕 中国过去亦然。两位在9世纪游历中国的阿拉伯穆斯林,在游记中谈到某个城市长官时,就称其为"太监"。——原注

〔4〕 参见丹皮尔:《新环球航海记》第三卷,第91页。——原注

〔5〕 参见丹皮尔:《新环球航海记》第三卷,第94页。——原注

〔6〕 约翰·弥尔顿(1608—1674),英国诗人、政论家,代表作《失乐园》等。——译注

〔7〕 孟德斯鸠此处引用弥尔顿诗作《失乐园》中的故事。——译注

第十六章　家庭奴役法与气候

第一节　家庭奴役

奴隶，可以为家庭而设，但非家庭成员，因此，与应称为“家庭奴役”的某些国家妇女所受奴役有所不同。

第二节　南方地区两性天然不平等

气候炎热地区女人，八岁、九岁、十岁就结婚，即童年就要结婚[1]，二十岁乃半老徐娘。因此，美貌与理智永远不能并存；美貌可以打天下时，理智却阻碍其成事；理智成熟时，美貌

---

〔1〕 穆罕默德娶五岁的卡蒂斯贾为妻，圆房时她年仅八岁。在阿拉伯和印度等炎热国家，女子八岁婚配，九岁生育。参见普里多：《穆罕默德传》。在阿尔及尔王国，女子九岁、十岁或者十一岁就生育。参见罗吉耶·德·塔西：《阿尔及尔王国史》，第61页。——原注

却是残花败柳。妇女只能处于依赖地位,盖理智不成熟时,美貌未能为其打天下;人老珠黄时,理智未能为其打天下。因此,只要宗教不禁止,男人可弃发妻而觅新欢,从而出现一夫多妻现象,这很自然。

气候温和地区女人,姿色容颜保持较久,发育成熟年龄较迟,生儿育女年龄较大,衰老与丈夫大致同步,结婚时仅就生活经历而言也更通情达理,因此,两性自然存在着平等关系,法律上的一夫一妻制应运而生。

气候寒冷地区,男人必饮烈酒而不加节制,女人为保护自己而天然有节制,因此,女人理智胜男人。

大自然赋予男人的,无非是力量与理智,而且为其权力设置最终界限的,也是力量与理智。大自然赋予女人的,是魅力,而且让其优势随魅力消失而消失。然而,在炎热地区,女人魅力仅存于孩提时期,此后终其一生无甚魅力可言。

因此,一夫一妻制,更适合欧洲而非亚洲气候;伊斯兰教立足亚洲,易于立足欧洲;基督教广泛传播于欧洲,而在亚洲遭受败绩;在中国,伊斯兰教发展壮大,而基督教信徒寥寥无几。人类理性永远听命于上帝,上帝想干什么就干什么,想让谁臣服就让谁臣服。

瓦伦提尼安出于某些原因,准许帝国实施一夫多妻。[1] 该法令,不适于欧洲气候,后遭阿卡狄乌斯、霍诺里乌斯和狄奥多西废除。[2]

---

〔1〕 参见乔南德斯:《论皇位和临时继位者》和教会史学家著作。——原注

〔2〕 参见《查士丁尼法典》“犹太人与崇天者”以及《新法集》第十八章第五节。——原注

第三节　一夫多妻制取决于供养能力

在一夫多妻制之国,尽管妇女主要依赖丈夫财富生活,但不能认为,财富催生一夫多妻制。贫困国家也存在一夫多妻制,下面将谈及的蛮族乃例证。

强盛国家的一夫多妻制,与其说是奢侈,不如说是造成穷奢极欲的原因。炎热地区,人们需求不多[1],养活妻子儿女成本较低,所以男人可娶多个妻子。

第四节　多偶制情形

欧洲各地统计表明,男婴出生率高于女婴[2],与此相反,有关记述告诉我们,亚[3]非[4]女婴多于男婴。欧洲一夫一妻制与亚非一夫多妻制,显然与气候有关。

亚洲气候寒冷,如欧洲一样,男婴出生率大大高于女婴。喇嘛们说[5],此乃允许一妻多夫之因。[6]

---

〔1〕 锡兰人只吃大米和鱼,每月有十个苏就可生存。参见《创建东印度公司历次航行记》第二卷第一章。——原注

〔2〕 阿巴思诺特先生发现,英国男孩多于女孩。人们据此误为各种气候条件下的情况都如此。——原注

〔3〕 肯普弗在《日本史以及暹罗概况》中说,京都人口统计结果:182,072 名男性,223,573 名女性。——原注

〔4〕 参见史密斯:《几内亚游记》第二部分中关于安梯地区的记述。——原注

〔5〕 参见杜赫德:《中华帝国全志》第四卷,第 461 页。——原注

〔6〕 哈桑·伊本·亚齐德,9 世纪到印度和中国旅行的两位穆斯林之一。他认为,一妻多夫习俗乃卖淫行为,盖这种习俗与穆斯林观念大相径庭。——原注

我不认为,男女比例失调导致许多国家允许一夫多妻或者一妻多夫。这种现象只能表明,一夫多妻或者一妻多夫,在某些国家符合自然规律,而在另一些国家违背自然规律。

有游记告诉我们,万丹国男人有十个妻子。[1] 若属实,那也只是一夫多妻制特例。

对上述习俗,只作介绍,不作评论。

第五节 马拉巴尔一项法律来历

印度马拉巴尔海岸[2]的奈伊人部族[3],男人只能娶一个妻子,而女人可以嫁多个丈夫。[4] 窃以为,如此习俗的起因不难找到。奈伊人属贵族部落,而贵族都是军人。欧洲军人不许结婚。在马拉巴尔,因气候之故,只能退而求其次,让婚姻尽可能少添麻烦,故女人可以同时属于多个男人。这样可以减少军人对家庭的眷恋与照顾,让他们保持尚武精神。

第六节 多偶制本身

暂且不谈容忍多偶制的特殊情形,总体而言,多偶制,对人类

---

〔1〕 参见《创建东印度公司历次航行记》第一卷,第 347 页。——原注

〔2〕 马拉巴尔海岸是一条狭长海岸线,位于印度次大陆西南部。——译注

〔3〕 奈伊人,居于马拉巴尔沿岸部族。——译注

〔4〕 参见皮拉尔:《游记》第一卷第二十七章;又参见《耶稣会士书简集》第三、十册关于马拉巴尔沿岸马莱阿米人的记述。人们认为此乃军人陋习。皮拉尔说,婆罗门种姓的女子从不嫁给多位丈夫。——原注

无益；对两性，无论哪一方，均无益；对儿童，也无益，盖父母无法对子女一视同仁，父亲不可能如母亲爱两个子女那样爱二十个子女。女人若有多个丈夫，情况就更糟，盖只有当父亲相信并愿意承认孩子乃亲生，而且其他父亲也不予质疑时，孩子才有可能享受父爱。

据说，摩洛哥国王后宫有白、黑、黄三种肤色女人。这个可怜的国王，什么肤色的女人都不需要啊！

妻妾成群，并不能阻止男人多多益善之欲望。[1] 淫欲与贪欲一样，愈多愈渴。

在查士丁尼时代，多位哲学家因厌恶基督教而隐退波斯。据阿加西亚斯[2]说，最令他们感到吃惊的是，那里执意不改通奸恶习者，居然也被允许拥有多个妻子。[3]

淫逸恶行有一就会有二，多妻制竟将人类引向大自然不许可的那种情爱[4]。君士坦丁堡发生革命时，苏丹艾哈迈德[5]被赶下台。据史料记载：当百姓劫掠王宫府邸时，一个女人都没有见到。在阿尔及尔[6]，大多数后宫竟然根本没有女人。[7]

第七节　多个妻子之平等待遇

随多妻制法律而来的，乃平等对待各个妻子的法律。穆罕默

---

〔1〕 东方人千方百计把妻妾藏于深宅。——原注

〔2〕 阿加西亚斯(536—582)，希腊诗人和历史学家，《查士丁尼执政史》作者。——译注

〔3〕 参见阿加西亚斯：《查士丁尼执政史》，第403页。——原注

〔4〕 疑指同性恋等。——译注

〔5〕 艾哈迈德(1673—1736)，奥斯曼苏丹，1730年被废黜。——译注

〔6〕 阿尔及尔，今阿尔及尔利亚首都，位于非洲西北部，北临地中海，东临突尼斯、利比亚，南与尼日尔、马里和毛里塔尼亚接壤，西与摩洛哥、西撒哈拉交界。——译注

〔7〕 参见罗吉耶·德·塔西：《阿尔及尔王国史》第五章。——原注

德准许男人娶四个妻子并规定：四个妻子地位平等，衣食、夫妻义务等一律平等。在马尔代夫，男人可以娶三个妻子，也有关于多个妻子待遇平等的法律。[1]

摩西法甚至规定：若为儿子娶一个女奴，应为其再娶一位自由民，但不得取消第一个妻子的衣食及对她负有的夫妻义务；[2]给予第二个妻子的待遇可以多一些，但第一个妻子所得不能少于从前。

第八节 男女隔离

在富裕而淫逸之国，妻妾成群乃一夫多妻制之果。妻妾成群，就得幽禁她们而与男人隔离。要维持家庭秩序，就得如此，犹如无力还债的债务人千方百计躲避债权人一般。有些地区，气候导致性欲强盛，道德戒律无能为力；男女独处，干柴烈火。因此，在这些地区，与其依靠道德，莫如插紧门闩。

中国有部经典认为：坐怀不乱，正人君子也。[3]

第九节 治家与治国

共和政体公民，节制、平等、舒适、温和，无处不感受到公共自由气息。骑在妇女头上作威作福，没那么容易。倘若气候要求如

[1] 参见皮拉尔：《游记》第十二卷。——原著

[2] 参见《圣经·旧约·出埃及记》第二十一章第十、十一节。——原注

[3] 参见杜赫德：《中华帝国全志》第三卷，第151页："能否拾金不昧、坐怀不乱、以德报怨，皆为绝佳试金石。"——原注

此,君主政体就最适合。东方国家难以建立民主政体,此乃原因之一。

奴役妇女,非常适合无所不用其极的专制政体。因此,无论哪个时代,亚洲的家庭奴役和专制统治始终如影随形。

倘若政府谋求的首先是安定,并把绝对服从当作太平,就必须幽禁妇女,否则,她们的蠢蠢欲动就会置丈夫于死地。一个没有工夫体察民情的政权,就会仅凭表象和感觉而怀疑一切。

欧洲妇女性情活泼、举止开放、情感丰富、嗜好有雅有俗。把这一切统统搬到东方之国,而且让其如同在欧洲那样自由活跃,一家之父能享受片刻安宁吗?恐怕无处不是可疑分子,无处不是敌对分子,国家必将面临崩溃和血流成河的局面。

第十节　东方道德原则

男人拥有妻子越多,家庭就越难以团结,法律就越应确保家庭成员同心协力;家庭成员利益越多样分散,法律就越应把大家凝聚在共同利益之下。

这主要依靠幽禁。不仅要用围墙把男女隔开,而且在墙内也要把她们隔开,让她们在大家庭中组成小家庭。诸如廉耻、贞操、端庄、矜持、恬静、服从、尊敬、关爱等妇道,由此而生。总之,让她们将感情倾注于世界上本质最佳之物,即心中唯有家庭。

妇女天生就应恪守的义务太多,无法将她们与可能让其产生异念而被我们称为娱乐、正事的那一切相分隔。

我们看到,在东方诸国,幽禁妇女越严,风尚就越好。大国必有大贵族,他们越富有,就越有能力幽禁妇女,从而阻止她们与社会交往。因此,土耳其、波斯、莫卧儿、中国和日本的妇女操守,皆令人叹服。

印度就无法相提并论。无数岛屿和复杂地形,把印度分割成诸多小国。这些小国沦为专制之国的原因,恕无法在此处细说。

那里抢掠与被抢掠的,皆为穷人。所谓权贵并无多少财富,所谓富翁只不过衣食有着,对妇女的幽禁手段就不可能严酷,对妇女的约束措施就不可能完备,故在那里,伤风败俗之多无法想象。

在那里,可以看到气候导致的弊端极其严重,倘若听之任之,就会无法无天。在那里,人之野性力量强大,人之廉耻弱到无法理解之程度。帕坦[1]女人欲火焚身,男人为防备女人强暴不得不私处带防具。[2] 据史密斯先生记述,几内亚的一些小国也如此。[3] 在这些国家,男女两性固有法则被抛诸脑后。

第十一节 与多偶制无关之家庭奴役

东方某些国家幽禁妇女,不仅关乎多妻,还关乎气候。在果阿[4]等葡萄牙人的印度定居点,基督教只允许一夫一妻,可是,史

---

[1] 帕坦,系尼泊尔古城。——译注

[2] 马尔代夫的父亲们认为,忍看女儿的男色之需乃罪过,所以,在她们十岁或者十一岁时,就让其出嫁。参见皮拉尔:《游记》第十二卷。在万丹,女子满十三四岁就必须出嫁,否则她们就会乱来。参见《创建东印度公司历次航行记》,第348页。——原注

[3] 参见史密斯:《几内亚游记》第二部分,第192页写道:女人见到男人,立即把他抓住,威胁若不与她们做爱,就向她们的丈夫告发。女人偷偷爬上男人的床,把他弄醒,若他不从,女人就威胁让人当场捉奸。——原注

[4] 果阿位于印度西岸,名字源于葡萄牙殖民者。——译注

料记载那里妇女放荡，导致的恐怖、阴险、卑劣、毒害、暗杀等层出不穷。若把如此状况与土耳其、波斯、莫卧儿、中国和日本的妇女严守妇道相比，就会看得很清楚，无论一妻抑或多妻，通常有必要把男女隔开。

是否采取如此措施，取决于气候。北欧风俗天然淳朴，人们性情平和、不浮躁，不太附庸风雅，在爱情方面很理智，略加管理就可。这种国家，何必幽禁妇女？

在某些气候环境下，人们自由交往，女性散发无穷魅力，仿佛为社会增光添彩。妇女虽然只属于丈夫，但为大家带来欢愉。如此生活，是一种幸福。

第十二节　天生廉耻心

所有民族均鄙视妇女淫荡行为，此乃大自然给予一切民族的告诫。大自然确立攻与防；赋予男女情欲；赋予男人阳刚之气、女人羞涩之美；让人类拥有长长的生存发展时间，却只让人类拥有短暂的繁衍后代时间。

因此，淫乱遵循自然法之说，乃大错特错。恰恰相反，它违背自然法。节制与矜持，才是遵循自然法。

察己之过，乃一切智能生物之本性。大自然赋予我们羞耻心，就是让我们为自身不足而感到羞耻吧。

所以说，当气候之力违背两性和智能生物的自然法时，立法者就应制定市民法，遏制气候劣性，重建原始法则。

第十三节　嫉妒

因情欲而产生的嫉妒与因风俗与法律而产生的嫉妒，各民族都应作区分。前者炽烈而贪婪；后者冷淡而恐怖，也许夹杂着冷漠和鄙夷。

前一嫉妒源自爱，乃爱之滥用；后一嫉妒纯粹源自民族风俗、当地法律与伦理，有时也源自宗教。[1]

嫉妒，几乎始终是气候之力的结果，同时又是消除如此之力的良药。

第十四节　东方治家之道

东方人频繁更换妻子，妻子不能执掌家政，就由阉人执掌家政，把所有钥匙都交给其保管，把所有家务交给其处理。沙尔丹爵士说："在波斯，妇女就像孩子一样，穿衣都由他人服侍。"[2]最适合妇女所做之事，无论何处皆为妇女第一要务之事，居然与波斯妇女毫不相干。

---

〔1〕 穆罕默德嘱咐信徒要看好自己的妻子，一位伊玛姆（又译"伊玛目"，意为领拜人，引申为学者、领袖、表率、楷模、祈祷主持人，也可理解为伊斯兰法学权威。——译注）临终时也这样叮咛，孔子也这样宣扬。——原注

〔2〕 参见沙尔丹：《波斯游记》第十二章。——原注

第十五节　离婚与休婚

离婚与休婚有别。离婚，乃双方鉴于感情不和而同意之分手；休婚，乃一方出于己愿与利益而不顾对方意愿与利益之分手。

妇女休婚有时很有必要，但很困难，盖法律极其专横，只让男人而不让女人享有休婚权。丈夫乃一家之主，可以运用无数手段让妻子恪守或者重归妇道，所以，休妻看来只不过是男权的又一滥用。可是，女人主动休婚，只不过是一种痛苦补救手段：她已嫁过一次人，容颜不再时，又得另寻觅夫，实乃莫大不幸。女子妙龄美貌魅力之一，乃在于即使暮年，丈夫忆及当年妻子风采与两情相悦而恩爱不渝。

因此，普遍规则应是，准许丈夫休妻之国，也应准许妻子休夫。不仅如此，因气候原因而使妻子处于家庭奴役地位之国，应把休夫权赋予女人，而只赋予男人离婚权。

若幽禁妇女，就不能以品行为由休妻，盖妻子行为不轨，乃丈夫过失。

以不能生育为由休妻，只适用于一夫一妻制[1]；若有多个妻子，不能生育无关紧要。

马尔代夫法律允许男人与被休之妻复婚[2]；墨西哥法律禁止此类复婚[3]，违者处死。墨西哥法律更合理，盖即使在婚姻解体时，也应考虑婚姻的永恒性。马尔代夫法律则不然，仿佛把婚姻视

---

〔1〕 并不意味以不能生育为由的休妻，为基督教所允许。——原注

〔2〕 参见皮拉尔：《游记》："与其另娶，不如复婚，这样比较省钱。"——原注

〔3〕 参见索利斯：《墨西哥征服史》，第 499 页。——原注

同儿戏。

墨西哥法律只许离婚而不许休婚,此乃其不允休婚者复婚之理由:休婚似乎是意气用事,离婚仿佛是深思熟虑。

离婚通常有政治考量,至于民事考量,要考虑男女双方利益,但对子女,父母离婚未必有利。

第十六节 罗马人休婚与离婚

若妻子与人通奸、准备投毒或者私配钥匙,罗慕洛斯法允许休妻,但根本未赋予妻子休婚权。普鲁塔克认为此法极其严酷。[1]

如同雅典法律把休婚权赋予夫妻双方[2]一样,早期罗马尽管已有罗慕洛斯法,但妻子仍然可以休婚。很显然,此乃罗马使节从雅典引进的制度之一,后被纳入《十二铜表法》。

西塞罗认为,休婚理由源自《十二铜表法》。[3] 因此,我们不应怀疑《十二铜表法》增加了罗慕洛斯法所规定的休婚理由。

离婚权,也是《十二铜表法》的内容,或者至少是其规定之果,盖夫妻双方均享有休婚权,就更应有理由准许依照双方意愿离婚。

对离婚,法律并未要求说明理由。[4] 根据事物性质,休婚需要说明理由,离婚不必说明理由,盖在法律规定的种种离婚理由中,双方互不相容乃最主要理由。

---

〔1〕 参见普鲁塔克:《罗慕洛斯传》。——原注

〔2〕 此乃梭伦法之规定。——原注

〔3〕 “他命女伶取走自身财物,他依据《十二铜表法》处理此事。”参见西塞罗:《腓力二世》。——原注

〔4〕 查士丁尼对此作了修改,参见《新法集》第一百一十七章第十节。——原注

哈里卡纳斯的狄奥尼修斯[1]、瓦莱里乌斯·马克西姆斯[2]和奥卢斯·格利乌斯[3]都提到过一件看来不像是真的事情。[4]他们说,虽然有权休妻,但罗马人非常相信占卜,在五百二十年里均未使用这种权利[5],直到卡维里乌斯·鲁加因妻子不能生育而休妻。只要了解人之本性,就会觉得奇哉怪哉:法律把权利赋予每一个人,竟然无人使用。被放逐的科利奥兰纳斯临行前,就嘱咐妻子要嫁给比他强的人。[6] 刚才已提及,《十二铜表法》和罗马人习俗大大扩展了罗慕洛斯法适用范围。倘若从未有人使用休婚权,何必扩大其使用范围?倘若因笃信占卜而从不休婚,罗马立法者难道就不笃信占卜?法律为何要不断败坏习俗?

若将普鲁塔克两段话作比较,就可消除奇怪的疑点。普鲁塔克说:王法规定,有前面提及的三种情形可以休妻。[7] 普鲁塔克还说:"王法规定,在其他情形下休妻者,必须将其一半财产交给妻子,另一半奉献给克瑞斯[8]。"[9]可见,只要愿意接受这种处罚,任何情形皆可休妻。关于卡维里乌斯·鲁加之前无人休妻[10]之事,据普鲁塔克记述,鲁加以不能生育为由休妻发生于罗慕洛斯

---

〔1〕 参见哈里卡纳斯的狄奥尼修斯:《罗马古代史》第二章。——原注

〔2〕 参见瓦莱里乌斯·马克西姆斯:《名家言行录》第四卷第二章。——原注

〔3〕 奥卢斯·格利乌斯(125—180),古罗马作家、法学家,著有《阿提卡之夜》。——译注

〔4〕 参见奥卢斯·格利乌斯:《阿提卡之夜》第三章。——原注

〔5〕 此乃哈里卡纳斯的狄奥尼修斯和瓦莱里乌斯·马克西姆斯之说,而据奥卢斯·格利乌斯之说,其间间隔523年。所以,他们分别提到的执政官并非同一人。——原注

〔6〕 参见哈里卡纳斯的狄奥尼修斯:《罗马古代史》第八章。——原注

〔7〕 参见普鲁塔克:《罗慕洛斯传》。——原注

〔8〕 克瑞斯,又译"刻瑞斯""塞莱丝"等,罗马神话中的丰收女神。——译注

〔9〕 参见普鲁塔克:《罗慕洛斯传》。——原注

〔10〕 其实,罗慕洛斯法并未把不能生育列为休妻理由,鲁加既然是遵照监察官意见休妻,故他似乎并未受到没收财产处罚。——原注

法颁布后的第二百三十年。[1] 就是说，此事发生于《十二铜表法》之前的七十一年，《十二铜表法》扩大了休婚权，增加了休婚理由。

我所引证的作者说：卡维里乌斯·鲁加爱妻子，但她无法生育，监察官就让鲁加发誓休妻从而能为共和国生儿育女；此举引起民众反感。若了解罗马人秉性，就能发现他们厌恶鲁加的真正原因。鲁加遭民众唾弃，绝非休妻，盖休妻并非民众关注点。可是，鲁加对监察官发誓，以无法生育为由休妻，以便为共和国生孩子。民众认为，这是监察官将要加在人民身上的枷锁。本书稍后[2]将会谈到人民对此类法律的憎恶之情。可是，这些作者说法为何彼此矛盾？原因在于：普鲁塔克考察的是事实，其他作者讲述的是奇闻轶事。

---

〔1〕 参见普鲁塔克比较忒修斯与罗慕洛斯的文章。——原注

〔2〕 参见本书第二十三章第二十一节。——原注

第十七章　政治奴役法与气候

第一节　政治奴役

政治奴役取决于气候性质程度，不亚于民事、家庭奴役。下文详述。

第二节　各民族勇气差异

前已论及，炎热削弱人之勇气与力量，寒冷气候让人有体力与精力从事需要勇气的长期而艰辛之活动。这种现象，不仅体现在国与国之间，而且体现在同一国不同地区之间。例如，中国北方人比南方人勇敢[1]，朝鲜南方人不如北

---

〔1〕 参见杜赫德：《中华帝国全志》第一卷，第12页。——原注

方人勇敢[1]。

炎热地区之人几乎总是因怯懦而沦为奴隶，寒冷地区之人因勇敢而享有自由。对此不必惊讶，此乃自然原因导致的结果。

美洲亦然：墨西哥与秘鲁这两个专制帝国，皆近赤道；几乎所有自由小国，无论今昔，皆近两极。

第三节　亚洲气候

旅行家游记告诉我们："北亚大陆辽阔，从北纬 40 度左右至北极，从俄国边界至东部大海，皆严寒地区。这片广阔土地为一条东西走向山脉分隔，北为西伯利亚，南为大鞑靼。西伯利亚气候极其寒冷，除少数地区，皆无法耕种。在额尔齐斯河[2]沿岸，俄国人虽然有居民点，但其居民皆不从事耕作，仅靠冷杉与灌木维持生计。土著住民分成若干贫穷部落，与加拿大土著类似。那里之所以寒冷，一是地势高，二是山脉自南向北逐渐平缓，北风肆虐，横行无阻。这股北风让新地岛[3]成为无人区，让西伯利亚成为不毛之地。欧洲则相反，挪威和拉普兰[4]山脉乃极佳屏障，为北方诸国阻挡北风。因此，北纬 59 度左右的斯德哥尔摩[5]出产水果、谷物

[1] 中国书籍对此多有记载。参见杜赫德：《中华帝国全志》第四卷，第 448 页。——原注

[2] 额尔齐斯河，系流经中国、哈萨克斯坦、俄罗斯的国际河流；发源于中国新疆维吾尔自治区富蕴县阿尔泰山南坡；系中国唯一流入北冰洋方向的河流。——译注

[3] 新地岛位于北冰洋，介于巴伦支海与喀拉海之间，属俄罗斯岛屿。——译注

[4] 拉普兰，位于挪威北部、瑞典北部、芬兰北部和俄罗斯西北部在北极圈附近的地区，有四分之三在北极圈内，具有独特极地风光和土著民族风情。冬至前后，可以感受极夜，看到 24 小时不灭之星光；夏至前后，可以感受极昼，看到 24 小时不落之太阳。——译注

[5] 斯德哥尔摩，瑞典首都。——译注

和各种植物;北纬61度的奥布[1]附近,乃至北纬63度至64度附近地区,不但有银矿,而且土地肥沃。”[2]

游记还说:“西伯利亚之南的大鞑靼[3]也极其寒冷,土地无法耕种,只有可供放牧的草场;没有树木,只有荆棘,如同冰岛。与中国和莫卧儿相邻的一些地区,虽然能够生长一种黍子,但小麦与水稻均不能成熟。在北纬43度、44度和45度属中国的鞑靼地区,从地理位置看本应同法国南部一样暖和,但一年无冰期差不多七八个月,与冰岛一样寒冷。除靠近东部大海的四五个城市,以及中国出于政治考虑在靠近中国地区修建的几座城市外,其余地方几乎没有任何城市。大鞑靼其余地区,只有寥寥几个城市分布在布加利、突厥斯坦和花剌子模[4];其严寒,一是土质所致,土壤富含亚硝、甲硝,含沙量很大;二是地势高。南怀仁神父[5]发现,长城北面八十法里的卡瓦姆呼兰河[6]源头某地,比北京附近的海平面高三千几何步[7]。正是有这个高度[8],亚洲几乎所有大河均发源于此,但是,这个地区严重缺水,人们只能居住在河流和湖泊沿岸。”

---

[1] 奥布,又名“图尔库”,芬兰第二大海港和重要工业基地。——译注

[2] 参见伊斯勃兰兹·伊德斯:《北方游记》第八卷;《鞑靼史》;杜赫德:《中华帝国全志》第四卷。——原注

[3] 似指蒙古和被称为满洲的中国东北部。——译注

[4] 布加利,今乌兹别克境内的布哈拉;突厥斯坦和花剌子模分别位于里海东侧南部和北部。——译注

[5] 南怀仁(1623—1688),字敦伯,又字勋卿,比利时籍拉丁人,1641年入耶稣会,1658年来华,清初最有影响的来华传教士之一,为近代西方科学知识在中国的传播做出重要贡献;康熙皇帝的科学启蒙老师,精通天文历法、擅长铸炮,是当时国家天文台(钦天监)业务最高负责人,官至工部侍郎,正二品。——译注

[6] 卡瓦姆呼兰河,疑指今蒙古国境内的克鲁伦河。——译注

[7] 1几何步相当于5英尺(1.5米)。参见 https://www.dictionary.com/browse/geometrical-pace? qsrc=2446? qsrc=2446。——译注

[8] 鞑靼就像是平顶之山。——原注

从以上事实，可以得出如下结论：确切而言，亚洲没有温带地区，与严寒地区毗邻的就是炎热地区，如土耳其、波斯、莫卧儿、中国、朝鲜和日本。

欧洲则相反，温带地区极其广阔。虽然各地气候差异很大，如西班牙、意大利同挪威、瑞典的气候，就截然不同，但是，气候由南至北不知不觉逐渐变冷，大体上与各国所处纬度成正比，毗邻之国气候，基本相同，无甚差异。所以，如刚才所说，温带地区极其广阔。

因此，亚洲各国强弱对峙，勇敢、善战、活泼的民族与懦弱、懒惰、腼腆的民族毗邻；一方必将成为征服者，另一方必将成为被征服者。欧洲则相反，各国强强相对，毗邻各国几乎同样勇敢。亚洲弱而欧洲强，欧洲人自由而亚洲人受奴役，此乃重大原因。不知道是否有人注意这一点。仍然由于这个原因，亚洲人的自由从未增加，欧洲人的自由随形势变化或增或减。

俄罗斯贵族，曾遭一位君主奴役，但始终表露出无法容忍的态势，这在南方气候环境下绝对看不到。不是很快就看到，俄罗斯建立起贵族政体吗？另一北方王国的法律已被废除，但是，可以对气候寄予希望，被废除的法律不会永无恢复之日。[1]

第四节　上述各种因素之影响

上面所述与历史吻合。亚洲十三次被征服：十一次被北方民

---

〔1〕 指丹麦及其1660年革命后建立的专制王权政体。——译注

族征服,两次被南方民族征服。在远古时期,亚洲被斯基泰人[1]征服三次,被米底人[2]和波斯人各征服一次,希腊人、阿拉伯人、莫卧儿人、土耳其人、鞑靼人、波斯人和阿富汗人也先后征服亚洲。此处所说只是北亚,完全不涉及南亚,那里所遭遇的入侵,致其不断经受巨变之痛。

欧洲则相反,自希腊人和腓尼基人[3]建立殖民地以来,仅历经四大巨变:第一次乃罗马人之征服;第二次乃蛮族大规模入侵并击败罗马人;第三次乃查理曼大帝之胜利;最后一次乃诺曼人入侵。倘若深究,就会在这些巨变中发现一股遍布欧洲各地的力量。众所周知,罗马人征服欧洲遭遇困难,而入侵亚洲却易如反掌。我们知道,北方民族推翻罗马帝国之苦,查理曼征战之难,诺曼人征服之困。总之,摧毁者不断遭受摧毁。

第五节　亚欧北方民族之征服及其影响

北欧人以自由民身份征战;北亚人以奴隶身份征战,而且仅仅是为一个主子而征战。

究其原因,鞑靼人是亚洲天然征服者,自身却是奴隶。鞑靼人在南亚不断攻城略地,并建立若干帝国,可是,留在故土的鞑靼人

---

〔1〕 斯基泰人,公元前8世纪至公元前3世纪位于中亚和南俄草原上印欧语系东伊朗语族的游牧民族,《史记》《汉书》称为塞种人、尖帽塞人或者萨迦人。——译注

〔2〕 米底人,古伊朗人,其王国领土面积最大时西起小亚细亚以东、东至波斯湾北部;隶属印欧语系,第一批在伊朗高原地区定居的民族。亚述帝国入侵伊朗高原,促使米底各部落走向联合,从而形成米底国家。——译注

〔3〕 腓尼基人,乃希腊人对迦南人的称呼,生活在今天地中海黎巴嫩和叙利亚沿海一带的古老民族,系西部闪米特人西北分支,创立腓尼基字母,善于航海与经商,在全盛期曾控制西地中海贸易。——译注

在一个主子的统治下。这个主子,已在南方实行专制,还欲把专制推至北方;对被征服臣民已行使专横权力,还欲对征服者也行使专横权力。在称作中国鞑靼的那片广阔区域,如今显露得尤其明显:皇帝对鞑靼地区的暴虐统治,与其对中国本土的统治无异,不但如此,还通过征服继续扩展这种统治。

从中国历史还可以得知,皇帝向鞑靼移民。这些移民,成为鞑靼人并且成为中国死敌,但是,这并不妨碍他们把中国的统治思想带至鞑靼。

在征战中获胜的鞑靼人,往往有一部分又被赶回本土。于是,在被征服地区奴役气氛下形成的奴役精神,就被带回沙漠。中国历史上如此事例为数甚多,我们欧洲亦然。〔1〕

此乃鞑靼人或者哲特人〔2〕秉性始终与亚洲诸帝国人相似之因。亚洲诸帝国人民生活在棍棒统治下,鞑靼人则生活在长鞭统治下。欧洲精神一直与这种习俗不同:自古以来,欧洲人把亚洲人所说的惩罚视为侮辱。〔3〕

鞑靼人摧毁希腊帝国而推行奴役。哥特人征服罗马帝国而建立君主政体与自由。

著名的鲁德贝克〔4〕在《大西洋》一书中高度赞扬斯堪的纳维亚,但不知是否谈及居于那里的各个民族优于世上其他民族的原因。这些民族,乃欧洲自由的发源地,换言之,乃今天人类所享受的几乎一切自由的发源地。

---

〔1〕 斯基泰人三度征服亚洲,三度被赶走。参见查士丁:《世界通史》第二卷。——原注

〔2〕 哲特人,乃古代居于今罗马尼亚境内的斯基泰人后裔。——译注

〔3〕 这与本书第二十三章第二十节提及的日耳曼各族对棍棒的想法并不矛盾。无论用什么东西打人,他们始终把专横打人的权力、行为视为侮辱。——原注

〔4〕 鲁德贝克(1630—1702),又译“路德贝克”,瑞典博物学家。——译注

哥特人乔南德斯[1]把北欧称为人类工厂[2]，窃以为称为工具制造厂更准确，盖其为我们提供了砸碎南方枷锁之工具。这个骁勇民族，形成于北方，走出国门摧毁暴君与奴役，让人类懂得，大自然赋予人人平等，除非为了幸福，否则，不需仰赖他人。

第六节　亚洲奴役与欧洲自由之其他物质原因

亚洲始终存在一些庞大帝国，但欧洲从未有过如此帝国。此乃因为亚洲有诸多广阔平原，山脉与大海将其切割成几大块；亚洲位置偏南，水源较易枯竭，高山积雪较少，不甚宽阔的河流难以构成巨大屏障。[3]

因此，亚洲必须始终实行专制统治；不实行严酷奴役制，就会形成自然条件难以承受的割据局面。

欧洲，因自然条件而分割成诸多面积不大之国；实行法治，不但无害而且十分有利；不实行法治，国家就会日趋衰落，落后于他国。

自由精神，就是这样形成的。有了自由精神，任何地方都难以被外来势力控制和统治，除非出于法律规定和商业利益。

相反，主宰亚洲的乃奴役精神，亚洲从未摆脱奴役精神。这块土地的全部历史，无法找到一丝自由精神之标记，除敢于奴役之气概外，不可能看到其他精神。

---

〔1〕乔南德斯（6世纪），意大利拉韦纳主教，著有《哥特人史》。——译注

〔2〕拉丁文为“*Humani generic officinam*”。——原注

〔3〕水流在汇集前后就流失或者蒸发。——原注

第七节　非洲与美洲

关于欧亚,就说以上这些。非洲气候与南亚相似,遭受相似奴役。美洲,遭欧非摧毁[1]后,又被其殖民,故至今难以显现其特质。不过,就所了解的美洲古代史而言,美欧原则非常吻合。

第八节　帝国首都

据前所述,对大国君主而言,选好首都至关重要。将首都设于南方,可能丧失北方;将首都设于北方,容易保住南方。当然,特殊情形除外:机械有摩擦力,摩擦会改变理论效应,政治也有摩擦力。

---

〔1〕 西班牙人把美洲蛮族的小民族称作勇敢的印第安人,征服这些小民族难于征服墨西哥和秘鲁。——原注

第十八章　法与土质

第一节　土质对法之影响

国土优良,自然让人产生依赖。作为人民主体的农民,终日劳作,无暇羡慕自由。殷实乡村,害怕抢劫,害怕军队。西塞罗问阿蒂库斯[1]:“谁安分守己?不就是商人和农民吗?除非你以为他们反对君主政体。其实,对他们而言,只要能安居乐业,任何政体都一样。”[2]

土地肥沃之国往往是一人执政,土地贫瘠之国是共和政体并以此作为补救。

阿提卡[3]土地贫瘠而建立民主政体,斯巴达土地肥沃而建立贵族政体。那个年代,希腊人反对一人执政,而贵族政体最接近这种政体。

---

〔1〕 阿蒂库斯(公元前109—前32),又译“阿提卡斯”,罗马骑士,西塞罗挚友。——译注

〔2〕 参见西塞罗:《致阿蒂库斯》第二章。——原注

〔3〕 阿提卡,希腊中东部区域,东、南均濒临爱琴海。——译注

普鲁塔克说[1]，雅典库隆事件[2]平息后，旧时纷争重启，派别林立，阿提卡土质有多少种，派别就有多少个。山区居民极力主张民主政体，平原居民极力主张贵族政体，沿海居民极力主张两者兼而有之的混合政体。

第二节　土质对法之影响(续)

肥沃之地往往为平原。那里的人们无法与强者抗争，只好屈服于强者。一旦屈服，自由就一去不复返，财富就成为效忠的抵押品。但是，山区人们可以保护所拥有的东西，只是所拥有的很少。他们所拥有的自由，即其政体，是其唯一值得捍卫的。因此，较之自然条件较好之地，艰苦山区人民拥有更多自由。

山区人民不易被征服，故其政体比较温和。山区易守难攻：弹药粮草，不可能就地解决，供给运输费用巨大；征战山区相当困难，作战山区相当危险；为山区人民安全而制定法律，不太必要。

第三节　最适合开垦之地

国土开垦程度，与土地肥沃无关，与人民自由有关。倘若依此划分世界，就会惊奇地发现，在大部分年代，最富裕之地乃荒漠，强盛之国皆出自不宜开垦之地。

---

〔1〕 参见普鲁塔克：《梭伦传》。——原注

〔2〕 公元前7世纪，雅典人库隆企图造反而建立暴政，他本人及其同党均被杀。——译注

任何民族，皆弃穷乡而寻宝地，不会弃宝地而寻穷乡，这很自然。得天独厚之国，往往遭受侵略与蹂躏。因此，最美好之地往往被糟蹋得人烟稀少，而北方蛮荒之地由于几乎不适宜居住而始终有人居住。

历史学家说，斯堪的纳维亚人向多瑙河沿岸迁徙。这种迁徙不是入侵，只是向荒芜地区移民。

这些气候宜人之地，一定还有其他民族迁离而人烟稀少，只是我们不知道那里究竟发生过什么悲剧。

亚里士多德[1]说："从多块石碑记述来看，撒丁岛[2]乃希腊殖民地，从前极其富裕。以热爱农耕著称的亚里斯特[3]曾为撒丁岛立法。后来撒丁岛衰败，盖伽太基人成为其主人后，摧毁了适合养育人类之物，并禁止耕作，违者处死。"撒丁岛至亚里士多德时代也未能恢复元气，至今如故。

波斯、土耳其、俄罗斯和波兰，皆为最温暖地区，遭大小鞑靼蹂躏后，至今未恢复元气。

第四节　土质好坏其他影响

土地贫瘠之民，勤俭节制、吃苦耐劳、勇敢善战，必须设法获得土地无法给予之物。土地肥沃之民，谋生容易而柔弱怯懦，有些贪生怕死。

有人注意到，由萨克森等地富裕农民组建的德意志部队，不如

---

〔1〕 也许是《奇事》作者。——原注

〔2〕 撒丁岛，又译"萨丁岛"，地中海岛屿，位于意大利以西，意大利第二大岛屿，北距法国科西嘉岛 12 公里，南距非洲海岸 200 公里。——译注

〔3〕 亚里斯特，希腊神话阿波罗之子，主管农耕与收获之神。——译注

其他部队，唯有借助严明军纪军法才能弥补其不足。

第五节　岛屿居民

岛屿居民比大陆居民更爱自由。岛屿通常面积较小[1]，不太可能一部分人压迫另一部分人。大海把岛屿与庞大帝国分隔，暴政无法把手伸到那里，征服者望海却步，岛民不在其魔爪之下而可以较好维护自身法律。

第六节　凭借勤劳智慧开垦之地

必须勤劳智慧才可以居住与长期生存之地，需要温和政体。这种地方主要有三类：埃及、荷兰与中国美丽的浙江省和江南省。[2]

中国古代帝王不热衷征服战争。他们为强盛而做的第一件事，最能证明其智慧。他们依靠人民辛勤劳动，治理水患，才造就帝国版图最美丽的两个省份。正是这两个省份无比富裕，才令欧洲人对这个泱泱大国具有繁荣富庶之印象。但是，要使帝国这么一大块土地不受破坏，需要对它不断进行保护和培育，需要智慧美德而不是好逸恶劳恶习，需要合法君主权力而不是暴君专制统治。因此，统治就应温和，如往昔之埃及和今日之荷兰。大自然造就了荷兰，就是为了让那里的人们关心这片土地，而不要让漫不经心和

---

〔1〕 日本，虽是岛屿但面积大，实行奴役，不在此列。——原注

〔2〕 江南省，系旧省名，清初置，后改置江苏、安徽两省。——译注

朝三暮四毁了这片土地。

虽然中国人因气候而自然倾向奴役服从，虽然因帝国幅员辽阔而不得不依靠恐惧治国，但是，中国早期立法者不得不制定良法，政府通常不得不遵守良法。

第七节 人造工程

人类辛勤劳动与良法，把地球改造得宜居。河流奔腾之地，往昔乃湖泊沼泽。这虽然不是大自然赐予的，却受大自然保护。波斯统治亚洲时就规定，凡把泉水引至不曾有水灌溉之地者，子孙五代皆可享受灌溉之利。[1] 波斯人不惜代价，将发源于托罗斯山脉[2]之溪水，引至农田灌溉。如今人们利用它们灌溉田地花园，却不知其来自何方。

勤劳民族创造之福泽，并未随这些民族消失而消失，恰如破坏成性民族制造之灾难，并不随这些民族消失而不再为害。

第八节 法之内容丰富度

法与各民族生存方式有着紧密联系。就法之内容丰富度而言，贸易与航海民族之所需，应胜于农耕民族之所需；农耕民族之所需，应胜于游牧民族之所需；游牧民族之所需，应胜于狩猎民族之所需。

---

〔1〕 参见波利比乌斯：《历史》第十卷。——原注

〔2〕 托罗斯山脉，位于土耳其南部。——译注

第九节　美洲土地

美洲未开化民族之所以多,在于土地肥沃丰产而足以供养其民。妇女若在茅舍周围开垦种植小块土地,很快就会长出玉米;男子狩猎、捕鱼,生活就很富足。不但如此,与食肉动物素来称霸非洲不同,黄牛、水牛等食草牲畜更适宜在美洲养殖。

窃以为,欧洲倘若不耕种,上述好处一样也无法享受,或许只有橡树或者其他一些不结果实的树木而已。

第十节　人口与生存方式

不妨看看,非农耕民族人口比例状况。未开化民族人口数量与农耕民族人口数量之比,犹如荒地与耕地产出之比。农耕民族同时也从事手工业时,需要更多详细数据才能计算其比例。

非农耕民族几乎不可能人口众多。若为牧民,需要辽阔土地才能养活少数人,故人口不多。若为猎民,人口会更少,而且为了生存,只能是人口很少之民族。

猎民家园通常是茂密森林,他们不会开渠引水,故遍地沼泽;各自一群择地而居,形成的是小小民族。

第十一节　未开化民族与蛮族

未开化民族与蛮族有区别:前者是由于某些原因而无法联合

之分散小部落,后者通常是能够联合之小民族;前者一般是猎民,后者一般是牧民。这种情况在北亚很明显:西伯利亚民族无法群居,盖群居就无法生存;鞑靼人有时群居,盖其畜群有时可以集中放牧。其实,所有部族均可联合。在一个首领制服其他首领时,就可以实现联合。联合后,就可以做两件事:要么再度分散,要么大举南进征服某个帝国。

第十二节　非农耕民族万民法

非农耕民族居无定所,彼此争执很多:他们争夺荒地,犹如我们的公民争夺遗产;诸如狩猎、捕鱼、放牧、争抢奴隶等,都可能成为开战原因。由于没有固定领土,需要市民法处理之事甚少,需要用万民法处理之事甚多。

第十三节　非农耕民族市民法

市民法内容多,主要缘于土地分配。不进行土地分配民族,市民法内容少而又少。

这些民族相关制度,与其说是法律,莫如说是习俗。

在这些民族,熟悉往事的长者享有很高威望;在那里,让人出类拔萃的,不是财富,而是智慧和勇猛。

这些民族漂泊、散居于牧场、森林中。其婚姻,不如我们的稳定。我们的婚姻稳定,乃因居有定所,妻子离不开家。他们很容易更换妻子,或者拥有多个妻子,有时甚至像牲畜那样男女混居。

游牧民族离不开赖以为生的牲畜，也离不开照料他们的妻子。这些都不能顾此失彼，尤其通常生活于一马平川之地，缺乏防卫地利，妻子儿女与牲畜都容易沦为敌人劫掠对象。

他们的法律规范战利品分配，并像我们的《萨利克法》那样，特别关注偷盗问题。

第十四节　非农耕民族政治状况

这些民族享有巨大自由：由于不从事耕作，就不会困在土地上。他们漂泊四方，若有首领欲剥夺其自由，就可立即到另一部族寻找自由，或者扶老携幼遁入山林。这些民族，享有广泛人身自由，就必然享有广泛公民自由。

第十五节　会使用货币民族

阿里斯提波[1]乘船落水，泅至就近海岸登陆，看见沙滩上画有几何图形，喜出望外，断定已到希腊人之地，而不是蛮人之地。

独自一人意外到陌生民族，只要发现钱币，就可以断定，所遇乃开化民族。

农耕要求使用货币。农耕需要诸多知识与技艺，技艺、知识与需求，总是同步发展。这一切催生价值符号之确立。

---

〔1〕 阿里斯提波（公元前435—前360），又译“阿里斯蒂普”，希腊哲学家，苏格拉底的学生，居勒尼学派创始人和主要代表。——译注

激流与大火让人们发现，泥土含有金属。[1] 从泥土中提炼的金属，用起来很方便。

第十六节 不会使用货币民族市民法

不懂使用货币民族，只知道暴力产生的不公，于是，弱者就团结反抗暴力。他们唯有通过政治手段解决纠纷。但在使用货币之地，就可能遭遇狡诈导致的不公；如此不公道花样百出，就不能没有良好市民法。由此可见，民法是随着种种作恶方法出现而出现的。

无货币之国，强盗只能抢掠实物，而各种实物各不相同；在使用货币之国，强盗抢掠价值符号物，这类符号物总是完全相同。前一国家，什么都无法隐瞒，盖盗贼总是带着犯罪证据；后一国家，情形大不相同。

第十七节 不会使用货币民族政治法

非农耕民族，自由最大保证乃不懂使用货币。狩猎、捕鱼和放牧所得，不可能大量积聚，也不可能大量贮存，从而不足以让人腐蚀他人。倘若使用价值符号物，就可以大量拥有这种符号物，并给予所愿意给予者。

无货币民族，个人需求很少，很容易都得到平等满足。因此，在这种状况下，平等乃是必需，首领也就不会专制。

---

〔1〕 参见狄奥多罗斯：《世界文库》第五卷第三十五章：就是这样在比利牛斯山发现黄金的。——原注

第十八节 迷信力量

旅行家记述倘若属实，路易斯安那一个名叫纳契[1]的民族所实行的制度，就属例外。纳契酋长掌控所有臣民的财产，可以随心所欲强迫他们劳动。[2] 他就像土耳其皇帝，即使要脑袋，他们也不得拒绝。皇储出生时，所有正在哺乳的婴儿都要奉献给皇储，终生侍奉他。人们也许会以为那是谢努塞尔特[3]。这位酋长在茅屋里接受伺奉，俨然日本、中国的皇帝。

迷信偏见甚于其他偏见，对人类精神具有最大影响。未开化民族不懂专制主义，但纳契人却懂得。他们崇拜太阳。他们倘若不把酋长看作太阳的兄弟，就会发现，酋长与他们一样，皆为不幸者。

第十九节 阿拉伯人自由与鞑靼人奴役

阿拉伯人和鞑靼人皆游牧民族。阿拉伯人属于上文所谈情形，是自由的。鞑靼人，乃世上最奇特民族，受政治奴役。[4] 前已指出一些原因[5]，现再作补充。

---

[1] 纳契，居于密西西比河左岸的印第安人部族。——译注

[2] 参见《耶稣会士书简集》第二十二册。——原注

[3] 谢努塞尔特，即谢努塞尔特三世（公元前1900—前1800），又译“辛努塞尔特”，古埃及第十二朝法老的希腊称呼。——译注

[4] 参见本书第十七章第五节。——原注

[5] 册封可汗时，全体臣民大声高喊：“他的话就是剑。”——原注

鞑靼人没有城市、森林，只有少量沼泽地；其河流几乎全年冰封；居于辽阔草原上，有牧场有牲畜，因而拥有财产。但是，他们没有天然屏障，无处可退。可汗一旦被击败，胜利者就立即砍下其头颅〔1〕，其子女也不能幸免；其臣民全都归顺征服者。征服者并未将其沦为民事奴隶，盖如此，就会成为这个既不耕作也不干什么家务的未开化民族的负担。鞑靼人只是增加征服者的人口而已。胜利者尽管未把他们沦为民事奴隶，但必定将他们沦为政治奴隶。

很显然，倘若各部落战争不断，不是你征服我，就是我征服你；倘若战败部落的政治机构往往随部落首领之死而被摧毁，如此民族一般不可能享有自由，盖没有哪一方不曾多次被征服。

战败民族，若因所处位置较好而能有条件投降，就能保存若干自由。可是，鞑靼人往往缺乏防御退路，一旦战败，只能无条件投降。

本章第二节论及平原农耕居民并不自由，环境造成非农耕鞑靼人也同样不自由。

第二十节　鞑靼人万民法

鞑靼人对内很温和，对外很凶残。他们攻城后就屠城，认为把居民卖掉或者分给士兵乃莫大恩惠。他们摧毁了亚洲，从印度毁至地中海〔2〕，把波斯东部变成荒漠。

窃以为，以下乃产生万民法之因：鞑靼人没有城市，故所有战

〔1〕 因此，米利维伊斯攻下伊斯法罕后杀死所有男性王族，对此不应惊奇。——原注

〔2〕 地中海，位于欧亚非大陆之间，北为欧洲大陆，南为非洲大陆，东为亚洲大陆；西部通过直布罗陀海峡与大西洋相接，东部通过土耳其海峡与黑海相连。——译注

争都以迅猛之势进行。有望取胜时,就独自作战;无望取胜时,就加入比他们强大的军队。由于有这种习俗,当某个城市无力阻挡却偏要阻挡其前进时,他们就认为此乃违背万民法。他们认为,城市并非居民聚居地,而是躲避其武力之避难所。他们围城乏术,只能冒险强攻,伤亡很大,故攻城后就大肆杀戮,以血还血。

第二十一节 鞑靼人市民法

杜赫德神父说,鞑靼人一般立幼为嗣,盖幼子之兄到自立年龄时,就带着父亲给予的牲畜离家谋生,另建新居。最小儿子留在家中陪伴父亲,自然成为继承人。

听说英格兰某些小地方也有如此习俗,如今的布列塔尼〔1〕罗昂公爵领地的非贵族也有如此习俗。这也许是某个不列颠小部落带至那里的游牧民族习俗,也许是日耳曼人带至那里的。恺撒与塔西佗著作记载,日耳曼人不太从事农耕。

第二十二节 一条日耳曼人市民法

此处说说,通称"《萨利克法》"〔2〕的法律中,有一特别条文,与

〔1〕 布列塔尼,法国西部地区。布列塔尼人来源:部分乃原始高卢人后裔,部分乃英国人即不列颠人后裔。从词源来看,"布列塔尼"可能源于"不列颠"一词。——译注

〔2〕《萨利克法》,又称"《撒利克法》",指西欧封建社会早期法兰克王国编纂的法典。一般认为编于5世纪末至6世纪初的克洛维时期,后经多次增补,于9世纪上半叶完成。该法系法兰克人原有习惯法的成文法,民法与刑法、实体法与程序法诸法合体。其中规定了财产所有制、婚姻、债、诉讼程序和刑罚等。——译注

不从事耕作或者极少从事耕作民族之制度有何关系。

《萨利克法》规定：父死遗有子女，萨利克土地由儿子而不由女儿继承。[1]

欲了解萨利克土地性质，就得研究法兰克人离开日耳曼之前的土地习俗及其使用情形。

埃沙尔先生[2]有力论证，“萨利克”源自意为房舍“萨拉”之词，因此，“萨利克土地”乃“房舍土地”之意。我将进一步研究，于日耳曼人而言，何为“房舍”，何为“房舍土地”。

塔西佗说：“他们不住城镇，无法容忍各家房舍彼此毗邻，每家都在自己房舍旁边围出一小块土地或者空地。”[3]塔西佗说得很对，蛮族多部法典对破坏围栏和闯入房舍行为，均作了诸多规定。[4]

从恺撒与塔西佗著述可得知，日耳曼人耕种的土地，使用期限仅一年，此后再度成为公地。其遗产唯有房舍和房舍周围那一小块土地。这种特殊遗产归男性继承人。的确，它怎能属女儿，女儿会出嫁而住别人家。

可见，萨利克土地乃日耳曼人房舍围栏内的土地，这可能是其唯一的财产。法兰克人征战获胜后获得的新财产，依然沿袭“萨利克土地”之称。

法兰克人居于日耳曼时，其财产包括奴隶、牛羊、马匹、武器等。房舍及其附属土地，当然要传给在那里居住的男性后代。法

---

[1] 参见李维：《罗马史》第六十二章。——原注

[2] 埃沙尔，系《里皮埃尔法兰克人的萨利克法》作者。——译注

[3] 塔西佗在《日耳曼尼亚志》第十六章写道：“众所周知，日耳曼人没有城镇，也不允许自己住所与他人住所毗邻。他们分散居住，哪里有泉源、平地或者林中空地，就在哪里安家。他们不像我们那样建造彼此毗邻的具有诸多建筑物的村庄，他们房舍四周乃空地。”——原注

[4] 参见《日耳曼法》第十章以及《巴伐利亚法》第十章第一、二节。——原注

兰克人在征战中获取大量土地后,就觉得女儿及其子女不继承土地有些太无情。于是,出现新习俗:允许父亲将土地留给女儿及其子女继承。因此,《萨利克法》被搁置。如此做法,后来有固定法式,可见大概相当普遍。[1]

在这些法式文书中,我发现有一种相当奇特。[2] 有位祖父的遗嘱规定,由其子女与其孙子孙女共同继承遗产。《萨利克法》摆哪里?要么那时大概已不再遵守,要么就是让女儿参与继承乃习俗所允许。

《萨利克法》并不重男轻女,更无家世、姓氏、土地永世传承观念,日耳曼人完全没有这些东西。它乃纯经济性质之法,把房舍及其附属土地给予男性继承人,乃因他们将在那里居住,给予他们最合适。

《萨利克法》自由继承土地条文,很有名,谈论者众多,读过者很少,有必要兹录如下:

"(1)死后无嗣者,由其父母继承;(2)也无父母者,由其兄弟姐妹继承;(3)也无兄弟姐妹者,由其母姐妹继承;(4)其母也无姐妹者,由其父姐妹继承;(5)其父无姐妹者,由其最近男性亲属继承;(6)萨利克土地任何部分,应传男而不传女,即应父传子。"[3]

很显然,前五项乃死后无嗣之继承,第六项乃死后有嗣之继承。

根据该法,死后无嗣,男女两性一视同仁,特殊情形除外;对前两顺序继承人而言,男女两性无先后之别;对第三、四顺序继承人

---

〔1〕 参见马尔库尔弗:《法规》第二卷第十、十二、四十九法式;参见西尔蒙都斯:《古代法规》第二十二法式。——原注

〔2〕 参见《林登勃洛克版选辑》第五十五法式。——原注

〔3〕 李维:《罗马史》第六十二章第六节:"萨利克土地任何部分,应传男而不传女,即应父传子。"——原注

而言,女性优先;对第五顺序继承人而言,男性优先。

在塔西佗著作中,可以找到如此奇特现象之由来:“日耳曼人视姐妹子女如己出;有人甚至把这种关系看得更亲密更神圣,在接受人质时,更喜欢接受外甥或者外甥女。”[1]正因为如此,早期历史学家一再谈到法兰克君主对姐妹及其子女的关爱。[2] 把姐妹子女视同亲生子女,这些子女自然把舅母视同亲生母亲。

母亲姐妹比父亲姐妹更受重视,在《萨利克法》其他条文中可以找到解释:寡妇由丈夫亲属监护。[3]《萨利克法》规定监护人由女性亲属优先担任,盖女性嫁夫家后,与家中女性打成一片,较之男性亲属,与女性亲属更为亲密。此外,男性杀人被判处罚金而无力支付时,法律允许其交出全部财产,不足部分由其亲属补充。[4] 根据顺序,在父母兄弟之后,由母亲姐妹补充。盖母亲姐妹似乎更亲近。这种亲属关系既然承担责任,自然也应有相应好处。

《萨利克法》规定,父亲姐妹之后的继承人,应为最近男性亲属,但超过五代者不能继承。因此,第五代女性优先于第六代男性。这在《萨利克法》忠实解释者里皮埃尔法兰克[5]法的自由继承土地条文中写得很明白,其内容与《萨利克法》相关规定极其吻合。[6]

---

〔1〕 参见塔西佗:《日耳曼尼亚志》:“舅舅视姐妹子女如亲生子女。有人甚至把这种关系看得更重更神圣。把他们留作人质时,提出更多要求,盖认为他们继承了更多的家族精神。”——原注

〔2〕 参见图尔的格列高利:《法兰克教会史》第八章第十八、二十节,第九章第十六、二十节。书中记述:贡特兰怒而发兵为外甥女英衮德复仇,盖鲁弗吉尔德虐待她。——原注

〔3〕 参见《萨利克法》第四十七卷。——原注

〔4〕 参见《萨利克法》第四十七卷第一章。——原注

〔5〕 里皮埃尔法兰克人,居于莱茵河与默兹河流域地区的法兰克人。——原注

〔6〕 “在第五顺序中,最近者继承遗产。”——原注

父死遗有子女,《萨利克法》排斥女儿继承萨利克土地,而规定由儿子继承。

毫不费力就可证明:《萨利克法》并非一律排斥女儿继承萨利克土地,只是在其有兄弟时才被排斥。

1.《萨利克法》条文本身写得很清楚:该法规定萨利克土地由男性而不由女性拥有后,又对此作了解释与限制:“即父传子。”

2. 里皮埃尔法兰克法,对《萨利克法》条文作了阐明,也将自由继承土地专列[1],与《萨利克法》完全一致。

3. 这些蛮族法律,均源自日耳曼,其法律可相互解释,何况其精神几乎相同。《萨克逊法》规定:父母遗产传子不传女;若无子,由女儿继承全部遗产。[2]

4. 有两份当时的法式记载:依据《萨利克法》,因有男性,女性不得继承,就是说,有儿有女时,排除女儿的继承资格。[3]

5. 另有一份法式证明:女儿继承权优于孙子,换言之,女儿仅在有兄弟时才被排除。[4]

6. 若《萨利克法》规定女儿一概不得继承土地,就无法解释:为何史书、法式和契据不断有墨洛温王朝[5]妇女拥有土地和财产的记载。

---

〔1〕 第五十六章。——原注

〔2〕 参见《萨克逊法》第七章第一节:“父母死后,由儿子而不由女儿继承。”第四章:“父母死后无子而有女,女儿继承所有遗产。”——原注

〔3〕 参见马尔库尔弗:《法规》第二卷第十二法式、《法规》附录第四十九法式。——原注

〔4〕 参见《林登勃洛克版选辑》第五十五法式。——原注

〔5〕 《论法的精神》原著以序数指称法国诸王朝:第一王朝指墨洛温王朝,第二王朝指加洛林王朝,第三王朝指加佩王朝。拙译均改为直接以相应王朝相称,如此处的墨洛温王朝原著为“第一王朝”。下同。——译注

萨利克土地乃封地之说[1]，有误：(1)萨利克土地之称乃“自由继承土地”。(2)封地最初不能继承。(3)若为封地，甚至男性也不能继承，马尔库尔弗[2]怎会把排斥女性继承的习俗指责为亵渎神明？(4)那些被人们用来证明萨利克土地乃封地的契据，只能证明萨利克土地乃自由继承土地。(5)封地乃征战获胜后才确立，而萨利克习俗早在法兰克人离开日耳曼前就已存在。(6)不是限制女性继承的《萨利克法》确立封地制度，而是封地制度确立后，才修改《萨利克法》并限制女性的继承权。

综上所述，法兰西王位永远由男性继承源自《萨利克法》之说，不可信。这毋庸置疑，有诸多蛮族法典可以佐证。依照《萨利克法》[3]和《勃艮第法》[4]，女儿无权与其兄弟共同继承土地，也无权继承王位。《西哥特法》[5]相反，规定女儿可以与其兄弟一起继承土地[6]，女性也可以继承王位。[7] 这些民族的市民法对政治法具有影响。

这并非法兰克人政治法服从市民法的唯一案例。《萨利克法》规定所有兄弟皆平等继承土地，《勃艮第法》亦然。故在法兰克王国和勃艮第王国，皆由兄弟继承王位，只是勃艮第围绕王位继承问题发生过几起暴力、谋杀、篡位等事件。

---

〔1〕 例如迪康热、皮图等人。——原注

〔2〕 马尔库尔弗(7世纪)，法国巴黎近郊圣德尼教堂僧侣，编有《法规》。——译注

〔3〕 参见《萨利克法》第二十六卷。——原注

〔4〕 参见《勃艮第法》第一章第三节、第十四章第一节、第十五章。——原注

〔5〕 参见《西哥特法》第四卷第二章第一节。——原注

〔6〕 塔西佗说：日耳曼各民族有共同习俗，也有特殊习俗。——原注

〔7〕 东哥特人王位曾两次女传男，第一次由阿马拉逊特传给阿塔拉里克，第二次由阿马拉弗雷德传给西奥达特。女性并非不能继承大位。阿塔拉里克死后就由阿马拉逊特继位，而且在西奥达特被选为国王后与其共理朝政。参见卡西奥多鲁斯：《东哥特史》第十卷阿马拉逊特和西奥达特的信件。——原注

第二十三节 法兰克王长发

非农耕民族不知奢华为何物。在塔西佗著作中，可以看到日耳曼民族的可贵俭朴风气。他们没有人造的奢华装饰品，而从大自然就地取材。家族首领若需饰以特殊标志，也从大自然中寻找。法兰克王、勃艮第王以及西哥特王王冠，就是其一头长发。

第二十四节 法兰克王婚姻

前已提及，非农耕民族的婚姻不稳定，男人通常有多位妻子。塔西佗说：在所有蛮族中，唯有日耳曼人只娶一妻〔1〕。但也有例外〔2〕，某些人有多个妻子，但并非淫乱而是身份高贵之故。

此乃墨洛温王朝国王们多妻之因。这种多妻现象与其说是淫乱体现，毋宁说是尊贵标志。剥夺国王这一特权，不啻是击中其软肋〔3〕。这也是臣民未仿效国王之故。

---

〔1〕 参见塔西佗：《日耳曼尼亚志》第十八章："唯有这些蛮族只娶一妻。"——原注

〔2〕 参见塔西佗：《日耳曼尼亚志》第十八章："只有极少数人例外，他们多妻，并非淫乱而是高贵之故。"——原注

〔3〕 参见弗雷德加里乌斯：《编年史》628 年。——原注

第二十五节　希尔代里克

塔西佗说："日耳曼人严肃对待婚姻[1]，放荡不羁不是取笑话题。腐化或者被腐化绝不是风俗或者生活方式。人口如此众多之国，夫妇不忠之事极为罕见。"[2]

此乃希尔代里克[3]被逐原因：其行为有伤风化。征服虽已完成，但风俗尚未变坏。

第二十六节　法兰克王成年

非农耕蛮族没有真正意义上的领土，正如前文所说，约束他们的，与其说是市民法，莫若说是万民法。故他们几乎总是随身携带刀剑。塔西佗说："日耳曼人无论处理公事抑或私事，无时不携带武器。"[4]他们表示自己意见时，就敲击武器[5]。小孩长到能够

---

〔1〕 参见塔西佗：《日耳曼尼亚志》第十九章："有关婚姻的规定很严格……无人讥笑放荡行为，无人说腐化和被腐化是当时的时代精神。"——原注

〔2〕 参见塔西佗：《日耳曼尼亚志》第十九章："人口众多，通奸却罕见。"——原注

〔3〕 希尔代里克(436—481)，又译"希尔德里克"，系墨洛维之子、法兰克国王克洛维一世之父。希尔代里克因纵情声色，法兰克人将其逐出国门，而推举罗马人"君王"埃吉迪乌斯为首领。——译注

〔4〕 "他们无论处理公事抑或私事，无时不携带武器。"参见塔西佗：《日耳曼尼亚志》第十三章。——原注

〔5〕 "若意见不合口味，他们就表示轻蔑；若合口味，他们就敲击长矛。"参见塔西佗：《日耳曼尼亚志》第十一章。——原注

拿动武器时,就把其带至议事大会[1],有人会把一支长矛交给他[2]。他就此告别童年,此前是家庭一员,此后是共和国一员。[3]

东哥特王说:“小鹰的翅膀和爪子一旦长好,老鹰就不再喂食;小鹰可以自行觅食时,就不再需要帮助。若认为我们军队中的年轻人年幼而不能处理自己的财产、不能规范自己的日常行为,就很丢脸。哥特人成年标志看品德。”[4]

希尔德贝二世[5]十五岁时,叔父贡特朗[6]宣布其已成年,可以亲政。《里皮埃尔法》规定,年满十五岁即为成年,可以携带武器。它规定:“若里皮埃尔人死亡或者被杀而遗下一子,该子满十五岁前不得追诉他人,也不受追诉;十五岁后,可以自行应诉,或者选择决斗。”[7]只有心智已成熟,才能为自己辩护;只有身体已发育,才能参加决斗。在诉讼中也有决斗习俗的勃艮第人[8],也以满十五岁为成年。

阿加西亚斯说:法兰克人的武器较轻,因此,十五岁就可视为成年。后来,他们的武器变重,至查理曼时代又重许多,国王敕令与文学故事对此均有记载。那些拥有封地而应从军服役者[9],满

---

〔1〕“在国家认可前携带武器,不符合习俗。”参见塔西佗:《日耳曼尼亚志》第十三章。——原注

〔2〕“在大会上,君主或者父亲就将盾与矛交给他。”同前引书。——原注

〔3〕“武器于他,犹如长袍于我们,乃第一次获得荣誉的标志;此前他是家庭一员,此后他是公众一员。”同前引书。——原注

〔4〕参见卡西奥多鲁斯:《东哥特史》第一卷第三十八章关于西奥多里克的言论。——原注

〔5〕希尔德贝二世(570—596),又译“希尔德贝特二世”,墨洛温王朝时期奥斯特拉西亚国王(575—596 在位)。——译注

〔6〕贡特朗(525—593),克洛泰尔一世之子,墨洛温王朝时期勃艮第国王(561—592 在位)。——译注

〔7〕参见《里皮埃尔法》第八十一章。——原注

〔8〕参见《里皮埃尔法》第八十七章。——原注

〔9〕平民也一样。——原注

二十一岁才算成年。[1]

第二十七节　法兰克王成年(续)

我们知道,日耳曼人不到成年不能出席全民大会,盖未成年人是家庭而非共和国一员。奥尔良国王、勃艮第征服者克洛多米尔[2]的几个儿子没有被宣布为国王,盖他们未满可以出席全民大会的年龄。他们一旦达到可以携带武器的年龄,就可以成为国王。在未宣布为国王前,由其祖母克罗蒂尔德执政。[3] 克洛泰尔和希尔德贝[4]杀死他们后,瓜分其王国。此事引发的结果是,未成年王储此后在父王驾崩后就立即宣布为王。贡多瓦尔德公爵[5]拯救了希尔德贝二世,使其免受西尔佩里克[6]残害,并在其五岁那年就宣布其继承王位。[7]

尽管发生这种变化,其民族精神不变,王家文书不以未成年国王名义颁布。因此,法兰克就有了双重政府,其一是未成年国

---

〔1〕 圣路易二十一岁才算成年,这是查理五世于 1374 年颁布的敕令规定的。——原注

〔2〕 克洛多米尔,墨洛温王朝国王克洛维之子、克洛维幼子克洛泰尔二哥。524 年,克洛多米尔在讨伐勃艮第人时战死,克洛泰尔乘机霸占二嫂贡迪奥克,又伙同三哥希尔德贝谋杀了克洛多米尔三个儿子中的两个,只有克劳德幸免于难,后来出家。——译注

〔3〕 从图尔的格列高利的《法兰克教会史》第三章记述来看,克罗蒂尔德选了两个勃艮第人,要他们在图尔主政。勃艮第是克洛多米尔的征服地,图尔则是其王国。——原注

〔4〕 即希尔德贝一世(496—558),与克洛泰尔同为克洛维一世之子,法兰克巴黎国王(511—558 在位)、奥尔良国王(524—558 在位)。——译注

〔5〕 贡多瓦尔德(550—586),克洛泰尔私生子。——译注

〔6〕 西尔佩里克(539—584),纽斯特里亚国王(561—584 在位)。——译注

〔7〕 "刚过五岁生日,他就在圣诞日即位。"参见图尔的格列高利:《法兰克教会史》第五章第一节。——原注

王，其二是王国政府。在领地，也有直接管理和间接管理之分。

第二十八节 日耳曼人收养

日耳曼人成年以接受武器为标志，义子收养也以接受武器为标志。贡特朗欲宣布其侄子希尔德贝成年并收养其为义子，就对他说："我把这支长矛交给你，这表示我已经把王国交给你。"[1]他回头又对全民大会说："你们看到，我儿子希尔德贝已长大成人，请你们服从他。"东哥特王西奥多里克[2]欲收养埃鲁尔人[3]的国王，就写信给他："在我这里，授予武器而被接受为义子，乃美事，盖唯有勇敢者才配成为我的孩子。这个行为蕴藏着巨大力量，被接受者将宁死不屈。按照我们的习俗，你是勇者，我把盾、剑和马交给你，接受你为义子。"[4]

第二十九节 法兰克王血腥残忍

法兰克诸王中，不只克洛维[5]一人企图征服高卢。此前，他的一些亲属曾率领某些部落多次入侵高卢。克洛维取得的胜利更

---

〔1〕 参见图尔的格列高利：《法兰克教会史》第七章第二十三节。——原注

〔2〕 西奥多里克（454—526），东哥特国王（476—526在位）。——译注

〔3〕 埃鲁尔人，居于莱茵河口和黑海沿岸的日耳曼部落。——译注

〔4〕 参见卡西奥多鲁斯：《东哥特史》第四卷第二章。——原注

〔5〕 克洛维一世（466—511），又译"克洛维斯"，法兰克王国奠基人、国王。486年，克洛维打败罗马帝国在高卢的最后一任总督西格里乌斯，独占整个北高卢。通常认为这一年是法兰克王国的开国之日。占领北高卢后，克洛维放弃日耳曼人信奉的阿里乌教派，皈依罗马天主教。——译注

为显著,为追随者提供了大量居留地,所以,法兰克人部落纷纷前来投奔,其他首领无力抗衡。他谋划灭绝整个家族,而且实现了这个计划。[1] 图尔的格列高利[2]说,克洛维害怕法兰克人另立首领。[3] 其子孙及其继位人竭力效仿如此做法。于是,我们看到,兄弟、叔伯、侄甥,乃至父子,接连不断密谋残害骨肉亲人。法律不断分割王国,而恐惧、野心和残忍企图将王国重新统一。

第三十节 法兰克人全民大会

前已提及,非农耕民族享有很大自由,日耳曼人就如此。塔西佗说,他们授予国王或者首领适中权力。[4] 恺撒说,在和平时期他们没有普通官员,由君主到各个村子处理纠纷。[5] 所以,居于日耳曼的法兰克人没有国王,图尔的格列高利记述充分证实了这一点。[6]

塔西佗说:"小事君主斟酌,大事国民审议,由国民审议之事也同时提交君主。"[7]在征服战争后,依然保留这个习惯,这在所有

---

〔1〕 参见图尔的格列高利:《法兰克教会史》第二章。——原注

〔2〕 图尔的格列高利(538—594),又译"图尔的格雷戈里""图尔的格雷瓜尔"等,中世纪著名基督教史学家,代表作《法兰克教会史》;573 年担任图尔大主教,故称为"图尔的格列高利"。——译注

〔3〕 参见图尔的格列高利:《法兰克教会史》第二章。——原注

〔4〕 "国王不拥有无限或者无边权力……不但如此,他也不得惩罚、捆绑、拷打人等等。"参见塔西佗:《日耳曼尼亚志》第七章。——原注

〔5〕 "和平时期,没有普通官员,由君主到各地审理案件。"参见恺撒:《高卢战记》第六卷第二十三章。——原注

〔6〕 参见图尔的格列高利:《法兰克教会史》第二章。——原注

〔7〕 "小事君主斟酌,大事国民审议,由国民审议之事也同时提交君主。"参见塔西佗:《日耳曼尼亚志》第二章。——原注

文献中均能看到。[1]

塔西佗又说：死罪可以提交全民大会审议。征服战争后依然如此，重要封臣就是由全民大会审理。[2]

第三十一节　墨洛温王朝僧侣权威

蛮族僧侣通常拥有权力，盖其既拥有源自宗教的威望，又拥有民众因迷信而具有的影响。所以，在塔西佗著作中可以看到，日耳曼僧侣威信很高，主持全民大会。[3] 唯有他们可以处罚、捆绑和拷打人。[4] 他们所做之事。既不是遵君主之命，也不是为了惩罚，而是出自神之启示。对征战之人，神永远与他们在一起。

因此，我们不必惊讶：从墨洛温王朝开始，主教就已执掌裁判大权[5]，主持全民大会，对国王具有巨大影响力，拥有诸多财富。

---

〔1〕“法律经全体大会通过后由君主颁布。”参见《秃头查理敕令》864 年第六条。——原注

〔2〕“在全民大会上，可以讨论对死罪的控告。”参见塔西佗：《日耳曼尼亚志》第十二章。——原注

〔3〕参见塔西佗：《日耳曼尼亚志》第十一章：“僧侣掌控会议议程，可以制止发言。”——原注

〔4〕参见塔西佗：《日耳曼尼亚志》第七章：“国王不拥有无限或者无边权力……只允许僧侣惩罚、捆绑和拷打人，盖这不是惩罚，也不是首领命令，而是神之旨意。武士们相信，神始终与他们在一起。”——原注

〔5〕参见克洛泰尔 560 年敕令第六条。——原注

第十九章　法与培育民族普遍精神、道德习俗之原则

第一节　本章议题

本章议题极广，诸多想法呈现在脑海里，我将更关注事物秩序而非事物本身。必须清除迷雾，才能拨云见日。

第二节　接受良法需要充分思想准备

对日耳曼人而言，没有什么比瓦鲁斯[1]法

---

〔1〕　瓦鲁斯（公元前46—公元9），又译“瓦卢斯”，古罗马帝国鼎盛时期贵族，政治家、军事家、雄辩家。公元9年9月10日晚，其率领的三个军团在条顿森林战役中大败覆没后，自刎而亡。——译注

庭更不能容忍的[1];在他们看来,查士丁尼为审讯刺杀国王的凶手而在拉克西安人[2]住地建立法庭[3],乃可怕的野蛮之举。米特里达提在反对罗马人演说中[4],特别斥责罗马人诉讼程序[5]。帕提亚人[6]国王在罗马长大,和蔼可亲、平易近人。[7] 可是,帕提亚人竟不能容忍这位国王:那些不习惯享有自由的民族,无法容忍自由。同理,住惯沼泽地区者,认为新鲜空气不是好东西。

有个名叫巴尔比的威尼斯人到勃固[8]晋见国王。[9] 国王听说威尼斯没有国王,开怀大笑得喘不过气来,几乎无法与廷臣说话。哪个立法者能向如此民族推荐民主政体?

第三节　暴政

暴政有两种:一是名副其实暴政,以暴力治国;一是精神暴政,执政者确立的东西与人民想法相悖而导致人民觉得生活于暴

---

〔1〕 他们打断辩护人说:“毒蛇,闭嘴!”参见塔西佗:《日耳曼尼亚志》。——原注

〔2〕 拉克西安人,居于亚美尼亚北部部族。——译注

〔3〕 参见阿加西亚斯:《查士丁尼执政史》第四章。——原注

〔4〕 参见查士丁:《世界通史》第三十八卷。——原注

〔5〕 拉丁文“*Calumnias litium*”,意为“诉讼把戏”。——原注

〔6〕 帕提亚人,发源于伊朗高原东北部。他们以该地区为基础,在希腊化时代结束时迅速占领从两河流域至青藏高原西部边境之地,建立帕提亚帝国,也称安息帝国。“帕提亚”,源于古波斯语,原是伊朗人自称,代表帕提亚帝国创建者对古波斯帝国的认同。帕提亚帝国创建后,“帕提亚人”成为罗马人对帕提亚帝国人民的一种称呼。帕提亚帝国是罗马帝国长期竞争对手,围绕地中海东部控制权,两者长期冲突和多次发动战争。米特里达提一世后成为帕提亚国王。——译注

〔7〕 参见塔西佗:《编年史》第二卷第二章:“帕提亚人从来不曾见过他那种和蔼可亲、平易近人的美德,因而视为其缺点。”——原注

〔8〕 勃固,又译“白古”,缅甸古国之一。——译注

〔9〕 巴尔比在1696年对此作了记述。参见《创建东印度公司历次航行记》第三卷第一章,第33页。——原注

政之中。

狄奥说：奥古斯都要求人们称他为“罗慕洛斯”，但听说人民担心他企图称帝时，立即放弃初衷。[1] 早期罗马人不要国王，盖无法忍受国王的权力；奥古斯都时代罗马人不要国王，盖不能忍受国王的排场。恺撒、三巨头执政和奥古斯都，实际上都是国王，但是，他们保持平等外表，私人生活不像国王那样奢华。因此，罗马人不要国王，说明他们不愿意仿效非洲和东方，而愿意保持自身风尚。

狄奥还说，奥古斯都制定的一些法律过于严厉，引起罗马人愤慨。[2] 可是，他让乱党逐出罗马的喜剧表演者彼拉德重返罗马后，不满随即烟消云散。较之废除法律，让罗马人对暴政的感受更强烈的，是驱逐名伶。

第四节　民族普遍精神

人受气候、宗教、法律、执政原则、先例、道德、习俗等多种因素影响，进而形成民族普遍精神。

对每个民族而言，上述某种因素作用趋强，其他因素作用就会趋弱。未开化民族几乎只受大自然与气候支配，中国人受道德风俗支配，日本人受暴虐法律支配。道德风俗为斯巴达带来活力，执政原则和古老风俗成就了罗马的蒸蒸日上。

---

〔1〕 参见狄奥：《罗马史》第十七章，第532页。——原注

〔2〕 同上。——原注

第五节　切忌改变民族普遍精神

世上若有这样的民族，热衷社交、心胸开阔、热爱生活、风趣幽默、擅长表达、活泼欢快、讨人喜欢、慷慨大度、勇敢坦率，富有荣誉感，时而洒脱不羁，时而大大咧咧，就不必用法律限制其风俗，以免损害其美德。性格总体良好，有些缺点何妨？

或许可以对妇女加以约束，或许可以借助法律端正其品行、限制其奢华。但是，谁敢保证不会因此而丢失藉以富民的某种情趣和藉以吸引外族的礼仪？

只要不违背政体原则，立法者就应尊重民族精神。唯有自由自在，唯有顺应天赋秉性，才能做到最好。

把迂腐学究习气强加给生性活泼民族，国家必将一无所获，国内如此，国外亦然。就让他们以严肃态度做轻松事情，以轻松心情做严肃事情吧。

第六节　不必纠正一切

在与上文描述的那个民族相似之国，有位绅士说：让我们是怎样就怎样吧，大自然会把一切安排妥帖：它赋予我们活泼性格，这可能容易得罪人，又可能容易怠慢人；它赋予我们礼貌，可以纠正活泼导致的冲动，而又激励我们赞美这个世界，尤其是赞美女性。

让我们是怎样就怎样吧：我们不拘小节，心存善念，所以，一切有碍交往的法律都不适合我们。

第七节　雅典人与斯巴达人

那位绅士还说，雅典人与我们有些相似，总是开开心心，快乐议事，也快乐办事，无论在讲坛还是在剧场，一句讥讽之语就能让他们开怀大笑。斯巴达人庄重严肃、镇静冷漠、沉默寡言。烦忧雅典人，得不到任何好处；逗弄斯巴达人，也得不到任何好处。

第八节　社交效应

交往越多，民族风俗越易改变，盖参照越多，个体特点就越突出。使之喜好交往的气候，也会使之喜欢变化；使之喜欢变化的气候，也会使之形成独有情趣。

女性社交成风有损习俗，却有助于培育情趣，盖更会取悦人之欲催生饰物；悦人胜于悦己之欲催生时髦。不可小觑时髦：人之精神日趋轻浮浅薄，造就为此服务的商业兴旺发达。[1]

第九节　民族虚荣与骄傲

虚荣乃政府良好动力，骄傲乃政府危险动力，两者作用不相上下。为证实此点，只需看看虚荣与骄傲之后果即可：虚荣带来数不

---

〔1〕 参见曼德维尔：《蜜蜂的寓言》。——原注

胜数的好处,诸如奢华、时髦、勤奋、礼貌、艺术、情趣等;骄傲给某些民族带去不计其数弊病,诸如懒惰、贫困、百业俱废,不幸落入这些民族之手的国家被毁,这些民族的自身毁灭等。懒惰乃骄傲之果,勤劳乃虚荣之果。[1] 西班牙人因骄傲而不勤劳,法兰西人因虚荣而比他人更勤劳。

懒惰民族皆道貌岸然,盖不劳动者自以为是劳动者的君主。

考察所有民族,就会发现,大多数情形是,道貌岸然、骄傲和懒惰乃形影不离。

亚齐人又骄傲又懒惰[2],无奴隶者也要租一个,哪怕只是背两品特大米走一百步。他们觉得自己背米很不体面。

世界上有不少地方的人留长指甲,以此显示他们不劳动。

印度妇女认为:识字丢脸,这是在佛塔诵经的奴隶所做之事[3];某个种姓的妇女,不纺织;另一种姓的妇女,除编筐织席外,什么都不做,甚至不舂米;还有一些种姓者认为,妇女不应打水。骄傲确立诸多规矩后,又督促人们遵守这些规矩。不言而喻,不同品质相互交织,产生不同效应,例如,骄傲与勃勃野心或者宏伟理念相结合,就在罗马人中产生了人人皆知的效应。

第十节　西班牙人与中国人性格

各民族性格皆美德与邪恶之混合、善与恶之混合。倘若幸

---

〔1〕 追随马拉坎巴汗的科罗曼德尔与卡纳蒂克人民,又骄傲又懒惰,由于贫穷而很少消费。莫卧儿与印度斯坦人民整天忙碌,像欧洲人那样享受着生活的欢乐。参见《创建东印度公司历次航行记》第一卷,第 54 页。——原注

〔2〕 参见丹皮尔:《新环球航海记》第三卷。——原注

〔3〕 参见《耶稣会士书简集》第十二册,第 80 页。——原注

运,混合往往会产生意料之外的良好效果,但是,有些混合会产生无法预想的恶劣效果。

西班牙人素来以诚信著称,据查士丁说,西班牙人对托管物尽忠职守,往往宁死也不泄露秘密[1];过去如此,如今亦然。所有在加的斯[2]经商的国家均把财产托付西班牙人保管,从不后悔。可是,这种令人钦佩的品质与其懒惰相混合,就产生了有害之果:就在其眼皮底下,欧洲各国包揽了西班牙王国的全部贸易。

中国人与西班牙人性格形成强烈反差。中国人生活不稳定[3],而具有惊人活动能量和极强烈获利欲望,致使任何经商国家都无法信任他们。[4] 由于无法得到大多数国家信任,他们只有与日本通商。尽管欧洲商人从中国北方沿海省份同日本进行贸易很方便,但是,任何欧洲商人都不敢以中国人名义进行对日贸易。

第十一节　一点感想

讲这些事,绝非为了缩小美德与邪恶之间的无限距离,但愿读者不会有误解。我只想告诉大家,一切政治弊端皆非道德邪恶,一切道德邪恶皆非政治弊端。所立之法违背民族普遍精神者,不能不懂如此道理。

---

〔1〕 参见查士丁:《世界通史》第三卷。——原注

〔2〕 加的斯,位于西班牙西南沿海加的斯湾东南侧,是西班牙南部主要海港之一。——译注

〔3〕 气候与土质使然。——原注

〔4〕 参见杜赫德:《中华帝国全志》第二卷。——原注

第十二节　专制国道德习俗

专制国有条基本准则，即绝对不能改变道德习俗，否则就会立即引发革命，盖如此之国可以说根本没有法律，只有道德习俗，颠覆道德习俗无异于颠覆一切。

法律乃人定，习俗源自感悟；习俗与普遍精神有较多联系，法律与具体制度有较多联系。颠覆普遍精神与改变具体制度同样危险，甚至更危险。

专制国，人人皆为人上人，又皆为人下人；人人皆以专权压制人，又皆受专权压制；较之自由无处不在之国，人与人交往较少，道德习俗变化较少，较为固定的习俗近似法律。因此，较之他国，如此之国的君主或者立法者，应更少触动道德习俗。

如此之国妇女，通常幽闭深闺，对外界毫无影响。男女交往较多之国，由于男女互有取悦对方之欲望，风俗就会不断变化。男女互相腐蚀，致使双方皆丧失特有的基本品质；以往认为天经地义之事，也变动不居，故风俗每天都在发生变化。

第十三节　中国人风尚

不过，中国的习俗坚不可摧。那里男女授受不亲，不但如此，学校里还教授道德与习俗。从施礼时的从容不迫，就可认定此人乃文人无疑。[1] 这些东西一旦被严师当作箴言施教，就固定为道德原则，不再变更。

第十四节 改变国家道德风俗之自然途径

前已谈及，法律乃立法者制定的具体而严密的制度，道德习俗乃国家的一般制度。改变道德习俗，不应求助法律，否则，过于专横。借助另一道德习俗而改变原有道德习俗，或许会更好。

因此，君主欲实施大变革，就应以法律改革法律所确立之物，以道德习俗改革习俗所确立之物。以法律改革习俗所确立之物，乃极其糟糕策略。

彼得一世用法律强迫俄罗斯人剪短胡子和上衣、下令进城者要把长袍剪短至膝盖的举措，皆为暴政。预防犯罪之手段乃刑罚，改变习俗之手段乃榜样。

该国迅速而轻易得到治理，这就表明君主对人民的判断发生错误，人民并非如他想的那样愚蠢。其实完全没有必要采用暴力手段，用温和手段同样可以达到目的。

他自身经历证明变革并不困难。过去妇女幽闭深闺，在某种程度上是奴隶。他把她们请到宫廷，让她们穿上德意志式服装，送给她们一些布帛。这些女性领略了全新生活方式，其情趣、虚荣与欲望得到极大满足，于是就让男性与她们共享。

变革之所以并不困难，在于其时习俗，与气候无关，乃由征服战争与民族融合而带来的。彼得一世轻而易举就把欧洲习俗引进

---

〔1〕 参见杜赫德:《中华帝国全志》第二卷。——原注

一个欧洲国家,他自己都甚感意外。气候乃所有因素中的首要因素,所以,他根本不必为改变习俗而制定法律,只要引进倡导另一习俗即可。

一般而言,人民总是留恋习俗,用暴力让其抛弃原有习俗乃为伤害。所以,不应强硬改变习俗,而应引导人民改变习俗。

凡并非必需之罚皆为暴政。法律并非纯粹的权力展示;本质上无关紧要之事,不属法律管辖范围。

第十五节　治家对治国之影响

妇女道德习俗改变,无疑对俄罗斯政体发生巨大影响。万物皆密切相关:君主专制与妇女奴役相关,妇女自由与君主政体精神相关。

第十六节　某些立法者混淆规范人之原则

道德习俗,并非法所确立的习惯行为。换言之,法律不曾、不能、不愿确立习惯行为。

法与道德习俗区别在于:法着重规范公民行为,道德习俗着重规范人之行为。道德与习俗区别在于:道德主要与内心活动相关,习俗主要与外部行为相关。

这些东西,有时在某些国家会被混淆[1]。莱库古把法、道德

---

〔1〕 摩西把法与宗教放在同一法典,早期罗马人对法与古老习俗不作区分。——原注

与习俗放在同一法典,中国立法者也如此。

斯巴达与中国立法者把法、道德与习俗混为一谈,我们不必惊讶,盖其道德就是法,其习俗就是道德。

中国立法者主要目标,乃让人民安居乐业。他们要求人们互相尊重,时刻不忘自己受惠于人甚多、无人不在某个方面有赖于人。因此,中国立法者制定了最广泛的礼仪规范。

例如,在中国,乡村野夫和高官显要都同样讲究教养礼仪。〔1〕这是培育仁厚宽和品质、维护太平良序、消除暴戾邪恶的好办法。的确如此,不受教养礼仪约束,岂不放纵邪恶?

就此而言,教养胜过礼貌。礼貌逢迎他人之恶,教养阻止自身之恶。教养犹如一堵墙,可以防止人们互相腐蚀。

所立之法严酷的莱库古,未把教养当作目标,而旨在培育民族尚武精神。不断纠正他人行为并接受他人纠正自身行为、不断教导他人并接受他人教导的民族,既质朴又刚毅,不仅彼此敬重,而且更以美德彼此相待。

第十七节　中国政体独有特点

中国立法者还把宗教、法律、道德与习俗融为一体。〔2〕这一切,皆为伦理,皆为美德;与这一切有关之规范,皆为礼教。中国政体之成功,就在于严守礼教。中国人自幼学习礼教,终生实践礼教。文人传授礼教,官员宣扬礼教。事无巨细,礼教无处不在。因此,只要找到严格遵循礼教之法,中国就可以治理得非常好。

---

〔1〕参见杜赫德:《中华帝国全志》第三卷。——原注

〔2〕参见杜赫德神父为我们从古代经典中摘录的那些精彩片断。——原注

这些礼教深入中国人心灵骨髓,原因有二:第一,中国文字书写极为繁杂,必须大量读书才能识字,而所读内容就是礼教,故中国人一生很大一部分时间都把注意力集中在这些礼教上。第二,礼教并非高深知识,只是日常行为准则而已,故更易深入人心、更具说服力。

不以礼教而以刑罚治国之君主,企图借助刑罚树立良好风尚,乃徒劳无功。把丧失道德而触犯刑律者逐出社会,刑罚完全能做到,可是,倘若所有人都丧失道德,刑罚能重新树立良好风尚吗?刑罚可以有效消除普遍邪恶之诸多后果,却无力消除邪恶本身。因此,中国政体原则一旦被抛弃,道德一旦沦丧,国家就会立即陷入无政府状态,革命就随即爆发。

第十八节　前节结论

中国并不因为被征服而丧失法律。中国的道德、习俗、法律与宗教皆为一体,不可能同时把这些东西统统改变。欲改变,不是改变征服者,就是改变被征服者,但在中国,素来改变的是征服者。征服者习俗并非其习俗,征服者习俗并非其法律,征服者法律并非其宗教,所以,同化征服者比同化被征服者容易。

由此引出另一不幸之果:基督教欲在中国立足,几无可能[1]。女性为贞操发誓、在教堂集会、与神职人员交往、领吃圣餐、面对面忏悔、临终涂油以及男子不得纳妾等,所有这一切均违背该国道德习俗,同时也与其宗教法律相抵触。

---

〔1〕 详见中国官员禁教令列举的理由。参见《耶稣会士书简集》第十七册。——原注

基督教的慈善、公开礼拜和集体圣礼,似乎要求一切皆彼此相联;中国礼教,似乎要求一切皆彼此隔离。

我们已经明白,隔离通常与专制精神相关。[1] 这也让我们明白,君主政体乃至一切温和政体与基督教彼此更为兼容[2],此乃原因之一。

第十九节 中国人如何将宗教、法律、道德与习俗融为一体

中国立法者治国主旨,乃天下太平。他们认为,俯首帖耳乃维护太平有效手段。基于这一思想,他们认为应激励人们孝敬父母,并不遗余力推行。他们用繁文缛节促使人们在父母生前死后恪尽孝心。父母生前子女不尽孝,父母死后子女不可能尽孝。祭祀亡亲与宗教的关系较为密切,孝敬在世父母与法律、道德与习俗的关系较为密切,不过,此乃内容极为广泛的同一部法典的不同内容而已。

敬父母,就必然敬所有可以视同父母者,诸如长者、老师、官员、皇帝。孝敬父母,就意味着父母要报之以关爱子女。与此同理,长者要关爱幼者,官员要关爱下属,皇帝要关爱臣民。所有这一切构成礼教,礼教又构成民族普遍精神。

我们可以感受到,看似最无关紧要之事,却与中国基本政制有关。帝国治国基础,乃治家。削弱父权,哪怕仅仅削弱表示敬重父权之礼仪,也不啻是削弱对视同父亲的官员的敬重,也会造成原本

---

〔1〕 参见本书第四章第三节、第十九章第十二节。——原注

〔2〕 参见本书第二十四章第三节。——原注

视百姓为子女的官员不再关爱百姓,君臣之间的敬重与关爱就渐渐消失。只要削弱其中某一种,国家就会动摇。儿媳妇每天清晨是否向婆婆请安,本身无关紧要,可是,倘若注意到,这些日常细节不断唤起必须让人人铭记于心的一种感情,而且正是这种感情构成中华帝国治国精神,就会明白,此类琐碎行为并非可有可无。

第二十节　中国人矛盾现象解释

非常奇怪,中国人为人处世完全遵循礼教,却是世界上最狡黠的民族。在贸易中,如此情形尤其明显。尽管贸易最本质要求乃讲诚信,但是,中国人在贸易中从不讲诚信。例如,他们买东西时得自备称秤[1],盖每个商人都有三种秤:一是大秤,用于买进;二是小秤,用于卖出;三是准秤,用于有所戒备者。窃以为,这种矛盾现象可以得到解释。

中国立法者目标有二:既要求百姓服从安分,又要求他们勤奋灵活。由于气候土壤之故,中国百姓生活相当艰难,唯有勤奋灵活才能养家糊口。

当人人服从、人人劳动时,国家形势大好。也许生活所迫,也许气候之故,中国人个个利欲熏心至令人难以置信地步,法律从未对此加以约束。凭暴力而获利之行为,皆在禁止之列,但是,凭伎俩或者狡诈而获利之行为,皆不在被禁之列。千万别把中国人的道德与欧洲人的道德相提并论。每个中国人都得关注什么对自己有利。倘若骗子关注自身利益,受骗者也就应保护自身利益。斯

---

〔1〕 参见朗克:《1721至1722日记》;参见伊斯勃兰兹·伊德斯:《北方游记》第八卷。——原注

巴达允许偷盗,中国允许欺骗。

第二十一节　法律与道德习俗关系

唯有个别国家才把法律、道德、习俗等本质不同而应区分之物混淆。尽管不同,但是,它们之间存在密切联系。

有人问梭伦,他为雅典人所立之法是否最好?答:“我所给予的,乃他们能够接受的最好之法。”[1]说得真好,但愿所有立法者都能听懂!上帝对犹太人说:“我给予你们的训诫并不好。”其意思是,戒律只是相对较好而已,其优点仅为消除摩西法之缺陷。

第二十二节　法律与道德习俗关系(续)

一个民族具有良好道德习俗,法律就会很简单。柏拉图说:拉达曼图斯[2]所统治人民的宗教信仰极其虔诚,他让案件当事人针对指控发誓,故办案速度极快。[3] 柏拉图又说,但是,对不信教人民,不可使用立誓,除非立誓者如法官和证人一样与案件没有利害关系。[4]

---

〔1〕 参见普鲁塔克:《梭伦传》第九章。——原注

〔2〕 拉达曼图斯,又译“拉达曼迪斯”。根据希腊神话传说,其系宙斯之子、克里特第一代国王,死后与米诺斯、艾亚哥斯并称“冥界三法官”。——译注

〔3〕 参见柏拉图:《法篇》第十二卷。——原注

〔4〕 同上。——原注

第二十三节　法律追随道德习俗

罗马人道德习俗纯净时期，没有专门惩治挪用公款之刑律。这种罪行最初出现时，被视为极为可耻行为，故责令当事人如数归还赃款[1]乃为严厉惩罚。西庇阿的判决，足以为证。[2]

第二十四节　法律追随道德习俗(续一)

将未成年人监护权赋予母亲之法，着重保护被监护人人身；赋予最近继承人之法，着重保护财产。对道德习俗腐化民族，监护权宜赋予母亲；若法律对民族道德习俗抱有信心，监护权就往往赋予母亲或者最近继承人，有时同时赋予两者。

认真研究罗马法，就会发现罗马法精神与我所说相符。在制定《十二铜表法》时，罗马人道德习俗很好。未成年人监护权交给最近亲属，就是认为享有优先继承权的最近亲属应承担监护义务。虽然被监护人死亡可以给监护人带来好处，但是，人们并不认为这样做会危及被监护人生命。罗马人道德习俗改变后，立法者思维方式也随之改变。盖尤斯[3]和查士丁尼说[4]，[5]在未成年被监

---

[1] “如数归还”。——原注

[2] 参见李维：《罗马史》第三十八章第三节。——原注

[3] 盖尤斯(约130—约180)，罗马帝国前期著名法学家，“罗马五大法学家”中最早的一位。——译注

[4] 参见《法学阶梯》奥齐尔辑1658年莱顿版第二卷第六章第二节。——原注

[5] 参见《法学阶梯》第二卷第三章“未成年替代继承”。——原注

护人需要替代继承人时，倘若立遗嘱人担心替代继承人可能加害被监护人，就可以留下一份公开的普通替代继承书，同时把一份未成年人替代继承书列为一定时间后方可公开的遗嘱内容。[1] 这些都是早期罗马人从未有过的担心和防范措施。

第二十五节　法律追随道德习俗（续二）

罗马法允许婚前自由馈赠而婚后不可。这是基于罗马人道德习俗作出的规定。罗马人憧憬的婚姻生活是节俭、简单和朴实，当然，家人呵护、殷勤照顾以及婚姻幸福也具有相当吸引力。

《西哥特法》规定，男方婚前赠与女方不得超过自身财产的十分之一，婚后第一年不得对女方作出赠与。[2] 这也是基于其道德习俗作出的规定。立法者旨在遏制西班牙式摆阔之风，如此之风只会导致炫耀浪费。

罗马人用法律消除世上最长寿帝国即品德帝国之弊病；西班牙人企图用法律遏制世上最脆弱暴政即美色暴政之恶果。

第二十六节　法律追随道德习俗（续三）

《狄奥多西法》[3]和《查士丁尼法典》根据古老的罗马道德习

---

〔1〕 普通替代继承文书格式："某人若不继承，则由我继承。"未成年人替代继承书格式："某人若死于成年之前，则由我继承。"——原注

〔2〕 参见《西哥特法》第三卷第一章第五节。——原注

〔3〕 《狄奥多西法》，又称《狄奥多西法典》，由东罗马帝国皇帝狄奥多西二世组织编撰、通行于东西罗马帝国，公元 438 年公布，公元 439 年起正式施行。——译注

俗规定休婚理由[1],[2]其休婚理由之一是:丈夫惩罚妻子方式有辱女自由民身份的,妻子可以休婚。[3] 后来取消这一理由[4],盖情势已发生变化,东方道德习俗已取代欧洲道德习俗。史书记载,伺候查士丁尼二世[5]皇后的太监总管威吓皇后,他要像惩罚学童那样惩罚她。除非这种习俗已经确立或者正在试图确立,否则,如此情形无法想象。

我们已经知道法律如何顺应道德习俗,下面看看道德习俗如何顺应法律。

第二十七节　法律对民族道德、习俗与性格形成之影响

受奴役民族习俗,乃奴役组成部分;自由民族习俗,乃自由组成部分。

第十一章已谈及自由民族并指出其政体原则。现在看看其政体影响以及由此形成的道德、习俗与性格。

我不否认,气候在很大程度上决定民族道德、习俗与法律,但要指出的是,民族道德、习俗与法律具有密切联系。

这种国家存在两种显而易见的权力:一是立法权,二是行政权。每个公民都拥有自身意志,可以充分展示其独立性;大多数人对两种权力均有所偏好,盖大众无法公正理性看待它们。

---

〔1〕 参见《查士丁尼法典》第八章“休婚”。——原注

〔2〕 还有《十二铜表法》。参见西塞罗:《第二菲利比克》第六十九章。——原注

〔3〕 “倘若他用鞭子抽打身为自由民的妻子的事实得到证实。”——原注

〔4〕 参见《新法集》第一百一十七章第十四节。——原注

〔5〕 查士丁尼二世(约 670—711),东罗马帝国皇帝(685—695、705—711 在位)。——译注

行政机构执掌所有职位，给予人们巨大希望而不是恐惧，故从中受惠者均支持它，而无望受惠者皆可能反对它。

在那里，种种欲念皆不受约束，仇恨、羡慕、嫉妒、发财致富和出人头地之欲，皆可充分展示，否则，国家犹如沉疴缠身者，就会极度疲乏、毫无活力。

两派之间仇恨将长期存在，盖谁也无力战胜对方。

两派皆为自由民，故一派占上风时，因自由效应，另一派就会被压制。此时，公民就会像双手支撑身体般支持弱者。

独立之人往往随心所欲，反复无常，频繁更换派系，会抛下所有朋友，离开这一派投奔满眼都是敌人的另一派。在如此之国，人们常常会忘掉友谊规则，也会忘掉仇恨规则。

那里的君主像普通人，不顾审慎之道，不得不信任冒犯其最甚者，让最尽心伺候者失宠。总之，凡事皆不得已而为之，而其他君主可以自由选择。

由于害怕丧失已享有但也许会被误解、遮掩之幸福，由于恐惧往往放大追求之目标，人们对自身境遇就会感到不安，甚至在最安全之时也觉得身处险境。

那些不遗余力反对行政权者，不敢承认其自私动机，从而加剧人民的恐惧，导致人民始终无法判断是否面临危险。不过，这有助于人民避免未来可能面对的真正危险。

但是，立法机构拥有人民的信任又比人民有远见，可以改变人民对它的不良印象，抚平人民的焦虑情绪。

此乃这种政体优于古代民主政体之处：古代民主政体人民拥有直接权力，演说家煽动立竿见影。

被煽动的恐惧没有确定目标时，就只能产生无谓的叫嚣与咒骂。不过，这种恐惧也有好处，可以让政府振作、让公民警觉。但是，这种恐惧，倘若系违背基本法而产生的，就会是沉重、可悲、残酷甚至是灾难性的。

不久，就会看到一种可怕的沉默，所有人都在沉默中团结起来反对破坏法律的权力。

倘若人们的不安没有确定目标，此时有国外势力威胁国家安全而致国家财富或者荣誉处于危险境地，小利益就会服从大利益，全体人民就会团结支持行政当局。

倘若因违反基本法而引起争端，进而引发外族入侵，就会发生革命。但是，这种革命既不会改变政体，也不会改变制度，盖自由引发的革命只会起到巩固自由的作用。

自由之国会有解放者，奴役之国只会有压迫者。

有能力驱逐专制君主者，就有能力成为专制君主。

欲享有自由和保障自由，皆应让人人畅所欲言；只要法律没有明文禁止，人人皆应享有言论、写作自由。

总是躁动不安的这个民族，很容易抛却理性而受情感驱使，盖理性从不对其精神产生巨大影响。因此，如此民族很容易受统治者驱使，做出不利于其真正利益的举动。

这个民族深爱自由，盖其自由是真实的。为捍卫自由，他们甚至宁愿牺牲财富、安逸和利益，承担最专横君主也不敢强加于臣民的沉重赋税。

他们理解承担重税的必要性，并在缴纳重税时确信以后不再缴纳，因此，赋税虽重，却轻于其感觉，而在其他国家，人们对苛政的感受超出苛政本身。

这个民族信誉可靠，盖它向自己借钱，向自己还钱。它可能有时不顾实际能力办事，用巨额虚拟财富反对敌人，盖政府信誉与政体性质可以把虚拟财富变为真实财富。[1]

为捍卫自由,主权者向臣民借款。臣民认为,国家被征服,债权就会丧失,故又有新动力竭力捍卫自由。

这个居于海岛的民族,不想成为征服者,盖远征会削弱其实力;尤其是其土地肥沃,它没有必要借助战争致富;任何公民皆不从属某一公民,因此,人人皆重视自身自由甚于荣耀。

在那里,军人系有用但往往危险的职业,犹如那些为国家从事艰苦事业之人,所以,文职人员更被看重。

和平与自由让这个民族安定舒适并摆脱有害偏见,从而成为贸易之国。它不但经营原材料,而且经过加工使之具有更高价值;它还在自己土地上建立适宜场所,供人们享用上天赐予的这些礼物。

这个国家地处北方,拥有大量过剩产品。但是,受气候制约,有许多商品它不能生产,所以,有必要与南方国家进行大规模贸易。它从那些其愿意给予通商优惠之国中进行选择,与之缔结互利条约。

在一方面极端富裕、一方面赋税过重之国,不拼命劳作,就无法维持生计,因此,有许多人以旅行或者健康为由,背井离乡,甚至到奴役之国,追求财富。

贸易之国,有着诸多细微而特殊的利益,有可能以各种方式伤害他国或者被他国伤害。因此,其忌妒心十足,看到别国繁荣富强就会感到不快乐,其程度远远超过自身富足而带来的欢乐。

该国法律温和易行,但有关别国在其境内贸易航运之规定,却相当严厉,乃至让人觉得似乎在同敌方谈判。

---

〔1〕 此处的“虚拟财富”,疑指金、银、纸币以及贷款等,“真实财富”疑指土地和劳动产出等。本节“这个民族”疑指英国,“其他国家”主要疑指法国。——译注

这个国家派遣侨民至海外殖民，与其说是扩张统治版图，莫若说是拓展贸易。

人类喜欢在他乡看到家乡之物，该国就把自身政体移植到殖民地。这种政体带去的是繁荣，因此，凡是有它派遣人员殖民之地，即使是茂密森林之地，也会培育出强大民族。

它曾征服一个邻国[1]。该邻国地理位置、优良港口及其资源，令它艳羡不已。因此，它虽然让该邻国拥有自己的法律，却依然让它在很大程度上处于依附地位。所以说，尽管那里的公民享有自由，国家却处于受奴役状态。

这个被征服之国拥有良好的文职政府，却受万民法压制，被迫接受他国强加之法，致使其繁荣十分脆弱而完全取决于宗主国意志。

该宗主国居于大岛，掌控大量贸易，拥有能力取得海上优势。为捍卫自由，它需要海军而不是要塞、堡垒和陆军，确保不被侵略。其海军比其他列强海军强大，盖其他列强需要应付陆战，而没有足够财力应对海战。

海上霸权往往让拥有者具有天然傲气，盖其以为可以到处欺凌，以为自身权力如同海洋一样无边无际。

这个国家对邻国具有巨大影响。它不对邻国实行武力征服，故邻国皆寻求与其友好相处，惧怕与其结仇。但是，该国政府更迭无常，国内骚乱不断，故它无法与邻国友好相处，也顾不上仇恨邻国。

因此，其行政当局在国内几乎总是忧患不已，在国外则备受尊崇。

---

〔1〕 疑指爱尔兰。——译注

这个国家倘若在某些场合成为欧洲谈判中心，将会比其他国家更为正直诚信，盖其大臣常常不得不出席议会为自身行为作辩解。因此，他们的谈判不会秘密举行，他们不得不较为诚实。

此外，不按常规行事而发生事故，他们就要负一定责任，因此，对其而言，最安全做法乃直来直去。

该国贵族一度拥有过大权力，君主通过提升人民地位而贬压贵族。在贵族受到贬压与民众开始感到手中有权的这段时期，其奴役达至顶峰。

这个国家从前受专制权力统治，故在诸多方面仍然保留专制作风，往往可以在自由政体之基础上看到专制形式。

在宗教上，这个国家的公民享有意志自由，或受理性指引，或随心所欲，要么对宗教信仰无所谓而信仰某种宗教，要么热衷于信仰主流宗教，故教派繁多。

这个国家也有不信教者，这并非不可能。已信奉某种宗教者，无法容忍他人强迫其改信他教，盖其认为：思想不属于自己，生命与财产也不一定属于自己；可以剥夺其思想，就可以剥夺其生命与财产。

在各种宗教中，倘若有企图借助奴役而确立的宗教，就必然是一种令人憎恶的宗教。判断事物依据，乃事物之间关系及其附属物。在我们头脑中，这种宗教永远不可能与自由相联系。

制止宣扬这种宗教的法律，绝非血腥残酷法律，盖自由绝不会想象出此类法律。但是，这种法律也许极其严厉，可以无情施加痛苦。

由于诸多原因，牧师信誉可能不如其他公民。牧师宁愿被归为常人而承担与常人相同赋税，也不愿意有别于常人。不过，牧师始终希望获得民众尊敬，就以隐居生活、自律行为和淳朴道德而显示其与众不同。

牧师无力保护宗教,宗教也无力保护他们;既然不能强迫人们信教,就只能说服他人信教。因此,他们为我们撰写了用以证实上帝启示与旨意的优秀著作。

人们不允许牧师集会,甚至不允许其改正恶习。出于自由狂热,人们宁可让教会改革半途而废,也不愿意让牧师成为改革者。

较之他国,作为基本政制组成部分的高官显要,比较稳定;这个自由之国,高官显要比较近民,虽然等级比较分明,但人与人之间区别并不显著。

其掌权者每天都得提升自己,或者说,每天都要振作精神,重视能干之人而非消遣逗乐之人。因此,这个国家较少佞臣、谄媚者、奉承者以及仗势牟利者等。

人们不看重虚浮才华和成绩,看重的乃实实在在的东西,即财富与成就这两者。

人们享有的实在奢华,不是建立在虚荣心之上,而是建立在实际需要之上。人们别无他求,只追求大自然赐予的乐趣。

人们享有的财富绰绰有余,并不喜欢浅薄轻佻之物。不少人钱财多而花费少,就以奇特方式处理财产。在这个国家,见识多于情趣。

人们一直为自身利益奔忙,故未产生以闲暇为基础的礼节,而且他们确实无暇讲究礼节。

罗马人讲究礼节的时代,正是其建立专制政体的时代。专制政体催生闲暇,闲暇催生礼节。

在一个国家,人们越需要彼此谨慎相待以免他人不快,就越需要礼仪。但是,让我们有别于蛮族的礼仪,乃道德礼仪而非习俗礼仪。

在所有男子均以某种方式参与理政治国，女性就几乎不应与男性共同生活；女性应矜持羞涩，此乃其美德；男性不献殷勤，可以纵情寻欢作乐，享受自由闲逸。

法律对所有人皆一视同仁，因此，人人皆认为自己是君主；人与人关系，与其说是同胞，莫如说是同盟者。

该国气候令许多人心绪不宁但视野开阔，其政体确保人人皆可参与政事，故人们对政治感兴趣而时常谈论政治，甚至有人一生都在预测事变，但世事无常、命运叵测，怎能预测？

在自由国度，个体思考评说对与错无关紧要，要的就是人人皆思考评说；由此而生的自由，就是大家不受这些思考评说禁锢的保证。

但在专制政体，人们的思考评说，无论对错，皆为有害，盖任何思考评说皆为攻击专制政体。

许多不愿谄媚者随心所欲，大多数富有才智者为才智所累：他们鄙夷、憎恶一切，常为不该苦恼之事苦恼。

公民谁也不怕谁，国家就足以自傲；国王自傲，无非不受约束而已。

自由之国骄傲，其他国家易流于虚荣。

骄傲者往往与自己人共同生活时才骄傲，生活于陌生人群就会羞涩。在大多数情况下，从他们身上看到的，乃羞涩和自傲之奇特结合。

民族性格突出表现在优秀著作之中，从中可以看到独自潜心思考之人。

社会生活告诉我们何为滑稽可笑，离群幽居让我们反思过错。

他们的讽刺作品尖酸辛辣，在他们中间有许多尤维纳尔[1]，却很难找到一个贺拉斯[2]。

在极端专制之国，历史学家背叛真理，盖其没有阐明真理之自由；在极端自由之国，他们却因自由而背叛真理，盖自由总是引起分裂，人人皆为所属宗派偏见之奴隶，与专制奴隶无异。

他们的诗人在创作上往往不事雕琢，胜于讲究品位的精美雅致。他们的诗歌，接近米开朗琪罗[3]之气势，而远离拉斐尔[4]之优雅。

---

〔1〕 尤维纳尔(约公元1世纪至2世纪)，又译"尤维纳利斯""朱文纳尔"等，罗马讽刺诗人，著有五卷本《讽刺诗》。——译注

〔2〕 贺拉斯(公元前65—前8)，古罗马诗人、批评家、翻译家，与维吉尔、奥维德并称"古罗马三大诗人"，代表作《诗艺》等。他在《诗艺》中说："忠实原作的译者不会逐字死译。"——译注

〔3〕 米开朗琪罗(1475—1564)，又译"米开朗基罗"，意大利著名画家。——译注

〔4〕 拉斐尔(1483—1520)，意大利著名画家。——译注

第四编

向缪斯[1]祈求灵感[2]

〔1〕 缪斯,希腊神话中掌管文艺与科学的九位女神总称。——译注

〔2〕 有人认为,本节文字有些突兀怪异。书稿付梓时,有人建议删除此节。孟德斯鸠有过犹豫,但最终保留。若深入研究,本节文字与全书开篇、结尾构成呼应,富有深意。——译注

皮埃里亚山[1]圣女，听见我怎么称呼你们吗[2]？[3] 赐予我灵感吧！漫漫人生路，烦恼困扰着我，疲惫击打着我。把远去的宁静与温柔，赐予我吧！你们欢愉地将人们引向智慧与真理之时，乃你们无比神圣之际。

倘若你们不愿把言辞激烈的拙作变得温顺入耳，就把它束之高阁吧！让我沉思吧，尽管我似乎在思索；让人们从中受益吧，尽管我并非在释疑解惑；让人们相信吧，我原本一无所知，我揭示的有用东西，皆为你们所赐。

你们的泉灵之水，从你们深爱的山岩喷涌而出，冲向天空，非为落下，而为流向草原，盖牧民的喜悦乃你们的喜悦。

楚楚动人的缪斯啊！只要你们瞥我一眼，人人都会来阅读拙作；阅读并非娱乐作品的拙作，也会带来快乐。

神圣的缪斯啊！我预感，你们赐予我的灵感，不仅仅是坦佩谷[4]里和着芦笛的歌声，也不仅仅是德洛斯岛[5]上伴着七弦琴反复吟诵的诗篇。你们也希望我展示理性，盖理性乃人类最高尚、最完善、最精美的意识。

---

〔1〕 缪斯女神出生、居住于皮埃里亚山。——译注

〔2〕 参见尤维纳尔：《讽刺诗》第三十五首第35、36行："说吧，皮埃里亚山的处女！/合适吧，称呼你们为处女。"——原注

〔3〕 尤维纳尔以戏谑口吻称缪斯女神为"处女"，实则讽刺其并非处女。孟德斯鸠无视尤维纳尔《讽刺诗》，直呼缪斯女神为"圣女"，足以显示其祈求缪斯女神之真诚。——译注

〔4〕 坦佩谷，又译"塘比山谷""潭蓓谷"等，希腊北部峡谷，位于有"希腊神山"之称的奥林匹斯山南、俄萨山北，以"阿波罗与缪斯钟爱之处"以及田野风光秀丽迷人而闻名。——译注

〔5〕 德洛斯岛，爱琴海上小岛，据说是太阳神阿波罗出生地。——译注

第二十章　法与贸易

——从贸易性质与特点谈起

广袤世界赐我全部教导。

——维吉尔[1]《埃涅阿斯纪》

（第一篇第741行）

第一节　贸易

以下主题本应以更大篇幅深入论述，但本书不允许。我很想泛舟平缓之流，却被卷入激流。

贸易可以医治破坏性偏见，这几乎是一条普遍规律：哪里有宜人道德习俗，哪里就有贸易；哪里有贸易，哪里就有宜人道德习俗。

不必惊讶，我们的道德习俗已不像从前那样

〔1〕 维吉尔（公元前70—前19），又译"魏吉尔"，古罗马诗人，生活在欧洲古代文明行将结束、基督教即将统治欧洲时期，其历史地位颇像生活在中世纪和近代之交的但丁的历史地位。生前已被公认为最重要的罗马诗人，死后声名始终不衰。代表作《牧歌》《农事诗》《埃涅阿斯纪》。——译注

野蛮凶残。贸易促使人们了解各国道德习俗，并在对比中受益匪浅。

贸易法既可净化道德习俗，也可破坏道德习俗。柏拉图抱怨：贸易腐化淳朴道德习俗。[1] 但我们每天看到的，是贸易促使蛮族道德习俗日益淳厚。

第二节 贸易精神

贸易必然结果乃和平。两国通商，就会相互依存：一方买进获利，另一方卖出获利，故两国关系建立于互相需要基础上。

贸易精神虽然可以团结各国，但无法团结个人。我们看到，在那些仅受贸易精神影响之国[2]，一切行为，一切伦理道德，皆可交易，甚至人性所要求的最微不足道之事，也要用金钱交换。

贸易精神有助于培育正确公正观念。它一方面与抢掠水火不相容，另一方面与某些伦理道德格格不入。这些伦理道德要求人们不要斤斤计较个人得失，要为他人利益舍弃自身利益。

反之，根本没有贸易，就会催生亚里士多德视为财富获取方式之一的抢掠。抢掠精神丝毫不会与某些伦理道德相悖，例如，殷勤好客在贸易之国极其罕见，在抢掠为生之国随处可见。

塔西佗说：无论把生客还是熟客拒之门外，日耳曼人皆视为亵渎神明。殷勤款待陌生客者，会告诉客人另有好客之家，客人在那

---

〔1〕 恺撒说：高卢人因与马赛人毗邻并通商而变坏，过去总是他们征服日耳曼人，后来他们被日耳曼人征服。参见恺撒：《高卢战记》第六卷第二十三章。——原注

〔2〕 此处指荷兰。——原注

里也受到殷勤款待。[1] 可是,日耳曼人建立各王国后,款待客人成为负担,从《勃艮第法》两项规定就可得知:一项规定,任何蛮族人把罗马人的家告诉陌生客,皆受惩罚;另一项规定,无论谁接待外来客,费用皆由居民分摊。[2]

第三节　贫困

贫困情形有二:一类由于苛政而贫困,这类民族几乎不可能有所作为,盖贫困乃奴役组成部分;一类仅仅由于鄙视或者从未品尝舒适生活而贫困,这类民族大有作为,盖贫困乃自由组成部分。

第四节　不同政体贸易

贸易与政体具有一定联系。在一人执政政体,贸易通常建立于奢华之上。其贸易虽然也基于实际需要,但主要目的乃为满足骄奢淫逸和荒诞需要。在多人执政政体,贸易通常建立于节俭之上。其商人眼观全球,把一国商品运至另一国。许多共和国,诸如提尔、迦太基、雅典、马赛、佛罗伦萨和荷兰,皆为这种贸易国。

后一种贸易与多人执政政体有着必然联系,与一人执政政体仅有偶然联系。这种贸易的基础是少赚钱,甚至比其他国家赚得少,但长久稳定贸易可以积少成多。因此,讲究奢侈民族不可能从

---

〔1〕“正在款待客人的主人把另一位主人介绍给客人。”参见塔西佗:《日耳曼尼亚志》第二十一章;参见恺撒:《高卢战记》第六卷。——原注

〔2〕参见《勃艮第法》第三十八章。——原注

事这种贸易，这种民族奢侈无度，眼里只有宏大目标。

西塞罗就持这种观点："我不喜欢同一民族既是统治者又是经纪人。"[1]确实如此，一身两任，就会这样：每一个人乃至整个国家，头脑中既充满宏伟计划，又充满微不足道的小目标。这相当矛盾。

这并非说，节俭贸易之国就不能成就伟业，就不可能像君主政体那样具有果敢精神，原因如下：

一种贸易可以带动另一种贸易，小型贸易可以发展为中型贸易，中型贸易可以发展为大型贸易，原本只想赚些小钱者也想赚大钱。

大型贸易必然始终与公共事业交织在一起。但是，在大多数情况下，商人对君主国公共事业心存疑虑，对共和国公共事业信心十足。因此，大型贸易不适合君主政体，而适合共和政体。

总之，商人对共和国稳定抱有信心，敢于大胆经营；确信经营安全无虞，敢于增加投入以获取更多利润。在获取财富时，商人面临的唯一风险乃用什么手段，因此，人人皆渴望发财致富。

我并非说君主国不能从事以节俭为基础的贸易，而只是认为君主国在性质上不太适合从事这种贸易。我也并非说我们所熟知的共和国皆不从事以奢华为基础的贸易，而只是认为，此类贸易与其政体关系不大。

至于专制政体，就不必多言。根据普遍规律，在奴役之国，致力维护现有之物甚于获取新东西；在自由之国，人们致力于获取新东西甚于维护现有之物。

---

[1] "我不希望同一民族身兼统治者和海关官员职务。"参见西塞罗：《论共和国》第四章。——原注

第五节 从事节俭贸易民族

马赛,于波涛汹涌大海而言,是必不可少的避风港。那里的风向、海滩以及海岸位置皆表明,马赛适宜船只停靠,因而成为航海者频频光顾的港口。由于土地贫瘠,马赛人不得不从事节俭贸易。[1] 他们必须用勤劳弥补大自然之吝啬;必须公正待人才能同带来繁荣的蛮族共处;必须温和安分才能保持政体安定。总之,他们必须养成节俭习俗,才能长久依靠微利而稳定的贸易维持生活。

苛政与压迫催生节俭贸易之情形,比比皆是。人们被迫逃往沼泽海滩、荒郊野岛,就属这种情形。提尔、威尼斯以及荷兰诸多城市,就是这样建立起来的。逃难者发现那里安全,但要维持生计,就要与世界各地进行交易。

第六节 大航海效应

从事节俭贸易之国,为换取一国商品,需要另一国商品作本钱,有时就会出现愿意在某国只赚微利甚至不赚,而寄望在他国获取厚利之情形。荷兰就是这样,它几乎独霸欧洲南北贸易,它运往北欧的法国葡萄酒,在某种程度上只是它从事北欧贸易的本钱。

我们知道,某些来自远方的商品,在荷兰的售价往往不如原产地。其原因是:需要重物压仓时,船长就购进大理石;需要分类装

[1] 参见查士丁:《世界通史》第四十三卷第三章。——原注

载货物时,就购进木材。只要不赔,就是有赚。因此,荷兰有采石场和采伐业。

不赚钱的贸易有利可图,甚至赔本买卖也有利可图。听说荷兰捕鲸业往往得不偿失,可是,为捕鲸造船的员工,为捕鲸提供桅杆和船具以及海上生活用品的商人,恰恰是捕鲸业受益者:亏在捕鲸,赚在供应。这就像买彩票,中头奖诱惑着每个人。人人皆爱赌博,甚至最清醒者也心甘情愿赌上一把。看不清赌博真相,就会误入歧途,引发暴力,导致虚度年华、倾家荡产甚至断送性命。

第七节　英国贸易精神

英国很少与他国签订关税协议,关税随国会更迭而异,税额时增时减。英国希望藉此保持独立。英国对外国商人极端嫉妒,几乎不缔结条约约束自己,仅以本国法律为依据。

别国会为政治利益而牺牲贸易利益,英国却素来为贸易利益而牺牲政治利益。

英国,乃世上最善于权衡宗教、贸易与自由三者关系之国。

第八节　如何限制节俭贸易

有些君主国制定针对性法律,抑制从事节俭贸易之国,如只接受其本国商品而禁止输入其他国家商品,只允许使用本国制造的船只运送货物。

制定如此法律之国,应能从容从事贸易活动,否则,自身也受损。与节俭贸易国通商乃十分有益：这些国家不求厚利，因贸易之需而对贸易伙伴具有依赖性；它目光远大、贸易范围广而懂得如何倾销商品；它资金雄厚而有能力大量收购商品并准时付款；它有需求而讲诚信，爱好和平，力求获利而不会征服他国。窃以为，与这种国家通商，好过与素来好斗而又不具有上述优势之国通商。

第九节　排他贸易

没有特别理由，就不应排斥与任何国家通商，此乃至理名言。日本人只与中国和荷兰通商。中国人仅食糖贸易就获利十倍，有时以货易货也同样获利。〔1〕荷兰人所获利润大体与中国人相当。凡遵循日本人准则从事贸易之国必定受骗。有竞争，商品价格才会公道，双方才能建立正确关系。

绝不能由于某国愿意以某个价格收购全部商品而捆住自身手脚，就把全部商品只卖给该国。波兰人就是这样做的，他们把所有小麦都卖给但泽市〔2〕。好几个印度国王也同样协议，把全部香料卖给荷兰人。〔3〕如此协议只适合穷国：只要能够活下去，就愿意放弃致富希望。如此协议也适合奴役之国：奴役让人无法利用自然资源致富，或者不得不用这些资源做赔本买卖。

---

〔1〕参见杜赫德：《中华帝国全志》第二卷，第 170 页。——原注

〔2〕但泽市，又称“格但斯克市”，波兰北部沿海地区最大城市和最重要海港，位于波罗的海沿岸。——译注

〔3〕最初贸易伙伴是葡萄牙人。参见皮拉尔：《游记》第十五卷第二章。——原注

第十节　适合节俭贸易制度

从事节俭贸易之国已成功开设银行[1]，该银行以其信誉担保发行一种全新价值符号[2]。不过，从事奢侈贸易之国也开设银行，就会犯大错。一人执政之国开设银行，就意味着把金钱与权力分置两端，换言之，有能力办事者没有权力，掌握权力者无能力。在这种政体，唯有君主拥有或者能够拥有财宝，无论何处发现财宝，只要是非同寻常的财宝，肯定属君主所有。

同理，贸易商为共同经营某种贸易而组建的公司，也罕见适合一人执政政体。这种公司的性质就是把公共财富权力赋予私人。但在这种国家，如此权力只能掌握在君主手中。我还要指出，这种公司也并非始终适宜从事节俭贸易之国。因此，除非业务量特别大而超出个人能力，最好不要动用专营权限制贸易自由。

第十一节　适合节俭贸易制度(续)

从事节俭贸易之国可以设立自由港。国家节俭始终与个人节俭休戚相关，此乃节俭贸易灵魂。建立自由港而导致的关税损失，可以从共和国工业财富得到补偿。但在君主政体，类似设置不尽合理，其结果只能是减轻奢侈品赋税。如此这般，国家将失去奢侈能够带来的唯一好处即关税，同时也放弃了能够限制奢侈的唯

[1] 指发行货币的私人银行，如当时的荷兰银行。——译注
[2] 指纸币。——译注

一约束。

第十二节 贸易自由

贸易自由并非允许商人为所欲为,为所欲为乃贸易奴役。限制商人不等于限制贸易。即使在自由之国,商人也会遇到无数障碍,法律对其约束丝毫不亚于奴役之国。

英国禁止羊毛出口,煤炭得由水路运至首都,未经阉割的马匹不准出口,与欧洲通商的英国殖民地商船得从英国起航。[1] 英国约束商人,但有利贸易发展。

第十三节 破坏贸易自由

有贸易就有海关。为国家利益而进出口商品,乃贸易目的;为国家利益对进出口商品征税,乃海关目的。因此,国家应在贸易与海关之间保持中立,让两者不抵触,从而让人们享有贸易自由。

包税人不公道,横征暴敛,收取过高关税,会破坏贸易;人为制造障碍,设置繁琐手续,也会破坏贸易。英国海关官办,特别有利贸易,写一个字就可以办好一件大事,不会耗费商人许多时间,也无需专门雇佣人员处理包税人制造的种种难题。

---

〔1〕 参见《1660 年航海法》。只有在战时,波士顿和费城的两位商人才成功用船只把货物直接运抵地中海。——原注

第十四节 没收商品贸易法

英国大宪章规定,除非报复,禁止战时扣留、没收外国商人货物。英国人把它作为自由条款之一,确实规定得非常好。

1740 年英国与西班牙战争期间,西班牙颁布法律[1]规定:将英国商品输入西班牙者,一律处死;该法还规定,将西班牙商品输出英国者,也一律处死。窃以为,类似规定只是仿效日本法律。如此法律与我们的道德习俗与贸易精神格格不入;会致使罪刑失衡;把仅仅违反管理条例行为视为叛国罪,会搅乱人们的思想观念。

第十五节 人身羁押

梭伦规定:雅典人不得因民事债务而拘禁他人[2]。它源自埃及[3],由波可霍利斯[4]制定,再由谢努塞尔特修订。[5]

该法对处理普通民事纠纷确实非常好[6],但在贸易纠纷中有充足理由不应遵守:商人常常不得不在极短时间内将巨款托付他

---

〔1〕 1740 年 3 月颁布于加的斯。——原注

〔2〕 参见狄奥多罗斯:《世界文库》第一卷第二章第三节。——原注

〔3〕 参见普鲁塔克:《道德篇·不应付息借贷》。——原注

〔4〕 波克霍利斯(?—约公元前 720),埃及第二十四王朝法老,其废除债务奴隶制度。——译注

〔5〕 原文疑似有问题,盖谢努塞尔特系埃及第十二朝法老,生卒年月早于波克霍利斯。——译注

〔6〕 希腊立法者应受谴责,盖其禁止以债务人武器和犁作抵押,却允许以人作抵押。参见狄奥多罗斯:《世界文库》第一卷第二章第七十九节。——原注

人保管，既要托出，又要收回。这要求债务人应在约定时间内履行承诺。因此，必须以人身羁押作保证。

对普通民事契约引起的纠纷，法律不应允许人身羁押，盖公民自由比公民方便重要。但就商业契约而言，公共福祉胜于公民自由。当然，应根据人道原则和公共利益之需对人身羁押作出限制。

第十六节　良法

日内瓦法规定：债务未清偿者无论是否死亡，子女均不得担任公职、不得进入议会，除非已清偿父债。此乃良法，可以促使人们信任商人、官吏乃至整个城邦；再者，个人信誉也是公共信誉体现。

第十七节　罗得岛法律

罗得岛法律更好。塞克斯图斯·恩皮利库斯[1]说：在罗得岛，儿子放弃遗产继承权也不能不偿还父债。[2] 罗得岛此法，乃为贸易立国之共和国制定的。窃以为，为促进贸易，应增加如下限制规定：在儿子开始经商后，父亲所欠债务，不应损害儿子经营所得。商人应该始终清楚自身责任，时时依自身财产状况进行经营。

---

〔1〕 塞克斯图斯·恩皮利库斯（公元2世纪或者3世纪），古希腊哲学家。——译注

〔2〕 参见塞克斯图斯·恩皮利库斯：《生动描述》第一卷第十四章。——原注

第十八节　商事法官

在《收入》中，色诺芬主张奖励办案最快的商务监督官。他感觉需要我们今天这样的商务法官。

商务与繁文缛节，几乎没有必然联系。买卖得天天做，而且接踵而来，必须当天作出决定，完全不同于生活中其他事情。这些事情，也许对将来会产生重大影响，但不经常发生：一生大多只结一次婚，没人天天捐赠或者立遗嘱，一生只有一次成年。

柏拉图说：没有海上贸易的城市，市民法可以减少一半。[1]此话很对。贸易会给国家带来不同种族之人，也会给这个国家带来无数买卖契约、财富以及致富途径。

所以，贸易城市法官少而法律多。

第十九节　君主不应经商

狄奥菲洛[2]看见一艘满载商品给他妻子狄奥多拉的货船，下令焚毁，说："我是皇帝，你们却把我当作货船老板。我们倘若抢了穷人生意，他们靠什么谋生？"[3]其实，他还应说："我垄断贸易，谁能制止？谁能强制我履行承诺？我经商，满朝文武大臣也会经商。他们会比我更贪婪、更霸道。人民相信我是公正的，但绝不相信我很富裕：那么多赋税，导致他们贫困，也正说明我也贫困。"

---

〔1〕参见柏拉图：《法篇》第八卷。——原注

〔2〕狄奥菲洛(800？805？—842)，东罗马帝国皇帝(829—842 在位)。——译注

〔3〕参见佐纳鲁斯：《通史手册》。——原注

第二十节　君主不应经商(续)

葡萄牙人和卡斯蒂利亚人统治东印度时,贸易枝繁叶茂,其君主竟然忍不住将贸易抓在手中,导致丧失该殖民地。

果阿总督把贸易专营特权授予某些人。他们却得不到人民信任,拥有专营特权者一换再换,贸易衰落,盖无人用心经营,无人在乎把赔本买卖留给后来者,换言之,利润皆被几个人瓜分,其他人无法分享。

第二十一节　君主国贵族贸易

在君主国,贵族经商违背贸易精神。两位罗马皇帝霍诺里乌斯和狄奥多西说:贵族经商对城市有害,会导致商人与平民之间的买卖变得困难。[1]

贵族经商也违背君主政体精神。英国允许贵族经商的习惯,乃削弱英国君主政体的最主要因素之一。

第二十二节　独特思考

某些国家允许贵族经商,有些人深受触动,认为法国也应立法

〔1〕 参见《查士丁尼法典》“关于贵族法、商务法和最新销售禁令的法律”。——原注

允许贵族经商。若如此，对贸易毫无益处，而且会摧毁贵族。法国目前做法很好：法国商人不是贵族，但可以成为贵族。他们可以获得贵族身份，没有障碍。若想脱离商界，最稳妥办法就是把生意做好、做成功，别无良策。这往往只有出众者才能做到。

强制人人固守职业并代代相传之法，只适合专制之国[1]，盖在如此之国，谁也不能而且不应有进取心。

但愿人们不会认为：无法更换职业，就会把它做得更好。窃以为，娴熟于某一种职业而且有望从事另一职业者，会把工作做得更出色。

贵族身份可以用金钱换取，商人就会大受鼓舞而力争成为贵族。此处不探讨用金钱换取荣誉做法是否妥当，但这种做法对某些政体非常有用。

法国有一类身穿长袍者[2]，介于大贵族和平民之间，无贵族之显赫，却尽享贵族之特权；作为个体是平凡的，但作为法律守护者的整体[3]却是荣耀的。让他们出众的，是才华与品德。还有一类贵族更为显赫，此乃佩剑贵族。这类贵族认为：不管已经拥有多少财富，还应聚敛财富；一味增加财富而不花钱享受，是可耻的。他们能够为国贡献财富，当两手空空时，就腾出位置，让他人继续以其财富为国效劳；他们奔赴疆场，不愿被人指责为贪生怕死；他们倘若无法发财致富，就把希望寄托于荣誉；两者皆无法得到时，他们就会自我安慰往昔曾获殊荣。此乃法兰西强盛之因。二三百年以来，法国实力不断增强，应归功于有好法律，而不是有好运气，运气不可能一直都好。

---

〔1〕 事实上，专制之国往往确实如此。——原注

〔2〕 法国贵族分为穿袍贵族与佩剑贵族，前者多为法官、律师、教士等，后者多为军官。——译注

〔3〕 指法国高等法院。——译注

第二十三节 贸易赔本国

财富包括动产与不动产。各国不动产通常由国民拥有。大多数国家法律都让外国人不愿购买不动产。唯有主人在场,才能改善开发土地,故此类财富专属国家。可是,金钱、纸币、票据、公司股票、船只以及一切商品等动产,皆归全世界共有。就此而言,世界就是一个国家,而一切民族皆为其成员。拥有这类动产最多民族,乃最富有民族。有些国家拥有大量此类动产,但获取途径不同:有的靠商品,有的靠劳动,有的靠工业,有的靠发现,有的甚至靠运气。贪婪促使各国争夺全世界动产。也有一些国家很倒霉,不但不拥有他国财富,甚至本国财富也几乎全被他国抢光,土地也属外国移民所有。如此之国,什么都缺,什么都得不到,最好不要同世界上其他国家通商,盖正是通商让其沦于贫困。

进口始终大于出口之国,国库结余萎缩,日益贫困,直至穷至极点,再也无力进口。

贸易之国,陡然付出之钱会返回,盖从其处取走金钱之国等于其债务国。但是,上面谈及的那些国家,其金钱不会返回,盖从它们那里取走金钱之国不是债务国。

波兰乃实例。除土地出产的小麦外,它几乎不拥有我们所说的动产。某些贵族占有各省,强迫农民交纳更多小麦,以便运往国外换取他们所要的奢侈品。不与他国通商,波兰国民生活也许会更好。倘若如此,贵族就会把小麦分给农民,让他们活下去;倘若领地太大而成为负担,贵族就会把领地分给农民。人人有土地,就可以放牧,就可以收获毛、羊,购买衣服费用就不会很大。永远迷恋奢侈品的贵族,只能在国内购买,就会鼓励贫苦农民生产奢侈品。窃以为,这个民族只要不沦为蛮族,就会繁荣富强,而法律可以防止其蜕变为蛮族。

再看看日本。进出口量大但两者平衡,犹如进出口量小但平衡一样。如此大进大出给国家带来巨大好处:消费增加,原料增多,就业增多,富民强国手段增加。需要提供紧急援助,富裕之国快于其他国家。国家很难做到没有剩余物资,而贸易性质就是把剩余物资变成有用物资、必需物资,帮助国家让更多民众享用这些物资。

由此可见,贸易赔本国,并非什么都不缺之国,而是什么都缺之国。可以从断绝贸易举措中获益之国,不是自给自足之国,而是一无所有之国。

第二十一章　法与贸易

——从世界贸易变迁谈起

第一节　概论

虽然贸易会发生巨大变化,但是,某些物质因素如土质或者气候,可以让贸易性质保持不变。

我们今天与印度通商,是带着银币去的。当年罗马人和我们一样[1],每年要带给印度大约五千万塞斯特斯[2],用这些钱换成商品带回西方。所有与印度通商之国,均带去金属货币,带回商品。

这种状况是大自然造成的。印度人有适合其生活方式的手艺。我们的奢侈与他们不同,我

〔1〕 参见普林尼:《自然史》第四章第六、二十三节。——原注

〔2〕 塞斯特斯,古罗马钱币,共和国时期为小银币,帝国时期改为铜币。——译注

们的需求与他们也不同。他们甚至几乎不需要我们的任何东西；他们半裸身体，所需衣物当地可以解决；他们的宗教观念根深蒂固，令其厌恶我们的食物。因此，他们只需要我们的金属货币，那是一种价值符号：他们用商品换取我们的金属货币；他们生活简朴，再加上当地自然条件，让他们拥有大量可以换取货币的商品。古代作家描述的印度政治、道德与习俗，〔1〕与我们今天所见一样。过去、现在和将来，印度都如此；无论哪个时代，与其通商之国，总是把钱币带去而从不带回。

第二节　非洲人

非洲沿海大多数民族，皆为蛮族与未开化民族。窃以为，主要是许多可以居住的小片地区皆被几乎不可居住的大片地区隔开之故。他们没有工业，也没有手艺。他们拥有丰富的可以从大自然直接获取的贵金属。因此，所有与之通商的文明民族，皆可从中获利。他们让非洲人把毫无价值之物当成宝贝，从而让非洲人以极高代价换取这些毫无价值之物。

第三节　南北民族需求不同

欧洲南北国家之间存在平衡：南欧国家生活用品应有尽有、所需极少，北欧国家所需颇多、生活用品极少；前者从大自然所获甚

---

〔1〕 参见普林尼：《自然史》第六章第十九节；参见斯特拉波：《地理学》第十五卷。——原注

多、所求甚少，后者从大自然所获甚少、所求甚多。大自然把懒惰赋予前者，把勤奋活力赋予后者，南北得以维持平衡。北欧人民不得不辛勤劳作，否则，什么都缺，将沦为蛮族。这也是奴役在南欧落脚生根之因：南欧民族可以不要财富而活得舒心，也就不要自由而活得轻松。但是，北欧民族需要自由，自由给他们带去用以满足各种需求之手段，比大自然赐予的还多。北欧民族不处于自由或者野蛮状态，就会受奴役；几乎所有南欧民族倘若不受奴役，就会狂躁不已。

第四节　古今贸易主要差异

贸易随世界形势之变而变。欧洲贸易如今主要流向，乃由北向南。由于气候不同，各民族彼此都非常需要对方商品。例如，如今北方从南方购买葡萄酒，古代未曾有过，其结果是，船只载货量过去以小麦包数为计量标准，如今以酒桶为计量标准。

据我们所知，古代贸易在地中海不同港口间进行，几乎都发生于南方。气候相同民族，出产基本相同，不像气候不同民族需要贸易互通有无。因此，昔日欧洲贸易规模小于如今。

这与前述的我们与印度的贸易并不矛盾，盖气候悬殊反而导致彼此没有互通有无之需。

第五节　其他差异

贸易不时遭征服者破坏，不时遭君王骚扰。因此，贸易会避开遭受压迫地区,走遍全球,落脚在自由呼吸地区。如今贸易兴盛之地,过去只有荒原、大海和岩石;昔日贸易兴盛之地,如今只是一片荒原。

看看科尔基思[1]吧:如今只是一片广袤森林,居民日渐稀少。为捍卫自由,人们只得把自己一点点卖给土耳其人和波斯人。谁能想到,在古罗马时代,这里城市林立、商贾云集。而如今,一切皆荡然无存,甚至废墟痕迹都没有,只有在普林尼和斯特拉波著作中才能找到一些踪迹[2]。[3]

贸易史,乃各国人民交往史。民族兴亡、人口增减、崛起浩劫,皆为贸易史上重大事件。

第六节　古代贸易

塞米拉米斯[4]的无数财宝[5]绝非一日所获,由此推想,亚述[6]人可能劫掠了其他富有民族,就像后来其他民族劫掠亚述人一样。

贸易让人富有,富有让人奢华,奢华促使工艺进步。塞米拉米斯时代的工艺相当精良[7],说明当时已有庞大贸易。

亚洲诸帝国曾有过大规模奢侈贸易。奢侈史,乃贸易史重要

[1] 科尔基思,古国名,今属格鲁吉亚并位于其西部。——译注

[2] 参见普林尼:《自然史》第六章第四、五节。——原注

[3] 参见斯特拉波:《地理学》第十一卷。——原注

[4] 塞米拉米斯(公元前8、9世纪),又译“赛米拉米斯”,亚述帝国传奇女王。亚述国王阿达德尼拉里三世之母。——译注

[5] 参见狄奥多罗斯:《世界文库》第二卷。——原注

[6] 亚述,古代西亚奴隶制国家。——译注

[7] 参见狄奥多罗斯:《世界文库》第二卷。——原注

组成部分。波斯人奢华乃米底人奢华，犹如米底人奢华乃亚述人奢华一样。

亚洲曾发生巨变。波斯东北的许尔卡尼亚[1]、马吉亚纳[2]、巴克特里亚[3]，昔日繁华城市比比皆是，[4]如今不见踪影；波斯帝国北部[5]分隔里海[6]与黑海的那条地峡，昔日城市星罗棋布，民族众多，如今灰飞烟灭。

埃拉托斯特涅斯[7]和亚里斯托布鲁斯[8]从帕特洛克鲁斯[9]处得知，印度商品乃由奥克苏斯河[10]抵达黑海。[11] 马库斯·瓦罗[12]告诉我们，庞培与米特里达提[13]作战时，得知印度商品要费

---

〔1〕 许尔卡尼亚，又译"赫卡尼亚"，位于里海南岸。——译注

〔2〕 马吉亚纳，又译"马尔吉亚纳""马尔吉亚那""马吉安那"等，包括巴克特里亚在内的阿富汗东北部地区。——译注

〔3〕 巴克特里亚，公元前3世纪中叶希腊殖民者在中亚建立的奴隶制国家，中国古称"大夏"，首都巴克特拉（今阿富汗巴尔赫）。"巴克特里亚"也是古希腊人对今兴都库什山以北阿富汗东北部地区的称呼。——译注

〔4〕 参见普林尼：《自然史》第六章第十六节；参见斯特拉波：《地理学》第十一卷。——原注

〔5〕 参见斯特拉波：《地理学》第十一卷。——原注

〔6〕 里海，位于欧亚交界处，世界最大咸水湖，也是接壤国家最多之湖，与俄罗斯、阿塞拜疆、哈萨克斯坦、土库曼斯坦和伊朗5个国家接壤。——译注

〔7〕 埃拉托斯特涅斯（公元前276？274？—前195？194？），又译"埃拉托色尼"，古希腊天文学家、地理学家和数学家。——译注

〔8〕 亚里斯托布鲁斯，马其顿历史学家，普鲁塔克之父。——译注

〔9〕 帕特洛克鲁斯，又译"帕特洛克罗斯"，塞琉古海军将领。——译注

〔10〕 奥克苏斯河，即"阿姆河"，中亚流量最大内河。古代认为此河系大伊朗和图兰之间的边界。——译注

〔11〕 从斯特拉波一则记述（《地理学》第二卷）来看，帕特洛克鲁斯说法很有权威性。——原注

〔12〕 马库斯·瓦罗（公元前116—前27），古罗马学者，西塞罗密友，著述颇丰。——译注

〔13〕 即米特里达提六世（公元前135？132？131？—前63），又译"米特拉达梯六世"，古代小亚细亚本都王国国王（公元前121—前63在位），又称"米特里达提大王"，罗马共和国末期地中海地区重要政治人物，也是罗马最著名敌人之一。他与罗马进行了三次战争，史称"米特里达提战争"。——译注

时七天，从印度经巴克特里亚抵达奥克苏斯河支流伊卡卢斯河[1]，再横渡里海进入居鲁士河[2]口，此后仅需五天陆路路程即可抵达流入黑海的法希斯河[3]。[4] 毫无疑问，亚述、米底、波斯等强大帝国就是通过居住于此地的民族，与东西方最偏僻地区交往的。

如今这条交往通道已不存在。上述地区皆被鞑靼人夷为废墟[5]，破坏成性的鞑靼人至今还在那里为非作歹。鞑靼人出于私利，改变奥克苏斯河河道，导致其不再注入里海，消失在干涸贫瘠的沙荒里。[6]

药杀水[7]，昔日乃文明民族与蛮族之间的天然屏障，后被鞑靼人改变河道[8]，再也无法流入大海。

塞琉古[9]曾计划连通黑海与里海。[10] 这个计划，付诸实施，会大大促进其时贸易，但塞琉古死后[11]，就不了了之。不知他

---

[1] 伊卡卢斯河，奥克苏斯河支流。——译注

[2] 居鲁士河，今称“库拉河”，流经土耳其、格鲁吉亚和阿塞拜疆，发源于土耳其东北部卡尔斯省境内安拉许埃克贝尔山西北坡。——译注

[3] 法希斯河，格鲁吉亚西部主要河流。——译注

[4] 参见普林尼：《自然史》第四章第十七节。又参见斯特拉波：《地理学》第十一卷关于商品从法希斯河到居鲁士河这段路程的记述。——原注

[5] 托勒密记述，当时有诸多河流注入里海东侧。自托勒密时代以来，该地区发生巨变。在沙皇地图上，只有一条阿司特拉巴河，而在帕塔尔希先生地图上，一条河也见不到。——原注

[6] 参见伊斯勃兰兹·伊德斯：《北方游记》关于成吉思汗的记述。——原注

[7] 药杀水，乃如今中亚位于咸海的锡尔河，中国古代称为“药杀水”。《新唐书·西域传》：“西南有药杀水，入中国谓之真珠河，亦曰质河。”它源于天山山脉，流经图兰低地注入咸海。——译注

[8] 我想，咸海大概就是这样形成的。——原注

[9] 塞琉古，即塞琉古一世，亚历山大麾下将军，后创立塞琉古王朝，约公元前358—前281任国王。塞琉古王朝（公元前312—前64），领土包含美索不达米亚、波斯、小亚细亚一带。——译注

[10] 参见普林尼：《自然史》第六章第二节“克劳狄乌斯·恺撒”。——原注

[11] 塞琉古被托勒密·凯拉努斯杀死。——原注

晚些去世，能否在分隔里海与黑海的地峡上实施该计划。如今人们知之甚少的那个地区，丛林遍野，人烟稀少，但有无数小河从高加索[1]顺势而下，故水源充足。位于地峡北部的高加索，像手臂般往南方伸展[2]，乃实施该计划的巨大障碍，何况当时并未掌握修筑水坝技术。

不妨认为，后来沙皇彼得一世欲连通两海之处，就是当年塞琉古欲打通地峡之地，也就是塔奈伊斯河[3]靠近伏尔加河[4]的那个舌形地带。不过，里海北部当时不为人知。

亚洲诸帝国盛行奢侈贸易时，提尔人在全球开展节俭贸易。博沙尔[5]《迦南地理》用第一章列举提尔人在沿海各地设立的殖民地。这些提尔人越过赫克勒斯立柱[6]，在大洋沿岸建立定居点。[7]

其时的航行者只能沿海岸航行，海岸乃其罗盘，航行漫长艰辛。奥德修斯[8]的海上艰险漂泊，成为世界上最佳诗作[9]的丰富

---

[1]　高加索，位于伊朗和土耳其以北、黑海和里海之间的山脉地区，总面积约 44 万平方公里，其 5642 米的厄尔布鲁士峰被称为“欧洲之巅”。——译注

[2]　参见斯特拉波：《地理学》第十一卷。——原注

[3]　塔奈伊斯河，即顿河。俄罗斯历史上境内有名河流，源起中俄罗斯丘陵东麓，曲折东南流，后折向西南，注入亚速海。——译注

[4]　伏尔加河，又译“窝瓦河”，俄罗斯“母亲河”，位于俄罗斯西南部，欧洲最长河流，注入里海。——译注

[5]　博沙尔(1599—1667)，法国地理学家、东方学家。——译注

[6]　赫克勒斯立柱，又译“赫克力斯立柱”“赫拉克勒斯立柱”“海克力斯立柱”等，即直布罗陀海峡。古代把该海峡南北两侧的非洲阿比拉山和西班牙的卡尔佩山称为“赫克勒斯立柱”。相传系希腊神话英雄赫克勒斯扯裂而成，故名。下文均改译为今称“直布罗陀海峡”。——译注

[7]　他们建立塔尔泰索斯城，并定居在加的斯。——原注

[8]　奥德修斯，又译“俄底修斯”，古希腊荷马史诗《奥德赛》中的英雄，即罗马神话的尤利西斯。——译注

[9]　指《奥德赛》。——译注

题材,仅次于排位第一的那部佳作。[1]

大多数民族对地处偏远民族知之甚少。这有利于节俭贸易民族,他们可以故弄玄虚,拥有见多识广民族对孤陋寡闻民族之优势。

昔日埃及出于宗教与习俗原因,不喜与外界交往,几乎没有对外贸易。不过,埃及土地肥沃、物产丰富,犹如昔日日本,完全可以自给自足。

埃及人不在乎对外贸易,允许在红海[2]沿岸拥有港口的小国从事红海贸易,听任以东人[3]、犹太人和叙利亚人拥有船队。所罗门[4]航海时雇用熟悉海况的提尔人。

约瑟福斯[5]说:他的国家专事农耕,对海洋知之甚少,故犹太人偶尔在红海经商。[6] 他们占领以东人城市埃拉特和埃松加贝[7]后才有贸易,后丢失这两座城市,贸易也随之中断。

腓尼基人则不同,不从事奢侈贸易,也不藉征服而贸易。他们勤俭、灵巧、敢冒风险、吃苦耐劳,故世界各国都与他们进行贸易。

毗邻红海之国,只在红海和非洲海岸经商。亚历山大时代发现印度洋,举世震惊,乃明证。前面提及[8],欧洲人把贵金属带到

---

〔1〕 指《伊利亚特》,与《奥德赛》统称《荷马史诗》。——译注

〔2〕 红海,位于非洲东北部与阿拉伯半岛之间,呈现狭长形,西北面通过苏伊士运河与地中海相连,南面通过曼德海峡与亚丁湾相连。——译注

〔3〕 以东人,巴勒斯坦地区古老民族,现代阿拉伯人祖先源头之一。据说其出生时身上长满红毛,故以东人祖先原名“以扫”(有毛的意思),又名“以东”(红的意思)。以东兄弟叫雅各,后改名“以色列”,兄弟分家。以色列后裔成为犹太人,以东人在公元 70 年左右被罗马帝国所灭。——译注

〔4〕 参见《圣经 · 旧约 · 列王记上》第九章第二十六节,《圣经 · 旧约 · 列代志下》第八章第二、八、十七节。——原注

〔5〕 约瑟福斯(37—100),又译“约瑟夫斯”,犹太历史学家。——译注

〔6〕 参见约瑟福斯:《驳阿庇安》。——原注

〔7〕 埃拉特和埃松加贝,位于红海亚喀巴湾的两座城市。——译注

〔8〕 参见本章第一节。——原注

印度，却从不带回。[1] 犹太船队经红海带回黄金白银，但他们是从非洲而非印度返回的。

此外，那时的航行仅限于非洲东海岸，其航海条件足以证明，他们无法到遥远之地。

我并非不知道，所罗门和约沙法[2]的船队出发三年后才回来，但我并不认为，航行时间可以说明航程远近。

普林尼[3]和斯特拉波告诉我们，用纸莎草制造的印度与红海船只的二十天航程，希腊或者罗马船只用七天就可完成。[4] 按照这个比例推算，希腊和罗马船队的一年航程，所罗门船队差不多需要三年才能完成。

航速不同船只的航行时间，不能仅依据速度与航程比计算。低航速船只的实际航行时间，往往比其航速所需时间更长。以沿海航行为例：船位不断变动，需要等候风向出港，出港后可能需要另一风向才能继续前进。好船能够利用各种风向，而差船只能滞留在不利位置上，等待数日后，方能等到所需风向。

在相同时间，印度船只航程仅相当于希腊、罗马船只的三分之一，今天的航海状况完全可以对此作出解释：印度船只用纸莎草打造，吃水浅，而希腊、罗马船只用木材、铁钉打造，吃水深。

这些印度船只，与如今某些浅水港国家如威尼斯乃至意大利

---

〔1〕 考虑到欧洲黄金与白银的比价，有人为兑换白银而偶尔从印度带回黄金，但数量微不足道。——原注

〔2〕 约沙法，古代犹大王国第四任国王，其父亚撒。也许只是《圣经》中的犹大国王。——译注

〔3〕 普林尼（23？24？—79），世称“老普林尼”，古代罗马百科全书式作家，代表作《自然史》。——译注

〔4〕 参见普林尼：《自然史》第四章第二十二节。——原注

全境[1]、波罗的海、荷兰省[2]的船只类似。出入这些港口的船只,船底圆而宽。拥有良港的那些国家的船只,船底形状吃水较深。这种构造让这些船只可以侧风行驶,而那些圆底船则只能顺风行驶。吃水深的船只几乎在各种风向下皆可朝同一方向前进,原因有二:船只被风推进时,水产生阻力,船只能够获得支撑点;船体较长,一侧迎风,借助舵的形状作用,船头朝向目标方向,就几乎可以逆风行驶,即迎风而行。但船底圆而宽而吃水较浅船只,就找不到支撑点,船只受风推动,不能顶风,几乎只能顺风而行。船底圆而宽的船只走得较慢,原因有二:(1)船只往往为候风而耗费诸多时间,尤其是不得不经常改变航向;(2)船只无支撑点而船桅数量较少,航速较低。如今航海技术大大改善,工艺交流切磋,可以弥补大自然不足与技术缺陷。如今我们依然可以感受两类船只的上述差异,就不难想象古代航海业的差异有多大。

忍不住再聊聊这个话题。印度船只小;倘若不考虑为炫耀而配置的装备,罗马、希腊船只也不如我们今天的船只大。船只越小,在恶劣天气中的危险就越大。吞没小船的暴风,只能颠簸几下大船。船体越大,船只体积与表面面积的比率就越大。因此,小船比率较小,就是说,小船表面面积与重量或者载重量之差大于大船。众所周知,船只载货量相当于其一半排水量,这是通行计算方法:排水量八百桶的,载货量四百桶;排水量四百桶的,载货量二百桶。第一条船的体积与载重量之比是 8∶4,第二条船是 4∶2。假定大、小船表面面积之比为 8∶6,小船表面面积与载重量之比仅为

---

[1] 意大利几乎只有锚地,不过西西里有良港。——原注

[2] 我说的是荷兰省,盖西兰省(荷兰省、西兰省皆为荷兰国土——译注)海港较深。——原注

6∶2[1],而大船的这个比例则为8∶4。风和水仅仅作用于船只表面,故大船抵御不良气象条件能力大于小船。

第七节　希腊人贸易

希腊人先民皆为海盗。称霸海上的米诺斯,也许只不过劫掠更胜一筹而已,其称霸范围仅限于其岛屿四周。但希腊人成为伟大民族后,雅典人建立了真正的海上霸权,盖这个经商而又胜利的民族,为当时最强大的君主[2]立法,击败了叙利亚、塞浦路斯[3]和腓尼基等海上强国。

雅典海上霸权,值得谈谈。色诺芬说:“雅典掌握了海上霸权,但阿提卡与陆地相连。敌人趁希腊人远征而蹂躏阿提卡。希腊权贵只好把自身财产藏匿岛上,而听任敌人在其陆地施虐。平民没有土地,就没有担忧顾虑。雅典人倘若居于岛上,控制海上成为海上霸权,就有能力骚扰他人,而他人无法骚扰他们。”[4]读者会以为,色诺芬在谈论英国人。

雄心勃勃的雅典人,防备有所增加,影响未见扩大;更关心扩大海上霸权,而不太关心享用海上霸权;在其政治体制下,下层人民分享公共收入,富人反而受到压迫;有矿山,有大量奴隶,有众多海员,有对希腊诸城邦的权威,更有梭伦创建的优良制度。所有这一切本应让雅典从事大规模贸易,但其贸易实际上局限于赖以为

---

〔1〕 就是说,比较同类船只的体积,即水对船只的作用或者压力与船的抗力之比等等。——原注

〔2〕 指波斯国王。——原注

〔3〕 塞浦路斯,地中海东部岛屿,地中海第三大岛。——译注

〔4〕 参见色诺芬:《雅典共和国》第二章。——原注

生的希腊与黑海。

科林斯[1]地理位置绝佳，分隔两海，扼守伯罗奔尼撒[2]，乃希腊门户。遥想当年，希腊人民就是整个世界，希腊城邦国家林立，科林斯乃最重要城邦。科林斯贸易远超雅典，有一个港口接受来自亚洲的商品，另一个港口接受来自意大利的商品。绕过马莱阿角[3]相当困难：逆风[4]在马莱阿角交会，常常导致船只倾覆，故航行者较喜欢前往科林斯，甚至从陆路把船只从一个海搬至另一个海。其时没有哪个城市的工艺品有科林斯的那般精致。富裕腐化了其民风，宗教进一步加速其腐化。人们修建了一座维纳斯神庙，将千余名妓女供奉给它。亚蒂纳欧斯[5]大胆为之作传的著名美女，大多出自这座神庙。

荷马时代，罗得岛、科林斯和奥克米努斯大概是希腊富裕地区。荷马说："朱庇特[6]喜爱罗得岛人，赐予他们巨大财富。"[7]他给科林斯加上"富裕的"修饰语。[8]

---

[1] 科林斯，古希腊城邦，位于伯罗奔尼撒半岛东北，临科林斯湾，是希腊本土和伯罗奔尼撒半岛的连接点，又是穿过萨罗尼科斯和科林西亚湾通向伊奥尼亚海的航海要道。——译注

[2] 伯罗奔尼撒半岛，位于希腊南部。——译注

[3] 马莱阿角，位于伯罗奔尼撒东南端。——译注

[4] 参见斯特拉波：《地理学》第八卷。——原注

[5] 亚蒂纳欧斯（约2—3世纪），又译"阿特纳奥斯"，罗马帝国时代希腊语作家。亚蒂纳欧斯描写的最著名美女可能是芙丽涅：据说芙丽涅是雅典最美而且是乳房最美之女子。祭祀海神节那天，市民纷纷入海纵情嬉戏玩耍。芙丽涅也脱衣入海游泳，曼妙身姿引发惊叹，主持祭祀长者以亵渎神灵罪将其告上法庭。眼看芙丽涅就要被定罪，担任辩护的希佩里德斯猛然抽掉芙丽涅身上衣衫，面对法官说："难道你们要让如此美丽的乳房消失吗？"此举始料未及，所有人惊愕不已。最后，法庭宣判芙丽涅无罪。19世纪法国著名画家热罗姆据此创作了名画《法庭上的芙丽涅》。——译注

[6] 朱庇特，罗马众神之王。疑似孟德斯鸠此处有误，《荷马史诗》之一《伊利亚特》非记述罗马诸神之作。——译注

[7] 参见《伊利亚特》第二卷。——原注

[8] 同上。——原注

当他谈及拥有诸多黄金的城市时，除埃及底比斯[1]外，还列举奥克米努斯。[2] 罗得岛和科林斯保持强盛，奥克米努斯则衰落。奥克米努斯地理位置靠近赫莱斯庞[3]、普洛庞蒂斯[4]和黑海，人们自然会想到，它从这片海岸贸易中积聚了财富，金羊毛传说[5]就源于此。实际上，人们把米尼阿莱斯[6]这个名字既赋予阿哥诺特[7]，又赋予奥克米努斯。[8] 后来，这片海域广为人知，希腊人在那里建立了大量殖民地。这些殖民地，既与蛮族也与本土通商。奥克米努斯就此衰落，消失于希腊众城邦之中。

荷马时代前，希腊贸易基本仅限于内部之间以及与蛮族之间。建立殖民地后，希腊贸易范围拓宽。希腊乃大半岛，众多海角仿佛迫使大海后退，众多海湾又仿佛敞怀迎接大海。只要扫一眼希腊，就会看到：其国土狭窄，却拥有极长海岸线。无数殖民地围绕半岛形成大环形，那里皆为文明世界。希腊人入侵西西里和意大利，在那里建立国家；他们航行到黑海、小亚细亚[9]、非洲，也在那里建立国家。希腊城邦与新族群靠得越近就越繁荣。无数小岛环

---

〔1〕 此处的底比斯，指位于尼罗河中游的古埃及底比斯，荷马称为“百门之都”。——译注

〔2〕 参见《伊利亚特》第一卷第 381 行。参见斯特拉波：《地理学》第九卷第 414 页。——原注

〔3〕 赫莱斯庞，古地名，今达达尼尔海峡。——译注

〔4〕 普洛庞蒂斯，古地名，今马尔马拉海。——译注

〔5〕 金羊毛，是古希腊神话中的稀世珍宝，不仅象征财富，还象征冒险和不屈不挠的意志以及理想和对幸福的追求，许多英雄和君王都想得到它。关于其传说，版本众多。——译注

〔6〕 米尼阿莱斯，出生于该地的神。——译注

〔7〕 阿哥诺特，乘船前去夺取金羊毛的五十位希腊勇士。——译注

〔8〕 参见斯特拉波：《地理学》第九卷，第 414 页。——原注

〔9〕 小亚细亚，即安纳托利亚，又名“西亚美尼亚”，亚洲西南部半岛，北临黑海，西临爱琴海，南濒地中海，东接亚美尼亚高原。公元前 1200 年，特洛伊战争在土耳其爱琴海沿岸发生，其后，强大的波斯大流士大帝、马其顿亚历山大大帝、古罗马帝国（含东罗马帝国）、塞尔柱帝国、奥斯曼帝国等先后统治半岛。如今该半岛大部分属土耳其领土。——译注

绕希腊,仿佛形成一道防线,妙不可言。

希腊何以繁荣?其运动会仿佛是为全世界举办的,其神庙陈列着各国君主奉送的供品,其节日聚集天南地北的人们,其神谕吸引全人类的好奇心。此外,其文学艺术高度,谁妄想超越,就会显示谁无知!

第八节 亚历山大及其远征

亚历山大时期发生四件大事,引发贸易巨变:攻克提尔、征服埃及、远征印度和发现印度南部海洋。

波斯帝国疆域直至印度河[1]。远在亚历山大前,大流士曾派遣船只顺印度河[2]而下,直抵红海[3]。希腊人为何会是最早经由南部与印度人进行贸易之人?波斯人为何此前没有从事该贸易?波斯人为何不利用近在咫尺而且围绕其帝国的大海?不错,是亚历山大征服印度,可是,难道非得征服后才能与其通商?现在就探讨这个问题。

阿里亚纳[4]从波斯湾[5]延伸至印度河,从南方大海延伸至

---

[1] 参见斯特拉波:《地理学》第十五卷。——原注

[2] 印度河,发源于青藏高原,现为巴基斯坦主要河流,注入阿拉伯海。1947 年印巴分治前,印度河仅次于恒河,为该地区文化和商业中心地带。古印度文明主要在印度河流域。——译注

[3] 参见希罗多德:《希波战争史》。——原注

[4] 阿里亚纳,古代希腊人、罗马人对中亚至印度河一带的称呼,现属阿富汗、伊朗、巴基斯坦。——译注

[5] 波斯湾,乃阿拉伯海西北伸入亚洲大陆的海湾,介于伊朗高原和阿拉伯半岛之间,西北起阿拉伯河口,东南至霍尔木兹海峡。阿拉伯人称这一地区为阿拉伯湾,但按亚洲地理学国际性外海命名规则,已用阿拉伯命名一个巨大海域(阿拉伯海其实是个大湾),故采波斯(伊朗古称)命名该海湾。——译注

北方珀鲁帕米苏斯山脉[1],这片广袤土地在某种程度上皆属波斯帝国。不过,其南部乃寸草不生的贫瘠、干燥的蛮荒之地。据说在那里,塞米拉米斯和居鲁士军队惨遭灭顶之灾[2];亚历山大让舰队跟随前进,也无法避免丧失大部分陆军。波斯人把整条海岸线让给伊契欧法基人[3]、奥利特人[4]和其他蛮族[5]。此外,波斯人不善航海,出于宗教原因而根本不想从事海上贸易。[6] 大流士派人在印度河和印度洋上航行,乃为炫耀其强大而突发奇想,并非真心计划航海而作出的决定,因此,这次航行无论在贸易或者航海方面,都没有任何后续行动。他走出无知,又掉进愚昧。

早在亚历山大远征前,人们误以为[7]印度南部乃无人荒野,[8]盖据传,从那里,塞米拉米斯仅带回部属二十人,居鲁士仅带回部属七人。[9]

亚历山大从北入印,计划东进,但发现南部有诸多国家、城市和河流,遂决定进行征服,并成功。

其时,他计划通过海上贸易把印度和西方联结,就像在陆地建立殖民地而把它们联结起来一样。

---

〔1〕 珀鲁帕米苏斯山脉,即兴都库什山脉,亚洲中南部高大山地,大部分位于阿富汗境内。——译注

〔2〕 参见斯特拉波:《地理学》第十五卷。——原注

〔3〕 伊契欧法基人,意为“食鱼族”,指古时居于俾路支斯坦的部落。希罗多德著作称此地为“食鱼者之乡”。——译注

〔4〕 奥利特人,与伊契欧法基人居于同一地区的部落。——译注

〔5〕 参见普林尼:《自然史》第六章第二十三节;参见斯特拉波:《地理学》第十五卷。——原注

〔6〕 “为不玷污自然,他们不在水域航行。”参见海德:《波斯人的宗教》。直至今日,他们依然不从事海上贸易,并把航海者视为无神论者。——原注

〔7〕 参见斯特拉波:《地理学》第十五卷。——原注

〔8〕 希罗多德在《希波战争史》中说,大流士征服了印度。这只能理解为征服了阿里亚纳,而且仅为想象中的征服而已。——原注

〔9〕 参见斯特拉波:《地理学》第十五卷。——原注

他派人在希达斯派斯河[1]建立舰队，顺流而下进入印度河，直抵印度河口。他把陆军和舰队留在帕塔拉[2]，率领几艘船只亲自勘测大海，把将要建设港口、避风所和武器库的地点标出。返回帕塔拉后，他离开舰队，取陆路，以便陆海部队互相支援。舰队从印度河口上溯，沿着奥利特、伊契欧法基、卡拉马尼亚[3]和波斯河岸前进。他下令凿井建城，禁止伊契欧法基人食鱼为生[4]，欲把沿岸一带变为开化民族居住地。尼阿库斯[5]与奥内希克里图斯[6]写下了这次为期十月的航行日志。舰队到苏萨[7]后，与亚历山大会合，并得到亚历山大犒赏。

为确保埃及，亚历山大兴建亚历山大港。此地乃昔日君王扼守埃及之钥匙[8]，如今成为敞开埃及之钥匙。此时，他根本未想到贸易；发现印度洋后，他才想到贸易。

即使发现印度洋后，他对亚历山大港似乎也没有新想法。他确实有计划在印度与其帝国西部之间开展贸易，但由于认识局

---

[1] 希达斯派斯河，又名“杰赫勒姆河”，公元前326年夏天，亚历山大在此战胜国王色鲁斯战象军队，自封为“宇宙之王”。——译注

[2] 帕塔拉，印度河三角洲上一座城市。——译注

[3] 卡拉马尼亚，又译“卡尔曼尼亚”，位于今巴基斯坦西南俾路支省。——译注

[4] 不能将此事理解为针对所有伊契欧法基人，盖他们散居在长达一万斯塔德（1斯塔德约合180米。——译注）的海岸线上。倘若全面禁止食鱼为生，何以保证其食物？何以让其服从？故仅仅涉及个别部族而已。尼阿库斯在《印度货物》中写到，在波斯一侧海岸尽头，他发现有一些食鱼较少的部族。我想，亚历山大的命令仅适用于这个地区，或许还有与波斯湾比邻的若干地区。——原注

[5] 尼阿库斯，克里特航海家，亚历山大海军将领兼朋友，著有《沿海归航记》等。——译注

[6] 奥内希克里图斯，古希腊历史学家，亚历山大海军将领。——译注

[7] 苏萨城，位于今伊朗胡齐斯坦省。1901年，著名的《汉谟拉比法典》在此出土。该城有八千多年历史，比伊朗人建国还要早五千多年。希罗多德说：“谁占有苏萨财富，谁就可以和宙斯斗富。”——译注

[8] 亚历山大港修筑在名叫拉科蒂斯的海滩上，古代君王在这里屯兵防备外族尤其是希腊人入侵。如我们所知，希腊人以海盗著称。参见普林尼：《自然史》第六章；参见斯特拉波：《地理学》第十八卷。——原注

限,他没有通过埃及开展该贸易的计划。他确实见到了印度河与尼罗河[1],但他对两河之间的阿拉伯海知之甚少。从印度一返回,他就立即命令建造新舰队,用以在幼琉士河[2]、底格里斯河[3]、幼发拉底河[4]和大海航行。[5] 他拆除波斯人设在河上的障碍物,发现波斯湾原来是通向大洋的海湾。就像过去勘测印度洋那样,他也对这片海域进行勘测[6]。他下令在巴比伦建造可以停泊千艘船只的港口以及若干武器库,拨款五百塔兰到腓尼基、叙利亚招募船夫,打算把他们派遣至沿岸殖民地。后来,他还在幼发拉底河和亚述其他河流上修建诸多大型工程。这足以说明,他确实想通过巴比伦和波斯湾与印度开展贸易。

有些人以亚历山大企图征服阿拉伯为理由,断言其想把帝国建在阿拉伯。[7] 他怎会选择他一无所知之地?[8] 何况对亚历山大而言,阿拉伯乃世界上最不方便之地,若如此就会远离帝国其余部分。再说,远征获胜的哈利法们,很快就离开阿拉伯,到他乡定居了。

---

〔1〕 尼罗河,世界上最长河流,流经非洲东、北部河流,自南向北注入地中海。——译注

〔2〕 幼琉士河,在伊朗注入波斯湾底部的一条河流。——译注

〔3〕 底格里斯河,中东名河,源自土耳其安纳托利亚山区,流经伊拉克,最后与幼发拉底河合流成为阿拉伯河注入波斯湾。伊拉克首都巴格达位于底格里斯河西岸。——译注

〔4〕 幼发拉底河,中东名河,发源于土耳其安纳托利亚高原和亚美尼亚高原山区,流经叙利亚和伊拉克,大体上流向东南,最后与位于其东面的底格里斯河合流成为阿拉伯河,注入波斯湾,为西南亚最大河流。——译注

〔5〕 参见亚里安:《亚历山大远征记》第七卷。——原注

〔6〕 同上。——原注

〔7〕 参见斯特拉波:《地理学》第六卷。——原注

〔8〕 "看到巴比伦被淹,他把目光投向临近的阿拉伯,看过去就像是一个孤岛。"参见斯特拉波著作关于亚里斯托布鲁斯的记述。——原注

第九节　亚历山大身后希腊诸王贸易

亚历山大征服埃及时，人们对红海知之甚少；对于一侧濒临非洲海岸、一侧濒临阿拉伯海岸，并与红海相通的那个大洋，更是一无所知，甚至认为，根本不可能绕过阿拉伯半岛。曾试图分别从两侧绕行者，皆放弃原有计划。有人说："怎么可能航行至阿拉伯沿岸南部海岸？冈比西斯〔1〕军队从北边穿越阿拉伯半岛时，几乎全军覆没；拉各斯儿子托勒密〔2〕派遣军驰援正在巴比伦的塞琉古时，军队历经的艰辛难以置信：白天温度太高，只能夜间行军。"〔3〕

波斯人极度漠视航海。他们征服埃及后，就把这种观念带至埃及。希腊诸王发现，他们不仅不知道提尔人、以东人、犹太人等的海上贸易，甚至对红海上那些航海人也一无所知。我倾向认为，尼布甲尼撒〔4〕摧毁了第一个提尔国和红海沿岸若干小国和城邦，导致航海知识失传。

波斯时代的埃及，并不濒临红海，疆域仅限于尼罗河泛滥而成的那个狭长地带〔5〕，被两侧高山紧紧夹住。因此，红海和大洋必须再度发现，而这个发现完全出于希腊诸王的好奇心。

---

〔1〕　冈比西斯（约公元前600—前559），波斯国王，居鲁士一世之子，居鲁士大帝之父。——译注

〔2〕　即托勒密一世（公元前367—前282），埃及托勒密王朝创建者，原系亚历山大麾下将军。拉各斯系其母亲。公元前323年，亚历山大病逝后，托勒密在巴比伦分封协议中成为埃及总督，马其顿帝国分崩离析后，托勒密在埃及建立自己的势力。——译注

〔3〕　参见尼阿库斯：《印度货物》。——原注

〔4〕　即尼布甲尼撒二世（约公元前634—前562），新巴比伦王国君主（约公元前605—约前562在位）。——译注

〔5〕　参见斯特拉波：《地理学》第十六卷。——原注

他们探索尼罗河,在尼罗河与大海之间的地区猎象,从陆地发现海岸。由于是希腊人发现的,各地皆以希腊文命名,庙宇皆供奉希腊诸神。[1]

定居埃及的希腊人,从事的贸易范围极广,控制着红海诸港口。所有国家的贸易劲敌提尔,不复存在。这些希腊人不受当地古老迷信羁绊[2],因此,埃及成为世界中心。

叙利亚诸王只通过奥克苏斯河和里海经营印度北部一带的贸易,而把印度南部贸易让给埃及诸王。当时人们误以为里海乃北方大洋的一部分[3]。去世前不久,亚历山大下令建造一支舰队[4],试图探明里海是否经由黑海或者东部某个通向印度洋的大海与大洋相通。在他之后,塞琉古和安提奥库斯[5]非常关注里海,均派遣舰队至该处勘测。[6] 塞琉古勘测的名为"塞琉希德海",安提奥库斯勘测的名为"安提奥基德海"。他们的注意力均集中在这些海域,但也许是几位托勒密国王藉红海舰队就牢牢控制了红海,或者也许是他们注意到波斯人对航海深恶痛绝,故不重视南面诸海。波斯南岸没有海员,只是到亚历山大去世前不久,那里才有海员。可是,作为塞浦路斯岛和腓尼基以及小亚细亚沿岸的主人,埃及诸王拥有航海便利条件。他们无需强制臣民,只要发挥臣民才干,放手让他们去做即可。

---

〔1〕 参见斯特拉波:《地理学》第十六卷。——原注

〔2〕 古老迷信令埃及人憎恶外来者。——原注

〔3〕 参见普林尼:《自然史》第二章第六十七节和第六章第九、十三节;斯特拉波:《地理学》第十一卷;亚里安:《亚历山大远征记》第三卷,第 7 页;第五卷,第 104 页。——原注

〔4〕 参见亚里安:《亚历山大远征记》第七卷。——原注

〔5〕 即安提奥库斯二世(公元前 286—前 246),又译"安条克二世",塞琉古王朝第二位国王(公元前 261—246 在位)。——译注

〔6〕 参见普林尼:《自然史》第二章第六十七节。——原注

令人费解的是,古人一直固执地认为里海是大洋的一部分。亚历山大、叙利亚诸王、帕提亚人和罗马人的远征,都未能改变其看法。人们总是拖到不得已时才改变看法。最初,人们只知道里海南部,以为那就是大洋;后来沿里海海岸往北走,仍然以为这是伸入陆地的大洋;东边只走到药杀水,西边则走到阿尔巴尼亚尽头。里海北部多为泥泞浅滩〔1〕,根本不宜航行。因此,人们以为所见到的就是大洋。

亚历山大军队向东只至希巴西斯河〔2〕,此乃汇入印度河的最后一条支流。因此,希腊人的印度贸易,最初在很小区域进行。塞琉古深入印度直抵恒河〔3〕,进而发现恒河所注入的大洋,即孟加拉湾。〔4〕 如今通过航海发现大陆,昔日通过陆战发现海洋。

斯特拉波不顾阿波罗多鲁斯〔5〕记述,似乎怀疑巴克特里亚希腊诸王走得比塞琉古和亚历山大更远。巴克特里亚希腊诸王纵然在东边确实不如塞琉古走得远,但在南边走得更远却是事实。他们发现了锡哲〔6〕和马拉巴尔的一些港口〔7〕,航海就此开始,下面将详述。〔8〕

普林尼记述,先后开辟了三条通往印度的航路。〔9〕 最初的航

---

〔1〕 参见沙皇地图。——原注

〔2〕 希巴西斯河,今称"比阿斯河",位于今印度旁遮普省。——译注

〔3〕 恒河,又译"冈底斯河",印度母亲河,发源于喜马拉雅山南麓,流经印度北阿坎德邦、北方邦、比哈尔邦、恰尔肯德邦、西孟加拉邦后,进入孟加拉国,改称帕德玛河,最后注入孟加拉湾,其入海河段称为梅克纳河。——译注

〔4〕 参见普林尼:《自然史》第六章第十七节。——原注

〔5〕 阿波罗多鲁斯(公元前1世纪),古希腊巴比伦地理学家、作家。——译注

〔6〕 锡哲,印度河东侧古国名。——译注

〔7〕 阿波罗多鲁斯的说法,参见斯特拉波:《地理学》第十一卷。——原注

〔8〕 巴克特里亚、印度和阿里亚纳的马其顿人与叙利亚王国分离后,建立了一个大国。——原注

〔9〕 参见普林尼:《自然史》第六章第二十三节。——原注

路是从锡亚格尔角[1]到印度河口的帕塔伦岛,这就是亚历山大舰队所走航路。后来走一条更短更安全的航路,那就是从锡亚格尔角到锡哲的航路。[2] 这个锡哲只能是斯特拉波所说的锡哲王国[3],也就是巴克特里亚希腊诸王所发现的那个锡哲王国。普林尼说这条航路更短,乃因所需时间较少。锡哲,既然是巴克特里亚诸王发现的,显然比印度河更偏僻,故只有避免始终沿海岸拐弯,并且较好地利用风势,才能较快抵达。商人还有第三条航路,先至红海出口处港口甘斯或者奥赛利斯[4],从那里乘西风至印度航路上第一个商埠慕济利斯[5],再往其他港口。

由此可见,他们不是从红海出发,沿福地阿拉伯半岛[6]沿岸转向东北,直抵锡亚格尔角,而是从西至东,借季风从这边到那边,而季风变化就是在这个海域航行中发现的。古人只有在能够利用季风和信风[7]时,才敢出海航行;于其而言,风乃航海罗盘。

普林尼说:他们仲夏前往印度,十二月底或者一月初从印度返回。[8] 这与我们的航海家日志完全吻合。在印度洋这一带,即非洲半岛与恒河这边的半岛之间,每年有两次季风:第一次始于八九月,由西向东;第二次始于一月,由东向西。所以,我们从非洲赴马拉巴尔航海季节,与托勒密舰队往返季节相同。

从帕塔拉至苏萨,亚历山大舰队走了七个月。舰队七月出

---

〔1〕 锡亚格尔角,位于阿拉伯半岛最东端。——译注

〔2〕 参见普林尼:《自然史》第六章第二十三节。——原注

〔3〕 参见斯特拉波:《地理学》第十一卷“锡哲王国”。——原注

〔4〕 奥赛里斯,红海非洲港口。——译注

〔5〕 慕济利斯,马拉巴尔沿岸港口。——译注

〔6〕 福地阿拉伯半岛,指阿拉伯半岛南部尤其是西南部。——译注

〔7〕 季风在一年的一段时间里从这边吹向那边,在另一段时间里则从那边吹向这边;信风则不同,它整年朝同一方向吹。——原注

〔8〕 参见普林尼:《自然史》第六章第二十三节。——原注

发,这个时间,在今天没有任何船只敢于从印度返航。在两个季风交替季节,风向变幻不定,北风与常见风混作一团,常在沿海引发可怕风暴。这一现象,从六月持续至八月。亚历山大舰队七月从帕塔拉启航,必定多次遭遇风暴,逆季风而行,故航行时间拖得很长。

普林尼说:夏末启航前往印度,就可以充分利用季风换向时间,完成从亚历山大港至红海的航行。

请注意,航海业就这样日臻完善。大流士顺印度河至红海,历时两年半〔1〕;亚历山大舰队从印度河至苏萨,在印度河航行三个月,在印度洋航行七个月〔2〕。后来,从马拉巴尔海岸至红海,只航行四十天。〔3〕

斯特拉波说:从埃及航海至印度者,罕见达到恒河,此乃许多人对希巴尼斯河与恒河流域知之甚少之故。事实上,当时船队根本不去恒河。他们乘由西向东的季风,从红海海口至马拉巴尔沿海,就在那里的商埠停泊,不再经由科摩林角〔4〕和科罗曼德尔海岸〔5〕,绕过半岛继续航行至恒河。埃及诸王和罗马诸王均要求船队当年返航。〔6〕

那时希腊人和罗马人在印度的贸易,远远不如今天的规模,盖我们今天所熟悉的广袤地区,他们完全不知,何况我们今天与印度各邦国通商,甚至是为他们经商,为他们航海。

不过,希腊人和罗马人从事此项贸易比我们容易。倘若我们

〔1〕 参见希罗多德:《希波战争史》。——原注
〔2〕 参见普林尼:《自然史》第六章第二十三节。——原注
〔3〕 同上。——原注。
〔4〕 科摩林角,又译"哥摩林角",位于印度最南端。——译注
〔5〕 科罗曼德尔海岸,印度德干半岛孟加拉湾海岸的一部分。——译注
〔6〕 参见普林尼:《自然史》第六章第二十三节。——原注

今天不去寻找南方小岛，仅在古扎拉特[1]和马拉巴尔沿岸做生意，坐等岛民送来商品，就会取道埃及，而不会绕道好望角[2]。斯特拉波说，古人就是这样与塔普洛班[3]各民族通商的。[4]

第十节　绕非洲航行

我们发现，罗盘问世前，人们曾四度尝试环绕非洲航行。尼科[5]派遣的腓尼基人[6]和逃避托勒密·拉蒂鲁斯[7]盛怒的欧多克索斯[8]，从红海出发，完成了环绕非洲的航行。[9] 薛西斯[10]在位时的萨塔斯普[11]和受迦太基人派遣的汉诺[12]，从直布罗陀海峡环绕非洲航行，未获成功。[13]

环非洲航行关键，是发现并绕过好望角。至好望角航程，从红

---

〔1〕 古扎拉特，印度孟买北部半岛。——译注

〔2〕 好望角，非洲西南端著名岬角。——译注

〔3〕 塔普洛班，即锡兰，今斯里兰卡。——译注

〔4〕 参见斯特拉波：《地理学》第十五卷。——原注

〔5〕 尼科，指尼科二世，埃及第二十六朝法老（公元前609—593在位），开挖运河连结红海与尼罗河。——译注

〔6〕 尼科试图征服该地。参见希罗多德：《希波战争史》第四卷。——原注

〔7〕 托勒密·拉蒂鲁斯，即托勒密十世，公元前107年在位，不久被推翻，公元前88年复辟。——译注

〔8〕 欧多克索斯（约公元前400—约公元前347），古希腊学者，精通数学、天文学、地理学。——译注

〔9〕 参见普林尼：《自然史》第二章第四十七节；参见庞波尼乌斯·梅拉：《地理志》第三卷第九章。——原注

〔10〕 即薛西斯一世（约公元前519—前465），波斯国王（公元前486—前465在位）。——译注

〔11〕 萨塔斯普，奉薛西斯之命在公元前470年作环非洲航行者。——译注

〔12〕 航海家汉诺（约公元前6世纪），与迦太基政治家、军事统帅汉诺同名，迦太基海上探险家。汉诺航海归来撰写的航行报告，用腓尼基文刻在碑上，后被译为古希腊文。——译注

〔13〕 参见希罗多德：《希波战争史》。——原注

海比从地中海出发,近一半;至好望角的沿岸航线,从红海比从直布罗陀海峡出发,更安全。[1] 发明罗盘后,从直布罗陀海峡至好望角的航行才有可能,盖有罗盘,就不必紧贴非洲海岸航行,而可以在浩瀚大洋上朝圣赫勒那岛[2]或者巴西方向航行。[3] 因此,当时从红海航行至地中海很有可能,从地中海返航红海则不可能。

既然无法原路返航,就不必再绕这个大圈子。很自然,东非贸易就从红海经营,西非贸易就从直布罗陀海峡经营。

埃及希腊诸王最初在红海发现从海湾深处的赫卢姆城[4]至迪拉[5]的非洲海岸,即今日巴布曼德布海峡的非洲海岸。从那里至红海口的亚罗马蒂亚角这段海岸,[6]航海家们完全不知道。阿提米多卢斯[7]的记述说得很清楚[8],当时人们知道这段海岸的各个地方,但不知道它们之间的距离,究其原因,这些港口是先后从陆上发现的,并无人在海上从这个港口航行至那个港口。

绕过亚罗马蒂亚角就是大洋,从埃拉托斯特涅斯与阿提米多卢斯的记述,不难看出,人们对大洋不甚了了。[9]

斯特拉波时代,即奥古斯都时代,人们对非洲海岸的认识不过

---

[1] 参见本章第十一节关于汉诺航海的叙述。——原注

[2] 圣赫勒拿岛,南大西洋中的一个火山岛,现属英国,离非洲西岸 1950 公里,离南美洲东岸 3400 公里,孤悬海中。拿破仑就是被流放此岛至去世。——译注

[3] 十月、十一月、十二月和一月,大西洋刮东北风。穿越赤道,向南行驶,就可以避开此时常见的东风,或者进入热带,那里常有由西向东吹的风。——原注

[4] 赫卢姆城,大致在今苏伊士附近。——译注

[5] 迪拉,巴布曼德布海峡中的一个岛屿,临近亚丁。——译注

[6] 这个海湾今天叫红海,古人称为阿拉伯湾。古人把这个海湾靠近的那部分大洋称为红海。——原注

[7] 阿提米多卢斯,公元前 1 世纪希腊地理学家。——译注

[8] 参见斯特拉波:《地理学》第十五卷。——原注

[9] 参见斯特拉波:《地理学》第十六卷。阿提米多卢斯以为奥斯特里科努这个地方为海岸尽头,埃拉斯托特涅斯以为基那诺里费拉姆那个地方为海岸尽头。——原注

如此。但在奥古斯都后，罗马人发现了拉普图姆角[1]和普拉苏姆角[2]。这些地方，斯特拉波著作没有提到，盖当时不为人知。这些地名，一看就知道是罗马人起的。

地理学家托勒密[3]生活于哈德良[4]和安敦尼在位期间，《埃里特里安海航行记》[5]作者——不管他是谁——的生活年代略晚。已知非洲尽头，托勒密所记的是普拉苏姆角，即南纬 14 度上下，而《埃里特里安海航行记》所记的是拉普图姆角，即南纬 19 度上下。托勒密似乎以为人们到过之处为尽头[6]，而《埃里特里安海航行记》作者[7]则以当时人们未曾抵达之处为尽头。

居于普拉苏姆周围的乃食人部落[8]，这坚定了我上述想法。托勒密记述了亚罗马蒂亚港和拉普图姆角之间的许多地方，但对于从拉普图姆到普拉苏姆这一带却只字未提。[9] 东印度贸易利润丰厚，人们完全不看重非洲航海贸易。罗马人在这一带并无有计划的航行，那些被发现的港口，不是从陆上发现的，就是被在风暴中迷航的船只发现的。诚如我们今天对非洲沿岸相当熟悉，而对非洲内陆极为陌生一样；而当年，古人对非洲内陆相当了解，对

---

〔1〕 拉普图姆，坦桑尼亚与莫桑比克交界处海角。——译注

〔2〕 普拉苏姆，莫桑比克城附近海角。——译注

〔3〕 托勒密（约 90—168），即克罗狄斯·托勒密，生于埃及，父母皆为希腊人；罗马帝国统治下的著名天文学家、地理学家、占星学家和光学家；“地心说”集大成者，著有《地理学》。——译注

〔4〕 哈德良（76—138），罗马皇帝（117—138 在位）。罗马帝国安敦尼王朝第三位皇帝，五贤帝之一。——译注

〔5〕 埃里特里安海，古人对包括红海、波斯湾、印度洋在内海域的称呼。《埃里特里安海航行记》作者：希腊历史学家亚里安（105—172），又译“阿里安”。——译注

〔6〕 参见斯特拉波：《地理学》第一卷第八章；第九卷第九章；非洲图第 4 帧。——原注

〔7〕 据说作者叫亚里安。——原注

〔8〕 参见托勒密：《地理学》第四卷第九章。——原注

〔9〕 参见托勒密：《地理学》第四卷第七、八章。——原注

沿海却不甚了了。[1]

前面谈到,尼科派遣的腓尼基人和托勒密·拉蒂鲁斯在位时的欧多克索斯完成了环非航行。但是,在地理学家托勒密时代,这两次航行肯定会被认为是臆造的,盖他说:从西努斯马戈努斯湾——我想,乃指暹罗湾[2]——至普拉苏姆角,有大片未知陆地横亘在亚非之间,印度只不过是一个湖泊而已。[3] 古人系从北部开始认识印度的,接着继续向东,故以为那片未知陆地位于南方。

第十一节 迦太基与马赛

迦太基万民法极其怪异:凡至撒丁岛或者直布罗陀海峡经商的外国人,一律溺死。其政治法亦然:禁止撒丁岛居民耕种土地,违者处死。它藉财富增强实力,藉实力增加财富;控制着濒临地中海的非洲沿岸,势力范围及于大洋沿岸。奉迦太基元老院之命,汉诺把三万迦太基人移民到直布罗陀至塞奈[4]地区。他说,从塞奈至直布罗陀的路程与从直布罗陀至迦太基的路程大致相同。塞奈位置极佳。它让我们知道,汉诺把三万迦太基人定居点的北面限制在北纬 25 度,即在加那利群岛[5]之南 2 度至南 3 度区域。

---

〔1〕 请看斯特拉波和托勒密对非洲各地的描述多么详细。这些知识来自迦太基人和罗马人这两个强大民族与非洲人的多次战争、他们之间的各种联盟以及他们在这些地区的贸易活动。——原注

〔2〕 即泰国湾。——译注

〔3〕 参见托勒密:《地理学》第七卷第三章。——原注

〔4〕 塞奈,西撒哈拉沿岸的一个海角。——译注

〔5〕 加那利群岛,非洲西北海域岛屿群,现属西班牙。——译注

在塞奈时,汉诺曾进行一次航海,欲在南方寻求更多发现。根本不了解非洲大陆的他,沿着海岸航行了 26 天,给养不足而被迫返航。迦太基人似乎根本没有利用汉诺的这次航行。希拉克斯[1]说,过塞奈后,海水变浅,布满稀泥与海草,不宜航行。[2] 这片海域确有不少稀泥与海草。[3] 希拉克斯提及的迦太基商人可能遇上困难,由 60 条船组成、每只船上有 50 支桨的汉诺船队克服了这些困难。困难是相对的,而且不应把需要胆魄勇气的探险事业与普通行为混为一谈。

汉诺航海记述乃古代文化杰出篇章。他既是行动者,又是记录者。其记述毫不夸张。这些伟大船长们用简洁质朴文字记录自己所做的一切。他们引以为荣的,乃行胜于言。

汉诺写作风格与内容一致,不作惊人之语。他记述的气候、土壤、民俗与土著举止等,皆与我们今天在非洲沿岸所见一致,仿佛其记述乃出自当今航海日志。

汉诺在船上观察到:大陆,白天一片寂静;夜晚可以听到各种乐器奏出的乐曲,看到遍布陆地的大大小小火光。[4] 今人记述与其一致:那些野蛮人,白天藏身森林躲避炽热阳光,夜晚点燃篝火驱赶野兽;他们酷爱舞蹈和音乐。

汉诺描述的火山现象,与我们今天所看到的维苏威火山[5]一

---

〔1〕 希拉克斯(公元前 4 世纪),迦太基航海家和地理学家,约公元前 515 年曾航行至印度河。——译注

〔2〕 参见希拉克斯:《航行记》迦太基篇。——原注

〔3〕 参见《创建东印度公司历次航行记》第一卷第 201 页的文字和图片:“海草盖住整个海面,乃至几乎看不见海水,船只唯有乘着强风才能航行。”——原注

〔4〕 普林尼所说也如此:“夜晚可以看到许多火堆,有人吹笛,有人击鼓;白天见不到人。”参见普林尼:《自然史》第五章第一节。——原注

〔5〕 维苏威火山,位于意大利南部那不勒斯湾东海岸,有“欧洲最危险火山”之誉。——译注

模一样。他还记述两位身上毛发浓密的妇女，宁死也不愿跟随迦太基人。汉诺让人把她们的皮带到迦太基。正如人们所说，这事极可能是真的。

汉诺记述特别珍贵，乃迦太基人不朽之作。正因为是迦太基人不朽之作，才被视为无稽之谈，盖罗马人始终仇恨迦太基人，即使摧毁他们后依然如此。迦太基人可信，还是罗马人可信，难道唯有胜利者说了才算？

某些现代人偏见依旧，说："汉诺记述的那些城市哪儿去了？甚至在普林尼时代也没发现其遗迹。确有遗迹，反倒不可思议。汉诺在非洲海岸兴建的，难道是科林斯或者雅典吗？"[1]他把迦太基人及其眷属留在适宜贸易地区，仓促安置他们免遭受野蛮人与野兽侵袭。迦太基人遭遇灾难，才被迫停止绕非航行。这些迦太基人不是遭受灭顶之灾，就是变成野蛮人。即使这些城市遗有残垣断壁，有谁会到森林或者沼泽中寻找？从希拉克斯和波利比乌斯著作可以发现，迦太基人在这些海岸建立了相当规模的定居点。此乃汉诺叙述的那些城市遗迹。除此以外，别无其他；即使迦太基本身，也已无迹可寻。

迦太基人当时就走上了发财致富之路。他们倘若能够走到北纬 4 度、东经 15 度，就能发现黄金海岸及其附近海岸。若如此，他们就能在那里从事贸易，其重要性肯定远超那里的如今贸易，盖如今在美洲面前，一切国家的财富皆似乎不值一提；若如此，他们就能发现诸多罗马人无法抢走的财富。

关于西班牙的财富，有诸多难以置信的传说。倘若亚里士多

---

〔1〕 参见多维尔：《汉诺航行记研究》。——原注

德记述可信〔1〕,就是在塔泰索斯〔2〕登岸的腓尼基人〔3〕,发现了用他们的船只装不完的白银,于是,就用白银制作最普通的器皿。据狄奥多罗斯记述〔4〕,迦太基人在比利牛斯山〔5〕发现了黄金与白银,数量多得惊人,就用来装饰他们船上的铁锚。这些传说皆不可信,真实情况如下:

斯特拉波引用波利比乌斯的一段文字说:贝蒂斯河〔6〕源头的银矿,有矿工四万余人,每天为罗马人生产二万五千德拉克马白银;按五十马克合一法郎计算,年产量五百万锂。〔7〕 于是,银矿所在山称为银山。〔8〕 这就是那时的波托西〔9〕。如今汉诺威〔10〕银矿矿工不及当年西班牙银矿的四分之一,产量却更高。罗马人有一些铜矿,几乎没有银矿,而希腊人则只知道阿提卡的贫矿。罗马人和希腊人获悉西班牙的丰富矿藏后,肯定会相当惊讶。

据说,在西班牙王位继承战争〔11〕中,有位经营救济院发财的

---

〔1〕 参见亚里士多德:《奇事》。——原注

〔2〕 塔泰索斯,又译"塔尔泰索斯",传说中的古城邦,位于今西班牙西南部瓜达尔基维尔河口。建于公元前1100年前,曾是地中海沿岸与欧洲西北部之间繁荣的海上贸易中心,境内富含锡、银、铜等矿藏,也有发达的金属加工业和制陶业。公元前500年左右被迦太基人占领。——译注

〔3〕 腓尼基人,乃希腊人对迦南人之称;迦太基人,乃罗马人对腓尼基人之称。——译注

〔4〕 参见狄奥多罗斯:《世界文库》第六卷。——原注

〔5〕 比利牛斯山,位于欧洲西南部,东起于地中海,西止于大西洋,分隔欧洲大陆与伊比利亚半岛,也是法国与西班牙的天然国界,山中有小国安道尔。——译注

〔6〕 贝蒂斯河,今瓜达尔基维尔河。2000年前的罗马时期,称"贝蒂斯河"。——译注

〔7〕 参见狄奥多罗斯:《世界文库》第三卷。——原注

〔8〕 拉丁文为"*Mons Argentarius*"。——原注

〔9〕 波托西,今玻利维亚南部城市,以产银著称,1544年发现盛产白银。——译注

〔10〕 汉诺威,今德国下萨克森州首府。——译注

〔11〕 西班牙王位继承战争(1701—1714):因西班牙哈布斯堡王朝绝嗣,王位空缺,法国波旁王朝与奥地利哈布斯堡王朝为争夺西班牙王位而引发的一场欧洲大部分国家参与的大战。战争实质上是为遏制法国吞并西班牙而再次独霸欧洲,从而引发半个欧洲组成大联盟对抗法国。——译注

罗德侯爵,因开采金矿而倾家荡产。[1] 他以提尔人、迦太基人和罗马人为例,建议法国王朝开采比利牛斯山矿藏。取得许可后,他四处找矿,却一无所获。

控制黄金与白银贸易的迦太基人,还想控制铅、锡贸易。这些金属,皆走陆路从高卢洋面港口运往地中海沿岸港口。迦太基人欲不经他手而直接获得它们,就派希米尔科[2]赴卡希提里德岛建立殖民点。[3] 卡希提里德岛,也许就是锡利群岛[4]。

有人认为,迦太基人能从贝蒂卡[5]航行至英格兰,说明他们已有罗盘,但迦太基人明显是贴着海岸航行的。窃以为,希米尔科用了四个月才从贝蒂斯河口航行至英格兰,就足以证明一切,无需其他证据。不过,一则有名故事说:[6]在航行途中,有个迦太基船员看见对面驶来罗马人船只,就让自己的船搁浅,目的是不让罗马人获知至英格兰的航路。[7] 由此可知,相遇时两条船都很靠近海岸。

古人也许曾在海上航行,就有人猜测他们已有罗盘,其实并没有。若远离海岸线航行,一路天气晴朗,夜晚就可看到北极星,白昼就可看到日出日落。若如此,完全可以像如今拥有罗盘一样,从容航行。然而,并非每次航行都能如此,唯有运气好时才能如此。

---

〔1〕 他在一定程度上掌管救济院。——原注

〔2〕 希米尔科(约公元前5世纪),迦太基航海家、探险家,曾由地中海航行至欧洲西北海岸。——译注

〔3〕 参见菲斯图斯·阿维努斯的著作。——原注

〔4〕 锡利群岛,英格兰康沃尔郡西南方岛群。——译注

〔5〕 贝蒂卡,位于西班牙最南端,今安达卢西亚。——译注

〔6〕 参见斯特拉波:《地理学》第三卷末尾。——原注

〔7〕 他因而获得迦太基元老院褒奖。——原注

从结束第一次布匿战争的条约可以看出,迦太基人在乎保持海上霸权,罗马人在乎保持陆上霸权。[1] 与罗马人谈判时,汉诺声称:不能容忍罗马人染指西西里海域;不许他们在普尔切里海角[2]航行;不许[3]他们在西西里、撒丁岛和非洲经商,[4]但迦太基除外。由此可见,迦太基人不打算让罗马人从迦太基贸易中占到便宜。

早期因捕鱼问题,迦太基与马赛多次大动干戈。[5] 停战后,迦太基与马赛皆从事节俭贸易。马赛在手工业方面可与迦太基媲美,却比迦太基弱势,最终不免心生妒忌,这也正是他们对罗马人忠贞不二之因。罗马人在西班牙对迦太基人开战,马赛变成军需库而渔翁得利,大发战争财。迦太基与科林斯沦为废墟,马赛更加显赫荣耀。倘若没有内战,倘若可以不加入任何一方,在罗马人庇护下的马赛,肯定会更加富足,盖罗马人对马赛从事贸易毫不介意。

第十二节　德洛斯岛与米特里达提

科林斯遭罗马人摧毁后,商人纷纷撤至德洛斯岛。缘于宗教信仰,此岛视为安全岛。[6] 此外,其地理位置极其适宜与意大利

---

〔1〕 参见佛兰舍缪斯:《李维〈罗马史〉补编》第二章第六节。——原注
〔2〕 普尔切里海角,迦太基东北海角,今属突尼斯。——译注
〔3〕 参见波利比乌斯:《历史》第三卷。——原注
〔4〕 在迦太基人统辖区域。——原注
〔5〕 参见查士丁:《世界通史》第四十三卷第五章。——原注
〔6〕 参见斯特拉波:《地理学》第十卷。——原注

和亚洲进行贸易。自从非洲没落和希腊衰弱后,该贸易显得尤为重要。

前已提及,希腊人在早期派人至普洛庞蒂斯和黑海建立殖民地。在波斯人统治期间,这些殖民地保持自身法律和自由。亚历山大远征仅仅针对蛮族,并非攻击这些殖民地。〔1〕本都〔2〕国王占领不少此类殖民地,也未废除这些殖民地的政治制度。〔3〕

本都国王占领这些殖民地后,国力大增。〔4〕于是,米特里达提到处招兵买马,补充兵源〔5〕,获得诸多工匠、舰船、武器;争取盟友,收买罗马人的盟友,甚至贿赂罗马人;从亚欧蛮族中招募雇佣军〔6〕;训练军队,学习罗马人的军事技术;〔7〕用大量投降的罗马士兵组成自己的部队,准备长期作战。他最终遭受巨大损失、遇到重大挫折,但并未彻底完蛋。这位淫逸而野蛮的国王,倘若在本都王国兴盛时期不糟蹋伟大君主在危难时艰辛创建的事业,就不会走向灭亡。

正当罗马人如日中天、天下无敌之时,米特里达提却胆敢挑战

〔1〕 他认可雅典殖民地阿米苏斯城的自由。这个城市拥有自己的民主政体,即使在波斯人统治期间,也没有废弃。卢库卢斯拿下西诺柏和阿米苏斯后,恢复该地享有的自由,并召回逃至船上的居民。——原注

〔2〕 本都王国,古国名,位于小亚细亚东北地区黑海沿岸,今分属保加利亚、格鲁吉亚、希腊、俄罗斯、土耳其、乌克兰等。——译注

〔3〕 参见阿庇安:《抗击米特里达提战争》关于发纳高黎人、阿米苏斯人和西诺柏人的记述。——原注

〔4〕 参见阿庇安有关记述:米特里达提用于战争的巨额财宝、他所藏匿的财宝,他因自己人背叛而丧失的财宝,在他死后发现的财宝。——原注

〔5〕 他一次就损失 17 万兵员,随即招募新兵补足。——原注

〔6〕 参见阿庇安:《抗击米特里达提战争》。——原注

〔7〕 参见阿庇安:《抗击米特里达提战争》。——原注

罗马人攻陷迦太基、击败腓力[1]、安提奥库斯[2]和佩修斯[3]后所确立的局面。战争空前残酷:双方实力强大,旗鼓相当;希腊和亚洲人民,无论是米特里达提的朋友还是敌人,皆遭受毁灭性打击;德洛斯岛也蒙受巨大灾难,贸易凋零,盖从事贸易的人民已被彻底摧毁。

罗马人摧毁了迦太基和科林斯,遵循的乃前面提及的方式:他们不是征服者,而是破坏者,竭尽其能实施破坏;幸亏其未曾征服整个世界,否则,他们早就毁灭了自身。本都国王控制希腊的黑海殖民地后,小心翼翼保护成就其伟业的基础,避免其遭破坏。

第十三节 罗马人海上特质

罗马人只注重陆军,其陆军精神乃意志坚定、坚守阵地、勇于牺牲。罗马人对海军风格不以为然:海军主动出击,接着佯装逃跑,而后冲杀回来,时时躲避危险,惯于运用计谋,极少硬拼。所有这些,皆非希腊人特质[4],更非罗马人特质。

---

[1] 即腓力五世(公元前221—前179),亚历山大去世后所产生的继业国家马其顿国王。古罗马共和国和马其顿发生四次战争,最终以罗马控制马其顿王国而告终。第一次战争(公元前214—前205),马其顿腓力五世取得胜利;第二次战争(公元前200—前196)中,罗马大获全胜,消灭了腓力的海军;第三次战争(公元前171—前168),在彼得那会战中佩修斯战败,马其顿被分割为四个自治共和国;第四次战争(公元前151—前146),马其顿接连举兵反抗罗马统治,最终罗马大军平息叛乱,四个共和国不复存在,马其顿成为罗马帝国行省。——译注

[2] 即安提奥库斯三世(公元前241—前187),又译"安条克三世",塞琉古帝国第六位国王(公元前223—前187在位)。在位时与罗马人发生冲突,公元前192年入侵希腊,公元前190年被罗马人赶出。——译注

[3] 佩修斯(公元前213—前166),又译"珀修斯""珀尔修斯"或者"佩尔修斯",腓力五世之子,马其顿国王(公元前176—前168在位)。——译注

[4] 如同柏拉图《法篇》第四卷所指出的。——原注

因此,他们派去从事航海事业者,皆为地位不高而无法跻身罗马军团的公民[1];其海员通常为释奴。

如今,既不会那般器重陆军,也不会那般鄙视海军;陆军战术降低[2],海军战术提高[3];是否重视某事,取决于为做好这件事情所需的智慧达至何种程度。

第十四节　罗马人贸易特质

从未有人发现罗马人对贸易怀有戒备心。罗马人攻击迦太基,原因并非它是贸易国,而是它是敌对国。某些贸易城邦尽管不隶属罗马,但罗马人关照有加。例如,他们转让若干领土给马赛,以增强其实力。他们对蛮族怀有恐惧心,对贸易民族毫无畏惧心。此外,罗马人的气质、荣耀、军事教育尤其是政体形式,让他们远离贸易。

在城市,罗马人忙于战争、选举、谋略和诉讼;在乡村,罗马人忙于耕种;在行省,严厉而暴虐的政体与贸易水火不相容。

倘若罗马政体与贸易不相容,其万民法在排斥贸易上则毫不逊色。法学家庞波尼乌斯说:"与我们没有友谊、没有交情也没有结盟的民族,并非我们的敌人。但是,倘若我们的东西落入他们之手,他们就会成为其主人,自由民就会成为其奴隶,他们就会以同样身份对待我们。"[4]

---

〔1〕 参见波利比乌斯:《历史》第五卷。——原注

〔2〕 参见孟德斯鸠:《罗马盛衰原因论》第三章。——原注

〔3〕 同上书第四章。——原注

〔4〕 参见《查士丁尼法典》第五章第二节"关于战俘"。——原注

他们的市民法同样令人难以忍受。君士坦丁法规定：卑贱者与高贵者婚后所生子女，皆视为私生子女；把开店做买卖的妇女[1]与奴隶、小酒馆女老板、舞女、妓院老板的女儿和被判在决斗场上决斗之人的女儿等，混为一谈。如此规定，源自古老的罗马法律制度。

我并非不知道，不少人有如下观念：一是贸易于国家最有益；二是罗马乃世上最善治之国。有这两种想法者皆认为，罗马人尊崇并大力鼓励贸易，事实却是罗马人很少考虑贸易。

第十五节　罗马人与蛮族之贸易

罗马人建立了横跨欧、亚、非的广袤帝国，各民族的软弱与统治者的暴戾，为这个庞大帝国各部分联结在一起提供了可能。当时的罗马政策，乃不与未征服之国交往。由于担心取胜技术传入这些国家，致使罗马人忽视了可以致富的技艺。他们立法严禁与蛮族通商。瓦林斯和格拉提亚努斯[2]说，任何人不得将葡萄酒、食油和其他饮料提供给蛮族，即使只为品尝也不可。[3] 格拉提亚努斯、瓦伦提尼安和狄奥多西补充说，不准把黄金给他们；他们拥有的黄金，也要设法夺走。[4] 铁的运输也禁止，违者处死。[5]

---

〔1〕 “在公共场所做买卖的妇女”，参见《查士丁尼法典》第一章“关于自由民”。——原注

〔2〕 格拉提亚努斯(359—383)又译“格拉蒂安”或者“格拉提安”，罗马皇帝(375—383在位)。——译注

〔3〕 参见《查士丁尼法典》“关于蛮族及禁止输出的货物”。——原注

〔4〕 参见《查士丁尼法典》第二章“关于交易和商人”。——原注

〔5〕 参见《查士丁尼法典》第二章“关于禁止输出的货物”。——原注

胆小怯懦的君主图密善,下令拔掉高卢的葡萄树,大概是担心葡萄酒会把蛮族吸引至高卢[1],盖从前葡萄酒曾把蛮族吸引至意大利。普洛布斯[2]和朱利安[3]从来不怕蛮族,下令重栽葡萄树。

我知道,罗马帝国日趋衰落时,蛮族强迫罗马人设立商埠,并与蛮族通商。[4] 此乃罗马不从事贸易精神的明证。

第十六节　罗马人与阿拉伯和印度之贸易

与福地阿拉伯半岛以及印度的贸易,乃罗马人几乎仅有的两大对外贸易。阿拉伯人拥有巨大财富,其财富来自海洋和森林。他们卖多买少,吸收了邻邦诸多黄金和白银。[5] 奥古斯都知道阿拉伯人十分富有,决定要么与其成为朋友,要么与其成为敌人,[6]遂派遣埃留斯·加鲁斯[7]从埃及开赴阿拉伯。加鲁斯发现阿拉伯人懒散、悠闲、不善战。他打了几仗,围了几座城池,仅损失七名士兵。但是,向导不忠、长途行军、气候不适、饥渴疾病与指挥失误等,几乎导致全军覆没。

因此,罗马人只得如其他民族一样,与阿拉伯人做生意,就是说,用黄金、白银换取他们的商品。如今欧洲与阿拉伯人的贸

---

〔1〕 参见普洛科比:《波斯战争》第一章。——原注

〔2〕 普洛布斯(232—282),罗马皇帝(276—282 在位)。——译注

〔3〕 朱利安(331—363),又译“尤利安”,罗马皇帝(361—363 在位)。——译注

〔4〕 参见孟德斯鸠:《罗马盛衰原因论》。——原注

〔5〕 参见普林尼:《自然史》第六章第二十八节;参见斯特拉波:《地理学》第十六卷。——原注

〔6〕 同上。——原注

〔7〕 埃留斯·加鲁斯,罗马将军,奥古斯都在位时的埃及总督。——译注

易,依然照此进行。阿勒颇[1]商队和苏伊士[2]王家商船带去了巨额黄金和白银。[3]

自然条件决定了阿拉伯人会经商,而不会打仗。可是,这些悠闲民族来到帕提亚人和罗马人的边界时,就成为其后备军。埃留斯·加鲁斯发现他们会经商,穆罕默德发现他们会打仗。穆罕默德赋予其热情,他们最终成为征服者。

罗马人与印度的贸易具有相当规模。斯特拉波在埃及得知,罗马人用于印度贸易的船只有 120 艘。[4] 不过,这种贸易完全依靠金银支撑,罗马每年运往印度的金银多达五千万塞斯特斯[5]。普林尼说,从那里运回罗马的商品售价翻百倍。[6] 窃以为,有些言过其实:利润真有这么丰厚,人人都会蜂拥而上,结果谁也赚不到钱。

罗马人与阿拉伯人、印度人通商是否有利可图,可以探讨。他们必须把钱币运送过去,可是,他们不像我们有源源不断来自美洲的白银可作补充。我确信,他们铸造白银含量极少的钱币,就在于白银匮乏;白银匮乏,就在于银币持续运往印度。即使印度商品在罗马出售可以获利百倍,赚的也是罗马人自己的钱,不会让罗马帝国致富。

但从另一方面看,这种贸易促使罗马人扩大航海业,从而增强

---

[1] 阿勒颇,位于今叙利亚北部,叙利亚第一大城市,西距地中海 120 公里。——译注

[2] 苏伊士,埃及港市,位于苏伊士运河南端,7 世纪时是连接尼罗河和红海的运河航运终点;1869 年苏伊士运河开通后发展为重要港市,港口转运业务繁忙。——译注

[3] 阿勒颇和苏伊士商队带去我们的两百万硬币,私下偷运过去的硬币也有这个数,王家商船带过去的硬币也有两百万。——原注

[4] 参见斯特拉波:《地理学》第二卷,第 81 页。——原注

[5] 塞斯特斯,古罗马常用货币单位。——译注

[6] 参见普林尼:《自然史》第六章第二十三节。——原注

其势力;可以扩大国内贸易,鼓励工艺进步;促使谋生手段增多,公民数量增加;催生奢华之风。前已论及,奢华虽然有利于君主政体,但对共和政体是致命伤害。这种贸易建立之时,乃共和国垮台之际。倘若罗马的奢华是必要的,就应让聚敛了全世界财富的罗马,藉奢华把财富归还全世界。

斯特拉波说,罗马人与印度的贸易,规模远超埃及国王与印度的贸易。[1] 不善贸易的罗马人,对印贸易关注度超过印度近在咫尺的埃及国王,确实非同寻常,其原因值得探讨。

亚历山大死后,埃及诸王建立了对印海上贸易;叙利亚诸王占有罗马帝国最东部诸行省,也就占有印度,并继续从事本章第六节所谈贸易,即陆路与内河贸易;马其顿人所建立的殖民地进一步促进了这种贸易,欧洲因而可以通过埃及和叙利亚与印度交往。叙利亚王国遭肢解而创建的巴克特里亚王国,对该贸易未产生任何不利影响。托勒密引述提尔人马里诺斯[2]的记述[3]说,马其顿商人在印度有新发现,发现了国王军事远征时未发现的新路。在托勒密著作[4]中可以看到,这些商人从石楼[5]一直走到塞拉[6],在中国东北发现了一个极为偏僻的商埠,真乃不可思议。在叙利亚诸王和巴克特里亚诸王统治时期,印度南方商品就这样经由印度河、奥克苏斯河和里海运至西方;来自更远的东

---

〔1〕 参见斯特拉波:《地理学》第十二卷:罗马人向印度派遣船只 120 艘;第十七卷:希腊国王派遣的船只不到 20 艘。——原注

〔2〕 提尔人马里诺斯(70—130),又译“提尔人马里纳斯”,希腊数学家、地理学家。托勒密《地理学》深受其影响。——译注

〔3〕 参见托勒密:《地理学》第一卷第二章。——原注

〔4〕 参见托勒密:《地理学》第六卷第十三章。——原注

〔5〕 石楼(又译“石塔”,疑指蒙古商埠。——译注),在我们的最佳地图上,位于经度 100 度、纬度 40 度附近。——原注

〔6〕 塞拉,指中国洛阳,实指中国,意为丝绸之国。——译注

部和北部地区的商品，则经由石楼、塞拉和其他商埠运至幼发拉底河。这些商人所走的商路大约在北纬 40 度，沿途经过中国西部的一些国家。那些国家比今天治理得更好，盖那时尚未遭受鞑靼人蹂躏。

叙利亚陆上贸易迅猛发展之时，埃及海上贸易发展缓慢。

不久，帕提亚人出现并建立帝国。在罗马人统治埃及时期，帕提亚帝国处于强盛顶峰，疆域大为扩张。

罗马与帕提亚，乃敌对之国，不为争夺霸权，而为维持生存。两大帝国在边境枕戈待旦，彼此之间的一些地带沦为荒漠，双方没有任何交往，遑论贸易。野心、戒备、宗教、仇恨和习俗撕裂了一切。往昔东西贸易有诸多商路，此时只剩下一条。亚历山大港成为唯一商埠，得到极大发展。

对国内贸易，只想说一句话：为解决罗马人民生存所需而买卖小麦，乃国内贸易主要内容。这与其说是买卖生意，莫如说是政府管理。在这方面，从事海上贸易的商人享有某些特权[1]，盖帝国安危仰仗其警觉。

第十七节　西罗马灭亡后的贸易

罗马帝国遭受入侵，灾难遍及全国，后果之一乃贸易被毁。蛮族最初把贸易仅仅视为劫掠目标；征服罗马后，他们也只是把贸易与被征服人民的农业和其他行业等同看待，并未特别关注。

---

〔1〕 参见苏埃托尼乌斯：《帝王传·克劳狄》第十八、十九章；《查士丁尼法典》第七章“关于航海人”。——原注

不久，欧洲贸易几乎消失，统治各地的贵族再也不必为此操心。

《西哥特法》规定，大河河床只要能留下一半给渔民撒网和船只航行，另一半就可以任由私人占用。[1] 这说明，其征服地区几乎没有贸易。

就在那个时期，出台了荒诞的"外邦人遗产充公法"和"海难法"。当时大概认为，与外帮人的交往不受任何市民法规范，故不必公正待之，也不必仁义待之。

对于居于狭窄北部地区者而言，任何人皆为外人；对于身处贫困者而言，一切皆能让其致富。征服他人之前居于窄小而遍布礁石的海边的他们，完全依赖这些礁石谋生。

为全世界立法的罗马人，制定了极为人道的海难法[2]：不但严禁沿海居民劫掠难船，而且不准滥征赋税。[3]

第十八节　特殊规定

无论如何，《西哥特法》也有利于贸易之规定：[4] 海外商人彼此发生争端，可由其本国法官依据其本国法处置。这项规定，系依据杂居侨民共同确立的习惯制定的。依据这种习惯，人人应该生活在本国法之下。关于这一点，后文将详述。

---

〔1〕 参见《西哥特法》第八卷第四章第九节。——原注

〔2〕 参见《查士丁尼法典》"总编""关于火灾及海难""关于海难"；《查士丁尼法典》第一、三章等；"科纳利法：关于暗杀"。——原注

〔3〕 参见《查士丁尼法典》"关于海难"。——原注

〔4〕 参见《西哥特法》第十一卷第三章第二节。——原注

第十九节　东罗马衰败后的贸易

伊斯兰教信徒出现后就发动征战，接着四分五裂。不同君主治下的埃及，继续从事印度贸易；由于掌握印度商品，就积聚了他国财富。因此，埃及苏丹成为当时最有权势的君主。从史籍可以看到，他们如何运用始终强大而且调配得当的军力，挫败狂热而势不可挡的十字军。

第二十节　冲破欧洲野蛮樊篱之贸易

亚里士多德哲学传至西方，受思想敏锐者青睐。在蒙昧时代，他们皆为时代精英。神学院修士推崇其哲学，从他那里获得对有息贷款[1]的诸多看法[2]。其实，有息贷款源头可以追溯至《福音书》[3]。它不分青红皂白地谴责有息贷款，导致原本仅是"卑贱者"从事的商业，变成"奸诈者"从事的行当。无论何时，原本理应获准从事之业，只要被禁止，其从业人员就会被扣上"奸诈"污名。

商业一旦传至毫无羞耻民族之手，很快就会与可恶的高利贷、行会垄断、苛捐杂税以及形形色色奸诈捞钱手段为伍。

---

〔1〕 亚里士多德认为，放贷收取利息无异于盗窃，既不道德也不合法。——译注

〔2〕 参见亚里士多德：《政治学》第一卷第九、十章。——原注

〔3〕 《福音书》，记述耶稣生平与复活事迹为主的文件、书信与书籍。通常指《新约》圣经内容；狭义专指《马太福音》《马可福音》《路加福音》《约翰福音》四福音书。——译注

犹太人靠敲诈致富,君主以同样手段掠夺他们。[1] 这多少让老百姓感到些许安慰,但无法减轻其痛苦。

英国发生的事情,可以让我们对其他国家情形有所了解。约翰王[2]为勒索钱财而囚禁犹太人;被囚禁的犹太人几乎都被挖去一只眼睛,幸免者极少。[3] 这位国王就以这种方式主持审判。有个人每天被拔去一颗牙,连拔七天;第八天,他交出一万马克银子,买回第八颗牙。亨利三世[4]从约克郡犹太人阿隆身上榨取十四万银马克,还为其皇后索取一万马克银子。当时英国暴行与今日波兰一样,甚至更为粗暴。国王不能搜刮其臣民钱包,盖其臣民受法律保护,于是,就对犹太人滥施酷刑,盖他们根本不把犹太人视为公民。

最后,没收犹太基督教徒的所有财产,成为惯例。我们是从废除该惯例的法律[5],才得知有这么离奇的惯例。为这种惯例辩护的理由不值一驳:有人说此乃考验犹太人,旨在让其摆脱魔鬼的奴役。但是,这个惯例显然是君主与贵族的分期征税权,[6]盖他们有权向犹太人征税,却无权向已皈依基督教的犹太人征税。那个年代,把人视同土地。忍不住再说说,一个世纪又一个世纪,对犹太民族的欺凌罄竹难书,他们时而因信奉基督教而被没收财产,时而因不愿意信奉基督教而被处以火刑。

---

〔1〕 参见《西班牙印记》关于阿拉贡 1228 年和 1231 年的宪法;又参见布鲁塞尔辑"国王与香槟伯爵夫人和据伊·丹皮尔 1206 年协定"。——原注

〔2〕 约翰王(1167—1216),英格兰国王(1199—1216 在位),《英国大宪章》签署者。——译注

〔3〕 参见斯洛:《伦敦一瞥》第三卷第五十四章。——原注

〔4〕 亨利三世(1207—1272),英国国王(1216—1272 在位)。——译注

〔5〕 1392 年 4 月 4 日在巴维尔颁布的敕令。——原注

〔6〕 法兰西犹太人是不可转让的农奴,农奴主是他们的继承者。布鲁塞尔说:蒂布国王和香槟伯爵于 1206 年签订协议,规定一方的犹太人不得在另一方地界上发放贷款。——原注

不过，人们看到，贸易渐渐摆脱压榨与绝望。被各国轮番驱逐的犹太人，找到了保护自身财产的办法。从此不再身无立锥之地，盖尽管君王可能会抛弃他们，但没有君王愿意失去他们的钱财。

犹太人发明了汇票。[1] 汇票的使用，让贸易可以躲避暴力而得以在各地生生不息；最富有商人也只拥有无形资产，这些财产可以汇至任何地方，在任何地方都不留痕迹。

神学家不得不修正其原则，以往粗暴视为不诚信的贸易，可以说，如今重回诚信的怀抱。

因此，我们应把贸易被毁导致的一切恶果，归咎于神学院修士的无稽之谈[2]，而把超乎君主权力的那种东西的确立，归咎于君主的贪婪。

自此，君主治国时不得不比自身认为的要略微明智一些。事实表明，依仗权力总是显得那么笨拙，乃至得出一条公理：唯有仁政才能实现繁荣。

人们开始清除马基雅维利主义[3]，而且一天比一天见效。君主决策时要仁慈稳重。往昔称作政变的事件，如今看来，除去其恐怖外，乃轻举妄动而已。

情欲催促人们欲干坏事时，利益能提醒其不得胡作非为。于所有人而言，倘若如此，实乃幸运。

---

〔1〕 众所周知，在菲利普二世和大个子腓力掌权期间，从法兰西被逐的犹太逃至伦巴第。他们在那里把汇票交给外帮人和旅客，让他们到法兰西找他们的委托人换取财物。——原注

〔2〕 参见里奥皇帝第八十三项新法，该法废除其父巴希尔的法律。巴希尔的此项法律见于《哈梅诺普尔法学集》第三卷第七章第二十七节“里奥”条下。——原注

〔3〕 马基雅维利主义，指为达目的而不择手段。——译注

第二十一节　发现两个新大陆对欧洲的影响

可以说,罗盘打开了整个世界。往昔只知道几段海岸的亚洲与非洲,得以发现;往昔一无所知的美洲,得以了解。

葡萄牙人在大西洋航行中发现了非洲最南端,目睹了浩渺大洋,这片大洋把他们送至东印度。卡莫斯[1]热情讴歌了葡萄牙人的海上历险与莫桑比克、墨林德[2]与卡利卡特[3]的发现。其诗令人想到《奥德赛》之娇媚和《埃涅阿斯纪》之华丽。

威尼斯人此前一直经营经由土耳其至印度的贸易,并为此饱受欺凌。好望角的发现以及此后其他地方的发现,导致意大利丧失世界贸易中心地位,甚至可以说把它挤至世界角落,至今依然如此。近东[4]贸易如今主要依靠各大国东西印度贸易的支撑,意大利仅处于辅助地位。

葡萄牙人以征服者身份在印度经商,荷兰人如今强加于印度各小邦国的压迫性法律[5],其实是在荷兰人之前由葡萄牙人制定的。

---

〔1〕 卡莫斯(1524? 1525? —1580),又译"卡墨埃斯",葡萄牙最伟大诗人,在葡萄牙与荷马、莎士比亚、但丁等齐名,代表作《卢济塔尼亚之歌》,曾泛海远行印度等地。——译注

〔2〕 墨林德,莫桑比克城市,葡萄牙在此经营的商业十分繁荣。——译注

〔3〕 卡利卡特,又称"科泽科德",中国古称"古里",今属印度南部喀拉拉邦第三大城市。——译注

〔4〕 近东,即欧洲人通常所指的地中海东部沿岸地区,包括非洲东北部和亚洲西南部,但伊朗、阿富汗除外,有时还包括巴尔干。——译注

〔5〕 参见皮拉尔:《游记》第二卷第十五章。——译注

奥地利王室之富有，难以想象。查理五世[1]先后继承勃艮第、卡斯蒂利亚和阿拉贡的王位，成为庞大帝国的皇帝；世界继续延伸，为他带来新的崇高地位，一个新世界出现在其统治之下。

克里斯托夫·哥伦布[2]发现美洲后，尽管西班牙派往美洲兵力不多，几乎一个欧洲小国都能马上派出那些兵力，但是，西班牙却征服了两大帝国和其他大国。

西班牙人向西攻城略地，葡萄牙人从东推进。两国相遇，遂求助教皇亚历山大六世[3]，教皇遂划定了那条著名分界线，结束了这一巨大争讼。

但是，欧洲其他国家不让葡、西两国静享果实，荷兰人把葡萄牙人几乎赶出了东印度[4]，另外一些欧洲国家则在美洲建立了各自的殖民地。

西班牙人最初视新发现地区为征服对象，但是，比其更聪明的民族却意识到，这些地区是发展贸易的对象，并以此作为行动准则。有几个国家做得非常出色，把那些地区的统治权交给贸易公司。这些公司统治着这些遥远国家，只为获利。它们是一股强大的辅助力量，却并不让本国感到为难。

在那里建立的殖民地具有的那种从属地位，在古代殖民地中几乎找不到先例。这些殖民地，或隶属宗主国本身，或隶属在殖民

---

〔1〕 查理五世（1500—1558），即奥地利的查理，是16世纪欧洲最强大的君主。——译注

〔2〕 克里斯托夫·哥伦布（1450？1451？—1506），意大利探险家、航海家。——译注

〔3〕 亚历山大六世（1431—1503），罗马教皇（1492—1503），第一位公开承认与情人有子嗣的教宗，1493年，为葡萄牙与西班牙划定殖民扩张分界线，即教皇子午线。——译注

〔4〕 东印度与“西印度”对称：1492年哥伦布到达美洲，误认为到达印度。后来的欧洲殖民者把南北美大陆间的群岛称为西印度群岛。同时指称亚洲南部的印度和马来群岛为“东印度”。——译注

地设立的贸易公司。

建立这种殖民地,目的就是要以比与邻国贸易更为优越的条件进行贸易。与邻国贸易,必须互惠。只有宗主国可以在殖民地开展贸易,其理由很充分:建立殖民地,目的就是扩展贸易,而不是建立新城市、新帝国。

因此,欧洲有这么一条基本规则:与域外殖民地进行的贸易,一律视为纯垄断性贸易,适用本国法。在这个问题上,不应依据古代法律和先例进行评价,盖那时的法律如今已经不适用。〔1〕同样,还有这么一条规则:宗主国之间有贸易往来,并不意味着允许与殖民地进行贸易,与殖民地的贸易始终处于禁止之列。

殖民地丧失贸易自由而遭受的损失,显然可以从宗主国保护中获得补偿:宗主国用武力保护殖民地,或者用法律维护殖民地。

由此而产生欧洲的第三条规则:与某个殖民地的外国贸易一旦被禁,除条约另有规定外,在该殖民地海域的航行也一并被禁。

国家与世界,犹如个人与国家,受自然法和实定法制约。一国可以把陆地以及海洋让渡给另一国。迦太基人曾要求罗马人航海时不得越过某一海域界线〔2〕,希腊人也曾要求波斯人与海岸线始终保持一匹马一口气所能奔跑的距离。

殖民地远离宗主国,于其安全不见得是坏事,虽然宗主国保护殖民地有鞭长莫及之弊,但是宗主国的敌国同样远离它,难以对其实施征服。

此外,两地相隔遥远,至殖民地定居者很难适应气候迥异的生活,只能全部依赖来自本国的生活用品。迦太基人为让撒丁人和

---

〔1〕 唯有迦太基人例外,这一点可以从导致第一次布匿战争结束的条约中看出。——原注

〔2〕 参见波利比乌斯:《历史》第三卷。——原注

科西嘉[1]人更加依附自己，就禁止他们种植、播种任何生活必需的作物，或者从事类似劳作，违者处死。[2] 所需粮食，由迦太基人从非洲运给他们。如今亦然，只是没有制定如此严苛之法。我们在安德烈斯群岛[3]上的殖民地令人羡慕，其拥有的贸易物品是我们没有也不可能有的，而我们拥有的正是其缺少的。

发现美洲，让欧、亚、非连为一体。美洲提供的东西，可与亚洲那个叫作东印度的广大地区进行贸易，白银作为贸易媒介，乃十分有用的金属；作为商品，更是世界上大规模贸易的基础。航行非洲，变得不可或缺，盖美洲矿山与开垦种植所需劳力，都需要非洲提供。

欧洲强盛达至前所未有的高度：其花费之巨，其军事介入，其军队人数，史无前例。庞大军队即使毫无用处，也要长期维持，哪怕只是为了炫耀。

杜赫德神父说，中国国内贸易超过整个欧洲内部贸易总量。[4] 我们的外贸倘若不能促进内贸增长，杜赫德所说就可能是事实。欧洲与其他三大洲通航通商，恰如法国、荷兰和英国与整个欧洲通航通商一样。

第二十二节　西班牙从美洲攫取之财富

倘若欧洲从美洲贸易中获益多多，则西班牙获益更多，绝对确

---

〔1〕 科西嘉岛，今属法国，法国最大岛和地中海第四大岛。——译注

〔2〕 参见亚里士多德：《奇事》；参见李维：《罗马史》第二章第七节。——原注

〔3〕 安德烈斯群岛，又译“安的列斯群岛”，美洲加勒比海中的群岛，由大安德列斯群岛和小安德列斯群岛组成。——译注

〔4〕 参见杜赫德：《中华帝国全志》第二卷，第 170 页。——原注

凿无疑[1]。[2] 西班牙从这个新大陆攫取的黄金、白银数量之多,它往昔拥有的全部黄金、白银都无法与之相比。

谁会想到,西班牙竟然几乎无处不是贫困景象。腓力二世[3]继承查理五世王位后,不得不宣布举世皆知的破产。由于不能正常领饷,军队满腹牢骚,胡作非为,甚至哗变造反。腓力遭遇的难堪,是其他君主未曾经历的。

此后,西班牙王国日趋衰落。究其原因,是西班牙财富具有内在的本质缺陷。这个缺陷日益恶化,财富就化为乌有。

黄金与白银,或虚拟财富,或财富符号。在性质上,它们非常耐用,不易损坏。金银数量积累越多,代表的东西就越少,也就越不值钱。

西班牙征服墨西哥与秘鲁后,放弃自然财富,而积聚将会自行贬值的财富符号。黄金与白银在欧洲十分稀少,突然拥有大量金银的西班牙,遂萌发前所未有的期望。可是,他们在被征服国家攫取的财富,与那里的金银矿蕴藏量无法相比。印第安人收藏部分金银,但于其而言,金银乃主要装饰神庙和宫殿,所以,它们不像我们这般贪婪,到处搜刮金银。他们不掌握从所有矿石中提炼金银的秘密,只知道用火熔炼矿而提炼金银之法,不知道可以利用汞提取黄金,甚至不知道汞这种东西。

无论如何,不久,欧洲白银数量翻番。所有物品价格几乎翻番乃明证。

---

[1] 笔者 20 余年前撰写的谈及此事的一篇未版文章,几乎已全部纳入本节。——原注

[2] 前注“未版文章”,指 1728 年创作的《论西班牙的财富》。——译注

[3] 腓力二世(1527—1598),西班牙国王(1556—1598 在位)、哈布斯堡王朝西班牙国王(1556—1598 在位)、葡萄牙国王(1580—1598 在位)。1557 年、1575 年和 1598 年,三次宣布国家破产。——译注

西班牙人挖矿开山，发明抽水机、碎石机和分离设备。他们不把印第安人生命当一回事，强迫其无休止劳动。欧洲白银很快翻番，西班牙人利润减半。他们每年获得数量相同的贵金属，但这些贵金属贬值一半。

时光流逝一倍，白银也加倍，利润也随之减半。

利润甚至不止减半，原因如下：

从矿山挖出黄金，进行必要加工，再运至欧洲，需要费用。我估计这笔费用大概 1 : 64。白银加倍，价值再减半，这笔费用就变成 2 : 64。如此这般，船队运回西班牙的黄金数量虽然不变，但实际价值减半，费用加倍。

如此情形持续发生，西班牙财富日渐减少的原因就会日益突出。

西班牙在西印度采矿，已有二百年历史。我估计，今天世界贸易中流通的白银与美洲发现前流通的白银之比，大约是 32 : 1，就是说，翻了五番。再过二百年，世界贸易中流通的白银与美洲发现前的白银流通量之比，将是 64 : 1，就是说，又会翻番。目前，每 50 担金矿石可产出黄金 4 盎司、5 盎司、6 盎司[1]。倘若只能产出 2 盎司，矿主就入不敷出。二百年后，倘若只能产出 4 盎司，就仅仅可以收回成本，这意味着，开采黄金的利润很低。同样的推论适用于白银，唯一不同的是，开采白银利润略多。

发现更多富矿，利润会更高，但是，矿藏越丰富，利润就消失得越快。

葡萄牙人在巴西发现诸多金矿[2]，西班牙人的利润就不可避免地大幅下降。当然，葡萄牙人的利润也同样下降。

---

〔1〕 参见弗雷齐耶游记。——原注

〔2〕 据安逊爵士记述：巴西每年输往欧洲的黄金 200 万英镑。这些黄金是在山脚下和河床上的沙子中筛选出来的。我撰写本节脚注中提及的那篇文章时，从巴西获得的回报远不如今天受到重视。——原注

我不时听到有人抱怨弗朗索瓦一世[1]，责怪其盲目排斥哥伦布寻找西印度的建议。其实，他也许不经意间做了一件非常聪明的事。有位国王祈求神明把其触及的一切都变成黄金，而后又不得不祈求神明把其从极度困苦中拯救出来。西班牙就像这位丧失理智的国王。[2]

不少国家建立的公司和银行，均大幅降低作为财富符号的金银价值，盖随着新虚拟财富出现，价值符号种类增多，金银作为价值符号作用降低从而不再那么珍贵。

随着公共信用取代矿山地位，西班牙人因开矿而获得的利润更是减少。

荷兰人与东印度之贸易，的确多多少少提高了西班牙人商品价格，盖他们用白银换取东方商品，从而减轻了西班牙人商品在欧洲过剩之负担。

西班牙与该贸易虽然只有间接关系，却与从事该贸易的国家同样受益。

从以上所述，就可对西班牙议会一项法令作出评价。这项法令禁止用金银镀镶器物之类的奢侈行为。它与荷兰各省议会一项禁止使用香料的法令，同样荒谬可笑。

上述议论并非针对所有矿业。德意志和匈牙利的矿业就很有优势：虽然除去成本，它们收益甚少，但是，它们位于本国境内，开发矿山雇用大量劳动力，而这些劳动力可以消耗本国过剩物资，堪

---

〔1〕 弗朗索瓦一世（1494—1547），又称“法兰西斯一世”，法国瓦卢瓦王朝国王（1515—1547在位）。——译注

〔2〕 这位国王，乃指公元前8世纪的弗里基亚国王米达斯。据神话记载，他贪恋财富，求神赐他点物成金法术，神满足其愿望：凡其手所触之物皆变为黄金，最后连其爱女和食物也因被他手指点到而变成金子。他无法生活，又向神祈祷，一切才恢复原状。——译注

称本国名副其实的制造工厂。

德意志和匈牙利的矿业促进种植业,墨西哥和秘鲁的矿业却损害种植业。

西印度和西班牙是同一主人属下的两个强国,不过,西印度为主,西班牙为次。欲变主为次的政策是徒劳的,西印度始终吸引着西班牙。

每年大约有价值五千万商品运往西印度,西班牙提供的只占二百五十万,换言之,西印度每年贸易额五千万,西班牙只占二百五十万。

不靠本国工业和居民人数,也不靠耕种土地而致富,不是良好财富。在加的斯征收大量税款的西班牙国王,只不过是赤贫国家的大亨而已。一切皆来自外国人,而与其臣民无关。所以说,如此贸易与国运兴衰毫无关系。

卡斯蒂利亚某些省份为君主贡献的税款,倘若与加的斯相当,其实力将会大大增强。君主财富只能是国家富裕之果。那些能够为其提供大量钱财的省份,将推动其他省份,所有省份在税收方面互相支持、齐头并进,果真如此,西班牙就不是巨大金库,而是强大民族。

第二十三节 问题

西班牙倘若不能自己经营西印度贸易,就不如让外国经营,这样是否比较合适?这个问题不应由我回答。我只想说,在政策允许范围内,尽量少给该贸易设置障碍,西班牙是不会吃亏的。各国出口西印度的商品倘若价格很高,西印度就得用其大量商品即金银,去换取很少的外国商品。外国商品倘若价格低廉,西印度就可用较少的金银换取这些外国商品。这些国家倘若彼此竞争而降价,输往西印度的商品价格就会低廉,这样也许会更好。以上这些值得认真考虑,当然,还应考虑如下因素:西印度安全、单一关税好处、重大变故风险、可以预见的不利情形等。其实,不可预见的不利情形往往比可以预见的更危险。

第二十二章　法与使用货币

第一节　使用货币之因

几乎没有商品的民族如蛮族，或仅有两三种商品的开化民族，只能以货易货。到非洲腹地通布图[1]用食盐换黄金的摩尔人商队，就不需要货币：摩尔人把食盐放一堆，黑人把金粉放一堆；金粉不足，就由摩尔人取走一些盐，或者由黑人添加一些金粉，直至双方满意为止。

倘若经营大宗商品贸易，就必然需要货币。若以货易货，就不得不承担不菲费用；若使用便携金属交易，就可以节省费用。

各国需求互补，通常会这样：甲国需要乙国商品量很大，乙国需要甲国商品量很小，但甲、丙国之间恰恰相反。倘若各国都有货币并以货币结算，购入大于售出之国就可用货币支付差价。

---

〔1〕 通布图，又译“廷巴克图”“丁布各都”等，马里历史名城，位于撒哈拉沙漠南缘、尼日尔河中游北岸。——译注

两种交易有区别:货币结算,交易额取决于需求最大国支付能力;以货币易货,交易额只能取决于需求最小国易货能力,否则,就无法结账。

第二节 货币性质

货币,乃代表一切商品价值之符号。用金属作价值符号,盖金属经久耐用,[1]损耗较小,可以多次分割而不损坏。用贵金属作价值符号,盖十分便于携带。金属非常适宜于用作共同计价手段,盖容易把它们制成相同成色。各国均在金属货币上标注标识,使货币形状、成色与重量吻合,让人一眼就可看出其成色与重量。

没有金属货币前,雅典人使用公牛[2],罗马人使用绵羊。两只公牛不可能完全一样,而两枚金属货币可以完全一样。

白银是商品价值符号,纸币是白银价值符号。有足够贵金属储备,纸币就完全可以代表白银,两者效用没有差别。

正如白银是物品符号而代表各种物品一样,每种物品也是白银符号从而代表白银。白银可以代表任何物品,任何物品可以代表白银,白银和所有物品皆可互为符号。换言之,白银与其代表物价值相等,就可以任意拥有其中一种。倘若如此,国家必定兴旺发达。这只可能出现在政体温和之国,但也并非总是出现在政体温和之国。例如,倘若法律偏袒昧心债务人,属于他的财产,就不代

---

〔1〕 阿比西尼亚通用食盐,食盐缺陷是不断销蚀。——原注

〔2〕 希罗多德在《希波战争史》中说:吕底亚人发现了铸造钱币的技艺,希腊人向吕底亚人学会了这项技艺。雅典钱币上铸有古代公牛作为标识。我在庞布洛克伯爵书房见过一枚雅典钱币。——原注

表金钱,也不是金钱符号。在专制政体,倘若物品可以代表其价值符号,乃奇迹,盖专制政体下的暴政与猜疑,导致所有人都把白银深埋地下[1],物品就不再代表金钱。

有时候,通过立法者巧妙安排,物品不仅在性质上可以代表金钱,而且可以像金钱一样变成货币:独裁官恺撒允许债务人以内战前价格用地产向债权人还债;[2]提比略下令,凡是希望获得白银者皆可以向国库提取,但应以价值两倍地产作抵押。[3] 恺撒掌权时,地产可以当作货币偿还所有债务;提比略掌权时,价值一万小银币地产可以当作五千小银币使用。

英国大宪章规定,当债务人动产或者个人物品足以抵债而且其愿意抵债时,禁止债权人扣留债务人地产或者收入。因此,英国人的所有财产皆代表金钱。

德意志法规定,致人伤害与因犯罪被判处的刑罚,皆可用白银补偿或者代替。但是,国内白银甚少,故又规定可以用商品或者牲畜补偿或者代替。撒克逊法也有类似规定,不同在于:在确定数额时,视当事人贫富而定。首先,法律宣布货币与牲畜比值,一枚价值两个小金币的钱币等于一头一岁公牛或者一只母羊及一只羔羊,一枚价值三个小金币的钱币等于一头一岁半公牛。对他们而言,货币变成牲畜、商品或者货物,而这些东西也就成为货币。

货币,不只是物品符号,而且是白银符号,并代表白银。在论述兑换那一节,将会论及此点。

---

[1] 阿尔及尔有个古老习惯,每个家庭的父亲皆把财宝埋地下。参见罗吉耶·德·塔西:《阿尔及尔王国史》。——原注

[2] 参见恺撒:《论内战》第三卷。——原注

[3] 参见塔西佗:《编年史》第六卷。——原注

第三节　虚拟货币

货币有二：一是真实货币，二是虚拟货币。几乎所有文明民族皆使用虚拟货币，盖其已把真实货币转换为虚拟货币。最初，其真实货币是有一定重量与成色的金属。后来，由于不诚实或者实际需要，每枚货币金属含量减少，但标称依旧不变。例如，一枚一锂银币，白银含量应为一利弗尔[1]，但白银含量减半后，仍然叫作一锂。从前，一枚白银含量为二十分之一利弗尔的货币叫作一苏[2]，如今白银含量少于二十分之一利弗尔，但依然叫作一苏。如此这般，锂是虚拟锂，苏也是虚拟苏，其余辅币亦然。照此发展下去，锂含银量实际上远远小于一利弗尔，锂也就愈加是虚拟货币。甚至会发展至如下地步：不再铸造实际价值为一锂的货币，也不再铸造实际价值为一苏的货币，锂和苏就变成地道的虚拟货币。往后，人们可能把一枚货币随心所欲地定为多少锂或者多少苏。改变物品相当困难，改变名称易如反掌，故随意改变货币标称之事，以后还会继续发生。

为从源头上消除弊端，所有希望发展贸易之国最好立法规定：只许使用真实货币，禁止把真实货币变为虚拟货币。

作为公共计量单位之物，最应避免发生变化。

贸易本身具有很大不确定性，在这种不确定性上再加上另一种不确定性，乃极大弊端。

---

〔1〕 利弗尔，旧时法国一种记账货币，约等于十二盎司。——译注

〔2〕 苏，此处指罗马帝国金币。——译注

第四节　金银数量

文明民族主宰世界时，金银日益增多，有的产自本国，有的产自他国。反之，蛮族得势时，金银日益减少。当哥特人和汪达尔人〔1〕从一侧侵入，而撒拉逊人〔2〕和鞑靼人从另一侧侵入时，金属就极为稀少。

第五节　金银数量(续)

美洲开采的白银运至欧洲再转运东方，极大促进了欧洲航海业。白银是欧洲从美洲获得的商品，又通过贸易输送印度。金银当作商品时，当然数量越多越好；当作价值符号时，情形则不同：金银当作价值符号的基础是稀少，故数量大增，就会损害金银作为价值符号的身份。

第一次布匿战争前，黄铜与白银比率是 960 ∶ 1〔3〕，如今其比率是 73.5 ∶ 1〔4〕。倘若依然保持当年比率，白银就能更好发挥其价值符号作用。

---

〔1〕 汪达尔人，古代日耳曼人一支部落，曾在罗马帝国末期入侵罗马，并以迦太基为中心，在北非建立一系列领地。——译注

〔2〕 撒拉逊人，指从今天的叙利亚到沙特阿拉伯之间的沙漠牧民，这些沙漠牧民突然在 7 世纪兴起，并在 150 年间建立广阔帝国。——译注

〔3〕 参见本章第十二节。——原注

〔4〕 估计每马克白银价值 49 锂，每利弗尔黄铜价值 20 苏。——原注

第六节 发现西印度后利率为何减半

加尔希拉索[1]说，西班牙征服西印度后，利率从百分之十降为百分之五。[2] 这是必然的。大量白银突然运至欧洲，需要白银者立即减少，物价上涨，银价下跌。原有白银与商品比例被打破，旧债被废除。人们对约翰·劳体制[3]记忆犹新。在这个体制下，除了纸币，所有物品价格都很高。征服西印度后，有钱人不得不降低其商品价格和租金，换言之，就是降低利率。

从那时起，借贷利率再也无法恢复从前水平：首先，欧洲白银数量逐年增加。其次，某些国家以贸易财富为基础的公债利率极低，私人借贷也只得遵循这一利率。最后，汇兑为资金从一国转另一国提供了极大方便，若缺少资金，资金立即就会从富余之地涌来。

第七节 在价值符号变动中如何确定物价

货币表示商品或者物品价格。该价格如何确定？换言之，每种商品用多少白银代表？

---

〔1〕 加尔希拉索(1539—1616)，印加(秘鲁)文学家、历史学家。1560 年前往西班牙塞维利亚，曾参加对摩尔人的战斗，后因遭冷遇，退隐科尔多瓦修道院，专心从事创作。——译注

〔2〕 参见加尔希拉索：《西班牙人内战史》博杜安 1706 年法译本第一章第六节，第 20~21 页。——原注

〔3〕 约翰·劳先生在法国推行的计划，称为“约翰·劳体制”。——原注

把全世界金银与商品相比，每件商品肯定相当于全部金银的一部分。全部金银等于全部商品，部分金银也就等于部分商品。假设全世界上只有一件商品，或者只有一件可供出售的商品，又假设它如同金银一样分割成多份，一份被分割的商品等于一份金银，一半商品等于一半金银，十分之一、百分之一、千分之一的商品，也就等于十分之一、百分之一、千分之一的金银。作为财产的货物并不同时全投入贸易领域，作为财产价值符号的金属或者货币也并不同时全投入贸易领域，故价格就应依据全部货物和全部价值符号以及投入贸易的全部货物和全部价值符号确定。今天没有投入贸易的货物，明天或许会投入；今天没有投入贸易的价值符号，明天或许会投入。所以，根本而言，货物价格取决于全部货物和全部价值符号之比。

因此，任何君主或者行政长官皆不能再靠发布一道命令，就把商品价值关系从 1∶10 改为 1∶20。朱利安在安条克[1]下令降低商品价格，结果引发一场可怕饥荒[2]。[3]

第八节　在价值符号变动中如何确定物价（续）

非洲沿岸黑人没有货币，但有一种价值符号。这是一种纯粹的虚拟符号。黑人根据需要程度对物品作出高低不同估量，该估量就是其确定虚拟价值符号的基础。某种商品值三马库塔，另一种商品值六马库塔，再一种商品值十马库塔，这与直接说三、六、十

---

〔1〕 安条克，土耳其城市，今安塔基亚。——译注

〔2〕 参见苏格拉底：《教会史》第二卷第十七章。——原注

〔3〕 《教会史》作者苏格拉底，即君士坦丁堡的苏格拉底（380—439），5 世纪基督教历史学家。——译注

没有任何不同。他们通过比较物品确定价格,故根本没有货币,此商品就是彼商品货币。

暂且把这种估价搬到我们这里,并把它与我们的定价方法相结合:全世界商品或者某个假定与其他国家隔绝之国的全部商品,值某一数量马库塔。把该国白银分割成若干份,其份数与该国拥有的全部马库塔数量相等,一份白银就是一份马库塔符号。

该国白银数量倘若增加一倍,一个马库塔代表的白银就增加一倍。倘若白银增加一倍,马库塔也同时增加一倍,两者比率依然与两者各自翻番前一样。

发现西印度后,欧洲金银倘若从一增至二十,商品价格也应从一涨至二十。但是,倘若商品数量从一增至二,商品价格就应一方面以一比二幅度上涨,另一方面应以一比二幅度下降。如此这般,商品价格实际上涨幅度等于一比十。

新大陆、新海域、新交通,促进新货物和新商品出现;源源不断而来的白银,促进贸易增长;贸易增长,促进货物商品增长。

第九节　金银相对稀缺

金银除绝对充裕或者稀缺外,在两者之间,有时会呈现相对充裕或者稀缺情形。

守财奴不舍得消费,会收藏金银,喜欢这些不会损坏的价值符号。由于担心丢失,黄金体积小于白银而易于藏匿,人们更愿意收藏黄金。如此这般,当白银还相当充裕时,黄金就已经见不到;当白银稀缺时,就不得不把黄金从藏匿处取出,黄金重现。

于是,就形成一条规律:白银稀缺时,黄金不难见到;白银比比皆是时，黄金就稀缺。从中不难看出，绝对与相对稀缺、充裕之别。下文将详述。

第十节 兑换率

各国货币相对充裕与稀缺，就形成我们所说的汇率。

汇率，乃货币目前价格的暂时确定。

作为金属，白银就像其他商品，具有价值；由于可以充当其他商品价值符号，白银具有另一种价值。倘若仅仅是商品，白银价值无疑大打折扣。

作为货币的白银价值，君主有时可以确定，有时不能确定。

首先，君主可以确定作为货币的白银与作为金属的白银之间的比率。其次，君主可以确定作为货币的几种金属之间的比率。再次，君主可以确定作为货币的金属重量与成色。最后，君主可以确定前述金属虚拟价值。我把上述这四种关系中的货币价值称为人为价值，盖这个价值可以由法律确定。

各国货币还有相对价值，即与他国货币的比较价值。兑换率，确定的就是相对价值，很大程度上取决于人为价值。货币相对价值，不由君王决定，而由商人普遍估算确定，盖货币相对价值不断变化，影响因素不计其数。

各国确定货币相对价值时，主要看白银最多之国。若该国白银等于其他各国白银总和，其他各国就必须比照该国标准。因此，各国确定的货币相对价值与白银最多之国确定的货币相对价值，几乎相差无几。

当今世界白银最多之国,乃荷兰。[1] 下面考察与荷兰有关的兑换率。

荷兰货币为盾,1 盾等于 20 苏、40 个半苏或者 40 格罗升。为简化起见,假定荷兰货币没有盾而只有格罗升;某人有 1000 盾,就说他有 4 万格罗升,依此类推。要与荷兰兑换货币,就得知道其他国家货币值多少格罗升。法国流通的是价值 3 锂的埃居,欲与荷兰兑换,就得知道 1 埃居值多少格罗升。兑换率为 1∶54,价值三锂的埃居就值 54 格罗升;兑换率 1∶60,1 埃居就值 60 格罗升。倘若法国白银稀缺,价值 3 锂的埃居可兑换的格罗升就多于 60;倘若法国白银充裕,价值 3 锂的埃居可兑换的格罗升就少于 60。

造成兑换率波动的充裕或者稀缺,并非真实充裕或者稀缺,而是相对充裕或者稀缺。例如,当法国需要在荷兰投放较多资金,而荷兰并不需要在法国投放很多资金时,白银在法国就会显得很平常,而在荷兰就会显得很稀缺。反之亦然。

假设与荷兰的兑换率为 1∶54。倘若法国与荷兰合成一市,货币兑换就像埃居兑锂一样:法国人从口袋里取出 3 锂,荷兰人从口袋里取出 54 格罗升。但巴黎与阿姆斯特丹并不相邻,欲用荷兰 54 格罗升与我兑换 1 埃居者,必须交给我一张可以在荷兰兑现的面值为 54 格罗升的汇票。那么,问题不再是 54 格罗升,而是一张 54 格罗升的汇票。因此,欲知道白银充裕还是稀缺[2],就得知道,究竟是到法国兑换 54 格罗升的汇票多,还是到荷兰兑换埃居的汇票多。倘若荷兰人交给法国人的汇票多,而法国人付给荷兰人的埃居少,就可以肯定,白银在法国少、在荷兰多。此时,兑换率上

---

〔1〕 荷兰人依据对自己有利原则,通过讨论,决定当今全欧兑换率。——原注

〔2〕 纸币多于白银时财富就少,白银多于纸币时财富就多。——原注

升,欲与我交换埃居者,就该给我更多格罗升。反之亦然。

由此可见,货币兑换各环节均有收入或者支出需要结算。债务国无法通过兑换货币还债,犹如债务人无法通过以白银兑换货币还债一样。

假设全球只有法国、西班牙和荷兰三国,并假设西班牙人在法国负债10万马克白银、法国人在西班牙负债11万马克白银。由于某种原因,法国人和西班牙人突然都想收回资金,兑换率几何?双方各向对方偿付10万马克,但法国人依然欠西班牙1万马克,西班牙人将持有法国的1万马克汇票,而法国人不持有西班牙的汇票。

假设荷兰人与法国人借贷关系正好相反,需要归还法国人1万马克,则法国人可采取两种方法向西班牙人偿付债务:一是将荷兰人的1万马克欠款票据交付西班牙债权人;二是运送1万马克白银至西班牙。

因此,当某国需要在另一国付款时,本质而言,运送白银或者交付汇票并无区别。[1] 究竟哪种方法好,取决于当时情况,就看哪种方法能在荷兰换取更多格罗升。

倘若法国白银可以在荷兰换取同样成色和重量白银,乃平价汇兑。当前[2]货币平价汇率大约为1埃居兑54格罗升,因此,高于54格罗升,乃汇率高;低于54格罗升,乃汇率低。

欲判断在某种汇率下国家将获利或者亏损,就要看其是债务人还是债权人,是买主还是卖主:汇率低于平价时,债务人吃亏,债权人获利;买家吃亏,卖家获利。国家若为债务人,肯定吃亏。例如,当法国欠荷兰某一数额格罗升时,埃居能兑换的格罗升越

---

〔1〕 扣除运费与保险费。——原注

〔2〕 1744年。——原注

少,法国还债支付的埃居就越多。反之,荷兰欠法国某一数额格罗升,埃居能兑换的格罗升越少,法国回收债款时得到的格罗升就越多。汇率下跌时,埃居可以换取的格罗升数额减少,此时法国倘若是买家,肯定吃亏。与此同理,法国此时倘若是卖家,肯定获利。例如,我现在在荷兰出售商品所获格罗升,与以往出售商品时所获格罗升数额相同,就能在法国兑换更多埃居,盖用 50 格罗升兑换 1 埃居,显然与用 54 格罗升兑换 1 埃居不同。对方国家情形则恰好相反:荷兰债务倘若是埃居,能获利;荷兰债权倘若是埃居,要吃亏。倘若是卖家,要吃亏;倘若是买家,能获利。

继续探讨吧。倘若汇率低于平价,例如,1 埃居可兑换的,不是 54 格罗升,而是 50 格罗升。法国在荷兰购买 5 万埃居商品,就得支付 5.4 万埃居;荷兰只要 5 万埃居就能在法国购买价值 5.4 万埃居商品。一进一出,差价 8/54,就是说,法国损失 1/7。此时,相对平价汇率,法国不得不比向荷兰多支付 1/7 白银或者商品。这种损害还将继续增大,盖法国债务会使汇率进一步下跌,直至法国破产。这似乎可能发生,但实际并不如此,原因前已阐述:[1]各国为保持独立,总是力求收支平衡,不借还不起之债,依据出口决定进口。以前文举之例而言,法国汇率若从 1 埃居兑换 54 格罗升下跌为 1 埃居兑换 50 格罗升,只要法国人同意,荷兰人购买价值 1000 埃居货物,就不再支付 5.4 万格罗升,而只需支付 5 万格罗升。若如此,法国商品实际上不知不觉涨价,涨价而获得的利润由法国人与荷兰人共享。商人获利,就比较容易与他人共享利润,故法国人与荷兰人之间会分享利润。同样,当汇率为 1 埃居兑换 54 格罗升时,法国人用 1000 埃居购买价值 5.4 万格罗升荷兰商品,就不得不

〔1〕 参见本书第二十章第二十三节。——原注

多花 4/54 埃居,去购买同等数量荷兰商品。但是,法国商人既然意识到会亏损,就会少购买荷兰商品。于是,损失就由法国商人和荷兰商人分摊。国家就这样在不知不觉中保持收支平衡,汇率下跌也不至于产生人们担心的恶果。

汇率低于平价时,商人可以把资金转移国外,为免财富遭受损失,盖再转回国内就可以弥补当初损失。但对资金转移国外的君主而言,因无法再转回,肯定蒙受损失。

倘若商人在某国有大量交易,汇率不可避免上涨,盖签订诸多契约,购买诸多商品,就必须从国外引入资金用以支付货款。

倘若君主囤积大量白银,该国白银就会处于真实稀缺但并非相对稀缺状态。例如,该国若应支付外国诸多商品货款,此时尽管白银稀缺,汇率却下跌。

任何汇率皆会自行调节至某一比率,此乃其本质规律。倘若爱尔兰与英格兰货币汇率低于平价,英格兰与荷兰货币汇率也低于平价,爱尔兰与荷兰货币汇率就会更加低于平价。此乃受爱尔兰与英格兰汇率同英格兰与荷兰汇率之比影响的结果:不愿以较多费用直接从爱尔兰调回资金的荷兰商人,可以经由英格兰间接把资金调回荷兰。这里所说的,乃理应如此,但实际上,并非完全如此,多少会有一些变化。从甲地取钱还是从乙地取钱,利润会更大,乃属银行业务与技巧,并非此处要探讨的。

一国提高其货币标称,例如,把 3 锂或者 1 埃居改称 6 锂或者 2 埃居,丝毫不会增加埃居实际价值,也不能通过兑换多获得一格罗升。两个新埃居换取的格罗升,与以前用旧埃居换取的格罗升一样多。不是如此,原因不在新确定的汇率本身,而在汇率因其新与突然而导致的结果。汇兑业务遵循已确立标准,改变需要时间。

倘若一国不是仅依据法律提高其货币标称，而是铸造新货币，促使强势货币变成弱势货币，在更换过程中，就有两种货币同时并存，旧币是强势货币，新币是弱势货币。强势货币已经明令禁止流通，只能由铸币厂陆续收回，故所有汇票皆应以新币计算。

假设法国旧币即价值 3 锂的埃居原本可以兑换 60 荷兰格罗升，变成弱势货币后的新埃居价值减半，只能兑换 30 荷兰格罗升。汇率似乎应依据旧币价值确定，盖拥有资金又持有汇票的银行，不得不到铸币厂用旧币换取让他吃亏的新币。因此，汇率应定在新币价值和旧币价值之间。但是，旧币价值会下跌，因为：一是新币已在流通；二是银行出于利益考虑，急于清空所持旧币，甚至不得不用旧币还账，不会过于计较旧币价值。从另一方面看，新币价值会上升，因为：我们将会看到，手持新币的银行处于有利地位，可以在取得旧币时获得重大收益。如我所说，汇率会在新旧币值之间确定。因此，银行可以把旧币输往国外获利：旧币所确定的汇率能带来多少利润，就可以获得多少利润，换言之，他们可以在荷兰赚到诸多格罗升。他们将货币弄回法国后，又可以依照新旧币之比所确定的汇率兑换货币。由于这个新汇率更低，他们又可在法国多赚埃居。

假设旧币三锂一埃居与格罗升的汇率为 1 ∶ 45，把埃居带至荷兰可换成 60 格罗升，一张 45 格罗升的汇票在法国可换取三锂一埃居：倘若把旧币埃居带至荷兰，依然可换得 60 格罗升，故所有旧币都将流出正在铸造新币之国，获利者将是银行。

为了弥补这一缺陷，就不得不采取新措施：铸造新币之国把大量旧币运往制定汇率之国，取得信用后就可以促使汇率上涨，三锂一埃居可以兑换的格罗升，大体上与从国内带出的旧币三锂一埃居可以兑换的格罗升差不多。之所以差不多，乃因收益不大：不但要花费一笔运费,而且还要冒没收风险,故把旧币运送出去的诱惑力不会很大。

有必要说清楚此事。贝尔纳先生[1]或者国家愿意雇用的任何一位银行家开出一些至荷兰取款的汇票,其汇率比现行汇率高出一格罗升、二格罗升或者三格罗升。他不断将旧币运至国外作为储备,汇率就上升至刚才说的程度。由于开出了不少汇票,吃进了几乎所有新币,迫使其他需要付款的银行把旧币送往铸币厂;由于他在不知不觉间控制了所有钱币,其他银行只得以很高汇率给他开汇票,他最终获得的利润就弥补了最初的损失。

我们看到,在上述操作过程中,国家将经受猛烈危机。银根将非常吃紧,原因如下:一、大量货币贬值;二、部分货币必须运往国外;三、人人都会紧缩开支,不愿把自己有望获得的利益让给君主。整个操作,快、慢,皆不行;获利大,困难也多。

从上述可以看出,汇率低于币值,把现金运往国外可以获利;汇率高于币值,把现金运进国内可以获利。

不过,有一种情形,即使汇率平价,把货币运出国外也能获利:就是把货币运往国外重作标识或者重新铸造。货币运回本国后,不在本国使用或是支付外国汇票,皆可获利。

倘若有人在一国创办一家公司,其股票数量极大,股票价格在几个月就暴涨 20 倍或者 25 倍。这个国家所设立的银行发行具有货币功能的纸币,纸币数值高得吓人,为的是与高得吓人的股票数值相适应(此乃约翰·劳先生体制)。其结果必然是:股票和纸币怎么产生的,就得怎么消灭。股票价格突然猛涨 20 倍或者 25 倍,就不可能不让许多人一下子赚到许许多多钞票。人人都想为

---

[1] 贝尔纳(1651—1739),法国国王路易十四和路易十五时代银行家。——译注

自身财富保值，而兑换是改变财产性质或者转移财产的最佳快捷方式。于是，人们就不断把自己的一部分财产转至制定汇率之国。不断向国外转移资金，必然导致汇率下跌。假设在实施约翰·劳体制时，依据银币成色和重量而制定的汇率为1埃居兑换40格罗升，当不计其数的纸币成为货币后，人们只愿用39格罗升换取1埃居；而后则是38格罗升、37格罗升等；到最后，1埃居只能换8格罗升，就不再有人兑换。

在这种情形，法国应规定白银与纸币比值。假设一枚价值3锂的埃居以其成色和重量可以兑换40格罗升，标称为三锂一埃居的纸币实际上就只能换取8格罗升，相差五分之四。就是说，三锂一埃居纸币的价值比三锂一埃居银币的价值低五分之四。

第十一节　罗马人货币调节措施

当今法国两届政府先后采取的货币措施动作极大，当年罗马人动作更大。罗马人大动作，既不是在共和国腐败时期，也不是在名为共和国实为无政府状态时期，而是在如日中天时期：凭借智慧和勇气征服意大利各城市后，与迦太基人争霸之时。

我很愿意深入探讨这个问题，免得有人视非范例为范例。

应重十二盎司的埃斯，在第一次布匿战争[1]中只重二盎司，至第二次布匿战争时只重一盎司。货币含铜量降低与如今所说的货币数量增加相当。把一枚价值六锂埃居的含银量减半，或把其价值提升为十二锂，并无任何差别。

---

〔1〕 参见普林尼：《自然史》第三十三章第十三节。——原注

罗马人在第一次布匿战争中的做法,已无从考证,但是,他们在第二次布匿战争中的做法,显示高超智慧。共和国当时已无力还债,埃斯含铜量只有二盎司,一锊十埃斯含铜量二十盎司。共和国铸造含铜量为一盎司的埃斯,用十盎司铜还一锊之债[1],从而抵消一半债务。此举在全国引发极大震动,故有必要尽量减缓其冲击;此举不公道,故应尽量让它公道些;此举旨在让共和国不再对公民负债,故不应以解除公民之间债务为目的。因此,国家又采取第二项措施:决定让原来的一锊等于十埃斯,改为一锊等于十六埃斯。实施这两项措施后,共和国债权人损失一半财产[2],放债给私人的债主损失五分之一[3],商品价格实际仅上涨五分之一,货币实际变化也仅有五分之一,其余影响显而易见。

由此可见,罗马人比我们做得好,我们的措施既涉及公共财产,又涉及私人财产。此外,下文还会谈及,罗马人采取措施的时机比我们选得好。

第十二节　罗马人采取货币调节措施时机

意大利没有或者几乎没有金银矿,古时只有少量金银。高卢人占领罗马后,只找到一千利弗尔黄金[4]。不过,罗马人劫掠了诸多富有城市,把财富运回罗马。在很长时间内,他们只用铜币;

---

〔1〕 参见普林尼:《自然史》第三十三章第十三节。——原注

〔2〕 债权人收到的铜实际上只有十盎司,却被当作二十盎司。——原注

〔3〕 他们收到的铜实际上只有十六盎司,却被当作二十盎司。——原注

〔4〕 参见普林尼:《自然史》第三十三章第五节。——原注

直至与皮洛斯[1]媾和后,才有足够白银铸造银币[2],这才铸造了价值十埃斯或者十利弗尔铜的银币镑。此时银铜比例为 1∶960。一个罗马镑的价值为十埃斯[3]或者十利弗尔铜,即一百二十盎司铜;一个罗马镑的价值为八分之一盎司白银[4]。刚才所说的银铜比例就是这样确立的。

罗马人成为意大利最靠近希腊和西西里的那个地区的主人后,就逐渐处于两个最富有民族希腊人和迦太基人之间。罗马白银增多,银铜 1∶960 比例无法继续维持,他们就针对货币采取了诸多不为我们所知的措施。我们仅知道,第二次布匿战争开始时,罗马镑只值二十盎司铜[5],银铜比例就变成 1∶160。白银大幅度贬值,共和国在铜币上赚取六分之五。不过,共和国只是采取了一些必要措施,重新确定用作铸造货币的金属比例而已。

第一次布匿战争以议和结束后,罗马人成为西西里主人。不久,他们占领撒丁岛,由此开启对西班牙的认识。罗马白银继续增加,把镑的白银含量由二十盎司降为十六盎司[6],进而把银铜比例由原来的 1∶160 变为 1∶128。

研究罗马人行为,不难发现,其高明之处在于,无论行善或者作恶,最会选择时机。

---

〔1〕 皮洛斯,希腊港口城市,在伯罗奔尼撒半岛西南。——译注

〔2〕 参见佛兰舍缪斯:《李维〈罗马史〉补编》第二章第五节。——原注

〔3〕 同上。这位作者说,罗马人还铸造了相当于半镑的吉奈尔和相当于四分之一镑的塞斯德斯。——原注

〔4〕 布代认为值八分之一盎司白银,其他作者认为值七分之一白银。——原注

〔5〕 参见普林尼:《自然史》第三十三章第十三节。——原注

〔6〕 同上。——原注

第十三节　帝政时期货币调节措施

在共和时期,罗马通过减少货币白银含量方式调节货币。国家无意糊弄百姓,把需求明白告诉他们。帝政时期就通过降低白银成色方式调节货币。皇帝们出手大方而陷于绝境,不得不改用合金铸造钱币。这种间接方式,似乎并未触及病痛,实际却减轻病痛:百姓获得的好处被收回一部分,但他们并无察觉;薪金和赏赐减少,但无人提及。

在博物馆还能看到一些称作夹心饼的硬币,两面只有一层薄薄的白银,里面全是铜。[1] 狄奥《罗马史》第七十七章曾谈及这种钱币。[2]

狄狄乌斯·尤利安努斯[3]开始降低货币白银含量。卡拉卡拉在位时,铸造的货币含银不到一半[4];亚历山大皇帝在位时,含银量降至三分之一[5],伽里埃努斯[6]在位时,只有镀银铜币[7]。

这种狠招,如今显然行不通。君主如此行事,只能自欺,无法欺人。银行家通过汇率学会了将世界上各种货币一一比较,准确估价。货币成色也不再是秘密。君主倘若铸造掺有其他金属的银币,人人都将仿效,为他铸造这种钱币。成色高钱币将流出国

---

〔1〕 参见茹贝尔:《钱币学》1739年巴黎版,第59页。——原注

〔2〕 参见君士坦丁·波菲洛戈尼图斯:《品德与邪恶摘录》。——原注

〔3〕 狄狄乌斯·尤利安努斯(133? 137? —193),罗马皇帝,通过贿赂禁卫军于193年7月1日即位,66天后被杀。——译注

〔4〕 参见1681年7月28日的《学者杂志》所载萨沃特文章第二章。——原注

〔5〕 同上。——原注

〔6〕 伽里埃努斯(约218—268),罗马皇帝(253—268在位)。——译注

〔7〕 参见1681年7月28日的《学者杂志》所载萨沃特文章第二章。——原注

外,返回君主手中的将是成色差钱币。他倘若仿效罗马人,降低银币含银量而不降低金币含金量,金币就会突然消失,他所能拥有的只是含银量较低的银币。前一章已述及[1],面对汇率,凭借权力采取重大措施几乎无甚作用,至少没有取得成功的。

第十四节　汇兑何以令专制国为难

俄罗斯试图抛弃专制主义,但无法办到。有贸易,就有汇兑,但汇兑操作与俄罗斯所有法律相抵。

1745年,俄国女沙皇[2]下旨驱逐犹太人,盖西伯利亚流放犯的钱财,为女皇政府当差的外国人钱财,皆被犹太人汇至国外。沙皇所有臣民犹如奴隶,未经许可,不能出国,钱财也不能转往国外。钱币可以从一国流向另一国的汇兑,与俄国法律相抵。

贸易本身也与俄国法律相抵。俄国只有两种人:一种是依附于土地的奴隶;一种是奴隶的主人,称为教士或者绅士。除此以外,并不存在由工人和商人组成的第三等级。

第十五节　意大利诸国惯例

意大利某些国家法律规定:禁止为向国外转移钱财而出售地产。这种法律不错:各国财富皆属于自己,有这种规定财富就不容

〔1〕 参见本书第二十一章。——原注

〔2〕 此处指伊丽莎白一世·彼得罗芙娜(1709—1762),俄国女沙皇(1741—1762在位),彼得一世与叶卡捷琳娜一世之女。——译注

易转移国外。但自从有了汇兑,在某种程度而言,财富就不再专属某国,可以方便地在各国流动。因此,上述法律就变成恶法,盖其允许人们处分自身钱财,却禁止为自身利益而处分自身地产;盖其给予动产的地位优于地产,让外国人不再有兴趣在这个国家安家立业;盖会引起人们逃避法律。

第十六节 银行对国家之支持

之所以要银行,乃为货币兑换,非为货币借贷。君主找银行兑换货币,兑换数额必然巨大,故银行利润虽然不高,但依然是一笔大生意。银行倘若索要高额利润,肯定是管理有问题。反之,银行放贷,就看能否获得巨额利润而又不被指控为放高利贷。

第十七节 公债

有人认为,国家向自身借钱乃好事,这样可以加快流通,增加财富。

窃以为,他们混淆了三种票据:第一种是可以流通的票据,代表货币;第二种是可以流通的价值符号票据,表示公司在贸易中已取得或者将取得的利润;第三种是代表债务的票据。前两种都非常有益于国家。后一种则不然:个人所能寄予这种票据的全部期望,无非是它能为国债担保,即可以凭此票据取回债款,但它有不少弊病:

1. 外国人持有这种代表国债的票据,每年可以从该国取得可观利息。

2. 长期负有这种债务之国,汇率必然很低。

3. 为偿付公债利息而征收赋税,导致劳动力价格上升,从而损害制造业。

4. 国家的真正收入将从勤奋劳动者手中转至无所事事者手中,换言之,把劳动收益赋予不劳动者,把劳动困苦留给劳动者。

此乃公债之弊,我看不出有何好处。倘若有 10 人,各自地产或者工业收入 1000 埃居;国家发行本金为 20 万埃巨、利率为 5%的国债。倘若这 10 人拿出一半收入即 5000 埃居,支付向别人所借 100,000 埃居的利息,于国家而言依然只是 200,000 埃居本金。用数学公式来表示,就是:200,000 埃居-100,000 埃居+100,000 埃居=200,000 埃居。

他们所犯错误,乃以为代表国债的票据是财富符号,盖唯有在国富而不衰败的前提下,这种票据才能保值。倘若如此,国家肯定在别处拥有巨额财富。他们认为,公债没有弊端,盖国家财源可以应对其弊端;他们还认为,公债有益,盖国家财源可以克服弊端。

第十八节　公债偿还

国家既是债权人又是债务人,两者应保持平衡。作为债权人,国家可以无限放债;作为债务人,国家不能过度借贷,否则,就会丧失债权人身份。

国家信用从未受损，就可以采取某个欧洲国家[1]的成功做法：国家筹集大量现金，宣布要向所有债权人还款，除非他们愿意降低利率。事实上，国家举债时，利率由出资人确定；国家愿意付款时，利率由国家确定。

仅仅降低利率还不够，还应用降息所得建立偿债基金，每年用它偿还部分本金。这是好措施，一天比一天成功。

国家信用已部分受损，就更有必要建立偿债基金：一旦建立这个基金，民众信心就会立即恢复。

1. 共和之国，宜制定长期还债计划，偿债基金规模可以较小；专制之国，偿债基金规模必须很大。

2. 应制定规则，让每个公民为该基金分担责任，盖他们对国家负债负有责任；国家债权人则通过其分担数额向自己还债。

3. 国债偿还人有四类：土地所有人、商人、农民与工匠、向国家或者债个人放贷的食利者。必要时不必对第四类人手软，盖在这四类人中，第四类人完全是国家消极力量，而其他三类人是国家积极力量。但不能让第四类人负担过重，否则，会有损公众信心，盖不但国家需要而且其他三类人尤其需要这种信心。部分人丧失信心，全体民众也会丧失信心。债权人阶层，素来是最易遭大臣算计者，永远处于大臣视线之内和掌控之中，因此，国家应给予他们特殊保护，绝不应让债务人地位优于债权人。

第十九节　有息贷款

货币乃价值符号。很显然，需要这种符号者，就应像租用其他

---

[1] 英国。——原注

物品一样,租用它。不过,两者有异:其他物品可租可买;货币不同,本身就是物品价格,只能租不能买。[1]

借钱不收利息,当然是善举。不过,这只能是宗教训诫,而不能成为民事法律。

欲顺利发展贸易,就得为借贷定价。这个定价不能太高,否则,商人发现买卖盈利不足付息,就会什么生意都不做;放贷不能赚取利息,谁也不肯放贷,商人也就什么生意都无法做成。

说谁也不肯放贷,此话不对。贸易总会有人做,高利贷必然会出现,只不过,以往发生过的种种乱象也难以避免。

伊斯兰法混淆高利贷与有息贷款之别。在伊斯兰国家,禁止借贷越严,高利贷就越突出,盖放贷人所冒违法风险需要补偿。

在这些东方国家,大部分人没有任何保障。手里握有一笔钱是实实在在的,一旦借出就难以保证能收回,所以,收回贷款风险越大,高利贷利率就越高。

第二十节　海上贸易高利贷

海上贸易高利贷产生原因有二:一是海上风险大,故唯有高利才能诱人冒险放贷;二是海上贸易可以让借贷人极其方便地在短时间里做大生意。陆上高利贷则不同,不存在这两种原因,而且还遭立法禁止,较为明智的立法者则将利率限制在合理水平。

---

〔1〕 与作为商品的金银无关。——原注

第二十一节　罗马人民事借贷与高利贷

除商业借贷外，还有一种民事契约借贷，也会产生利息和高利贷。

罗马平民权力日益增大，官吏们就想方设法阿谀奉承，制定让平民最开心之法。他们削减本金，降低利率，甚至禁止收取利息，取消限制债务人人身的权利。保民官欲捞取民望时，就抛出废除债务话题。

这些因法律或者人民大会表决而产生的没完没了的变化，在罗马自然催生了高利贷并日益盛行。债权人发现，平民既是债务人，也是立法者和法官，所以，不再相信契约。作为债务人的平民，已经丧失信誉，唯有支付高利才能获得贷款。何况法律并非始终如一，平民抱怨却持续不断地威胁着债权人。这导致一切以诚信为本的借贷在罗马几乎绝迹，可怕的高利贷虽然时常遭受毁灭性打击，却总能死而复生，在罗马落地生根。[1] 罪恶乃法律严酷之果，最好之法反而产生最坏之果：债务人不仅要支付贷款利息，还要为可能遭受的法律惩处风险掏钱。

第二十二节　罗马人民事借贷与高利贷(续)

早期罗马人并无规定利率之法[2]。平民与贵族争论这个问

〔1〕 参见塔西佗：《编年史》第六卷。——原注

〔2〕 对罗马人而言，有息借贷与高利贷并无区别。——原注

题时，甚至在圣山民变时[1]，一方主张讲诚信，一方主张严格讲契约。

于是，私人约定乃付息依据。我相信，最常见的乃年息百分之十二。罗马人通常把年息百分之六称作半息，把年息百分之三称作四分之一息[2]，年息百分之十二乃全息。

也许有人会问：几乎不经商的民族，怎么会有这么高的利息？答案是：他们的士兵不领军饷，为应召从军作战，往往不得不借钱；只要征战不断获胜，通常就有钱还债。如此情形，从有关此类争议的记述中可以看到。在这类记述中，债权人之悭吝极少遭到非议，倒是债务人之抱怨常常受到责难，说他们倘若行为规矩，是有能力偿还债务的。[3]

于是，就制定了一些仅仅适用于当时情形的法律。例如，规定凡应征入伍参加应予支持的战争者，不受债权人追索；被监禁者可获释参战；赤贫者可送往殖民地；有时甚至由国库支付债务。眼前痛苦得以缓解，民情平息而不再有更多诉求，元老院也就无需未雨绸缪。

在元老院坚决禁止高利贷期间，罗马人极度崇尚贫穷、节俭和朴实。可是，罗马政制规定，国家一切开支皆由显贵承担，贫民不承担任何费用。那么，用什么办法剥夺显贵的索债权，却又要求他们承担国家支出，以满足共和国急迫需求？

塔西佗说，《十二铜表法》把年利率定为百分之一。[4] 他显然

---

[1] 哈里卡纳斯的狄奥尼修斯《罗马古代史》有精彩记述。——原注

[2] “半息”“三分之一息”“四分之一息”。参见《学说汇纂》和《查士丁尼法典》“关于高利贷”章节，尤其是第十七章法律及附录等。——原注

[3] 参见阿庇乌斯关于此事的演说；参见哈里卡纳斯的狄奥尼修斯：《罗马古代史》。——原注

[4] 参见塔西佗：《编年史》第六卷。——原注

搞错了,把下面将谈及的另一法律当成《十二铜表法》。《十二铜表法》果真对此作了规定,在债务人和债权人的争议中,怎会没人引用它作为解决争议依据?在该法中找不到有息借贷的任何踪迹。只要略知罗马历史,就会明白,在十人委员会时代,绝不可能制定类似法律。

在《十二铜表法》颁布八十五年后,制定的利基尼乌斯[1]法[2],就是前面提到的这种昙花一现法律之一。该法规定:归还本金时应扣除已付利息,其余本金分三次等额偿还。

罗马398年,保民官杜伊留斯和梅涅尼乌斯推动下通过的法令,将年息降为百分之一。[3] 塔西佗误以为《十二铜表法》的,乃该法令。[4] 此乃罗马人首次为利率立法。十年后[5],利率减半[6],后来干脆取消[7]。假如李维读到的那几位作者记述可信,那是在马蒂乌斯·鲁蒂里乌斯和钦图斯·塞尔维利乌斯担任执政官期间[8],即罗马413年制定的。

犹如立法者制定的其他一切过于极端之法一样,这种法律也面临同样结局,那就是可以找到规避该法之法。于是,不得不又制

---

[1] 利基尼乌斯(公元前4世纪),先后任罗马保民官(公元前376—前367)和执政官(公元前364、公元前361)。——译注

[2] 颁布于罗马388年。——原注

[3] 拉丁原文为"*unicaria usura*",参见李维:《罗马史》第七章;《为〈论法的精神〉辩护》中有关高利贷章节。——原注

[4] 参见塔西佗:《编年史》第六卷。——原注

[5] 据李维《罗马史》第七章记述,此事发生在执政官曼利乌斯·托尔瓜图斯和普劳狄乌斯执政期间,也就是塔西佗《编年史》第六卷所提法律。——原注

[6] 拉丁原文为"*Seminucicaria usura*"。——原注

[7] 如塔西佗在《编年史》第六卷所述。——原注

[8] 该法是为起诉保民官格努西乌斯而制定的。参见李维:《罗马史》第七章末尾。——原注

定诸多法律条文加强、修正和缓和它：时而不顾法律而遵循习惯[1]，时而不顾习惯而遵循法律。即使如此，习惯也往往压倒法律。向人借钱时，常常遭遇法律障碍。其实，这项法律是为帮助债务人而制定的。因此，谴责该法之人和该法欲帮助之人，皆反对它。严格执法的裁判官森普洛尼乌斯·阿赛卢斯允许债务人依法行事[2]，结果被债权人杀害[3]，盖人们此时已不能接受如此严厉之法。

现在离开罗马，到外省看看。

前已述及[4]，罗马外省生活于专制政体粗暴统治下。此外，它们还遭受可怕高利贷盘剥。

西塞罗说[5]，萨拉米斯[6]人欲向罗马人借钱，但因加比尼乌斯[7]法而不能如愿。有必要研究一下该法。

罗马禁止有息贷款时，人们想方设法逃避其规定。[8] 罗马同盟国和拉丁人当时完全不受罗马市民法约束[9]，人们就借用拉丁人和同盟国人姓名充当债权人。因此，该法对债权人形同虚设，人民并未摆脱高利贷盘剥。

人民对如此弄虚作假怨声载道，保民官马库斯·森普洛尼乌斯取得元老院授权，召开人民大会通过的法律规定：禁止罗马公民

---

〔1〕 拉丁原文为"*Veteri jam more foenus recepyum erat*"。参见阿庇安：《抗击米特里达提战争》第一卷。——原注

〔2〕 拉丁原文为"*Permisit eos legibus agere*"。参见阿庇安：《抗击米特里达提战争》第一卷；参见李维：《罗马史》第六十四章。——原注

〔3〕 罗马663年。——原注

〔4〕 参见本书第十一章第十九节。——原注

〔5〕 参见西塞罗：《致阿蒂库斯》第五章第二十一封信。——原注

〔6〕 萨拉米斯，塞浦路斯古都。——译注

〔7〕 奥卢斯·加比尼乌斯（？—公元前47？前48？），罗马共和国末期重要政治人物，庞培支持者，公元前67年任保民官，公元前58年任执政官。——译注

〔8〕 参见李维：《罗马史》第三十五章。——原注

〔9〕 同上。——原注

之间的有息借贷,并同样禁止罗马公民与同盟国人以及罗马公民与拉丁人之间的有息借贷。[1]

那时的意大利本土,一直伸展至阿尔诺河[2]和鲁比肯河[3],不被罗马人当作外省管辖。意大利本土居民称作同盟国人。

塔西佗说[4],为了逃避禁止有息贷款之法,新弄虚作假手法层出不穷。用同盟国人姓名不能借贷,就借用外省人姓名借贷。

因此,需要制定新法遏制该弊端。加比尼乌斯为防范选举舞弊制定一著名法律[5]。他认为:防止选举舞弊最佳手段,乃抑制借贷。这两件事有必然联系,盖每逢选举,有人需要用钱收买选票,利率就上升。[6] 因此,我们看到,加比尼乌斯法把马库斯·森普洛尼乌斯元老院法令扩大至适用于外省,因此,萨拉米斯人也不能在罗马借贷。布鲁图[7]以他人名义向萨拉米斯人放贷[8],月息百分之四[9],为此促使元老院发布两项法令。其中的第一项法令宣称:该做法不应视为规避法律,奇里乞亚[10]总督应依据萨拉米斯人借款协议断案。[11]

---

〔1〕 罗马561年。参见李维:《罗马史》第三十五章第七节。——原注

〔2〕 阿尔诺河,意大利中部主要河流。——译注

〔3〕 鲁比肯河,又译“卢比孔河”,意大利北部河流。——译注

〔4〕 参见塔西佗:《编年史》第六卷第十一章。——原注

〔5〕 罗马615年。——原注

〔6〕 参见西塞罗:《致阿蒂库斯》第四章第十五、十六封信。——原注

〔7〕 布鲁图(公元前85—前42),即马可斯·尤尼乌斯·布鲁图·凯皮欧,也称“布鲁图斯”,罗马共和国晚期元老院议员、坚定共和派,联合部分元老刺杀恺撒。——译注

〔8〕 参见西塞罗:《致阿蒂库斯》第四章第一封信。——原注

〔9〕 庞培借给国王阿里奥巴桑尼斯600塔兰,每30天收取利息33阿提卡塔兰。参见西塞罗:《致阿蒂库斯》第三章第二十一封信、第六章第一封信。——原注

〔10〕 奇里乞亚,小亚细亚古城,今位于土耳其东南部小亚细亚半岛。——译注

〔11〕 参见西塞罗:《致阿蒂库斯》第三章第二十一封信;第六章第一封信:“这样,萨拉米斯人和借钱给他们的人都不会受骗。”——原注

加比尼乌斯法禁止外省人与罗马公民之间的有息借贷，而罗马公民手里又掌握着全世界的财富，所以，只有极高利息才能诱使罗马公民放债。贪婪会蒙住其眼睛，看不到放债风险。当时罗马有些权势人物，官员害怕他们，法律对其无效，故他们敢于放贷并索要奇高利息。如此这般，外省不断遭受罗马权势人物的掠夺，导致每位总督到任时，都会发布公告，依据其意愿确定利率。〔1〕此乃贪婪介入立法、立法助长贪婪。

社会必定向前发展。一切原地踏步，国家就会完蛋。城市、商业组织以及私人，总有急需借钱之时。何况只为应付军队抢掠、官员巧取豪夺、包税人敲诈以及江河日下风气，也太需要借钱。穷人从未如此穷，富人从未如此富。握有行政权的元老院，基于需要，也常常出于善意，颁布了一些元老院法令，允许在某种情形下向罗马公民借钱。但是，由于有法律规定，这些元老院法令不为人们信任。〔2〕不过，这些法令也为人民提供了机会，可以要求制定新铜表法。倘若如此，本金无法收回风险就将增大，利率也会随之提高。我会一再重申：治人之道讲适度，不走极端。

乌尔比安说：还债越晚，利率越低。〔3〕此乃罗马共和国覆亡后的立法指导原则。

---

〔1〕西塞罗法令将利率定为月息百分之一，满一年时计复利。对于共和国包税人，西塞罗要求他们为债务人规定宽限期；债务人若到期不还，西塞罗就按借款协议上规定利率收取。——原注

〔2〕参见西塞罗：《致阿蒂库斯》第五章第二十一封信中吕塞尤斯所说的话。甚至颁布过一项元老院总法令，把利率固定为月息百分之一。参见同一封信。——原注

〔3〕参见《查士丁尼法典》第十二章“关于用语”。——原注

第二十三章　法与人口

第一节　人与动物之繁衍

哦，维纳斯女神！
哦，爱情之母！
……
星星把绮丽初春带回大地，
微风和煦吹来爱情气息。
大地打扮得五彩缤纷，
天空弥漫浓郁鲜花香气。
鸟儿在那强大力量召唤下，
唱着动听歌儿热烈欢迎你。
骄傲公牛追逐漂亮母牛，
飞越湍急流溪，
奔驰茫茫草地。
在茂密森林和起伏连绵的山林间，
在江河湖海和满眼翠绿的田野里，
看见你，

哪能不燃起爱情之火？
哪能不受愉悦吸引？
养儿育女，
生生不息，
热切追随你，
追随那巨大魅力，
追随那赋予万物魅力的美丽[1]！[2]

雌性动物繁殖能力大体稳定。但是，人类繁衍面临诸多障碍，受到诸如感情、性格、欲望、奇思异想、保养容颜、妊娠痛苦和家庭人口过多等无数因素影响。

第二节 婚姻

抚养子女，乃父亲天生义务，从而催生婚姻；婚姻，乃宣告由谁承担抚养子女义务。庞波尼乌斯·梅拉[3]所记述的民族[4]，仅凭借长相是否相似而确认父亲。[5]

在文明民族，父亲，乃法律经由婚仪宣告负有抚养子女义务者[6]，盖法律发现，此乃它所寻之人。

在动物界，通常由雌性承担抚养义务。人类抚养子女义务更

[1] 此乃卢克莱修诗集开篇部分，由埃诺先生译为法文。——原注

[2] 卢克莱修（约公元前99—前55），又译“卢克莱蒂乌斯”，与维吉尔齐名的罗马拉丁诗人，代表作哲学长诗《物性论》（《大自然王国》），被马克思誉为“真正罗马的史诗诗人”。——译注

[3] 庞波尼乌斯·梅拉（？—公元前45），罗马地理学家。——译注

[4] 伽拉曼特人（居于阿特拉斯山脉南的非洲人。——译注）。——原注

[5] 参见庞波尼乌斯·梅拉：《地理志》第一章第三节。——原注

[6] “父乃法所定之人。”——原注

加广泛，人类子女有理性，而理性乃逐渐获得的。人类不仅要养活子女，而且要教育子女：子女能够生活时，不一定能够管理自己。

两性非法结合，对人类繁衍无甚好处：父亲无法确认，其养育子女天然义务，就会落在母亲身上。但是，羞愧、悔恨、性别束缚以及严酷法律，会给她带来无数障碍。此外，母亲通常没有生活来源而无法养育子女。

风月女子不具养育子女条件，教育子女甚至与其身份格格不入，已然堕落如此地步的她们自然也不会相信法律。

因此，良好风化与人类繁衍有着必然联系。

第三节　子女身份

理性告诉我们：婚生子女身份随父；非婚生子女身份唯有随母。[1]

第四节　家庭

女嫁夫家，几乎各地通例。福尔摩沙[2]相反，丈夫入赘妻家[3]，并无不妥。

---

〔1〕 正因如此，奴隶制民族子女身份，始终随母。——原注

〔2〕 福尔摩沙，即台湾。1542 年，葡萄牙人航往日本，途径台湾海峡，看见一座地图未标明岛屿即台湾，景色迷人，忍不住惊呼“福尔摩沙”（Formosa），即“美丽”之意，后登岛并标记其为“福尔摩沙”。海上霸主葡萄牙人曾把许多地方甚至物种称为“福尔摩沙”。19 世纪清朝设台湾省后，国际上采“台湾”之称。20 世纪后期，部分别有用心者开始使用“福尔摩沙”称呼台湾。——译注

〔3〕 参见杜赫德：《中华帝国全志》第一卷，第 156 页。——原注

规定同一性别承继家族之法,对人类繁衍作出巨大贡献,尽管初衷并非如此。家庭是某种财产。一个人,倘若孩子中无能传宗接代的性别者,就会苦恼;直至有承继家族的性别者,才会心满意足。

姓氏,人们认为不应灭绝,盖其非常有助于激发每个家庭世代相传之愿。在某些民族,姓氏可以区分家族;在另一些民族,姓氏只能区分个人。后者不如前者好。

第五节　合法妻子等级

法律和宗教有时规定,两性结合可有多种类型。伊斯兰教徒婚姻乃如此,妻子分为若干等级,子女也因不同母亲所生而有区别;民事契约、母亲的奴隶身份以及父亲对子女的追认等,也是子女身份有别原因。

因父亲所为而使子女蒙受法律羞辱,乃有悖理性。因此,所有子女皆应有继承权,除非有特殊理由。例如,在日本,唯有皇帝御赐之妻所生子女才有继承权,其目的乃皇帝所赐财产不能过度分割,盖这些财产皆要服务于皇帝,就像欧洲过去的封地一样。

在某些国家,正妻在家里享有的荣耀与欧洲的唯一妻子一样;妾生子女视为正妻所出。中国乃如此。应该受孝敬和厚葬的,乃法律所承认的父亲正妻,而非子女生母。[1]

在这种虚拟关系下,没有非妻所生子女。[2] 在没有这种虚拟

〔1〕 参见杜赫德:《中华帝国全志》第二卷,第124页。——原注

〔2〕 妻子有大小老婆之分,即有正妻与偏房之分。但是,子女没有这种区分。杜赫德神父翻译的一部中国伦理道德书籍写道:“此乃帝国重要训条。”参见杜赫德:《中华帝国全志》第二卷,第140页。——原注

关系之国,倘若法律把正式身份赋予妾生子女,就会乱套,盖该国大多数民众就会因此而蒙受法律羞辱。这些国家也没有奸生子女问题,盖其妇女被隔离、幽禁,加上阉奴和门闩,通奸难以发生,法律也认为不可能发生。即使真有此事,法律这把剑也会把妻子与孩子一并消灭。

第六节　不同政体私生子

多妻制之国,几乎没有非妻所生子女;一夫一妻制之国,有非妻所生子女。鄙视私通之国,当然也鄙视私通所生子女。[1]

共和国理应风俗纯正,故相对君主国,私生子女更受鄙视。

罗马关于私生子之法,也许过于严厉。可是,古代制度规定必须结婚,加上法律允许休婚和离婚,因而不怎么严厉,而且只有风俗极度腐化时,才会出现姘居现象。

必须指出,在共和政体,公民身份意味着最高权力而极其重要,所以,这种政体常常制定一些有关私生子的法律。这与事情本身以及婚姻是否正当无关,而与共和政体政制有关。因此,平民有时接受私生子为公民[2],以增强实力而对抗权贵。雅典人不接纳私生子为公民,其目的是公民可以多分埃及国王送来的小麦。亚里士多德也说,在某些城市,公民人数不足时,私生子有继承权;公

---

〔1〕 法文“bâtard”,统指非婚生子与妾生子。中文庶出绝非私生,妾生子并非非婚生子,但法文无与庶出对应之词。法文“concubine”,统指姘妇与妾,甚至还指皇帝嫔妃;法文“concubinage”,统指姘居与纳妾。因此,“bâtard”,视情译为“私生子”或者“妾生子”。——译注

〔2〕 参见亚里士多德:《政治学》第六卷第四章。——原注

民人数充足时,私生子无继承权。[1]

第七节　父亲婚姻权限

父亲对子女婚姻权限源自其权力即财产权,也源自父爱、理性以及子女理智不成熟,盖子女年龄正处于年轻无知又情欲炽烈的人生阶段。

在小共和国或者前面提及的施行特殊制度之国,法律可能会规定,官吏有权过问公民子女婚姻,尽管大自然已把子女婚姻监管权托付给父亲。在那里,人们对公共福祉的关爱甚于一切。因此,柏拉图要求官员管理婚姻,斯巴达官员就是如此行事。

在一般制度下,父亲操持子女婚姻。父亲在此事上的慎重超乎任何人。父亲自然希望子孙满堂。这种愿望,与其说为自己,莫如说为孩子。在子孙代代相传过程中,父亲看到自己正在不知不觉走向未来。倘若在贪婪和肆意妄为驱使下,竟然要剥夺父亲的这种权力,将会如何?就看看托马斯·盖杰[2]有关西班牙人在西印度行为的记述吧:[3]

“为增加纳税人口,他们规定,凡年满十五岁印第安人必须结婚,甚至把婚龄定为男十四岁、女十三岁。他们以教规作为依据,声称机敏可以弥补年龄之不足。”

托马斯·盖杰看过人口调查报告,说此事实在可耻。在本应是世界上最自由的行为中,印第安人仍然是奴隶。

---

[1] 参见亚里士多德:《政治学》第三卷第三章。——原注
[2] 托马斯·盖杰(1597—1656),英国牧师,著有《新大陆游记》。——译注
[3] 参见托马斯·盖杰:《新大陆游记》,第171页。——原注

第八节　父亲婚姻权限(续)

英国少女常常滥用法律,不征询父母意见而任性随意结婚。不知道这种做法是否在英国较易得到容忍:英国法律没有许可在修道院过独身生活之规定,所以,除结婚取得身份外,英国少女唯有不结婚,别无他途。已确立修道制度的法国相反,少女可以选择独身,故法律规定结婚需征得父亲同意。这对法国而言,比较合适。意大利和西班牙做法很没道理,这两个国家均已建立修道制度,却依然可以不经父亲许可而自行结婚。

第九节　少女

唯有婚姻,才能给少女带来快活与自由。她们有脑不敢思索,有心不敢动情,有眼不敢观看,有耳不敢倾听。她们只能装出愚笨样子,因琐事与戒律而不停受到责难,所以,她们很想结婚。唯有男孩需要鼓励才想结婚。

第十节　决定婚姻因素

可以舒心过日子,男女就可结婚。只要不受生计困扰,人之本性乃希望结婚。

新生民族,人丁兴旺,繁衍很快。对他们而言,独身禁欲多有不便，子女众多没有丝毫不便。成熟民族，情形恰恰相反。

第十一节　暴政

赤贫者子女多，如乞丐，盖他们属于新生民族之人。父亲无需代价就可把乞讨手艺传给孩子，甚至不妨说，孩子生下来就是这门手艺的工具。富裕之国和迷信盛行之国，这类人子女也很多，盖他们不必负担社会责任，反倒是社会负担。有些人贫穷，乃生活于暴政之故，盖政府不把他们的田园视为维持生计之本，而视为施行暴政之借口。所以说，这类人子女不多，他们自己食不果腹，如何养活子女？他们自己病无所医，如何抚养自小疾病不断的子女？

有人头头是道，却不切实际。例如，有人说：国民越穷，家庭人口越多；赋税越重，国民越勤奋，越有能力纳税。此等谬论，昔日祸国殃民，将来亦然。

暴政至极时，甚至会以天然情感摧毁天然情感。美洲妇女堕胎，不就是为了子女免遭凶残主人虐待吗？[1]

第十二节　不同国家男女婴数量

前已提及[2]，欧洲男婴多于女婴。有人指出，日本女婴多于男婴[3]。其他情况皆相同，必定是日本妇女生育力强于欧洲，故

---

〔1〕　参见托马斯·盖杰：《新大陆游记》，第58页。——原注

〔2〕　参见本书第十六章第四节。——原注

〔3〕　参见肯普弗：《日本史以及暹罗概况》。此书提及京都人口统计数字。——原注

其人口较稠密。

有游记记述,万丹男女婴比例 1∶10。[1] 这必然导致另一比例失衡:万丹家庭数量与其他地区家庭数量之比大约为 1∶5.5。万丹家庭实际人口可能更多,必定很少有人能养活这么大的家庭。

第十三节 港口

海滨港口,男人漂洋过海,历经千难万险,生死不定,故男少女多,但是,其儿童却比其他地方多,或许是谋生较易之故,或许是鱼类油脂能够提供较多促进生殖物质之故。这也许正是日本[2]与中国[3]人口奇多原因之一,盖日本人与中国人几乎仅以鱼类为食。[4] 果真如此,硬性规定只能食用鱼类的修道院戒律,恐怕就与制定者初衷背道而驰。

第十四节 土地出产与劳力需求

牧区只需少数人干活,故人烟稀少。麦田用人较多,葡萄园用人更多。

---

〔1〕 参见《创建东印度公司历次航行记》第一卷,第 347 页。——原注

〔2〕 日本由许多岛屿组成,海岸自然就多,其大海盛产鱼类。——原注

〔3〕 中国河川纵横,比比皆是。——原注

〔4〕 参见杜赫德:《中华帝国全志》第二卷,第 139、142 页及此后各页。——原注

英国人常常抱怨:牧场增多,人口减少。[1] 法国人口稠密,拥有大量葡萄园乃主因之一。

较之他国,产煤国具有优势:有煤充当燃料而根本无需森林,土地均可耕种。

水稻地区,需要大兴水利灌溉,用人颇多;为养活一家所需土地少于其他谷物产地;其他地区用于种植饲料的土地,水稻地区可以直接生产供人食用的粮食;其他地区由牲畜承担的活计,在水稻地区由人力承担,故农耕土地实乃硕大工地。

第十五节　人口与工业

均田制之国,即使无甚工业,人口也不会少,盖每个公民在其耕地上可以获得所需食物,全体公民共同消费全国产出。某些古代共和国即如此。

如今欧洲各国,土地分配不均,农产品多于耕种者消费量。倘若只顾农业而忽视工业,人口不会多。自己耕作或者雇人耕作者,有富余农产品,来年不必非耕作不可。游手好闲者无法将农产品全部消费,盖其无力购买。因此,必须发展工业,让农人和工人一起消费农产品。总之,国家需要许多人耕作超过自己消费所需的土地,为此就应让其有生产多余产品的欲望,唯有工业才能做到这一点。

用以简化工艺的机器,不见得总有益。产品价格适中,需要者

[1] 比尔内说:大多数地主发现,出售羊毛比出售小麦赚钱,乃关闭田庄,生计无着农民揭竿而起。有人建议制定农业法,年轻的国王本人也撰文发表意见,随后颁布通告,禁止关闭田庄。参见比尔内:《英格兰教会改革史》,第44、83页。——原注

买得起,制作者也不吃亏;采用机器而简化制作,就是减少参与制作的工人数量,故有害。水磨倘若不是普遍使用,我就不会听信别人说什么水磨是好东西,盖水磨导致无数人失业,造成许多人用水困难,降低土地肥力。

第十六节　立法者对人类繁衍看法

人口数量之法,应视情而定。在有些国家,大自然已把一切安排好,立法者无需再做什么:气候适宜,人丁兴旺,难道还有必要立法鼓励生育?在某些国家,气候比土地更利于人口繁殖;人口增多,但饥饿导致人口锐减。中国即如此,父亲无奈弃儿卖女。越南上圻,亦然。[1] 我们不必像勒诺多[2]出版的阿拉伯旅行家游记所记述的那样[3],从生死轮回中寻找原因。

基于同样原因,福尔摩沙岛宗教不许妇女三十五岁前生育。在此年龄前怀孕者,巫婆为其压腹堕胎。[4]

第十七节　希腊及其人口

某些东方国家人口状况受自然因素影响,希腊人口状况则完

---

〔1〕 参见丹皮尔:《新环球航海记》第二卷,第41页。——原注

〔2〕 勒诺多(1586—1653),17世纪法国著名慈善家、医学家、出版人,誉为“法国新闻之父”,深得路易十三和黎塞留赏识与信任。1631年5月,勒诺多创办出版《公报》,后更名为《法兰西公报》。——译注

〔3〕 参见勒诺多:《两位阿拉伯人的印度和中国游记》,第167页。——原注

〔4〕 参见《创建东印度公司历次航行记》第五卷第一章,第182~183页。——原注

全是政体性质造成的。希腊乃大国,由诸多各有各的政府与法律的城邦组成。在好战方面,这些希腊城邦不亚于如今的瑞士、荷兰和德意志诸城邦。每个共和国的立法,内以追求公民福祉为宗,外以实力不逊邻国为旨。[1] 故其国土小而生活好,人口容易增多,乃至成为负担,得不断向外殖民[2],或者像如今的瑞士,到别国当雇佣军。他们从不放过任何可以抑制人口过度增长之法。

希腊某些共和国的政制很奇特。被征服民族被迫供养希腊共和国公民。斯巴达人、克里特人、帖撒利亚人,分别由希洛人、佩里西亚人和佩内斯特人供养。自由民数量不能太多,否则,奴隶无法供养。我们如今说一定要限制常规军数量,而当年的斯巴达几乎就是由农民供养的军队,故必须限制其数量,否则,享有一切优越条件的自由民就会无限制生养,最终农民会不堪重负。

因此,希腊十分重视调节公民数量。柏拉图把公民人数定为5040人。[3] 他主张,人口增减应考虑实际需要,借助奖惩以及长者忠告而定,甚至要求调控婚姻数量[4],确保人口既能得到补充,又不会过多而成为负担。

亚里士多德说:“国家法律倘若禁止弃婴,就必须限定每个公民的子女数量。”[5]他还建议:倘若子女数量超限,就应在胚胎获得生命前让妇女堕胎。[6]

亚里士多德提及克里特人为防止儿童过多而采取的可耻手段。我耻于开口详谈此事。

---

[1] 在骁勇善战、纪律严明和军事训练方面。——原注
[2] 情况相同的高卢人,做法也相同。——原注
[3] 参见柏拉图:《法篇》第五卷。——原注
[4] 参见柏拉图:《理想国》第五卷。——原注
[5] 参见亚里士多德:《政治学》第七卷第十六章。——原注
[6] 同上。——原注

亚里士多德还说：有些地方法律将外邦人、私生子和母为本国公民的孩子纳为公民，但是，一旦人口足够，他们就立即丧失公民身份。[1] 加拿大蛮人活活烧死俘虏，但尚有空置窝棚可以容纳俘虏时，就把俘虏认作本族人。

佩蒂爵士[2]估算，一个人在英国的价格与卖至阿尔及尔的价格相同[3]。大概只有英国才如此。在某些国家，人乃一文不值之物；在另一些国家，人甚至糟于一文不值。

第十八节　罗马兴起前诸国人口状况

意大利、西西里、小亚细亚、西班牙、高卢、日耳曼与希腊大体相似，皆有人口众多的诸多小国，故不需要鼓励生育之法。

第十九节　世界人口减少

诸多小共和国皆被大国吞噬，世界人口不知不觉减少。看看意大利和希腊在罗马兴起前后状况，就一目了然。

李维写道："有人会问，一再战败的窝尔西人，何以补充兵源？那些地区当时一定人口众多，如今若非还有几个罗马士兵与奴隶，就是一片荒漠。"[4]

---

〔1〕 参见亚里士多德：《政治学》第三卷第三章。——原注

〔2〕 佩蒂爵士(1623—1687)，即威廉·佩蒂，英国古典政治经济学之父，统计学创始人，最早的宏观经济学者。——译注

〔3〕 60 英镑。——原注

〔4〕 参见李维：《罗马史》第六章第十二节。——原注

普鲁塔克写道:“神谕已然终止,盖众神宣谕之地已成废墟,如今在希腊难以找到三千名士兵。”〔1〕

斯特拉波写道:“我不再记述伊庇鲁斯及其附近地区,盖其全已沦为荒郊僻壤。人口衰减早已开始,如今仍在继续,故罗马士兵可以把废弃的房屋当作军营。”〔2〕在波利比乌斯著作中可以找到原因,他写到,鲍卢斯·埃弥利乌斯〔3〕得胜之后,摧毁了伊庇鲁斯70座城市,掠走了15万奴隶。

第二十节　罗马需要立法促进人口增长

罗马人摧毁了其他民族,也摧毁了自身。罗马四处出击、肆意逞凶、连年征战,永不停息,日益衰竭,就像时刻不离手的刀枪日益磨损一样。

在此处,我不打算谈论他们如何补充公民、组建同盟、赋予他人公民权、把奴隶当作繁衍人口的苗圃等。〔4〕我只想说,他们所做的一切,并非弥补公民之缺,而是弥补兵员之缺。罗马人乃世界上最善于让法律为其宏图大略服务之民族,故研究他们在这方面的作为,并非可有可无之举。

---

〔1〕 参见普鲁塔克:《道德篇·神谕终止》。——原注

〔2〕 参见斯特拉波:《地理学》第七卷,第496页。——原注

〔3〕 鲍卢斯·埃弥利乌斯(公元前229—前160),又译“鲍路斯·埃弥利乌斯”,罗马将军,先后两次担任执政官。第三次马其顿战争期间,担任执政官的鲍卢斯率领罗马军队于公元前168年打败佩修斯率领的马其顿军。——译注

〔4〕 我在《罗马盛衰原因论》已对此有所论述。——原注

第二十一节　罗马促进人口增长之法

古罗马法竭力促使人们结婚。人民大会和元老院不时制定这方面的法律法令,狄奥辑录的奥古斯都演说就谈及此事。[1]

哈里卡纳斯的狄奥尼修斯不相信,305 个法比亚人[2]被维爱人消灭后,整个部族只有一个孩子幸存,盖要求每个公民必须结婚并养育所有子女的古法此时仍然有效。[3]

除法律外,监察官也监督婚姻状况,并依据共和国需要,借助羞辱[4]与刑罚,强迫人们结婚。

此时,民风已开始败坏,公民对纯洁无瑕的欢悦已丧失兴趣,婚姻对其而言只是痛苦,故他们极度厌恶结婚。墨特卢斯·努米底库斯[5]在监察官任上发表的那篇演说[6],就反映了当时情形。他说:"倘若可以不娶妻,就可免除这种痛苦。可是,大自然已确定:与妻子生活难以幸福,没有妻子又难以生存,因此,应多为传宗接代考虑,少为片刻欢愉费神。"

监察制度旨在遏制民风败坏,民风败坏却摧毁了监察制度。

---

〔1〕 参见狄奥:《罗马史》第五十六章。——原注

〔2〕 法比亚人,乃罗马小部族,恺撒即来自该部族。公元前 477 年,该族 306 名战士为罗马人抗击维爱人而孤军奋战,多次获胜之后遭敌伏击,305 人战死,唯一幸存的一名年幼战士延续了这个部族。——译注

〔3〕 参见哈里卡纳斯的狄奥尼修斯:《罗马古代史》第二章。——原注

〔4〕 关于这种做法,参见李维:《罗马史》第四十五章;参见弗洛鲁斯:《李维摘录》第五十九章;参见奥卢斯·格利乌斯:《阿提卡之夜》第一章第六节;参见瓦莱里乌斯·马克希姆斯:《名家言行录》第二卷第九章。——原注

〔5〕 墨特卢斯·努米底库斯(公元前 160—前 91),曾任罗马执政官(公元前 109)与监察官(公元前 102)。——译注

〔6〕 该演说收于奥卢斯·格利乌斯《阿提卡之夜》第一章第六节。——原注

民风一旦普遍败坏，监察制度也无能为力。[1]

国内不和、三巨头矛盾以及放逐某些人等，削弱罗马超过以往任何战争：幸存公民不多[2]，大多数未婚。为挽救罗马，恺撒和奥古斯皆重建监察制度，并亲任监察官[3]，制定了诸多法律。恺撒对多子女者给以奖励[4]，禁止四十五岁以下无丈夫或者无子女的妇女戴宝石和乘轿子。[5] 此乃利用虚荣心打击独身妙招。奥古斯都法更严厉：[6]对不结婚者处以新刑罚[7]，对已婚者和有子女者给以更多奖励。塔西佗把这些法律称为"《朱利安法》"[8]，看来是把以往元老院、人民大会和监察官所立之法统统汇编在一起的。

奥古斯都法遇到重重障碍。该法制定34年后[9]，罗马骑士要求废除该法。奥古斯都要求已婚者与未婚者分列两边，后者居多。公民们愕然震惊，不知所措。奥古斯都以古时监察官的严肃神情对未婚者发表演说：[10]

"战争与疾病夺走这么多公民，还不结婚，我们这座城市将会如何？城市，不是由房子、柱子与广场而是由人组成的。不要以为，真会像寓言里说的那样，会有人从地下钻出来帮你们做事。你们执意独身，并不是为了独居。其实，无论吃饭睡觉，你们人人都

---

〔1〕 请看本书第五章第十九节所述。——原注

〔2〕 内战结束后，恺撒做了一次人口调查，只有15万名户主。参见弗洛鲁斯：《李维摘录》第十二章。——原注

〔3〕 参见狄奥：《罗马史》第四十三章；参见希费林：《奥古斯都》。——原注

〔4〕 同上；又参见苏埃托尼乌斯：《帝王传·恺撒》第二十章；参见阿庇安：《内战》第二卷。——原注

〔5〕 参见尤塞比乌斯：《编年史》。——原注

〔6〕 参见狄奥：《罗马史》第十四章。——原注

〔7〕 罗马736年。——原注

〔8〕 参见塔西佗：《编年史》第三卷。——原注

〔9〕 罗马736年。——原注

〔10〕 该演说冗长，收于狄奥《罗马史》第五十六章，此处有删节。——原注

有伴侣。你们只是为了放荡不羁而又能太平无事。你们想以维斯塔守护贞女[1]为榜样吗？那好，你们不能严守贞操，也应像她们一样受到惩罚。人人以你们为榜样也罢，谁也不仿效你们也罢，反正你们不是好公民。我的唯一目标，就是让共和国永存。拒不听令者，我已加重处罚；至于奖励，我不知道是否有任何美德曾经得到过更多奖励。比这还少的奖励，曾经让成千上万人甘冒生死。现在的奖励，难道还不能让你们结婚生子？"

他制定了一部法律，即"朱利安—帕皮亚—珀佩阿法"。朱利安是奥古斯都的名字，帕皮亚和珀佩阿是当年两位执政官的名字。[2] 不结婚陋习竟然也出现在他们当选时，狄奥说：他们皆未婚未育。[3]

《奥古斯都法》乃名副其实的法典，系统汇编所有相关法律。《朱利安法》被编入这部法典[4]，法律效力更强。该法典涉及面广，调整事项颇多，堪称罗马市民法中最精彩的。

该法典残篇，可以在如下文献中找到：乌尔比安的珍贵《摘要》[5]、由摘自多位帕皮亚法研究者著作汇编而成的《学说汇纂》、引用这些法律的历史学家著作和其他作者著作、废除这些法律的《狄奥多西法典》、批评这些法律的神父著作。这些神父，对来生世界无比虔诚，对今生世界不甚了了。

---

〔1〕 维斯塔，罗马女神，主灶火。维斯塔神庙守护女，皆处女，终身不婚，违者活埋。——译注

〔2〕 也就是马库斯·帕皮乌斯·穆蒂卢斯和珀佩斯·萨比努斯。参见狄奥：《罗马史》第十六章。——原注

〔3〕 参见狄奥：《罗马史》第五十四章。——原注

〔4〕 乌尔比安在《摘要》第十四章对《朱利安法》和帕皮亚法作严格区分。——原注

〔5〕 雅克·戈德弗鲁瓦曾做过节录。——原注

这些法律有诸多主题，我们知道的就有三十五题。[1] 不过，为尽可能直奔主题，从奥卢斯·格利乌斯所述第七题[2]即荣誉与奖励之题说起。

罗马人，大多来自斯巴达殖民地拉丁城邦[3]，沿用这些城邦的部分法律，[4]如斯巴达人那样敬老并给予老人荣誉和优待。当共和国缺少公民时，就把以往赋予年长者的特权赋予已婚者与儿童。[5] 某些特权，只赋予不论有否子女的已婚者，称为“夫权”。某些特权，赋予有子女者，赋予有三个以上子女者的更大。三种特权不可混淆：有些是已婚者始终享有的，如剧院专座；[6]有些是有子女者享有的；有些是子女较多者享有的。

这些特权相当广泛。无论是追求抑或享受荣誉，子女最多已婚者最受优待。[7] 子女最多的执政官最先接受束棒[8]，[9]有权选择外省领地[10]；[11]子女最多的元老在元老院名册上位列第一，拥有优先发言权[12]；有子女者可以在规定的最低任职年龄前担任官职，每增加一个子女就提前一年[13]；育有三个子女的罗马

〔1〕 第三十五题在《查士丁尼法典》第十九章中被引用：“关于婚仪”。——原注

〔2〕 参见奥卢斯·格利乌斯：《阿提卡之夜》第二章第十五节。——原注

〔3〕 参见哈里卡纳斯的狄奥尼修斯：《罗马古代史》第二章。——原注

〔4〕 受命前往希腊寻访法律的罗马人，曾到过雅典和意大利某些城邦。——原注

〔5〕 参见奥卢斯·格利乌斯：《阿提卡之夜》第二章第十五节。——原注

〔6〕 参见苏埃托尼乌斯：《帝王传·奥古斯都》第四十四章。——原注

〔7〕 参见塔西佗：《编年史》第二卷第十章：“法律要求特别注意候选人子女数量。”——原注

〔8〕 束棒，乃罗马执政官权力象征。——译注

〔9〕 参见奥卢斯·格利乌斯：《阿提卡之夜》第二章第十五节。——原注

〔10〕 当时规定，执政官卸任后改任外省总督。这本来就是肥差，能自行选择富庶行省当然更是特权。——译注

〔11〕 参见塔西佗：《编年史》第十五卷。——原注

〔12〕 参见《查士丁尼法典》第六章第五节“关于十人委员会”。——原注

〔13〕 参见《查士丁尼法典》第二章“关于少年”。——原注

人，可免除一切赋税徭役[1]；育有三个子女的女自由民和育有四个子女的女释奴，可以免除罗马古法[2]为她们设定的终身被监护身份[3]。

有奖必有罚。[4] 未婚者不能接受非亲属遗赠[5]，已婚但无子女者只能接受一半非亲属遗赠[6]。因此，普鲁塔克说，罗马人结婚，乃为当继承人，非为生育继承人。[7]

夫妻遗赠对方的财产，受法律限定。双方育有子女的，可以把全部财产遗赠对方；双方未育子女的，可以因婚姻而获得对方遗产的十分之一；育有另一婚姻所生子女的，每育有一子女就可获得对方遗产的十分之一。[8]

非为共和国公务而离开妻子的丈夫，不得成为妻子遗产继承人。[9]

法律规定，鳏夫或者寡妇应在两年内再婚，离婚者应在一年半内再婚；[10]不让子女结婚或者不给女儿嫁资的父亲，可以强制

[1] 参见《查士丁尼法典》第一章第三节；第二章第一节“关于负担免除”。——原注

[2] 参见普鲁塔克：《努玛传》。——原注

[3] 参见乌尔比安：《摘要》第二十九章第三节。——原注

[4] 参见乌尔比安：《摘要》第十四、十五、十六、十七、十八章，这是古罗马法中最精彩部分之一。——原注

[5] 参见索佐梅诺斯：《教会史》第一卷第九章：可接受亲属遗赠；参见乌尔比安：《摘要》第十六章第一节。——原注

[6] 参见索佐梅诺斯：《教会史》第一卷第九章和“单一法”。参见《狄奥多西法典》“关于软弱者和对孤身及鳏寡的惩罚”。——原注

[7] 参见普鲁塔克：《道德篇·父爱》。——原注

[8] 参见乌尔比安：《摘要》第十五、十六章。——原注

[9] 参见乌尔比安：《摘要》第十六章第一节。——原注

[10] 参见乌尔比安：《摘要》第十四章。在最早的《朱利安法》中，这个期限疑为三年。参见哈里卡纳斯的狄奥尼修斯：《罗马古代史》第五十六章所载奥古斯都演说。参见苏埃托尼乌斯：《帝王传·奥古斯都》第三十四卷。在其他《朱利安法》中，这个期限仅为一年。在帕皮亚法中，这个期限为两年。参见乌尔比安：《摘要》第十四章。这些法律不受人民欢迎。奥古斯都依照人民接受程度，对这些法律作了或宽或严修改。——原注

执行。[1]

结婚日期定在两年后,就不可订婚[2];由于女子年满12岁才可结婚,故其10岁后才可订婚。法律不允许借订婚享受已婚特权。

法律禁止年满60岁男子娶年满50岁女子[3],盖已婚者享有巨大特权,就不能让婚姻只开花不结果。同理,卡尔维斯亚努斯元老院法令宣布,年满50岁女子不应与未满60岁男子结婚[4],故年满50岁女子结婚,难逃法律追究。提比略修正后的帕皮亚法更严厉,[5]禁止年满60岁男子娶未满50岁女子,故年满60岁男子结婚,也难逃法律追究。不过,克劳狄废止了提比略的这一规定。[6]

所有这些法律规定,较适合意大利气候,不太适合北方气候。北方年满60岁男子依然精力充沛,年满50岁女子通常未丧失生育能力。

为让人们择偶时不受无谓限制,奥古斯都允许不担任元老的自由民[7]娶女释奴为妻[8];帕皮亚法禁止元老娶女释奴和女伶。[9] 从乌尔比安主政时期起,自由民不准娶曾为娼妓或者女伶

---

〔1〕 这就是帕皮亚法第三十五题。参见《查士丁尼法典》第十九章“关于婚仪”。——原注

〔2〕 参见狄奥:《罗马史》第五十四章,罗马736年。参见苏埃托尼乌斯:《帝王传·屋大维》第三十四章。——原注

〔3〕 参见乌尔比安:《摘要》第十六章;参见《查士丁尼法典》第二十七章“关于婚姻”。——原注

〔4〕 参见乌尔比安:《摘要》第十六章第三节。——原注

〔5〕 参见苏埃托尼乌斯:《帝王传·克劳狄》第二十三章。——原注

〔6〕 参见苏埃托尼乌斯:《帝王传·克劳狄》第二十三章第三节;参见乌尔比安:《摘要》第十六章第三节。——原注

〔7〕 参见狄奥:《罗马史》第五十四章;参见乌尔比安:《摘要》第十三章。——原注

〔8〕 参见狄奥:《罗马史》第五十四章记载的奥古斯都演说。——原注

〔9〕 参见乌尔比安:《摘要》第十三章;《查士丁尼法典》第四十四章“关于婚仪”。——原注

以及曾被公审判刑之女。[1] 元老院肯定颁布过如此法令。共和时期,则从未制定此类法律,盖监察官已制止这方面的混乱,或者已采取措施加以防范。

君士坦丁制定的法律[2],把帕皮亚法禁令范围从元老扩至显要,但未提及地位低下者。此乃当时法律。君士坦丁法仅对自由民婚姻作上述限制。查士丁尼废除君士坦丁法[3],准许所有人结婚,人们由此获得痛苦的自由。

很显然,对违法结婚者和拒不结婚者的惩处是相同的。违法婚姻不能给当事人带来任何民事利益[4],盖妻子死亡,其嫁资[5]充公[6]。

法律确定为无资格继承的遗产和遗赠物,奥古斯都将其充公[7],因此,这些法律与其说是政治法或者民事法,不如说是财政法。人们本已对沉重负担感到不满,这种归国库的贪得无厌更让人深恶痛绝。提比略主政时,不得不修改这些法律[8];尼禄削减国库付给告发者的奖金[9];图拉真[10]禁止充公[11];塞维鲁也作出

---

〔1〕 参见乌尔比安:《摘要》第十三、十六章。——原注

〔2〕 参见《查士丁尼法典》第一章“关于自由民”。——原注

〔3〕 参见《新法集》第一百一十七章。——原注

〔4〕 参见《查士丁尼法典》第三十七章第七节“关于自由工作”;参见乌尔比安:《摘要》第十六章第二节。——原注

〔5〕 参见乌尔比安:《摘要》第十六章第二节。——原注

〔6〕 参见本书第二十六章第十三节。——原注

〔7〕 但有例外。参见乌尔比安:《摘要》第十八章;参见《单一法》“关于取消未入籍外邦人遗产充公规定”。——原注

〔8〕 参见塔西佗:《编年史》第三卷第二十五章第一节,第117页:“把帕皮亚-珀佩阿法的修改问题付诸讨论”。——原注

〔9〕 他把奖金降为四分之一。参见苏埃托尼乌斯:《帝王传·尼禄》第十章。——原注

〔10〕 图拉真(53—117),罗马帝国皇帝(98—117在位)。图拉真在位时,罗马帝国疆域范围最大。——译注

〔11〕 参见普林尼:《颂词》,第34、35页。——原注

了修改[1]。法学家认为,这些法律令人憎恶,故在判决中减缓其严厉。

此外,有几位皇帝还把已婚者、有子女者和有三个子女者享有的特权赋予人们,用以减缓这些法律的严厉程度[2],而且对于某些人,还免除这些法律规定的处罚。[3] 不过,为维护公共利益所立之法,似乎不允许免除处罚。

把有子女者特权赋予维斯塔守护贞女合理[4],盖宗教要求其必须保持童贞。把已婚者特权赋予士兵也合理[5],盖其不能结婚。皇帝依据惯例不受某些市民法约束,故奥古斯都免受两项法律约束:一是解放奴隶的限制[6],二是遗赠的限制[7]。这些乃特例。但后来不加节制地实行宽免,执行法律反成特例。

某些哲学流派把脱离尘世的思想引入罗马帝国。这在共和国时期是根本不可能的[8],盖那时人人埋头研究战争与和平的艺术。这种思想,促使人们追求至善至美,并与冥想生活密不可分;促使人们抛弃家庭观念,脱离家庭关照和家庭烦恼。可以说,随后出现的基督教,就把发轫于这种哲学的思想观念确定了下来。

基督教把其特性赋予法学,盖帝国始终与圣职保持某种联系。

---

〔1〕 塞维鲁把帕皮亚法关于结婚年龄的规定,改为男满 25 岁、女满 20 岁。对照乌尔比安《摘要》第十六章和德笃利安《辩诉》第四章,即可明了。——原注

〔2〕 监察官西庇阿向民众发表的关于民风演说中,对义子和私生子享有同等权力表示不满,认为这表明弊端已经产生。参见奥卢斯·格利乌斯:《阿提卡之夜》第五章第十九节。——原注

〔3〕 参见《查士丁尼法典》第三十一章“关于婚仪”。——原注

〔4〕 在帕皮亚法中,奥古斯都把母亲特权赋予维斯塔守护贞女。参见狄奥:《罗马史》第五十六章。努玛将养育三个子女的母亲享有的特权,即不受监护的权力赋予维斯塔守护贞女。参见普鲁塔克:《努玛传》第十卷第五章。——原注

〔5〕 克劳狄把夫权赋予士兵。参见狄奥:《罗马史》第六十章。——原注

〔6〕 参见《查士丁尼法典》“关于家庭”“关于释奴”。——原注

〔7〕 参见狄奥:《罗马史》第五十六章。——原注

〔8〕 参见西塞罗:《官职》第一章“对于思潮的思考”。——原注

从《狄奥多西法典》就可看出，它只不过是信奉基督教的皇帝法令汇编而已。

有位君士坦丁颂词作者〔1〕对这位皇帝说：“陛下制定法律，旨在祛除邪恶和敦化习俗；陛下消弭了古代法律陷阱，那些只是危害纯朴者的陷阱。”

可以肯定，君士坦丁修法决定，或出于确立基督教思想，或出于至善至美思想。第一种思想所立之法，确立主教权威，乃教会司法权基础，并削弱父权〔2〕，剥夺父亲对子女财产的所有权。为传播宗教，必须清除子女的极端依赖性，而子女总是不留恋既有秩序。

以基督教至善至美境界为目标而立之法，主要是废除帕皮亚法〔3〕刑罚，并免除对未婚者和婚后未育者的惩罚。

有位教会史学家说：“之所以制定这些法律，乃似乎有人以为，只要我们努力，人类就可繁衍发展。殊不知，人口增减乃上帝旨意。”〔4〕

宗教信仰，对人类繁衍具有极大影响，既能起到激励作用，也能起到遏制作用。犹太人、穆斯林、波斯祆教〔5〕徒以及中国人，在人口增长方面受宗教鼓励，而皈依基督教的罗马人，在这方面却受宗教遏制。

宗教一直无处不宣扬禁欲观点，说禁欲乃一种更为完美的品

---

〔1〕 参见纳萨利乌斯：《君士坦丁颂》，321 年。——原注

〔2〕 参见《查士丁尼法典》第一、二、三章，载《狄奥多西法典》“关于母亲和母亲亲属产业”。又参见《单一法》，载同一法典“关于未成年儿子应获得的财产”。——原注

〔3〕 参见《单一法》，载《狄奥多西法典》“关于软弱者和对独身者及鳏寡者的惩罚”。——原注

〔4〕 参见索佐梅诺斯：《教会史》第一卷第九章。——原注

〔5〕 祆教，又名“琐罗亚斯德教”，流行于古代波斯（今伊朗）及中亚等地的宗教，中国史称“祆教”“火祆教”“拜火教”等。——译注

德，盖在本质上没有几人会奉行如此品德。

君士坦丁没有取消十分之一法，即准许夫妻一方按照子女多寡获得遗产的法律；小狄奥多西[1]废除了这些法律[2]。

查士丁尼宣布，帕皮亚法禁止的婚姻，皆为有效婚姻[3]。帕皮亚法要求人们再婚，查士丁尼则奖赏未再婚者。[4]

依据古法，结婚生子乃天然权利而不可剥夺。因此，继承遗产以不结婚为条件[5]，奴隶主释奴要求释奴作不结婚、不生子誓言[6]，皆被帕皮亚法取消[7]；我们规定寡妇不得改嫁之法，与古法相悖，乃罗马帝政时期遗留的，皆源自所谓"至善至美"思想观念。

没有任何法律明令废除已婚者和多子女者享有的特权与荣耀。但是，既然独身如此杰出荣耀，婚姻自然毫无荣耀可言。既然可以以取消惩罚为条件迫使包税人放弃诸多利益，人们自然会认为，取消奖赏岂不更容易。

宗教修行，让人们认可独身，不久，甚至把独身视为必须的。我在这里反对基督教推行的独身生活，但愿上帝不会责怪我。但是，在那种放荡不羁的独身生活中，男女以天然情感腐蚀彼此，逃避能让他们生活得更为幸福的两性结合，追求促使他们越变越坏的两性结合。对此，谁能缄默而不反对？

此乃一条自然规律：不婚者越多，已婚者就越容易受腐蚀；已

---

〔1〕 小狄奥多西（401—450），即狄奥多西二世，东罗马帝国皇帝（408—450 在位），狄奥多西一世之孙，阿卡狄乌斯长子，于 438 年将帝国法律汇编成《狄奥多西法典》。——译注

〔2〕 参见《查士丁尼法典》第二、三章，载《狄奥多西法典》"关于子女权利"。——原注

〔3〕 《圣法》，载《关于婚姻的法典》。——原注

〔4〕 参见《新法集》第一百二十七章第三节、第一百一十八章第五节。——原注

〔5〕 参见《查士丁尼法典》第五十四章"婚姻契约和说明"。——原注

〔6〕 参见《查士丁尼法典》第五章第四节"关于奴隶主权力"。——原注

〔7〕 参见保罗：《判例》第三卷第四章第十五节。——原注

婚者越少,婚姻忠诚者就越少。这就像小偷越多,偷窃就越多一样。

第二十二节 弃婴

关于弃婴,早期罗马人有相当好的法律。哈里卡纳斯的狄奥尼修斯说:罗慕洛斯规定,每个公民必须抚养所有儿子和长女。[1]肢体残缺或者畸形婴儿,经最临近的五位邻居查验后,允许遗弃。

罗慕洛斯严禁杀死不满3岁婴儿[2],以此协调把子女生杀大权赋予父亲之法和禁止弃婴之法矛盾。

从哈里卡纳斯的狄奥尼修斯著作可以看出,直至罗马227年,要求公民结婚并养育所有子女之法依然有效。[3] 由此可见,罗慕洛斯关于允许抛弃幼女之法,一直受习俗制约。

从西塞罗记述中才得知:罗马301年制定的《十二铜表法》,对弃婴有所规定。[4] 他在叙述保民官职务时说:婴儿出生时,若是《十二铜表法》所说畸形儿,立即掐死;正常婴儿,则保留。因此,《十二铜表法》对此前规定未作修改。

塔西佗说:“日耳曼人从不弃婴,其优良习俗比其他地方优良之法更管用。”[5]罗马人从前有禁止这种习俗的法律,但后来不再执行。我们没有发现任何允许弃婴的罗马法。[6] 弃婴这种恶习

---

〔1〕 参见哈里卡纳斯的狄奥尼修斯:《罗马古代史》第二章。——原注

〔2〕 同上。——原注

〔3〕 参见哈里卡纳斯的狄奥尼修斯:《罗马古代史》第九章。——原注

〔4〕 参见西塞罗:《论法律》第三章。——原注

〔5〕 参见塔西佗:《日耳曼尼亚志》第十九章。——原注

〔6〕 这方面内容,《学说汇纂》未提及,《查士丁尼法典》未提及,增补后的《新法集》也未提及。——原注

很可能是后期形成的，盖在那时，奢侈取代安逸，子女分享财富视为贫穷，父亲把自己财产与家庭财产分得一清二楚，认为把财产分给家庭乃白白丢失。

第二十三节　罗马灭亡后世界局势

共和国鼎盛时期，罗马人为增加公民数量而立之法，很好。那时，罗马人需要补充的，仅仅是由于热爱勇气、胆略、坚毅以及荣耀与美德而丧失的人口。不久，奄奄一息的共和国，无处不在的无政府状态，军政府，冷酷帝政，极端专制，孱弱君主，愚呆迷信的宫廷，接连导致的破坏，即使最明智之法也无法修复。罗马人征服世界，似乎仅为削弱世界，使之失去自卫能力，而后拱手交给蛮族。哥特人、哲特人、撒拉逊人和鞑靼人等民族相继入侵罗马，不久，只剩下蛮族自相残杀。这正像神话时代一样，洪水过后，大地出现诸多军人相互残杀。

第二十四节　欧洲及其人口演变

从当时情况看，没人相信欧洲可以恢复元气。在查理曼大帝统治下，整个欧洲居然成为一个疆域辽阔的大帝国。政体性质使然，欧洲随后分裂成无数小国。这些小国君主，或盘踞乡村，或定居城市。他们的势力、财富和安全，取决于人口多寡，故他们都特别关注增加人口。尽管其治理问题多多，但在这方面，他们很成功。虽然不像后来那样懂贸易，虽然战乱不断，虽然纷争不止，但是,大多数欧洲小国人口比现在多。

我无暇深入探讨此问题,不过,只以十字军为例略微说说。这是一支由各色人等组成的令人望而生畏的军队。普芬道夫先生说:路易九世统治时期,法国人口多达2000万。[1]

小国不断合并,人口随之减少。往昔法国任何一个村庄皆为首府,如今只剩下一个首府;往昔法国任何地区皆为权力中心,如今只剩下一个权力中心,即国家本身。

第二十五节　欧洲及其人口演变(续)

两个世纪以来,欧洲航海业确实取得巨大发展,促使欧洲人口既有增长也有损失。年年有大批荷兰海员前往印度,只有三分之二返回;其余的,或死亡,或定居印度。其他从事印度贸易之国,亦然。

不能把欧洲等同于唯一航海大国。邻近国家会竭力与如此航海大国发展贸易,海员会从四面八方涌来,该国人口就会增长。宗教[2]、海洋与荒漠把欧洲与世界其他地区隔开,故欧洲人口损失不可能像唯一航海大国那样获得补偿。

第二十六节　结论

综上所述,可以得出结论:欧洲如今依然需要鼓励人口增长之

〔1〕 参见普芬道夫:《世界史》第五章“论法国”。——原注

〔2〕 欧洲四周几乎皆为伊斯兰国家。——原注

法。往昔的希腊政治家总是说,公民过多,共和国不堪重负;如今的政治家号召说,采取适当措施增加人口。

第二十七节　法国促进人口增长之法

路易十四给育有10个子女者补助金,给育有12个子女者更多补助金。但不应仅仅补助奖励子女奇多者。应像罗马人那样,建立普遍奖惩措施,才能培育促进人口增长的普遍精神。

第二十八节　如何弥补人口损失

国家因意外事故、战争、瘟疫或者饥荒等原因导致人口减少,仍然有办法补救:幸存者奋发图强,可弥补灾难损失,此谓多难兴邦也。国家因内部弊病和政体不良导致人口减少,几乎无可救药也。如此之国,人们死于一种无法察觉又习以为常的疾病;在苛政、暴政压迫下,生活悲惨,积贫积弱,人们往往眼看自身就要毁灭,却不知何故。饱受专制蹂躏之国以及神职人员骑在百姓头上作威作福之国,乃两种典型。

如此之国,企图依靠新生儿弥补人口损失,徒劳也,盖时机已逝,身处荒漠者无勇不勤,原本可养活一个民族的土地几乎不能养活一个家庭;如此之国,无处不是土地荒芜;如此悲惨之国,百姓甚至无立锥之地;如此荒芜之国,神职人员、君主、官吏、权贵和显要,不知不觉成为所有国土的主人。国土荒芜,被毁家庭空留牧场,劳动人民始终一无所有。

面对如此情形，就应在帝国全境效法罗马人曾经在部分国土推行的政策：就是以丰补歉，把土地分给无地家庭，帮助他们开荒种地。只要有人愿意接受土地，土地分配就不应停止。如此这般，就不会浪费任何劳力。

第二十九节　救济院

人之贫穷，非因一无所有，乃因不劳动。没有任何财产但从事劳动者，日子相当舒适，丝毫不比年入一百埃居但并不劳动者差；没有任何财产但有手艺者，不比拥有十亩土地但不种地就无法生活者穷。手艺人把手艺传给子女，就等于给子女留下一笔财产；有多少子女，就等于留下多少笔财产。拥有十亩地者，则不同，只能把土地分割给子女。

贸易之国，许多人靠手艺谋生，国家不得不救济老人、病人和孤儿。善治之国，政府从手工业收入中提取救济基金，一方面为有能力者提供劳动机会，另一方面培训其他人学会劳动，而这种培训本身也是一种劳动。

国家有义务保障全体公民有饭吃、有衣穿、有健康生活，因此，给街头裸汉施舍，绝不意味着履行国家义务。

有人问为何不建救济院，奥朗则布〔1〕说："我要让帝国富裕得无需救济院。"〔2〕其实，他应这样说："我先让帝国富裕，再建救济院。"

---

〔1〕 奥朗则布（1618—1707），印度莫卧儿王朝第六任君主（1659—1707 在位）。——译注

〔2〕 参见沙尔丹：《波斯游记》第八章。——原注

国家要富裕，必须大力发展工商业。在众多工商业中，没有一个行业不亏损，没有一个从业人员不遇到一时困难，是不可能的。

正因为如此，无论是不让人民受苦，抑或避免人民造反，国家都必须迅速、及时提供帮助。因此，必须设立救济院，或采取类似措施，防止此类不幸现象发生。

但是，当全国贫穷时，个体贫穷源自普遍贫穷，也可以说，个体贫穷乃普遍贫穷。世界上所有救济院，都不可能解决这种问题。恰恰相反，救济院助长的好吃懒做之风，会加剧普遍贫穷，从而加剧个体贫穷。

亨利八世决心改革英国教会，乃废除僧侣制度。[1] 僧侣本身乃一帮好吃懒做之徒，并以其好客之道养着另一帮好吃懒做之徒：无数游手好闲懒汉、小市民和绅士，游走于一个又一个修道院，消磨时光。僧侣在修道院优哉游哉，下层民众在救济院优哉游哉，故亨利八世取缔救济院。采取这些改革措施后，英国得以确立工商业精神。

在罗马救济院，所有人都很舒服，唯有劳动者、有技艺者、教人技艺者、拥有土地者以及从事贸易者感到很不自在。

我曾说过，富裕之国应设立救济院，盖命运无常，难免遭遇不测。不过，窃以为，临时救助远胜永久济贫。既然困难是暂时的，就应救急不救贫。总之，救济乃应对偶发事件、缓解一时之困。

---

〔1〕 参见比尔内：《英格兰教会改革史》第一卷第三章。——原注

第五编

第二十四章　法与宗教

第一节　宗教概论

我们面向昏天黑地，能够辨别哪里最亮；面临无数深渊，能够辨别哪里最浅；面对众多虚伪宗教，能够辨别哪些宗教最符合社会福祉，哪些宗教虽不能引导人们来生极乐但最能引导今生幸福。

我考察世上各类宗教，无论源自天上还是人间，仅旨在看看它们能否给尘世生活带来福祉。

我是作为政论作者而非神学家撰写本书的。因此，书中有些东西，只有用尘世眼光观察，才显得完全真实；倘若与更崇高神圣之物相联系，就未必真实。

稍微公道者就可以看出，对于真正的宗教，我从未企图让其利益屈从政治利益，而是试图让两者协调结合。为做到这一点，就必须了解它们。

要求人们相亲相爱的基督教，毫无疑问希望各民族都有最佳政治法与市民法。除宗教外，这些法律乃人类能够给予与获取的最大财富。

第二节　培尔先生悖论

培尔[1]先生声称：他能证明，与其做偶像崇拜者，不如做无神论者，换言之，与其信奉不良宗教，不如不信教。[2] 他说："宁愿让人说我不存在，也不愿让人说我是坏蛋。"此乃诡辩而已，其逻辑是：对人类而言，相信某人存在毫无用处，相信上帝存在非常有用。倘若认为上帝不存在，就会产生为所欲为之念；倘若认为上帝不存在，就会萌发叛逆不从之想。倘若由于宗教并非时刻发挥约束作用从而断言其没有约束力，就如断言市民法也没有约束力一样荒谬。在卷帙浩繁著作中，罗列宗教种种弊端并以此反对宗教，却对其种种好处只字不提，如此推理方法不可取。倘若把世上市民法、君主政体和共和政体所有弊端一一列出，人们定会惊骇不已。宗教，纵然于臣民没有用处，于君王却不会没有用处：对那些不惧怕人类法律者而言，宗教乃唯一约束，犹如马嚼子[3]，能把口吐白沫、四处狂奔的烈马牢牢勒住。

热爱又畏惧宗教之君主，犹如狮子，对抚摸它的手和安抚它的

[1] 培尔（1647—1706），法国哲学家，法国资产阶级启蒙思想家先驱，17世纪下半叶最有影响的怀疑论者。他最初站在新教立场上反对天主教神学，后来对包括新教在内的一切宗教都持怀疑态度。他认为，人的心灵有限，而自然宇宙深不可测。主要著作有：《历史批判辞典》《漫话彗星》等。——译注

[2] 参见培尔：《漫话彗星》第六十四章。——原注

[3] 马嚼子，指连着缰绳、套在马嘴巴上的金属部分，借以控制马匹活动。一拉缰绳，马嚼子就被拉进马嘴巴里，如此可以控制马匹行进速度或者让马匹停步。——译注

吆喝，驯服而听话；畏惧又憎恨宗教者，犹如困兽，拼命撕咬防止它伤害路人的铁链；完全不信教者，犹如可怕的动物，只有在撕咬和吞噬猎物时，才感到自由。

对某个人或者某个民族而言，不在于完全不信教与过度信教，何者好，而在于完全不信教与过度信教，何者害处少。

人们为减轻无神论的恐怖程度，攻击偶像崇拜有些过头。古人在祭坛供奉某些恶神，非喜爱恶神，恰恰相反，乃仇恨恶神。例如，斯巴达人建庙供奉恐惧之神，并非这个尚武民族祈求恐惧之神在战斗中夺走其勇气。人们祈求某些神灵，乃为不要煽动罪恶，而祈求另一些神灵，乃为远离罪恶。

第三节 基督教适合温和政体而伊斯兰教适合专制政体

基督教与不折不扣的专制主义格格不入。《福音书》提倡仁爱，基督教当然反对君主以专制淫威断案定罪和滥施暴虐。

基督教禁止妻妾成群，因此，基督教君主很少深居后宫，很少与臣民隔绝，较有人性，较愿意制定并遵守法律，较能够认识自身并非万能。

伊斯兰教君主不断杀人，也不断被杀。基督教君主不那么怯弱，也就不那么残忍；君主信任臣民，臣民信任君主；基督教似乃只求来生福祉，但也带来今生幸福。妙哉！

尽管埃塞俄比亚国土辽阔，气候恶劣，但基督教依然成功阻止专制在那里落地生根。基督教还把欧洲习俗与法律带至非洲腹地。

埃塞俄比亚王储，拥有公国，成为其他臣民仁爱与顺从榜样。就在王储公国不远处，森纳尔[1]国王的几位王子被伊斯兰教徒囚禁；国王死后，枢密院为扶植继位者登基，派人杀死被囚的那几位王子。[2]

只要看看，这一边希腊和罗马首领不断大肆屠杀，那一边成吉思汗[3]和帖木儿[4]恣意蹂躏亚洲、杀人毁城，就会体会到基督教益处：在治国方面有政治法，在战争方面有万民法。人类对这些法律确立的权利，无论怎么感谢都不为过。

感谢万民法，战胜者给战败者留下了这些重要的东西：生命、自由、法律、财产；只要符合战胜者利益，宗教也总是得到保护。

与当时专制而穷兵黩武的罗马帝国相比，如今的欧洲人民并非更不团结，人民如此，军队亦然。当时的军队，一方面在战场上互相杀戮，另一方面攻城略地、抢掠百姓、瓜分战利品。

第四节　基督教与伊斯兰教特征及其效果

鉴于基督教和伊斯兰教特征，无需详加审视，就应皈依前者而唾弃后者。一种宗教，能否敦化民俗，比是否真教，更为明显可辨。

倘若宗教系由征服者传入，乃人性灾难。一味崇尚利剑的伊斯兰教基础，乃破坏精神，至今其依然以这种精神影响人类。

---

〔1〕 森纳尔，古代努比亚王国，疆域从尼罗河直抵红海，今属苏丹一省，位于该国东部，东邻埃塞俄比亚。——译注

〔2〕 参见《耶稣会士书简集》第四册，第 290 页：蓬塞"埃塞俄比亚游记"。——原注

〔3〕 即孛儿只斤·铁木真(1162—1227)，大蒙古国可汗，其尊号"成吉思汗"乃"拥有海洋四方"之意。——译注

〔4〕 即埃米尔·帖木儿(1336—1405)，出生于撒马尔罕以南的碣石(今乌兹别克斯坦沙赫里萨布兹)，1369 年创建帖木儿帝国。——译注

牧人之王撒巴卡[1]的故事令人赞叹:底比斯神明出现在其梦中,命令其杀死埃及所有祭司。他据此断定,他当国王已经不再让神明高兴,否则,神明不会让其做此类与神明通常意愿背道而驰之事,故退隐埃塞俄比亚。[2]

第五节　天主教适合君主政体而新教适合共和政体

在某国产生与成长的宗教,通常紧跟该国政体走向,盖无论信奉抑或传播这种宗教者,除他们生活于其中的那种政体外,对其他政体不甚了了。

两个世纪前,基督教不幸分裂为天主教与新教:北方民族皈依新教,南方民族依然信奉天主教。

这是因为:首先,北方民族现在具有而且将永远具有独立自由精神,南方民族则不具备这种精神。其次,领袖地位不突出宗教,比较适合因气候条件而养成的独立精神;领袖地位突出宗教,不怎么适合独立精神。

确立新教之国的宗教改革,也适应国家政治变革。虽然路德[3]获得了某些君主支持,但是,倘若新宗教没有堂皇外表,他也很难让这些君主接受教会权威。不过,支持加尔文[4]的,是共和国民众或者君主国默默无闻小市民,故他大可不必搞那些堂皇外

---

〔1〕　萨巴卡,埃及第二十五王朝法老(公元前721—前707在位)。——译注

〔2〕　参见狄奥多罗斯:《世界文库》第二卷。——译注

〔3〕　马丁·路德(1483—1546),16世纪欧洲宗教改革倡导者,基督教新教路德宗创始人。——译注

〔4〕　约翰·加尔文(1509—1564),法国著名宗教改革家、神学家、基督教新教重要派别加尔文教派(在法国称胡格诺派)创始人,人称"日内瓦教皇"。——译注

表和显赫职位。

这两个宗教派别皆自诩尽善尽美，加尔文派认为其最符合耶稣基督教诲，而路德派则认为其最符合使徒行为。

第六节　培尔先生另一悖论

培尔先生咒骂所有宗教后，又对基督教大加斥伐，竟然声称：真正基督教徒组成之国，无法生存。何以不能？那将对自身义务了然于胸、将以最大热忱履行自身义务的公民，对天赋自卫权利具有强烈感受，越觉得自己受惠于宗教，就越觉得自己受恩于祖国。深深铭记基督教教义的他们，所具有的无比强大力量，远胜君主政体之虚伪荣誉、共和政体之人伦美德以及专制政体之奴役恐惧。

令人惊讶的是，这位伟大人物竟然不懂得自己所信奉宗教之精神，不懂得区分建立基督教所需圣品和基督教本身，不懂得区分《福音书》戒律与劝导，从而受到指责。立法者之所以不制定法律而进行劝导，盖他们发现，把这些劝导作为法律颁布，就会违背法律精神。

第七节　宗教完美之法

人类法律引导意志，故应规定戒律而不是劝导；宗教引导心灵，故应劝导多而戒律少。

例如，宗教设定规矩，非为好而为最好，非为善而为至善。这些规矩应为劝导而非戒律时才合适，盖不能指望每个人和每件事均至善至美。此外,倘若这些规矩是法律而不是劝导,就需要诸多其他法律保证它们得到遵守。基督教劝人独身,当这种劝导成为某类人必须遵守之法后,就得每天制定新法,迫使他们遵守独身之法。[1] 立法者倘若把追求至善至美者眼中的劝导当作戒律予以实施,不仅会让自己疲惫不堪,也会让社会不胜其烦。

第八节　道德法与宗教法

某国信奉的宗教,倘若不幸非上帝赐予的,就始终需要设法让宗教与道德保持一致,盖宗教,哪怕是伪宗教,乃正直诚实之最好保证。

勃固人所信奉宗教的主要教义是:不杀生、不偷盗、不奸淫、不搅扰四邻,竭尽全力做善事。[2] 他们相信,不论信奉什么宗教,只要做到这些,都能得到拯救。正因为如此,勃固人尽管贫且傲,却均慈悲为怀对待不幸者。

第九节　艾赛尼派

艾赛尼派[3]发誓公正待人、绝不害人。他们憎恨不义,恪守

---

〔1〕 参见迪潘:《六世纪僧侣著作汇览》第五卷。——原注

〔2〕 参见《创建东印度公司历次航行记》第三卷第一章,第 63 页。——原注

〔3〕 艾赛尼派,又译"犹太苦修派",公元前 3 世纪至公元 1 世纪出现在死海附近以及埃及马雷奥蒂斯湖的宗教集体,以独身、公产、守贞为戒律。在死海附近的称为"艾赛尼"、在埃及的称为"医治者"。——译注

诚信，友善谦和，永远站在真理一边，对不义之财避而远之。[1]

第十节　斯多葛学派

古代各种哲学派别，可以视为不同宗教。从未有任何哲学派别宗旨，比斯多葛学派[2]更有益人类、更能培养善良之人。倘若能在片刻间忘掉自己是基督徒，我会把芝诺学派[3]之毁灭列为人类一大灾难。

该学派夸大了真正伟大的某些东西，蔑视欢乐与痛苦。

唯有斯多葛学派懂得培养公民，唯有斯多葛学派培育了伟人，造就了伟大帝王。

暂且不谈神启真理吧。走遍万千世界，也绝对找不到比安敦尼王朝乃至朱利安皇帝更伟大的人物[4]。朱利安，就是这个朱利安——尽管我不得不推崇朱利安，但我绝不会成为他背弃基督教的同谋[5]——在他之后，再也没有更配统治人世之君主。

斯多葛学派把荣华富贵、欢乐愉悦与痛苦忧伤视为虚无，全力以赴为人类谋幸福、尽义务。他们似乎把确信自身所具有的那种

---

〔1〕 参见普里多：《犹太史》。——原注

〔2〕 斯多葛学派，即斯多葛哲学学派，由芝诺于公元前300年左右在雅典创立的学派。其认为世界理性决定事物发展变化。所谓“世界理性”，就是神性，是世界主宰；强调顺从天命，安于自己在社会中所处地位，要恬淡寡欲，只有这样才能得到幸福。斯多葛学派第一次论证了天赋人权、人人生而平等这一西方人文主义核心理论。——译注

〔3〕 芝诺（约公元前336—前264），古希腊斯多葛学派创始人，自然法理论真正奠基者。芝诺学派，也即斯多葛学派。——译注

〔4〕 朱利安与罗马帝国安敦尼王朝皇帝奥勒留皆为斯多葛学派哲学家，安敦尼皇朝有五贤帝。——译注

〔5〕 在罗马帝国早已确立基督教之主流地位情形下，朱利安推行宗教改革，允许多神信仰，故被基督教称为“背教者”。——译注

神圣精神,视为关爱人类之神明。

他们为社会而生,认为自身命运乃为社会效力,为社会效力并非负担,所得报酬乃内心满足。唯有他们的哲学,才能让他们幸福,犹如唯有他人幸福,才能增加他们自身幸福一样。

第十一节　静修

人类要生存,要吃饭穿衣,要传宗接代,要从事社会活动,因此,宗教不应让人类过太过沉思的生活。[1]

穆斯林之沉思,乃习惯使然。他们每天祈祷五次,每次祈祷都要把尘世间一切抛诸脑后。这就让他们养成沉思习惯。此外,他们漠视一切事物,盖教义教导他们,命运无法抗拒。

倘若还有其他因素让他们漠视一切,那就是苛政以及土地法律,让他们感到无法安生,一切皆空。

从前的袄教把波斯治理得欣欣向荣并清除了专制弊端,但伊斯兰教如今毁掉了这个帝国。

第十二节　苦行

苦行,不应与怠惰而应与勤奋观念相结合,不应与非凡而应与善良观念相结合,不应与贪婪而应与节俭观念相结合。

---

〔1〕 佛教与道教弊端就在这里。——原注

第十三节　不可救赎之罪

从西塞罗引述的一段高级神职人员著述[1]，可以看出，罗马曾存在不可救赎罪行。[2] 正因如此，索西穆斯巧妙编造故事，讽刺君士坦丁皈依基督教动机；[3]朱利安在《诸王传》中也对君士坦丁皈依基督教进行辛辣嘲讽。

仅禁止几种重大罪行、束缚人们手脚但不禁锢人们思想的异教，确实可能犯下不可救赎罪行。但有一种宗教不可能犯下不可救赎罪行。这种宗教，禁锢一切情欲；严格约束的，不仅是行为，还有欲望与思想；捆绑人们的，不仅是几条铁链，还有无数绳索；把人间正义弃之不顾，而另立所谓正义；一丝不苟地把我们从忏悔引导至爱，又从爱引导至忏悔；在审判者和罪人之间设立仲裁人，在遵守教规者和仲裁人之间设立一个伟大审判者。然而，已把恐惧和希望给予所有人的这种宗教，依然让人充分意识到：虽然没有一种罪行本质上是不可救赎的，但有罪的整个生命是不可救赎的；不断以新罪行和新救赎折磨天主的仁慈，乃极端危险；既然背负着从未还清的上帝之债而忧心忡忡，就应害怕旧债未还又添新债，千万不要走向罪恶缠身乃至慈父无法宽恕之地步。

---

〔1〕 参见西塞罗：《论法律》第二章。——原注

〔2〕 “亵渎神灵，乃无法补赎之罪，乃蔑视宗教而犯之罪。凡可以补赎之罪，但愿公共教士们予以补赎。”——原注

〔3〕 索西穆斯说，君士坦丁326年误杀他人，为补赎此罪而皈依基督教。其实，他皈依基督教，是在312年，即杀人事件的十四年之前。——译注

第十四节　宗教如何影响世俗法

宗教与世俗法宗旨,皆应让人成为好公民。某个偏离宗旨,另一个就更应强化这一宗旨。宗教约束越松,世俗法就应越严。

日本占主导地位的宗教几乎没有教义,不讲天堂与地狱。为弥补这一不足,不仅立法十分严厉,而且执法也一丝不苟。

宗教教义宣讲人受命运支配,法律惩罚就应严厉,治理者就应时刻警觉,让那些没有管束就放纵者有所约束。倘若宗教宣讲的乃自由教义,则另当别论。

伊斯兰教宿命论,源自精神懒惰,又助长精神懒惰。有人说,此乃真主圣谕,我们无需行动。面对如此情形,应以法律唤醒沉睡在于宗教的幻想者。

倘若宗教谴责应为世俗法许可之事,而世俗法许可应为宗教谴责之事,就很危险。这表明,和谐统一观念有所缺失,这种缺失会从一方蔓延至另一方。

成吉思汗统治下的鞑靼人认为:把佩刀扔进火堆,把身子靠在鞭子上,用缰绳抽打马匹,用骨头击碎另一骨头,皆为罪行甚至罪可当诛,但背信弃义、抢掠财物、伤人杀人,皆非罪行。[1] 总之,法律把无关痛痒小事视为大事,就会导致把大事视为无关痛痒小事。

福尔摩沙人相信有地狱[2],地狱乃惩罚如下之人:在某些季节未赤身裸体者、不穿丝绸而穿布衣者、拾牡蛎者、做事不先问卜

---

〔1〕 参见柏朗嘉宾的记述。此人奉教皇英诺森四世之命,于 1246 年出使鞑靼。——原注

〔2〕 参见《创建东印度公司历次航行记》第五卷第一章,第 192 页。——原注

于小鸟者。因此，他们不把酗酒和调戏妇女视为罪孽，甚至认为子女放荡行为可以取悦神明。

宗教倘若因偶发事件宽恕人，就会无谓丧失对人的最大推动力。印度人相信，恒河水具有圣化功效[1]，恒河河岸去世者可以免受阴间酷刑并升入极乐世界。因此，印度人从遥远偏僻角落赶来，把装有骨灰的坛子带至恒河边，投入河中。生前是否品德高尚，又有何妨？只要死后可以扔进恒河就行。

相信善报可以升入天堂，自然也会相信恶报就会堕入地狱。倘若希望前者而不惧后者，世俗法就无可奈何。确信自己来世升天者，会无视法律，盖其从根本上蔑视死亡。倘若有人确信，官员给其最重刑罚之时，正是其幸福生活开始之际，法律如何约束他？

第十五节　世俗法如何纠正伪宗教弊端

由于淳朴或者迷信而崇拜古代事物的人们，有时候会创造一些有伤贞操的神秘祭礼或者仪式。世上不乏其例。据亚里士多德记载，在如此情形下，法律乃允许父亲代替妻子儿女前往神庙参加祭礼。[2] 这种法律很好，抵御了宗教对淳朴风俗的侵害。

奥古斯都禁止男女青年参加任何夜间祭礼[3]，除非有年长亲属陪同；他恢复牧神节[4]后，禁止青年男女在节日裸体奔跑。[5]

---

[1] 参见《耶稣会士书简集》第十五册，第 13 页。——原注

[2] 参见亚里士多德：《政治学》第七卷第十五章。——原注

[3] 参见苏埃托尼乌斯：《帝王传·奥古斯都》第三十一章。——原注

[4] 牧神节原为庆祝罗马畜牧神卢波库斯的古老节日，后演变为情人节。传说罗马奠基人罗慕洛斯兄弟被狼收养后，牧神卢波库斯在狼窝发现他们并将其带回家，让妻子抚养。根据传统，每年 2 月 14 日牧神节上，全身赤裸青年男女在罗马街上狂奔。——译注

[5] 参见苏埃托尼乌斯：《帝王传·奥古斯都》第三十一章。——原注

第十六节　宗教如何纠正政治体制弊端

法律软弱无力时，宗教可以维护国家。

国家内战频发而动荡不安时，在维护国家某些地区长久安定上，宗教大有作为。作为阿波罗祭司的希腊埃里斯[1]人，一直享有和平；日本圣城京都始终未遭受战乱[2]，盖日本宗教把确保圣城和平作为一条原则。日本似乎是世上独一无二之国，国内贸易从不因战争而毁灭，故它既没有也不欢迎任何外国资源。

有些国家，是否开战不由人民决定，法律也无法制止或者预防战争，但宗教会确定和平期或者休战期，让人民可以完成不做就无法生存的活计，如耕作、播种等。

阿拉伯部落之间，每年有四个月停止一切敌对行动，任何微小冲突皆为亵渎神明。[3] 鉴于法国领主随意开战、停战，宗教就规定某些季节必须休战。

第十七节　宗教如何纠正政治体制弊端(续)

国家若有诸多仇恨，宗教就应提供诸多化解办法。强盗般阿拉伯人，经常做些伤天害理之事。穆罕默德立下规矩："宽恕杀兄之罪的[4]，可以要求杀人者支付赔偿金及利息；接受赔偿后还伤

[1] 埃里斯，位于希腊伯罗奔尼撒半岛南部，建有宙斯神庙。——译注

[2] 参见《创建东印度公司历次航行记》第四卷第一章，第 127 页。——原注

[3] 参见普里多：《穆罕默德传》，第 64 页。——原注

[4] 即放弃同态复仇。——原注

害杀人者的，就会在审判日受酷刑之罚。”[1]

日耳曼人仇恨与敌意代代相传，但并非永远相传。给予一定数量牲畜可以补赎杀人之仇，被害人全家皆会满意。塔西佗说：“这种做法非常有用。对自由民族而言，敌意十分危险。”[2]我相信，他们中有巨大威望的神职人员，肯定会参与调解。

马来人没有这种调解机制，因此，杀人者确信自己定会被死者亲友杀死，就放纵自己的狂暴，逢人就砍就杀。[3]

第十八节　宗教法如何发挥世俗法作用

早期希腊人，乃散居各地的一些小部落，无法无天，海上当海盗，陆上为非作歹。赫克勒斯和忒修斯[4]的非凡作为，就是这个新生民族当时状况的反映。宗教，除让人们对凶杀心生恐惧外，还能起何作用？它可以这样：迫使杀人者因死者的愤怒而内心不安恐惧，迫使杀人者把死者生前经常光顾之地让给死者[5]；人们不能接触罪犯，不能同他谈话，否则，自身会被玷污；[6]把凶手逐出城外，迫使他赎罪。[7]

---

〔1〕 参见《古兰经·黄牛》。——原注

〔2〕 参见塔西佗：《日耳曼尼亚志》第二十一章第一节。——原注

〔3〕 参见《创建东印度公司历次航行记》第七卷，第303页；福尔班伯爵：《福尔班伯爵回忆录》及其关于望加锡人的记述。——原注

〔4〕 忒修斯，传说中的雅典国王。主要事迹：铲除诸多著名强盗、破解米诺斯迷宫、劫持海伦等。——译注

〔5〕 参见柏拉图：《法篇》第九卷。——原注

〔6〕 参见索福克勒斯悲剧《俄狄浦斯王》。——原注

〔7〕 参见柏拉图：《法篇》第九卷。——原注

第十九节　教义对世俗有利或者有害不在真伪而在是否滥用

最真实和最圣洁教义,不与社会原则相结合,也会产生极为恶劣后果;反之,最虚假教义,若能与社会原则相结合,也能产生极为美好结果。

儒教教义否认灵魂永生,芝诺学派不相信灵魂。谁能料到,从这两者的虚假原则得出的结论,虽说不正确,却非常有益社会。

佛教与道教相信灵魂永生,但从如此圣洁教义得出的结论,却十分恐怖。[1]

被误解的灵魂永生之说,导致各地各个时代,都有诸多妇女、奴隶、臣民和亲友为到另一世界服侍自己所崇拜、热爱之人而走上自杀之路的习俗。西印度人如此,丹麦人如此[2],直至今日,在日本[3],在望加锡[4],[5]在世界其他诸多地方,依然如此。

这种习俗,并非直接源自灵魂永生教义,而主要源自肉体死而复活教义。从这种教义引申的结论是:人死后的需求、情感、欲望,与生前一模一样。从这个角度看,灵魂永生教义对人类影响非

---

〔1〕　有位中国哲学家驳斥佛教教义:“佛经说,肉体乃人之居所,灵魂作为永生房客居于肉体。倘若父母肉体只是居所,当然就应把它当作一堆烂泥加以蔑视。这岂非要从人心中抹除热爱父母之美德吗?这同样会使人不爱惜肉体,拒不保养肉体,拒不给予怜惜和爱护。正因为如此,自杀而死的佛教徒数以千计。”参见杜赫德:《中华帝国全志》第三卷,第52页所载一篇中国哲学著作。——原注

〔2〕　参见托马斯·巴塞林:《古代丹麦》第五卷第二部分。——原注

〔3〕　参见《创建东印度公司历次航行记》第五卷第二章有关日本的记述。——原注

〔4〕　参见福尔班伯爵:《福尔班伯爵回忆录》第一卷,第178、179页。——原注

〔5〕　望加锡,今属印度尼西亚南苏拉威西省首府;16世纪初是印度尼西亚东部最大贸易中心,后成为东南亚各岛屿最大城市。——译注

同小可，盖逝者变换居所观念，相对完全重生，较适合人之心情，较易让人接受。

宗教仅仅确立教义远远不够，还要宣导教义。基督教宣导教义做得非常出色。基督教让我们憧憬的，乃我们所相信的来生，而非我们所感受到的或所了解的今生；包括死而复活在内的一切，都将我们引向神灵观念。

第二十节　教义对世俗有利或者有害不在真伪而在是否滥用（续）

波斯古经曰："欲成为圣人，就要好好教育孩子，盖他们将来所做一切皆归功于你。"[1]古经劝导人们早婚，盖至审判日，子女将是桥，无子女者无桥就无法超度。教义虽然虚假，却十分有用。

第二十一节　轮回转世

灵魂永生教义流派有三：一为不死说，二为更换居所说，三为轮回转世说，分别为基督教之说、斯基泰人之说和印度人之说。前两种已述，现在谈第三种。窃以为，轮回转世说在印度的导向有好有坏，故其效果好坏并杂。轮回转世说让人惧怕杀生，故印度极少发生凶杀案件；尽管几乎无人被处以死刑，但人人皆安分守己。

可是，那里的妇女却自焚殉夫，这说明，唯有无辜者受暴死之苦。

---

〔1〕参见海德：《波斯人的宗教》。——原注

第二十二节　宗教教人憎恶无关紧要之事十分危险

宗教偏见导致的荣耀感，让印度各种姓彼此憎恶。宗教乃这种荣耀感的唯一基础，种姓不同并不构成身份差别。竟然有印度人认为，与国王一起用餐，有失体面。

种姓差别，与厌恶他人有关，与社会地位差异而产生的情感完全不同。我们欧洲人对下层人民充满关爱。

除鄙视邪恶，宗教法应避免煽动人们鄙视其他事物，尤其不应教人不关爱同类。

伊斯兰教于印度教，各自信众无数。印度教徒因伊斯兰教徒食用牛肉而恨之；伊斯兰教徒因印度教徒食用猪肉而憎之。

第二十三节　宗教节日

宗教在规定某日停止工作时，应先考虑人们之需求，然后才考虑敬奉对象之崇高伟大。

雅典节日太多，乃一大问题。[1] 希腊所有城邦皆把纠纷提交统治全国的雅典人解决，雅典人实在忙不过来。

君士坦丁规定星期天休息，但仅施于城镇[2]，不施于乡村。他认为，劳动，在城镇，乃有益；在乡村，乃必需。

---

〔1〕 参见色诺芬：《雅典共和国》第三章第八节。——原注

〔2〕 参见《查士丁尼法典》第三章“关于安息日”。此法无疑是为异教徒而制定的。——原注

同理,贸易为生之国,节日多寡应与贸易相应。新教国家和天主教国家地理位置不同[1],劳动需求上前者大于后者,故取消节日,相对天主教国家,较适合新教国家。

丹皮尔发现,气候不同,娱乐也大不相同。[2] 气候炎热地区盛产美味水果,蛮族不费力气就可获得生活必需,故有较多时间消遣娱乐。气候寒冷地区印第安人,要不断捕鱼狩猎,无甚闲暇时间,故其歌舞、宴饮与节日较少。其宗教有关节日的设置,应对此有所考虑。

第二十四节　宗教法地域性

宗教法具有地域性。蒙特祖玛[3]坚持认为:西班牙人宗教适合西班牙,墨西哥人宗教适合墨西哥。此话不假,事实上,立法者纵然不想考虑大自然此前已确立的东西,也无法办到。

轮回转世说,适合印度气候。烈日炎炎,灼烧大地,人们只能饲养少量牲畜,耕畜短缺问题始终存在,牛繁殖力很低并易染病。[4] 因此,宗教立法保护耕牛,十分适合该国。

虽然烈日炙烤草地,但有水滋润,稻谷与蔬菜茁壮成长。那些只允许食用此类作物的宗教法,显然对生活于此类气候下者非常有用。

在那里,牲畜肉类不受欢迎,奶和奶油乃人们赖以生存的部分

---

[1] 天主教国家偏南,新教国家偏北。——原注

[2] 参见丹皮尔:《新环球航海记》第二卷第一章,第 218 页。——原注

[3] 即蒙特祖玛二世(1466—1520),墨西哥古国阿兹特克帝国皇帝(1502—1520 在位)。——译注

[4] 参见《耶稣会士书简集》第十二册,第 95 页。——原注

食品。[1] 因此,印度宗教法禁止宰牛与食用牛肉,不无道理。

雅典人口稠密,土地贫瘠,故有这么一条宗教箴言:用小祭品供奉神明与宰牛供奉相比,前者更能彰显对神明之崇敬。[2]

第二十五节　宗教移植弊端

从以上所述可知,将一国宗教移植另一国,往往会产生诸多弊病。[3]

德·布兰维利耶[4]先生说,"阿拉伯大概很少猪,几乎没有树林,几乎没有猪饲料。此外,水和食物含盐度让当地人易患皮肤病。"[5]当地禁食猪肉之法,在他国执行显然不合适。[6] 在他国,猪肉乃极为普遍而且几乎不可或缺的食品。

借此谈一点感想。桑克多利乌斯[7]指出:食用猪肉,难以让人出汗[8],而且妨碍其他食物让人出汗,可致出汗量减少三分之一。[9] 我们知道,不出汗会引发并加剧皮肤病。因此,在容易感染皮肤病的气候之地,如巴勒斯坦、阿拉伯半岛、埃及和利比亚等地,应禁止食用猪肉。

---

[1] 参见贝尼耶:《莫卧儿帝国游记》第二卷,第 137 页。——原注

[2] 参见幼里庇德斯:《诡辩家的盛宴》第二卷,第 40 页。——原注

[3] 这里绝非指基督教,正如我们在本书第二十四章第一节末尾所说,基督教乃人类最大财富。——原注

[4] 德·布兰维利耶(1658—1722),法国历史学家,著有《法国古代政府史》。——译注

[5] 参见普里多:《穆罕默德传》。——原注

[6] 例如在中国。——原注

[7] 桑克多利乌斯(1561—1636),又译"散克托留斯",意大利医学家。——译注

[8] 参见桑克多利乌斯:《静态医学》第三编第二十二章。——原注

[9] 参见桑克多利乌斯:《静态医学》第三编第二十三章。——原注

第二十六节　宗教移植弊端(续)

沙尔丹先生说:除边境上的库拉河[1],波斯几乎没有可通航河流。[2] 袄教徒禁止在河流航行的古法,当然不会造成任何不便。但若在他国执行该法,就会彻底摧毁贸易。

天气炎热,不时沐浴乃非常有用,故伊斯兰教和印度教规定要经常沐浴。印度人在流水中向神祈祷[3],乃值得高度称赞的行为,但其他气候下的人,怎能如此行事?

产生于特定气候的宗教,若与他国气候相差太大,就不可能在该国立足,即使引入该国,也会遭到驱赶。从人之角度看,为基督教和伊斯兰教划定分界线的,似乎就是气候。

由此可见,既有独特教义又得到普遍信仰的宗教,几乎永远合适。有关宗教信仰之法,不宜过细,例如,不应只规定某种苦修方式,而应提出多种苦修方式。基督教充满良知,节制欲望乃神之权力。可是,究竟应节制哪种欲望,乃政府权力,而且应可以修改。

---

〔1〕 库拉河,即居鲁士河。——译注

〔2〕 参见贝尼耶:《莫卧儿帝国游记》第二卷,第 122 页。——原注

〔3〕 参见贝尼耶:《莫卧儿帝国游记》第二卷,第 137、138 页。——原注

第二十五章　法与各国宗教建立及其对外政策

第一节　宗教感情

虔诚者和无神论者时时谈论宗教。前者谈其所爱,后者谈其所惧。

第二节　信教动机

世上宗教各种各样,信仰者动机各不相同。这主要取决于宗教与人们感受和思想方式之契合度。

人们十分崇拜偶像,却不喜欢崇拜偶像之宗教。人们并不十分喜欢神明观念,却醉心于崇拜神明宗教。人们如此明智选择了一种宗教,把神从受其他宗教羞辱境地解救出来,从而感到幸福满足。人们把崇拜偶像宗教视为粗野民族宗教,把信奉神明宗教视为开化民族宗教。

倘若把组成为教义之最高神明观念,与信仰中某些可感知之物相结合,人们就会极其喜爱这种宗教,盖刚才提及的动机与人们天生的对可感知物的爱已经结合。天主教徒信仰甚于新教徒,故天主教徒比新教徒更执着于自身信仰,更热心传播所信奉宗教。

以弗所[1]人得知参加公会议神父们作出决定,从此可以称圣女玛利亚为圣母时,欣喜若狂,亲吻主教们的手,拥抱他们的膝,到处都是欢呼声、喝彩声。[2]

倘若某种理性宗教又灌输说,信奉这种宗教者乃神之选民,信奉者与不信奉者大有区别,人们就会迷恋这种宗教。倘若没有偶像崇拜也没有基督教徒,伊斯兰教信徒就不可能成为好穆斯林:偶像崇拜之存在,让穆斯林确信自己乃真主唯一复仇者;基督教之存在,让穆斯林确信自己乃真主首选选民。

较之礼拜仪式简单之宗教,礼拜仪式复杂之宗教[3]更能拴住信徒之心。人们对于频繁参与之事总是比较上心。在信仰上,穆斯林与犹太教徒坚定,蛮族与野蛮人朝三暮四,皆为明证。蛮族与野蛮人忙于狩猎和打仗,几乎无甚宗教仪式。

人们极易怀抱希望和心怀恐惧,故没有天堂与地狱之宗教不太能够笼络人心。外来宗教很容易在日本立足,日本人虔诚崇拜

---

〔1〕 以弗所,位于小亚细亚西侧的城市,今属土耳其。公元431年,由东罗马帝国皇帝狄奥多西二世主持,在以弗所举行第三次基督教公会议(又称“以弗所大会”),约2000主教出席,会议决定:不得撰作或者宣讲与第一次尼西亚公会议有抵触的其他信理;耶稣神性与人性同体,不可分割;玛丽亚为圣母。——译注

〔2〕 参见圣西利尔:《书简》。——原注

〔3〕 全世界皆如此。请看看《近东传教团》和《创建东印度公司历次航行记》第三卷第一章第201页中关于巴达维亚的摩尔人的记述;拉巴神父关于黑人穆斯林的记述等。——原注

与热爱外来宗教,[1]乃为明证。

宗教应崇尚纯洁道德,否则,难以拥有信徒。尽管细细审视,人人皆为骗子,但总体而言,人皆非常诚实,并热爱道德。倘若不是讨论如此严肃话题,我会建议,只要到剧场看看戏剧就会很清楚:在戏中,为道德赞同之情感必定讨人喜欢,为道德摒弃之情感必定遭人唾弃。

宗教倘若拥有华丽外表,定将让人们非常高兴,定会让人们更热爱它。寺庙与僧侣财富,也非常有助于宗教吸引人们。因此,贫困乃信教一大动机,制造贫困者却拿宗教说事。

第三节　寺庙

开化民族几乎都有居所,自然就产生给神祇建造居所之念。这样就可以在居所敬拜神祇,每当有所期待或者担心时,皆可到那里寻求帮助。

倘若有个地方,可以近距离感受神祇之存在,可以聚一起倾诉无奈与苦难,实乃最令人宽慰。

不过,唯有农耕民族,才会有这种十分自然的想法;居无定所民族,永远不会想到建造寺庙。

正因如此,成吉思汗极度蔑视清真寺。[2] 这位大汗询问穆斯林后表示,他赞同伊斯兰教所有教义,唯有去麦加朝觐一事不能赞

---

〔1〕 此处指基督教和印度教,这两种宗教皆有天堂与地狱,而日本神道教既无天堂也无地狱。——原注

〔2〕 成吉思汗走进布色拉清真寺时,一把夺过古兰经,扔在马蹄下。参见《鞑靼史》第三部分,第 273 页。——原注

同。他不明白,为何不就地敬拜真主。[1] 鞑靼人居无定所,故不明白为何要建寺庙。

无寺庙民族对自身宗教不太在意。为何鞑靼人始终相当包容;[2] 为何征服罗马帝国的蛮族毫不犹豫皈依基督教;为何美洲蛮族不把自身宗教当一回事;为何自从欧洲传教士在巴拉圭建造教堂后,他们就狂热地信奉我们的宗教,原因在此。

神明乃不幸者庇护人,而没有人比罪犯更为不幸,这就让人自然想到,寺庙乃罪犯避难所。这种想法对希腊人而言更为自然,盖在希腊,杀人犯要逐出城市,远离人群。除寺庙,他们没有安身之处;除诸神,他们没有任何保护人。

最初只有过失杀人犯到寺庙避难,后来罪大恶极者也到寺庙避难时,就呈现巨大矛盾:他们既然冒犯了人,就更为冒犯了神。

希腊这类避难所日益增多。塔西佗说:寺庙挤满还不起债的债务人和凶恶奴隶,官员难以管理,保护人之罪行就像保护祭祀诸神之仪式,元老院不得不关闭大量寺庙。[3]

摩西法很明智:过失杀人是无辜,但绝不能让死者亲属见到其,遂为其兴建庇护所。[4] 罪大恶极者不能进庇护所,他们也根本没有庇护所。[5] 犹太人住在可以拆卸的帐篷里,经常迁徙,故想不到设置庇护所。他们确实也需要寺庙,可是,倘若罪犯从四面八方涌来,必然会扰乱圣事。倘若都像希腊人那样把杀人犯赶出本国,又怕他们会信奉外国神灵。出于这些考虑,他们建造避难

---

〔1〕 参见《鞑靼史》第三部分,第342页。——原注

〔2〕 日本人源自鞑靼人,这一点很容易证明。所以,鞑靼人这种心态也传给了日本人。——原注

〔3〕 参见塔西佗:《编年史》第二卷第三章。——原注

〔4〕 参见《圣经·旧约·民数记》第三十五章。——原注

〔5〕 同上。——原注

城，罪犯可以住在那里，直到祭祀长去世。

第四节 神职人员

浦尔斐利[1]说，上古时代，只用绿草蔬菜祭神。祭拜简单，人人皆可在家里当祭司。

人人自然皆欲取悦神明，祭礼越来越复杂，农耕者就无法一个细节也不漏地完成全部祭礼。

后来，在特殊场所祭拜神灵，就得安排神职人员负责打理，就像公民打理自家一样。没有神职人员的民族通常是蛮族，佩达尔人[2]当年如此[3]，沃尔古斯基人[4]如今亦然。

献身神灵者，应受尊敬，对如下民族而言尤其如此：他们认为，唯有肉体洁净者，才可接近神最喜欢光顾之所，才能主持某些仪式。

侍奉神灵，乃经常性工作，因此，大多数民族让神职人员成为独立群体。埃及人、犹太人、波斯人就如此，让某些家族世世代代侍奉神灵。甚至有些宗教不但要求神职人员远离世俗杂事，而且要求他们摆脱家庭羁绊。基督教主要派别就是如此。

我不应在此处讨论独身戒律后果。很显然，神职人员过多，世俗信徒相应太少，独身戒律就会有害。

---

[1] 浦尔斐利（232—305），出生于罗马帝国时期提尔城，新柏拉图主义哲学家。——译注

[2] 佩达尔人，印度一个民族。——译注

[3] 参见里里奥·吉拉尔蒂著作。——原注

[4] 居住在西伯利亚的一个民族。参见伊斯勃兰兹·伊德斯：《北方游记》第八卷，第13页。——原注

就人类理解本性而言，对于宗教方面一切需要付出努力之物，人们都会喜爱，犹如人们偏好道德方面具有严肃性质之物一样。看似最不适宜独身之民族，却十分喜欢独身，尽管后果可能极其严重。独身戒律，在南欧国家，因气候条件而难以奉行，却得以奉行；在北欧国家，尽管情欲没有那么强烈，却遭到废除。不但如此，人口稀少之国接受该戒律，人口众多之国却抛弃该戒律。以上议论，仅涉及独身地域范围，不涉及独身本身。

第五节　法律应限制神职人员财富

世俗家族可能绝嗣，其财富不可能永传。神职人员乃属永不灭亡家族，其财富不会外流而永属他们。

某一世俗家族可能会扩大，其财富也会随之增多。神职家族不应扩大，其财富应受限制。

《圣经·利未记》[1]有关神职人员财产规定，除财产限制规定外，均得以保留下来。我们确实不知道，宗教团体获取财产是否应有度。

人们认为：神职人员无休无止获取财产毫无道理；为此辩护，皆会视为愚蠢。

世俗法革除积弊，有时会遇到阻碍，盖这些积弊总是与某些应受尊重之物相联系。面对如此情形，较之直接打击，间接方式更能体现立法智慧。与其禁止神职人员获取财富，不如设法让他们厌恶财富；留下权利，消除行为。

---

〔1〕《圣经·利未记》，记载内容主要与律法有关。——译注

欧洲某些国家尊重贵族权利，作出有利他们的规定，可以对永久管业土地[1]收取补偿金。君主为自身利益，有权征收永久管业土地补偿税。[2] 卡斯蒂利亚没有如此规定，神职人员就可获得永久管业土地的一切收益；阿拉贡规定要缴纳一定数额补偿税，神职人员所得就少一些；法国有这种补偿税和补偿金，神职人员所得就更少。甚至可以说，法国之繁荣，部分原因乃得益于这种补偿税和补偿金。倘若可以，不妨增加补偿税与补偿金数额，直至取消永久管业土地。

应规定神职人员自古传下而且生活必需财产乃神圣不可侵犯，使之如神职人员一样永久而固定，但也应规定神职人员不得再获取新财产。

当制度成为弊端时，就应改变制度；当弊端成为制度时，就应容忍弊端。

人们一定记得，罗马人处理与神职人员纠纷时，有人呈上的备忘录写道："不管《圣经·旧约》怎么说，神职人员皆应负担国家开支。"不难看出，这份备忘录作者不怎么熟悉宗教语言，而较熟悉税收语言。

第六节　修道院

最无常识者也能看出，永不衰落的修道院，不应出售其产业以换取终身年金，也不应为终身年金而放贷，除非想让修道院继承无

---

[1] 永久管业土地，指教会或者其他团体持有的不可转让的、永久持有的土地产权。——译注

[2] 永久管业土地补偿税，指获得永久管业土地者应缴之税，数额为土地价值三分之一。——原注

亲属者和不愿由亲属继承其财产者的全部遗产。修道院是在要弄人民,而且是开银行要弄人民。

第七节　奢侈迷信

柏拉图说:"如下三种情形,皆为亵渎神灵,皆为有害:有人不承认神灵之存在;有人承认神灵之存在,但认为神灵不应干预世俗事务;有人认为,祭祀可以很容易安抚神灵。"[1]柏拉图这段话,道出了自然理性在宗教问题上全部最合乎情理的表述。

宗教信仰之华丽外表与国家制度大有关系。优良共和政体,不但制止奢侈之虚荣,而且制止奢侈之迷信;在宗教问题上制定了不少提倡节约之法,其中,有梭伦制定的一些法律,有柏拉图制定并得到西塞罗采纳的一些丧葬法律,还有努玛制定的祭祀法律。[2]

西塞罗说:"小鸟和花一天创作的画作,皆为最好祭品。"

有位斯巴达人说:"我们的祭品普普通通,但可以天天祭祀神灵。"

祭祀不能马虎,但迥异于大讲排场。倘若不想让神看到我们如何珍视其所蔑视之物,就别把金银财宝献给他。

柏拉图说得好:"好人收到坏人礼物,会感到羞愧;亵渎神灵者祭品,会让神灵作何感想?"

宗教不应以祭祀为由,向民众索取国家留给他们的生活必需品。应如柏拉图所说,纯洁而虔诚者之祭品,乃应如其人一样纯洁

---

〔1〕 参见柏拉图:《法篇》第十卷。——原注

〔2〕 参见《十二铜表法》:"不得将葡萄酒泼在火葬用的柴堆上"。——原注

而虔诚。[1]

宗教不应鼓励厚葬。人死后,不再有贫富之分。此时不再刻意凸显贫富差别,难道不是更为理所当然吗?

第八节　宗教领袖

神职人员众多,自然要有首领,自然要设立相应职位。君主政体,各阶层无须泾渭分明,权力不应集于一人之手,应政教分离。专制政体,一切权力集于一人之手,不必政教分离。不过,在后者,君主有可能把宗教视为其法律、其意志。为了防止这种弊端,宗教就应拥有自己的权威文书,例如,确立和巩固该宗教的圣书等。波斯国王是宗教领袖,但规范宗教的是《古兰经》。中国皇帝是最高宗教领袖,但人人手中都有经书,皇帝本人也要遵循经书教导。有位皇帝企图废除经书,但无法如愿,最终经书战胜暴政。

第九节　宗教宽容

在这里,我们是政论家,而非神学家。即使对神学家而言,容忍一种宗教与赞成一种宗教,也迥然不同。

国家法律倘若允许各种宗教并存,就应要求各种宗教彼此宽容。任何一种宗教受到打压,其他宗教也必然会受到打压,此乃规律:当它侥幸摆脱打压后,就会对曾经打压它的宗教进行反击,而

---

〔1〕 参见柏拉图:《法篇》第四卷。——原注

且不是作为一种宗教打压另一种宗教,而是作为暴政进行打压。

因此,法律有必要规定,各种宗教不但不能骚扰国家,甚至不能彼此干涉。此乃犹如公民遵守法律一样,不但要做到不破坏国家,而且要做到不干涉其他公民。

第十节 宗教宽容(续)

凡狂热在异地寻求立足之宗教,几乎都不具有容忍精神;凡容忍异教之宗教,很少考虑向外扩张。国家对已有宗教感到满意,就不应再允许另一宗教进入,这会是极好之法。[1]

因此,有关宗教的政治法基本原则应为:国家倘若有权自行决定是否接受新宗教,就应拒绝接受;倘若新宗教已在国内立足,就应对它采取宽容政策。

第十一节 更换宗教

试图摧毁或者更换本国主流宗教之君主,面临诸多风险。倘若是专制国家,摧毁或者更换宗教比实施暴政更有可能引发革命。在这样的国家发生革命,并非新鲜事。其原因在于:国家倘若改变宗教、习俗和风尚,不可能一蹴而就,不可能像君主颁布建立新宗教谕令那样立即完成。

原有宗教与国家政制结合在一起,新宗教则不然;原有宗教与气

〔1〕 此处所说与基督教无关,正如我在它处所说,基督教乃第一财富。参见前一章第一节以及《为〈论法的精神〉辩护》第二部分。——原注

候相适应,新宗教一般并非如此;建立新宗教,会让公民厌恶法律,蔑视已有政体;对两种宗教的疑虑,将取代原来对一种宗教的坚定信仰。总之,至少在一段时期内,国家会产生坏公民和坏信徒。

第十二节　刑罚

宗教事务,应避免适用刑罚。刑罚能让人畏惧,宗教也有让人畏惧的刑罚。一种畏惧会被另一种畏惧抵消,盖人之心灵夹在两种不同畏惧之间,就会变得凶残。

宗教给予的恐惧和许诺如此之大,乃至这些恐惧和许诺融入人们心灵后,无论官吏采用何种手段迫使人们脱离宗教,结果皆似如此:不许信教,就什么也留不下;允许信教,就什么也夺不走。

让人实现那个伟大目标,让人走近那个伟大时刻,[1]并不能让人脱离宗教。施加恩惠,提供生活便利,诱发对财富之期盼,乃有效攻击宗教之方法:提醒其义务无甚作用,应该设法让人忘却义务;在其他感情浸润于人们头脑而宗教让人们趋于平静时,不要激发人们的激情,而要让人们对一切都漠不关心,才有可能让人脱离宗教。总之,改变宗教信仰,诱导胜于惩罚。

人之精神性格,就体现于惩罚之中。看看日本人的惩罚效果吧:残暴惩罚比长期惩罚更能激起反抗。[2] 长期惩罚让人厌烦甚于恐惧,这种惩罚看似不难受,实际上更难受。

总之,历史已充分证明,刑罚作用历来只是摧毁而已,别无其他。

---

〔1〕 指殉教。——译注

〔2〕 参见《创建东印度公司历次航行记》第五卷第一章,第192页。——原注

第十三节　劝谏西班牙与葡萄牙宗教裁判官

针对里斯本最近用火刑处死18岁犹太女子事件，有人撰写了一本小册子。窃以为，此乃有史以来最无用书籍。事实如此清楚，居然还要论证，肯定无法令人信服。

作者声称：身为犹太人，他尊重而且很爱基督教，能让不信奉基督教的君主无法找到像样借口迫害基督徒。

他对宗教裁判官说："你们指责日本皇帝下令用小火把国内所有基督徒慢慢烧死，可是，他会这样回答你们：'我们对待信仰与我们不同的你们，就跟你们对待信仰与你们不同者一样。你们只能抱怨自己无能，没能把我们统统灭绝，反而让我们把你们统统灭绝。'

"不过应承认，你们比那位日本皇帝更残忍。我们只相信你们的信仰，但不相信你们所信仰的一切，你们就要把我们处死。你们知道，我们信仰的宗教以前曾得到上帝钟爱，我们相信上帝至今依然钟爱它，而你们却认为，上帝已不再钟爱它。正因为你们作出这一判断，就对犯错但情有可原者，施以铁与火的惩罚。其实，他们只是认为上帝依然钟爱他曾钟爱的那个宗教而已。[1]

"你们对我们相当残忍，对我们的孩子更残忍。你们把他们活活烧死，只因为他们遵循一些人给予他们的灵感，而这些人，正是自然法和一切民族法律教导我们要敬若神明之人。

"伊斯兰教建教手段，让你们对穆斯林有优势，但你们如今已

---

〔1〕《福音书》结构，乃依据上帝旨意安排，故乃上帝不变性的延续。犹太人看不到这一点，此乃他们茫然无知的根源所在。——原注

丧失该优势。当他们夸耀自己信徒众多时，你们说他们藉暴力增加信徒、仗剑传教。可是，你们为什么要用火刑传教？

“你们要我们皈依你们的宗教，我们以你们引以为傲的渊源予以反驳。你们回答说，你们的虽然是新宗教，却是神圣宗教。你们的证据是：你们的宗教，是在异教徒迫害和殉教者鲜血中成长起来的。但如今，你们扮演戴克里先[1]的角色，却让我们扮演你们的角色。

“我们恳请你们，不是以你们和我们共同信奉的上帝名义，而是以你们所说的那个下凡人间并成为你们榜样的基督名义，恳请你们与我们一起行动，就像他那样行动，如果他依然在世的话。你们希望我们成为基督徒，而你们自己却不愿意成为基督徒。

“如果你们不愿成为基督徒，至少也应成为人；如果你们没有可以指路的宗教，没有可以教化你们的启示，而唯有大自然赐予的微弱正义之光，就如你们所愿那样对待我们吧。

“如果上天钟爱你们而让你们看到真理，那是他赐予你们的极大恩惠；但是，得到父亲遗产的子女，难道可以仇恨没有得到遗产的子女？

“如果你们已得到这个真理，请不要用你们宣扬真理的方式把真理掩藏。真理特性，能够征服心灵，而不是你们所说的那样软弱无能，需要滥施酷刑方能让人们接受它。

“如果你们有理智，就不该因我们不愿欺骗你们而将我们处死；如果你们的基督是上帝之子，我们希望他会因我们不愿亵渎他的奥秘而奖赏我们；我们相信，你们和我们侍奉的上帝，不会因我们为宗教献身而惩罚我们，因为那正是他过去赐予我们的宗教；我

[1] 戴克里先(244—312)，罗马帝国皇帝(284—305 在位)，在位时残酷镇压基督教。——译注

们相信,如今他依然会把那个宗教赐给我们。

“在你们生活的这个时代,自然之光比从前任何时候都更明亮,哲学启迪了心灵,你们的《福音书》宣扬的道德更广为人知,人们彼此之间享有的权利以及相互信任,都得到更好理解。因此,如果你们不抛弃旧偏见,这种偏见就很容易成为你们强烈的感情,到那时,你们就得承认自己不可救药,难以接受任何启示与教诲。倘若国家赋予你们这种人权力,真乃极其不幸。

“你们愿意让我们把想法坦率告诉你们吗?你们与其说把我们视为你们宗教的敌人,不如说把我们视为你们的敌人。你们如果真热爱你们的宗教,就不会眼看着它遭受粗野无知的腐蚀而无动于衷。

“我们必须正告你们:万一后世有人胆敢说,在我们生活的时代,欧洲人是文明人,就会有人以你们为例,证明那个时代的欧洲人是野蛮人。你们在人们心目中的形象,就会非常糟,糟得连你们生活的那个时代也将名誉扫地,而且会引起人们对你们同时代人的仇恨。”

第十四节 日本人厌恶基督教之因

前已述及,日本人性格凶残[1]。基督教要求人们要坚定,不要轻易放弃宗教信仰。日本官吏则认为,人们坚定信仰宗教,很危险,盖他们觉得,信仰越坚定,胆子就越大。对最微不足道的不服从行为,日本法律均予以严厉惩罚。官方下令放弃基督教信仰,不

〔1〕 参见本书第六章第十三节。——原注

放弃乃违抗，就是应受惩罚的罪行，继续违抗就会招致再次惩罚。

日本人把惩罚视为对侮辱君主行为的报复。日本人认为，欧洲殉教者的欢快歌声，是冒犯君主。官员听到殉教者这个称呼就害怕，在他们眼中，这个称呼等同反叛，故他们竭力阻止任何人获得这个称呼。因此，人心激愤，在判刑法庭和被判刑的被告之间，在世俗法和宗教法之间，展开了一场惨烈斗争。

第十五节　宗教传播

除穆斯林外，东方民族皆认为，各种宗教本质上并无多大区别。他们害怕建立新宗教，就像害怕政府更迭一样。日本有众多教派，但是，国家长期以来只有一位宗教领袖，而且从未因宗教问题而发生纠纷[1]。暹罗也如此[2]。卡尔梅克人[3]更是如此，把宗教容忍视为良心问题。卡利卡特有一国训：所有宗教皆好。[4]

但是，一种从遥远国度传入的，与当地气候、法律、习俗和风尚完全不适应的宗教，并不因其神圣而大获成功。如此情形，尤以专制大帝国为甚。[5] 最初，这些国家容忍外国人，盖这似乎并不损害君主权威，因而没有引起注意。当地人极其无知，欧洲人凭借知识可以获得赏识而愉快生活。初时一切皆好。可是，这个帝国就其性质而言特别需要安定，略有风吹草动，政权就可能倾覆。所

〔1〕 参见肯普弗：《日本史以及暹罗概况》第三卷第一章，第1~3页。——原注

〔2〕 参见福尔班伯爵：《福尔班伯爵回忆录》第一卷，第432页。——原注

〔3〕 卡尔梅克人，又译“卡尔穆克人”，卡尔梅克，现为俄罗斯联邦共和国之一。——译注

〔4〕 参见皮拉尔：《游记》第二十七章。——原注

〔5〕 疑指中国。——译注

以，当外来者取得一些成就，发生某些争执，就会引起有关人员警觉，他们就会禁止传播这种宗教并驱逐传教者。由于传教者之间也会发生纠纷而且谁也无法说服谁，当地人遂厌恶这种新宗教。

第二十六章　法与调整对象

第一节　本章主旨

人受各种法律约束：有自然法；有神法，即宗教法；有教会法，即教宗法；有万民法，即全世界的市民法，把各国视为公民；有普通政治法，调整对象是创建所有社会的人类智慧；有特殊政治法，调整对象是每一个社会；有征服法，内容是一个国家有权、有能力、有意愿对另一个国家使用暴力；有各社会市民法，可以保护公民生命财产不受其他公民侵犯；还有家庭法，把社会分解为需要具体管理的诸多家庭。

由此可见，存在各种各样的法律。人类理性之所以伟大，就在于完全清楚哪种法律主要应调整哪种关系，就在于不会混淆约束人类的那些原则。

第二节 神法与人法

绝对不应把该由人法调整的交由神法调整，也绝对不应把该由神法调整的交由人法调整。

上述两种法律的起源、性质和调整对象，都不相同。

众所周知，人法与神法性质完全不同。这是重要原则。不过，这条原则本身受到其他原则限制，有必要加以研究。

1. 在性质上，人法受制于各种偶发事件并随人类意志改变而改变，而宗教法永恒不变。人法为善而立，神法为至善而立。善有此善彼善，盖善有多种，但至善只有一种，因此，神法永远不变。人们可以修改法律，只要认为所作修改为善即可；宗教制度不同，人们认为已至善。

2. 在某些国家，法律毫无价值，盖只是君主独断专行的意志、反复无常的情绪而已。这些国家的宗教法，倘若与人法性质相同，同样毫无价值。但是，社会毕竟需要一些稳定的东西，而宗教就是这种东西。

3. 神法力量源自信仰，人法力量源自恐惧。神法优势在于古老。越古老，人们往往越相信；对于古老之物，人们头脑中没有任何可以提出质疑的知识。人法优势在于新鲜，立法者随时可以密切关注其实施情况。

第三节　悖于自然法之市民法

柏拉图说："奴隶自卫而杀死自由民，按弑亲罪论处。"〔1〕此乃惩罚天赋自卫权的市民法。

亨利八世时期法律规定，不经证人对质就可以定罪量刑。此乃悖于自辩权。要给某人定罪，证人应知道他所指证者乃被告人，被告人也应有权反驳："你说的不是我。"

亨利八世颁布的另一法律规定，女子与男子私通而在婚前未向国王禀告的，应受惩罚。这项法律践踏了与羞耻心有关的天赋自辩权。要求女子作出这种禀告，就像要求男子不得捍卫自身生命一样不讲道理。

亨利二世法律规定，女子怀孕时未向官员禀告，一旦婴儿死亡，就应判处死刑。这种法律同样违背天赋自辩权。只要规定必须将怀孕之事告知近亲，并由这位近亲保护其婴儿即可。

天生羞耻心受到如此严重侵害时，她还能再说什么？受过教育的她会更加懂得保护自己的羞耻心，除了一死，她不会有其他想法。

有部经常遭人非议的英国法律，准许七岁女孩择婿。〔2〕该法让人反感，原因有二：一是未考虑心理自然成熟期；二是未考虑身体自然成熟期。

在罗马，父亲可以强迫女儿休夫，尽管他曾同意这门婚事。〔3〕

---

〔1〕参见柏拉图：《法篇》第九卷。——原注

〔2〕培尔在《卡尔文主义史评论》第293页中谈到该法。——原注

〔3〕参见《查士丁尼法典》第五章"关于休婚和革除有关民风的判决"。——原注

是否离婚,由第三者决定,乃违背天理。

唯有双方同意或者至少一方同意离婚,才符合天理。双方不同意离婚,却要求他们离婚,十分残忍。总之,唯有对自己婚姻感到厌烦,并认为结束婚姻对双方都有好处者,才有权决定离婚。

第四节 悖于自然法之市民法(续一)

勃艮第国王贡德鲍规定,偷盗犯妻儿不告发其夫或者其父偷盗行为的,沦为奴隶。[1] 这违背人性,妻怎能告发夫?子怎能告发父?为惩治一种罪行,居然要求臣民犯下另一更严重罪行!

雷塞斯温德[2]法规定,奸妇之夫或者子女可以对其提起控告并可拷问家奴。[3] 此法实在太坏:为维护淳朴民风,竟然要颠覆产生一切伦理道德的天理。

我们高兴地看到,戏剧舞台上的青年英雄,在发现养母菲德拉[4]的罪行时,对这一发现所表现的憎恶,丝毫不亚于对罪行本身的憎恶。他虽然受到控告、审讯,被判处流放,为此而蒙受羞辱,但是,在惊讶之余,他不敢对养育自己的那令人可憎的家族有任何想法。他抛弃了最珍贵的东西、最温馨的东西、一切最贴心的东西、一切能激怒他的东西。他把自己交给神灵,让神灵惩罚他自己,而实际上他不应受惩罚。这是天理的声音,是最甜蜜的声音,让我们充满愉悦。

---

〔1〕 参见《勃艮第法》第四十七章。——原注

〔2〕 雷塞斯温德(653—672),西哥特王,修改完善《西哥特法》。——译注

〔3〕 参见《西哥特法》第三卷第四章第十三节。——原注。

〔4〕 菲德拉,希腊神话忒修斯妻子,爱上养子希波吕托斯。17 世纪法国诗人和剧作家拉辛根据这一题材创作了悲剧《菲德拉》。——译注

第五节　何种情形可以不按自然法原则而按市民法原则审判

雅典有法律规定，子女必须赡养贫困潦倒之父，[1]但是，以下三类子女除外：(1)妓女所生者；(2)为父所逼而出卖贞操者；[2](3)父未传授任何谋生手段者。[3]

例外规定的原因是：第一类子女的父亲身份难以确认，子女天然义务自然难以确定；第二类子女的父亲毁坏了他给予的生命，做了他对子女所能做的最大坏事，即败坏了他们的名声；第三类子女的父亲造成子女生活困难，难以生存。法律中止子女的天然义务，盖父亲未尽应尽义务。因此，法律把这种父亲与其子女的关系仅仅视为公民之间的关系，仅从政治与民事角度处理他们之间的关系；法律认为，优良共和政体尤其需要良好民风。

我倾向认为，第一种情形和第二种情形的梭伦法规定很睿智，盖上天没有让那些子女知道自己的父亲是谁，或者上天似乎是命令那些子女不应拥有父亲。但是，第三种情形的规定，难以让人苟同，盖那些子女的父亲只不过违反民事法律而已。

第六节　继承顺序取决于政治法与市民法原则而不是自然法原则

沃科尼乌斯法[4]规定，妇女不能成为遗产继承人，即使是独

---

〔1〕 违者受当众羞辱之刑，另一刑罚则为监禁。——原注

〔2〕 参见普鲁塔克：《梭伦传》第二十二卷。——原注

〔3〕 参见普鲁塔克：《梭伦传》第二十二卷。参见伽里埃努斯：《劝言篇·关于技艺》第八章。——原注

〔4〕 沃科尼乌斯，公元前169年罗马保民官。他制定的剥夺妇女继承权的法律，史称沃科尼乌斯法。——译注

生女也不可。圣奥古斯丁〔1〕说,从来没有比这更不公正的法律。〔2〕 马尔库尔弗《法规》认为,剥夺妇女继承父亲财产权利的习俗,乃不敬神。〔3〕 查士丁尼把不准女性继承而只许男性继承之法称为野蛮法。〔4〕 上述观念都认为,子女继承父亲遗产的权利源于自然法。其实,并非如此。

自然法要求父亲抚养子女,但并未强制父亲立子女为继承人。财产分割、关于财产分割的法律、分得财产者死后的继承等,都只能由社会作出规定,因而只能由政治法和市民法调整。

不错,政治法和市民法通常规定,应由子女继承父亲遗产,但并非始终如此。

我们的封地法规定,应由长子或者男性直系亲属继承全部财产,女性不得继承任何财产。这种规定,或许有一定道理。《伦巴第法》规定,应由死者姐妹和私生子女以及其他亲属继承财产;没有上述继承人,则由国家与其女儿共同继承财产。〔5〕 这种规定,或许也有一定道理。

中国有些朝代规定,应由皇帝兄弟继位,而不应由皇子继位。倘若希望皇帝是有经验之人,倘若担心皇帝是年幼之人,倘若必须提防太监把小孩推上皇位,这种继承顺序乃非常有用。有些著书人把那些兄弟视为皇位篡夺者〔6〕,完全是从他们自己国家的法律观念作出的判断。

---

〔1〕 圣奥古斯丁(354—430),全名"圣·奥勒留·奥古斯丁",古罗马帝国时期天主教思想家、神父哲学代表人物。——译注

〔2〕 参见圣奥古斯丁:《神之国》第三卷。——原注

〔3〕 参见马尔库尔弗:《法规》第二卷第十二章。——原注

〔4〕 参见《新法集》第二十一章。——原注

〔5〕 参见《伦巴第法》第二卷第十六章第六、八节。——原注

〔6〕 参见杜赫德:《中华帝国全志》第一卷,第313、316页。——原注

依据努米底亚[1]习俗，继承王位的，不是杰拉儿子马希尼萨[2]，而是其兄弟戴尔萨斯。[3] 巴巴利[4]阿拉伯人的每个村子都有一位村长，直到今天，他们依然按照古老习俗从父辈或者其他亲戚中选择村长继承人。[5]

有些君主完全通过选举产生。在这些国家，继承顺序显然应由政治法或者市民法确定，故政治法和市民法规定何种情形应由子女继承、何种情形应由其他人继承。

一夫多妻之国，君主子女众多，有些君主国王子数量比其他国家多很多。国王子女数量太多，人民实在无法负担，[6]故规定不由国王子女而由国王姐妹的子女继承王位。

王子多，国家就面临内战危险。让国王姐妹的子女继承王位，有助于避免这种内战发生，盖国王姐妹的子女数量不会超过仅有一妻的国王的孩子数量。[7]

有些国家，出于政治或者宗教考虑，皇权必须始终掌握在某个家族手中。例如，印度就如此，但是，也导致种姓嫉妒和无嗣恐惧。[8] 他们认为，要使君主永远具有王室血统，就应选择国王最大姐妹的孩子继承王位。

---

〔1〕 努米底亚，北非古国，位于今阿尔及利亚东北部与突尼斯毗邻区域。——译注

〔2〕 马希尼萨（公元前238—前148），努米底亚国王。——译注

〔3〕 参见李维：《罗马史》第二十九章第二十九节。——原注

〔4〕 巴巴利，19世纪前欧洲人对非洲北部各国称呼。——译注

〔5〕 参见肖先生：《游记》第一卷，第402页。——原注

〔6〕 例如，在非洲罗文哥（今属安哥拉。——译注）。参见《创建东印度公司历次航行记》第四卷第一章，第114页。参见史密斯：《几内亚游记》第二部分第150页关于瑞达王国的记述。——原注

〔7〕 此处疑似孟德斯鸠笔误，从逻辑上说，"盖国王姐妹的子女数量不会超过仅有一妻的国王的孩子数量"，应改为："盖只有一夫的国王姐妹，其子女数量不会超过多妻国王的孩子数量"。——译注

〔8〕 参见《耶稣会士书简集》第十四册，第387~389页；《创建东印度公司历次航行记》第三卷第二章，第644页。——原注

总之，抚养子女是自然法义务，让子女继承财产是市民法或者政治法义务。因此，世界各国市民法或者政治法皆对庶出子女作不同规定。

第七节　教规不应对属自然法调整的作出规定

阿比西尼亚[1]人斋期长达五十天，相当难熬，身体极度虚弱，很长时间什么事也做不了。斋期结束后，土耳其人趁机对阿比西尼亚人发动攻击。[2] 宗教应当维护天赋自卫权，对这种风俗习惯作出限制。

犹太人有过安息日风俗。每当敌人选择在这天发动进攻时，他们居然不抵抗[3]，愚不可及也。

冈比西斯围攻佩鲁兹[4]时，让埃及人视为神灵的一大群动物打头阵，埃及驻军竟然不敢出击。难道有谁不清楚，自卫权高于任何教规？

第八节　应依世俗法原则调整的就不能依教会法原则调整

依据罗马市民法，在神圣场所偷窃私人物品者，仅以偷窃罪论

---

〔1〕 阿比西尼亚，即埃塞俄比亚。——译注

〔2〕 参见《创建东印度公司历次航行记》第四卷第一章，第35、103页。——原注

〔3〕 庞培围攻神庙时，他们就没有抵抗。参见狄奥：《罗马史》第三十七章。——原注

〔4〕 佩鲁兹，尼罗河三角洲上的城市，公元前525年被冈比西斯攻占。——译注

处;[1]依据教会法,应以亵渎神明罪论处。[2] 教会法关注的是案发地点,市民法关注的是案件事实。倘若仅仅关注地点,就等于既不考虑偷窃罪性质与定义,也不考虑亵渎神明罪性质与定义。

正如当今丈夫可以妻子不忠为由休妻,以前妻子也可以丈夫不忠为由休夫。[3] 这种有违罗马法习俗[4],却被教会法庭采用[5],而能够被教会法庭关注的只有教规。事实上,无论从宗教还是从与彼岸来看,上述情形皆为背叛婚姻。但是,几乎所有国家政治法和市民法,都对丈夫休妻和妻子休夫作区别对待,这有一定道理。要求女性讲矜持和讲贞操,对男性却无此要求,原因在于:对女性而言,失贞意味着抛弃一切美德,违背婚姻法意味着脱离其自然依附状态,大自然已给不忠妇女打上某些印记。此外,妇女私生子女必属于其丈夫,并由其丈夫抚养,而丈夫私生子女则不属于其妻子,也不由其妻子抚养。

第九节　应由世俗法原则调整的大多不能由宗教法原则调整

宗教法更具崇高性,而世俗法更具普适性。

源自宗教的至善之法,追求遵循其法者之福祉,而非遵循其法者所在社会之福祉。世俗法恰恰相反——追求整个社会之普遍福祉,而非某个人之具体福祉。

---

〔1〕 参见《查士丁尼法典》第五章“《朱利安法》:关于偷窃公共财物”。——原注

〔2〕 参见《寺庙法》第十七章第四节“无论谁”;参见屈亚斯:《观察》第十三卷第十九章第三节。——原注

〔3〕 参见博马努瓦:《博韦习惯法》第十八章。——原注

〔4〕 参见《查士丁尼法典》第一章“《朱利安法》:关于通奸”。——原注

〔5〕 这种做法如今已不为法国教会法庭所采用。——原注

因此,直接源自宗教之观念,虽然很值得尊崇,但不能充当世俗法原则。世俗法具有不同原则,即社会普遍福祉。

为让妇女恪守妇道,罗马共和国颁布了一些规定。它们均属于政治制度范畴。建立君主政体后,他们就按照该政体原则制定市民法。基督教兴起后制定之法,与神圣婚姻联系较多,而与一般道德风尚联系较少;从世俗角度考虑较少,而从宗教角度考虑较多。

罗马法最初规定[1],丈夫若把被判犯通奸罪的妻子领回家,就会以同案犯身份受惩处。查士丁尼出于其他考虑而作出规定[2],丈夫可以在两年内从修道院把妻子接回家。

早期,丈夫出征后杳无音讯,妻子再婚很容易,盖她有权决定是否离婚。君士坦丁法规定:妻子等待四年后,可以向丈夫所在部队首长递交离婚书;丈夫日后活着返乡,也不能控告其妻通奸。[3] 查士丁尼法则规定:无论丈夫出征在外多久,妻子均不得再婚,除非其丈夫所在部队首长宣誓证明其丈夫已死亡。[4] 查士丁尼认为,不可以离婚。其观点过于极端。只要有消极证据就可以证明的,他却要求一定要有积极证据。按照其要求,去证明一个远征在外并天天出生入死者究竟是死是活,实在极其困难。对于可以很自然推断远征丈夫可能已战死沙场情形,查士丁尼却推断,此人可能犯了临阵脱逃罪。让女人无法再婚,乃侵害公共利益;让女人面临千万种危险,乃侵害个人利益。

《查士丁尼法典》规定,夫妻双方同意出家进修道院系离婚理由。[5] 这绝对有悖世俗法原则。离婚缘起于一些婚前无法预料

---

〔1〕 参见《查士丁尼法典》第十一章末节"《朱利安法》:关于通奸"。——原注

〔2〕 参见《新法集》第一百三十四章第十节。——原注

〔3〕 参见《查士丁尼法典》第七章"关于休婚和革除有关民风的判决"。——原注

〔4〕 参见《查士丁尼法典》"关于离婚"。——原注

〔5〕 同上。——原注

的问题,是很自然的;而保持贞洁的愿望,是可以预见的,盖它就在我们心中。该规定会导致婚姻很不稳定,而婚姻本质上就应当稳定;该规定会冲击离婚基本原则,即允许解除婚姻只是因为有望再婚。即使从宗教角度看,该规定也只是把不具祭品意义者供奉给上帝。

第十节　应遵循世俗法所允许的而不应遵循宗教法所禁止的情形

禁止一夫多妻的宗教传入允许一夫多妻之国后,仅从政治上而言,难以相信该国法律会允许拥有诸多妻子的男子信奉该宗教,除非官员或者丈夫给予那些女性某种补偿,恢复其公民身份,否则,她们处境将会十分悲惨。她们所做的只不过是服从法律而已,可是被剥夺的却是最大的社会福祉。

第十一节　世俗法庭不应受宗教法庭原则制约

按照基督教僧侣忏悔观念设立的宗教法庭,与一切仁政背道而驰,无处不引起反感与抗争。那些一心想建立这种宗教法庭者,倘若无法从中获取利益,必定早就作出让步。

任何政体都不能容忍这种法庭。在君主政体,它只能豢养告密者和叛国贼;在共和政体,它只能培养欺诈之徒;在专制政体,它与专制政体一样是破坏者。

第十二节　世俗法庭不应受宗教法庭原则制约(续)

宗教法庭存在这种弊端:两个被控同样罪行之人,拒不认罪者死刑,认罪者免死。上述弊端源自修道院如下观念:否认有罪似乎就是死不悔改而应惩罚;承认有罪似乎就是真心悔改而应拯救。如此区别对待的做法,不应出现在世俗法庭。世俗法庭审判仅以行为为依据,它与人只有一种约定,那就是不犯罪;宗教法庭以思想为依据,它与人有两种约定:一不犯罪,二要忏悔。

第十三节　婚姻何时遵循宗教法、何时遵循世俗法

无论什么时代,无论什么国家,宗教都与婚姻搅在一起。每当有什么东西视为不纯洁或者不合法而又必不可少时,人们就会把宗教搬出来,证明哪些合法,哪些应受谴责。其实,换个角度看,婚姻是与社会关系最大的人类活动,因此,婚姻应由世俗法调整。

与婚姻有关的一切,如婚姻性质与形式、结婚仪式以及后代繁衍等,虽然并非都是上苍赐福,但都被各民族视为上苍赐福。因此,所有这些都属宗教管辖范围。

两性结合涉及的财产关系、双方利益、与新家庭有关的一切、与派生新家庭的那个家庭有关的一切、与新家庭将要派生的另一家庭有关的一切,皆属世俗法管辖范围。

婚姻制度一大目的,乃消除两性非法结合之不稳定性。为使婚姻尽可能稳定可靠,宗教就让婚姻带有宗教特征,世俗法就让婚

姻带有世俗特征。因此,为使婚姻合法有效,除宗教所要求的条件外,世俗法也可以要求另外一些条件。

世俗法拥有上述权力,盖它所要求的条件只是对宗教条件的补充而不是与之抵触。宗教法要求举行一定仪式,世俗法则要求征得双方父亲同意。可见,世俗法只是多规定了一项要求,并未规定与宗教法相抵之要求。

由此可见,婚姻关系是否可以解除,应由宗教法作出规定。倘若宗教法规定婚姻关系不可解除,而世俗法规定婚姻关系可以解除,两者就会产生矛盾。

世俗法关于婚姻之规定,有的并非绝对必要,例如,对不解除婚姻而缔结新婚约者予以处罚之规定,就并非绝对必要。

罗马帕皮亚法规定,凡被禁婚姻均为不合法婚姻,但仅仅给予处罚而已〔1〕。可是,根据马库斯·安敦尼〔2〕皇帝口谕而通过的元老院法令则宣布,此类婚姻无效,也就无所谓什么婚姻、嫁妆、妻子和丈夫。〔3〕 世俗法应根据具体情形作出不同规定,有时应着力弥补缺陷,有时应着力防患于未然。

第十四节 近亲结婚何时遵循自然法、何时遵循市民法

在禁止近亲结婚问题上,要确切指出自然法终点和市民法起点,极其困难。无论如何,必须确定一些原则。

母子结婚,一切都会乱套。子应无限尊母,妻应无限敬夫。母

---

〔1〕 参见本书第二十一章第二十三节。——原注

〔2〕 马库斯·安敦尼,即马库斯·奥勒留。——译注

〔3〕 参见《查士丁尼法典》第十六章“关于婚仪”、第三章第一节;《学说汇纂》“关于夫妻赠与”。——原注

子结婚,完全颠覆这种自然状态。

再者,大自然所定的女性生育时间早些、男性生育时间晚些,相应地,女性较早丧失生育能力,男性较晚丧失生育能力。允许母子结婚,就会永远呈现如下情形:丈夫生育能力十分旺盛时,妻子已无法生育。

就如母子结婚一样,父女结婚也违背自然法,只是情况略好而已,盖父女结婚不会遇到上述两个障碍。因此,就如我们通过《鞑靼史》所得知的,鞑靼人可以娶女为妻,[1]却不能娶母为妻。[2]

父亲守护子女贞洁,自古以来乃理所当然。父亲负有抚养子女之责,负有保护子女身心健康免受伤害玷污之责,负有激发他们身上一切美好愿望之责,负有培育他们善良仁慈心地之责。始终致力于培养子女良好品行的父亲,必定自然厌恶一切可能腐蚀其子女的东西。也许有人会说,结婚绝非堕落。但是,结婚之前,必定要谈情说爱,必定要求爱示爱,必定要引诱对方,而令人恶心的就是这种引诱。

因此,应在施教者和受教者之间建立起一道不可逾越的屏障,避免种种堕落。即使出于正当动机,也不行。所以,父亲总是小心翼翼不让未来女婿在婚前与女儿过于亲近。

人们憎恶兄妹姐弟乱伦现象,原因也如此。只要父母真心希望子女品行端正、维护家风不受玷污,就足以让子女憎恶一切可能导致他们之间两性结合的东西。

禁止堂表兄弟姐妹结婚之理由,亦然。远在不知奢华为何物的圣洁无瑕的初民时期,所有子女结婚后都不会离开父母[3],都

---

〔1〕 鞑靼人这条法律非常古老。普里库斯在《拜占庭帝国史》中说,阿提拉在某地停下来与女儿埃斯卡结婚,他说:"斯基泰法律准许这种婚姻。"——原注

〔2〕 参见《鞑靼史》第三部分,第256页。——原注

〔3〕 早期罗马人即如此。——原注

住在同一屋檐下,一间小房子就足以容纳整个大家庭。兄弟或者堂兄弟的子女都被对方视为自己的子女,他们的子女本身也互相视为兄弟姐妹。[1] 兄弟姐妹之间不能结婚,堂表兄弟姐妹之间当然也不能结婚。[2]

上述理由非常合理而且完全合乎自然,故世界各地均秉持这种理念,无论他们是否有交往。罗马人不曾教导福尔摩沙人,四服以内近亲结婚乃乱伦。[3] 罗马人不曾这样教导阿拉伯人,[4]也不曾这样教导马尔代夫人。[5]

倘若有某些民族并未抛弃父女通婚和兄弟姐妹通婚陋习,那正如本书第一章所述,乃人类并非皆遵循自然法之故。谁又会想到,某些宗教观念竟然也常常让人陷入此类错误泥沼?亚述人和波斯人皆可娶母为妻。前者这样做,乃他们受到信仰塞米拉米斯宗教影响之故[6];后者这样做,乃他们的袄教鼓励这种婚姻之故。[7] 埃及人娶姐妹为妻,乃宗教狂热之故:他们以这种婚姻敬奉女神依希丝[8]。宗教精神乃要求我们竭力做好任何伟大而艰险事业,所以,我们不能因为某事被某种虚伪宗教奉为神圣,就认为其合乎自然。

禁止父女、兄弟姐妹结婚,旨在保护家庭与生俱来的操守观

---

〔1〕 在古罗马,这些兄弟都有共同姓氏,堂表兄弟都以兄弟相称。——原注

〔2〕 早期罗马即如此,直到人民通过一项法律,不再禁止堂表兄弟姐妹结婚,原因是一位口碑极佳男子娶了其堂(或表)姐(或妹)为妻。参见普鲁塔克:《索求罗马物品》第六章。——原注

〔3〕 参见《印度游记辑览》第五卷第一章,第 98 页;《福尔摩沙岛现状》。——原注

〔4〕 参见《古兰经·妇女》。——原注

〔5〕 参见皮拉尔:《游记》第一卷,第 172 页。——原注

〔6〕 据传,塞米拉米斯女王钟情儿子。——译注

〔7〕 此类婚姻被认为是最光彩婚姻。参见菲洛:《关于十诫的特殊法律》,第 778 页。——原注

〔8〕 依希丝,埃及女神,据说神通广大,能让死者起死还魂,受到普遍供奉,后传入希腊和罗马。——译注

念。这一原则可以帮助我们发现,何种婚姻是自然法禁止的,何种婚姻仅仅是市民法禁止的。

子女通常住在父亲家,或者推定住在父亲家,所以,自然法禁止女婿与岳母、公公与儿媳或者妻子的女儿结婚。在上述情形中,表象与实际效果相同,盖两者原因相同。市民法不能也不应准许此类婚姻。

前已述及,有些民族把堂表兄弟姐妹视为亲兄弟姐妹,盖他们通常生活在同一屋檐下,而有些民族则不存在这种风俗习惯。在前一类民族中,堂表兄弟姐妹结婚应视为违背自然法,而后一类民族此种婚姻则不应视为违背自然法。

自然法不应当仅仅是地方性法律。倘若自然法禁止或者许可某种婚姻时,市民法应根据具体情形禁止或者许可该种婚姻。

夫妻各自兄弟姐妹并不存在生活在同一屋檐下的风俗,因此,无须为维护家庭门风而禁止他们结婚;无论准许或者禁止这种婚姻的法律,皆非自然法,而是视具体情况和各国风俗习惯而定的市民法。

在某国,倘若其习俗允许的婚姻受自然法禁止,市民法也应禁止;倘若不受自然法禁止,市民法就不应禁止。自然法所禁止的是不变的,盖自然法依据是不变的。例如,父亲、母亲及其子女,必然居于同一屋檐下。但是,市民法禁止的不是必然的,盖市民法依据的情形也不是必然的。例如,堂表兄弟姐妹等并非必然居住在同一屋檐下。

上述理由,可以很好解释为何摩西法、埃及人法律[1]以及其他许多民族法律准许夫妻各自的兄弟姐妹结婚,而另外一些民族

[1] 参见《查士丁尼法典》第八章“关于乱伦婚姻和有害婚姻”。——原注

则禁止此类婚姻。

印度允许上述婚姻极其自然。那里的舅舅、叔伯,视为父亲,有义务把侄甥当作自己子女培养成人。这是印度人善良仁慈的秉性。由此而产生的法律或者习俗,又催生另一法律或者习俗:丧妻男子应娶前妻姐妹为妻。[1] 这种婚姻极其自然合理,新娘成为其姐妹子女之母,就不会有残暴继母。

第十五节　应由市民法调整的就不应由政治法调整

人,放弃天然独立状态而接受政治法约束,也就放弃天然财产公有制而接受市民法约束。

政治法让人获得自由,市民法让人获得财产。如前所述,政治法乃调整社会统治权力,因此,应由市民法调整的,就不应由政治法调整。让个人利益服从公共利益之观点,是不符合逻辑之谬论;只有在关乎城邦权力即公民自由时,个人利益才应服从公共利益,而关乎财产问题,不应如此,盖公共利益就在于永远保障市民法赋予人们所拥有的财产。

西塞罗认为,土地均分不公正,盖建立城邦,就旨在保障人人所拥有财产的安全。

应确立如下原则:无论涉及何种公共利益,都不能凭借法律而剥夺个人财产,哪怕是个人财产中微不足道的那部分财产。即使在这种情形下,也应严格执行作为所有权保护神的市民法。

公共机构需要征收个人财产时,绝不应适用政治法而应适

〔1〕 参见《耶稣会士书简集》第十四册,第403页。——原注

用市民法,盖市民法犹如慈母般的眼睛,把每个人都视为整个城邦。

政府官员倘若要建造公共建筑或者新路,应补偿人们因此而遭受的损失。此时此际,公共机构犹如个人,双方关系犹如个体之间的关系。倘若公共机构强迫公民出售产业,剥夺公民依据市民法拥有的不受强迫出让财产的权利,就是做得实在太过分。

推翻罗马帝国的那些民族滥用征服权后,自由精神唤醒了他们的公正精神。于是,他们在实施其野蛮法律时有所收敛。倘若有人对此有所怀疑,就请看看博马努瓦〔1〕那部写于12世纪的法学佳作吧。

在他那个时代,就如今天一样,要维修道路。他写到,在道路无法进行维修时,就会尽可能在靠近原有道路的地方兴建新路,并由新路受益人出资补偿新路所占之地的所有人。〔2〕 当时人们依据的就是市民法,而今天依据的则是政治法。

第十六节　应由政治法调整的就不应由市民法调整

只要不把源于财产的规则与源于自由的规则混为一谈,大多数问题皆可迎刃而解。

国家领土可否转让?由政治法而非市民法解决。不由市民法解决,盖国家需要领土维持生存,正如国家需要市民法规范财产处置一样。

---

〔1〕 博马努瓦(1247—1296),法国法学家,著有《博韦习惯法》。——译注

〔2〕 领主指派税吏向农民收捐,伯爵强迫乡绅捐款,主教强迫教会捐款。参见博马努瓦:《博韦习惯法》第二十二章。——原注

倘若转让了领土，就会不得不筹款购买新领土。这种权宜之计会把政府搞垮，盖按照事物性质，每购买一块新领土，臣民就要多纳税，君主收入就会减少。总之，领土必要，转让领土不必要。

在君主政体，王位继承顺序之确立，以国家利益为依据，国家利益要求继承顺序必须确定，以防止发生我所说的在专制政体会发生的那些灾难。而在专制政体，一切都不确定，一切都随心所欲。

确立王位继承秩序，非为王室，乃因国家利益需要王室。规范私人继承之法，是以个人利益为宗旨的市民法；规范王位继承之法，是以国家利益及其维护为宗旨的政治法。

由此推论，某国政治法规定了王位继承顺序但没有相应王位继承人，乃依据其市民法确立王位继承权，是荒谬的。此社会的法律并非为彼社会而制定。罗马市民法并不比其他国家市民法更为适用。罗马人审判国王时，适用的就不是其市民法。他们在审判国王时所适用的原则为人所不齿，绝对不应让它们复活。

由此还可以推论，在政治法强制某个家族放弃王位继承权时，坚持应按照市民法补偿这个家族，也是荒谬的。补偿，确实符合法律规定，而且对于生活在法律之下的人而言，是合适的。可是，有些人是为了制定法律而被推上台的，其存在就是为了制定法律。因此，对于他们而言，补偿就不合适。

让我们借用西塞罗的一句话吧：断言可以用处理檐槽滴水权的原则处理国王、国家乃至整个世界的权力问题，〔1〕真乃迂腐可笑。

---

〔1〕 参见西塞罗：《论法律》第一章第四节。——原注

第十七节　应由政治法调整的就不应由市民法调整(续)

贝壳放逐制度,应依据政治法而非市民法有关规则进行审视。这个制度丝毫不损民主政体声誉,反而恰恰证明民主政体是宽厚的。人们总是把放逐视为惩罚,可是,若把贝壳放逐和惩罚看作两回事,我们就能感受到民主政体之宽厚。

亚里士多德说:人们普遍认为,贝壳放逐制度体现民主与人道精神。[1] 在实行贝壳放逐制度的彼时彼地,人们并不觉得这种制度令人憎恶,难道远离彼时彼地的我们,会在这个问题上与彼时彼地的原告、法官甚至被告持不同意见?

这种由人民作出判决的受审者乃享有极大荣耀之人;后来雅典人滥用这种制度来审判毫不起眼之人时[2],这种制度才被叫停。倘若注意到上述事实,就会发现,有不少人对贝壳放逐制度的理解是错误的。其实,贝壳放逐制度是绝佳法律,对已经获得荣耀的公民再次获得荣耀的不良后果可以起到预防作用。

第十八节　应研究似乎互相抵触之法是否属同类型之法

普鲁塔克说,罗马人允许丈夫把妻子借给他人。[3] 我们知

[1] 参见亚里士多德:《政治学》第三卷第十三章。——原注

[2] 希佩鲍卢斯。参见普鲁塔克:《阿里斯底德传》。——原注

[3] 参见普鲁塔克比较莱库古与努玛的文章。——原注

道，小加图[1]曾把妻子借给霍廷西乌斯[2]，而小加图此举并未触犯其国法。[3]

但是，丈夫倘若容忍妻子淫乱，不把她交付审判，或者在妻子被定罪判刑后把她带回家，就要受惩罚。[4]

上述法律规定看似互相抵触，其实不然。允许罗马人出借妻子之法，显然是斯巴达式制度，其目的是，请允许我这么说，让共和国拥有优秀后代。另一规定，乃旨在维护良好民风。前者属政治法，后者属市民法。

第十九节　应由家庭法调整的就不应由市民法调整

《西哥特法》规定，奴隶应捆绑当场捉住的奸夫淫妇，交给淫妇丈夫或者法官。[5] 此乃令人不寒而栗之法，竟然把国家、家庭和个人复仇权交给这群卑劣者！

这种法律规定只能适用于东方后宫。那里负有监管宫闱禁地之责的太监，倘若没有发现最微不足道的不忠之事，也要承担渎职之责。他们抓捕犯罪者的目的，与其说是为了把犯罪者交付审判，不如说是为了表白自己并无失职之嫌。

可是，在妇女不受监视之国，把一家之主的妇女置于奴隶监视

---

〔1〕 小加图(公元前95—前46)，曾祖父系老加图，罗马共和国末期政治家和演说家，斯多葛学派追随者。曾将妻子借给妻子不能生育的霍廷西乌斯生子。——译注

〔2〕 霍廷西乌斯(公元前114—前50)，又译“霍腾西阿”，曾任罗马执政官(公元前69)。——译注

〔3〕 参见普鲁塔克:《小加图传》。斯特拉波说，此事就发生在我们的时代。——原注

〔4〕 参见《查士丁尼法典》第十一章末尾“《朱利安法》:关于通奸”。——原注

〔5〕 参见《西哥特法》第三卷第四章第六节。——原注

之下,乃荒诞不经。

上述监视,充其量只能是家庭法对某种情形的特别规定,而绝对不应是市民法内容。

第二十节　应由万民法调整的就不应由市民法调整

自由要旨,乃不被强迫做法律没有规定必做之事。只有接受市民法调整,人们才能处于这种自由状态。人们之所以是自由的,盖生活在市民法之下。

由此推论,不是生活在市民法之下的君主们,是不自由的。他们受强力支配,时时刻刻强迫他人或者受制于他人的强迫。由此可以进一步推论,他们在强力下签订的条约与他们自愿缔结的条约,同样具有强制性。生活在市民法之下的我们,倘若有人强迫我们签订违背法律的合同,就可以借助法律予以反抗。但是,始终处于强制他人或者受他人强制状态之中的君主,就不能抱怨他人强迫其签订的条约,否则,就等于抱怨他自己所处的自然状态,就似乎是他想成为其他君主的君主,就似乎是想让其他君主成为其臣民,总而言之,就是违背事物性质。

第二十一节　应由万民法调整的就不应由政治法调整

政治法要求人人都受其居住国民事和刑事法院管辖,同时也受该国君主惩治。

万民法要求君主们互派使节,而且依据从事物性质得出的理由，使节不受派驻国君主节制，也不受派驻国法院管辖。他们是派出国君主的代言人，应享有自由，不得设置任何障碍而妨碍他们执行公务。他们也许会常常令人不快，盖他们是在代表完全独立之人讲话。倘若他们犯罪就惩治他们，就会有人诬告他们犯罪；倘若他们负债就逮捕他们，就会有人捏造他们负债。倘若如此，为生而骄矜的君主充当喉舌的，必定会是谨小慎微、什么都怕之人。因此，对使节应适用万民法而不是政治法原则。但是，倘若使节滥用代表身份，就应终止代表身份而将他们遣返回国，甚至还可以向其君主控告他们。此时，若其君主不对他们进行审讯，就是同谋。

第二十二节　印加人阿图阿尔帕之不幸遭遇

西班牙人恣意破坏上述原则。本来只能适用万民法审判印加人阿图阿尔帕[1]，西班牙人适用政治法和市民法，[2]指控他杀死其若干臣民、娶众多妻子等。最为荒谬的是，他们对他进行审判的依据，竟然不是印加政治法和市民法，而是西班牙政治法和市民法。

第二十三节　某一政治法会摧毁国家时应制定另一可以保护国家之政治法

确立王位继承顺序的政治法，是为保护政体而制定的，当它反

---

〔1〕 阿图阿尔帕（约1500—1533），又译“阿塔瓦尔帕”，印加帝国末代皇帝（1532—1533在位），1535年被西班牙人绞死。——译注

〔2〕 参见加尔希拉索：《西班牙人内战史》，第108页。——原注

过来破坏政体时，就应毫不犹豫地制定另一政治法，并改变王位继承顺序；后一政治法非但不会与前一政治法发生抵触，而且从根本上说是完全一致的，盖它们都遵循同样原则，即人民安全是至高无上之法。

我曾说过，大国成为另一大国附庸后，必将衰落，甚至还会连累其宗主国。我们都明白，国家元首应在国内，国家收入应得到良好管理，其货币不应流出国外喂肥另一国家。主政者不应满脑子都是外国训条，外国训条不如本国已有训条合适，这点很重要。何况人总是难以割舍自身法律与习惯，正是这些东西造就了每个国家的幸福。各国历史告诉我们，不发生大动乱和大流血事件，罕见一国改变法律与习惯。

由此推论，当某大国王位继承人是另一大国国君时，前者完全可以拒绝由他国君主继承王位，盖更改王位继承顺序对两个国家都是好事。正因为如此，俄国女沙皇伊丽莎白在位初期制定的一部法律极其明智地规定，任何外国君主均不得立为俄国皇位继承人。葡萄牙法律也规定，任何外国人都不得以血统为由继承葡萄牙王位。

一个国家既然可以拒绝外国君主继承本国王位，当然更有理由要求外国君主主动放弃这一继承权。倘若担心联姻会造成国家丧失独立或者国土被瓜分结果，就完全可以要求联姻双方及其继承人放弃对这个国家的一切权利。放弃权利者和放弃权利的受害者没有理由愤愤不平，盖国家本来就可以制定法律把他们排除在继承者行列以外。

第二十四节 治安法与市民法分属不同类别

有些罪犯被官员处以刑罚,有些罪犯被官员惩戒。前者受法律权力约束,后者受官员权力约束;前者被排除在社会之外,后者被强制按照社会规则生活。

在治安管理中,实施惩罚的是官吏而不是法律;在给犯罪量刑时,实施惩罚的是法律而不是官吏。治安管理涉及的是时刻都会发生的事,通常都是小事,所以无需繁琐手续。治安管理要求行动迅捷,所处理事项每天都会发生,不宜施以重罚。治安管理关注的始终是一些细小琐事,不宜施以重罚。它需要的,与其说是法律,毋宁说是规章。受治安法规约束者时时刻刻受官吏监督,因此,倘若他们得逞,就是官吏过错。总之,不能把重大违法行为与纯粹触犯治安法规行为混为一谈,毕竟两者分属不同类别行为。

意大利某个共和国的法律规定,随身携带枪支者判处极刑。携带枪支毕竟与非法使用枪支不同,其危害较小,因此,如此规定太离谱,违背事物性质。

更离谱的是,皇帝发现有个面包店老板存在欺诈行为后就施以木桩刑而处死他。皇帝此举广受赞颂。其实只有苏丹才会这样做,盖在苏丹看来,只有滥用重典才能做到公正。

第二十五节 应由特别规则调整的就不应由市民法一般规则调整

水手航海途中签订的一切民事借贷契约,均属无效。这是好法吗？弗朗索瓦·皮拉尔告诉我们：在他那个时代，这一规则，葡萄牙人不遵循，只有法国人遵循。[1] 船上之人只是短暂相聚，君主已为他们提供一切，他们没有任何需求，只有航行这一目标。他们只是船上居民，不再生活于社会中，因而不应签订借贷契约。这种契约，只能起到证明市民社会存在债务负担作用。

正是基于这种精神，罗得岛人在沿海岸航行时代立法规定：在海上风暴期间留在船上者可以得到船和船上货物，弃船而逃者什么也得不到。

---

〔1〕 参见皮拉尔：《游记》第十四卷第十二章。——原注

第六编

第二十七章　罗马继承法起源与演变

罗马继承法源远流长。为深入探讨其起源，请允许我对早期罗马法展开研究，相信可以从中发现迄今尚未有人发现的东西。

众所周知，罗慕洛斯曾把他那个弹丸小国土地分给公民。[1] 窃以为，罗马继承法发轫于此。

当时的土地分配法规定，各家庭财产都不得转让给其他家庭，并规定继承人只有两类：一是生活在父权之下的子女及其所有后代，称为"父系自然继承人"；二是在没有上述继承人情形下由最近男系亲属继承，称为"男系族亲"。[2]

换言之，称为"女系族亲"的女系亲属无继承权。倘若女系亲属享有继承权，财产就会转移至

---

〔1〕 参见哈里卡纳斯的狄奥尼修斯：《罗马古代史》第二章第三节；普鲁塔克比较莱库古与努玛的文章。——原注

〔2〕 "未立遗嘱者死后无继承人，最近男性亲属应获得遗产。"参见《十二铜表法断篇》，载乌尔比安《摘要》末章。——原注

另一家庭,而这为法律所不许。

由此还可以推论,子女不得继承母亲遗产,母亲也不得继承子女遗产,否则,财产就会转移至其他家庭。所以,我们阅读到的《十二铜表法》规定,禁止上述两种继承情形。[1]《十二铜表法》只允许男系族亲享有继承权,而子与母并非男系族亲关系。

不过,由于女系族亲不能继承,男系族亲或者血缘关系最近男系亲属是男是女都无关紧要。女继承人虽然可以结婚,但其财产永远归属娘家。故《十二铜表法》对继承人性别不作规定。[2]

孙子可以继承祖父财产,外孙不能继承外祖父财产。为防止财产转移至其他家庭,只有男系亲属才能继承财产。女儿可以继承父亲财产,但女儿的子女不能继承其财产。[3]

所以,在早期罗马,倘若与土地分配法不相抵触,妇女就可以继承财产,反之,妇女就不得继承财产。

早期罗马继承法就是如此规定的。上述继承法当然取决于政治制度,而且源自土地分配制度,故其渊源显非外邦,也非派往希腊城邦的代表带回之法。

哈里卡纳斯的狄奥尼修斯告诉我们,塞尔维乌斯·图里乌斯发现罗慕洛斯和努玛关于土地分配的法律已被废除后,不但恢复其规定,而且补充了一些新条文,使之更有分量。[4] 所以,毋庸置疑,刚才提到的这几部由土地分配制度派生之法,都出自这三位罗马立法者之手。

既然已依据政治法确立继承顺序,就不允许任何公民依个人

---

〔1〕 参见乌尔比安:《摘要》第二十六章第八节;参见《法学阶梯》第三章"德笃利安元老院法令":"特权"。——原注

〔2〕 参见保罗:《判例》第四卷第八章第三节。——原注

〔3〕 参见《法学阶梯》第三卷第一章第十五节。——原注

〔4〕 参见哈里卡纳斯的狄奥尼修斯:《罗马古代史》第四章,第276页。——原注

意愿而破坏其规定。换言之,在早期罗马,公民无权设立遗嘱。可是,让人临终时不能施惠于人,着实冷酷。

后来,人们在法律与个人意愿之间找到折衷方案,即允许个人通过人民大会处分自己的财产。因此,通过这种方式立下的每一份遗嘱,在一定程度上都可以视为立法行为。

《十二铜表法》允许遗嘱人选定其属意公民为继承人。罗马法严格限制无遗嘱继承人数量,乃因要遵循土地分配法规定;罗马法大幅度扩大遗嘱人权利,乃因父亲既然可以出卖子女〔1〕,当然就更有理由剥夺子女的财产。所以说,不同原则,带来不同结果。此乃罗马法精神。

雅典古法不允许公民立遗嘱。梭伦允许公民立遗嘱,但有子女者除外。〔2〕 充满父权思想的罗马立法者,甚至允许公民设立不利于其子女的遗嘱。必须承认,雅典古法比罗马法更符合当时社会状况。罗马法不加限制地允许公民立遗嘱,从而逐渐破坏土地分配政治制度,是导致贫富悬殊主因:很多遗产都集中于某个人身上。有的公民可以得到很多份遗产,而大多数人什么也得不到。因此,那些一再被剥夺应得份额者就不断要求重新分配土地。他们提出这种要求的时代,恰是俭朴、节约和贫穷成为罗马特色之时代,也恰是奢华无以复加之时代。

由于必须通过人民大会设立遗嘱,而从军在外者无法通过人民大会设立遗嘱,人民大会就规定,允许军人在若干同伴面前〔3〕,设

〔1〕 哈里卡纳斯的狄奥尼修斯借助努玛的一项法律证明,允许父亲出售儿子三次的法令是罗慕洛斯而不是十人委员会制定的。——原注

〔2〕 参见普鲁塔克:《梭伦传》。——原注

〔3〕 这种遗嘱称作"出征遗嘱",不同于依据罗马皇帝法令立下的"军人遗嘱"。参见《查士丁尼法典》第一章"关于军人遗嘱"。此乃皇帝安抚士兵措施之一。——原注

立其本应通过人民大会设立之遗嘱。[1]

人民大会每年只举行两次,人口增多,人民大会要讨论决定的事情越来越多,所以,人们认为,准许所有公民在代表全体人民的若干罗马成年公民面前设立遗嘱,比较合适。[2] 一般要求应有五位成年公民[3],由继承人当着他们的面向立遗嘱人购买其家产即其遗产[4],再由另一位公民用秤称量遗产价值,盖罗马人当时还没有货币。[5]

这五位公民似乎分别代表五个阶层。第六阶层没有代表,盖这个阶层没有任何财产。

我们不应像查士丁尼那样,认为这种通过称量出售遗产做法只是人们臆想。没错,后来它成为人们的臆想,但最初并非如此。后来用来调整遗嘱的大多数法律,都源自这种称量出售遗产的做法,乌尔比安著述《摘要》为此提供了证据。[6] 那时的聋子、哑巴以及挥霍无度者均不得设立遗嘱,原因在于:聋子无法听到家产购买人说的话,哑巴无法说出家产出售条款,挥霍无度者被禁止处理任何家产。恕不再进一步举例说明。

遗嘱既然通过人民大会设立,就应是政治行为而非民事行为,就应是公法行为而非私法行为。因此,父亲不得允许受其支配的儿子设立遗嘱。

---

〔1〕 这种遗嘱不是书面的,也没有一定格式,就像西塞罗在《演说录》第一章所说“没有任何法定手续和格式”。——原注

〔2〕 参见《法学阶梯》第二卷第十章第一节。参见奥卢斯·格利乌斯:《阿提卡之夜》第十五章第二十七节。这种遗嘱叫作“书面计数遗嘱”。——原注

〔3〕 参见乌尔比安:《摘要》第十章第二节。——原注

〔4〕 参见《法学阶梯》第二卷第十章。——原注

〔5〕 罗马人至皮洛斯之战时才有货币。李维在谈及韦伊之围时写道:“当时还不会铸造银币。”——原注

〔6〕 参见乌尔比安:《摘要》第二十二章第十三节。——原注

在大多数国家,遗嘱格式并不会比普通契约更复杂,盖这两种契约都是缔约人之意思表示,同属私法范畴。可是,罗马人遗嘱属公法范畴,其格式就比其他文书更复杂。[1] 在法国实行罗马法的那些省份,至今依然如此。

如前所述,遗嘱既然是人民大会通过的法律,就应以强制条款设立。由此得出如下规则:不使用命令式语言,就无法转让或者转移遗产。[2] 因此,在某些情况下,可以规定替代继承[3],把遗产转给另一继承人。但是,绝对不能规定委托继承[4],即委托某人将全部或者部分遗产转交另一继承人。

父亲在遗嘱中倘若未指定其子为继承人也未取消其子继承权,遗嘱无效。但是,即使父亲在遗嘱中未指定其女为继承人也未取消其女继承权,遗嘱仍然有效。道理显而易见:不指定其子为继承人也不取消其子继承权,会损害其孙子权益,盖其孙子可以作为男系族亲继承父亲遗产;但是,不指定其女为继承人也不取消其女继承权,不会损害其女之子女权益,盖其女之子女不是男系族亲,也不能以女系族亲身份继承其母遗产。[5]

古罗马继承法只考虑土地分配精神,未对妇女财产作出一定程度限制,从而为奢华之风敞开了大门,盖奢侈总是与财富密不可分。在第二次和第三次布匿战争期间,人们才开始认识该弊端,从

---

〔1〕 参见《法学阶梯》第二卷第十章第一节。——原注

〔2〕 例如,“让狄狄乌斯当我的遗产继承人”。——原注

〔3〕 替代继承分为:普通替代继承、未成年替代继承、智力障碍替代继承。——原注

〔4〕 奥古斯都以特殊原因为由,批准开始实行委托继承。参见《法学阶梯》第二卷第二十三章第一节。——原注

〔5〕 依据《十二铜表法》,立遗嘱人不得将其遗产给予母亲的子女,盖妇女不得拥有继承人。参见乌尔比安:《摘要》第二十六章第七节。——原注

而制定了沃科尼乌斯法[1]。该法系出于极其重大考虑而制定的,然而,关于该法的记述极少,迄今人们对该法的说法极其不一致。下文将澄清某些说法。

西塞罗保存了该法残篇,其内容之一,乃禁止指定妇女为继承人,无论该妇女婚否。[2]

李维《罗马史》提及该法,但未提供更多内容。[3] 据西塞罗和圣奥古斯丁记述,该法禁止指定女儿甚至独生女为继承人[4]。[5]

老加图[6]竭力促使该法通过并作演说,[7]奥卢斯·格利乌斯曾引述其演说片段。[8] 他禁止妇女继承遗产,旨在铲除奢华根源,诚如其为《欧皮安法》辩护,旨在遏止奢华一样。

查士丁尼[9]和狄奥菲勒[10]的《法学阶梯》[11]提到,沃科尼乌斯法有一章限制妇女继承权。只阅读《法学阶梯》会认为,这一章旨在防止遗赠过多导致遗产所剩无几,乃至继承人拒绝接受继承。但这并非沃科尼乌斯法精神所在。前已提及,该法旨在防止妇女

---

〔1〕 该法由保民官昆图斯·沃科尼乌斯倡议制定。参见西塞罗:《再驳韦列斯》;载李维《罗马史》第四十一章;书中沃隆尼乌斯(Volumnius)有误,应作沃科尼乌斯(Voconius)。——原注

〔2〕 参见西塞罗:《再驳韦列斯》第一章:“重申……不得立任何妇女为继承人。”——原注

〔3〕 参见李维:《罗马史》第四十一章:“他支持不准立任何妇女为继承人的法律。”——原注

〔4〕 参见西塞罗:《再驳韦列斯》。——原注

〔5〕 参见圣奥古斯丁:《神之国》第三卷第二十一章。——原注

〔6〕 老加图(公元前234—前149),全名“马库斯·波尔基乌斯·加图”,罗马执政官(公元前195),罗马共和国时期政治家、国务活动家、演说家。——译注

〔7〕 参见李维:《罗马史》第四十一章。——原注

〔8〕 参见奥卢斯·格利乌斯:《阿提卡之夜》第十七章第六节。——原注

〔9〕 参见《法学阶梯》第二卷第二十二章。——原注

〔10〕 狄奥菲勒,查士丁尼时期法学家。查士丁尼下令编撰《法学阶梯》,狄奥菲勒系《法学阶梯》撰写者之一。——译注

〔11〕 参见《法学阶梯》第二卷第二十二章。——原注

获得任何遗产。限制妇女继承权这一章,目的就在于此。倘若可以随心所欲遗赠财产,妇女接受遗赠而获得的财产,就可能比继承而获得的财产还要多。

沃科尼乌斯法旨在防止妇女过于富有。为此,就得取消她们继承大笔财产的权利,而非剥夺其不足以保持奢侈的财产。法律规定,应留给被取消继承权的妇女一定财产。这是西塞罗记述的,〔1〕但其并未言明应留给妇女多少财产。狄奥说,这笔财产为十万塞斯特斯。〔2〕

因此,制定沃科尼乌斯法,旨在调节财富,而非调节贫困。西塞罗认为,该法仅适用于户口已登记造册者。〔3〕

这为规避法律提供了借口。众所周知,罗马人是极端的形式主义者。前已提及,罗马共和国精神就是死扣法律条文。有父亲为了把遗产留给女儿而不登记户口。裁判官认为,此举并未违犯沃科尼乌斯法,盖从法律条文来看,他们并未违法。

有位名叫安尼乌斯·阿塞卢斯者,指定其独生女为遗产继承人和遗嘱执行人。西塞罗说,他有权这样指定:因为其姓名并未在户口册登记,所以,他不受沃科尼乌斯法限制。但是,韦列斯〔4〕担任大法官时,取消安尼乌斯女儿的继承权。西塞罗认为:他可能受贿,否则,不会取消其他大法官都批准的此类财产处分行为。

罗马自由民均必须登记户口,未登记的是何种人?哈里卡纳

〔1〕 参见西塞罗:《善与恶的极限》第二章第五十五节:“无人同意给予法迪亚的财产可多于她依据沃科尼乌斯法所能得到的数额。”——原注

〔2〕 参见狄奥:《罗马史》第五十六章:“可以援引沃科尼乌斯法。该法规定,妇女获得的遗产不得多于十万小银币。”——原注

〔3〕 参见西塞罗:《再驳韦列斯》:“那些已在户口册登记者。”——原注

〔4〕 韦列斯(公元前120—前43),公元前74年通过贿赂当上罗马大法官,曾任罗马行省西西里总督。——译注

斯的狄奥尼修斯著述认为，按照塞尔维乌斯·图里乌斯创建的制度[1]，未登记者，一律降为奴隶。西塞罗也说过，这种人会丧失自由。[2] 佐纳鲁斯[3]也说过同样的话。由此可见，在户口登记问题上，沃科尼乌斯法精神与塞尔维乌斯·图里乌斯制度精神，不尽相同。

根据沃科尼乌斯法精神，姓名未登记在依据财产多寡而划分的前五个阶层之中者[4]，就是户口未登记造册者。依据塞尔维乌斯·图里乌斯制度精神，姓名未登记在六个阶层之中者，或者未列为人头税交纳者名册之中者，就是户口未登记造册者。人性力量如此巨大，竟然可以驱使那些父亲为了规避沃科尼乌斯法，甘愿受辱而与无产者和人头税交纳者同列为第六阶层之人，甚至甘愿忍受被列入无选举权名录之辱。[5]

前已述及，罗马法不允许委托继承。委托继承，旨在规避沃科尼乌斯法，其操作方法是：指定一个依法有权继承者为继承人，再请他把继承权转让给一个被法律排除在继承人行列之外者。这种财产处置方法所产生的结果，截然不同。

有些人把所继承的遗产转给了他人，塞克斯图斯·柏图库斯就是广为人知的例子。[6] 有人把一大笔遗产交给他，不过，除他本人外，没有人知道他是受托转交这笔遗产之人。但是，他还是找到立遗嘱人的遗孀，把其丈夫的全部遗产转交给她。

有些人则自己保留所继承的遗产。塞克斯提留乌斯·鲁富斯

---

[1] 参见哈里卡纳斯的狄奥尼修斯：《罗马古代史》第四章。——原注

[2] “他没有登记在户口册上。”——原注

[3] 佐纳鲁斯（12世纪），东罗马帝国时期历史学家、神学家，东罗马帝国皇帝阿历克塞一世的私人秘书、首席大法官。——译注

[4] 前五个阶层人数极多，以至于有作者认为只有五个阶层。——原注

[5] “降为最低公民等级。”——原注

[6] 参见西塞罗：《善与恶的极限》第二章。——原注

也是广为人知的例子。与伊壁鸠鲁派论战时，西塞罗就援引此例："我年轻时，塞克斯提留乌斯·鲁富斯请我陪他去见朋友，咨询他应否把昆图斯·法迪乌斯·加鲁斯的遗产交还给其女儿法迪雅。在场有好几位年轻人，还有好几位德高望重者。大家都认为，交给法迪雅的遗产不应超过她依据沃科尼乌斯法应获得的遗产数额。最终塞克斯提留乌斯自己获得一大笔遗产。倘若他选择做公正而诚实之人，而不是见利忘义之人，就不会保留一个塞斯特斯。"西塞罗还说："你们完全可以把遗产转交给他人，伊壁鸠鲁也完全可以把遗产交给他人。可是，你们并未遵循你们自己的原则。"〔1〕我想在这里谈几点看法。

立法者有时不得不制定像沃科尼乌斯法那样违背天理之法，此乃人类之不幸。如此之法，考虑更多的是社会而不是公民，考虑更多的是公民而不是人。如此之法，为了共和国繁荣，牺牲公民和人。一个人竟然要托付朋友把遗产交给自己女儿，如此之法，根本没有顾及父亲的天然感情；根本无视女儿的一片孝心；根本没有考虑那个受托转交遗产者的尴尬处境：倘若转交遗产，就是不良公民；倘若保留遗产，就是自利小人。只有天性善良者才会想到规避这种法律，只有老实者才会选择帮助他人规避这种法律：战胜贪婪和淫欲是一大胜利，只有善良老实人才能取得这种胜利。因此，把他们视为不良公民或许失之过严。如此之法，只能逼迫善良老实人规避法律，从这个角度而言，不妨认为立法者已经在很大程度上实现其目的。

制定沃科尼乌斯法之时，罗马依然民风古朴。人们有时指望依靠良心维护法律，因此，就让人们发誓会遵守法律，〔2〕而这在某

---

〔1〕 参见西塞罗：《善与恶的极限》第二章。——原注

〔2〕 塞克斯提留乌斯说，他曾宣誓遵守法律。——原注

种程度上而言就是让诚实对抗诚实。后来,民风极度败坏,委托继承几乎失去规避沃科尼乌斯法效用,从而大大增加该法得到遵守的力度。

罗马历次内战导致无数公民死亡,至奥古斯都执政时期,人烟稀少,亟需增加人口。于是,就制定帕皮亚法,想尽一切办法鼓励公民结婚生子,[1]主要政策之一,乃让遵守该法者更加有望继承遗产,让不遵守该法者更加无望继承遗产。沃科尼乌斯法禁止妇女继承遗产,而帕皮亚法则在一定情形下废除了这一禁令。

妇女[2],尤其是有子女的妇女,获得根据丈夫遗嘱继承遗产的权利。有子女的妇女甚至可以根据非族亲者遗嘱接受遗产。所有这一切,都不符合沃科尼乌斯法规定。值得注意的是,新法并未完全摒弃沃科尼乌斯法精神。例如,帕皮亚法规定[3],有一孩的男子可以依据非族亲者遗嘱继承其全部遗产,而妇女必须有三个孩子才能继承这一遗产。[4]

应当注意,帕皮亚法虽然准许有三个孩子的妇女根据非族亲者遗嘱继承遗产,但对于继承族亲遗产,帕皮亚法依旧保留古法尤其是沃科尼乌斯法的全部规定。[5] 不过,这种状况并未维持多久。

罗马受到诸国财富腐蚀,民风大变,遏制妇女奢华之风已不可

---

[1] 请参见本书第二十三章第二十一节论述。——原注

[2] 参见乌尔比安:《摘要》第十五章第十六节。——原注

[3] 同样的区别在帕皮亚法许多条文中都可看到。参见乌尔比安:《摘要》末章第四节至第六节。——原注

[4] 参见《狄奥多西法典》第九条:“关于宣布为公敌者的财产。”又参见乌尔比安:《摘要》末章第六节以及第二十九章第三节。——原注

[5] 参见乌尔比安:《摘要》第十六章第一节;参见索佐梅诺斯:《教会史》第一卷第十九章。——原注

能。生活在哈德良时代[1]的奥卢斯·格利乌斯告诉我们说,在他那个时代,沃科尼乌斯法几乎被废除,是城邦淫逸之风埋葬了它。[2] 所以,生活在尼杰尔[3]时代的保罗[4],生活在亚历山大皇帝时代的乌尔比安,分别在他们的《判决》和《摘要》中提到:父亲姐妹可以继承遗产,沃科尼乌斯法剥夺继承权的仅限于关系更疏的女性亲属[5]。[6]

罗马古法开始显得过于严峻,除公正、兼抑和适度外,裁判官很难被其他东西触动。

我们已知道,根据罗马古法,母亲根本无权继承子女遗产。沃科尼乌斯法还为剥夺母亲的继承权增加了一条理由。克劳狄皇帝把继承子女遗产的权利赋予母亲,以抚慰她们丧失子女之痛。哈德良[7]掌权时制定的德笃利安元老院法令规定,有三个孩子的女自由民可以继承遗产,有四个孩子的女释奴也可以继承财产。很显然,这项元老院法令只不过是帕皮亚法的延伸而已。帕皮亚法规定,在同样情况下,妇女可以继承非族亲遗产。查士丁尼法则规定[8],无论子女多寡,妇女均可继承遗产。

削弱禁止妇女继承遗产法的原因,也逐渐削弱了禁止妇女继承女系族亲遗产法的效力。这些法律本来非常符合优良共和政体

---

〔1〕 指罗马帝国安敦尼皇朝五贤帝中的哈德良、安敦尼、奥勒留统治时期。后两位皇帝均被前者收养而更名为哈德良。——译注

〔2〕 参见奥卢斯·格利乌斯:《阿提卡之夜》第二十章第一节。——原注

〔3〕 尼杰尔(135? 140? —194),罗马将军,193 年被叙利亚军团拥立为皇帝(193—194 在位)。——译注

〔4〕 保罗(? —约 222),又名"鲍卢斯",与乌尔比安、帕比尼安、盖尤斯、莫迪斯蒂努斯并称罗马帝国时代五大法学家。——译注

〔5〕 参见保罗:《判例》第二十卷第一章。——原注

〔6〕 参见乌尔比安:《摘要》第二十五章第六节。——原注

〔7〕 指安敦尼·皮乌斯,因过继给哈德良皇帝而更名为哈德良。——原注

〔8〕 参见《查士丁尼法典》第二章"关于子女权利"、第三章第三节第四题"德笃利安元老院法"。——原注

精神：在共和政体，女性不应由于拥有财富或者有望拥有财富，而凭借奢华显得高人一等。在君主政体，恰恰相反，奢华造成结婚负担沉重、代价高昂，所以，要靠妇女提供的财产和她们有望获得的遗产鼓励人们结婚。

依照古法，女系族亲根本不能继承遗产。但罗马建立君主政体后，完全改变这一继承制度：没有男系族亲，裁判官可以让女系族亲继承遗产。奥菲提安元老院法令准许子女继承母亲遗产。瓦伦提尼安[1]、狄奥多西和阿卡狄乌斯三位皇帝允许外孙子女继承外祖父遗产。查士丁尼皇帝最终彻底废除古法关于遗产继承的规定，重新确定如下三个继承顺序：直系卑亲属、直系尊亲属和旁系亲属；不再区分男女，也不再区分男系族亲和女系族亲，并且废除与此有关一切继承法规定。[2] 查士丁尼认为，这么规定，乃遵循天理人性而摆脱古法羁绊。

---

[1] 参见《查士丁尼法典》第九章“关于亲生与合法子女”。——原注

[2] 参见《查士丁尼法典》第十二章“关于亲生与合法子女”以及《新法集》第一百一十八章、第一百二十七章。——原注

第二十八章　法国市民法起源与演变

“肉体如何由旧变为新，这就是我欲讲述的。”

——奥维德《变形记》[1]

第一节　日耳曼各族法不同特点

离开故土的法兰克人，让本族贤士编纂《萨利克法》。[2] 克洛维时期，里皮埃尔法兰克人部

---

〔1〕 奥维德（公元前43—前17？前18？），古罗马诗人，与贺拉斯、维吉尔等齐名，代表作《变形记》《爱的艺术》《爱情三论》。著名神话史诗《变形记》共十五卷，讲述从混沌时期到恺撒执政时期历史故事。——译注

〔2〕 参见《萨利克法》前言。莱布尼兹先生在其《论法兰克人起源》中说，《萨利克法》系于克洛维在位前制定，但不可能在法兰克人走出日耳曼尼亚前制定，盖那时他们不懂拉丁语。——原注

落并入萨利克[1]法兰克人部落后,依旧保留其习俗。[2] 奥斯特拉西亚国王提奥德里克[3]下令将上述习俗编撰为成文法。[4] 他还搜集其附庸国巴伐利亚[5]和阿勒曼尼[6]习俗编撰为成文法。[7] 由于许多部族出走,日耳曼实力大为削弱,法兰克人占领面前的土地后,转身向后进军,把统治扩展至其先辈居住的森林地带。图林根[8]法典也很可能是这位提奥德里克下令编撰的,盖图林根人也是其臣民。[9] 弗里兹人[10]是由查理·马特[11]和丕平[12]征服的,在此之前弗里兹人没有法律。[13] 查理曼最先征服撒克逊人,为他们制定了至今犹存的法律。只要看看其内容,就知道这两部法律均出自征服者之手。西哥特人、勃艮第人和伦巴第人创建各自王国后,把自己习俗编撰为成文法,旨在让本民族遵守法律,而非让被征服者遵守法律。

萨利克人、里皮埃尔人、阿勒曼尼人、巴伐利亚人、图林根人以及弗里兹人法律,皆非常简洁朴实,都体现出原始粗糙感和未被改

---

〔1〕 萨利克法兰克人,居住在莱茵河支流埃塞尔河沿岸的法兰克人。——译注

〔2〕 参见图尔的格列高利:《法兰克教会史》。——原注

〔3〕 提奥德里克(487—534),克洛维之子,奥斯特拉西亚国王(511—534 在位)。——译注

〔4〕 参见《巴伐利亚法》前言和《萨利克法》前言。——原注

〔5〕 巴伐利亚,活跃于今德国东南部的日耳曼人。——译注

〔6〕 阿勒曼尼人,公元 2 世纪起活跃于莱茵河东岸地区的日耳曼人部落。——译注

〔7〕 参见《巴伐利亚法》前言和《萨利克法》前言。——原注

〔8〕 图林根,位于今德国中部。公元 3 世纪起有一支日耳曼人活跃于图林根,称为图林根人,公元 6 世纪受法兰克人统治。——译注

〔9〕 “盎格鲁维利诺人法律就是图林根人法律。”——原注

〔10〕 弗里兹人,居住在欧洲西北部的一支日耳曼人。——译注

〔11〕 查理·马特(688—741),即“铁锤查理”,法兰克王国宫相,其时王国实际统治者。——译注

〔12〕 丕平(714—768),又称“丕平三世”,外号“矮子丕平”,铁锤查理之子,查理曼大帝之父,法兰克国王(751—768 在位)。——译注

〔13〕 弗里兹人没有文字。——原注

变或者破坏的精气神。这些法律变化不大，盖除法兰克人外，其余民族皆未离开日耳曼。法兰克人建立的帝国，国土大部分也在日耳曼。因此，他们的法律皆属日耳曼法。西哥特人、伦巴第人和勃艮第人法律则不然：他们移居至新地方后，改变原有特点，因此，其法律也丧失原有特点。

勃艮第王国寿命不长，没有足够时间让征服者法律发生重大改变。贡德鲍和西吉斯蒙[1]将民族习俗汇编成书，只不过他们几乎已是末代君王。伦巴第人法律没有修改，但增加了内容。罗塔利法被格利摩、路易普朗、拉希、埃斯图尔弗[2]等国王用作范本制定各自法律，而且在形式上也未改动。西哥特人法律则不然[3]，其国王重修法律，而且让神职人员进一步做修改。

墨洛温王朝将《萨利克法》和《里皮埃尔法》中与基督教格格不入的予以删除，但保留这两部法律的主要内容。[4]《西哥特法》则不然。

《勃艮第法》和《西哥特法》采用肉刑，《西哥特法》为甚。《萨利克法》和《里皮埃尔法》不允采用肉刑[5]，较好保存其原有特点。

勃艮第人与西哥特人居住地易受攻击，故想方设法与原有居民搞好关系，制定的市民法对各族居民一视同仁。[6] 自信实力强

---

〔1〕 西吉斯蒙（？—523），勃艮第王（516—523 在位）。——译注

〔2〕 格利摩，伦巴第王（663—672 在位）；路易普朗，伦巴第王（713—743 在位）；拉希，伦巴第王（744—750 在位）；埃斯图尔弗（？—758），伦巴第王。——译注

〔3〕 欧里克制定《西哥特法》，娄弗吉尔德作了修改。参见伊西多尔：《纪年史》。秦达逊德斯和雷塞斯温德加以改造。埃吉加编纂至今犹存的法典，他还将此事委托给主教们。从托莱多第十六次公会大会来看，秦达逊德斯和雷塞斯温德之法得以保存。——原注

〔4〕 参见《巴伐利亚法》前言。——原注

〔5〕 在希尔德贝一世谕令中只发现寥寥数例肉刑。——原注

〔6〕 参见《勃艮第法》前言及正文，尤其是第七章第五、三十八节。又参见图尔的格列高利：《法兰克教会史》第二章第二十三节以及《西哥特法》。——原注

大的法兰克诸王,未如此考虑。[1]

法兰克人统治下的撒克逊人桀骜不驯,坚持不懈反抗。所以,在其法律中可以看到征服者的冷酷[2],其他蛮族法看不到如此情形。

从罚金刑可以看出日耳曼法精神,从肉刑可以看出征服者法律精神。

对撒克逊人,在境内犯罪,处以肉刑;在境外犯罪,才依据日耳曼法精神惩处。

法律明确规定,他们一旦犯罪就永无宁日,甚至不允许到教堂避难。

在西哥特宫廷,主教拥有巨大权力,一切重大事项都在主教会议上讨论决定。当今宗教裁判所的一切观点、原则和戒条,均来自《西哥特法》。僧侣用以对付犹太人的那些法律,全都是当年主教制定的。

贡德鲍为勃艮第人制定的法律相当贤明,罗塔利和其他伦巴第君主制定的法律更是如此。不过,西哥特人法律,例如,雷塞斯温德、秦达逊德斯以及埃吉加制定的法律,全都显得很幼稚、很拙劣和很愚蠢,根本无法体现其立法目的,到处堆砌着华丽辞藻,所言空洞无物,充斥着夸夸其谈文风。

第二节　蛮族诸法皆为属人法

蛮族法律一大特点,乃与地域无关:法兰克人依据法兰克人法

[1] 参见本章第三节。——原注

[2] 参见《撒克逊法》第二章第八、九节以及第四章第二、七节。——原注

律审判，阿勒曼尼人依据阿勒曼尼人法律审判，勃艮第人依据勃艮第人法律审判，罗马人依据罗马人法律审判。那时的征服者不但没有考虑统一各族法律，甚至没有想到为被征服者立法。

我发现，其根源在于日耳曼人固有习俗。日耳曼各部族被沼泽、湖泊和森林分隔。从恺撒著作可以得知，他们喜欢分居各地。[1] 他们惧怕罗马人，才走向联合。他们混居时，各部族之人都接受本部族习俗和习惯法审判。各部族之人在所属部族内部是自由和独立的。当他们混居时，依然享有独立。他们有共同祖国，同时也有各自共和政府；领土共同，部族各异。这些部族在离开家乡前，就已具备属人法精神，并带着这种精神四处征战。

这种做法，在马尔库尔弗《法规》[2]、蛮族法尤其是里皮埃尔人法[3]和墨洛温王朝诸王谕令[4]中得到确认。加洛林王朝有关敕令[5]都来自墨洛温王朝诸王谕令。子女遵守父亲所遵守的法律[6]，妻子遵守丈夫所遵守的法律[7]，丧夫妇女重新遵守自己原来遵守的法律[8]，释奴遵守他们主人所遵守的法律[9]。每个人还可以选择其所愿意遵守的法律，罗泰尔一世[10]为此下令，各人选

---

〔1〕 参见恺撒：《高卢战纪》第六卷。——原注

〔2〕 参见马尔库尔弗：《法规》第一卷法式一。——原注

〔3〕 参见《里皮埃尔法》第三十一章。——原注

〔4〕 克洛泰尔560年敕令，载《敕令汇编》巴鲁兹版第一卷第四章末尾。——原注

〔5〕 参见《伦巴第法》所附敕令第一卷第二十五章第七十一节，第二卷第四十一章第七节以及第七十六章第一、二节。——原注

〔6〕 参见《伦巴第法》所附敕令第二卷第五章。——原注

〔7〕 参见《伦巴第法》所附敕令第二卷第七章第一节。——原注

〔8〕 同上。——原注

〔9〕 参见《伦巴第法》所附敕令第二卷第三十五章第二节。——原注

〔10〕 罗泰尔一世(795—855)，又译“洛泰尔一世”“罗退尔一世”，中法兰克国王(840—855在位)，意大利国王(818—855在位)，神圣罗马帝国皇帝(840—855在位)。——译注

择都必须公之于众。[1]

第三节 《萨利克法》与《西哥特法》《勃艮第法》主要区别

前已述及,《勃艮第法》与《西哥特法》对不同民族一视同仁。[2] 《萨利克法》不同,区别对待法兰克人与罗马人,差异之大令人难以接受。杀死一个法兰克人、蛮族人或者受法兰克法约束者,赔偿二百苏;[3]杀死一个罗马人业主,赔偿一百苏;[4]杀死一个罗马人仆从,仅赔偿四十五苏。杀死国王的一个法兰克人封臣,赔偿六百苏;[5]杀死国王的一个罗马人客卿[6],仅赔偿三百苏。[7] 可见,《萨利克法》严格区别对待法兰克士绅与罗马士绅、普通法兰克人与普通罗马人。

《萨利克法》还规定:聚众上门袭击法兰克人并将其杀死,赔偿六百苏;[8]袭击罗马人或者释奴[9],赔偿减半。罗马人用铁链铐住法兰克人,赔偿三十苏;法兰克人用铁链铐住罗马人,仅赔偿十五苏。[10] 罗马人剥光法兰克人衣服,赔偿六十二苏;法兰克人剥光罗马人衣服,仅赔偿三十苏。对罗马人而言,所有这一切不公对

---

[1] 参见《伦巴第法》第二卷第四十七章。——原注

[2] 参见本章第一节。——原注

[3] 参见《萨利克法》第四十五卷第一章。——原注

[4] "在所居住的村庄拥有财产者。"参见《萨利克法》第四十五卷第七、十五章。——原注

[5] "忠于主人者。"参见《萨利克法》第四十四卷第四章。——原注

[6] 罗马人显要都在宫中服务,许多主教就在宫中成长一事乃明证。除罗马人,没有什么人能断文识字。——原注

[7] "若罗马人是国王客卿。"参见《萨利克法》第四十四卷第六章。——原注

[8] 参见《萨利克法》第四十五卷。——原注

[9] 此处指里都斯,其身份优于农奴。参见《日耳曼法》第九十五章。——原注

[10] 参见《萨利克法》第三十五卷第三、四章。——原注

待，都难以忍受。

有位著名作者〔1〕，〔2〕以法兰克人是罗马人最好朋友为假设，为法兰克人定居高卢编造理由。在罗马人那里遭受骇人灾祸，又给罗马人带去骇人灾祸的法兰克人，真是罗马人最好朋友？用武力征服罗马人后，又冷酷无情压迫罗马人的法兰克人，真是罗马人最好朋友？犹如征服中国的鞑靼人是中国人朋友一样，他们也是罗马人朋友。

尽管有几位天主教主教认为，利用法兰克人击败信奉阿里乌斯教派〔3〕的多位国王，无甚不妥，但是，难道这些主教真愿意接受蛮族统治？难道可以得出结论，法兰克人特别关心罗马人？恰恰相反，法兰克人越恐惧罗马人，对其压迫就越深重。

作为历史学家，迪波教士引用的乃诸如诗人、演说家作品等劣质资料。理论体系不应建立在浮夸著作之上。

第四节　罗马法何以消失在法兰克人地区而保存在哥特人与勃艮第人地区

上文所述，可以澄清至今模糊不清的一些事情。

如今称为法兰西的这块土地，在墨洛温王朝时期受罗马法或者《狄奥多西法典》以及居住在那里的各蛮族〔4〕法律约束。

---

〔1〕　迪波教士。——原注

〔2〕　迪波教士（1670—1742），法国政论作家、历史学家，法兰西学院终身院长，著有《法兰西君主国在高卢的建立》。——译注

〔3〕　阿里乌斯教派，由曾任亚历山大主教的阿利乌所领导的基督教派别，主张耶稣次于天父和反对教会占有大量财富。——译注

〔4〕　他们是法兰克人、西哥特人和勃艮第人。——原注

在法兰克人统治地区,法兰克人适用法兰克法,罗马人适用《狄奥多西法典》[1]。在西哥特人地区,欧里克下令编纂的该国成文习惯法[2],用来解决西哥特人争讼;依据阿拉里克[3]谕令制定的《狄奥多西法典》[4],用来解决罗马人争讼。但是,《萨利克法》何以能在整个法兰克人地区拥有普遍权威?罗马法何以在那个地区日趋衰微,而在西哥特人地区却日益扩展,并拥有普遍权威?

窃以为,罗马法弃而不用,盖因法兰克人、蛮族人以及接受《萨利克法》管束者享有巨大优势[5],乃至所有人都想抛弃罗马法而接受《萨利克法》。唯有僧侣依旧采用罗马法[6],更换法律对他们无甚好处,身份与地位差异仅仅体现在赔偿数额上,这点下面还将论及。有一些特别法规定,他们的补偿金应与法兰克人补偿金一样优厚,[7]故他们不放弃罗马法。罗马法没有给他们造成任何损害,何况制定罗马法的那几位罗马皇帝都是基督徒。

在西哥特人遗产问题上,《西哥特法》赋予西哥特人的民事权益,并不多于罗马人[8],罗马人没有任何理由放弃自己的法律而

---

[1] 该法于438年编纂完成。——原注

[2] 西班牙纪年504年。参见伊西多尔:《纪年史》。——原注

[3] 阿拉里克(?—507),即西哥特王阿拉里克二世(484—507在位)。他下令编撰以罗马法为基础的《阿拉里克法律要略》。孟德斯鸠此处疑似笔误,把《阿拉里克法律要略》误为《狄奥多西法典》。——译注

[4] 该法典前言表明,该法于阿拉里克在位二十年时制定,两年后由阿尼阿乌斯公布。——原注

[5] "法兰克人、蛮族人或者生活在《萨利克法》之下者。"参见《萨利克法》第四十五卷第一章。——原注

[6] 参见《里皮埃尔法》第五十八章第一节:"依据教会所尊奉的罗马法。"参见迪康热:《晚期拉丁语和希腊语词汇》"罗马法"条所列举的众多权威著作。——原注

[7] 参见《萨利克法》林登勃洛克版。该法末尾所附多项敕令以及蛮族法多种法典中所规定的神职人员,在这方面享有特权。又参见查理曼807年致其子意大利国王丕平信函,载《敕令汇编》巴鲁兹版第一卷,第452页。其中提到,神职人员可获得三倍补偿金。参见《敕令汇编》巴鲁兹版第一卷第五章第三百零二条。——原注

[8] 参见该法。——原注

接受另一种法律,所以,他们继续使用罗马法,而不采用《西哥特法》。

从以下论述,将看得更清楚。贡德鲍法相当公正,并不厚勃艮第人而薄罗马人。从该法前言来看,该法既为勃艮第人制定,也为解决罗马人与勃艮第人之间可能出现的纠纷而制定。出现这种纠纷,法庭由双方人员组成。这样做,乃出于当时政治协议〔1〕的特殊考虑。罗马法在勃艮第继续存在,用以解决罗马人之间可能发生的纠纷。罗马人没有理由像居住在法兰克人地区的罗马人那样放弃自身法律。况且,从阿戈巴尔〔2〕致国王宽厚者路易的那封有名信函不难看出,《萨利克法》并未在勃艮第施行。

阿戈巴尔请求宽厚者路易在勃艮第施行《萨利克法》〔3〕,可见,其时该地并未施行该法。因此,罗马法在这个国家的原附属省份,过去存在,现在亦然。

罗马法和哥特法在哥特人定居区继续施行,而《萨利克法》从未在那里施行。马特·查理和丕平驱逐撒拉逊人时,臣服于这两位君主的城市和省份请求保留其法律并如愿。〔4〕 因此,尽管当时所有法律皆为属人法,不久之后,罗马法在这些地区皆视为属物法和属地法。

---

〔1〕 将在本书第三十章第六节至第九节再次论述。——原注

〔2〕 阿戈巴尔(779—840),里昂大主教。——译注

〔3〕 参见阿戈巴尔:《著作集》。——原注

〔4〕 参见杜申:《文集》第三卷,第366页。热尔韦·德·蒂尔布里所说:“与法兰克人签订的条约规定:生活在该地的哥特人遵循其父辈习俗,受其固有法律约束。纳波奈兹省归丕平。”参见卡泰尔:《朗格多克史》所记759年编年史。参见杜申:《文集》第三卷,第316页:有位不知名作者为宽厚者路易所作的传记中有关塞提马尼亚人民在卡里西亚戈人民会议上所提请求的记述。——原注

秃头查理[1] 864年在皮斯特[2]颁布的敕令，即为明证。敕令区分根据罗马法进行审判的地区与不根据罗马法进行审判的地区。[3]

皮斯特敕令证实两点：第一，有些地区依罗马法审判，有些地区不是；第二，其时依据罗马法审判的地区，就是如今依据罗马法审判的地区。[4] 由此可见，法兰西有些地区使用习惯法，有些地区使用成文法，早在皮斯特敕令时期就已形成。

我说过，君主政体初期法律皆为属人法。皮斯特敕令区分罗马法地区和非罗马法地区，这意味着：非罗马法地区选择蛮族法律者众多，选择罗马法者罕见；在罗马法地区，选择蛮族法者罕见。

我知道，此处所说，乃前所未闻之新事。这些新事倘若正确无误，就都相当于古老旧事。无论如何，是我所说，还是伐卢瓦[5]或者比尼昂[6]所说，有何不同？

第五节　罗马法何以消失在法兰克人地区而保存在哥特人与勃艮第人地区（续）

在相当长时期内，贡德鲍法与罗马法在勃艮第人中共存；宽厚

---

[1] 秃头查理（823—877），查理曼之孙，加洛林王朝西法兰克王国国王（843—877在位）。——译注

[2] 皮斯特，加洛林王朝时期重要城市。——译注

[3] 该敕令第十六条写道："依据罗马法审判的地区继续照此办理，其他地区……"参见该《敕令》第二十条。——原注

[4] 参见《皮斯特敕令》第十二条与第十六条："在卡维罗诺""在纳波纳"等。——原注

[5] 伐卢瓦（1607—1692），法国历史学家，研究法国起源问题颇有建树。——译注

[6] 比尼昂（1589—1656？），法国学者兼官员，著有《法兰西王国诸王史》。——译注

者路易在位期间,依然使用贡德鲍法,阿戈巴尔那封信足以证明。尽管皮斯特敕令把西哥特人占领地区叫作罗马法地区,但《西哥特法》依然有效。皮斯特敕令颁布14年后的公元878年,结巴路易[1]执政时期举行的特鲁瓦[2]基督教公会议,乃为明证。

后来,哥特人和勃艮第人法律在他们自己国家也不适用,其原因也就是促使各地蛮族属人法全都废弃的那些普遍原因。

第六节 罗马法何以在伦巴第人地区保留

如我所说,伦巴第人法律对各族一视同仁,罗马人无意放弃自身法律而采用伦巴第人法律。法兰克人统治下的意大利罗马人根本没有选择《萨利克法》的理由,罗马法与《伦巴第法》遂同时并存。

后来,《伦巴第法》甚至向罗马法让步,不再是统治民族法律。虽然它依旧是主要贵族的法律,但是,大多数城邦建立共和政体后,贵族不是自行消亡就是被摧毁。[3] 新共和国公民都不愿采用《伦巴第法》,盖该法认可司法决斗,而且保留着诸多骑士制度的风俗与习惯。几乎全都生活在罗马法下的意大利神职人员势力强大,遵守《伦巴第法》者日益减少。

《伦巴第法》没有罗马法那种让意大利想起当年主宰天下的威严,适用范围也不如罗马法。《伦巴第法》和罗马法的仅有用处,乃对共和国城邦法起补充作用。仅对个别情形有所补充的《伦巴第法》,与包罗万象的罗马法,所作补充,孰优孰劣?

---

〔1〕 结巴路易(846—879),法兰克国王,秃头查理之子。——译注

〔2〕 特鲁瓦,今法国中东部城市。——译注

〔3〕 参见本章第九、十节。——原注

第七节　罗马法何以在西班牙被废弃

西班牙情形则不同:《西哥特法》获胜,罗马法被废弃。秦达逊德斯[1]和雷塞逊德斯[2]禁止罗马法,甚至不允许在法庭上提及罗马法。雷塞逊德斯立法废除了禁止哥特人与罗马人通婚之规定。[3] 这两部法律显然体现同一精神:国王欲消除造成哥特人与罗马人隔阂的主要因素。人们当时认为,最大障碍莫过于禁止两族人民通婚和许可各自适用不同法律。

罗马法尽管被西哥特国王禁止,但在其所拥有的高卢南部仍然存在。高卢南部远离国家政权中心,具有较大独立性。[4] 从672年登上王位的瓦姆巴[5]传记,即可得知,本地人占有优势地位[6],罗马法享有较大权威,哥特法权威性较差。西班牙法律既不符合他们的习俗,也与当时形势不宜,本地人坚守罗马法,也许因为他们把自由与罗马法联系在一起。此外,秦达逊德斯和雷塞逊德斯的法律包含一些对付犹太人的可怕规定,不过,犹太人在高卢南部实力强大。《瓦姆巴王传》把这些犹太人地区叫作"风月场

---

〔1〕 他于642年登基为王。——原注

〔2〕 "我们不愿再受外邦法和罗马法折磨。"参见《西哥特法》第二卷第一章第九、十节。——原注

〔3〕 "允许哥特男子娶罗马女子为妻,也允许罗马男子娶哥特女子为妻。"参见《西哥特法》第三卷第一章第九、十节。——原注

〔4〕 参见卡西奥多鲁斯:《东哥特史》第四卷第十九封信第二十六封信,其中有关于当时声望最高的东哥特王西奥多里克宽容对待这些地区的记述。——原注

〔5〕 瓦姆巴(?—687),继雷塞逊德斯为西哥特王。——译注

〔6〕 从《瓦姆巴王传》附录于后的判决书来看,高卢南部叛乱经常发生。鲍卢斯及其同伙乃罗马人,他们甚至得到主教们的支持。瓦姆巴不敢处死被其打败的叛乱者。《瓦姆巴传》作者把纳波奈兹高卢称作"叛乱温床"。——原注

所”。撒拉逊人至这些地区，乃受邀而来。邀请他们的，是犹太人还是罗马人？哥特人最先受到压迫，盖他们是统治民族。普洛科比著作说，灾难临头时，哥特人从纳波奈兹高卢退至西班牙。[1]毫无疑问，他们在灾难临头时系退至西班牙那些尚在抵抗的地区，故高卢南部接受《西哥特法》者锐减。

第八节　伪造敕令

那位可怜的柏努瓦·莱维特[2]不是把禁止罗马法的《西哥特法》变成敕令，而且还说是查理曼敕令吗？[3] 他把这部地方法律变成通用法律，似乎欲从全世界铲除罗马法。

第九节　蛮族法与敕令之消亡

法兰西人通过以下方式逐渐抛弃《萨利克法》《里皮埃尔法》《勃艮第法》《西哥特法》。

封地变成世袭而且扩大，上述法律无法适应，就引入诸多习惯。主要以罚款解决大部分纠纷的法律精神得以保留。毫无疑问，货币价值在发生变化，罚款金额也随之变化。在诸多财产或者遗产文书中可以看到，领主们规定的应在小型法庭上支付的罚金

---

〔1〕“在大屠杀中幸存的哥特人携妻带子逃往西班牙，投奔公然以暴君行事的窦德斯。”参见《哥特战纪》。——原注

〔2〕柏努瓦·莱维特，美茵兹的一位主教，850 年编写出版一部托名查理曼和宽厚者路易的伪造《敕令集》。——译注

〔3〕参见《敕令汇编》巴鲁兹版第一卷第六章第三百零三条，第 981 页。——原注

是固定的。[1] 这就是说，人们遵循的乃法律精神，而非法律条文。

法兰西分割为诸多小领地，领主认为自己是国王的封地臣属而非政治臣属。因此，很难让同一部法律处处得到承认。即使欲让所有领主遵守同一法律，事实上也无法做到。派遣特派官员[2]到各省监督司法和政治事务的做法，也几乎不复存在。从财产和遗产文书也可看出，授予新封地时，国王已取消自己对这些封地派遣特派官员的权力。所以，当整个国家都变成大大小小的封地时，就不能再向封地派遣这类官员，共同法律也就不复存在，盖谁也没有办法让共同法律得到遵守。

因此，至加洛林王朝末期，《萨利克法》《勃艮第法》《西哥特法》已不受重视；至加佩王朝初期，几乎无人谈论这些法律。

在墨洛温王朝和加洛林王朝时期，常常召开全国性领主和主教会议，那时平民百姓还不能参会。与会者在这些会议上寻求规范神职人员的办法。神职人员这个团体，可以说就是在征服者庇护下形成并拥有特权的。在这些会议上制定的法律，乃所谓敕令。此时发生了四件事：(1)确立了封地法，教会大部分财产受封地法管理；(2)僧侣分化严重，无视改革法令[3]，其实他们并非唯一的改革派；(3)有人将历次公会议制定的教规[4]以及教皇敕答圣谕

---

〔1〕 德·拉·托玛希耶尔先生收集了好几份。参见其《贝里古今地方性习惯法》第四十一、四十六章及另外几章。——原注

〔2〕 拉丁文为“*Missi dominici*”。——原注

〔3〕 秃头查理844年敕令第八条：“以有权制订教规为借口的主教们，既不应反对本敕令，也不应置若罔闻。”他似乎已预感该敕令将被废弃。——原注

〔4〕 这些教规集增加了难以计数的教皇谕令。旧教规集很少教皇谕令，小德尼在其所编教规集收录诸多教皇谕令，伊西多尔·梅卡多尔所编教规集也收录诸多教皇谕令，其中有真也有假。旧教规集在法国一直使用至查理曼时代。这位君主从教皇亚德里安一世手中接过小德尼教规集，并让大家都接受它。伊西多尔·梅卡多尔教规集大约在查理曼时代出现在法国，人们都迷恋这部教规集，此后接着出现的就是所谓的《教规法集》。——原注

汇编成册;(4)神职人员接受这些法规、圣谕的约束,盖在他们看来,这些法规、圣谕来源更为圣洁。如前所述,自从封地建立后,国王们不再向外省派遣官员监督国王所颁布法律的执行情况,因此,在加佩王朝时期,再也听不到人们议论敕令。

第十节　蛮族法与敕令之消亡(续)

《伦巴第法》《萨利克法》《巴伐利亚法》增加了不少敕令。要探究原因,应从事物本身寻找。敕令分几类:有的关乎政治,有的关乎经济,有的关乎民事,大多数关乎教会。关乎民事的敕令归入市民法,换言之,纳入各民族属人法之中。正因为如此,敕令声称其规定绝无反对罗马法的内容。[1] 事实上,关乎政治、经济、教会的敕令,与罗马法毫不相干;关乎民事的敕令,仅与蛮族法有关,主要是诠释、修改和增删蛮族法。窃以为,纳入属人法的敕令,却导致敕令本身被忽视。在蒙昧时代,节本往往导致全本丧失。

第十一节　弃用蛮族法、罗马法与敕令的其他原因

征服罗马帝国的日耳曼民族,学会使用文字后,效法罗马人,把自身习俗书写成文,编纂为法典。[2] 查理曼身后几位国王治国无方,加上诺曼人入侵和内战频频,导致脱离蒙昧状态的征服

---

〔1〕 参见《里斯特敕令》第二十条。——原注

〔2〕 关于这一点,法典前言说得非常清楚。甚至可以在《撒克逊法》和《弗里兹法》看到依据不同地区情形制定的不同法规。在原有习俗之上添加一些具体情形所要求的特殊规定,严厉对待撒克逊人的规定即如此。——原注

者民族，重新坠入蒙昧之中，不识字，更不会书写。如此这般，蛮族成文法、罗马法以及那些敕令，在法兰西和德意志皆被遗忘。教皇和希腊皇帝统治的意大利，有诸多繁华城市，并唯有其从事贸易，故文字得以保留传承。往昔臣属哥特人和勃艮第人的高卢，由于毗邻意大利，也较好保存了罗马法，而且罗马法成为其属地法和特权。有迹象表明，《西哥特法》在西班牙湮灭，乃因其居民不识字。诸多法律消亡后，各地就产生了习惯法。

废弃属人法后，确定补偿金和安保罚金，依据的不是法律而是习惯[1]。[2] 所以，几个世纪后，从成文法重新回到不成文习惯法，犹如当初君主政体建立时，从日耳曼习惯法过渡到成文法一样。

第十二节　地方习惯法以及蛮族法与罗马法演变

从不少历史文献可以看出，墨洛温王朝和加洛林王朝已有地方习惯法。文献称为“地方习俗”[3]“古习惯”[4]“习俗”[5]“法律”“习惯法”等。[6] 有作者认为，所谓习惯法实乃蛮族法，所谓法律实乃罗马法。其实，并非如此。国王丕平规定：无法律之地，均以习惯为法，但习惯不得优于法律。[7] 罗马法优于蛮族法之说，与所有古代文献记载不符，何况这种说法始终与蛮族法记述

〔1〕 下文还将谈及此事。——原注

〔2〕 本书第三十章第二十节将详述安保罚金（“fredum”或者“freda”）。——译注

〔3〕 参见马尔库尔弗：《法规》前言。——原注

〔4〕 参见《伦巴第法》第二卷第五十八章第三节。——原注

〔5〕 参见《伦巴第法》第二卷第四十一章第六节。——原注

〔6〕 参见《圣莱热传》。——原注

〔7〕 参见《伦巴第法》第二卷第四十一章第六节。——原注

相抵。

蛮族法与这些习惯法截然不同。作为属人法的蛮族法，吸收习惯法。例如，《萨利克法》乃属人法，但在仅有或者几乎仅有萨利克法兰克人的居住地区，《萨利克法》乃属地法；只有对居住在其他地方的法兰克人而言，《萨利克法》才是属人法。在《萨利克法》乃属地法地区，勃艮第人、阿勒曼尼人或者罗马人发生纠纷，就适用这些民族的法律；而大量依据这些法律作出的判决，就会把新习惯引入当地。此乃对丕平时期法律的最好解释。不适用《萨利克法》地区，这些习惯对当地法兰克人具有影响，理所当然；倘若这些习惯的作用超过《萨利克法》，乃非理所当然。

所以，每个地方皆有主导法律和公认习惯。公认习惯与法律不存在矛盾时，对主导法律起补充作用。

公认习惯甚至可能成为非属地法的补充。仍以上述情形为例，在《萨利克法》乃属地法地区，勃艮第人接受《勃艮第法》审判；若在《勃艮第法》中找不到相关条文，毫无疑问，就只能适用当地习惯法。

丕平执政时期，已经形成的习惯法权威不如法律，但不久后，就超越法律。新法律一般乃为医治新毛病而开出的药方，因此，可以认为，从丕平时代开始，习惯法就优于法律。

以上所述，足以说明：正如从皮斯特敕令可以看出的那样，罗马法很早就是属地法。我所提及的特鲁瓦公会议似乎可以证明，哥特法仍然继续有效。[1] 罗马法演变为普通属人法，哥特法演变为特殊属人法，因此，罗马法乃属地法。但是，为何会弃用蛮族属人法，而罗马法作为属地法却在西哥特和勃艮第省份继续存

---

〔1〕 参见本章第五节。——原注

在？我的回答是：罗马法命运同其他属人法命运大致一样，否则，在罗马法曾经作为属地法存在的那些省份，《狄奥多西法典》本应依然施行，而实际上现在那里施行的是查士丁尼法。在这些省份，残留的仅仅是曾经施行罗马法和成文法的地名。人民热爱自身法律并视适用自身法律为特权，留在人们记忆中的乃罗马法。不过，这已经足以留下如下影响：查士丁尼编纂的法典问世后，哥特人和勃艮第人辖下的各个省份都把它当作成文法接受，而在法兰克人昔日辖区，仅仅把它视为成文理由。

第十三节 《萨利克法》或者萨利克法兰克法以及里皮埃尔法兰克法与其他蛮族法之区别

《萨利克法》规定，不得使用消极证据，换言之，提起诉讼或者提出控告者必须为自己的主张提供证据，而被告仅仅否认指控远远不够。这与世界上几乎所有国家的法律一致。

里皮埃尔法兰克人法律精神则不同，提供消极证据即可。[1]被告在大多数情况下可以通过与若干证人发誓，证明自己未实施被控行为。案情越重大，参与发誓证人就应越多[2]，有时可多达72名。[3] 阿勒曼尼人、巴伐利亚人、图林根人、弗里兹人、撒克逊人、伦巴第人和勃艮第人法律，皆与里皮埃尔人法律如出一辙。

---

〔1〕 塔西佗所说与此相符。他说，日耳曼人既有共同习惯，也有特殊习惯。参见塔西佗：《日耳曼尼亚志》第二十七章第五节。——原注

〔2〕 参见《里皮埃尔法》第六、七、八章以及其他章节。——原注

〔3〕 参见《里皮埃尔法》第十一、十二、十七章。——原注

我所说的《萨利克法》不接受消极证据，存在例外[1]，不过，即使这种例外，也不能只有消极证据，而必须辅以积极证据。原告让证人提供证言支持其主张[2]，被告让证人提供证言为其辩护；法官从控辩双方证言中厘清事实真相。[3] 此乃与《里皮埃尔法》以及其他蛮族法完全不同，依据这些法律，被告应发誓自己绝对没有犯罪，同时让父母也发誓，证明他所说乃事实，以此表明自己清白无辜。这类法律只适合天生直率纯朴的民族。不过，立法者依然需要设法防止弊端出现。下文将谈及此点。

第十四节　其他区别

《萨利克法》不准许司法决斗。而《里皮埃尔法》[4]以及几乎所有蛮族法都准许司法决斗。[5] 窃以为，司法决斗乃采用消极证据之法的必然结果与弥补。某人提起指控后，其指控将因被控者誓言而归于无效，对于眼看就要受辱的具有尚武精神者而言，除向被控者伪誓和强加于己的不公讨回公道外，还能做什么？[6]《萨利克法》不接受消极证据，故无需司法决斗，也不接受司法决斗。

---

[1] 被告若为国王随扈即封臣，享有较大豁免权。参见《萨利克法》第七十六卷。——原注

[2] 参见《萨利克法》第七十六卷。——原注

[3] 犹如当今英国的做法。——原注

[4] 参见《里皮埃尔法》第三十二章、第五十七章第二节、第五十九章第四节。——原注

[5] 参见下注。——原注

[6] 这种精神在《里皮埃尔法》中体现得十分明显。参见该法第五十九章第四节、第六十八章第五节；又参见 803 年附于《里皮埃尔法》的宽厚者路易敕令第二十二条。——原注

但是,允许消极证据的里皮埃尔人[1]和其他蛮族法,不得不规定允许司法决斗。[2]

读读勃艮第王贡德鲍就此事所作的两条有名规定[3],乃可看出,这些规定符合事物性质。借用蛮族法用语来说,就是不让企图滥用誓言者有机会发誓。

伦巴第人采用罗塔利法规定,已为自身无辜发誓作证者,不必再受司法决斗之苦。这种做法越传越广[4],下文将论述由此产生的种种弊病以及为何应回归古制。

第十五节　一点说明

我并非说,在蛮族法变迁中,在增添的那些法律条文和诸多敕令中,无法找到能证明司法决斗不是采用消极证据结果的法律条文。在几个世纪中,出现特殊情况,就可能制定特殊法律。我论述的是日耳曼法普遍精神、性质、起源以及由法律所表明或者确立的日耳曼古老习俗,仅此而已。

---

〔1〕 参见《里皮埃尔法》。——原注

〔2〕 弗里兹人、伦巴第人、巴伐利亚人、撒克逊人、图林根人和勃艮第人法律均如此。——原注

〔3〕 参见《勃艮第法》第八章第一、二节有关刑事的规定;第四十五章有关民事的规定。又参见《图林根法》第一章第三十一节、第七章第六节、第八章;《日耳曼法》第八十九章;《巴伐利亚法》第八卷第二章第六节、第三章第一节、第九卷第四章第四节;《弗里兹法》第二章第三节、第十四章第四节;《伦巴第法》第一卷第三十二章第三节、第三十五章第一节、第二卷第三十五章第二节。——原注

〔4〕 参见本章第十八节末尾。——原注

第十六节 《萨利克法》沸水取证

《萨利克法》准许沸水取证。[1] 它太残忍,故法律允许采取变通措施减轻残忍程度。[2] 被传唤前来沸水取证的被告,经对方同意,可以用金钱赎买自己的手。原告取得法律规定的补偿金后,可以接受若干证人发誓被告没有犯罪的证言。此乃《萨利克法》认可消极证据的特殊规定。

这种证据,法律未作硬性规定,仅是出于双方同意而可以获得法律认可。同意被告以消极证据进行辩护的原告,可获得一笔补偿金。原告可以相信被告方誓言,从而宽恕被告对其造成的伤害。

法律规定的这种缓和措施[3],可以促使对残忍取证心存恐惧的被告和有望获得一小笔补偿金的原告,在判决前就解决讼争、化解仇恨。很显然,一旦取得这种消极证据,就不再需要其他证据。因此,《萨利克法》这种特殊规定并不导致司法决斗。

第十七节 先辈观念

令人震惊的是:我们先辈把生命、财产与荣誉,更多地寄托于偶然而非理性因素;他们一再使用的,是那些没有证明力之物,是与有罪、无罪无关之证据。

---

〔1〕 另一些蛮族法也准许沸水取证。——原注

〔2〕 参见《萨利克法》第五十六卷。——原注

〔3〕 参见《萨利克法》第五十六卷。——原注

从未被征服的日耳曼人极端放纵。[1] 不同家族因谋杀、偷盗和侮辱而刀剑相向。[2] 后来，这种习惯有所改变，双方均受某些规则约束：唯有官员准许并且在官员监督下，争议双方方可诉诸武力。[3] 这毕竟好于胡乱厮杀。

如今的土耳其人把内战首胜视为上帝裁决。日耳曼人亦然，他们认为：上帝会惩罚罪犯或者篡权者，解决私人纠纷的决斗结果乃天意。

塔西佗说：日耳曼人某个部落将与另一部落开战时，会找一个俘虏与本部落士兵决斗，以决斗结果推断谁将在即将开打的战斗中获胜。他们既然相信单人决斗可以裁决公共事务，当然就更相信决斗可以解决私人纠纷。

勃艮第国王贡德鲍乃最赞成司法决斗的国王。[4] 他在其法律中为决斗提供的理由是："此举旨在让我的臣民可以不再为含混事实发誓，不再为确凿事实作伪誓。"这导致出现这种局面：教会宣布准许决斗之法为亵渎上帝，[5]《勃艮第法》把允许立誓之法视为亵渎神灵。

司法决斗有一定道理，其道理在于经验。在尚武民族看来，怯懦意味邪恶；意味怯懦者已背弃其所受教育，缺乏荣誉感，不遵循其他人遵循的原则；意味怯懦者不怕他人蔑视，不在意他人的敬重。一般而言，人一出生就拥有与力量相应的机智，也拥有与勇气相应的力量。珍视荣誉，就应不断为之奋斗。在尚武之国，力量、

〔1〕 有塔西佗之语为证："同样特征存在于每一个人身上。"参见塔西佗：《日耳曼尼亚志》第四章第二节。——原注

〔2〕 维莱犹斯·帕特库卢斯说：日耳曼人用决斗解决一切。参见《世界史简编》第二卷第一百一十八章。——原注

〔3〕 参见蛮族法；较近时代的，可参见博马努瓦：《博韦习惯法》。——原注

〔4〕 参见《勃艮第法》。——原注

〔5〕 参见阿戈巴尔：《著作集》。——原注

勇气和非凡能力受到尊敬,真正为人不齿的罪恶源自欺诈、诡计和狡猾,即源自怯懦。

以火断案,乃让被告将手放在烧热的铁上或者浸入沸水,再用布把手包好并加封,三天后无伤痕,就宣告其清白无辜。谁都知道,惯于舞刀弄枪者皮肤粗厚,把手放在火上或者沸水中也无大碍,三天后也不会留下明显痕迹。若有痕迹,只能说明受考验者不是男子汉。农夫可以用粗糙大手若无其事操弄烧红的铁,甚至劳动妇女的手也禁得住烧红的铁。为保护小姐太太而不惜与人决斗者,不乏其人;何况没有奢华的民族,几乎不存在中产阶级。[1]

《图林根法》规定,被控通奸妇女只有在无人替她决斗时,才准许以沸水取证断案。[2]《里皮埃尔法》规定,只有找不到证人为被告申辩时,才能沸水取证。[3] 无人愿意为一个妇女辩护,无人愿意证明一个男子诚实可信,仅仅这一点就足以证明他们有罪。

所以说,在采用司法决斗、热铁与沸水取证的那个时代,法律与习俗相得益彰;虽然法律并不公正,但是,不公正的审判结果并不多;较之原因,法律后果更无可指责;对公正之侵害甚于对权利之侵害,法律虽不合情理但并不专横。

第十八节　司法决斗何以蔓延

从阿戈巴尔致宽厚者路易的那封信,可以得出如下结论:法兰克人不采用司法决斗取证,盖阿戈巴尔了解贡德鲍法的种种流弊

---

〔1〕 参见博马努瓦:《博韦习惯法》第六十一章。又参见《安格尔法》第十四章。依据该法,沸水取证仅为辅助手段。——原注

〔2〕 参见《图林根法》第十四章。——原注

〔3〕 参见《里皮埃尔法》第三十一章第五节。——原注

后,就要求在勃良第按照法兰克法审判。[1] 然而,我们知道,那时司法决斗已盛行法兰西。这令人困惑。不过,这种困惑,可以用前述所说作出解释:萨利克法兰克法人不采用司法决斗,里皮埃尔法兰克人采用司法决斗。[2]

尽管教会人士极力反对,但司法决斗习俗仍然在法兰西日益蔓延。其实,促成司法决斗蔓延的,在很大程度上,恰恰就是教会人士。下面予以说明。

《伦巴第法》乃明证。鄂图二世[3]律令前言写道:"很早以前传入一种恶习:某个遗产文书被控伪造,文书提交者只要发誓此乃真实可靠的原件,就可不经任何司法程序而取得遗产。如此这般,伪誓者得逞。"[4]鄂图一世[5]于罗马加冕时[6],意大利所有领主均在教皇约翰十二世[7]主持召开的会议上强烈呼吁立法纠正这一可耻恶习。[8] 教皇和皇帝认为,应把这个问题提交即将在拉韦纳[9]召开的基督教公会议讨论。[10] 参与此会的权贵提出同样要求,而且更为强烈。但是,因某些人缺席,此事再次搁置。鄂

---

〔1〕 "若我们君主同意,就依据法兰克法辩护。"——原注

〔2〕 参见《里皮埃尔法》第五十九章第四节、第六十七章第五节。——原注

〔3〕 鄂图二世(955—983),又译"奥托二世",神圣罗马帝国皇帝(973—983 在位)。——译注

〔4〕 参见《伦巴第法》第二卷第五十五章第三十四节。——原注

〔5〕 鄂图一世(912—973),又译"奥托一世",神圣罗马帝国皇帝(936—973 在位)。——译注

〔6〕 962 年。——原注

〔7〕 约翰十二世(937—964),罗马教皇(955—964 在位)。——译注

〔8〕 "意大利权贵强烈要求至圣的皇帝修改法律,禁止可鄙行为。"参见《伦巴第法》第二卷第五十五章第三十四节。——原注

〔9〕 拉韦纳,意大利北部城市。——译注

〔10〕 此次公会议于 967 年举行,教皇约翰十三世和皇帝鄂图一世均出席。——原注

图二世和勃艮第国王康纳德[1]抵达意大利,与意大利权贵在韦罗纳[2]举行会议。[3] 在他们一再要求下,皇帝征得全体与会者同意后,颁布法律规定:因遗产发生纠纷,一方出示遗产证书,而另一方指控遗产证书伪造,应以决斗解决争端;此规定也适用于封地争讼;教会也适用该法,不过,可以找人代为决斗。由此看出,贵族强烈要求司法决斗,乃因教会取证方法有问题。尽管贵族强烈呼吁,弊端本身实际上也是一种呼吁,尽管来到意大利的鄂图二世权威至高无上,但是,教会人士在两次会议上依然毫不动摇。在贵族和君主督促下,教会才让步。因此,司法决斗,可以视为贵族特权,是他们防止不公正的堡垒,是其财产不受侵犯的保证。从此以后,司法决斗日益盛行。这种情况出现在皇帝强大而教皇弱小时期,两位鄂图皇帝在意大利重建帝国威望时期。

前已述及,由于采用消极证据,才引发司法决斗。此处所谈,也将佐证上述观点。被控出示伪造遗产证书者,可以利用消极证据进行辩护:只要手按《福音书》宣称证书绝非伪造即可。此乃人们向两位鄂图皇帝抱怨的弊端。如何纠正法律被曲解所产生的弊端?于是乎,就采用决斗。

为讲清当时神职人员和世俗人士的争端,先略略说说鄂图二世法律。此前已有罗泰尔一世法[4],为解决前述争端与抱怨而公正处理财产问题,规定由公证人发誓其制作的遗产证书绝非伪造;公证人已过世的,则由在遗产证书上签名的证人发誓。但是,弊端依然存在,还得采用前述补救办法。

---

[1] 康纳德是罗道夫之子,鄂图二世之舅,汝拉山外勃艮第王国的国王。——原注

[2] 韦罗讷,又译“维罗纳”,意大利北部城市。——译注

[3] 时在988年。——原注

[4] 载于《伦巴第法》第二卷第五十五章第三十三节。在穆拉托里先生使用的版本中,此法被说成是居伊皇帝所立。——原注

我发现,在此前查理曼主持的大会上,人们向他提出:在当时条件下,很难让被告和原告不发假誓,因此,恢复司法决斗为好。[1] 查理曼予以同意。

司法决斗蔓延至勃艮第,发誓作证则受到限制。意大利国王西奥德里克禁止东哥特人进行司法决斗[2],而秦达逊德斯和雷塞逊德斯的法律似乎根本铲除了司法决斗观念。不过,在纳博讷[3],这些法律几乎不被接受,司法决斗视为哥特人特权。[4]

希腊人消灭东哥特后,伦巴第人征服意大利,把决斗也带至意大利。不过,其最初几部法律对决斗作了一些限制。[5] 查理曼[6]、宽厚者路易、两位鄂图皇帝制定的一般性法律,司法决斗最初用于刑事案件,后扩至民事案件。这些法律被纳入《伦巴第法》和《萨利克法》。人们无所适从:发誓作证这种消极证据有弊端,司法决斗亦然。因此,人们依据自己受损害程度,时而采用发誓作证,时而采用司法决斗作证。

一方面,教会高兴看到,人们因世俗纠纷而求助教会和祭坛;[7]另一方面,高傲贵族喜欢用剑维护自身权利。

我并非说,贵族所抱怨的发誓取证乃神职人员采用的。其

〔1〕 参见《伦巴第法》第二卷第五十五章第二十三节。——原注

〔2〕 参见卡西奥多鲁斯:《东哥特史》第三卷第二十三封信和第二十四封信。——原注

〔3〕 纳博讷,今法国南部城市。——译注

〔4〕 作者不详的《宽厚者路易传》写道:“巴塞罗那伯爵贝拉被名叫苏尼拉者指控背叛自己的誓言后来到宫中,贝拉依据他们的特殊法律与苏尼特决斗。两人皆为哥特人,进行一场马上决斗乃理所当然,结果苏尼特败北。”——原注

〔5〕 参见《伦巴第法》第一卷第四章第二十三节、第二卷第三十五章第四节和第五节以及第五十五章第一、二、三节。参见《罗塔利法》,《路易普朗法》第十五章。——原注

〔6〕 参见《伦巴第法》第二卷第五十五章第二十三节。——原注

〔7〕 司法立誓当时在教堂举行。墨洛温王朝时期,王宫专设小教堂用于处理争讼。参见马尔库尔弗:《法规》第一卷第三十八章;《里皮埃尔法》第五十九章第四节、第六十五章第五节;图尔的格列高利:《法兰克教会史》;《萨利克法》附录 803 年敕令。——原注

实,这种习俗源自蛮族法精神和消极证据的采用。如此证据让诸多罪犯逃避罪责,人们遂认为,应求助于神圣教会,借此震慑罪犯、威慑伪誓者,故教会人士支持采用消极证据,但在其他场合,他们反对消极证据。从博马努瓦著作可以看出,宗教法庭从不采用消极证据。[1] 这无疑对削弱与废除蛮族法关于消极证据的规定起到很大作用。

这更能让我们认识到消极证据的采用与我多次述及的司法决斗的关系:世俗法庭既采消极证据也采司法决斗,宗教法庭既不采消极证据也不采司法决斗。

采用司法决斗,乃遵循民族尚武精神。采用司法决斗后,诸如双臂交叉法、沸水法、冷水法等其他神示裁判法[2]乃被废除。

查理曼谕令:其儿子们发生争执,就用双臂交叉法解决。宽厚者路易规定:这些方法仅适用于宗教事务。[3] 其子罗泰尔彻底废除双臂交叉法,同时废除的还有冷水法。[4]

当时普遍接受的神示裁判习惯很少。我并非说,上述方法后来并未被任何教堂采用,何况腓力·奥古斯都[5]法律曾经提到这些裁判法。我只是想说,这些裁判法实际上很少采用。生活于圣路易[6]时代及其后的博马努瓦,在谈及各种裁判法时,提及司法决斗,但前述其他裁判法,一个也未提及。

---

〔1〕 参见博马努瓦:《博韦习惯法》第三十九章,第 212 页。——原注

〔2〕 神示裁判法方式很多,如前述的司法决斗、沸水取证、烧铁取证以及此处的双臂交叉法、冷水法等。双臂交叉法:控辩双方面对面立于十字架下,双臂前伸成十字状,第一个双臂下垂者有罪或者输官司。冷水法:控辩双方皆捆住手脚而放入冷水中,沉底者有罪或者输官司。——译注

〔3〕 这些规定可在《伦巴第法》和《萨利克法》附录中找到。——原注

〔4〕 参见《伦巴第法》第二卷第五十五章第三十一节。——原注

〔5〕 腓力·奥古斯都,即法国国王菲利普二世。——译注

〔6〕 圣路易(1214—1270),即路易九世,法国加佩王朝国王(1226—1270 在位)。——译注

第十九节　弃用罗马法、《萨利克法》与敕令的另一原因

前已述及《萨利克法》、罗马法和敕令丧失权威之因。我再说说，司法决斗得以广泛传播乃其权威丧失主因。

《萨利克法》不允许司法决斗，在某种程度上变得无用，最终消亡。罗马法也因不允许司法决斗，导致弃而不用。当时人们考虑的，只是如何制定允许司法决斗的法律，确定其适当原则。敕令所作规定亦然。就这样，许多法律丧失权威，但谁也无法说清楚，它们究竟是何时丧失权威的。总之，它们被遗忘，也没发现其他法律取而代之。

如此之国，无需成文法，即使有成文法，也很容易被遗忘。

发生争执，只要下令决斗就行，决斗并不需要讲究什么繁琐程序。

一切刑、民案件，归根结底乃事实问题。决斗乃针对这些事实。决斗要解决的，不只是事实问题，还有相关权利与谈判问题。博马努瓦就是这么认为的，并列举了一些案例。[1]

我发现，加佩王朝初期，法律原则基本上都是行为举止问题，名誉问题支配着一切。不服判决，法官就会追究其藐视行为。在布尔日[2]，被传唤者未按时到场，传唤长官就会说："我派人传唤你，你不屑一顾。你得告诉我理由。"[3]双方于是决斗。后

---

〔1〕 参见博马努瓦：《博韦习惯法》第六十一章，第309、310页。——原注

〔2〕 布尔日，法国中部城市。——译注

〔3〕 胖子路易1145年法规，载于其谕令集。——原注

来，胖子路易[1]改革了这种习惯。[2]

在奥尔良[3]，所有债务纠纷皆决斗解决[4]。路易七世[5]宣布，债务金额超过五苏，方可决斗。它只是地方法规，盖在圣路易执政时期[6]，债务金额达十二锝即可决斗。博马努瓦曾听一位法学家说，[7]法国过去有一种坏习俗：可以在一定时间内雇佣专职决斗人，让他替自己与人决斗。由此可见，决斗习俗在当时流传极广。

第二十节　名誉问题由来

蛮族法有诸多不解之谜。根据《弗里兹法》，棒击受害者，仅赔偿半苏；受伤者，即使伤情极轻，赔偿多于半苏。[8] 根据《萨利克法》，自由民棒击另一自由民三下，赔偿三苏；被击者流血，击打者应受惩罚，与用铁器伤人者相同，即赔偿十五苏；赔偿金额视伤情而定。根据《伦巴第法》，击打一次、两次、三次或者四次，赔偿有所不同。[9] 如今击打一次与十万次，惩罚无甚区别。

纳入《伦巴第法》的查理曼法规定，司法决斗应使用棍棒。[10]

---

[1] 胖子路易（1081—1137），即法国加佩王朝国王路易六世（1108－1137 在位）。——译注

[2] 胖子路易 1145 年法规，载于其谕令集。——原注

[3] 奥尔良，法国中部城市。——译注

[4] 胖子路易 1168 年法规，载于其谕令集。——原注

[5] 路易七世（1121—1180），绰号“年轻的路易”，法国加佩王朝国王（1137—1180 在位）。——译注

[6] 参见博马努瓦：《博韦习惯法》第六十三章，第 325 页。——原注

[7] 参见博马努瓦：《博韦习惯法》第二十八章，第 203 页。——原注

[8] 参见维尔马卢斯：《知识的增加》第五卷。——原注

[9] 参见《伦巴第法》第一卷第六章第三节。——原注

[10] 参见《伦巴第法》第二卷第五章第二十三节。——原注

这也许是对教会人士的让步,也许是鉴于决斗日渐普遍而采取的一种减少流血的措施。宽厚者路易敕令规定,决斗时可以任选棍棒或者刀剑。[1] 后来,在决斗时只有农奴才可使用棍棒。[2]

此时,名誉观念已经萌芽并逐渐形成。原告向法官指控某人犯罪,被告宣称原告诬告[3],法官就下令决斗。由此建立一条规则:当某人被指撒谎时,就得决斗。

一旦宣布要决斗,就不能反悔;若反悔,就要受罚。[4] 由此形成一条规则:一言既出,驷马难追,否则,名誉扫地。

绅士决斗时全副武装骑在马上,[5]平民决斗时手持棍棒站在地上。[6] 故棍棒视为侮辱人的器械[7],被棍棒击打者也就视同平民。

只有平民才在决斗中不遮掩脸面[8],故也只有他们的脸部才可能被击中。挨耳光视为奇耻大辱,就得用血来洗刷,盖挨耳光说明被视为平民。

日耳曼各族看重名誉,丝毫不亚于我们,甚至有过之而无不及。对侮辱,最疏远亲属也感同身受,故其所有法律皆以此为基础。《伦巴第法》规定,一个人为了羞辱和戏弄,带人殴打毫无防备者,应支付的赔偿金相当于杀人赔偿金的一半;[9]若出于同一目

---

[1] 819 年并入《萨利克法》。——原注

[2] 参见博马努瓦:《博韦习惯法》第六十四章,第 323 页。——原注

[3] 参见博马努瓦:《博韦习惯法》第六十四章,第 329 页。——原注

[4] 参见博马努瓦:《博韦习惯法》第三章,第 25、329 页。——原注

[5] 关于决斗时所持武器,参见博马努瓦:《博韦习惯法》第六十一章,第 308 页;第六十四章,第 328 页。——原注

[6] 参见博马努瓦:《博韦习惯法》第六十四章,第 328 页;又参见加朗所说的圣奥班·当茹的条规。——原注

[7] 罗马人从不把棍棒视为侮辱的器械。——原注

[8] 他们除了手持棍棒和盾牌外,别无他物。参见博马努瓦:《博韦习惯法》第六十四章,第 328 页。——原注

[9] 参见《伦巴第法》第一卷第六章第一节。——原注

的把被打者捆绑，就应支付杀人赔偿金的四分之三。[1]

不妨说，先辈极其重视名誉与面子，但对侮辱形式，如用何器械打在何部位，用何方法击打等，不加区分。所有这一切皆为被打，皆为侮辱，而受辱程度取决于暴行大小。

第二十一节　日耳曼人名誉问题新思考

塔西佗说："日耳曼人认为，在战场丢失盾牌乃奇耻大辱，不少人为此自杀身亡。"[2]所以，《萨利克法》规定，被诬指丢失盾牌者可以获得十五苏赔偿金。[3]

查理曼修改《萨利克法》时，把赔偿金降为三苏。不应认为此乃这位君王意欲削弱军队纪律，很明显，他作此修改，乃因武器发生变化，而武器变化实乃诸多习惯发生变化的根源。

第二十二节　与决斗有关习俗

我们与女性的关系，建立在感官愉悦所产生的幸福感、爱和被爱的魅力以及取悦她们的愿望上。人之价值由诸多东西构成，女性乃其中某些东西的最高明判断者。取悦女性的普遍愿望造就殷勤献媚，但殷勤献媚并非爱情。它只是体贴、轻佻与虚伪的山盟海誓。

---

[1] 参见《伦巴第法》第一卷第六章第二节。——原注
[2] 参见塔西佗：《日耳曼尼亚志》第六章第六节。——原注
[3] 参见《萨利克法》。——原注

不同时代不同民族，在爱情的上述三种表现中，侧重其中某一种的时候多，侧重于其中两种的时候少。窃以为，盛行决斗时期，殷勤献媚独占鳌头。

我在《伦巴第法》中发现，两名决斗者之一若随身携带魔草，法官就会让其取掉，并要他发誓身上不再有魔草。[1] 此法依据只能是公众舆论。由于恐惧，人们会想出诸多东西，魔草这类认为有魔力的东西就是因恐惧而幻想出来的。在个人决斗中，决斗者全副武装，手持沉重的防卫性和进攻型武器。某种武器质量好、性能高，自然拥有巨大优势。倘若有人说某位决斗者的武器具有魔力，很多人听了就会晕头转向。

这样就产生了奇迹般的骑士制度。所有人心里都希望出现奇迹。在小说里，我们看到有游侠骑士、巫师、仙女、长翅膀或者通人性的马、隐形人和刀枪不入的人、关注大人物的出生与教育的魔法师、有魔力和无魔力的宫殿；在现实世界中，我们看到一个崭新的世界。唯有凡夫俗子才按部就班过日子。

在世界上充斥着城堡、碉楼和盗贼的那些地方，游侠骑士武器永不离身，路见不平拔刀相助，为红颜不惜性命。在小说中，爱恨情仇与殷勤献媚，就与武艺和保护糅合在一起。

人们幻想，气质非凡的男士，遇见品貌俱佳而娇弱无助的美女，挺身而出，英雄救美，并时时逗其开心。殷勤献媚之风就此而产生。

我们的骑士文学，推波助澜，把这种古人罕见的取悦女子的殷勤献媚风气，推向欧洲其他地区。

罗马大城市的无比奢华，激励着感官享乐。希腊乡村，田园风

---

[1] 参见《伦巴第法》第二卷第五十五章第十一节。——原注

光，静谧宜人，让人萌发描写爱情之念。[1] 保护女性贞操与美貌的游侠骑士观念，进一步推动殷勤献媚之风。

骑士比武，让尚武精神长期延续，既为展示勇气也为获得爱情提供了机遇，再次强化了殷勤献媚之风。

第二十三节　司法决斗法律原则

人们也许会有好奇心，想知道司法决斗这种陋习有何原则，想看看这种荒诞原则的基础是何物。从根本上而言，人类是讲理性的，但有时候会把偏见当成原则。没有任何东西比司法决斗更有悖常理。无论如何，既然规定了司法决斗，就必然要严肃谨慎执行。

欲全面透彻了解其原则，就应认真研读对司法制度作了巨大改革的圣路易所制定的规则。德方丹[2]是圣路易同时代人，博马努瓦著作写于圣路易身后[3]，其他人生活在他过世之后。因此，古人做法应从后人所作修改中寻找。

第二十四节　司法决斗规则

原告有数人，应协商指派一人参加决斗；无法达成一致意见，由听取辩护的原告，从所有原告中指定一人参加决斗。[4]

---

〔1〕 不妨读读中世纪希腊小说。——原注

〔2〕 德方丹，圣路易时期高等法院审判官，圣路易法律顾问。——译注

〔3〕 成书于 1283 年。——原注

〔4〕 参见博马努瓦：《博韦习惯法》第六章，第 40、41 页。——原注

绅士向平民提出决斗,应携带盾牌和棍棒步行前往;携带武器骑马前往挑战,就会让其下马,并取走其武器,让其只能穿着仅剩的衬衣与平民决斗。[1]

决斗开始前,由司法官宣布三条规定:第一,当事人亲属必须退场。第二,旁观者必须保持安静。第三,不得援助决斗任何一方,违者重罚;援助导致任何一方败北的,甚至处死刑。[2]

司法官员负有守护决斗场之责。[3] 任何一方求和,司法官员应记住决斗双方当时所处位置与状态,以便议和不成时,在原有位置与状态下继续决斗。[4]

双方为犯罪案件或者因案件错判而决斗,未经领主许可,不能和解;即使一方战败,未经伯爵许可,也不得和解。[5] 这种许可极其类似我们今天的恩赦令。

死刑案件,领主因受贿而同意和解,罚领主六十锂,并剥夺领主惩罚坏人的权利,将该权利转给伯爵。

不少人无力挑战也无力应战。查明原因后,允许其雇佣决斗士。为使被雇佣者利益与决斗胜负挂钩,被雇佣者若败北将被砍掉一只手。[6]

上世纪立法禁止决斗,违者处死。也许砍掉违令决斗者一只手,使之丧失决斗能力,已足够。对于男人,一般来说,最大悲哀莫过于苟且偷生。

一方犯死罪而双方均雇人代为决斗时,决斗场选在双方当事

---

〔1〕 参见博马努瓦:《博韦习惯法》第六十四章,第 328 页。——原注

〔2〕 参见博马努瓦:《博韦习惯法》第六十四章,第 330 页。——原注

〔3〕 同上。——原注

〔4〕 同上。——原注

〔5〕 大附庸拥有特权。——原注

〔6〕 敕令中有如此规定。这种做法一直延续至博马努瓦时代。参见博马努瓦:《博韦习惯法》第六十一章,第 315 页。——原注

人均无法看见之地，双方均用一条绳子拴住，谁雇佣的决斗士败北，就用这条绳子处死谁。〔1〕

决斗败北一方并不输掉全部争讼。例如，决斗若针对预审判决，输掉的也仅仅是预审判决而已。〔2〕

第二十五节　司法决斗限制规定

无关紧要的民事案件，即使一方已接受另一方挑战，领主也可强令取消决斗。

涉及人所共知事实，例如，一人在集市众目睽睽下被杀，就不必提供证人证言，也不必决斗，由法官依据事实断案。〔3〕

倘若领主法院经常用大家熟知的同一种方法断案，领主就会不准双方决斗，以免习惯法因决斗不同结果而改变。〔4〕

只能为自己、为家族成员或者直属领主而申请决斗。〔5〕

被告已判无罪，原告亲属不得要求决斗，否则，争讼就会没完没了。

死者亲属欲报仇，但死者实际未死而重新露面的，不得决斗。与此同理，倘若大家都知道，案发时被告不在现场的，也不得决斗。〔6〕

被害人死亡前为疑凶辩解，并指认凶手另有其人的，完全不必

---

〔1〕 参见博马努瓦：《博韦习惯法》第六十四章，第 330 页。——原注

〔2〕 参见博马努瓦：《博韦习惯法》第六十一章，第 309 页。——原注

〔3〕 参见博马努瓦：《博韦习惯法》第六十一章，第 308 页；第六十三章，第 239 页。——原注

〔4〕 参见博马努瓦：《博韦习惯法》第六十一章，第 314 页；参见德方丹：《谏言》第二十二章第二十四节。——原注

〔5〕 参见博马努瓦：《博韦习惯法》第六十三章，第 322 页。——原注

〔6〕 同上。——原注

决斗。[1] 但是,被害人并未指认其他人为凶手,则其辩解只能视为其宽恕凶手,应继续追究;案件发生在绅士之间,甚至可以通过开战求得解决。

若已开战,一方亲属发出或者接受决斗挑战,战斗权利立即中止,盖认为双方有意通过正常司法程序解决纠纷;拒不停战者应赔偿由此造成的损失。

由此可见,司法决斗好处,在于能将一般纠纷变为特定纠纷,把管辖权利交还法庭,将原本只能由万民法管辖的案件,变为由市民法管辖的案件。

有诸多简单明了的案件以极其愚蠢方式办理,也有诸多棘手案件办得十分漂亮。

被指控犯罪而被挑战者[2],若能确凿指证罪犯乃挑战者,就不存在接受挑战问题,盖任何罪犯都懂得,与其甘愿受罚,不如进行一场胜败未卜的决斗。

应由仲裁庭裁决或者宗教法庭判决的案件,不得决斗。[3] 涉及聘礼嫁妆或者丈夫指定给妻子财产的案件,也不得决斗。

博马努瓦说:"女性不得决斗。"女性提出决斗而未指定代为决斗者,决斗挑战不会被接受。女性若未得到主人即其丈夫许可,也不得提出决斗挑战。[4] 不过,向妇女提出决斗,无需征得其丈夫同意。

挑战者或者被挑战者,未满十五岁,不得决斗。[5] 不过,涉及

---

〔1〕 参见博马努瓦:《博韦习惯法》第六十三章,第 323 页。——原注

〔2〕 参见博马努瓦:《博韦习惯法》第六十三章,第 324 页。——原注

〔3〕 参见博马努瓦:《博韦习惯法》第六十三章,第 325 页。——原注

〔4〕 同上。——原注

〔5〕 参见博马努瓦:《博韦习惯法》第六十三章,第 323 页。参见本书第十八章第二十六节。——原注

孤儿案件，人身或者财产监护人愿冒风险，可以决斗。

据我所知，农奴在以下情形可以决斗：有人挑战，农奴可以与农奴、自由民甚至绅士决斗。挑战者系农奴，绅士可以拒绝接受挑战，农奴领主甚至可以把他从法庭领回。〔1〕农奴可以依据领主法律〔2〕或者习俗，与任何自由民决斗。教会声称，其农奴也同样拥有这项权利〔3〕，此乃尊重教会的应有之义。〔4〕

第二十六节　诉讼当事人与证人决斗

博马努瓦说：一方诉讼当事人发现证人证言对其不利，可以对方提供伪证和诽谤为由，要求法官不让第二位证人出庭作证；〔5〕证人若坚持出庭作证，就可以向其提出决斗。法庭无需审理，盖证人决斗败北，就说明其所支持的那方当事人提供伪证，结果乃败诉。

因此，不能让第二证人立誓，盖其若作证，两位证人证言足以结案。制止第二证人作证，第一证人证言也无效。

第二证人作证被阻止，该方当事人因不允许提供其他证人证言，乃败诉。不过，倘若无人提出决斗，就仍然可以提供其他证人证言。〔6〕

博马努瓦说，证人作证前，可以向一方当事人表明："我不打算

〔1〕参见博马努瓦：《博韦习惯法》第六十三章，第322页。——原注

〔2〕参见德方丹：《谏言》第二十二章第七节。——原注

〔3〕"他们可以决斗，也可以作证。"参见1118年胖子路易谕令。——原注

〔4〕1118年胖子路易谕令。——原注

〔5〕参见博马努瓦：《博韦习惯法》第三十九章，第218页："在他们立誓前，应查明他们提供证据欲帮助谁。只有依据这点，才有可能以伪证为由取消其作证资格。"——原注

〔6〕参见博马努瓦：《博韦习惯法》第六十一章，第316页。——原注

为你的案件决斗，也不想为我自己介入争讼。但若你准备手持武器为我提供保护，我就说出真相。”[1]在这种情况下，诉讼当事人就不得不为证人决斗；若输决斗，并未败诉[2]，只是不能再采信该证人证言。

窃以为，此乃由古代习惯法演变而来。我这么认为，乃因挑战证人做法在《巴伐利亚法》[3]《勃艮第法》[4]均可找到，而且没有任何限制。

前述贡德鲍法，遭到阿戈巴尔和圣阿维特[5]极力反对[6]。[7]

贡德鲍说：“被告方证人若发誓被告未犯控罪，原告就可向证人提出决斗。对已发誓并声称了解真相者而言，为支持真相而决斗没有任何困难。”这位国王没有给证人留下任何回避决斗的借口。

第二十七节　当事人与领主家臣之决斗以及对裁决不公之上诉

司法决斗性质，乃一劳永逸解决争讼，不得再审，也不得再诉。[8] 罗马法和教会法规定，可以上诉，即提请上一级法院再审，可以改变原审判决。法兰西不存在这种制度。

---

〔1〕 参见博马努瓦：《博韦习惯法》第六章，第39、40页。——原注

〔2〕 决斗由他人代为进行的，一旦败北，代为决斗者就要被砍掉一只手。——原注

〔3〕 参见《巴伐利亚法》第十六章第二节。——原注

〔4〕 参见《勃艮第法》第四十五章。——原注

〔5〕 圣阿维特(450—517? 518? 519?)，又译“圣阿维图斯”，维埃纳主教。——译注

〔6〕 参见《致宽厚者路易的信》。——原注

〔7〕 参见《圣阿维特传》。——原注

〔8〕 “人们到法庭乃响应决斗挑战，决斗既已结束，就没有理由提起上诉。”参见博马努瓦：《博韦习惯法》第二章，第22页。——原注

受荣誉支配的尚武民族,不懂得这种司法程序,甚至把对付对方当事人之法用来对付法官。[1]

对这个民族而言,上诉意味提出武装决斗的挑战,意味以流血代价终结的决斗挑战,而不是邀请对方打笔墨官司,笔墨官司是后来才有的事。

圣路易《条例》说:上诉乃不忠不义之举。[2] 博马努瓦说,下属欲控告领主,应先向领主宣布放弃封地,再向领主宗主告发,并向领主发出决斗挑战。[3] 与此同理,领主欲向自己的领主告发自己下属,也应放弃与下属的隶属关系。

就领主判决提起上诉,等同指责领主判决不公且含有恶意。如此之举,不啻犯下叛逆罪。

因此,与其直接指控领主判决不公,不如指控主持审判的法庭组成人员,盖这些人仅为领主附庸。只指控附庸,没有触犯叛逆罪之虞,而且指控附庸,可以说清楚理由。

指控断案附庸不公,风险很大。[4] 判决已宣布,而所有参与断案附庸皆认为判决并无不妥的,就得与他们全部人决斗。[5] 在参与断案的附庸发表意见前提出指控的,就得与所有持相同意见的附庸决斗。为避免这种风险,诉讼当事人可以请求领主命令每一位附庸大声说出其意见[6],当第一位附庸说完其意见而第二位即将发表意见时,当事人应立即表示,第一位发表意见的附庸说假话,是坏人,无端诬陷他人。这样就只需要与这个人决斗。

---

〔1〕 参见博马努瓦:《博韦习惯法》第六十一章,第 338 页。——原注

〔2〕 参见圣路易:《条例》第二卷第十五章。——原注

〔3〕 参见博马努瓦:《博韦习惯法》第六十一章,第 310、311 页以及第六十七章,第 337 页。——原注

〔4〕 参见博马努瓦:《博韦习惯法》第六十一章,第 313 页。——原注

〔5〕 参见博马努瓦:《博韦习惯法》第六十一章,第 314 页。——原注

〔6〕 同上。——原注

德方丹指出，按照惯例，指控裁判不公前，应先让三位法官发表意见。〔1〕 德方丹没说应与这三位法官决斗，更没说应与所有已发表一致意见的法官决斗。出现如此差异，在于彼时习惯做法，很少有完全相同的。博马努瓦所说乃克莱蒙〔2〕习惯，德方丹所说乃韦芒杜瓦〔3〕习惯。

断案附庸之一宣布支持判决后，法官下令提出挑战，与此同时，还要确保上诉人仍然坚持上诉。〔4〕 但是，被上诉附庸无需提出担保，盖他是领主附庸，有义务维护判决，否则，就要赔偿领主六十锂。

上诉人不能证实判决不公，应赔偿领主六十锂〔5〕，并向被上诉的附庸以及曾公开表示支持判决的那些附庸赔偿相同金额。〔6〕

有充分证据被指控犯死罪而被捕并已被判决者，不能以判决不公为由提起上诉〔7〕，否则，他可以一而再、再而三地提起上诉，争取多活几天或者寻求无罪释放。

指控判决不公，却不能证明主张，即不提出决斗者，若为绅士则应支付十苏罚金，若为农奴应支付五苏罚金，作为对其信口开河的惩罚。〔8〕

---

〔1〕 参见德方丹：《谏言》第二十二章第一、十节。他只说要向每个人支付一笔罚金。——原注

〔2〕 克莱蒙，法国中南部古城。1630 年，根据《特鲁瓦赦令》，克莱蒙与其东北侧的小城蒙费朗合并，形成今天的克莱蒙费朗。——译注

〔3〕 韦芒杜瓦，墨洛温王朝时期地名，现属上法兰西地区。——译注

〔4〕 参见博马努瓦：《博韦习惯法》第六十一章，第 314 页。——原注

〔5〕 参见博马努瓦：《博韦习惯法》第六十一章，第 316 页。参见德方丹：《谏言》第二十二章第九节。——原注

〔6〕 参见德方丹：《谏言》第二十二章第九节。——原注

〔7〕 参见博马努瓦：《博韦习惯法》第六十一章，第 316 页。参见德方丹：《谏言》第二十二章第二十一节。——原注

〔8〕 参见博马努瓦：《博韦习惯法》第六十一章，第 313 页。——原注

决斗败北的法官或者附庸[1]不会被处死,也不会被砍掉手足。若为死刑案件,决斗败北之上诉人,就要被处死。[2]

就判决不公挑战附庸的办法,乃为避免挑战领主本人。领主没有附庸或者附庸人数不足[3],可以出资向上级领主借用附庸。[4] 被借用附庸不愿意断案,不能强迫其断案。被借附庸可以宣称,仅为提供建议而已。出现如此情形,就得由领主本人主持审判并宣判;若有人以审判不公为由提起上诉,就得由领主本人应诉。[5]

领主穷得无法向上级领主借用附庸的[6],或者疏忽而未提出请求的,或者其领主不借的,领主本人不能单独断案。由于不能强迫任何人在不能作出判决的法庭上进行辩护,案件就应交给上级领主法院审理。

窃以为,此乃司法与封地分离主因之一,并由此形成法国法学原则之一:封地是封地,司法是司法。在法国,诸多封臣附庸没有自己的封臣附庸,无力维持法庭,于是,所有案件皆上交其领主法院审理。这些封臣附庸不能也不愿主张司法权,乃丧失司法权。

所有参审法官均应出席宣判,以便有人以审判不公为由质问他们是否同意判决时,可以对其说"是"。[7] 德方丹说:"此乃礼貌与忠诚问题,不能逃避也不能拖延。"英国至今仍在遵循这种做

---

[1] 参见德方丹:《谏言》第二十二章第七节。——原注

[2] 参见德方丹:《谏言》第二十一章第十一、十二节及以下若干节。这些条文区分两种情况:一是事实被证实,上诉人就应被处死;二是仅为庭前和解案件。——原注

[3] 参见博马努瓦:《博韦习惯法》第六十二章,第 322 页。——原注

[4] 伯爵并非必须同意将其附庸借出。参见博马努瓦:《博韦习惯法》第六十七章,第 337 页。——原注

[5] "谁也不能在自己的法庭审案。"博马努瓦就是这样说的。参见博马努瓦:《博韦习惯法》第六十三章,第 336、337 页。——原注

[6] 参见博马努瓦:《博韦习惯法》第六十二章,第 322 页。——原注

[7] 参见德方丹:《谏言》第二十一章第二十七、二十八节。——原注

法，唯有所有法官一致同意方可宣判死刑。窃以为，其源自上述习惯。

就是说，判决必须根据大多数参审法官意见作出。若正反意见人数相等，凡涉及刑事案件就作出有利于被告人的判决，凡涉及债务案件就作出有利于债务人的判决，凡涉及继承案件就作出有利于被告的判决。

德方丹说，附庸不得以下列理由为借口拒不参与审判：出庭法官仅有四名〔1〕；全体法官未到齐；最高明法官未出庭。这犹如激战之时，附庸不能以身边只有部分兵员为由，拒不驰援领主一样。但是，选用最勇敢和最聪明者担任法官，树立法庭威信，乃领主应做之事。我说这些，乃为说明附庸义务：既要决斗又要断案，实质上，甚至可以说，断案就是决斗。

在自己法庭上控告附庸的领主，可以对参与断案的附庸提出审判不公的指控。〔2〕附庸因立誓效忠而必须敬重领主，领主因接受附庸效忠而必须施惠于附庸，故区分两种情形处理：一是领主笼统指责审理不公；〔3〕二是点名指责某个附庸渎职。〔4〕第一种情形，领主极其不智，所指责的乃他自己的法庭，某种意义上就是他自己，故他无法向谁提出决斗挑战；第二种情形，可以提出决斗挑战，盖他指责的乃附庸名誉。这种决斗，乃为维护公共秩序，其代价是，必有一方丧失生命与财产。

在特殊情况下，这种区分完全有必要。但是，后来被扩大使

---

〔1〕至少应有四名法官。参见德方丹：《谏言》第二十一章第三十六节。——原注

〔2〕参见博马努瓦：《博韦习惯法》第六十七章，第 337 页。——原注

〔3〕“审理不公亦不妥。”参见博马努瓦：《博韦习惯法》第六十七章，第 337 页。——原注

〔4〕“出于谋划或者许诺，你作出不公判决，如你的为人一样。”参见博马努瓦：《博韦习惯法》第六十七章，第 337 页。——原注

用。博马努瓦说：当有人以断案不公为由提出指控，并把矛头对准参与断案的某个附庸时，就要进行决斗；若此人只指控断案不公，被指控的附庸可以自由选择：决斗或者走法律途径解决争端。[1] 因为博马努瓦时代的主流精神乃限制司法决斗，而且受指控的附庸所拥有的是否通过决斗维护原判的选择权，既与当时名誉观念相悖，也违背附庸维护领主法院的承诺，所以，窃以为，博马努瓦提出的这种区分，乃当时法兰西人的一种崭新法律原则。

我并非说，所有对断案不公的指控，均以决斗解决。这种指控如此，其他指控也如此。读者也许还记得第二十五章谈及的一些例外情形。是否取消决斗挑战，乃上级领主法院权限。

王座法院裁决，不得以不公为由提出指控，盖无人与国王处于平等地位，无人可以对其提出指控，国王没有上级，不能就其法庭裁决提起上诉。

作为政治法，这条基本法有必要，而且与市民法一样，减少了当时的司法弊端。倘若领主担心有人指控其法庭审判不公[2]，或者发现有人将提出这种指控时，而且领主认为提出这种指控不利于司法公正，就可以要求由王座法院法官主持审理，盖王座法院判决不能被指控为不公。德方丹说，国王菲利普[3]曾把枢密院全体成员派至科比修道院法庭审理案件。[4]

领主倘若无法请到王座法院法官，只要其系国王直接管辖，就可以把自己的法庭并入王座法院审理案件。领主与国王之间还存在中间领主的，可以求助其直属领主，直至国王。

---

〔1〕 参见博马努瓦：《博韦习惯法》第六十七章，第 337、338 页。——原注

〔2〕 参见德方丹：《谏言》第二十二章第十四节。——原注

〔3〕 菲利普（1245—1285），即菲利普三世，又译“腓力三世”，绰号“勇敢者菲利普”，圣路易之子，法国国王（1270—1285 在位）。——译注

〔4〕 参见德方丹：《谏言》第二十二章第十四节。——原注

尽管当时尚无如今的上诉实践，甚至没有上诉观念，但是，求助国王还是有的，国王毕竟是江河之源、百川之宿。

第二十八节　针对司法渎职行为之上诉

领主法院延误、逃避或者拒绝作出判决的，当事人可以向上级法院上诉。

加洛林王朝时期，每个伯爵手下皆有若干官员。虽然他们的人身隶属伯爵，但他们的管辖权不隶属于伯爵。这些官员以伯爵名义主持初审、复审和终审。伯爵与这些官员的区别在于司法权不同，例如，伯爵有权判处死刑、作出与自由和财产处分有关的判决[1]，而百夫长则无权作出上述判决。

同理，重大案件，即直接与国家政治有关的案件，专门由国王审理。[2] 主教、教士、伯爵以及其他显要人士之间的纠纷，属重大案件，由国王会同大臣审理。[3]

有些作者说，针对伯爵之上诉，可以提交国王钦差大臣审理。这很不合理。伯爵与国王钦差大臣互不隶属，其司法权相同，[4] 区别在于：国王钦差大臣每年开庭审案四个月，伯爵每年开庭审案八个月。[5]

---

〔1〕 参见812年敕令第三编第三章，载《敕令汇编》巴鲁兹版，第497页；参见《伦巴第法》第二卷第三章秃头查理敕令。——原注

〔2〕 812年敕令第二条，载《敕令汇编》巴鲁兹版，第497页。——原注

〔3〕 “会同亲信”。参见宽厚者路易敕令，载《敕令汇编》巴鲁兹版，第667页。——原注

〔4〕 参见《伦巴第法》第二卷第五十九章秃头查理敕令。——原注

〔5〕 812年敕令第三编第八条。——原注

初审[1]有罪者,申请重审而败诉,罚金十五苏,或者由主审法官打手十五下。[2]

伯爵和国王钦差大臣认为其权力不足以让达官贵人服从其裁决的,可以要求他们保证出席王座法院。[3] 这是一审案件,而不是再审案件。我发现,梅斯敕令[4]规定,只能以判决不公为由向王座法院上诉,不得以其他理由向王座法院上诉,违者受罚。

不服治安法庭判决但不上诉者,予以监禁直至服从判决为止;[5]倘若上诉,就会把他安全地押送王座法院,并将案件交其再审。

就渎职行为向上级法院上诉,几乎不可能。凡对伯爵以及其他法官心怀不满的,原因一般都不是他们不如期开庭,而是开庭次数太多。[6] 许多法令一再规定,伯爵以及其他法官每年开庭不得超过三次。因此,问题不是纠正其懒散,而是要制止其过于积极。

当出现无数小领主,建立起层层封建臣属关系后,疏于开庭现象开始发生在某些附庸身上,就渎职问题向上级法院上诉现象乃出现。[7] 此类上诉案件能给上级领主带去丰厚罚金,进一步催生如此现象。

司法决斗风气越来越普遍,由于时间、地点以及案情等原因,有时很难找到足够多的官员主持决斗。所以,有些案件长期悬

---

〔1〕 初审,拉丁文为"*Placitum*"。——原注

〔2〕 在《伦巴第法》敕令中增加规定。参见该法第二卷第五十九章。——原注

〔3〕 在法规、敕令和条例中都可见到。——原注

〔4〕 颁布于757年,参见《敕令汇编》巴鲁兹版,第180页,第九、十条;755年韦尔农敕令第二十九条,载《敕令汇编》巴鲁兹版,第175页。这两道敕令均为丕平国王在位时颁布。——原注

〔5〕 颁布于805年的查理曼敕令第十一编,载《敕令汇编》巴鲁兹版,第423页;《罗泰尔法》,参见《伦巴第法》第二卷第五十二章第二十三节。——原注

〔6〕 参见《伦巴第法》第二卷第五十二章第二十二节。——原注

〔7〕 从菲利普二世执政时期开始就有此类上诉。——原注

而不决。于是,出现就渎职问题向上级法院上诉的做法。这是我们历史上值得关注的大事,盖当时的战争大多因践踏政治法而引起,犹如今天诉诸战争的原因或者借口通常是违反万民法一样。

博马努瓦说,因司法渎职而提起的上诉,不允许采取决斗方式解决。[1] 究其原因有:(1)领主应受敬重,当事人不得提出与领主本人决斗;当事人也不得提出与领主家臣决斗,盖事情很清楚,只要数数传唤出庭日或者其他拖延日就可以;(2)没有作出判决,自然也无从就判决不公上诉;(3)最后,领主家臣的错误行为既侵害当事人利益也侵害领主利益,但让领主与家臣进行决斗违反尊卑有序的规矩。

证人要在上级法院出庭证明存在司法渎职,故可以向证人提出司法决斗,[2]这样就既不冒犯领主,也不冒犯其法庭。

1. 领主下属或者封臣由于自身原因而拖延审理或者拖延宣判,被当事人上诉至上级法院并被判败诉的,应向其领主缴纳罚金。[3] 领主不能为他们提供任何帮助,相反,倘若他们没有缴纳罚金,他应查封其下属或者封臣之封地,直至付清罚金为止。

2. 领主本人渎职的,例如,人手不足而未能及时判决,或者未召集其下属或者封臣断案,或者未指定他人代为召集其下属或者封臣断案,当事人可以向上级领主上诉。不过,为尊重领主,审理上诉案件时,被传唤出庭的是被上诉人,而不是领主本人。[4]

领主可以请求上级法院发回重审。若查明该领主不存在渎职行为,就将案件发回重审,并由上诉人向其缴纳六十苏罚金。[5]

---

〔1〕 参见博马努瓦:《博韦习惯法》第六十一章,第 315 页。——原注

〔2〕 参见博马努瓦:《博韦习惯法》第六十二章,第 315 页。——原注

〔3〕 参见德方丹:《谏言》第二十一章第二十四节。——原注

〔4〕 参见德方丹:《谏言》第二十一章第三十二节。——原注

〔5〕 参见博马努瓦:《博韦习惯法》第六十一章,第 321 页。——原注

但若查明存在渎职行为,对领主的处分乃剥夺其对该案享有的审理权,而由上级法院审理。[1] 实际上,针对渎职而提起上诉的目的就在于此。

3. 只有涉及封地的案件纠纷,才能在领主法院起诉领主本人,[2]而且是在用尽所有法定期限后,该领主下属经君主同意才会以君主名义传唤该领主到庭。[3] 不能以领主下属名义传唤领主,盖他们不能传唤领主,但他们可以代表领主传唤他人。[4]

有时候,就渎职行为上诉后,若领主作出判决,当事人可以判决错误为由再上诉。[5]

农奴针对领主错误判决而上诉,若不成立,将被判处罚金,但罚金数额由领主确定。[6]

根特[7]人曾就佛兰德伯爵渎职向国王上诉,理由是他迟迟不对案件作出判决。[8] 国王经审理查明,这位领主审判案件所拖延的时间,比当地习惯法所允许的要短,遂将该案发回领主重审。发回重审后,领主下令扣留根特人财产,数额高达六万锂。根特人遂再次向国王上诉,要求减少罚金。国王裁定,伯爵不仅可以收取这笔罚金,而且只要他愿意,罚金数额还可以更高。博马努瓦亲历了这几次审判。

[1] 参见德方丹:《谏言》第二十二章第二十九节。——原注

[2] 路易八世在位期间,领主内勒控告佛兰德公爵夫人让娜,要求她在 40 天内将案件交付审理。后来他又以渎职为由向王座法院控告让娜。她回答说,她将让她在佛兰德的属下主持审理。王座法院裁定,不交出案件,就传唤公爵夫人。——原注

[3] 参见德方丹:《谏言》第二十一章第三十四节。——原注

[4] 同上。——原注

[5] 参见博马努瓦:《博韦习惯法》第六十一章,第 311 页。——原注

[6] 参见博马努瓦:《博韦习惯法》第六十一章,第 312 页。不过,指控领主者若非领主属下或者封臣,就只需向他支付罚金六十锂。——原注

[7] 根特,今属比利时。——译注

[8] 参见博马努瓦:《博韦习惯法》第六十一章,第 318 页。——原注

4. 领主与属下的人身或者名誉纠纷，或者与封地无关的财产纠纷，不能以司法渎职为由上诉，盖此类案件根本不由领主法院审理，而由上级领主法院审理。德方丹说，封臣无权就领主人身问题作出判决。[1]

关于上述问题，早期著述非常混乱，我费了不少笔墨才阐述清楚。厘清上述一团乱麻的问题，其意义无异于有新发现。

第二十九节 圣路易统治时代

圣路易在其直接管辖的法院废除了司法决斗，这可以从其颁布的相关法令[2]和《条例》[3]中看出。

除就渎职向上级法院上诉的案件外，他并未禁止男爵所管辖法院的司法决斗。[4]

领主属下就领主法院错误判决上诉，必须同时向原审法官提出司法决斗。[5] 但圣路易规定，不提出司法决斗也可以针对错误判决上诉，此乃革命性变化。[6]

圣路易宣布，在其领土上，不能就领主法院错误判决上诉，盖这种上诉属背叛罪。[7] 其实，倘若是背叛领主的犯罪，就更有理由认为是背叛国王的犯罪。可是，他规定，当事人可以请求王座法

---

〔1〕 参见德方丹：《谏言》第二十一章第三十五节。——原注

〔2〕 颁布于1260年。——原注

〔3〕 参见圣路易：《条例》第一卷第二、七章、第二卷第十、十一章。——原注

〔4〕 在圣路易《条例》中随处可以看到。参见博马努瓦：《博韦习惯法》第六十一章，第309页。——原注

〔5〕 即以判决错误为由向上级法院上诉。——原注

〔6〕 参见圣路易：《条例》第一卷第六章、第二卷第十五章。——原注

〔7〕 参见前引书第二卷第十五章。——原注

院作出变更原判之裁定[1],理由并非是该判决错误或者不公,而是该判决造成损害[2]。他还规定,当事人对男爵法院裁决不满,应针对错误判决提起上诉。[3]

如前所述,《条例》规定,不能在国王管辖法院针对错误判决提起上诉,但可以请求原审法院改判。倘若原审法院拒绝改判,国王准许向其法院上诉[4],或者依据自己对《条例》的解释,向国王本人呈送陈情书或者恳求书。[5]

圣路易允许针对领主法院错误判决向上级法院或者王座法院上诉,[6]但不得诉诸决斗,而是根据《条例》规定的规则、程序,质证后作出裁判。[7]

因此,无论是可以如针对男爵法院错误判决一样上诉,还是不可以如针对王座法院错误判决一样上诉,圣路易都规定,不提出决斗,也可以上诉。

德方丹记述了其所见的最初两个案例。[8] 这两个案例都没有进行司法决斗而直接上诉。第一例发生在国王领地圣康坦法院,另一例发生在蓬蒂厄法院。后一例,当地伯爵出庭,并反对依据旧法断案。上述两个案件都是依照《条例》进行审理。

也许有人会问,圣路易对男爵领地法院诉讼程序所作规定,为何有别于他自己领地的法院?原因在于:圣路易可以不受任何影

---

〔1〕 参见前引书第一卷第七十八章、第二卷第十五章。——原注

〔2〕 参见前引书第一卷第七十七章。——原注

〔3〕 参见前引书第二卷第十五章。——原注

〔4〕 参见前引书第一卷第七十八章。——原注

〔5〕 参见前引书第二卷第十五章。——原注

〔6〕 可是,若不想指控裁决有误,却又想上诉,这种请求不会被接受。《条例》第二卷第十五章规定:“领主法院依法有权予以执行。”——原注

〔7〕 参见圣路易:《条例》第一卷第一、二、三章。——原注

〔8〕 参见德方丹:《谏言》第二十二章第十六、十七节。——原注

响地规定其辖地法院的诉讼程序,但对领主法院,他得顾忌一直享有特权的领主能量。除非当事人甘冒针对错误判决而提起上诉的风险,否则,很难从领主法院移走任何案件。圣路易保留提起上诉的习惯,但规定不得以司法决斗方式处理此类诉讼,就是说,为减少改革震荡,他作出的乃名存实亡的规定。

领主法院并未普遍接受上述改革。博马努瓦说,在他们那个时代,有两种断案方式:一种依照国王《条例》,一种依照古制。领主可以任选一种,不过,在一个案件中,一旦选用此种,就不能采用彼种。[1] 他还说,克莱蒙伯爵采用新制,而其属下沿用旧制,但是,倘若他愿意,随时可以恢复旧制,否则,其权威就会不如其属下。[2]

应注意,其时法兰西领土划分为国王领地和男爵领地,用圣路易《条例》语言来说,就是划分为王权辖区和非王权辖区。[3] 在王权辖区,国王仅以自己名义即可发号施令。在男爵领地,要与男爵联名,或者由他们盖章或者副署,国王才能发号施令,否则,男爵就会根据是否对其有利而决定是否接受国王命令。[4] 下级封臣与上级封臣关系也大体如此。虽然《条例》涉及事项对领主而言非常重要,但其在颁布前并未征得领主同意,所以,表示接受《条例》的,只是那些相信其规定对自己有利的领主。圣路易儿子罗贝尔

---

〔1〕 参见博马努瓦:《博韦习惯法》第六十一章,第309页。——原注

〔2〕 同上。——原注

〔3〕 参见博马努瓦:《博韦习惯法》;参见德方丹:《谏言》;参见圣路易:《条例》第二卷第十、十一、十五章。——原注

〔4〕 参见洛里埃:《法令集》介绍的加佩王朝初期法令,特别是菲利普二世执政时期颁布的关于教会司法权的法令、路易八世颁布的关于犹太人的法令;参见勃鲁塞尔编辑的法令,特别是圣路易关于土地租赁和赎回的法令以及封建女子成年的规定等;参见洛里埃:《法令集》第二卷第三章,第35页;参见《法令集》,第7页菲利普二世颁布的法令。——原注

在其克莱蒙伯爵领地接受《条例》约束，但其封臣却认为，不宜在其领地上实施这些法律。

第三十节　上诉考察

人们认为，上诉既然就是提出司法决斗，就应当场提出。博马努瓦说："走出法院而没有上诉，就等于放弃上诉，就是承认判决有效。"〔1〕甚至在完全禁止司法决斗后，情况仍然如此。〔2〕

第三十一节　上诉考察（续一）

德方丹说，平民不能指控领主法院裁决不公，〔3〕《条例》证实了这一说法。〔4〕 德方丹还说："因此，在领主和平民之间，除上帝，没有其他法官。"〔5〕

有关司法决斗的规定，确实剥夺了平民对领主提起渎职之诉的权利。无论依据法律或者习俗，有权参与决斗的平民，就有权对领主提起渎职之诉，哪怕参审的领主封臣是骑士。〔6〕 德方丹提出

---

〔1〕 参见博马努瓦：《博韦习惯法》第六十三章，第 327 页；第六十一章，第 312 页。——原注

〔2〕 参见圣路易：《条例》第二卷第十五章；查理七世 1453 年法令。——原注

〔3〕 参见德方丹：《谏言》第二十一章第二十一、二十二节。——原注

〔4〕 参见圣路易：《条例》第一卷第八十六章。——原注

〔5〕 参见德方丹：《谏言》第二卷第八节。——原注

〔6〕 参见前引书第二十二章第七节。迄今对该节与第二十二节的解释一直不对。德方丹从未把领主判决与骑士判决对立，盖两者本来就是一回事；但德方丹指出，普通平民与享有决斗特权的平民迥然有别。——原注

了一些补救办法[1],以避免指控判决不公的平民与骑士再发生决斗丑闻。

司法决斗开始消失,新的上诉习惯逐渐形成。自由民遇到领主判案不公时拥有补救手段,而平民却不拥有同样手段。人们认为这不合理,故高等法院如同接受自由民上诉一样,接受平民上诉。

第三十二节　上诉考察(续二)

就领主法院判决不公的上诉开庭时,领主应亲自出庭,在上级领主面前为其法院判决辩护。就渎职的上诉开庭时,被传唤方应与领主一起出庭,以便上诉无法证实时,领主可以立即重新审理。[2]

此后,原属特殊情形的这两种案例,由于形形色色上诉案件的出现而成为适用于所有案件的普遍规则:领主终生只能在他人法庭而不能在自己法庭审案;只能处理他人案件而不能处理自身案件。这非同寻常。瓦卢瓦的菲利普[3]规定,被传唤的只能是法官。[4] 随着上诉案件日渐增多,为诉讼进行辩护的就是上诉人,原由法官所为之事变成由当事人所为之事。[5]

---

[1] 参见德方丹:《谏言》第二十二章第十四节。——原注

[2] 参见前引书第二十一章第三十三节。——原注

[3] 瓦卢瓦的菲利普(1293—1350),即菲利普六世,又译"腓力六世",法国国王(1328—1350在位),瓦卢瓦王朝第一位国王。——译注

[4] 时在1332年。——原注

[5] 不妨看看布蒂利耶时代的情形,1402年他仍然在世。参见布蒂利耶:《乡村大全》第一卷,第19、20页。——原注

前已述及[1]，领主在渎职上诉中失去的，仅仅是在其法庭断案之权。可是，倘若领主本人是被上诉人[2]，而这种情况越来越多[3]，领主就应向国王或者受理上诉的上级领主支付罚金六十锂。上诉被普遍接受后，每当领主原判被改判，他就得支付罚金。这种做法渐渐变成习惯，长期延续，并得到鲁西永法令[4]确认，后因其荒谬而废除。

第三十三节　上诉考察(续三)

在司法决斗中，以审判不公为由挑战原审法官的原告，可能因决斗而败诉[5]，因而不可能胜诉。事实上，无论他人做什么，原审胜诉方都不可能变成败诉方。提起审判不公之诉的上诉人，即使决斗取胜，也还得与原审胜诉方进行决斗，其目的，不是辩明原判是否公正——因为前一场决斗已经因上诉人的胜利而宣告原判无效，而是要判定上诉人要求是否正当。由此产生如下宣判："法庭宣布上诉无效，法庭宣布上诉和上诉所指控的原判无效。"其实，提起裁决不公之诉的原告，若决斗战败，上诉自然无效；若决斗胜出，原判连同上诉皆归于无效而应重新审理。

以上所述准确无误。但要调查事实的案件就不使用这种宣判方式。德·拉罗什-弗拉万[6]先生说，调查庭成立初期就不能使

[1] 参见本章第三十节。——原注

[2] 参见博马努瓦：《博韦习惯法》第六十一章，第312、318页。——原注

[3] 同上。——原注

[4] 指法国国王查理九世1564年在鲁西永颁布的法令。——译注

[5] 参见前引书第六十一章，第312、318页。——原注

[6] 德·拉罗什-弗拉万(1536—1624)，法国图卢兹高等法院庭长。——译注

用这种宣判方式。[1]

第三十四节　何以演变为秘密审理

司法决斗开创了公开诉讼,控辩皆为公开。博马努瓦就此写道:“证人必须在公开开庭时作证。”[2]

注解布蒂利耶著作者[3]说:他从古代律师以及古代手抄诉讼文书中获知,古代法国有些刑事案件是公开审理的,其方式与罗马公开审理案件的方式并无多大差异。这与当时人们普遍不会读书识字有关。文字的使用使人们意见得以确定,也使保守秘密成为可能。可是,在没有文字的时代,只有公开进行审判,才有可能把人们意见固定下来。

领主封臣审理的案件或者听取辩护的案件[4],总会有一些不确定之处,所以,每次开庭时,都可以借助被称作回忆[5]的这个程序,帮助当事人进行回忆。在这种场合,当事人不得向证人提出司法决斗,否则,案件就会永远无法审结。

后来,出现秘密审理。过去所有审判活动都公开进行,现在全都改为秘密进行。审问、调查、交叉询问、对质和公诉人发表意见,无一不秘密进行,这就是现在的做法。公开审判适合于旧政

---

〔1〕 参见德·拉罗什-弗拉万:《法国高等法院》第一卷第十六章。——原注

〔2〕 参见博马努瓦:《博韦习惯法》第六十一章,第 315 页。——原注

〔3〕 此人名叫沙龙达(1536—1617),曾任法国克莱蒙地方官员,1603 年整理出版布蒂利耶《乡村大全》一书。——译注

〔4〕 如博马努瓦所说。参见博马努瓦:《博韦习惯法》第三十九章,第 209 页。——原注

〔5〕 所谓回忆,就是由证人证明过去做过的事、说过的话以及法庭下过的命令。——原注

体,全新审判方式适合此后建立的新政体。

为布蒂利耶著作作注者认为,1539年法令乃这一变化的标志。我倾向于认为,这个变化是随着各个领地相继放弃旧审判方式而逐渐形成的,而且在这个过程中,圣路易《条例》规定的一些审判方法也得以改进。其实,博马努瓦就说过,公开作证,仅限于可以提出司法决斗的案件,而其他案件是秘密作证的,证人证言采取书面形式。[1] 既然不得提出司法决斗,审理自然秘密进行。

第三十五节　诉讼费用

从前的法国世俗法院根本不对诉讼费用负担问题作出判决。[2] 败诉方向领主或者领主属下支付罚金,就已经受到足够处罚。在以司法决斗解决问题的刑事诉讼中,败方丧失生命和财产,再重惩罚也莫过于此。在以司法决斗解决问题的其他诉讼中,罚金数额有时固定,有时由领主任意决定,故人们对审理结果惴惴不安。不以司法决斗解决问题的案件亦然。领主是主要获利者,故诉讼费用主要由领主负担,诸如出资召集属下、安排他们审理案件等。此外,案件大多在当地审理,而且几乎总是很快结案,又没有后来那样的诸多文书,故诉讼费用不必由当事人负担。

自从出现向上级法院上诉这个程序后,自然就产生诉讼费用负担问题。难怪德方丹说,自从依据成文法可以上诉后,即可以依据圣路易新法上诉后,当事人就得支付诉讼费用。[3] 不过,依据

[1] 参见博马努瓦:《博韦习惯法》第三十九章,第218页。——原注

[2] 参见德方丹:《谏言》第二十二章第三、八节;参见博马努瓦:《博韦习惯法》第三十三章;参见圣路易:《条例》第一卷第九十章。——原注

[3] 参见德方丹:《谏言》第二十二章第八节。——原注

常规,除非判决有误,否则,就不能上诉。所以,没有上诉,就不存在诉讼费用负担问题。倘若上诉后案件发回领主重审,领主只能得到一笔罚金,同时可以占用本案争议财产一年零一天。

在上诉变得比较方便后,此类诉讼大量增加[1],不断有案件从一个法院移至另一法院审理,当事人一次又一次离开居住地前往受理法院应诉;新的诉讼技巧造成诉讼数量激增,诉讼时间越拖越长;规避正当要求的手段越来越娴熟,诉讼当事人懂得如何躲避而又不被认为逃避审判;控方已然破产而辩方却过得很滋润;种种道理都淹没于文山文海和滔滔不绝的雄辩中;整个王国充斥着不懂法律为何物的讼棍,给不占理的心术不正者出主意。凡此种种表明,必须以负担诉讼费用来阻止滥讼者,必须让他们支付审理费用,必须让他们支付因逃避审理而产生的费用。美男子查理四世[2]针对这一现象,颁布了一部适用于全国的法令。[3]

第三十六节　公诉人

《萨利克法》《里皮埃尔法》和其他蛮族法均规定,犯罪者一律处罚金。那时不像我们今天这样有专门负责追诉犯罪的公诉人。所有案件最终都是赔偿损失,故对一切行为的追究在某种意义上而言都属民事性质,谁都可以起诉。此外,罗马法规定,起诉犯罪采取民主形式,这种形式与公诉人职责相抵。

---

〔1〕 参见布蒂利耶:《乡村大全》第一卷第三章,第16页:“如今大家都喜欢向上级法院上诉。”——原注

〔2〕 查理四世(1294—1328),绰号“美男子”,法国加佩王朝国王(1322—1328在位)。——译注

〔3〕 在1324年。——原注

司法决斗也与设置公诉人观念相抵，谁会充当公诉人代表所有人与任何一个人决斗？

在穆拉托里先生〔1〕编入《伦巴第法》的诉讼文书中，我发现，加洛林王朝时期，有代表公诉人的诉讼代理人。〔2〕不过，读完所有那些诉讼文书就会发现，那时的诉讼代理人与我们所说的公诉人、检察长、国王或者领主律师，截然不同。这些诉讼代理人，与其说是民事代理人，不如说是政府官员。从上述文书可以看出，这些官员从不负有追究犯罪之责，也与未成年人、教会和其他任何人的案件无关。

我说过，公诉人制度与司法决斗相抵。不过，我倒是在上述诉讼文书汇编中发现，有一个公诉代理人享有参加司法决斗的权利。穆拉托里先生把这种文书归于亨利一世〔3〕法的后面，因为该法正是为此事而制定的。〔4〕亨利一世法规定："杀死父亲、兄弟、侄子外甥或者其他亲属者，一律不得继承遗产；该遗产由其他亲属继承，其本人财产收归国库。"为取得这笔应收归国库的遗产，为此而进行辩护的公诉代理人拥有参加决斗的权利。亨利一世法总则对此作了规定。

从上述诉讼文书可以看出，被公诉代理人起诉者有：逮住小偷未将其送交伯爵者〔5〕；发动叛乱或者聚众反对伯爵者〔6〕；营救被

---

〔1〕穆拉托里(1672—1750)，意大利历史学家、文艺理论家。曾在米兰任安布鲁西亚纳图书馆馆长。著有《意大利编年史》《论完美的诗》《彼特拉克诗歌研究》等。——译注

〔2〕拉丁文为"*Advocatus de parte publica*"。——原注

〔3〕亨利一世(1008—1060)，法国加佩王朝国王(1031—1060在位)。——译注

〔4〕参见这项法令和这条法规，载穆拉托里：《意大利编年史》。——原注

〔5〕参见《穆拉托里法规集》，第104页；关于查理曼法第八十八条，参见该集第一卷第二十六章第七十八节。——原注

〔6〕参见《穆拉托里法规集》，第87页。——原注

伯爵下令处死之人者[1];违背伯爵命令而拒不将小偷送交伯爵的教会诉讼代理人者[2];将国王秘密泄露给外邦人者[3];手持武器公然袭击皇帝钦差大臣者[4];蔑视皇帝手谕[5]而被皇帝诉讼代理人或者皇帝本人追究者;拒绝接受君主货币者[6]。总之,无论被起诉的是哪种人,公诉代理人都是依法追索应收归国库的财物。[7]

但是,在刑案中却没有看到有公诉代理人,即使如下案件也不例外:司法决斗案[8]、纵火案[9]、法官当庭被杀案[10]、涉及个人身份案[11]、涉及自由和奴役案[12]。

上述诉讼文书不仅有根据《伦巴第法》而制作的,也有根据教会法而制作的。因此,毫无疑问,它们所反映的是加洛林王朝时代的司法状况。

很显然,正如派往各省的钦差大臣一样,这些公诉代理人也必定是随着加洛林王朝的覆灭而消失的,盖此后,不再有全国性法律,不再有全国性国库,在各省不再有伯爵主持审判,就不再有以维护伯爵权威为主要使命的官员。

加佩王朝时期,决斗之风日甚一日,根本无法建立公诉人制度。布蒂利耶在《乡村大全》谈到司法官员时提及法官、封臣和执

---

[1] 参见前引书,第 104 页。——原注

[2] 参见前引书,第 95 页。——原注

[3] 参见前引书,第 88 页。——原注

[4] 参见前引书,第 99 页。——原注

[5] 参见前引书,第 132 页。——原注

[6] 同上。——原注

[7] 参见前引书,第 173 页。——原注

[8] 参见前引书,第 147 页。——原注

[9] 同上。——原注

[10] 参见前引书,第 168 页。——原注

[11] 参见前引书,第 134 页。——原注

[12] 参见前引书,第 107 页。——原注

法吏。我们不妨读读《条例》和博马努瓦《博韦习惯法》关于司法追究方式的记载。

我在马略卡[1]国王雅克二世[2]法[3]中发现,他设置了国王检察长职位,其职能与我们今天的检察长职位非常相似。[4] 显而易见,这种职位是在诉讼方式改革后才设立的。

第三十七节　何以遗忘圣路易《条例》

《条例》命运,注定在短期内诞生、衰老并消亡。

我想就此谈点看法。目前所称的圣路易《条例》,从来就不是为在整个王国实施而制定的,尽管其"前言"宣称施行于整个王国。此乃一部综合性法典,对财产遗嘱处分或者生前处分、妇女嫁妆和待遇、封地收益和特权、治安事务等几乎所有民事问题都作了规定。可是,当时每个城市、乡镇和村庄都有其习惯法,欲制定一部普遍适用的市民法,无异于废除分别适用于王国各地的种种法律。当时的君主虽然已经无人不臣服,但要把各地习惯法汇编为一部普遍适用的习惯法,依然是考虑不周之举。倘若利弊参半时不应改变已有习惯,利少弊多时就更不应改变已有习惯。每个领主无不醉心于巩固其独立王国和实力,此乃当时法兰西王国面临的局势。倘若注意到这点,就不难看出,试图改变各地法律和习俗的做法,与各地统治者的想法格格不入。

---

〔1〕 马略卡,地中海岛屿,今属西班牙。——译注

〔2〕 雅克二世(1243—1311),马略卡王国国王。——译注

〔3〕 参见《圣徒传》第三卷,第 26 页。——原注

〔4〕 "为长期协助圣庭而设立的职位,负责对圣庭受理的案件进行调查和审理。"——原注

前述理由，也可以说明为何《条例》这部法典并未在议会得到男爵和法律人士赞同。迪康热[1]所引用的收藏于亚眠[2]市政厅的一份手稿对此有记载。[3] 其他手稿记载，这部法典是圣路易在出征突尼斯前的1270年制定的。此说也不一定符合事实，盖圣路易出发远征突尼斯是在1269年。迪康热先生也注意到这一点，故推断说，这部法典是圣路易不在国内时颁布的。不过，窃以为不可能。圣路易怎么会在其远离法国时做出这么一件可能引起动乱、引发革命而并非改革之举？此乃一种冒险行动，需要密切观察，不可能是软弱无力的摄政机构可以完成的，何况这个摄政机构成员，多数是不可能从中获益的权贵。例如，他们中有圣德尼[4]修道院院长马蒂厄、内勒伯爵西蒙·德·克莱蒙以及倘若这两位亡故后接任的埃夫勒主教菲利普、蓬蒂厄伯爵等人。前已述及，蓬蒂厄伯爵反对在其领地上执行新的司法制度。

我们现在所看到的法典，很有可能并非圣路易《条例》，盖两者有着不小差异。法典多次引述《条例》，可见它是评述《条例》之作，而非《条例》本身。此外，博马努瓦经常提及圣路易《条例》，但所提及的只是圣路易制定的某些法律，而不是作为法典汇编的那部《条例》。圣路易在位期间的德方丹撰写的著述，提到的最初两次执行圣路易《条例》的诉讼时，皆为早已审判的案件。可见，圣路易《条例》的制定颁布，早于刚才说到的那部法典。若仔细检视那部法典，再考虑被某些蠢材编排在此部前言中的错误百出言论，就

---

〔1〕 迪康热(1610—1688)，法兰西驻亚眠财政官，著有《晚期拉丁语和希腊语词汇》。——译注

〔2〕 亚眠，法国北部城市。——译注

〔3〕 参见圣路易：《条例》前言。——原注

〔4〕 圣德尼，又译“圣丹尼”，巴黎北郊约10公里处郊区或者卫星城市。圣德尼修道院建于9世纪，11世纪扩建为大教堂，称为“圣德尼修道院大教堂”。从法国史上第一位国王克洛维一世至复辟的路易十八，除三位外，均葬于该教堂。——译注

可以推断,该法典可能颁行于圣路易死前不久,甚至是他死后才问世。

第三十八节　何以遗忘圣路易《条例》(续一)

称为圣路易《条例》的这部集子,晦涩难懂,杂乱含混。它把法兰西法律原则与罗马法搅在一起,时而用立法者口吻说话,时而用法学家口吻说话,囊括了有关市民法的所有案例与问题。这究竟是什么法典?欲了解这个问题,必须置身于那个时代。

圣路易知道当时法律的弊端,试图让人们厌恶它。他为自己领地法院和其附庸法院所立之法,大获成功。在他去世不久就开始写作的博马努瓦写道,圣路易所确立的审判方式得到领主法院广泛采用。

圣路易为领主法院所立之法,不是作为适用于全国的法律而制定的,只是供人效仿而且是值得效仿的范例,但实现了其初衷。他消除了弊端,让人明白何为好法律。人们在其法院及其附庸法院看到的是一种更自然、更合理和更符合道德、宗教、公序良俗、人身与财产安全的司法程序,于是,就抛弃旧的司法程序而接受了这套全新的司法程序。

在不必强制时进行引导,在不必命令时进行诱导,乃最高明之举。理性拥有天然强大力量,甚至是不容抵抗的力量。若强硬对抗,殊不知对抗本身乃理性的胜利;不久,对抗者就不得不回归理性。

圣路易为让人们厌恶法兰西法律原则,就让人翻译罗马法著作,让其时法律人士了解罗马法。德方丹,乃我们第一位罗马法学者,[1]大量应用罗马法。从某种意义而言,其著作把法兰西以往的法律原则、圣路易法律或者条例以及罗马法融为一体。博马努瓦罕见应用罗马法,但是,他把法兰西以往的法律原则与圣路易法律予以协调。

窃以为,正是遵循这两部著作特别是德方丹著作精神,有法官编纂了称为《条例》的那部法学著作。这部集子的标题注明,它是依据巴黎和奥尔良以及男爵领主法院的习惯编写的;其前言注明,论述的是整个王国、安茹[2]以及男爵领地的司法习惯。可见,《条例》这部书是为巴黎、奥尔良和安茹所编,恰如博马努瓦和德方丹著作乃为克莱蒙和韦芒杜瓦而编写一样。博马努瓦所说似乎表明,圣路易的若干法律已经渗透至男爵法院,所以,编纂者有理由声称此书也与男爵法院有关。[3]

很显然,此书编纂者把圣路易法律、条例与当地习惯法糅合在一起。它极其宝贵,盖它不仅编入了安茹的古代习惯法,还把当时施行的圣路易法律、条例以及当时在安茹实施的法兰西法律原则收入其中。

此书与德方丹和博马努瓦著作有所不同,乃以命令口吻行文,俨然是立法者。这不难理解,此乃成文习惯法和法律的汇编。

此书有内在缺陷,乃不伦不类的法典,盖其把法兰西法律原则与罗马法混杂在一起。这两者没有关联,往往彼此矛盾,却拼凑在一起。

---

〔1〕 他自己在《谏言》前言中说:“在我之前,从未有人做过可用作范例的事。”——原注

〔2〕 安茹,法国西部地区。——译注

〔3〕 圣路易《条例》一书标题和前言极其含混不清。首先是巴黎、奥尔良以及男爵法院的司法习惯,其次是全国所有世俗法院以及国王特别裁判所的司法习惯,最后还有整个王国以及安茹和男爵法院的司法习惯。——原注

我清楚,法国领主附庸或者封臣法院判决,不得向另一法院上诉,并以“我宣布有罪”或者“我宣布无罪[1]”之类语言作宣判,与罗马法的民主审判颇为相似。但是,在这些法院,罕见应用古罗马法律原则,较多应用的倒是后来罗马皇帝引进的那些法律原则。《条例》应用这些法律原则,旨在规范、限制、修正和扩大法兰西法律原则的运用。

第三十九节　何以遗忘圣路易《条例》(续二)

圣路易司法方式已不再采用。这位君主较多关注的,不是审判方式本身,换言之,他不太关注何为最好审判方式,而较多关注以较好审判方式取代陈旧审判方式。其目标,首先在于激起人们厌恶旧法,其次才是制定新法。其新法呈现弊端时,很快就被另一种法律取代。

因此,与其说圣路易法律改变了法兰西法律原则,莫如说它为这种改变提供了一些方法。圣路易法律开启了新法院,确切而言,是开启了通向新法院之路。人们可以很方便地到拥有普遍权威的法院打官司,往昔仅仅是某些领地习惯法,如今成为普遍适用的法律原则。在《条例》带动下,终于出现过去从未有过的适用于整个王国的普适法律。大楼已竣工,脚手架必然要拆除。

圣路易法律的效果,绝不是什么立法杰作能产生的。变革,有时候需要数百年时间准备。时机成熟,变革就会降临。

王国几乎所有案件,最后都由高等法院作出终审判决。过去

---

[1] 参见圣路易:《条例》第二卷第十五章。——原注

高等法院审理的,除公爵、伯爵、男爵、主教和教士之间的案件外[1],就是国王与其附庸之间的案件[2]。这些案件,政治性强于民事性。后来,王国不得不将高等法院改造为常设机构,并常年开庭审判。最后为满足需要,又建立好几个这样的常设机构。

高等法院刚刚变成常设机构,就着手编纂判例。美男子菲利普在位期间,让·德·蒙吕克[3]编辑了一部巴黎高等法院判例集,此乃如今称为《奥里姆实录》[4]的那部判例集。[5]

第四十节 为何采用教皇圣谕的司法形式

人们会问,为何会放弃《条例》规定的司法形式,而采用教会法的司法形式,却又不采用罗马法的司法形式?这是因为,人们通常所见的是采用教会法审理案件的宗教法庭,从未见过任何遵循罗马法审理案件的法庭。人们当时对于宗教法庭与世俗法庭的司法管辖权限,也不甚清楚。当时人们既在宗教法庭也在世俗法庭进行诉讼,[6]而且相同案件既可在宗教法庭也可在世俗法庭审理。[7] 当时世俗法庭专属管辖的案件,似乎只限于领主与属下之

[1] 参见迪蒂耶关于附庸法院的著作《法国国王高等法院演说集》。又参见德·拉罗什-弗拉万:《法国高等法院》第一卷第三章;参见比代:《〈法学阶梯〉注释》以及保尔·埃米尔:《历史》。——原注

[2] 其他案件由普通法院审理。——原注

[3] 让·德·蒙吕克(?—1579)法国贵族、宫廷大臣、外交官、神职人员。——译注

[4] 蒙吕克编辑的巴黎高等法院审理实录有多卷,第一卷第一个词为拉丁文"*Olim*",意为"从前"。后人即以"*Olim*"(奥里姆)称呼此实录。——译注

[5] 参见埃诺院长佳作《新编法兰西简史》关于1313年部分。——原注

[6] 参见博马努瓦:《博韦习惯法》第十一章,第58页。——原注

[7] 寡妇、十字军战士以及拥有教会财产并为这些财产进行诉讼者。参见博马努瓦:《博韦习惯法》第十一章,第58页。——原注

间的臣属纠纷、世俗人员并未触犯宗教戒律的犯罪案件。[1] 涉及协议和契约纠纷案件，按理应向世俗法庭起诉，但是，当事人也可以向宗教法庭起诉。宗教法庭虽然无权强令世俗法庭执行其判决，但是，它可以逐出教门为威胁，强制世俗法庭执行其判决。[2]在这种情形下，世俗法庭倘若想改变审判方式，就会采用宗教法庭的审判方式，盖这是其熟悉的审判方式；他们不会采用罗马法的审判方式，盖其不熟悉这种审判方式。

第四十一节　宗教与世俗裁判此消彼长

内政权由诸多领主掌握，故教会日益扩大其司法权不难。教会司法权会削弱领主司法权，从而加强国王司法权。反之，国王司法权又逐步限制教会司法权，迫使教会司法权作出让步。在审判程序上借鉴了宗教法庭一切良好、有益做法的高等法院，回头再看宗教法庭，就只能发现种种弊病。国王司法权日益加强，不断增强矫治如此弊病的能力。事实上，这些弊病无法容忍，恕不一一列举，读读博马努瓦、布蒂利耶的著作以及国王敕令[3]就会明白。此处只谈谈更为直接关系公共利益的那些弊病。这些弊病，从旨在纠正弊病的高等法院法令就可以知道；这些弊病，是最黑暗之愚昧制造的，曙光初现，就会销声匿迹。教会的缄默表明，他们也欢

[1] 宗教法庭甚至以立誓为借口争夺这些案件的审理权，从菲利普二世与教会和男爵达成的那个著名协定就可看出。此协议见于洛里埃《法令集》。——原注

[2] 参见博马努瓦：《博韦习惯法》第十一章，第 60 页。——原注

[3] 参见布蒂利耶：《乡村大全》第九卷：什么人不能向世俗法庭提起诉讼。参见博马努瓦：《博韦习惯法》第十一章，第 56 页；菲利普二世法规中与此有关的条款。菲利普二世与教会、国王以及男爵议定的条例。——原注

迎纠正这些弊病。鉴于人性本质,窃以为,这值得称赞。例如,教会法规定:死前未把部分财产遗赠给教会的,称为“未忏悔”而死,就会被剥夺为其举行圣事和教会葬礼的权利。死前未留下遗嘱的,其亲属应请主教与他们共同指定几位仲裁人,确定死者本应通过遗嘱捐献给教会的财产数额。倘若没有付钱给教会而得到结婚许可令,新婚夫妇第一晚不得同房,甚至第二晚、第三晚也不行。选择这头三晚,盖对于其他日子,新婚夫妇愿意付钱的,肯定不多。高等法院废止了上述规定,从拉戈〔1〕《法兰西法律词汇》一书〔2〕可以找到高等法院针对亚眠主教的这一法令。〔3〕

返回本节开头议题吧。在任何时代或者朝代,倘若看到国家各机构竭力树立自身权威而彼此争权夺利,就把其视为腐化表现,往往会犯错误。人类固有一大不幸,乃懂得适可而止之伟人罕见。在任何时候,急流勇退难于顺流而下;在上层人物中,极其高尚者不难找,极其明智者不易寻。

身居高位妙不可言,热爱美德者也极其自爱。倘若好心好意遭到怀疑,谁也不会不备感痛苦。其实,人们行为受制于诸多因素,把事做好比做好事难千百倍。

第四十二节　罗马法复兴及其法庭变化

1137 年前后,人们发现查士丁尼《学说汇纂》后,罗马法似乎获

---

〔1〕 拉戈(? —1605),法国法学教授。——译注

〔2〕 在“遗嘱执行人”词条下。——原注

〔3〕 1409 年 3 月 19 日颁布。——原注

得重生。[1] 意大利开设了一些学校,公开教授罗马法。那时已有《查士丁尼法典》和《新法集》。前已述及,罗马法在意大利大行其道,《伦巴第法》则几乎销声匿迹。

意大利博学之士把查士丁尼法带至法兰西。法国人往昔只知道《狄奥多西法典》;[2] 蛮族定居高卢后,查士丁尼法才制定。[3] 查士丁尼法遭某些人反对。尽管教皇为了保护教会法而把一些人逐出教门[4],但是,查士丁尼法仍然在法兰西站稳脚跟。圣路易为提高查士丁尼法声望,组织人员翻译查士丁尼著作。我们的图书馆至今依然收藏着当时组织翻译查士丁尼著作时所留手稿。我曾提及,圣路易编撰《条例》时充分利用了它们。美男子菲利普下令:在习惯法地区,查士丁尼法仅作为教材而传授;[5] 在罗马法地区,查士丁尼法则作为法律而继受。

前已述及,借助司法决斗断案,断案者无需多少知识,只需依据各地习俗和传统就可作出判决。在博马努瓦生活年代,有两种不同判案方式:[6] 有些地方由领主封臣断案,有些地方由法官审案。[7] 采用第一种的,领主封臣依照领主司法管辖区域习惯断案[8];采用第二种的,由骑士或者长者把该司法管辖区域习惯告

---

〔1〕 1135年在意大利北部发现查士丁尼《学说汇纂》(又称"《学说汇编》")原稿,揭开罗马法复兴序幕。——译注

〔2〕 意大利遵循《查士丁尼法典》,在特鲁瓦公会议后发布的圣谕中,教皇约翰八世谈及这部法典,并非因为这部法典已为法国人所知,而是因为教皇知道这部法典。各地均遵守教皇圣谕。——原注

〔3〕 该皇帝的这部法典530年颁布。——原注

〔4〕 参见《教皇圣谕》第五卷"论特恩"章节。——原注

〔5〕 据迪蒂耶称,此乃美男子菲利普1312年为奥尔良大学下达的敕令。——原注

〔6〕 参见博马努瓦:《博韦习惯法》第一章"关于法官职责的论述"。——原注

〔7〕 在村镇上,某一市民的案件由其他市民审理,这与封地上的人彼此互审一样。参见托玛希耶尔:《贝里古今地方习惯法》第十九章。——原注

〔8〕 所以,所有诉状都以如此语句开篇:"法官老爷,依照您所管辖司法区的……"布蒂利耶在《乡村大全》中记述了这种诉状。参见该书第一卷第二十一章。——原注

诉法官。所有这一切都无需任何学问、任何才能、任何调查。在圣路易《条例》和其他法学著作问世后,在罗马法得以翻译并在学校讲授后,在诉讼技巧和法学理论形成后,在律师和法学家出现后,骑士与领主封臣就无法继续断案。因此,领主封臣开始退出领主法院,领主也不再愿意召集他们坐堂断案。更何况,新审判方式不再像往昔审判方式那样,让贵族感到称心如意、让骑士觉得兴趣盎然。这种全新审判方式,是他们既不懂也不想懂的苦差事。因此,封臣断案现象越来越少,〔1〕法官审案现象越来越多。此前,并非由法官作出判决〔2〕,而只是由他们负责调查和宣布骑士作出的判决;此后,骑士不再具有审判资格,就由法官作出判决。

发生上述变化并不存在困难,盖有现成的教会法院审判案件的做法。再说,在取消封臣断案上,教会法和新市民法存在共识。

因此,法国王政时期习以为常的法官不能独自断案习惯,不复存在。关于那种习惯的记载,散见于《萨利克法》、国王敕令以及加佩王朝初期的法学著作。〔3〕仅仅发生于地方法院的单人审判弊病也得到遏制:在一些地方设立了法官助理,负责为法官提供咨询并取代以往的骑士;每当法官需要用刑时,必须有两位法律人士在场。后来,由于上诉极其方便,此种弊病终于彻底清除。

---

〔1〕 该变化是不知不觉发生的。布蒂利耶留下遗嘱的 1402 年,还有家臣断案。在《乡村大全》第一卷第二十一章记述了诉状格式:“法官老爷,在这里为我断案的有高级、中级、低级法官,有法院、法庭、法官以及家臣和执法吏。”不过,只有涉及领主属下的土地纠纷案件,才由家臣审理。参见布蒂利耶:《乡村大全》第一卷第一章,第 16 页。——原注

〔2〕 布蒂利耶在《乡村大全》第一卷第十四章提及领主发给法官的文书格式。从这种文书格式看,法官似乎不审案。博马努瓦《博韦习惯法》第一章也为此提供了证明。法官只掌管审判程序。“法官必须在家臣面前听取陈述,并询问当事人是否愿意由法庭依据他们的陈述作出判决。当事人说‘老爷,我愿意’,法官就应命令家臣作出判决。”还可参见圣路易《条例》第一卷第五十五章、第二卷第十五章:“如果法官不愿作出判决”之条的规定。——原注

〔3〕 参见博马努瓦:《博韦习惯法》第六十七章,第 336 页以及第六十一章,第 315、316 页;《条例》第二卷第十五章。——原注

第四十三节　罗马法复兴及其法庭变化(续)

没有任何法律禁止领主主持审判,没有任何法律废除领主封臣断案职能,没有任何法律规定要设置法官职位,没有任何法律赋予他们审判权。所有这一切,乃顺理成章逐渐形成的。欲了解罗马法、法庭法令和新近编撰成文的习惯法,就得进行研究,此乃贵族和文盲无法做到的。

我们只见到过一份有关法令,它要求领主在非教会人士中遴选法官。〔1〕 有人误认为,此乃要求领主设立法官职位的法律。其实,该法令并未作出如此规定。此外,其宗旨在其法令条文中已说得很清楚:"为了能够惩处渎职法官,必须从平民中遴选法官。"〔2〕 众所周知,在那个时代,教会人士享有豁免特权。

领主过去享有的特权,如今不再享有,但是,切莫以为,这些特权是被强制剥夺的。其实,有不少特权都是在不经意间失去的,另有一些特权则是主动放弃的,盖数百年间发生了诸多变化,这些特权无法继续存在。

第四十四节　人证

当时除习惯法外,没有其他法律可遵循,故法官断案遇到问题时,通常都得求助于证人。

---

〔1〕 1287 年颁布。——原注

〔2〕 "他们在履行职务中犯有过失时,他们的上级可以处罚他们。"——原注

司法决斗式微后，书面调查取而代之。可是，口头证据即使写成文字，终究还是口头证据，无非只是增加诉讼费用。于是就规定，此类调查无效。[1] 后来又建立公共登记机构，用以认证贵族身份、年龄、婚姻、亲子关系等大多数与身份有关的事实。由于书面证据不容易篡改，就形成了把各种习惯写成文字的做法。这十分合理：欲证实皮埃尔是不是保尔之子，到洗礼登记处查询，比花费大量时间调查方便许多。一个地方倘若有大量习俗，把它写成习惯法，总比让大家一一证明这些习俗方便许多。最终，就制定了那个著名法令。它规定，凡一百锂以上债务，除非一开始就提供了书面证据，否则一律禁止提供人证。

第四十五节　法兰西习惯法

前已述及，法兰西适用不成文习惯法，各领地适用各不相同的习惯法也即各地区市民法。如博马努瓦所说，各领地都有各自的独特市民法。[2] 博马努瓦乃伟大作家，以其思想照亮其时代。这位作家说，他不相信能在全国找到两个适用同一法律的领地。

法律千差万别，原因有二：其一，读者不妨回忆前述关于地方习惯法的章节内容。其二，不妨从司法决斗的种种事件中寻找，盖偶发事件不断出现必然形成习惯。

这些习惯最初保留于长者记忆中，后来逐渐成为法律或者成文习惯法。

---

〔1〕 关于如何证明年龄和亲属关系，参见圣路易：《条例》第一卷第七十一、七十二章。——原注

〔2〕 参见博马努瓦：《博韦习惯法》前言。——原注

1. 加佩王朝初期，有几位国王颁布一些特殊法律和普遍适用之法，例如，前文已述及的菲利普二世《条例》和圣路易《条例》。[1]与此同时，国王大封臣及其属下领主，也在各自公爵或者伯爵领地上，依据实际情况制定一些法规或者条例，例如，有布列塔尼伯爵若弗鲁瓦的贵族遗产分割法令、拉乌尔公爵的诺曼底习惯法、国王蒂博[2]的香槟习惯法、蒙福尔伯爵的西蒙法等，并由此而产生一些成文法，其中有的成文法比原有法律适用范围还广。

2. 加佩王朝初期，几乎所有平民皆为农奴。在若干因素推动下，国王和领主解放了这些农奴。

领主在解放农奴时给予他们一些财产，因而需要市民法规范其财产支配权。领主解放农奴时，放弃了一些财产权利，因而有必要制定法律规范他们为自己所保留的财产权利。这两种权利，都由释奴条例加以规定。这些条例也成为法兰西习惯法组成部分，而这部分习惯法乃成文习惯法。

圣路易及其继任者在位时期，德方丹和博马努瓦等造诣深厚的法学家为各自封地编写成文习惯法。其目的，主要是为了规范司法制度，而不是规范财产处分习惯。这些东西都包括在他们所编写的成文法中。尽管这些法学家的声望仅仅来自他们所写材料的真实性和公知性，但他们对法兰西法律复兴作出了积极贡献。对此，丝毫不应怀疑。这就是当时的法兰西成文习惯法。

其后就是一个伟大时代。查理七世[3]及其继任者下令在全国编纂各地习惯法，并规定编纂格式。这些习惯法以郡为单位进行编纂，而且各领地都把各自成文或者不成文习惯法送交所在郡

---

〔1〕 参见洛里埃：《法令集》。——原注

〔2〕 国王蒂博，即纳伐尔国王蒂博五世（1234 年即位），也是香槟伯爵。——译注

〔3〕 查理七世（1403—1461），绰号“胜利者查理”，法国瓦卢瓦王朝国王（1422—1461 在位）。取得英法百年战争胜利，为法国强盛奠定基础。——译注

议会。在不损害而认真保护各地利益前提下，编纂这些习惯法时，力图尽可能编纂得更具普遍性。[1] 因此，法国习惯法具有如下三大特点：系成文法、具有广泛普遍性、加盖国王印玺。

后来，对上述诸多习惯法作出修订，删除与司法现状不协调的内容，增添司法现状存在的内容。

有些法国人把习惯法视为与罗马法对立之法，以至于法国领土因适用法律不同而分为罗马法地区和习惯法地区，可是，罗马法的一些规定实际上已被习惯法所吸收。在重新编纂习惯法时期，尤其如此：在那个离我们并不遥远的时代，《罗马法》已成为所有有志从事司法职业者的必修课；在那个时代，人们不以“不知应知之事”为荣，也不以“知不应知之事”为荣；在那个时代，才智聪慧虽然可以使人更好地学习一种职业，但却不能让他马上从事这个职业；在那个时代，整日娱乐已不再是妇女生活特点。

即将结束本章之际，本想多说几句，探究细节，一一回溯在不知不觉中发生的那些变化。施行上诉制度以来发生的那些变化，已成为法国法律制度重要组成部分。不过，一一详述，就得另写一部卷帙浩繁著作。我只是像古迹爱好者那样，离开家乡前往埃及，看了看金字塔就匆匆回国而已。[2]

---

〔1〕 贝里和巴黎的习惯法就是这样编写的。参见托玛希耶尔：《贝里古今地方习惯法》第三章。——原注

〔2〕 参见《英国观察家报》第十期。——原注

第二十九章　立法研究

第一节　立法精神

窃以为，立法精神宜中庸。撰写此书，乃为阐述此点。政治之善，犹如道德之善，始终处于两极之间。[1]

对自由而言，法律程序不可或缺，但过于繁琐，就会悖于立法初衷，就会导致诉讼一拖再拖，就会导致财产权不确定，就会导致一方当事人财产未经审理而判给另一方当事人，或者就会导致当事人因一再审理而双双破产。

若如此，公民就会丧失安全与自由，原告就会无法证明被告有罪，被告就会无法证明自身清白。

---

〔1〕 参见亚里士多德：《政治学》第四卷第十一章。——原注

第二节 立法精神(续)

奥卢斯·格利乌斯著作记载,塞西里乌斯谈及允许债权人将无力偿债者切成碎块的《十二铜表法》时就认为,如此残忍之法有道理,可以防止债务人不自量力举债[1]。[2] 按照这种逻辑,最残忍之法岂非最佳之法?善岂非暴行?岂非要摧毁一切关系?

第三节 看似与立法意图相悖之法往往符合其意图

梭伦法规定,在骚乱中不参与任何一方者,均为无耻小人。如此规定似乎极其怪异,但是,应考虑当时希腊所面临情势。彼时希腊,分为好几个小邦国。在饱受内乱之苦的共和国,人们完全有理由担心:倘若那些最为狡猾者隐藏幕后,事态发展就有可能走向极端。

在那些小邦国内乱中,大多数人不是内乱制造者,就是内乱参与者。在大君主国,参与内乱各派之人为数不多,大多数民众希望平平安安生活。对于后一种情形,当然应把参与内乱的少数人拉回大多数人之列,而不是把大多数人推向内乱者之列。对于前一种情形,应让人数不多的狡猾而不露声色者参与到内乱者之列,这

---

〔1〕 参见奥卢斯·格利乌斯:《阿提卡之夜》第二十章第一节。——原注

〔2〕 塞西里乌斯说,他从未看到或者读到该惩罚付诸实施;很可能根本就没有这种规定。有些法学家认为,《十二铜表法》允许将出售债务人所得款项予以分割之说,比较可信。——原注

样就能让已发酵的酒,因放入一滴别的酒而停止发酵。

第四节　违背立法意图之法

有些法律,立法者本人也不太了解,甚至与其初衷背道而驰。法国有法律规定:双方都主张自己是某物所有人,其中一方死亡后,另一方可以取得该物所有权。制定该法初衷,毫无疑问是欲借此定分止争,但实际结果恰恰相反:如我们所见,教会人士像英格兰守门犬一样,相互攻击,拼命厮打,不死绝不罢休。

第五节　违背立法意图之法(续)

下面论述之法,就在埃斯基涅斯保存的誓言中:“我发誓,绝不摧毁近邻同盟的任何城邦,绝不让它们的河流改道。哪个民族胆敢如此,我定会向其宣战,把其城邦摧毁。”[1]这条法律后一款规定,表面上是对前一款规定的肯定,实际恰恰相反。近邻同盟法要求近邻同盟成员绝对不能摧毁希腊城邦,但该法却为摧毁希腊城邦大开方便之门。欲在希腊人之间制定良好的万民法,就应让他们习惯于认为,摧毁希腊城邦乃野蛮行径,甚至不得消灭希腊城邦的摧毁者。近邻同盟法公正但不严密,从其被滥用就可以得到证明。腓力声称自己拥有摧毁城邦的权力,不就是以那些城邦践踏了希腊人法律为借口吗?近邻同盟法完全可以规定其他处罚方

[1] 参见埃斯基涅斯:《伪使节》,第 115 页。——原注

式,例如,可以规定将摧毁城邦的某些官员或者违犯该法的军队首长处死刑;可以规定摧毁其他城邦的民族暂停享有希腊人特权;可以规定摧毁其他城邦的民族支付罚金用于被毁城邦的重建工作。总之,法律尤其应当关注的是弥补损失。

第六节　相似之法未必产生相似效果

恺撒规定,各家储存的金钱不得超过六十塞斯特斯。[1] 人们认为,这一规定在彼时的罗马乃调节债权人与债务人关系之良法,盖一方面可以强制富人借钱给穷人,另一方面可以强制穷人及时向富人清偿借款。在"约翰·劳体制时代",法国也制定了类似法律,却给法国带来极其致命后果,盖制定该法时的形势非常糟糕。此时的法国,取消了民众的一切理财手段,甚至不允许民众将钱存放家中,这简直就是光天化日下的强取豪夺。恺撒意图是让金钱流通,而那位法国大臣设计的体制却是把所有金钱置于一人之手。恺撒允许人们用土地或者抵押物换取金钱,那位法国大臣却建议用那些毫无价值而且从本质上看根本不会有价值的东西换取金钱,并强迫人们接受那些毫无价值之物。

第七节　相似之法未必产生相似效果(续)与妥善立法必要性

雅典、阿戈斯和叙拉古都有放逐法。[2] 在叙拉古,由于颁布

---

〔1〕 参见狄奥:《罗马史》第四十一章。——原注

〔2〕 参见亚里士多德:《政治学》第五卷第三章。——原注

该法时考虑不周,遂催生无数恶果。有些重要公民手拿无花果树叶,相互投票放逐对方,致使具有才干者纷纷离职而去。[1] 在雅典,由于立法者深谙该法适用范围及其限度,效果很好。雅典每次只有一人被投票放逐,而且必须有一定票数才能放逐。所以,除非某人确实不适合再留在雅典,否则,极难被放逐。

雅典贝壳放逐权,只能每五年行使一次,而且实际上,只能针对威胁国家安全的大人物,因此,不可能每日都行使。

第八节　相似法律未必出于相似动机

法国继受了大多数与替代继承有关的罗马法,但其动机与罗马人截然不同。罗马人继承遗产时,要依祭祀法祭祀,贡献祭品。[2] 因此,罗马人认为死后无人继承财产有辱脸面,就把奴隶当作继承人,并设计了替代继承制度。最先创立普通替代继承制度,乃有力明证。这种继承制度只有在法定继承人不愿意继承遗产时方可使用,目的不是让遗产永远留在家族手中,而是找到愿意继承遗产者。

第九节　惩罚自杀的希腊法、罗马法动机不同

柏拉图说,一个人倘若并非奉官员之命,也并非为免受羞

〔1〕 参见普鲁塔克:《德尼传》。——原注

〔2〕 遗产所负担债务过于沉重,遗产继承人就会设法通过出售部分遗产而逃避应给予教会的捐献。此乃拉丁文“未捐献遗产”(*sine sacris hæreditas*)一词的由来。——原注

辱,而是出于懦弱而杀死与他联系最紧密者,即他自己,应受惩罚。[1] 罗马法也惩罚自杀行为,但所惩罚的系犯罪后因绝望导致的自杀行为,而不是因懦弱、厌世或者不堪忍受痛苦而导致的自杀行为。罗马法不惩治的,恰是希腊法惩治的;罗马法惩治的,恰恰又是希腊法不惩治的。

柏拉图法乃依据斯巴达法而制定。在斯巴达法中,长官命令应绝对服从,耻辱乃最大不幸,懦弱乃最大罪行。罗马人根本没有如此脱俗理念,其法仅为财政法。

罗马共和时期根本没有惩治自杀之法。在历史学家著述中,自杀行为始终得到善待,未有自杀者受罚记载。

罗马帝政早期,不断有显赫家族因被控犯罪而遭灭门之灾。后来,逐渐形成以自杀来防止被定罪判刑的风俗,盖有人从中发现巨大好处:法律不禁止自杀,自杀可以得到体面安葬,遗嘱可以得到执行。[2] 不过,皇帝们变得凶残而且贪得无厌后就规定,畏罪自杀也属犯罪,从而不再让那些想保留自己财产者拥有任何机会。

我所述的那些皇帝的动机,乃千真万确,盖他们规定,自杀者生前罪行不应处以没收财产的,自杀者死后才可以保留财产。[3]

第十节　看似相悖之法可能源自同一精神

在我们这个时代,可以入户传唤当事人。但当年罗马不允许

〔1〕 参见柏拉图:《法篇》第九卷。——原注

〔2〕 “自杀者遗体应妥善安葬,遗嘱应得到尊重,以此作为对其速死之响应。”参见塔西佗:《编年史》第六卷。——原注

〔3〕 安敦尼皇帝“关于生前未判决的自杀者财产”。——原注

如此传唤。[1]

传唤乃强制行为[2]，犹如限制人身一样[3]。那时不允许入户传唤当事人，犹如今天不允许入户抓捕欠债人一样。

罗马法与我们的法律遵循同一原则：家，是每个人不受暴力侵犯的庇护所。[4]

第十一节　如何比较两种不同之法

作伪证，法国法规定处死刑，英国法无此规定。欲评论两国法律优劣，还得知道：法国刑讯逼供犯罪嫌疑人，英国不会；法国不允许被告人提供证人，罕见听取有利于被告人的合理陈述；英国允许听取控辩双方证言。法国这三项规定组成环环相扣的体系，英国的这三项规定同样组成环环相扣的体系。在英国，法律不允许刑讯逼供犯罪嫌疑人，因而难以指望被告人认罪，故必须听取各方证人证言，而且不敢以死刑威慑证人不得作伪证。在法国，法律允许刑讯逼供犯罪嫌疑人，故敢于以死刑威慑证人不得作伪证，而且应以死刑威慑证人；法国法律只听取一方证人证言[5]，即公诉方证人证言，而且被告人命运完全取决于那些证人证言。在英国，听取双方证人证言，而且须经双方一定程度的质证，故作伪证可能性比较小，被告拥有反驳伪证的机会，而法国的被告人根本不可能拥有

---

〔1〕 参见《查士丁尼法典》第十八章“关于传唤”。——原注

〔2〕 参见《十二铜表法》。——原注

〔3〕 参见贺拉斯：《讽刺诗》第九行：“他把对手拖上法庭。”正因为如此，应受尊敬者不应被传审。——原注

〔4〕 参见《查士丁尼法典》第十八章“关于传唤”。——原注

〔5〕 法国古法规定，应听取双方证人证言，故圣路易《条例》第一卷第七章规定，对伪证处以罚金。——原注

这种机会。因此,判断两国法律优劣,应全盘考虑与比较。

第十二节 看似相同之法其实不同

窝赃犯,古希腊与古罗马法律均以盗窃论处[1],法国法亦然。在这一点上,古希腊和古罗马正确,法国则不然。在古希腊和古罗马,盗窃犯处罚金,窝赃犯理应受相同处罚,盖无论何人以何种方式令他人遭受损失,皆应补偿。可是,法国却规定对盗窃犯处死刑,故不应对窝赃犯处相同刑罚,否则,失之过重。窝赃犯往往是无心之过,而盗窃犯永远是明知故犯;窝赃犯是妨碍定罪,盗窃犯是实施犯罪;窝赃犯的一切行为均是被动的,盗窃犯的一切行为均是主动的,而且盗窃犯必须克服更多障碍,其灵魂是在更长时间内对抗法律的。

法学家走得更远,认为窝赃犯恶于盗窃犯。[2] 他们说,没有窝赃犯,盗窃犯不可能久久不被发现。若只处罚金,他们的主张也许对;若只是损失问题,窝赃犯一般更有能力赔偿。但是,处死刑,就应另当别论。

第十三节 不应把法律与其立法宗旨分开:与盗窃有关的罗马法

盗窃犯作案时人赃俱获的,罗马人称为“现行盗窃犯”;盗窃犯

〔1〕 参见《查士丁尼法典》第一章“关于窝赃者”。——原注
〔2〕 同上。——原注

事后才发现的,罗马人称为"非现行盗窃犯"。

《十二铜表法》规定:对成年现行盗窃犯,处鞭笞刑并发落为奴;对未成年盗窃犯,仅处鞭笞刑;对非现行偷窃犯,仅处相当于被偷物品价值两倍的罚金。

《鲍尔希安法》废除了对公民处鞭笞并发落为奴的惩罚,对现行盗窃犯改处相当于被偷物品价值四倍的罚金,对非现行盗窃犯依然处相当于被偷物品价值两倍的罚金。

上述法律把两种盗窃犯视为性质不同犯罪并处不同刑罚,令人不解。其实,盗窃犯是否当场抓获,只是不会改变盗窃性质的具体情形。我不敢怀疑,关于盗窃罪的罗马法理论是否源自斯巴达人法。莱库古为了让斯巴达公民变得机智、聪明和灵巧,要求必须对儿童进行偷盗训练,而且规定被当场抓住的都要狠狠施以鞭刑。此乃希腊人和罗马人区分"现行盗窃"和"非现行盗窃"的由来。[1]

罗马人把犯盗窃罪奴隶推下塔佩亚悬崖。[2] 此做法与斯巴达人法无关。莱库古法关于盗窃的规定根本不是为奴隶制定的。罗马人在这一点上背离斯巴达人做法,其实正是追随斯巴达人法律精神的。

在罗马,未成年小偷行窃时被抓,裁判官判决施刑人可以任意鞭笞该人,这与斯巴达人做法无异,而且该做法由来已久。斯巴达人继承的是克里特人习俗。柏拉图认为,克里特人法律是为战争而制定的,其理由是:"能够忍受格斗痛苦的能力,隐藏于偷窃之中。"[3]

---

〔1〕 请对比普鲁塔克在《莱库古传》中所说与《学说汇纂》"盗窃"章节以及《法学阶梯》第四卷第一章第一、二、三节内容。——原注

〔2〕 塔佩亚悬崖位于朱庇特神庙所在的罗马卡皮托里山西南端,古罗马人常在这里将死刑犯推下悬崖。——译注

〔3〕 参见柏拉图:《法篇》第九卷。——原注

市民法隶属政治法，它们皆为同一社会而制定。因此，欲移植某国市民法，最好先行考察，看看两国制度和政治法是否相同。

克里特人关于盗窃罪的法律移植至斯巴达人那里时，这一法律是连同其政体和法制一起移植的，故它适合斯巴达人就像此前适合克里特人一样。罗马法制与斯巴达不同，故这一法律从斯巴达移植罗马后总是格格不入，并且与罗马人的其他市民法毫无关联。

第十四节 应在立法背景中考察法律

雅典有法律规定：雅典城遭围困，就应将所有无用者处死。[1]这条可恶的政治法源自可恶的万民法。在希腊，倘若城市被攻占，该城居民就会丧失自由而被当作奴隶任人买卖。城市沦陷，就意味着城市彻底毁灭。这不仅是人们顽强抵抗和丧失人性之举的缘由，而且是人们不时制定令人震惊之法的缘由。

古罗马法规定，对犯有过失或者医术拙劣的医生应处以刑罚，其中，地位较高者只会处以流放，地位较低者就会处死刑。[2]法国法与此不同，盖古罗马法与法国法的制定背景不同。在古罗马，谁都可以行医；在我们法国，必须学习所规定的课程并取得行医资格后方可行医，故人们认为，医生乃精通医术者。

---

〔1〕“因年龄而无用者应处死。”参见西里亚诺斯：《埃尔莫根尼斯》。——原注

〔2〕参见科里尼法“谋杀犯”、《法学阶梯》第四卷第三章、阿契利亚法。——原注

第十五节 法律有时应有自我修正功能

《十二铜表法》规定,可以杀死夜间盗贼[1],也可以杀死被发现后抗拒抓捕的白昼盗贼。但该法还规定,杀死盗贼者必须大声呼叫并呼喊其他人。[2] 那些准许人们自行执法的法律,确实应当始终坚持此项要求。此乃无罪呼叫,可以在行为人采取执法行动时引来证人,招来法官。应当让人们了解情况,而且应当让人们了解杀死盗贼的具体情形,盖此时的一切,诸如气氛、姿势、情感、沉默或者每一句话,统统都能证明杀死盗贼有罪或者无罪。这样一条可能危及公民安全与自由之法,理应当众执行。

第十六节 撰写法律条文应注意事项

具有足够才能为本国或者他国起草法律者,皆应特别注意法律表达方式。

法律条文应简洁。《十二铜表法》乃简洁典范,小孩都能熟记于心。[3] 查士丁尼《新法集》冗长啰嗦,后来不得不加以删节。[4]

法律条文应平实。直截了当比拐弯抹角更好理解。东罗马帝国法律一点也不严肃,盖那里的君主说起话来像是修辞家。当法

---

〔1〕 参见《查士丁尼法典》第四章"关于阿吉利安法"。——原注

〔2〕 参见《查士丁尼法典》第四章"关于阿吉利安法";参见《巴伐利亚法》塔西里昂法令:"本地居民法"。——原注

〔3〕 "就像歌曲一样。"参见西塞罗:《论法律》第二章。——原注

〔4〕 此项删节工作由伊内留乌斯完成。——原注

律条文浮夸时,法律就会被视为卖弄炫耀之作。

法律用语必须让所有人都理解为同一概念,此乃最基本要求。枢机主教黎塞留主张,可以在国王面前指控大臣,但指控事实不重大的,指控者就要受惩处。[1] 这必然妨碍人们说出任何不利于该大臣的实情,盖重大不重大完全是相对而言的:某人认为重大,他人可能认为不重大。

霍诺里乌斯法规定:把释奴作为奴隶买卖者,或者使之焦虑不安者,处死刑。[2] 该法不应使用"使之焦虑不安"这类模糊表述,盖是否焦虑不安完全取决于个人感受。

法律不得不规定处罚时,应尽量避免用金钱衡量该处罚,盖货币价值会因无数原因而发生变化,同等数额货币可能早已不是原来价值。我们都知道罗马那个鲁莽汉的故事,他见到谁就给谁一耳光,然后依《十二铜表法》撂下25苏赔偿金。[3]

法律条文在明确概念后,就不应再使用模糊不清之词。路易十四颁布的一项刑事法令[4]——列举应由国王亲自审理的案件后,又加上这段文字:"以及所有向来由国王担任法官审理的案件"。如此这般,一边抛弃专断,一边重拾专断。

查理七世说,他听说在适用习惯法地区,当事人违背王国习惯法,在案件宣判后的三四个月或者六个月后才上诉。[5] 因此,他下令:必须按时上诉,除非检察官具有舞弊或者欺诈行为[6],或者确有影响上诉的重大或者明显理由。这一法令后半部分否定了前

---

[1] 参见黎塞留:《政治遗嘱》1699年版第一卷,第八章第六节,第257页。——原注

[2] 参见西蒙神父引用的《狄奥多西法典》附录,第737页。——原注

[3] 参见奥卢斯·格利乌斯:《阿提卡之夜》第二十章第一节。——原注

[4] 该法令前言载明颁布此法目的。——原注

[5] 参见1453年由其颁布的蒙戴尔莱图尔法令。——原注

[6] 可以在不影响公共秩序前提下惩办监察官。——原注

半部分,而且否定得如此彻底,乃至后来有人根据后半部分规定在30年后才上诉。[1]

《伦巴第法》不允许未宣誓入教却身着教服的妇女结婚。[2]它规定:"一个男子倘若一枚戒指只可以娶一个老婆,就不可能再娶一个老婆而不犯法,更不用说上帝之妻或者圣母……"我想说的是,法律推理,应从现实到现实,而不应从现实到设想,或者从设想到现实。

君士坦丁立法规定,只要有主教一人的证人证言,就无须听取其他的证人证言。[3] 这位君主走捷径,审案只看人,看人又只看身份高低。

法律不应深奥难懂,而应通俗易懂。法律不是什么高深逻辑艺术,而是一家之长所讲的浅显道理。

在法律条文中,倘若不必作出"但是""例外"等规定,就最好不要塞进这些东西。一旦作出如此细枝末节之规定,就要作出更多如此细枝末节之规定。

无充足理由,就不要随意修法。查士丁尼规定:男子订婚后两年内不能完婚,女子可以退婚而不丧失嫁妆。[4] 后来他作出修改,允许穷苦男子延长至三年。[5] 但就此事而言,两年与三年无甚不同,三年并不能比两年好多少。

要证明法律规定合理,就要讲得有道理。罗马有部法律规定,盲人不得辩论,盖其看不见法官服饰。[6] 其实,站得住脚的理

〔1〕 1667年颁布的法令对此有所规定。——原注
〔2〕 参见《伦巴第法》第二卷第三十七章。——原注
〔3〕 参见西蒙神父引用的《狄奥多西法典》第一卷附录。——原注
〔4〕 参见《查士丁尼法典》第一章"休婚"。——原注
〔5〕 参见《新法集》:"但是立遗嘱人";《查士丁尼法典》:"解除婚约"。——原注
〔6〕 参见《查士丁尼法典》第一章"控告"。——原注

由有很多,却有意提出这么一个不成理由的理由。

法学家保罗说:七个月的胎中婴儿已发育成熟,毕达哥拉斯数率理论似乎可以证明这一点。[1] 要靠毕达哥拉斯数率理论认定?怪哉!

有些法国法学家声称,国王占领某个地区后,该地教会就受王权管辖,盖王冠是圆形的。我不想在这里讨论王权问题,也不想讨论在这种情况下市民法或者教会法原则是否应让位于政治法原则。我只想说,如此令人肃然起敬之王权,应受庄重严肃原则之捍卫。有谁见过高贵者的现实权利基础,竟然是此种身份标志物形状?

达维拉[2]说,查理九世在刚满14周岁就被鲁昂[3]高等法院宣布为成年人,盖当时法律规定:在涉及收回与管理受监护未成年人财产时,要一天不差地计算实足年龄,而在涉及尊号授予时,以过个年头就算一岁的虚岁计算。[4] 我无意对这条至今并未产生任何流弊的规定说三道四,而只想说,此处所主张的理由不成立,治理国家岂止是尊号问题?

法律之推定,远远胜过人之推定。法国法规定,商人在破产前十天的一切活动都具有欺骗性,[5] 此乃法之推定。罗马法规定,妻犯有通奸罪而不休妻之男子,应受惩罚,除非其出于害怕打官司或者不在乎自己是否丢脸,此乃人之推定。法官需要推断丈夫的行为动机,而且所依据的是极其含混不清的理由。倘若由法官作出推定,就会产生专横判决;倘若由法律作出推定,就会产生

[1] 参见保罗:《判例》第四卷第九章。——原注

[2] 达维拉(1576—1631),意大利历史学家、外交官。——译注

[3] 鲁昂,今法国西北部城市。——译注

[4] 参见达维拉:《法兰西内战》,第96页。——原注

[5] 指1702年11月8日颁布的法律。——原注

永恒规则。

前已述及,柏拉图法规定,应惩罚那些不是为躲避耻辱而是出于懦弱而自杀者。[1] 这个法律存在很大问题:倘若无法迫使罪犯说出其自杀动机,就得由法官推定其自杀动机。

可轻易规避之法会削弱立法,犹如无效之法会削弱必不可少之法一样。每项法律都应得到执行,不应允许存在不予执行的例外情形。

在古罗马,法西迪安法规定,遗产继承人永远可以获得四分之一遗产;而另一法律规定,遗嘱人可以禁止继承人获得这四分之一遗产。[2] 这简直是拿法律开玩笑。如此这般,法西迪安法就变得毫无用处:倘若遗嘱人想让继承人取得遗产,继承人根本用不着援引法西迪安法;倘若遗嘱人不想让继承人取得遗产,他完全可以禁止继承人援引法西迪安法。

立法时应注意,不得违背天理。奥兰治亲王[3]被流放时,腓力二世悬赏:杀死奥兰治亲王的任何人及其继承人,均可以获得两万五千埃居和爵位的赏赐。这种话居然出自作为上帝仆人的国王之口!竟然可以把爵位赏赐给实施如此行为之人!竟然以上帝仆人身份发出这种悬赏!如此悬赏,简直是要颠覆一切荣誉、道德和宗教观念。

以臆想的至善至美为借口而禁止并不坏的事情,完全没有必要。

法律在一定程度上是纯洁而坦荡的。为惩治人之邪恶而立之法,本身就应洁白无瑕。《西哥特法》有这么一条荒谬规定:犹太人

---

〔1〕 参见柏拉图:《法篇》第九卷。——原注

〔2〕 参见《新法集》:“但是立遗嘱人”。——原注

〔3〕 奥兰治亲王(1533—1584),即威廉一世,荷兰共和国缔造者。——译注

可以不吃猪肉,但必须吃与猪肉一起烹煮的其他食物。[1] 此乃极其残忍之规定:它不但强迫犹太人不得不遵守与其法律相悖之法,而且还强迫他们不得保留他们自己的任何法律,盖从不吃猪肉乃辨别犹太人的标志。

第十七节 不良立法方式

罗马皇帝与我们的君主一样,通过谕旨与敕令发布旨意。也有不同之处,罗马允许法官与当事人就其争执奏请皇帝裁决,皇帝回复乃敕答。严格而言,教皇敕谕也乃敕答。毫无疑问,此乃不良立法方式:求助于立法者之人,乃立法者的不良引导人,盖其所述事实往往具有误导性。卡皮托里努斯说,图拉真就经常拒绝签发此类敕答,以免个案而且往往是特定恩惠决定,普遍适用于一切案件。[2] 马克里努斯[3]决定,取消一切敕答,盖康茂德和卡拉卡拉以及其他所有昏庸无知皇帝的敕答皆视为法律,他无法容忍。[4] 查士丁尼却不同,把这些敕答统统编入其法典。

提醒阅读罗马法的读者,必须特别注意把那些假设性的东西与元老院法令、人民大会决定、皇帝一般法令和一切基于事物性质、妇女脆弱、未成年人弱点以及公共利益而制定的法律区别开来。

---

〔1〕 参见《西哥特法》第十二卷第十六章。——原注

〔2〕 参见卡皮托里努斯:《马克里努斯》。——原注。

〔3〕 马克里努斯(约 165—218),罗马帝国皇帝(217—218 在位)。——译注

〔4〕 参见卡皮托里努斯:《马克里努斯》。——原注

第十八节　大一统观念

大人物有时会有大一统观念，查理曼也未能幸免，而小人物则不可避免地会有这种观念。他们会在大一统中找到其所了解的那种至善至美，盖其不可能无法发现这种至善至美：统一的政策措施，统一的度量衡，统一的法律，统一的宗教。难道如此统一的东西，永远正确而没有例外吗？变革阵痛难道不是永远比忍受痛苦之痛更小吗？知道何种情形应统一、何种情形应有所不同，不更能体现天才之伟大吗？在中国，汉族人遵循汉族礼仪，鞑靼人遵循鞑靼礼仪，但在追求稳定上，没有哪个国家能与中国相比。倘若民众皆遵守法律，则其所遵守的法律是否相同有何关系？

第十九节　立法者

亚里士多德时而陷于嫉妒柏拉图境地而不能自拔，时而陷于迎合亚历山大境地而不能自拔。柏拉图为雅典人的暴戾而激愤不已。马基雅维利满脑子想的是其偶像瓦伦迪诺瓦公爵[1]。托马斯·穆尔[2]著作记述的大多是其读书所得而不是其思考所得，并

---

〔1〕 瓦伦迪诺瓦公爵（1475—1507），原名“塞萨尔·博尔吉亚”，教皇亚历山大六世私生子，曾经担任瓦伦西亚大主教和枢机主教。法国国王路易十二以为他有能力统一意大利，于1498年册封他为公爵。马基雅维利以其为原型写下传世名作《君主论》。——译注

〔2〕 托马斯·穆尔（1478—1535），英国空想社会主义思想家，著有《乌托邦》。——译注

妄想按照希腊城邦的简单模式治理世界各国。[1] 哈林顿[2]眼里只有他所中意的英格兰共和国,而诸多学者看来,凡废黜王权之国皆混乱不堪。法律始终会迎合立法者感情与偏见;但有时会与之擦肩而过而只是染上一点淡淡色彩,有时则会停下脚步而与之融为一体。

---

〔1〕 参见托马斯·穆尔:《乌托邦》。——原注

〔2〕 哈林顿(1611—1677),17世纪英国资产阶级革命时期政治思想家。反对君主制,反对复辟运动。——译注

第三十章　法兰克封建法理论与君主政体建立

第一节　封建法

有件事世界上曾发生过,以后也许不会再发生。窃以为,不在本书谈此事,就会留下遗憾。此乃曾经一度出现在全欧洲的法律。它们与此前制度毫无联系,与此前人们所知的成就了无数好事、坏事的法律毫无联系;它们帮助出让领地者保留了权利,在相同之物和相同之人上设立了领主权利,并把这些权利交给若干人,从而削弱了整个领主权利的重要性;它们给疆域辽阔的帝国设置种种界限,确立了趋于某种无政府主义的规则,并开创了趋向有序和谐的无政府状态。

逐一谈论上述法律,得另写专著。囿于本书篇幅,读者看到的,乃泛泛而谈,而非详尽论述。

封建法犹如美丽画卷:古老橡树高高耸立,远远望去,绿荫一片;走近观察,只见树干,不见树根;只有挖掘地面,才能找到树根。[1]

第二节　封建法来源

征服罗马帝国的民族源自日耳曼。记载日耳曼民族习俗的古代著作,虽然很少,但有两部[2],极其重要。与日耳曼人作战的恺撒,记述了日耳曼人习俗[3];他的一些策略,乃依据日耳曼习俗制定的。[4] 在这方面,恺撒的几页书等于他人好几卷书。

塔西佗就日耳曼人习俗撰有专著。此书篇幅很小,但出自塔西佗之笔。他观察敏锐,行文凝练。

恺撒与塔西佗的记载,与我们所知的蛮族法典极其吻合。阅读他们的著作,处处可以看到这些法典内容;研读这些法典,处处可以看到他们俩人的身影。

在探究封建法过程中,我仿佛坠入黑暗迷宫,无处不是岔路与曲径,但我坚信,只要线头攥在我手中,就一定可以走出迷宫。

第三节　臣属起源

恺撒说:“日耳曼人不思农耕;以牛奶、奶酪和肉类为主食;没

---

〔1〕 参见维吉尔:《埃涅阿斯纪》:“从头顶到苍穹有多远,从树根到地狱就有多远。”——原注

〔2〕 指恺撒《高卢战记》与塔西佗《日耳曼尼亚志》。——译注

〔3〕 参见恺撒:《高卢战记》第六卷第三十一章至第三十八章。——原注

〔4〕 如他从日耳曼尼亚撤退的策略。参见恺撒:《高卢战记》第六卷第二十九章至第六十三章。——原注

有私人拥有的数量明确、界限分明的土地；君主与官吏每年把土地划给他们，一年后又强迫他们迁至别处。”〔1〕塔西佗说：“每个君主都有一群人拥戴并跟随。”〔2〕塔西佗根据其身份，把这些人称为“随从”。这些随从争胜好强，人人都想获得君主青睐；各君主也争强好胜，看谁的随从多而勇。〔3〕 塔西佗说：“君主身边簇拥着精挑细选的年轻人，意味尊严和实力，平时乃排场，战时乃堡垒。谁的随从数量与勇气上盖过他人，谁就在本族和近邻中享有声望，就有人前来朝贡，各地使节也纷至沓来。声望往往决定战争结局：在战斗中，君主勇猛不如人，乃耻辱；随从不效仿君主，也乃耻辱；君主战死，随从苟活，乃永世无法洗刷的奇耻大辱，盖保卫君主乃神圣承诺。自己城邦无战事，君主就帮助正在打仗的城邦，以此结交大量朋友并维持朋友关系。君主用战马与长矛援助朋友，朋友回报的乃虽不美味但丰盛的饭食。君主的慷慨大方，全靠打仗和劫掠才得以维持。劝说他们耕种土地等待丰收难，劝说他们奔赴沙场血战敌人易。能够以鲜血换取之物，他们绝不会以汗水换取。”

日耳曼人只有封臣，没有封地。君主根本无地可封，也就无所谓封地，或者说，其封地乃战马、武器和粮食。之所以说有封臣附庸，盖有忠心耿耿的臣属。这些臣属已立誓效忠，有义务跟随君主作战，所承担的义务与后来拥有封地所承担的义务几乎相同。

第四节　臣属起源(续)

恺撒说：“任何君主在公众大会上宣布其已拟定出征计划，并

〔1〕 参见恺撒：《高卢战记》第六卷第二十三章。——原注

〔2〕 参见塔西佗：《日耳曼尼亚志》第十三章第二、三节。——原注

〔3〕 参见塔西佗：《日耳曼尼亚志》第十三、十四章。——原注

请大家随其出征时，那些拥护他并赞成此壮举者，就会起立，表示愿意效力。于是，这位君主就取得民众支持。但是，他不履行承诺，就会丧失公众信任，就会被视为逃兵和叛徒。”[1]

恺撒所说以及上一节引述的塔西佗记述，乃墨洛温王朝的历史起源。

每次出征前，国王都要重组军队，动员原有军队，招募新兵；为了大量攫取，就得大笔开支，不断获取土地和战利品，又不断把它们瓜分出去；领地不断扩大，又不断缩小；父亲若把王国交给儿子，往往还要把财富交给他；[2] 人们认为，王国财富乃君主国不可或缺之物，不得把财富给外人，即使作女儿嫁妆，也须征得其他君王同意。[3] 对所有上述做法，我们不必惊讶，盖君主政体运转依靠发条，需要不时上紧方可。

第五节　法兰克人征服之地

有人说，法兰克人进入高卢后，占据了所有土地并使之成为封地。此说与事实不符。之所以这么认为，是他们看到，在加洛林王朝末期，几乎所有土地都变成了封地、次封地，或是封地、次封地的附属地。如此结果，乃特殊原因导致，随后将予以说明。

有人由此推断，蛮族为在各地建立封地农奴制度，就制定普遍适用之法。这种推断就像其结论一样，都不正确。在封地可以收

---

〔1〕 参见恺撒：《高卢战记》第六卷第二十三章。——原注

〔2〕 参见《达戈贝尔传》。——原注

〔3〕 参见图尔的格列高利：《法兰克教会史》第六章有关西尔佩里克女儿婚事的记述。希尔德贝派人告诉西尔佩里克，他不可能把父亲王国中的城市让女儿带走，财宝、农奴、马匹、骑士、牛挽具等也不行。——原注

回时期,王国境内所有土地不是封地就是封地附属地,所有人不是封臣就是封臣农奴,拥有土地就拥有权力,持续不断分配封地的国王,就会拥有如土耳其苏丹那种独断专行的权力。但是,此乃违背历史事实。

第六节 哥特人、勃艮第人与法兰克人

日耳曼人侵占高卢,西哥特人占据纳博讷以及几乎整个法国南部,勃艮第人定居东部,法兰克人征服了几乎所有剩余地区。

毫无疑问,蛮族在征服地区保留原有风俗、习惯与爱好,盖任何民族都不可能在短时间内改变思想与行为方式。这些日耳曼人不太务农,从塔西佗与恺撒记述来看,他们主要以畜牧业为生。所以,蛮族法大多与畜群有关。撰写法兰克人史的罗里孔[1]就是牧人。

第七节 不同分地方式

哥特人和勃艮第人以诸多借口,侵入罗马帝国腹地。罗马人为免遭蹂躏,不得不为他们提供给养。最初提供小麦[2],后来觉得提供土地更好。如在西哥特人[3]和勃艮第人[4]的纪年史和法

[1] 罗里孔,据传乃《法兰克王战功》作者。——译注

[2] 参见索西穆斯:《历史》第五卷关于阿拉里克命令分发小麦的记述。——原注

[3] 参见《西哥特法》第十卷第一章第八、九、十六节。——原注

[4] 参见《勃艮第法》第五章第一、二节。宽厚者路易 829 年敕令表明,分地制度在他执政时期依然存在。这项敕令收入《勃艮第法》第七十九章第一节。——原注

典中所看到的,罗马皇帝或者代表皇帝的官员,遂就土地分配问题与他们达成协议[1]。

法兰克人则不同。在《萨利克法》和《里皮埃尔法》找不到任何分地痕迹。他们征服某地后,夺走所要之物,只在他们自己之间制定分配规则,如此而已。

应把高卢勃艮第人和西哥特人、西班牙西哥特人、奥古斯图鲁斯[2]和奥多亚克[3]麾下驻在意大利的雇佣兵[4]的做法,与高卢法兰克人和非洲汪达尔人的做法[5]区分开来。前者做法,是与原居民达成协议而与他们共同分配封地;后者做法,与分地毫无关系。

第八节　不同分地方式(续)

为何有人说蛮族侵占了罗马人大量土地?乃因在西哥特人和勃艮第人法律中发现,这两个民族占有三分之二土地。实际上,他们只是在指定给他们的地区,才占有三分之二土地。

在《勃艮第法》中,贡德鲍说,勃艮第人在定居区占有三分之二

---

〔1〕 马略《纪年史》中关于456年的记述。“勃艮第人占据高卢,与高卢和罗马元老们瓜分土地。”——原注

〔2〕 奥古斯图鲁斯(460? 463? —493? 507?),又名“拉维乌斯·罗慕洛斯·奥古斯都”,西罗马帝国末代皇帝(475—476在位)。其父欧瑞斯特,蛮族出生的罗马军队统帅,在废黜前任罗马皇帝朱利乌斯·尼波斯后,将其立为傀儡皇帝。——译注

〔3〕 奥多亚克(435—493),又译“奥多亚塞”,意大利第一个日耳曼蛮族国王(476—493在位)。早年参加罗马军队,后率众反叛篡夺者欧瑞斯特,于476年废黜奥古斯图鲁斯皇帝,西罗马帝国乃灭亡。——译注

〔4〕 参见普洛科比:《哥特战记》。——原注

〔5〕 参见普洛科比:《汪达尔人战记》。——原注

土地;[1]该法第二补编记载,后来者只能取得一半土地。[2] 因此,并非一开始就把所有土地分给罗马人和勃艮第人。

两个法律条文表述相同,可以彼此印证。既然不能把《勃艮第法》所说的分地理解为把所有土地全都分掉,当然同样也不能对《西哥特法》作如此理解。

法兰克人与勃艮第人一样,比较节制,并未在所有征服之地剥夺罗马人土地。他们要这么多土地做什么?他们取走所需要的东西,别的东西都留下。

第九节 合理分地之勃艮第人与西哥特人法律

应注意,土地分配不是以暴力实施的,而是以满足居于同一地区的两个民族的各自需求为依据实施的。

《勃艮第法》规定,罗马人应把勃艮第人作为客人接待。这与日耳曼人习俗相符。据塔西佗记述,日耳曼人乃世界上最好客的民族。[3]

该法规定,勃艮第人占有三分之二土地和三分之一农奴。这一规定,考虑了两个民族的不同特点,符合各自谋生方式:游牧为生的勃艮第人,需要土地较多,需要农奴较少;农耕为生的罗马人,需要农奴较多,需要土地较少。森林均分,乃因在这方面,两个民族需求相同。

---

〔1〕 参见《勃艮第法》第五十四章第一节:“虽然我们民族在那时得到三分之一奴隶和三分之二土地。”——原注

〔2〕 参见《勃艮第法·补编》第二章:“此后到来的勃艮第人只能要求获得目前所需,即一半土地。”——原注

〔3〕 参见塔西佗:《日耳曼尼亚志》第三十一章。——原注

从《勃艮第法》可以看出，一个罗马人接待一个蛮族人。〔1〕 可见，并非所有土地都分配，拿出土地的罗马人与接受土地的勃艮第人，数量相等。罗马人的损害被减至最低。勃艮第人善战、会狩猎、会放牧，分到荒地也不在乎；罗马人保留最宜耕种的土地，勃艮第人牲畜让罗马人土地变得更肥沃。

第十节　奴役

《勃艮第法》载明，定居高卢的勃艮第人，取得三分之二土地和三分之一奴隶。〔2〕 此乃说明，勃艮第人入侵前，部分高卢地区已有农奴。〔3〕

在涉及两个民族事务上，《勃艮第法》明确区分贵族、自由民和农奴。〔4〕 可见，奴役非罗马人所特有，自由和贵族也非蛮族所特有。

《勃艮第法》规定：勃艮第释奴倘若未向主人支付赎金，也未收到罗马人支付的第三者保金，就会被始终认为是主人的奴隶。〔5〕 所以，拥有产业的罗马人是自由的，盖其不属于另一家庭；他是自由的，盖第三者保金乃其拥有自由的标志。

翻翻法兰克法和《里皮埃尔法》，就会明白，法兰克地区的罗马人所受奴役，绝不甚于高卢其他征服地区的罗马人所受奴役。

---

〔1〕 《西哥特法》也有相同规定。——原注

〔2〕 参见《勃艮第法》第五十四章。——原注

〔3〕 该法标题"农民、缴纳年贡的地主和屯垦者"乃明证。——原注

〔4〕 参见《勃艮第法》第二十六章第一节："若拔掉为勃艮第贵族或者罗马贵族的牙齿"；《勃艮第法》第二十六章第一节："若给予中等阶层的自由民，无论是勃艮第人还是罗马人。"——原注

〔5〕 参见《勃艮第法》第五十七章。——原注

德·布兰维利耶伯爵理论体系的主要论点有误，他没能证明法兰克人曾制定役使罗马人的普遍适用法律。

他的著作毫无技巧可言。他出身古老贵族，使用的乃贵族的那种简朴、直率和天真的语言。他所说是对是错，一目了然。所以，就不必由我对其著作予以评论。我只想说，其悟性胜过才智，其才智胜过知识，但是，其学问不容轻视，盖其对我们的历史与法律大事了如指掌。

德·布兰维利耶伯爵和迪波教士各有一套理论：一个似乎诅咒第三等级，一个似乎诅咒贵族。太阳神把战车交给费顿〔1〕驾驭时嘱咐："走得太高，会烧毁天宫；走得太低，会烧毁大地；走得太右，会掉进巨蛇星座；走得太左，会掉进祭台星座。好好走中间吧。"〔2〕

第十一节　奴役(续)

有人认为在征服时期就有普遍适用之法，乃因法国在加佩王朝初期，就有诸多奴隶。但是，他们没有注意到奴隶数量乃逐渐增多的，故认为在黑暗时代就存在普遍适用之法。其实，根本没有。

墨洛温王朝初期，无论法兰克人抑或罗马人，皆有大量自由

〔1〕 费顿，希腊神话太阳神之子。有一种说法，太阳神最初由赫利俄斯担任。费顿因未按父嘱驾驶战车，险些烧毁宙斯等众神居住的天宫，众神之王宙斯遂把太阳神由赫利俄斯转封给阿波罗。——译注

〔2〕 参见奥维德：《变形记》第二卷，第 134 页："走得太高，会烧毁天宫；走得太低，会烧毁大地；走得太右，会掉进巨蛇星座；走得太左，会掉进祭台星座。好好走中间吧。"——原注

民。不过,农奴数量增速极快,至加佩王朝,几乎所有农夫和城市居民皆成为农奴。[1] 墨洛温王朝初期,城市管理与罗马相似,有市民团体、元老院和法院;至加佩王朝初期,只有领主和农奴。

法兰克人、勃艮第人和哥特人入侵时,能带走的东西,诸如黄金、白银、家具、衣服,甚至男人、女人和小孩,统统劫掠一空,集中一地,由军队瓜分。[2] 整个历史证明,蛮族首次定居后,即在他们实施第一劫掠后,就与当地居民达成协议,保留他们原有的一切政治和民事权利。战时抢走一切,平时给予一切,此乃当时的万民法。若非如此,在《萨利克法》和《勃艮第法》中,怎么会有那么多与把所有人都变成奴隶的做法完全相反的条款?

虽然征服没有立即催生奴役,但是,在征服结束后,同样适用的万民法却催生奴役。[3] 抵抗、反叛和城市被占领,导致居民沦为奴隶。法兰克人很特别,除各族之间的征服战争外,国家四分五裂后,兄弟甥侄之间内战不断。在这些内战中,万民法始终得到执行,故与其他国家相比,法兰西的奴役更普遍。窃以为,也许此乃在领主权利方面,法国法律与意大利、西班牙法律有所不同的原因之一。

征服战争转瞬即逝,所适用的万民法随之催生奴役。同样的万民法连续适用数百年,因此,奴役就有惊人扩展。

提奥德里克认为奥弗涅[4]人民对他不忠[5],遂对分给其管辖的法兰克人说:“跟我走吧,我要把你们带到一个地方,那里有黄

---

〔1〕 罗马人统治的高卢,农奴乃特殊群体,通常由释奴及其后代组成。——原注

〔2〕 参见图尔的格列高利:《法兰克教会史》第二章第二十七节;参见艾穆安:《法兰克人史》第一章第十二节。——原注

〔3〕 参见《圣人传》。参见本节下面另一脚注。——原注

〔4〕 奥弗涅,今属法国中部地区。——译注

〔5〕 参见图尔的格列高利:《法兰克教会史》第三章第十一节。——原注

金、白银、俘虏、衣服和许许多多牲畜。你们可以把那些人全都迁到你们那里去。”

贡特朗和西尔佩里克媾和[1]后,围困布尔日的军队奉命撤退,带走的战利品无数,几乎连人和牲畜也没留下。

较之其他蛮族国王,意大利国王西奥德里克的精神与策略高人一筹。他派兵进入高卢时,致信其将军:“我命令执行罗马法,请你把逃跑奴隶交还其主人;自由捍卫者不应鼓励奴隶抛弃主人。让其他国王为劫掠和摧毁其所攻克的城市欢呼吧。我们的取胜方式应是:让臣服者抱怨我们太晚征服他们。”[2]很显然,他想让法兰克人与勃艮第人的国王遭人憎恶,而且不言自明地提及万民法。

在加洛林王朝,万民法依然得到执行。据《麦斯年鉴》记述,国王丕平的军队进入阿奎坦[3],带着无数战利品和奴隶返回法兰西。[4]

我还可以列举诸多权威资料[5]。巨大灾难激起人们恻隐之心:看到一群群被捆绑的俘虏,多位圣洁主教拿出教会钱财,甚至出售教堂圣杯,尽可能为他们赎身。许多圣洁僧侣为此竭尽全力,《圣人传》对此有最为详尽的记述。[6] 凡上帝要求所做之事,他们肯定已经一一照办。尽管在这些事情上,人们可能认为,这些传记作者有时过于轻信,但是,依然可以从中清楚了解其

---

[1] 参见图尔的格列高利:《法兰克教会史》第四章第三十一节。——原注

[2] 参见卡西奥多鲁斯:《东哥特史》第三卷第四十三封信。——原注

[3] 阿奎坦,又译“阿基坦”“阿基塔尼亚”等,高卢西南与罗马分界线地区,今属法国。——译注

[4] 在763年条目下记载:“战利品和奴隶多得难以计数,他们回到法兰西时都发了财。”——原注

[5] 如《弗尔德年鉴》739年;参见保尔·迪亚克尔:《伦巴第人的武功》第三卷第三十章、第四卷第一章;下一个脚注所引《圣人传》内容。——原注

[6] 参见埃皮法纳、圣埃普塔蒂乌斯、圣赛塞尔、圣菲多尔、圣波西安、圣特雷维里乌斯、圣欧西齐乌斯、圣莱热等圣人传记以及圣朱利安圣迹。——原注

时风俗习惯。

目光投向历史与法律著作之时,似有书海浩瀚、无边无际之感。[1] 这些冷冰冰的、枯燥无味的、艰涩费解的著作,统统都要读,都要把它们吞下去,就像寓言所说,如土星把石头吞下去那样。

自由民开发的无数土地[2],成为永久管业地产。一个地方倘若丧失曾经居住在这里的自由民,拥有大量农奴者就会攫取或者强制他人出让大片土地,建立村庄,就像我们在各种特许状所看到的那样。往昔的手工艺者如今变成奴隶,但依然从事手工艺行业。所以说,奴役把往昔夺走的东西归还给了手工艺和耕作。

当时常见做法是:土地所有者把农奴交给教会,用以顶替年贡,并认为,这些农奴的劳役等于替土地所有者为教会神圣事业作出了贡献。

第十二节　蛮族所分土地不缴赋税

淳朴、贫穷、自由、尚武的游牧民族,没有技艺,唯以牧业为生,对于土地的依赖仅限于那间小茅屋。[3] 他们追随首领作战,非为征收或者缴纳赋税,乃为获取战利品。在人们开始享受技艺带来的福祉后,赋税才得以发明。

每阿庞[4]土地交纳一陶罐葡萄酒作为临时税[5],乃西尔佩

---

〔1〕 参见奥维德:《变形记》第一卷:"茫茫大海,无边无际。"——原注

〔2〕 屯垦者并非皆为农奴。参见《查士丁尼法典》:"农民、种植者和屯垦者"第十八、二十、二十三节。——原注

〔3〕 参见图尔的格列高利:《法兰克教会史》第二章。——原注

〔4〕 阿庞,古代土地面积计算单位,约合 20~50 公亩。——译注

〔5〕 参见图尔的格列高利:《法兰克教会史》第二章。——原注

里克和弗雷戴贡德[1]强制征收之税，交纳者仅限于罗马人。其实，撕毁纳税人名册的，不是法兰克人，而是教会人士，盖当时所有教会人士皆为罗马人。[2] 缴纳此税的，主要是城市居民[3]，而其时城市居民几乎皆为罗马人。

图尔的格列高利记述：[4]有位法官在西尔佩里克死后，被迫躲进教堂，原因是：西尔佩里克在位时，该法官曾经强迫法兰克人纳税。西尔佩里克在位时，法兰克人乃自由民。其原文是："在西尔佩里克在位期间，向许多身为自由民的法兰克人征税。"可见，法兰克人不是农奴，不纳税。

语法学家看到迪波教士对这段文字的解释，无不震惊。[5] 他说，释奴（affranchis）那时也叫作自由民（ingénus），并以免除赋税（affranchis de tributs）解释拉丁文"*ingenui*"。法文可以使用"affranchis de tributs"这种词组，诸如"affranchis de soins"（免除照看）、"affranchis de peines"（免除刑罚）等。但是，在拉丁文中，"ingenue a tributes"（不纳税自由民）、"libertini a tributis"（不纳税释奴）、"manumissi tributorum"（不纳税人）这种词组，极其怪异。

图尔的格列高利说：帕特尼乌斯认为，法兰克人要处死该法官，乃因其曾向法兰克人强制征税。[6] 迪波教士对这段文字感到

---

[1] 弗雷戴贡德（545—597），西尔佩里克之妻，纽斯特里亚王后。——译注

[2] 从图尔的格列高利《法兰克教会史》全书可以了解到。格列高利问原籍伦巴第的名叫瓦尔菲里亚库斯之人，他怎么能够成为教会人士。参见该书第八章。——原注

[3] "这种税在高卢所有城市中征收。"参见《圣阿里迪乌斯传》。——原注

[4] 参见图尔的格列高利：《法兰克教会史》第七章。——原注

[5] 参见迪波教士：《法兰西君主国在高卢的建立》第三卷第十四章，第515页。——原注

[6] 参见图尔的格列高利：《法兰克教会史》第三章第三十六节。——原注

十分困惑,只好胡乱猜测,说那是因为赋税太重。[1]

从《西哥特法》[2]可以看出,罗马人土地若被蛮族人占有,法官为了让这块地能继续缴税,就强制蛮族人把地卖掉。由此可见,蛮族不缴土地税。[3]

迪波教士为自圆其说,需要西哥特人缴税,[4]脱离法律字面意义和实质意义,仅仅依靠想象就说,在哥特人定居于这项法律颁布前这段时间,赋税增加,但只涉及罗马人。要知道,拥有任意处置历史事实大权者,唯有阿杜安神父啊。[5]

迪波教士又到《查士丁尼法典》[6]寻找依据[7],试图证明罗马人的军事收益要纳税,并得出结论说,法兰克人封地或者收益也要纳税。但是,法国封地源于罗马法观点,已被推翻;只是在我们只知道罗马史,对我们自身历史知之甚少,而且种种古老古籍还湮没在历史尘埃的时候,人们才有如此想法。

迪波教士错误引述卡西奥多鲁斯[8]著作,并以意大利和提奥德里克统治下的高卢地区所发生的事情为例证,论证当时法兰克人习惯。其实,这些不能混为一谈。也许有朝一日,我会写一本书

---

〔1〕 参见迪波教士:《法兰西君主国在高卢的建立》第三卷,第 514 页。——原注

〔2〕 法官和行政长官把为罗马人保留的土地,从占有这些土地之人手中拿回来,交还罗马人,让罗马人缴清赋税,以免财政受损。参见《西哥特法》第十卷第一章第十四节。——原注

〔3〕 汪达尔人在非洲根本不缴土地税。参见普洛科比:《汪达尔人战记》第一卷和第二卷、《秘史》第十六卷,第 106 页。请注意,非洲征服者是汪达尔人、阿兰人和法兰克人。参见普洛科比:《秘史》第十四卷,第 94 页。——原注

〔4〕 参见迪波教士:《法兰西君主国在高卢的建立》第三卷第十四章,第 510 页。——原注

〔5〕 阿杜安神父(1646—1729),法国耶稣会学者。他称经考证后确认,荷马史诗和维吉尔史诗,实乃中世纪僧侣作品。——译注

〔6〕 参见《查士丁尼法典》第十一章第七十四节第三题。——原注

〔7〕 参见迪波教士:《法兰西君主国在高卢的建立》第三卷,第 511 页。——原注

〔8〕 卡西奥多鲁斯(约 485—约 580),古罗马政治家、学者、修士。著有《宗教文献和世俗文献指南》《杂录》《远古史》《论灵魂》《东哥特史》等。——译注

阐述:东哥特王国的君主制体制与其他蛮族在那时所建立的君主体制,截然不同。绝不能因为法兰克人有某种做法,就说东哥特人亦然。恰恰相反,人们有理由认为,正因为东哥特人有某种做法,所以法兰克人不会采用不同做法。

对博学之士而言,最艰难的是在与主题有关之处寻找证据。借用天文学家的话来说,就是要在宇宙寻找太阳的位置。

迪波教士任意解释敕令,犹如其任意解释蛮族历史与法律一样。他说法兰克人纳税,是把只有农奴才做之事套在自由民身上;[1]他谈法兰克人的军役,是把自由民才能当的差套在农奴身上。[2]

第十三节 法兰克君主统治下罗马人与高卢人赋税

下面谈谈罗马人和高卢人被征服后,是否继续缴纳帝国时期的赋税。长话短说,最初缴纳,不久免除,后改为服军役。我承认,我确实无法理解,为何法兰克人最初对赋税如此亲近,后来突然变得如此疏远。

从宽厚者路易的一道敕令[3],可以很清楚看出法兰克君主国自由民状况。为逃避摩尔人压迫,三五成群的哥特人和伊比里亚

---

〔1〕 参见迪波教士:《法兰西君主国在高卢的建立》第三卷第十四章,第513页。他在此处援引皮斯特版第二十八条。参见本章第十八节。——原注

〔2〕 参见迪波教士:《法兰西君主国在高卢的建立》第三卷第四章,第298页。——原注

〔3〕 815年敕令第一章。此敕令与秃头查理844年敕令第一条和第二条相符。——原注

人，在路易土地上得到收留。[1] 路易与他们订约：他们如自由民一样，随伯爵出征；在行军途中，他们将在伯爵指挥下，负责守卫和巡逻；[2]他们应向国王钦差和往返于宫廷的外国使节提供车马；[3]不得强迫他们缴纳其他赋税；他们享有自由民待遇。

这些做法，并非加洛林王朝初期才有的举措，至少应该是在墨洛温王朝中后期就已经有的习惯。864 年有道敕令明确载明：古老习俗规定，自由民要从军，要花钱提供前面所说的车马。[4] 此乃他们要负担的特殊赋税，拥有封地者则不必缴纳。下面将予以证明。

不仅如此，还有一条法律规定，几乎是不允许向这些自由民征收赋税：[5]拥有四个[6]份地者，必须从军出征；拥有三个份地者须与拥有一个份地者凑对，前者从军，后者为前者支付四分之一赋税而不必从军；两个各自拥有两个份地者凑对，从军者费用，由不从军者负担一半。

此外，还有许多条令把封地特权赋予自由民拥有的土地，稍后将会详述。[7] 这些土地无需缴纳伯爵和其他官员要求负担的赋

---

〔1〕“居住在阿奎坦、纳博讷和普洛旺斯地区的西班牙人。”参见宽厚者路易 815 年敕令。——原注

〔2〕“被他们称作卫队和巡逻队。”——原注

〔3〕他们没有向伯爵提供同样服务的义务。——原注

〔4〕“家有马匹的居民应将马匹交给伯爵，以便与敌人作战。”“为使他们能够依据古老习俗从军并备好马匹”，伯爵不得扣留他们的马匹。参见皮斯特版，载《敕令汇编》巴鲁兹版，第 186 页。——原注

〔5〕查理曼 812 年敕令第一条；皮斯特版 864 年第二十七条。——原注

〔6〕拉丁文为“*Quatuor mansos*”。我认为此处的“mansus”，指一定数量土地，需缴纳赋税，但拥有奴隶。853 年敕令“致希利”可证明，参见该敕令第十四条“关于不得将奴隶逐出份地”。——原注

〔7〕参见本章第二十节。——原注

税。那些条令详细罗列了各种负担,但未提及赋税。可见,不征收赋税。

就这样,在法兰克人王国,罗马苛捐杂税轻易就被废除。罗马人征收的赋税极其复杂,头脑简单的法兰克人想不到这些,更谈不上征收计划。倘若鞑靼人今天侵入欧洲,要让他们搞明白我们的财政是什么,恐怕也相当劳神费力。

佚名的《宽厚者路易传》,谈及查理曼在阿奎坦安置的伯爵和法兰克民族的其他官员时说,他把戍边、军事指挥和管理国王领地的职责交给他们。[1] 由此可以得知加洛林王朝时期的国王收入情况。国王拥有领地,由奴隶耕种。但是,徭役、人头税和帝政时期对自由民的人身或者财产征收的其他赋税,都变为从军与戍边义务。

该书还说,宽厚者路易在日耳曼找到其父查理曼。其父问,一个国王怎么会穷到这种地步。路易答,他这个国王徒有虚名,几乎所有领地皆为领主们拥有。查理曼担心由年轻的儿子把他已经轻易恩赐出去的土地统统讨回,会丧失领主们的爱戴,于是,就派遣钦差专门前往处理此事,使之恢复原状。[2]

主教们写信给秃头查理的兄弟路易说:"看好你的土地,否则,你不得不在僧侣们的住所之间游荡,害得他们的驾车奴隶疲惫不堪。无论如何,你总得衣食无忧,才能接待外国使节。"[3] 可见,其时国王收入主要来自他们的领地。[4]

---

〔1〕 参见杜申:《文集》第二卷,第 287 页。——原注

〔2〕 参见杜申:《文集》第二卷,第 89 页。——原注

〔3〕 参见 858 年敕令第十四条。——原注

〔4〕 在有河流和路口的地方,国王也征收路桥费。——原注

第十四节　所谓“赋税”

蛮族离开故土后，想把其习惯法书写成文。他们发现用罗马字母书写日耳曼语很困难，就用拉丁文记录这些习惯法。

在征服战争与乱世中，大多数事物发生质变。欲表达这些事物，就得借用与新习俗具有最密切联系的古拉丁文。例如，为让人想起罗马人从前的“税”（cens）[1]，就使用“赋税”（census tributum）。与罗马人毫无关联的事物，就用罗马字母书写日耳曼词语，如罚金（fredum）。在以下有关章节，将予以详述。

“税”和“赋”被任意使用后，其含义至墨洛温王朝和加洛林王朝时期就不太明确。有些自成体系的当代作者[2]，在那时的著作中见到“税”这个字，以为它与罗马人“税”字含义完全相同，就断定：法国前两个王朝的国王不仅代替罗马皇帝的地位，而且丝毫未改变罗马帝国的行政体制。[3] 由于偶然因素或者某些变化，加洛林王朝时期征收的某些税改为其他税种[4]，这些作者就断言，这些税与当年罗马人的税完全一样。他们发现，自从有了近代法律后，国王权力具有绝对不可剥夺的性质，就断定：这种税，相当于当

---

〔1〕“税”（census）这个词用途广泛，在有河流的地方，也可以指过桥或者过渡费。参见803年敕令，载《敕令汇编》巴鲁兹版第一条，第395页；819年敕令第五章，第616页。从秃头查理865年敕令第八条来看，这个词还可以用来指称自由民向国王或者国王特使提供的车辆。——原注

〔2〕迪波教士及其追随者。——原注

〔3〕迪波教士在《法兰西君主国在高卢的建立》第三卷第六章第十四节提出的理由十分软弱无力，尤其是他对图尔的格列高利关于其教堂和查理贝尔国王纠纷的记述所作的推论。——原注

〔4〕如奴隶释放金。——原注

年罗马人的税，并不属国王固有权限，乃百分之百僭越王室权限。至于他们的其他推论，此处不谈。

把当代概念置于遥远古代去理解，乃谬误之源，后果之严重莫过如斯。对想把一切旧事物予以现代化者，我想借用埃及神父对梭伦所说之语："哦，雅典人，汝等小孩耳。"〔1〕

第十五节　只向农奴而不向自由民征收之"税"

国王、神职人员和领主分别依规向各自领地上的农奴征收赋税。国王征收赋税，以维利斯敕令为依据；神职人员征收赋税，以蛮族法为依据；〔2〕领主征收赋税，以查理曼法为依据。〔3〕

这些赋税，称作"税"（census），是经济税，不是财政税；是纯私人性质的税，不是公共性质的税。

可以肯定，所谓"税"乃当时向农奴征收的赋税。马尔库尔弗《法规》的一项规定可以佐证。它规定：国王准许生而为自由民并且未在纳税名册上登记者成为神职人员。〔4〕查理曼致其派往萨克森地区的一位伯爵的谕令，也可佐证。该谕令说：鉴于撒克逊人已皈依基督教，应赋予他们自由。〔5〕可以说，此谕令乃"自由民证

---

〔1〕参见柏拉图：《蒂迈欧篇》。——原注

〔2〕参见《日耳曼法》第二十二章；《巴伐利亚法》第一章第十四节，其中有神职人员对他们自身身份制定的规则。——原注

〔3〕参见《敕令汇编》第五编第三百零三章。——原注

〔4〕"倘若享有人身自由，而且未在纳税名册上登记。"参见《敕令汇编》第一卷第十九章。——原注

〔5〕789年谕令，载《敕令汇编》巴鲁兹版第一卷，第250页。——原注

书”。[1] 查理曼恢复其原有的公民自由，并免除其纳税义务。[2] 可见，农奴应缴纳赋税，自由民无须缴纳赋税。

查理曼还谕令：法兰西王国接纳的西班牙人享有优待，伯爵不得向其征收赋税，不得剥夺其土地。[3] 众所周知，来到法兰西的外国人皆被当作农奴，而查理曼却要求把他们视为自由民，让其拥有土地，禁止向其征税。

秃头查理也有敕令，要求优待那些西班牙人，对待他们要像对待法兰克人一样，禁止向其征税。[4] 由此也可看出，自由民不纳税。

国王或者教会的一些农奴，为避税，就将领地庄园的附属地，出售给教会人士或者身份地位相同者，只给自己留下一间小茅屋。皮斯特敕令第三十条纠正了这一弊端，下令恢复原状。这也可以佐证，唯有农奴纳“税”。

由此可以得出另一结论：法兰西王国境内没有普遍征收之税。诸多文献可以明确证实此点。有道敕令说：“以往合法征税之地[5]应征国王税”。[6] 此敕令意味什么？查理曼有道敕令[7]，要求驻各省特使准确调查过去属国王领地的所有赋税。[8]

---

〔1〕“此自由民证书永久有效。”参见《敕令汇编》巴鲁兹版第一卷，第250页。——原注

〔2〕“赋予他们原有之自由，解除他们向我们缴纳赋税之义务。”参见《敕令汇编》巴鲁兹版第一卷，第250页。——原注

〔3〕812年敕令《处理西班牙人条例》，载《敕令汇编》巴鲁兹版第一卷，第500页。——原注

〔4〕844年敕令，载《敕令汇编》巴鲁兹版第二卷第一、二章，第27页。——原注

〔5〕“以往合法征税之地”，参见安泽吉士：《敕令集》。——原注

〔6〕收于安泽吉士《敕令集》805年敕令第三章第二十、二十二节。参见该《敕令集》第三章第十五节。此敕令与秃头查理854年阿蒂尼敕令第六条相符。——原注

〔7〕参见《敕令汇编》巴鲁兹版第一卷第498页：812年敕令第十、十一条。——原注

〔8〕“以往归国王所有的赋税。”参见812年敕令第十、十一条。——原注

此敕令意味什么？其另一敕令[1]则取消以前要求缴纳的赋税。[2]此敕令意味什么？还有敕令规定：[3]“倘若获得纳税之地，即习惯征税之地……”[4]此敕令意味什么？最后，秃头查理还在一道敕令中[5]谈及那些自古以来由国王征税之地。[6] 此敕令又意味什么？

请注意，有些文献乍看似与我所说相左，但恰恰证实我所说。前已论及，王国内的自由人只负有提供车辆义务。刚才所列敕令把这种义务也叫作纳税，[7]但是，敕令把这种税与农奴所纳之税加以严格区分。

此外，皮斯特敕令[8]还提及那些按人头和茅屋纳税的法兰克人以及在饥荒时出卖自己为奴的法兰克人。[9] 国王规定他们可以赎身，盖凡借助国王敕令解除奴隶身份者，通常并没有取得完整自由，但是，他们必须缴纳人头税。[10] 此处所谈乃这类人。

因此，应抛弃那种针对所有人征税制度源于罗马人税收制度之观点，也应抛弃那种认为领主赋税征收权也源于这一制度之观点。其时，法兰西王国所谓“税”，与人们所误解的该词含义完全不同，实乃指主人对农奴征收的特殊赋税。

恳请读者原谅，前述诸多引文肯定给您造成不适。倘若不是

---

[1] 参见《敕令汇编》巴鲁兹版第一卷，第 508 页：812 年敕令。——原注

[2] 813 年敕令第六条：“纳税人所纳赋税。”——原注

[3] 参见安泽吉士：《敕令集》第四章第三十七节，编入《伦巴第法》。——原注

[4] “倘若获得纳税之地，即习惯征税之地……”参见安泽吉士：《敕令集》第四章第三十七节。——原注

[5] 805 年第八条。——原注

[6] “自古以来由国王征税之地。”参见 805 年敕令第八条。——原注

[7] “税或者法兰克人应向国王提供的驭马。”——原注

[8] 参见《敕令汇编》巴鲁兹版，第 192 页：864 年敕令第三十四条。——原注

[9] 参见《敕令汇编》巴鲁兹版，第 192 页：“按人头和茅屋向国王纳税的法兰克人。”——原注

[10] 同一敕令第二十八条对此作了解释。此敕令甚至对释奴中的罗马人和法兰克人作区分，可见并非人人都纳税。应好好读读该敕令。——原注

因为面前始终摆着迪波教士那部《法兰西君主国在高卢的建立》,我就不会那么啰唆。最能阻碍知识进步的,莫过于著名作者的坏书。欲授人真知,必先去伪存真。

第十六节　封臣或者领主

前已提及追随君主出征的日耳曼志愿者。在征服战争结束后,仍然保留这一习俗。塔西佗称其为随从〔1〕,《萨利克法》称其为"国王忠实侍从"〔2〕,马尔库尔弗称其为"国王忠臣"〔3〕,早期法国历史学家称其为家臣或者忠臣〔4〕,后期历史学家称其为封臣、领主或者附庸〔5〕。

《萨利克法》和《里皮埃尔法》有大量关于法兰克人的条款,关于国王忠臣的条款只有几条;关于法兰克人的财产规定比比皆是,但根本未提及国王忠臣的财产问题,此乃因为:忠臣财产适用政治法而非市民法;其财产归军队所有,不归家庭所有。

不同时期不同作者,把为这些封臣保留的财产分别称为"国库财产"〔6〕"恩赐物""荣宠物""封地""采地"等。

---

〔1〕 拉丁文为"*comites*"。——原注

〔2〕 拉丁文为"*Qui sunt in truste regis*"。参见《萨利克法》第四十四卷第四章。——原注

〔3〕 这个词来自"trew",在日耳曼尼亚语中意为"忠诚";在英语中即"tru",意为"真实"。——原注

〔4〕 拉丁文为"*Leudes*, *fideles*"。——原注

〔5〕 拉丁文为"*Vassali*, *seniores*"。——原注

〔6〕 拉丁文为"*Fiscalia*"。参见马尔库尔弗:《法规》第一卷第十四章。参见《圣摩尔传》:"国王给他一笔国库财产。"参见《麦斯年鉴》关于747年的记载:"国王赐予其伯爵爵位和一些国库财产。"维持王族日常生活的费用称为"王家费用",拉丁文为"*regalia*"。——原注

毫无疑问，封地最初可以撤销。[1] 据图尔的格列高利记载，苏内吉希尔和加洛曼被剥夺了从国库获得的一切，只给他们留下其自身的产业。[2] 贡特朗把侄子希尔德贝扶上王位时，与他密谈，告诉他应赐予哪些人封地、剥夺哪些人的封地。[3] 马尔库尔弗《法规》有规定说：国王可以用作交换的，不只是出自其国库的恩赐物，也可以是来自另一人金库的恩赐物。[4] 在《伦巴第法》中，此种恩赐物与产权截然不同。[5] 在这一点上，历史著作、《法规》、各蛮族法皆相同。《封地概要》[6]作者说[7]，起初领主可以随意撤销封地，后来把封地期限定为一年，再后来定为终生。[8]

第十七节　自由民军役

有两种人应服军役：一是封臣和封臣的封臣。他们拥有封地，其义务就是服军役。二是法兰克人、罗马人和高卢人中的自由民。他们为伯爵服军役，由伯爵或者其下属军官统领。

所谓自由民，乃指没有封地或者恩赐物又不受耕作奴役者。他们拥有的土地称为“自由地”。

---

[1] 参见《封地概要》第一章第一节；屈亚斯关于该书的论述。——原注

[2] 参见图尔的格列高利：《法兰克教会史》第九章第三十八节。——原注

[3] “应把封地给谁，应把谁的封地收回。”参见图尔的格列高利：《法兰西教会史》第七章。——原注

[4] “无论何人都应被承认有权拥有这种地位，作为得自他人或者我们的收益的一部分。”参见马尔库尔弗：《法规》第一卷第三十章。——原注

[5] 参见《伦巴第法》第三卷第八章第三节。——原注

[6] 《封地概要》，在意大利编制的一部伦巴第封建法论著，作者为两位执政官。——译注

[7] 参见《封地概要》第一章第一节。——原注

[8] 屈亚斯指出，这也是一种恩赐物，领主可以每年继续给予，也可以不再给予。——原注

伯爵召集自由民,率领他们打仗。[1] 伯爵手下有称为督军的军官;[2]所有服役的自由民编为百人队,多个百人队编为镇。伯爵手下还有称为百人长的军官,百人长带领自由民士兵作战。[3]

百人队这种编制,法兰克人定居高卢后才出现,乃由克洛泰尔和希尔德贝创立,旨在保证每个地区发生的盗窃案件有人负责。从这两位君主的谕令可以找到根据。[4] 如今的英国就有类似做法。

伯爵带领自由民作战,领主带领自己的封臣或者封臣的封臣作战,主教、教士或者其助理教士[5]带领他们的封臣作战。[6]

主教们极其为难,觉得自身并不适合作战,[7]遂请求查理曼不再强求他们参战。但是,当请求获得批准后,他们又抱怨不参战导致民众不再尊敬他们。查理曼不得不就此阐明其意图正当。无论如何,我发现当主教们不再参战后,其封臣并非在伯爵率领下作战,而是由国王或者主教亲信带领那些封臣作战。[8]

宽厚者路易颁布的一道敕令[9],把封臣分成三类:国王的封臣、主教的封臣、伯爵的封臣。只有当领主或者封臣因王国事务而

---

〔1〕 参见查理曼812年敕令第三、四条;参见《敕令汇编》巴鲁兹版第一卷,第491页;参见《皮斯特敕令》864年第二卷第二十六条,第186页。——原注

〔2〕 "每位伯爵有两位督军和百人长。"参见《敕令集》第二章第二十八节。——原注

〔3〕 这些士兵称为"伙计"(compagnons)。——原注

〔4〕 参见《敕令汇编》巴鲁兹版,第20页:595年敕令第一条。这些法规大概是征询意见后制定的。——原注

〔5〕 拉丁文为"*Advocati*"。——原注

〔6〕 查理曼812年敕令第一、五条。参见《敕令汇编》巴鲁兹版第一卷,第490页。——原注

〔7〕 参见《敕令汇编》巴鲁兹版,第408页和第410页:803年沃尔姆敕令。——原注

〔8〕 参见《敕令汇编》巴鲁兹版,第409页:803年沃尔姆敕令;参见《敕令汇编》巴鲁兹版:秃头查理在位时845年韦尔农宫公会议。——原注

〔9〕 参见《敕令汇编》巴鲁兹版,第618页:819年敕令第二十七条。——原注

不能亲自带领其封臣作战时,其封臣才由伯爵带领作战。[1]

国王的领主或者封臣由谁带领作战?毫无疑问,当然是国王,国王始终是他们的领袖。正因为如此,从敕令常常可以看到,国王的封臣与主教的封臣有别。[2] 国王骁勇、高傲和尊贵,御驾亲征绝非为了率领主教的士兵,也不会选择与他们生死与共。

领主或者封臣同样应率领其封臣和封臣的封臣作战。查理曼有道敕令就明确规定:凡拥有四个份地者,不论份地是自己的地产或者是他人的恩赐物,一律应参加战斗或者跟随自己的领主作战。显而易见,查理曼要求,只要拥有一份土地,就得随伯爵出征;接受领主恩赐物,就得随领主出征。

然而,迪波教士妄称:[3]敕令提及的附属某位领主的男子仅指农奴。其推论,乃以《西哥特法》和西哥特人习俗为根据。其实,依据敕令才妥当。刚才所述敕令的记载,与迪波教士观点明显相反。秃头查理与其兄弟签订的协议也提及,自由民可以自由选择跟随领主还是国王。这一规定与其他诸多规定一致。

因此,可以说,有三种军队:一是国王封臣组成的军队,当然封臣也有其封臣。二是主教或者其他神职人员及其封臣组成的军队。三是伯爵带领的军队,其所带领的系自由民。

不能说封臣并非由伯爵带领,盖拥有某种指挥权者要接受拥有更高指挥权者的指挥。

甚至可以看到,倘若封臣未履行封地义务,伯爵和国王的特使

〔1〕“对目前在王宫中为国王服务并享有恩赐物的封臣,特作如下规定:留在宫中陪伴皇帝者,不得让其封臣的封臣随他一同留在宫中,而应允许他们与其辖区的伯爵一同出发作战。”参见《敕令汇编》巴鲁兹版812年敕令第二卷第七条。——原注

〔2〕参见《敕令汇编》巴鲁兹版第一卷,第490页:“隶属我们或者隶属主教和教士、拥有恩赐物或者自己产业者。”——原注

〔3〕参见迪波教士:《法兰西君主国在高卢的建立》第三卷第六章,第299页。——原注

可以对其施加处罚,强制其支付罚金。

同样,国王封臣倘若抢掠,只要他们自己不提出只接受国王处置的要求,就可由伯爵进行处罚。[1]

第十八节 双重身份

军事上受谁管辖,司法上也受谁管辖,此乃法兰西王国一项基本原则。宽厚者路易 815 年敕令就规定,伯爵对自由民享有带兵权和司法权。[2] 因此,带领自由民出征的伯爵的法庭[3],也称自由民法庭。[4] 毫无疑问,由此产生如下原则:凡涉及自由民的案件,只能由伯爵法庭审理,而不能由伯爵属下法庭审理。主教或者教士封臣不由伯爵带领作战[5],盖他们不在伯爵管辖下。伯爵也不能带领国王封臣的封臣作战。英国法律词汇告诉我们,撒克逊人称作“科普尔”者,诺曼人称为“伯爵”或者“随从”[6],[7]盖他们与国王共享司法罚金。因此,无论什么时代,就我们所知,任何

---

〔1〕 参见《敕令汇编》巴鲁兹版第二卷,第 17 页:882 年敕令第二条“在韦尔农宫”。——原注

〔2〕 参见《敕令汇编》巴鲁兹版第二卷第一、二条,第 17 页;845 年韦尔农公会议文书第八条。——原注

〔3〕 法庭或者审判会议。——原注

〔4〕 参见安泽吉士:《敕令集》第四章第五十七节;参见《敕令汇编》巴鲁兹版第一卷,第 615 页。宽厚者路易 819 年第五道敕令第十四条:参见《敕令汇编》巴鲁兹版第一卷,第 615 页。——原注

〔5〕 参见《敕令汇编》巴鲁兹版第一卷,第 490 页:“隶属我们或者隶属主教和教士、拥有恩赐物或者自己产业者。”——原注

〔6〕 对“satrapa”一词的解释。——原注

〔7〕 参见威廉·朗巴尔:《安格尔古法》。——原注

封臣对其领主应尽的义务[1],乃从军打仗和在其法庭审理其属下。[2]

司法权与带兵权结合的原因之一是:带兵作战者同时要负责征税。所谓税,乃指由自由民提供的作战车辆以及将论及的某些司法利益。

领主在封地上拥有司法权,伯爵在其领地辖区也拥有司法权。可以说,在不同历史时期,每当封地发生变化时,伯爵领地辖区也随之发生变化。封地与伯爵领地,无甚差别,皆受同一治理原则与观念的支配。总之,在伯爵领地,伯爵乃领主,封地领主乃伯爵。

视伯爵为司法官员,视公爵为军事官员,不正确。实际上,伯爵与公爵皆为军事官员与司法官员[3],区别在于公爵管辖若干伯爵,尽管也有许多伯爵并不隶属任何公爵。这从弗雷德加里乌斯[4]著作可以看出。[5]

也许有人会认为,那时法兰克人的统治一定极其残暴,盖同一批官员同时握有军事权、司法权乃至税务权。前几章述及,此乃专制显著标志。

但是,千万别误以为,伯爵就像土耳其帕夏一样,可以单独断案。[6] 每次开庭审案时,伯爵都要召集当地名流参与审判会议。[7]

为让读者充分了解法规、蛮族法和敕令关于审判的规定,必须

---

[1] 《耶路撒冷审议庭》第二百二十一、二百二十二章对此作了很好的解释。——原注

[2] 教会的助理教士也主持审判和带兵打仗。——原注

[3] 参见马尔库尔弗:《法规》第一卷第八章。文中有致公爵、地方长官或者伯爵之信,赋予他们司法管理权和税务管理权。——原注

[4] 弗雷德加里乌斯(7 世纪),据传系创作于 658 年至 661 年的法兰克《编年史》作者。——译注

[5] 参见弗雷德加里乌斯:《编年史》第七十八章:关于 636 年。——原注

[6] 参见图尔的格列高利:《法兰克教会史》第五章:580 年之前。——原注

[7] 即法兰克人中的自由民审判会议。——原注

指出，伯爵、伯爵总管和百人长的职能皆相同。[1] 法官、司法助理和助理法官，皆为以不同头衔称呼的同一批人，大多数是伯爵的辅佐者，通常有七名。参与审判的官员不得少于十二人[2]，人数不够时就由名流补足。[3]

无论谁主持审判，国王、伯爵、伯爵总管以及百人长、领主和神职人员，皆不能独自断案。此乃在日耳曼森林中养成的习惯，在有封地后亦然。

税务权比较完善，伯爵难以滥用。君主对自由民拥有的权力相当简单，如前所述，无非就是在某些情形下[4]向他们征用车辆之权；至于司法权，则有防止舞弊的法律。[5]

第十九节　蛮族人补偿金

不透彻了解日耳曼法律与习俗，就不可能深入认识法国政治法，故要花点时间研究它们。

据塔西佗著作，日耳曼人只有两种死罪：绞死叛徒，溺死懦夫。此乃日耳曼人仅有的两种公罪。一个人若侵犯另一人，受害者或

---

〔1〕 请参考本书第二十八章第二十八节及第三十一章第八节论述。——原注

〔2〕 参见宽厚者路易敕令，附于《萨利克法》第二章后面；迪康热审判规则关于名流的解释。——原注

〔3〕 拉丁文为"*Per bonos homines*"。有时所有参审人员皆为名流。参见马尔库尔弗：《法规》第二卷附件。——原注

〔4〕 以及前面提到的某些渡河过桥收费权。——原注

〔5〕 参见《里皮埃尔法》第八十九章、《伦巴第法》第二卷第五十二章第九节。——原注

者受害者亲属就会参与解决纠纷,双方仇恨以赔偿解决。[1] 受害者愿意接受赔偿的,赔偿对象乃受害者本人;受害者亲属受到伤害的,也是赔偿对象;受害者死亡的,赔偿归其亲属。

塔西佗说:这种赔偿由双方签订协议;在蛮族法中,这种赔偿称为补偿金。

我发现,唯有《弗里兹法》[2]听任每个家庭处于自然状态,没有任何政治法或者市民法加以调整,任由人们自行复仇至满足为止。后来,有所改变,规定被要求偿命者在家中不受仇人报复,往返教堂以及审判场所途中也有安全保障。[3]

《萨利克法》编纂者提及法兰克人的一种古老习俗:盗墓挖尸者要被逐出人群,直至受害者家属同意其返回时为止。[4] 在此之前,包括其妻在内的任何人,皆不得向其提供食宿。受罚者和其余人相互之间,均处于自然状态,直到支付补偿金后才能结束这种状态。

各蛮族贤明之士都想采取某种措施取代当事双方的协议,盖等待签订这种协议太费时间,而且太危险。他们精心确定了一个公正数额,作为受害方应接受的补偿金。在这方面,所有蛮族法皆对案件作细致分类,具体情况具体分析,其精准令人称道。[5] 这些法律设身处地为受害者着想,替其向对方提出其本人在冷静状态下可能提出的赔偿要求。

---

[1] 参见塔西佗:《日耳曼尼亚志》:"解决一个父亲和一个亲属的仇恨和友谊均乃法律关注之事,但并非事事都不讲通融。即使是杀人罪,也可以用一定数额的格罗升和小型牲畜抵罪。受害者全家都会接受这种赔偿。"——原注

[2] 参见《弗里兹法》第二章:关于谋杀;乌勒玛尔关于盗窃的增章。——原注

[3] 参见乌勒玛尔:《哲人增篇》第一章第一节。——原注

[4] 参见《萨利克法》第五十八卷第一章;第十八卷第三章。——原注

[5] 参见《萨利克法》第三、四、五、六卷关于盗窃牲畜的处分。——原注

在塔西佗时代，日耳曼人似乎还处在自然状态。正是这些法律的制定，让他们摆脱自然状态。

罗塔利在《伦巴第法》中宣称，较之古代习惯，他增加了受害者赔偿金，旨在让受害者满意和消除敌意。[1] 事实是，伦巴第人本是贫苦民族，征服意大利后大发横财，从前规定的补偿金显得微不足道，导致和解难以达成。我毫不怀疑，正是出于这种考虑，征服民族的首领被迫制定那些至今沿用的法典。

杀人者主要应支付的，乃给死者亲属的补偿金。身份不同，补偿金不同。[2] 《安格尔法》规定：死者为日耳曼贵族，补偿金六百苏；死者为自由民，补偿金二百苏；死者为农奴，补偿金二十苏。能够获得高额补偿金，当然是一种特权，盖高额补偿金除彰显身份外，也可以为生活于暴烈民族中者提供更大安全保证。

《巴伐利亚法》在这方面的规定，令人印象深刻。[3] 该法列出应得到双倍补偿金的家族名单，此乃地位仅次于阿吉罗芬格人[4]的那些家族[5]。阿吉罗芬格人乃公爵后裔，公爵历来从他们当中选出，他们可以获得四倍补偿金。公爵本人可以获得的补偿金，比阿吉罗芬格人又多三分之一。法律明确规定："他是公爵，故给予他的荣耀超过他的亲属。"

补偿金均以货币计算。不过，蛮族人很少使用货币，在日耳曼地区居住时更是如此，故也用牲畜、小麦、家具、武器、狗、狩猎用的

---

[1] 参见《伦巴第法》第一卷第七章第十五节。——原注

[2] 参见《安格尔法》第一章第一、二、四节；《安格尔法》第五章第六节；《巴伐利亚法》第一卷第八、十章；《弗里兹法》第十五章。——原注

[3] 参见《巴伐利亚法》第二章第二十节。——原注

[4] 阿吉罗芬格人，乃巴伐利亚公爵第一王朝传人。——译注

[5] 《巴伐利亚法》规定，这些家族包括霍基德拉、欧札、撒伽纳、哈比林瓜、阿尼耶纳。——原注

猛禽以及土地等作价代替货币。[1] 有时法律干脆规定这些东西的价格。[2] 蛮族人货币很少，以罚金处理的案件却很多，原因就在于此。

这些蛮族法非常注重精确区分各种过失、伤害和罪行，旨在让每个人都知道自己受到何种程度的侵犯或者伤害，确切知道自己可以获得的赔偿，尤其是知道不应接受超出定额的赔偿。

因此，人们很容易理解：接受赔偿后又报复，乃严重罪行。这种罪行，既是私罪也是公罪。如此行为，乃蔑视法律，立法者一定会予以惩罚。[3]

当这些民族丧失某些独立精神，诸王致力改善国家治理时，拒绝支付或者接受赔偿，乃视为一种特别危险的罪行。[4] 在各种不同的蛮族法中，都可以看到，立法者皆强制支付和接受赔偿。[5] 事实上，拒绝接受赔偿者，乃欲自己保留复仇权利；拒绝支付赔偿者，则给对方保留复仇权利。贤明之士实行改革，引导但不强制人们支付和接受赔偿。

刚才提及的《萨利克法》有一规定：立法者给予受害者接受或者不接受赔偿的自由。正是这一法律禁止盗墓挖尸者与任何人交

---

〔1〕 伊纳法规定，一条命值多少钱多少土地。参见《伊纳王法典》中的“国王封臣篇”；参见《英国古代法律词汇》1644 年剑桥版。——原注

〔2〕 《萨克森法》甚至为不止一个民族确定了这种价格；参见该法第十八章。又参见《里皮埃尔法》第三十六章第十一节；参见《巴伐利亚法》第一章第十、十一节：“倘若他没有黄金，就让他拿出另一种有价值的东西，如农奴、土地。”——原注

〔3〕 参见《伦巴第法》第一卷第二十五章第二十一节；第一卷第九章第八、三十四、三十八节；查理曼 802 年敕令第三十二章中有他对各省特派员的谕令。——原注

〔4〕 参见图尔的格列高利：《法兰克教会史》第七章第四十七节所记载的一个案件详情：当事一方因自行报复而失去一半和解金，不管他此后又受到什么伤害，都不能再获得赔偿。——原注

〔5〕 参见《萨克森法》第三章第四节、《伦巴第法》第一卷第三十七章第一、二节。《日耳曼法》第四十五章第一、二节。《日耳曼法》允许在第一时间立即自行复仇。参见查理曼 779 年敕令第二十二章；802 年敕令第三十二章；805 年敕令第五章。——原注

往,直至死者亲属接受赔偿而允许其返回人群为止。[1]

把补偿金付给在行窃中被杀的盗贼亲属,或是因奸淫而被休的妇女亲属,乃绝对无理。《巴伐利亚法》规定,对如此情形,不给予补偿金,并且惩罚企图报复者。[2]

蛮族法不乏过失犯罪支付补偿金之规定。素来非常合理的《伦巴第法》规定:若出现如此情形,补偿金由肇事者酌定,受害者亲属不得复仇。[3]

克洛泰尔二世[4]颁布的一道敕令,相当明智:禁止被盗者在没有法官命令的情况下,私下接受补偿金[5]。稍后将阐述该法目的。

第二十节　领主司法权

蛮族法规定,凶杀、伤害和侮辱者,除向受害者亲属支付补偿金外,还应支付安保罚金(fredum)。[6] 后面将予以详述,旨在让读者明白:此乃肇事者为免遭报复而给予保护者的酬金。在如今的瑞典语中,"弗雷德"(Fred)一词仍为"平安"之意。

---

〔1〕《里皮埃尔法》编纂者好像对此作了修改。参见《里皮埃尔法》第八十五章。——原注

〔2〕参见塔里松法令:"论人民的法律"第三、四、十、十六、十九条;《安格尔法》第七章第四节。——原注

〔3〕参见《伦巴第法》第一卷第九章第四节。——原注

〔4〕克洛泰尔二世(584—629),又译"克罗泰尔二世",纽斯特里亚国王,法兰克国王(613—629 在位)。——译注

〔5〕希尔德贝与克洛泰尔于 593 年签署的和平协议;克洛泰尔二世于 595 年前后颁布的敕令第十一章。——原注

〔6〕安保罚金数额,法律未明确规定的,通常应为补偿金的三分之一。《里皮埃尔法》第八十九章对此有规定,813 年第三道敕令对此作了解释。参见《敕令汇编》巴鲁兹版第一卷,第 512 页。——原注

对于暴烈粗野民族而言，司法无非是保护加害人，使之免遭受害人报复，同时强制受害人接受其应得的赔偿。因此，日耳曼人与众不同，其司法旨在保护加害者免遭受害者报复。

蛮族法明确规定哪些案件应缴纳罚金。受害者亲属无法报复的案件，加害者不必缴纳罚金。事实上，不可能发生报复行为，当然就无需行使保护权。因此，《伦巴第法》规定：过失杀死自由民，必须按死者价值赔偿，但无需缴纳罚金[1]，既然属过失杀人，被害者亲属就无权报复。《里皮埃尔法》也规定：遭木块或者加工物砸死，有罪的乃该物品，受害者亲属可以将其取走自用，但无权要求缴纳罚金。[2]

与此同理，《里皮埃尔法》规定：牲畜致人死亡的，只需赔偿而无需缴纳罚金，盖死者亲属并未受到侵害。[3]

《萨利克法》规定：不满十二岁少年犯错，应支付补偿金，但不缴纳罚金[4]，盖其尚不能携带、使用武器，受害者本人或者亲属不能要求报复。

犯罪者因犯罪而丧失平安，缴纳罚金乃为重新获得平安。少年并不丧失平安，盖其尚未成年，不可能逐出人群。

罚金乃付给当地审判法官的一种地方税。[5] 不过，《里皮埃尔法》禁止审判法官本人收取[6]，而应由胜诉方转交财政部门，借此永保里皮埃尔人之间的平安。

罚金多寡与受到的保护程度成正比。因此，受国王保护的，比

---

[1] 参见《伦巴第法》林登勃洛克版第一卷第九章第十七节。——原注

[2] 参见《里皮埃尔法》第七十章。——原注

[3] 参见《里皮埃尔法》第四十六章。参见《伦巴第法》林登勃洛克版第一卷第二十一章第三节："马蹄如果……"——原注

[4] 参见《萨利克法》第二十八卷第六章。——原注

[5] 克洛泰尔二世 595 年敕令："罚金由事发地法官保管。"——原注

[6] 参见《里皮埃尔法》第八十九章。——原注

受伯爵或者其他法官保护的，应缴纳更多罚金。

至此，我已看到领主司法权的起源。诚如无数档案资料显示的，封地涉及极其广阔的领土。如前所述，已分封给法兰克人的土地，国王不征收任何赋税，更不保留任何权利。取得封地者在封地上享有极其广泛的权益，拥有封地上的一切收益。最大收益之一，乃司法收益，即依据法兰克人习俗收取的安保罚金。[1] 因此，拥有封地者就拥有司法权。行使这种司法权，就是要求向受害者亲属支付补偿金和向领主缴纳罚金。因此，这种司法权，仅仅是强制加害者依法支付补偿金和缴纳罚金的权力。

从《法规》可以看出，封地确有这种权利：它或者确认封地永久归封臣所有，[2]或者确认封地特权归教会所有。[3] 诸多条例也可佐证这点：[4]这些条例禁止国王法官或者和官员前往这些封地行使任何司法权力或者索取司法利益。国王法官既然不能向这些封地索取任何东西，自然就不会再到这些地方去；在这些封地，当地法官就取代王家法官。

在封地，国王法官也不得为确保双方当事人出庭而让他们支付保证金，如此权力乃属封地拥有者；国王特派员不得要求提供住宿，盖在那些地区，他们事实上不再承担任何职责。

由此可见，新旧封地上的司法权，乃封地固有权利，乃封地众多权利中的一种收益权。正因为如此，无论哪个朝代，人们均如此看待封地司法权，并由此而产生如下原则：在法兰西，司法权乃世

---

〔1〕 参见查理曼的维利斯敕令。他把安保罚金列为国王辖区重要收入之一。——原注

〔2〕 参见马尔库尔弗：《法规》第一卷第三、四、十七章。——原注

〔3〕 参见马尔库尔弗：《法规》第一卷第二、三、四章。——原注

〔4〕 参见各种条例集，尤其是本笃会神父编纂的《法兰西历史学家》第五卷篇尾诸多条例。——原注

袭遗产。

有人认为,司法权起源于国王和领主解放各自农奴之举。但是,解放农奴,并非只有日耳曼各族及其后裔,而把司法权视为世袭遗产的,唯有他们。此外,从马尔库尔弗《法规》也可看出,自由民早期也受这种司法权管辖。[1] 在封地上的农奴,自然也受其司法权管辖,但是,他们并非封地之源,盖他们本身附属于封地。

有些人更直截了当,认为领主篡夺司法权。难道世上篡夺君主权力者,只有日耳曼人后裔所组成的民族吗?历史充分表明,其他民族也曾篡夺君主权力,却并未发现有什么所谓领主司法权。因此,必须到日耳曼人习俗中探寻领主司法权的起源。

请大家读读鲁瓦索[2]著作[3],看看他所臆想的领主篡夺与组织各种司法权的方法。他认为:领主乃世上最奸诈者,他们不像军人那样肆意抢掠,而是像乡村法官和公诉人那样彼此巧取豪夺;这些军人,在法兰西王国诸省,在欧洲其他王国,创建了一种普遍政治制度。鲁瓦索毫无根据,简直是一派胡言。

补充一点,倘若司法权不是封地附属物,那该如何解释,无论在宫廷抑或在战场,为何替国王或者领主服务的封地劳役,随处可见?[4]

---

〔1〕 参见马尔库尔弗:《法规》第一卷第三、四、十四章;查理曼771年条例;马泰纳:《逸事集》第十一集:"兹令所有公共法官均拥有对密尔贝克教堂和修道院所在地的各色人等的司法权,无论是自由民抑或是农奴,同时对于该地居民也同样拥有司法权"等。——原注

〔2〕 鲁瓦索(1566—1627),又译"卢瓦瑟"或者"卢瓦索",法国法学家、政论家,巴黎高等法院律师,著有《论等级和基本尊严》《乡村司法制度》等。撰写于1610年的《论等级和基本尊严》将法国社会各阶层分为三个等级:第一等级乃教士,第二等级乃贵族,第三等级乃平民百姓。——译注

〔3〕 参见鲁瓦索:《乡村司法制度》。——原注

〔4〕 参见迪康热:《晚期拉丁语和希腊语词汇》"homimium"词条。——原注

第二十一节 教会领地司法权

教会获取了大量地产。我们看到,诸王赐予教会巨大财富即领地的同时,司法权率先在教会领地上确立。如此非同一般的特权,源自何处?源自领地的赏赐性质。教会领地拥有的如此特权,无人可以剥夺,盖赐予教会领地时,就像赐予封臣封地一样,连同附在领地上的特权一起赐予了教会。前面所述,已让我们明白,领地倘若赐予非教会人士,受赐者就应为国王提供服务,所以,赐予教会领地,教会同样应为国王提供服务。

教会有权在领地上收取补偿金和安保罚金。此乃意味着教会必然要阻止国王委派的官员进入其领地行使司法权并收取罚金。在《法规》〔1〕、条例和敕令中,教会领地上的这种司法权,称为"豁免权"。

《里皮埃尔法》规定〔2〕,教会释奴除在其被释的教堂里〔3〕,不得在其他地方行使司法权〔4〕。由此可见,教会对自由民也拥有司法权,而且在君主制初期就已经拥有它自己的司法审判权。

《圣人传》〔5〕有如下记载:克洛维把一片六古里土地赐予一位圣人,并规定这块土地不受任何司法管辖。窃以为:此乃误传,由来已久的误传;真实也罢,谎言也罢,皆与习俗和法律有关。我们

---

〔1〕 参见马尔库尔弗:《法规》第三、四卷。——原注

〔2〕 参见《里皮埃尔法》第五十八章第一节:"在被解放之地以外,他们不得寻求司法保护。"又参见林登勃洛克版第十九章。——原注

〔3〕 拉丁文为"*Tabularii*"。——原注

〔4〕 拉丁文为"*Mallum*"。——原注

〔5〕 参见《图卢兹主教圣日尔梅尼乌斯传》,保朗杜斯出版。——原注

要追寻的,正是这些习俗和法律。[1]

克洛泰尔二世谕令边远领地主教或者权贵,在当地选择行使司法职权和接受司法利益之人。

克洛泰尔二世确定了王国官员和教会法官各自的司法权限。[2] 查理曼802年敕令,授予主教和教士司法官员身份;查理曼另一道敕令[3]禁止王国官员对任何耕种教会土地者行使司法权[4],但这些人出于欺诈或者逃避赋税而耕种教会土地的情形除外。聚集在兰斯[5]的主教们宣布[6],教会封臣也享有豁免权。查理曼806年敕令规定:教会对其领地上所有居民拥有刑事、民事司法权。[7] 最终由秃头查理[8]对国王司法权、领主司法权和教会司法权加以区分。关于此点,不再赘述。

第二十二节　建立于加洛林王朝末期的司法权

有人认为,在加洛林王朝的混乱年代,封臣篡夺了其领地上的司法权。人们总是喜欢想当然,而不愿意认真研究。妄言封臣昔

---

〔1〕 参见《圣梅拉尼乌斯传》和《圣戴伊克尔传》。——原注

〔2〕 615年巴黎公会议文书第十二、十九条:"本区拥有土地的主教或者权势人物,不得指定非本地人担任法官参与和主持司法审判。"——原注

〔3〕 参见《伦巴第法》林登勃洛克版第二卷第四十四章第二节。——原注

〔4〕 同上:"已获得土地的农奴,持有旧约或者新近获得土地的人。"——原注

〔5〕 兰斯,又译"汉斯",法国东北部城市。兰斯乃法国著名宗教文化中心,号称"王者之城""加冕之都"。法国历史上,共有25位国王在兰斯大教堂加冕登基。——译注

〔6〕 858年圣谕第七条,参见《谕令集》,第108页:"神职人员生活的土地以及在教会豁免权保护下并应由其封臣服务的地产。"——原注

〔7〕 该敕令附于《巴伐利亚法》第七条;参见林登勃洛克版第三条,第444页:"首先必须规定,教会对于居住在教会领地上之人的财产和居住权,无论在其生前或死后,均享有司法权。"——原注

〔8〕 857年吉耶兹公会议文书第四条;《敕令汇编》巴鲁兹版,第96页。——原注

日并不拥有司法权易，讲清楚他们如何取得司法权难。他们的司法权并非源自篡夺，也不是源自王朝的衰败，而是源自最初的建立。

《巴伐利亚法》规定："杀死自由民，应向死者亲属支付补偿金；死者没有亲属的，补偿金支付给公爵或者死者生前的保护人。"[1]众所周知，为获得赏赐物而寻求保护人是怎么回事。

《日耳曼法》规定："奴隶被劫走的主人，可以向劫持者的君主索要补偿金。"[2]

希尔德贝敕令规定："一个百人长在另一个百人长辖区或者家臣领地发现盗贼而不予以驱赶的，应把盗贼交出，否则，应发誓证明自身清白。"[3]由此可见，百人长辖地与家臣辖地有区别。

希尔德贝这道敕令为克洛泰尔同年颁布的一项法令说明了理由。[4] 该法与希尔德贝敕令所针对情形无甚不同，两者区别仅在于用词不同。希尔德贝敕令称为"in terminis fidelium nostrorum"（我家臣的地界）的，克洛泰尔称为"truste"（封地）。比尼昂先生和迪康热先生认为，"in truste"乃指另一位国王的领地[5]，但他们所说有误。

意大利国王丕平[6]为法兰克人和伦巴第人立法规定：对有司

---

[1] 参见《巴伐利亚法》林登勃洛克版第三章第三节。——原注

[2] 参见《日耳曼法》第八十五章。——原注

[3] 595年敕令第十一、十二条，载《敕令汇编》巴鲁兹版，第19页。——原注

[4] 希尔德贝595年敕令第二、三条："若确有盗贼作案，不课罚金；若有人经多方努力抓住盗贼，此人可以接受全部补偿金。若在领地抓住盗贼，就只能获得领地补偿金的一半，此外还可以要求对盗贼处以重刑。"——原注

[5] 参见迪康热：《晚期拉丁语和希腊语词汇》"trustis"词条。——原注

[6] 丕平（771—810），意大利（伦巴第）国王（781—810在位），查理曼之子。——译注

法渎职或者拖延行为的伯爵或者其他王室官员，予以惩处；[1]拥有封地的法兰克人或者伦巴第人不愿审理案件的，封地法官可以停止其封地使用权，并由该法官或者其代理人代为审理案件。[2]

查理曼有道敕令证明，国王并不收取安保罚金。[3] 其另一道敕令证明，封建法和封建法庭在那时均已建立。[4] 宽厚者路易有道敕令规定：拥有封地者不审理案件或者妨碍他人审理案件的，人们可以随意住在其家中，直至案件审结。[5] 再列举秃头查理的两道敕令：一是 861 年敕令足以证明，各地司法机构已经建立，有相应法官以及其他司法人员；[6]二是 864 年敕令对国王本人的领地与其他人员的领地作了区分。[7]

封地乃征服者之间的分地结果，当然无法找到封地原始授予凭据，无法用原始契据证明司法权最初附属于封地。诚如前述，在确认这些封地或者永久转让封地的法律中，可以看出，已经确立司法权。由此可知，司法权源自封地性质，乃封地主要权利之一。

在教会领地上确立世袭司法权的文献，多于在封臣封地或者领主领地上确立世袭司法权的文献，原因有二：第一，现存文献大

---

〔1〕 载于《伦巴第法》第二卷第五十二章第十四节。该法即为 793 年敕令。参见《敕令汇编》巴鲁兹版第十条，第 544 页。——原注

〔2〕 拥有封地的法兰克人或者伦巴第人不愿审理案件的，封地法官可以停止其封地使用权，并由该法官或者其代理人代为审理案件。参见《伦巴第法》第二卷第五十二章第二节，此条与查理曼 779 年敕令第二十一条相关。——原注

〔3〕 812 年第三道敕令第十条。——原注

〔4〕 813 年第二道敕令第十四、二十条，载《敕令汇编》巴鲁兹版，第 509 页。——原注

〔5〕 819 年敕令第二十三条："特使、主教或者教士以及其他享有封地者，不审理案件或者妨碍他人审理案件的，为案件而来者可以住在其家中，直至案件审结，"参见《敕令汇编》巴鲁兹版，第 617 页。——原注

〔6〕 参见《敕令汇编》巴鲁兹版第二卷，第 152 页："吉耶兹敕令：派往其辖区任何一地的所有法官，协同其下属官员，对所有被其证实对抗司法者予以惩处。"——原注

〔7〕 参见《敕令汇编》巴鲁兹版第二卷第十八条，第 181 页："皮斯特敕令：罪犯如果遁入我的领地和其他任何人的封地和任何领主的领地……"——原注

多是由牧师收集、保存并供教会使用的。第二,教会世袭地产乃特许,是从现有土地划分的,故有特许状之类的凭据。封建领主接受封地乃政治行为,不存在什么凭据。一般而言,国王动用其君权即可授予封地,恰如《圣摩尔传》所描述的那样。

马尔库尔弗《法规》第三条[1]可以有力证明:神职人员和世俗人士同样享有豁免权以及由此而来的司法权,盖这些权力就是为这两者确立的。克洛泰尔二世《条例》也有如此作用。[2]

第二十三节　泛论迪波教士《法兰西君主国在高卢的建立》

结束本章前,不妨说说迪波教士著作。我的观点始终与其观点格格不入,不是他对,就是我对。

这部著作,写作技巧高超,迷惑了许多人。首先,作者对所涉问题,从头到尾以假设立论。证据越缺,假设就越多。他把无数臆测当作原则,并从这些原则推出结论,竟把读者搞得晕晕乎乎,乃至信以为真。其次,作者的渊博知识,与所论问题无关,将读者注意力引至细枝末节问题上。再次,作者研究对象如此之多,但令人无法想象的是,他竟然什么也没有发现。真乃旅途如此漫长,让人误以为早已抵达目的地。

认真审视,就会发现,其巨著原来是泥足巨人。迪波教士倘若立论有据,就犯不着连篇累牍用三大卷鸿篇巨制进行阐述,就不必离题万里苦苦寻觅。理性本身会担负使命,把真理放置于真理链

---

〔1〕 参见马尔库尔弗:《法规》第一卷:“我想通过善意决定将属地交予教会,或者将适当特权赋予我所愿意赋予之人,以扩大帝国的无限权威。”——原注

〔2〕 本章第二十一节中已列举此条例。——原注

条之中。想必历史与法律已告诉他:“不必如此费心,我们将为你作证。”

第二十四节 泛论迪波教士《法兰西君主国在高卢的建立》(续)及其体系

迪波教士企图彻底清除法兰克人乃高卢征服者的观念。在他看来,法兰克国王乃受人民之邀而取代罗马皇帝登上王位并继承其权力的。

如此说法,与克洛维进入高卢时攻城略地的事实不符,与克洛维击败罗马指挥官希亚格利乌斯[1]并攻下其防地的事实也不符。如此说法,倒与如下事实相符:克洛维通过武力征服而成为高卢大部分地区的主人后,得到人民接纳,而受邀统治高卢其余地区。克洛维仅仅得到人民接纳还不够,还应受邀才行。迪波教士应该证明,人民宁愿接受克洛维的统治,也不愿意接受罗马人或者他们自己人的统治。但是,他说,蛮族尚未侵入的高卢地区罗马人分为两类:一类是阿莫利卡[2]共和国人。他们赶走了罗马官员,自己管理自己,依靠自身力量抵御蛮族入侵。一类是服从罗马帝国统治的罗马人。迪波教士有否提供证据证明,仍然服从罗马帝国的罗马人邀请了克洛维?根本没有。他说,阿莫利卡共和国向克洛维发出邀请,甚至与他签订条约。迪波教士有否提供证据?依然根本没有。迪波教士不但无法说清楚该共和国的归宿,甚至无法提

---

〔1〕 希亚格利乌斯(430—486? 487?),又译“西阿格留斯”“西亚格里乌斯”等,罗马帝国残余势力统帅,图尔的格列高利称其为“罗马人的国王”。克洛维在苏瓦松击败希亚格利乌斯,奠定法兰克王国的基础。——译注

〔2〕 阿莫利卡,又译“阿莫里克”,7 世纪前法国布列塔尼地区。——译注

供证据证明其是否存在。尽管从霍诺里乌斯时期至克洛维征服时期,迪波教士始终追寻这个共和国的历史,尽管他以生花妙笔把当时所有事件都与这个共和国挂钩,但是,我们无法在古代典籍中找到这个共和国。用索西穆斯著作片断[1]证明,霍诺里乌斯统治下的罗马帝国时期,阿莫利卡地区和其他高卢行省揭竿而起,组建了共和国[2],乃一回事;用事实证明,尽管高卢人多次绥靖,阿莫利卡人却一直拥有自己的共和国,而且一直延续至克洛维征服前,乃另一回事。这两者大不相同。迪波教士欲建立自己的体系,就得拿出确凿有力的证据。我们看到的是,征服者进入一个国家,武力征服大部分领土并将其置于自己统治之下,不久整个国家皆臣服于征服者。何以至此,并无历史资料佐证。因此,有充分理由认为,征服这个国家,从始至终,皆凭借强权与暴力。

显而易见,由于迪波教士忽视了这一点,其整个体系就坍塌。每当他从诸如高卢人并未被法兰克人征服等其自创的原则中推出某些结论时,人们便始终可以有根有据地否定其说法。

迪波教士以克洛维曾担任罗马官职而证明其主张。他说,克洛维继其父希尔代里克曾任民团长官。但是,两者皆纯属迪波教士杜撰。他引以为据的圣雷米致克洛维的信函[3],实乃祝贺其登基的贺信。此信意图很清楚,为何曲解其意图?

克洛维在其统治末期,被阿纳斯塔修皇帝任命为执政官。仅仅一年任期,能有什么权威?迪波教士说,有迹象表明,在同一任命书中,阿纳斯塔修皇帝还任命克洛维为行省总督。我要指出的是,并无此事。对子虚乌有之事,肯定与否定具有同等权威。我甚

---

[1] 参见索西穆斯:《历史》第六卷第五章。——原注

[2] 同上:“整个阿莫利卡地区和其他高卢行省。”——原注

[3] 参见迪波教士:《法兰西君主国在高卢的建立》第二卷第三章,第 270 页。——原注

至有理由予以否认。图尔的格列高利谈及克洛维任执政官时，只字未提其任行省总督之事。即使曾任行省总督，充其量也只有半年左右。克洛维任执政官一年半后去世，故不可能把行省总督变成世袭之职。再者，授予其执政官职位时，再加上有人所说的授予其行省总督时，克洛维已是君主之国的君主，其所有权力均已确立。

迪波教士提出的第二个证据，乃查士丁尼皇帝把罗马帝国在高卢的所有权力，皆让渡给克洛维子孙后代。对此，我想多说几句。从法兰克诸王执行让渡条件的方式可以判断，让渡的这些权力对他们是否重要。法兰克诸王乃高卢主人，拥有无可争辩的主权。在那里，查士丁尼没有一寸土地；西罗马帝国早已覆灭，东罗马帝国仅仅作为西罗马帝国的代表才对高卢享有权力。其实，此乃凌驾于权力之上的权力：法兰克君主国已确立；其法律制度已确立；君主国内各民族及其居民之间的相互权利已确立；各民族的法律也已确立并形成文字。对于已经建成的国家，外国让渡所谓权力，有何用处？

在国家动荡、混乱、崩塌之时，在征服者烧杀劫掠之时，所有主教皆竭力阿谀奉承征服者。迪波教士捧出这些主教的言词，能证明什么？除证明那些被迫阿谀奉承者乃软骨头外，还能证明什么？华丽言辞，除证明运用技巧娴熟外，还能证明什么？图尔的格列高利提及克洛维实施的几宗谋杀后说，上帝让克洛维的敌人天天匍匐在其面前，盖其一直勇往直前。听到如此之语，谁能不惊诧不已？克洛维皈依基督教，教会人士兴奋不已并获取巨大利益。谁会对此有所怀疑？但是，与此同时，在征服过程中，人民受苦受难，罗马统治者最终臣服日耳曼统治者。谁会对此有所怀疑？法兰克人不愿意也没能力改变一切，何况没有征服者有此癖好。然而,为证明其所有结论皆正确无误,迪波教士不得不说,法兰克人不但未改变罗马人的任何东西,反而改变了自身。

照搬迪波教士手法,我甚至可以证明希腊人从未征服波斯:可以先说说希腊某些城市与波斯人签订了条约,然后再说说波斯人雇用的希腊人,他们犹如罗马人雇用的法兰克人;可以把亚历山大进入波斯疆域后围困、占领和摧毁提尔城,视为犹如希亚格利乌斯事件一样的特殊情形。然后,请大家看看犹太人大祭司如何出城恭迎亚历山大[1],听听朱庇特·阿蒙的神谕[2],想想亚历山大在戈尔迪乌姆得到的预言[3],看看诸多城市如何张开双臂欢迎他、各地首领与权贵如何成群结队迎接他。他身着波斯服,犹如克洛维身着执政官官服一样。大流士不是送他半壁江山吗?大流士不是作为暴君而遭暗杀吗?大流士母亲和妻子不是痛哭亚历山大之死吗?昆图斯·库尔提乌斯[4]、亚里安、普鲁塔克不都是亚历山大同代人吗?他们著作[5]中所缺失的某些东西,印刷术不是已经为我们提供了一些线索吗?《法兰克君主国在高卢的建立》,就是这么杜撰历史的。

---

〔1〕 据传,亚历山大围攻提尔时,耶路撒冷曾支援提尔。提尔被亚历山大攻破后,耶路撒冷犹太大祭司为保全耶路撒冷,冒险出城迎接亚历山大。——译注

〔2〕 朱庇特·阿蒙在神谕中说,亚历山大乃神之子。——译注

〔3〕 据传,小亚细亚北部的弗里吉亚王国首都戈尔迪乌姆有座宙斯神庙,庙内有辆战车,有个绳结把车轭系在车辕。该绳结异常牢固,几百年来无人能解开。神谕说,解开此结者,将成为亚洲之王。率军远征至此的亚历山大听闻此说,即前往神庙,只见绳结而无法找到绳头与绳尾,遂挥剑一斩,绳结破碎。围观人群先是惊愕,继而欢呼,齐赞亚历山大乃神谕之人。——译注

〔4〕 昆图斯·库尔提乌斯(公元1世纪),拉丁历史学家,著有十卷本《亚历山大传》。——译注

〔5〕 参见迪波教士在该书中所写的前言。——原注

第二十五节　法兰西贵族

迪波教士认为，法兰西王国初期，法兰克人只有公民一个等级。如此说法，对于名门望族乃侮辱，对于先后统治法兰西的三个伟大王朝同乃侮辱。伟大王朝的高贵血统岂非要湮没于流逝的岁月中？历史岂非昭示三个伟大王朝在那时只是普通通的家族吗？为证明西尔佩里克、丕平、于格·加佩〔1〕曾是显贵，难道非得追溯至罗马人、撒克逊人即被征服民族之中，寻找其血统渊源吗？

迪波教士观点以《萨利克法》为依据。〔2〕他说：《萨利克法》表明，法兰克人显然不存在不同等级，盖该法规定：杀死一个法兰克人，无论被杀者是谁，一律赔偿二百苏补偿金。〔3〕但是，《萨利克法》对罗马人作了区分：杀死国王的一个罗马人客卿，赔偿三百苏；杀死一个罗马人业主，赔偿一百苏；杀死一个罗马人仆从，仅赔偿四十五苏。补偿金多寡乃地位差异标志，故迪波教士得出结论：法兰克人只有公民一个等级，罗马人则有三个等级。

奇怪的是，他竟然没有发现自身如此低级的错误。法兰克人统治下的罗马贵族，其补偿金高于法兰克人，其地位高于最高贵的法兰克人和最高级的军事将领，乃为咄咄怪事。征服民族倘若如此不尊重自己，而对被征服民族充满敬意，可能吗？何况迪波教士引述的其他蛮族法表明，那些民族的公民乃分为不同等级。如此

〔1〕于格·加佩（约938—996），法国历史上的加佩王朝创建者，法兰克国王（987—996在位）。——译注

〔2〕参见《法兰西君主国在高卢的建立》第三卷第六章，第304页。——原注

〔3〕他为此援引《萨利克法》第四十四卷和《里皮埃尔法》第七、三十六章。——原注

普遍之规律,难以想象在法兰克人中竟然不存在,真乃异乎寻常。迪波教士本应明白,对《萨利克法》,他不是理解有误,就是引用有误。遗憾的是,他确实如此。

翻开《萨利克法》,可以看到:杀死国王侍从即家臣或者封臣的补偿金六百苏,[1]杀死国王罗马客卿的补偿金仅为三百苏;[2]杀死普通法兰克人的补偿金二百苏,[3]杀死普通罗马人补偿金仅为一百苏。[4] 杀死罗马人仆从即农奴或者释奴的补偿金为四十五苏,[5]但是,我不准备谈论此事,也不准备谈论杀死法兰克农奴和释奴的补偿金问题,盖在这里所谈的与第三等级之人没有关系。

迪波教士怎么做的?他避而不谈第一等级法兰克人即有关国王侍从的那个条文,而把死亡补偿金为二百苏的普通法兰克人,与死亡补偿金不同的三个等级的罗马人加以比较,得出结论说:法兰克人只有一个等级,罗马人有三个等级。

对迪波教士而言,既然法兰克人只有一个等级,勃艮第人最好也只有一个等级,盖勃艮第是法兰克王国的主要组成部分之一。但是,《勃艮第法》有三种补偿金:一种为勃艮第与罗马贵族而设,一种为普通勃艮第人与罗马人而设,一种为地位低于前两个阶层者而设。[6] 这些规定,迪波教士却并不引用。

---

[1] "国王忠臣行列中的一员",《萨利克法》第四十四卷第四章;这与马尔库尔弗《法规》第十三卷"国王家臣"相关。又见《萨利克法》第六十六卷第三、四章和第七十四卷;《里皮埃尔法》第十一章,秃头查理887年敕令:"于吉耶兹"第二十章。——原注

[2] 参见《萨利克法》第四十四卷第六章。——原注

[3] 同上第四十四卷第一章。——原注

[4] 同上第四十四卷第十五章。——原注

[5] 同上第四十四卷第七章。——原注

[6] 参见《勃艮第法》第二十六章第一、二、三节:"过失损毁勃艮第贵族一颗牙者,赔偿二十五苏;受害人为勃艮第人或者罗马人自由民,赔偿十苏,受害人为下等人,赔偿五苏。"——原注

他避而不谈与其观点相悖的历史资料的手法，令人惊诧不已。[1] 与他说有大公、领主和贵族，他却说：那些并非等级区别，只是称谓而已；并非表示拥有法律特权，只是礼仪之物而已。他甚至说：那些人也许是国王的枢密院成员，甚至可能是罗马人。他认为，无论如何，法兰克人只有一个公民等级。倘若告诉迪波教士，法兰克人中有地位低下者，他就会说：那是农奴。[2] 他就是如此解读希尔德贝敕令的。窃以为，有必要说说这道敕令。它之所以名声大振，乃因迪波教士引用它证明两件事：第一，蛮族法规定的所有补偿金，乃肉刑的附加刑即民事罚金而已。[3] 这就彻底否定了所有历史文献记载内容。第二，所有自由民案件皆由国王直接审理。[4] 如此说法，与当时的无数司法文献和权威资料记载截然相反。[5]

这道在全国性会议上颁布的敕令规定：审判臭名昭著的盗贼时，查明是"法兰库斯"（Francus），就应将其捆绑呈送国王；查明是"地位较低者"（debilior persona），就应立即将其绞死。[6] 迪波教士认为："Francus"是自由民，"debilior persona"是农奴。暂且不说"Francus"是何人，先看看"debilior persona"是何人。窃以为，无论何种语言，比较必有高、中、低三级。若此处只指自由民和农奴，就应称为农奴，而不应称为地位较低者。因此，"debilior persona"绝

---

〔1〕 参见迪波教士：《法兰西君主国在高卢的建立》第三卷第六章第四、五节。——原注

〔2〕 同上第三卷第五章，第 319、320 页。——原注

〔3〕 同上第三卷第六章第四节，第 307、308 页。——原注

〔4〕 同上第三卷第六章，第 309 页以及第五章，第 319、320 页。——原注

〔5〕 参见本书第二十八章第二十八节、第三十一章第八节。——原注

〔6〕 参见《敕令汇编》巴鲁兹版第一卷，第 19 页："于是在科隆决定由我颁布：法官获悉盗贼犯案后，应立即赶往案发地，将盗贼捆绑，并查明，盗贼若系法兰库斯，应送给我处置；若系下等小民，应立即绞死。"——原注

对不是农奴,而是地位高于农奴者。此乃意味着“Francus”并非自由民,而是颇有势力者。此处把“Francus”视为颇有势力者,乃因在法兰克人中间,始终有那么一帮人颇有权势,法官或者伯爵往往难以惩治他们。这个解释与诸多敕令规定〔1〕相吻合。这些敕令规定:哪些案件的罪犯应送交国王,哪些案件的罪犯不应送交国王。

在泰冈所著的《宽厚者路易传》〔2〕中,让这位皇帝蒙受羞辱的主要人物是主教,尤其是奴隶与蛮族出身的那些主教。〔3〕宽厚者路易让埃彭脱离奴籍,提拔其为兰斯大主教。泰冈斥责埃彭:“皇帝善举得到什么回报?〔4〕他让你成为自由民,当然,并未让你成为贵族,盖他给了你自由后,不可能再帮你当上贵族。”

有力证明公民存在两个等级的这段话,根本难不倒迪波教士。他说:“这段话并不表明宽厚者路易不能让埃彭成为贵族。作为兰斯大主教的埃彭,应属第一等级,已经高于贵族。”〔5〕埃彭这段话的意思,请读者判断;教士高于贵族的说法,也请读者判断。迪波教士接着说:“这段话仅证明,生而自由的公民称作贵族。按照习惯,贵族与生而自由者乃同一意思。”〔6〕什么!在我们这个年代,有些市民取得贵族身份。他竟然把《宽厚者路易传》的这段话用在这些人身上!迪波教士还说:“埃彭也许不是法兰克人的奴隶,也许是撒克逊人抑或是另一日耳曼民族的奴隶。那里的公民

---

〔1〕 参见本书第二十八章和第三十一章第八节。——原注

〔2〕 在本书第十章第三节和第二十八章第十八节脚注中,孟德斯鸠皆认为《宽厚者路易传》作者不详。——译注

〔3〕 参见《宽厚者路易传》第四十三、四十四章。——原注

〔4〕 同上:“你怎么报恩的!他把你变成自由民,当然并非贵族,盖释奴不能成为贵族。”——原注

〔5〕 参见迪波教士:《法兰西君主国在高卢的建立》第三卷第六章第四节,第316页。——原注

〔6〕 同上。——原注

才分为不同等级。"[1]迪波教士的这个"也许",导致法兰克人绝对没有贵族。迪波教士的"也许",从未用得如此糟糕。我们知道,泰冈把反对宽厚者路易的主教分为两类:一类曾为奴隶,另一类曾为蛮族。[2] 埃彭属前一类,而不属后一类。我不明白,怎么会有人说,像埃彭这样的奴隶是撒克逊人或者日耳曼人。要知道,奴隶既无家庭亦无国家。宽厚者路易让埃彭脱离奴籍,释奴遵守主人所遵守的法律,因此,埃彭是法兰克人,而不是撒克逊人或者日耳曼人。

我刚才进攻,现在该防守。有人会反驳说,国王侍从确实曾组成国家中有别于自由民的群体。但是,封地最初可以撤销,后来才终身赐予,因此,此时特权并非附属世袭封地,这个群体并未成为初始贵族。毫无疑问,正是这一反驳让伐鲁瓦先生认为,法兰克人只有一个等级。迪波教士采纳伐鲁瓦先生观点,却以诸多拙劣论据摧毁了这个观点。无论如何,能够提出这种反驳的,绝对不会是迪波教士。既然他认为罗马贵族有三个等级,国王客卿乃其中的第一等级,那他就不可能再说,相对国王侍从,国王客卿这个头衔更能显示贵族血统。但是,我必须直接回答。侍从之所以是侍从,并非由于拥有封地,而由于是侍从,才享有国王赐予的封地。读者大概还记得,本章头几节已提及,他们当时并不拥有后来的封地。不过,虽然当时不拥有该封地,也会拥有其他封地,因为:封地乃在他们出生时授予的,而且往往是在全国会议上授予的;获得封地对贵族而言是好事,赐予封地对国王而言也是好事。这些家族,以其效忠国王而名声显赫,以其拥有封地特权而与众不同。下

---

〔1〕 参见迪波教士:《法兰西君主国在高卢的建立》第三卷第六章第四节,第316页。——原注

〔2〕 参见《宽厚者路易传》:"所有主教都讨厌路易,特别是被他从奴役中解救出来和来自蛮族的那些人。他给予前者荣誉,给予后者高位。"——原注

一章[1]将阐述,某些自由民何以享有这种巨大特权,何以跻身贵族行列。贡特朗及其侄子希尔德贝统治时期,并非如此;查理曼统治时期,确实如此。虽然自由民从查理曼时代开始可以拥有封地,但是,从上面引述的泰冈记述来看,释奴绝对不可能拥有封地。迪波先生企图以土耳其为例告诉我们,古老的法兰西贵族是什么概念。[2] 他是否企图告诉我们,宽厚者路易和秃头查理在位时,我们法兰西人对于把荣耀和高位给予出身卑微者怨言颇多,犹如土耳其人对此类现象抱怨颇多吗?其实,在查理曼时期无人抱怨,盖这位君主始终区别对待新旧家族,而宽厚者路易与秃头查理并非如此行事。

人们不应忘记,迪波教士撰写了好几部佳作。评价迪波教士,应依据这几部佳作,而不应依据刚才说的那部著作。在那部著作中,迪波教士犯了一些大错,盖他眼里只有布兰维利耶伯爵,而没有自己的研究主题。读罢以上针对其的评论,我有如下感悟:像他这样的大人物都会犯错,我难道不应更小心翼翼?

---

〔1〕 参见本书第三十一章第二十三节。——原注

〔2〕 参见迪波教士:《法兰西君主国在高卢的建立》第三卷第六章,第 302 页。——原注

第三十一章　法兰克封建法理论与君主政体演变

第一节　官职与封地演变

最初,派往各辖区的伯爵任期仅一年;不久,人们花钱续任。早在克洛维孙子在位期间就有花钱购买现象。有位名叫佩欧尼乌斯者,乃奥克赛城伯爵,派其子姆莫洛斯给贡特朗送钱,寻求续任。其子取而代之,花钱为自己买官。[1]可见,国王此时开始买卖恩赐。

虽然依王国法律,此时的封地可以撤销,但是,并非可以任意而专断地授予或者剥夺封地,一般要经全国性会议讨论。完全有理由相信,在当时,无论伯爵任职或者封地授予,皆已出现腐化现象:花钱就可以继续持有封地,花钱就

---

〔1〕 参见图尔的格列高利:《法兰克教会史》第四章第四十二节。——原注

可以继续担任伯爵。

本章后文[1]将论及，君主赏赐，有暂时性的，有永久性的。国王有次企图撤销往昔赏赐，全国普遍不满，不久引发法兰西历史上第一次著名革命。布伦希尔德[2]之死，乃这场革命第一阶段令人震惊的一幕。

布伦希尔德既是王后、又是其他国王的母亲、女儿、姐妹。她至今仍然闻名于世，其建树无愧于罗马市政官员或者行省总督。她具有治国天赋，才能超群，品德优秀，为人敬重。突然之间，她被一个在全国没有权威的国王[3]迫害，长时间遭受令人发指的残暴酷刑，受尽屈辱。[4] 若非某些原因丧失了全国人民的爱戴，其遭遇乃不可思议。克洛泰尔指责她谋杀了十位国王[5]，其实，有两位恰恰是克洛泰尔处死的[6]，有几位国王之死应归咎于命运或者另一王后的奸诈。反对惩罚这位王后滔天罪行的弗雷戴贡德，人民让其寿终正寝；[7]对布伦希尔德的罪行，人民似乎冷静视之。

布伦希尔德被置于骆驼背上，在军营游街示众。此乃表明，她已丧失军队爱戴。据弗雷德加里乌斯记载，布伦希尔德宠臣普洛泰尔[8]，没收领主财产而充实国库，恣意羞辱贵族，导致人人皆担

---

[1] 参见本章第七节。——原注

[2] 布伦希尔德(543—613)，又译“布伦尼希尔德”“布伦豪特”等，西哥特人西班牙国王之女，566年成为奥斯特拉西亚王后即西格贝尔一世之妻。国王故后，她作为摄政者，统治奥斯特拉西亚东部与勃艮第地区，将罗马式中央集权引入国内。在统治前期，她因独到的政治眼光而被视为明君，但最终因其残暴戾虐而恶名远扬，后被政敌残忍地绑在马尾上活活拖死。——译注

[3] 这位国王乃克洛泰尔二世、西尔佩里克之子、达戈贝尔之父。——原注

[4] 参见弗雷德加里乌斯:《编年史》第四十二章。——原注

[5] 同上。——原注

[6] 即奥斯特拉西亚国王提奥德贝尔特和提奥德里克。——译注

[7] 参见图尔的格列高利:《法兰克教会史》第八章第三十一节。——原注

[8] 普洛泰尔，勃艮第王国宫相(604—606)，布伦希尔德左膀右臂兼疑似情人，忠实辅佐布伦希尔德，最后在执行军事任务时被杀。——译注

心被革职而惶惶不可终日。[1] 全军起而反对普洛泰尔，把他杀死于军营。布伦希尔德企图为普洛泰尔复仇[2]，或者企图继续实施普洛泰尔的政策，因此，全国人民日益厌恶布伦希尔德。

克洛泰尔野心勃勃，欲独揽朝政，心中充满可怕的复仇念头。他明白，布伦希尔德子孙占上风，他必死无疑。因此，他参与一桩于己不利的密谋。也许是因不高明，也许是形势所迫，他扮演布伦希尔德的控诉人角色，把王后描绘为恐怖人物，并用恐怖手段惩罚王后，警示天下。

反布伦希尔德的核心人物沃纳查尔[3]，乃勃艮第宫相。在他要求下，克洛泰尔承诺：让他终身担任此职，绝不撤职。[4] 因此，这位宫相就与法兰西侍从不同，其权力开始独立于国王。

布伦希尔德不明智的摄政措施激怒全国。当法律依然有效时，谁也不会因封地被收回而心怀不满，盖法律并未规定可以永久拥有封地。但是，当封地乃以贪婪、恶劣与贿赂而取得时，再用恶劣手段剥夺用恶劣手法获得之物，人们就会怨声载道。倘若收回赏赐乃为公众福祉，人们也许不会抱怨。掌权者表面为国家，实质上中饱私囊，恣意挥霍国家财产，赏赐也不再是对贡献的奖赏或者是鼓励人们作出贡献。布伦希尔德企图用腐败手段纠正由来已久的腐败现象。她反复无常并非表明其是意志薄弱者，因此，感觉末日逼近的封臣与高官，乃抢先把她干掉。

---

〔1〕 参见弗雷德加里乌斯：《编年史》第三十七章关于605年的记述。——原注

〔2〕 参见前引书关于607年的记述。——原注

〔3〕 沃纳查尔，又译“瓦讷歇尔”，奥斯特拉西亚王国第五任宫相（612—615？617？），也是勃艮第王国第六任宫相（617—626？627？628？629？），在勃艮第称为“沃纳查尔二世”。——译注

〔4〕 参见弗雷德加里乌斯：《编年史》第四十二章关于613年的记述：“克洛泰尔发誓：只要他活着，绝不赶他下台。”——原注

我们非常缺乏有关当时发生的种种事件的资料。编年史作者对于当时历史的了解,也极其可怜,大体仅仅相当于如今的农夫对当今历史的了解。不过,克洛泰尔为我们留下了旨在革除流弊而在巴黎公会议上颁布的一部律令。[1] 该律令表明,克洛泰尔平息了引发革命的民怨。[2] 在该律令中,他确认先王们的赏赐,[3]并下令归还封臣们被剥夺的一切。[4]

这并非国王这次会议上所作的唯一让步。他还下令:纠正以往反对教士特权的举措;[5]减少宫廷对于主教选举的影响;[6]改革税收制度,取消一切新赋税[7],并规定在贡特朗、西格贝尔[8]、西尔佩里克死后所设立的路桥税,一律停止征收。[9] 换言之,废除弗雷戴贡德与布伦希尔德摄政时代的各种规定。他下令禁止他自己的牲畜进入私人森林。[10] 下面将论及,其改革极为广泛,甚至扩展至一切内政治理。

---

〔1〕 该律令于布伦希尔德死后不久的615年颁布。参见《敕令汇编》巴鲁兹版,第21页。——原注

〔2〕 “但愿神明能够制止这些违背理性的行为,我遵循基督教导颁布本谕令,旨在防止此类事情再次发生。”参见《敕令汇编》巴鲁兹版前言第十六条。——原注

〔3〕 同上。——原注

〔4〕 同上第十七条。——原注

〔5〕 “那时和自那时以来在这方面被忽视的,今后应永远得到尊重。”——原注

〔6〕 参见《敕令汇编》巴鲁兹版前言第一条。——原注

〔7〕 “凡任意新增的赋税,一律取消。”参见《敕令汇编》巴鲁兹版前言第八条。——原注

〔8〕 西格贝尔(535—575),又译“西格伯特”,即西格贝尔一世,克洛泰尔一世之子,奥斯特拉西亚国王(561—575在位)。——译注

〔9〕 参见《敕令汇编》巴鲁兹版前言第九条。——原注

〔10〕 同上第二十一条。——原注

第二节　内政改革

至此，我们已经看到，面对主人的选择或者行为，国民显得颇为急躁和轻率。他们主动调解主人之间的纠纷，迫使他们和睦相处。国民此时所做的，乃前所未有之事。他们根据社会现状，冷静审视法律，弥补其不足，制止暴力，规范王权。

弗雷戴贡德和布伦希尔德的摄政统治，颇有男子做派，大胆蛮横，与其说让国民感到震惊，不如说让他们有所警觉。弗雷戴贡德以恶治恶，以投毒谋杀为投毒谋杀开脱；其所作所为，为私多于为公。弗雷戴贡德作恶更多，布伦希尔德更让人畏惧。面对如此状况，国民不仅仅满足于稳定封地，而且要求完善内政管理。在当时，内政管理比封地授予更为腐败，而且内政弊病积重难返。从某种程度而言，内政之弊甚于法律之弊，故内政管理腐败更具危险性。

从图尔的格列高利《法兰克教会史》以及其他文献可以看出，法兰西民族凶狠野蛮，其君主亦然。这些君主嗜血成性，凶残而不公正，整个民族亦然。倘若基督教有时似乎让他们变得略微温和，那只是因为基督教对于罪人毫不留情之故。教会用圣人圣迹感召他们，得以保护自己。君主们绝不敢亵渎神灵，盖其害怕受到惩罚。除此之外，他们盛怒之下或者深思熟虑后，犯下种种罪恶，做出诸多不公之事，盖这些行为不会立即受到神灵惩罚。

如前所述，法兰克人异常容忍嗜血成性的诸王，盖他们自己同样嗜血成性；他们对诸王的抢掠与不公并不感到震惊，盖他们自己的抢掠与不公毫不逊色于诸王。虽然当时有不少法律，但是，诸王常常以训谕[1]代替法律。这种训谕类似于罗马皇帝的敕复。如此行事,也许是诸王沿袭了罗马皇帝的习惯,也许是他们自己的本性使然。图尔的格列高利著作记载:他们杀人时镇定自若,未经审判就处死被告人;他们发布训谕,纵容非法婚姻[2]、转移遗产、剥夺亲属权利、逼迫修女出嫁。事实上,他们不但从未承担立法者责任,而且破坏既有法律的执行。

克洛泰尔敕令革除了上述弊端:任何人再也不会不经审判而定罪[3],亲属一律有权依法继承遗产[4],任何强迫女性、寡妇和修女结婚的训谕均属无效,所有得到所谓训谕并遵照办理者皆严惩[5]。这道敕令第十三条及以下两条可惜因年久而散失,否则,对于其内容,我们大概会有更准确了解。第十三条只遗留头几个字,说必须遵守训谕。不过,此处的训谕非指刚才所说的代替法律的训谕。这位君主还颁布过另一律令[6],内容与其敕令密切相关,皆为纠正上述训谕弊端。

该律令未标明颁布日期,也未标明颁于何地,巴鲁兹[7]把它归在克洛泰尔一世名下。窃以为,那是克洛泰尔二世颁布的,理由有三:

---

[1] 训谕,乃国王要求或者许可法官作出违反法律之事的指令。——原注

[2] 参见图尔的格列高利:《法兰克教会史》第四章,第227页。史书和特许状中充斥着这种事例。从克洛泰尔二世为纠正这种弊端而于615年发布的敕令,可以看出其弊端的严重程度。参见《敕令汇编》巴鲁兹版第一卷,第22页。——原注

[3] 参见《敕令汇编》巴鲁兹版:克洛泰尔595年敕令第二十二条。——原注

[4] 同上第十六条。——原注

[5] 同上第十八条。——原注

[6] 参见《敕令汇编》巴鲁兹版第一卷,第7页。——原注

[7] 巴鲁兹(1630—1718),又译"巴吕兹",法国历史学家。——译注

1. 该律令规定，国王将保留其父亲和祖父赐予教会的豁免权。[1] 克洛泰尔一世祖父希尔代里克不是基督徒，而且其在世时，法兰克王国并未建立，他能赐予教会什么豁免权？倘若该律令出自克洛泰尔二世，则其祖父就是克洛泰尔一世。克洛泰尔一世把儿子克朗恩、儿媳与孙子一并烧死。[2] 为赎罪，克洛泰尔一世给予教会大量赏赐。

2. 该律令试图纠正的弊端，在克洛泰尔一世身后依然如故，甚至在柔弱的贡特朗、凶残的西尔佩里克统治期间和令人憎恶的弗雷戴贡德与布伦希尔德相继摄政期间，达至顶峰。国民怎能容忍曾被严厉禁止的弊端死灰复燃？于是，群起反对。西尔佩里克二世[3]再度施行往昔暴政时，国民迫使其下令：如从前一样，审判案件应以法律和习惯法为依据。[4]

3. 为纠正弊端而制定的该律令，不可能与克洛泰尔一世有关。其治理下的王国，并无如此民怨，其威望极高，在人们误以为颁布该律令的时期尤其如此。与此相反，该律令与克洛泰尔二世执政时期发生的种种事件，非常吻合。这些事件后来在王国政治生活中引发了一场革命。总之，应该用历史阐明法律、用法律澄清历史。

---

〔1〕 本书第三十章谈及，这种豁免权乃司法权转让，其中包括禁止国王法官在封地内执行任何任务，其作用相当于授予或者转让封地。——原注

〔2〕 克洛泰尔一世虽然再度统一法兰克王国，但至晚年，王国内部纷争不断，其儿子克朗恩举兵造反。克洛泰尔击败并抓获克朗恩后，将克朗恩及其妻、子关在一小屋活活烧死。——译注

〔3〕 西尔佩里克二世从 670 年开始执政。——原注

〔4〕 参见《圣莱热传》。——原注

第三节　宫相职权

前已述及，克洛泰尔二世曾承诺，让沃纳查尔终身担任宫相，绝不撤换。这一改革催生如下结果：宫相，此前乃国王官员，此后乃国家官员。宫相，过去由国王指定，如今由国民选任。此前，普洛泰尔由提奥德里克任命为宫相[1]，朗德里克由弗雷戴贡德任命为宫相；[2]此后，宫相由国民选择。[3]

因此，我们不应像某些作者那样，把后期宫相与布伦希尔德时期宫相混为一谈，把国王宫相与国家宫相相提并论。从《勃艮第法》可知，勃艮第宫相绝非国家最高职位之一，[4]在法兰克最初几位国王在位时期，宫相也非最显赫官职之一。[5]

克洛泰尔安抚了那些拥有职位和封地之人。沃纳查尔死后，克洛泰尔在特鲁瓦召集领主开会，征询由谁接替沃纳查尔担任宫相。众人高喊谁也不选，并恳请克洛泰尔为他们作主，指定新宫相。[6]

---

〔1〕 参见弗雷德加里乌斯：《编年史》第二十七章关于605年："依据布伦希尔德建议和提奥德里克命令。"——原注

〔2〕 参见伐鲁瓦：《法兰克诸王行迹》第三十四章。——原注

〔3〕 参见弗雷德加里乌斯：《编年史》第四十五章关于626年，该书无名氏续编第一百零一章关于695年，第一百零五章关于715年；参见艾穆安：《法兰克人史》第四章第十五节；参见爱因哈特：《查理曼传》第四十八章；参见伐鲁瓦：《法兰克诸王行迹》第四十五章。——原注

〔4〕 参见《勃艮第法》前言以及该法第二补编第十三章。——原注

〔5〕 参见图尔的格列高利：《法兰克教会史》第九章第三十六节。——原注

〔6〕 参见弗雷德加里乌斯：《编年史》第五十四章关于626年："克洛泰尔于那年在特鲁瓦召集勃艮第领主与封臣开会。鉴于沃纳查尔已逝，他希望了解与会者是否愿意立即选择新宫相。与会者异口同声表示不愿选举新宫相，并恳请国王替他们作主。"——原注

达戈贝尔[1]效仿父王,将王国权力集于一身;国民也完全信任他,没有为他选定宫相。达戈贝尔感到自由在手,被胜利冲昏头脑,重走布伦希尔德施政老路。此举很不成功,奥斯特拉西亚的封臣拱手把胜利让给斯克拉丰人后[2],打道回府,致使奥斯特拉西亚边境省份落入蛮族之手。

他向奥斯特拉西亚人提出,将奥斯特拉西亚连同国库让给其儿西格贝尔[3],把王国政府和宫相职务交给科隆主教库尼贝尔和阿达吉兹[4]公爵。弗雷德加里乌斯并未在其著作中记述当时所订协议细节,不过,国王发布律令对所有条件皆予以确认,奥斯特拉西亚危机得以立即化解。[5]

达戈贝尔临终时把妻子南特希尔德[6]和儿子克洛维二世[7]托付给艾加[8]。纽斯特里亚与勃艮第封臣把年轻王子克洛维推为国王[9],艾加与南特希尔德亚主持朝政[10]。他们把达戈贝尔攫取的地产全部归还原主[11],因此,就像在奥斯特拉西亚一样,纽斯特里亚和勃艮第民怨也平息。

---

〔1〕 达戈贝尔(603—639),又译“达格伯特”“达戈贝尔特”,奥斯特拉西亚国王(623—634在位),法兰克国王(629—634在位),纽斯特里亚与勃艮第国王(629—639在位)。——译注

〔2〕 参见弗雷德加里乌斯:《编年史》第五十四章关于630年。——原注

〔3〕 即西格贝尔三世(630—656),又译“西格伯特三世”,达戈贝尔长子,奥斯特拉西亚国王(633—656在位)。——译注

〔4〕 阿达吉兹,又译“阿达尔戈塞尔”,奥斯特拉西亚宫相(634—639)。——译注

〔5〕 参见弗雷德加里乌斯:《编年史》第七十五章关于632年。——原注

〔6〕 南特希尔德(610—642),达戈贝尔之妻,从639年至642年担任克洛维二世摄政。——译注

〔7〕 克洛维二世(634—657? 658?),于639年继其父达戈贝尔担任纽斯特里亚和勃艮第国王。——译注

〔8〕 艾加,奥斯特拉西亚宫相(639—641? 642?)。——译注

〔9〕 参见弗雷德加里乌斯:《编年史》第七十四章关于638年。——原注

〔10〕 同上。——原注

〔11〕 参见前引书第八十章关于639年。——原注

艾加死后，王太后南特希尔德让勃艮第领主选举佛罗卡图斯为宫相[1]。佛罗卡图斯致函勃艮第王国各位主教和重要领主并承诺，在他们有生之年绝不损害其荣宠和官爵[2]，绝不食言。《王室宫相》作者[3]认为，宫相执掌国务由此肇始。[4]

弗雷德加里乌斯乃勃艮第人，对前文提及的改革时期的宫相记述较详细，而对奥斯特拉西亚和纽斯特里亚的宫相记述较粗略。不过，出于同样原因，在勃艮第订立的协议，也在纽斯特里亚和奥斯特拉西亚订立。

国民认为，较之交给国王，把大权交给他们所选宫相更可靠，盖他们可以要求宫相按照其意思行事，而国王权力乃世袭。

第四节　从宫相看国家特性

国家已有国王，却还要找一个人行使国王权力，如此政体，不可思议。不过，且不说当时具体情形，窃以为，法兰克人这种观念由来已久。

法兰克人乃日耳曼人后裔。塔西佗说：法兰克人从血统高贵者中确定国王，从品德高尚者中推选首领。[5] 墨洛温王朝国王和宫相就是如此，国王乃世袭，宫相乃选任。

---

〔1〕 参见前引书第八十九章关于641年。——原注

〔2〕 同上：“佛罗卡图斯在一封信中向勃艮第权贵和主教们发誓，终生不会侵害其地位和财产。”——原注

〔3〕 此书作者据传为弗雷德加里乌斯。——译注

〔4〕 “此后在伟大的国王达戈贝尔之子、提奥德里克之父克洛维掌政时期，日趋衰微的法兰克王国开始由宫相执掌国务大权。”参见《王室宫相》。——原注

〔5〕 参见塔西佗：《日耳曼尼亚志》第七章第一节：“贵族出国王，品德出首领。”——原注

毫无疑问，在全民大会上向所有愿意追随他的人自荐为首领、表示愿意率领大家干一番事业的君王，大多数兼具国王威望和宫相才干。他们血统高贵而具王者之气，他们品德高尚而受众人拥戴，他们勇猛有谋而为军队统帅，从而拥有宫相之权。最初几位国王，以王者之尊成为法院与会议之首，征得会议同意而制定法律；以公爵或者首领之尊，指挥军队，纵横沙场。

欲了解最初法兰克人在这方面的才干，只需看看阿波加斯特[1]的作为即可。其乃法兰克人，被瓦伦提尼安授予军队指挥权。他把皇帝幽禁宫中，不许任何人与皇帝谈论军政大事。阿波加斯特当时之所做，乃后来那几个丕平之所为。

第五节　宫相何以获取军队指挥权

国王亲自指挥军队时，人民根本从未想过推举首领。克洛维及其四子作为首领，带领法兰克人从胜利走向胜利。幼年即位、体弱多病的提奥德贝尔特之子图德巴得[2]，首开国王留守宫廷先例[3]。他拒不出征意大利讨伐纳塞斯[4]，法兰克人遂推选两位首领，率领他们征战意大利。此事深深刺痛图德巴得。[5] 克洛泰尔

---

〔1〕 阿波加斯特(340—394)，出身蛮族法兰克的罗马将军。——译注

〔2〕 提奥德贝尔特(503—548)，奥斯特拉西亚国王(534—548 在位)；图德巴得(535—555)，提奥德贝尔特之子，奥斯特拉西亚国王(548—555 在位)，13 岁继承王位，20 岁死亡，其国即被克洛泰尔一世兼并。——译注

〔3〕 552 年。——原注

〔4〕 纳塞斯(478—573)，东罗马帝国查士丁尼皇帝麾下将军。——译注

〔5〕 参见图尔的格列高利：《法兰克教会史》第四章第九节："尽管国王很不高兴，路特利斯和布蒂里努斯还是与法兰克人一起参战。"又参见阿加西亚斯：《查士丁尼执政史》第一章。——原注

一世四子中，贡特朗最不屑于指挥军队[1]，其他国王也仿效他。不过，为预防交出指挥权而可能带来的危险，他们把军队指挥权交给若干首领或者公爵。[2]

如此做法，弊端丛生，军纪废弛，无人听命。军队成为本国祸害，尚未抵达敌方阵地，就已满载劫掠所得。图尔的格列高利对此有生动描述。[3] 贡特朗说："父辈胜利成果都未保住，我们怎么获胜？国家今非昔比……"[4]这个国家竟然从克洛维孙子开始，就走向衰败，怪哉！

人们自然想到让公爵成为独一无二的首领，让其统管诸多忘掉自身义务的领主和封臣，让其重整军纪，率领只会内乱的民众御敌卫国。如此这般，权力就赋予宫相。

宫相最初职责，乃管理皇家经济事务。随后，宫相协同其他官员对封地实施政治管理[5]；后来，封地管理由宫相独自承担。宫相也处理军务和指挥军队，这两项职责自然与另外两项职责有关。在当时，管理军队比指挥军队更难，盖谁能比掌握赏罚大权者更有权威？对于这个独立而好战的民族而言，只能劝诱而不能强制：应将去世领主的封地赏赐给他们，或者应让他们对这些封地怀有获得的希望。总之，应不断犒劳他们，让他们担心不受宠。因此，总

---

[1] 贡多瓦尔德自称克洛泰尔之子，要求分得王国的一部分。贡特朗竟然不予讨伐。——原注

[2] 指挥官有时甚至多达 20 人。参见图尔的格列高利：《法兰克教会史》第五章第二十八节、第八章第十八节、第十章第三节。勃艮第的达戈贝尔未设置宫相，但采取同样措施，派遣 10 位公爵和多位不隶属公爵的伯爵与加斯科涅人作战。参见弗雷德加里乌斯：《编年史》第七十八章关于 636 年的记述。——原注

[3] 参见图尔的格列高利：《法兰克教会史》第八章第三十节、第十章第三节。——原注

[4] 同上。——原注

[5] 参见《勃艮第法·第二补编》第十三章；参见图尔的格列高利：《法兰克教会史》第九章第三十六节。——原注

管宫廷事务者当然应为军队统帅。

第六节 墨洛温王朝王权衰落第二阶段

布伦希尔德被处死后，宫相乃在国王手下掌管国务；虽然宫相指挥作战，但国王仍为军队统帅，宫相与国民是在国王统帅下对敌作战。然而，丕平战胜提奥德里克及其宫相[1]，导致王权彻底旁落；[2]查理·马特击败西尔佩里克及其宫相兰弗鲁瓦，进一步降低国王地位。[3] 奥斯特拉西亚两度战胜纽斯特里亚和勃艮第，故奥斯特拉西亚宫相职位似乎专属丕平家族，丕平家族宫相高踞其他宫相之上，丕平家族高踞其他家族之上。胜利者担心某个有声望者为煽动骚乱而扣留国王，就如关押于监狱一样软禁国王，[4]国王每年在民众面前露面一次。国王颁布谕令，不过，这些谕令实乃宫相之令。[5] 国王复函外国使节，不过，这些复函也实乃宫相之复。此乃历史学家所说的宫相擅权时期，彼时的国王屈从于宫相。[6]

国民非常拥戴丕平家族，竟然把其家族尚未成年的孙子[7]推

---

[1] 参见《麦斯年鉴》关于687年和688年的记载。——原注

[2] 参见《麦斯年鉴》关于695年的记载："给国王留下名义上的权力，自己行使治理全国的权力。"——原注

[3] 参见《麦斯年鉴》关于719年的记载。——原注

[4] 参见《麦斯年鉴》关于719年的记载："他让出王座，交出王权。"——原注

[5] 参见《桑里斯纪年》："为让国王鹦鹉学舌般宣布别人为其准备好的答辞。"——原注

[6] 参见《麦斯年鉴》关于691年的记载："丕平权力在那一年已超过提奥德里克。"参见《弗尔德和劳里善年鉴》："法兰克公爵丕平占据王位长达27年，国王听命于他。"——原注

[7] 即戴奥多尔德（705—740），又译"西奥多尔德"，法兰克王国宫相（714—715），其时国王乃达戈贝尔三世。——译注

为宫相[1]，并将其置于一位名叫达戈贝尔[2]的国王之上。呜呼，傀儡之上又有傀儡！

第七节　宫相治下高官与封地

宫相们无意让官职与封地可以频繁更换，盖他们就是凭在这方面给予贵族保护，才得以实施统治。因此，高官依旧终身任职，而且逐渐形成惯例。

窃以为，封地则有所不同。我不怀疑，大多数封地从那时起已变为世袭封地。

在《安德里条约》中，贡特朗及其侄子希尔德贝承诺，[3]维持先王给予封臣与教会的赏赐，并允许王后、公主和国王遗孀以遗嘱方式，永久支配其得自国库的财物。[4]

马尔库尔弗编写《法规》时适值宫相当政[5]，从中可以看出，国王不但将封地赐予某个人而且赐予其后裔。《法规》乃当时状况的真实写照，故可以证明，在墨洛温王朝后期有部分封地乃为世袭。属地不可剥夺乃近代观念。在其时，尚未有如此之物，理论

[1] 参见弗雷德加里乌斯：《编年史》及无名氏《续编》第五十四章关于714年："在国王达戈贝尔推荐下，指定其子为宫相。"——原注

[2] 即达戈贝尔三世(698—715)，又译"达戈贝尔特三世"，法兰克国王(711—715在位)。——译注

[3] 参见图尔的格列高利：《法兰克教会史》第九章。又参见克洛泰尔二世615年敕令第十六条。——原注

[4] "倘若她们愿意保有从国库获得的土地、财物、堡垒，或者赠与任何人，她们对这些财产的这种处分应永远维护。"——原注

[5] 参见马尔库尔弗：《法规》第一卷第十四章："正式由他拥有，或者由我们的国库拥有。"也适用于直接永久赐予的财物以及起初作为赏赐赐予而后来变为永久赐予的财物。又参见该书第一卷第十七章。——原注

上如此,实践中亦然。

在这方面,我可以提供证据证明。若能证明,在某个时期,不再赏赐军队,也不再提供维持费用,就可认为,原有赏赐已被剥夺。这就是查理·马特执政时期。他建立了一些新封地,但这些封地与早期封地截然不同。

当国王开始给予永久性赏赐时,这些赏赐无论是政府腐败所致,抑或是国王不得不遵照法规不断给予赏赐,也宁愿赐予永久性封地,而不愿伯爵官职永久化,道理很清楚:拿出一些土地无碍大局,而放弃对重要职位的掌控,就意味着丧失权力。

第八节 自由地何以变成封地

从马尔库尔弗《法规》可以看出,自由地何以变为封地。[1] 土地所有者把土地献给国王,国王再把其使用权赠与或者赐予献地者,而后献地者向国王指定自己的继承人。

要揭示自由地性质改变之因,必须如同探索深渊那样探索古老的贵族特权。十一个世纪以来,贵族身上沾满了尘埃、鲜血和汗水。

拥有封地者享有巨大好处。封地拥有者受伤害时,所获补偿金多于自由民。马尔库尔弗《法规》记载:杀死国王封臣者,应支付补偿金六百苏。此乃《萨利克法》[2]和《里皮埃尔法》[3]所确立的特权。它们规定:杀死国王封臣,补偿金六百苏;杀死自由民、法兰

〔1〕 参见前引书第十三章。——原注
〔2〕 参见《萨利克法》第四十四卷、第四十六卷第三、四章和第七十四卷。——原注
〔3〕 参见《里皮埃尔法》第十一章。——原注

克人、蛮族人或者受《萨利克法》管束的普通人,补偿金仅二百苏;杀死罗马人,补偿金仅一百苏。[1]

这并非国王封臣享有的唯一特权。我们应当知道,被法庭传讯者,若不出庭或者不服从法官命令,就将传讯至国王面前;[2]若拒不到案,将宣布为不受国王保护之人,任何人都不能收留他,甚至不能提供面包给他。[3] 此人若为普通百姓,其财产将被没收;[4]若为国王封臣,其财产不会被没收。[5] 前者拒不到案,会被认定有罪;后者拒不到案,不会被认定有罪。前者涉及的哪怕是极其轻微之罪,也要适用沸水取证法;[6]后者仅在涉及凶杀罪时,才适用沸水取证法。[7] 此外,不得强迫国王封臣立誓指控另一封臣。[8] 类似特权还不断增加。卡洛曼[9]有道敕令又赐予国王封臣另一恩宠,即不得强迫他们亲自立誓,而只能由其封臣代其立誓。[10] 享有如此恩宠者,拒不从军的,所受处罚乃在拒不从军期间不得饮酒、吃肉。但自由民拒不跟随伯爵出征的,罚金六十苏,而且支付罚金前应作为奴隶服役。[11]

因此,不难想见,非国王封臣的法兰克人,尤其是罗马人,都会想方设法成为国王封臣;为不失去土地,他们就想出了如下办法:

---

〔1〕 参见《里皮埃尔法》第七章;《萨利克法》第四十四卷第一、四章。——原注

〔2〕 参见《萨利克法》第五十九、七十四卷。——原注

〔3〕 参见《萨利克法》第五十九、七十四卷:“在国王领地以外”。——原注

〔4〕 参见《萨利克法》第五十九卷第一章。——原注

〔5〕 参见《萨利克法》第七十六卷第一章。——原注

〔6〕 参见《萨利克法》第五十六、五十九卷。——原注

〔7〕 参见《萨利克法》第七十六卷第一章。——原注

〔8〕 参见《萨利克法》第七十六卷第二章。——原注

〔9〕 即卡洛曼二世(866—884),路易二世之子,法国加洛林王朝国王(879—884 在位)。879 年其父死后,与其兄路易三世同时即位为西法兰克国王,二王共治。882 年其兄死后成为西法兰克唯一的国王。——译注

〔10〕 883 年韦尔农宫敕令第四、十一条。——原注

〔11〕 查理曼 812 年第二道敕令第一、三条。——原注

把土地献给国王，再由国王以赐予封地形式返还他们，并向国王指定其继承人。如此做法长期沿用，尤其是在加洛林王朝的混乱时期，那时人人都希望有保护人，都希望与其他领主联合[1]，并进入“封建君主国”，盖此时已没有“政治君主国”。

从有些条例可以看出[2]，如此做法一直持续至加佩王朝：或是先交出自由地，然后再依据同一条例收回；或是先宣布为自由地，再承认其为封地。此类封地称作“收回的封地”。

这并不意味着拥有封地者会像家长一样兢兢业业地管理封地；尽管自由民渴望拥有封地，但他们对待封地的态度，就像我们今天处理仅有使用权的土地一样。这促使最谨慎和最小心的君主查理曼，制定了系列法律，制止有人为确保自己的土地而贬低封地地位。[3] 这只能证明，查理曼时代大部分赏赐地的性质依然是终生拥有，所以，人们对自由的关心甚于赏赐地。但是，这并未阻止人们热衷成为国王封臣，而不愿当自由民。如此观念，并未有所改变。尽管有种种理由处理封地中的某一部分，但是，谁也不愿意丧失名誉地位。

因此，完全理解查理曼在一道敕令中的抱怨：在有些地方，有些人把封地作为产业给予他人，然后又作为产业买回。[4] 但是，我并非说，人们喜爱产业甚于喜爱仅有使用权的土地。我只是想说，有机会把自由地变成世袭性质的封地，如同法规所规定的那样，乃非常有利可图。

---

〔1〕 在迪康热《晚期拉丁语和希腊语词汇》“自由地”词条下，朗贝尔·安德尔说：“财产转移到继承人名下并无多大风险。”——原注

〔2〕 参见迪康热在“自由地”词条下引述的条例以及加朗在《论自由地》第14页及以下多页中的论述。——原注

〔3〕 802年第二道敕令第十条，803年第七道敕令第三条，年份不详的第一道敕令第四十九条，806年敕令第七条。——原注

〔4〕 806年第五道敕令第八条。——原注

第九节　教会地产何以变成封地

国家土地除国王用作恩赐,激励法兰克人征战而开疆拓土外,不应有其他用途。如前所述,此乃民族精神。不过,国王恩赐却误入歧途。克洛维孙子西尔佩里克有一次抱怨,几乎所有土地都给了教会。[1] 他说:“国库空虚,国家财富都已转至教会手中。[2] 唯有主教统治一切。他们地位显要,我们相形见绌。”

因此,不敢触动领主利益的宫相,就大肆压榨教会。丕平[3]进入纽斯特里亚的借口之一[4],乃其受教会之邀而前往制止国王即宫相剥夺教会地产的行径。

较之纽斯特里亚与勃艮第宫相,奥斯特拉西亚宫相即丕平家族,对教会相当温和。从历史文献可以看得很清楚,教士对丕平家族成员的虔诚与慷慨赞不绝口。[5] 其实,丕平家族在教会身居高位。诚如西尔佩里克对主教们所说:“一只乌鸦不会啄掉另一只乌鸦的眼睛。”[6]

后来,丕平征服纽斯特里亚和勃艮第,并以教会受到迫害为借口,摧毁了其国王与宫相的势力。倘若洗劫教会,就会与其借口相

[1] 参见图尔的格列高利:《法兰克教会史》第六章第四十六节。——原注

[2] 因此,他撤销有利教会的遗嘱,甚至取消其父赐予教会的赠与。贡特朗把这些赠与归还教会,而且还增加赠与。参见图尔的格列高利:《法兰克教会史》第七章第七节。——原注

[3] 即丕平二世(635—714),又称“赫斯塔尔·丕平”“小丕平”,系老丕平外孙、查理·马特之父、丕平三世即“矮子丕平”之祖父。——译注

[4] 参见《麦斯年鉴》关于687年的记载:“我受神父和上帝仆人之邀。他们因财产被不公正地剥夺,而常来找我。”——原注

[5] 参见《麦斯年鉴》关于687年的记载。——原注

[6] 参见图尔的格列高利:《法兰克教会史》第五章第十九节。——原注

悖，国民就会产生被捉弄之感。无论如何，征服两个王国、摧毁敌对势力后，他有足够的财富满足其将士的欲望。

丕平通过保护神职人员而成为王国之主，而其子查理·马特只能靠压迫神职人员维持统治。后者发现，国王和国家的部分土地已终身或者永久赐予贵族，神职人员则从穷人和富人手中获取了大量自由地。于是，他就剥夺教会的土地。最初赐予的封地已不复存在，他重新赐予封地[1]。他剥夺教会的土地乃至教堂，据为己有或者赐予军队将领，从而消除了一种有别于普通弊端的弊端、一种极其严重却易于纠正的弊端。

第十节　教会财富

法国最初三个王朝统治时期，必定无数次给予教会大量财富，否则，教会不可能那么富有。不过，国王、贵族和人民有办法把财富给予教会，就有办法收回所给予的财富。宗教虔诚推动墨洛温王朝兴建了大量教堂，尚武精神导致教堂落入军人之手，军人又把教堂分给其子女。如此这般，不知剥夺了教会多少土地！加洛林王朝国王们又慷慨赐予教会大量财富。诺曼人[2]入侵后，大肆劫掠，迫害教士尤甚，到处寻找、搜刮教堂，盖他们把其偶像被毁以及迫使他们逃往北方的查理曼暴行，都归咎于教会。纵然时隔四

---

〔1〕 参见《桑里斯纪年》："查理剥夺大多数教会的土地所有权，收归国库，而后分给军人。"——原注

〔2〕 诺曼人，"北方人"之意，源自斯堪的纳维亚半岛，指迁居法国的维京人及其后裔。诺曼人在法国领土建立诺曼底公国，派军远征意大利南部、西西里以及英格兰、威尔士、苏格兰、爱尔兰，并向这些地区移民。最著名的乃对英国的"诺曼征服"之举。——译注

五十年,如此仇恨也无法忘记。在如此氛围下,教会要丧失多少财富!几乎没有教会要求归还财产。等到宗教虔诚的加佩王朝时期,大量土地献给教会、大肆兴建教堂的风潮再起!在那个时期,世俗民众倘若都很诚实,以当时广为传播并获得信任的信仰,其土地早已全被剥夺。但是,教会人士怀有野心,世俗民众亦然:即将咽气者愿意把财产捐给教会,其继承者却想方设法要回该财产。领主与主教、绅士与教士之间,纷争不断。教会人士肯定遭遇了强大压力,否则,他们不会受迫寻求领主保护。这些领主保护他们只是一时的,而后却压迫他们。

加佩王朝的统治比较开明,神职人员财产有所增长。但是,加尔文教派出现后,人们把教会的金银全都铸成金、银币。神职人员性命难保,何以确保财产无虞?当他们辩论教义时,人们把其档案烧毁。向破产贵族索要他们已经不再拥有或者已以种种方式作出抵押的东西,不是徒劳无功吗?神职人员一直都是获得财产而后又往往被人们索回,直到现在,仍然如此。

第十一节　查理·马特时代欧洲状况

大肆压榨神职人员的查理·马特非常幸运。军人既惧怕又拥戴他;他为军人竭尽全力,并寻找借口发动与撒拉逊人的战争。[1]尽管教会对他恨之入骨,但他完全用不着教会。教皇却不能没有

[1] 参见《麦斯年鉴》。——原注

他,向他求援。格列高利三世[1]向他派出使团[2]一事,无人不晓。两位大权在握者携手联合,谁也离不开谁:教皇需要法兰克人支持他对付伦巴第人和希腊人[3],查理·马特需要教皇的支持,以压制希腊人,钳制伦巴第人,从而提高自己在国内的声望,稳固自己的地位,为子孙后代谋千秋大业。[4] 后来,查理·马特如愿以偿。

奥尔良主教圣厄谢[5]见到的怪异天象,惊动了诸多君主。对此,我得引用在兰斯集会的主教写给当时已侵入秃头查理领土的日耳曼人路易[6]的一封信[7]。从这封信可以清楚看出当时形势以及人们的精神状态。信中写道:"圣厄谢升至天堂,看见正在地狱底层备受煎熬的查理·马特。惩罚查理·马特之令,乃由应参加耶稣基督最后晚餐的那几位圣徒所下达。查理·马特提前受此惩罚,乃因其劫掠教会土地,所有曾捐助教会者犯下的罪孽都应由其承担。国王丕平为此召开基督教公会议,下令将所有能够收回的教会土地予以归还。由于他与阿奎坦公爵韦弗尔发生争执,只能收回部分土地。因此,丕平颁发'租佃保有文书',以租佃保有方

[1] 格列高利三世(?—741),叙利亚籍教皇(731—741在位)。——译注

[2] 参见《麦斯年鉴》关于741年的记载:"名叫格列高利的教皇征得罗马权贵们同意后,给他写信说:罗马人民摆脱了皇帝的统治,决定寻求他的保护和他永不枯竭的仁慈。"参见弗雷德加里乌斯:《编年史》:"协议一旦确定,他就退出帝党。"——原注

[3] 此处的希腊人乃指东罗马帝国统治者。——译注

[4] 从其时的一些著作可以看出教皇权威在法国人心目中的分量。尽管国王丕平已由美茵茨大主教加冕,但是,他把教皇斯德望二世给他涂油祝圣,视为对其一切权力的肯定。——原注

[5] 圣厄谢(?—743),奥尔良主教。——译注

[6] 日耳曼人路易(806—876),查理曼之孙,虔诚者路易之子,东法兰克国王(843—876在位)。——译注

[7] 参见《敕令汇编》巴鲁兹版第二卷第七条,第109页。——原注

式补足其余土地[1],并立法规定:世俗人员占有教会土地,应向教会缴纳什一税;每占有教会一处房产应向教会缴纳十二锝。查理曼并未将教会土地赐予他人,而且已在敕令中承诺,他以及继任者永远不会将教会土地赐予他人。他们所说的上述一切,皆有文字记录。他们当中有几位亲耳听到查理曼向两位国王的父亲宽厚者路易交代此事。"[2]

主教们所说的国王丕平之法,于莱普迪纳公会议上制定[3]。教会从中获得的好处是:已获取教会土地者只能以租佃占有方式持有该土地,教会还可以收取什一税;每占有一处教会房产,应缴纳十二锝。这些办法治标不治本,没有彻底解决问题。

教会不满意,丕平不得不又颁发敕令[4],要求拥有教会地产者除缴纳什一税和房屋费外,还得维修主教区和修道院房屋,否则,就会丧失所占有的教会地产。查理曼沿袭并完善了丕平所作的这些规定。[5]

在那封信中,主教们说,查理曼承诺他与继承者不会再把教会土地赐予军人。此说与查理曼为安抚教会、消除神职人员恐惧,于803年在艾克斯拉沙佩勒[6]颁布的敕令精神一致。不过,已分封

---

〔1〕 参见屈亚斯:《论封地》第一章脚注:"租佃保有仅给予申请人土地使用权。"我在国王丕平即位后第三年颁发的"租佃保有文书"中发现,他并非颁发此类文书的第一人。该文书提及宫相埃布罗安曾颁发一件此类文书,而且此后有人继续颁发。参见本笃会神父:《法兰西史学家》第五卷第六章提及的国王丕平颁发的文书。——原注

〔2〕 参见《敕令汇编》巴鲁兹版第二卷,第101页:858年发自吉耶兹的信。——原注

〔3〕 743年。参见《敕令汇编》巴鲁兹版第五卷第三条。——原注

〔4〕 参见《麦斯敕令》756年第四条。——原注

〔5〕 参见查理曼803年沃尔姆敕令。此敕令对租佃占有方式持有地产的契约作了规定。参见《敕令汇编》巴鲁兹版,第441页。又参见749年法兰克福敕令第二十四条,其中对房屋修缮作了规定,载《敕令汇编》巴鲁兹版,第267页。又参见800年敕令,载《敕令汇编》巴鲁兹版,第330页。——原注

〔6〕 艾克斯拉沙佩勒,即亚琛,位于欧洲大陆正中央、今德国北莱茵-威斯特法伦州,靠近比利时与荷兰边境。法兰克王国查理曼大帝定都于此。——译注

的土地维持现状[1]。主教们还说，基于同样理由，宽厚者路易效仿查理曼，不再把教会土地分封给士兵。

但是，旧习根深蒂固，至宽厚者路易之子执政时期，世俗百姓不经主教同意，就把教士安置于教堂，或者把他们驱逐[2]。他们的后代则把教堂分而占之[3]。面对肆无忌惮侵占教堂行为，主教们除把圣物搬出教堂外，别无他法。[4]

贡比涅[5]敕令[6]规定，在修道院所有者同意和陪同下，国王特派员可以与主教一起巡视修道院[7]。从这个敕令可以看出，此类问题普遍存在。

问题不在于缺乏收回教会土地的法律。教皇指责主教们对收回修道院漫不经心，于是，主教们致信秃头查理[8]说，他们对于教皇指责毫不在意，盖他们无辜；他们提醒国王，不要忘记国民会议上作出的多次承诺、决定和法令。他们列举了九次国民会议所作的此类承诺、决定和法令。

这一争论，一直不停。诺曼人入侵后，所有人的意见皆归于一致。

---

〔1〕 上注和意大利国王丕平的敕令均证实此事。丕平在敕令中说，国王将把修道院作为封地授予申请封地者。这道敕令附于《伦巴第法》第三卷第一章第三十节。在《萨利克法》也可找到这道敕令。参见丕平法令集以及埃卡尔：《法兰克人的〈萨利克法〉和〈里皮埃尔法〉》第二十四章第四节，第 195 页。——原注

〔2〕 参见罗泰尔一世法令，载《伦巴第法》第三卷第一章第四十三节。——原注

〔3〕 参见《伦巴第法》第三卷第一章第四十四节。——原注

〔4〕 同上。——原注

〔5〕 贡比涅，法国城市，位于巴黎以北 80 公里的瓦兹河畔。——译注

〔6〕 秃头查理在位第二十八年即 856 年颁布的敕令，载《敕令汇编》巴鲁兹版，第 203 页。——原注

〔7〕 “征询该地拥有者意见并征得同意。”——原注

〔8〕 秃头查理在位第十六年即 856 年在马恩河上的波讷耶举行的基督教公会议上，载《敕令汇编》巴鲁兹版 856 年，第 78 页。——原注

第十二节　什一税之设立

丕平之法，与其说实际减轻了教会负担，莫若说仅仅给教会带来了减轻负担的希望。查理·马特觉察到王国土地都在教会手中，查理曼则觉察到教会土地都在军人手中。收回已经给予军人之物，不可能。如此做法，从性质而言，根本行不通；从当时实际情况而言，更是根本行不通。但是，从另一角度而言，又不能因缺乏神职人员、教堂和教会，而让基督教走向灭亡。[1]

因此，查理曼决定设立什一税。[2] 此乃一种全新财产。对教会而言，其好处在于它专为教会而设，日后即使被他人强行占有，也较易识别。

有人试图把什一税设立年代追溯得更早，但所提出的权威材料，恰恰成为其主张的反证。克洛泰尔法令[3]只是规定，对教会财产不征收什一税。[4] 故对教会而言，那时根本谈不上征收什一税，而是千方百计免缴什一税。585 年举行的第二届马贡[5]公会议[6]下令缴纳什一税，此次公会议宣称，古代也曾有什一税，但

---

〔1〕 在查理·马特时期的内战中，兰斯教会土地均分给世俗百姓，让神职人员自谋生路。参见《圣雷米传》第一卷第 279 页关于叙里乌斯的记述。——原注

〔2〕 参见《伦巴第法》第三卷第三章第一、二节。——原注

〔3〕 此乃前节一再谈及的法律，载《敕令汇编》巴鲁兹版第一卷第二条，第 9 页。——原注

〔4〕 “土地和牧场税以及猪的什一税，我们让给教会，从此，国库官员和什一税征收员就不会侵犯教会财产。”《敕令汇编》巴鲁兹版，第 336 页所载 800 年查理曼敕令解释得非常清楚，克洛泰尔向教会免征的什一税，指放养在森林中育肥的猪应该缴纳的那一份什一税。查理曼要求法官以身作则，与其他人一样缴纳什一税。可见，这是一种领主税或者经济税。——原注

〔5〕 马贡，位于勃艮第最南端。——译注

〔6〕 参见雅克·西蒙：《往昔高卢的公会议》第一卷五号圣典。——原注

是,它又说,此时已不再缴纳。

查理曼之前,就有人翻开《圣经》,宣扬《圣经·利未记》所记述的捐献和供献,谁也不会对此有所怀疑。我想说的是,查理曼之前,可能有人主张征收什一税,但实际上并未设立什一税。

我曾说过,国王丕平在位时立法规定,以封地形式占有教会土地者应缴纳什一税并负责修缮教堂。用公正性无可争辩的法律迫使权贵以身作则,实非易事。

查理曼则更进一步,从维利斯敕令〔1〕可以看出,他规定其自己的领地也要缴纳什一税,真乃了不起的典范。

即使有典范,百姓也不可能放弃自身利益。法兰克福〔2〕公会议〔3〕提出了缴纳什一税的更令人信服的理由。该公会议上颁发的敕令说,在上次大饥荒中,麦穗竟然没有麦粒,盖魔鬼吃掉了麦粒,而且有人听见魔鬼大声诅咒不缴什一税者。〔4〕 因此,当政者下令,除占有教会地产者应缴纳什一税外,所有人均应缴纳什一税。

查理曼的意图最初并未实现,盖负担太重〔5〕。犹太人缴纳什一税乃与建立共和国的计划有关,但我们这里缴纳什一税的负担与建立君主国根本无关。从《伦巴第法》附加条文〔6〕可以看出,把征收什一税纳入市民法的企图遇到困难;从公会议颁布的文件来

---

〔1〕 维利斯敕令第六条,载《敕令汇编》巴鲁兹版,第332页。——原注

〔2〕 法兰克福,位于德国美因河右岸,临近美因河与莱茵河交汇处。罗马帝国时期为边境要塞,随罗马帝国崩溃而圮毁。查理曼大帝遇险,在此转危为安,遂下令建城,取名法兰克福。——译注

〔3〕 在查理曼执政的749年举行。——原注

〔4〕 “据我们亲身经历,发生大饥荒那年,到处颗粒无收,粮食都被魔鬼吃光。有人还说听见责骂声。”参见《敕令汇编》巴鲁兹版第二十三条,第267页。——原注

〔5〕 参见宽厚者路易829年敕令,载《敕令汇编》巴鲁兹版,第663页。这道敕令针对逃避什一税而放弃种地者。又参见该敕令第五条:“关于九一税和什一税,这是父王和我本人在敕令中多次提及之事。”——原注

〔6〕 例如,罗泰尔所附条文,载《伦巴第法》第三卷第三章第六节。——原注

看,把征收什一税纳入教会法的企图也遭到强烈反对。

最终,人民同意缴纳什一税,但以可以赎回为条件。宽厚者路易及其儿子罗泰尔皇帝均不允许赎回[1]。[2]

查理曼规定什一税之法,完全出于需要,与迷信完全无关,只与宗教有关。

众所周知,查理曼把什一税分作四份:一份建设教堂,一份接济穷人,一份用于主教,一份用于其他教士。[3] 此举表明,查理曼力图恢复教会地位,使之稳定化、永久化。

查理曼遗嘱[4]表明,他力图彻底解决其祖父查理·马特造成的弊端。他将自己的动产均分为三份;将其中三分之二均分为21份,分别给予其帝国的21个首府,由每个首府与从属于该首府的主教区均分;将其余三分之一均分为4份,1份给予其子孙,1份加到前面所说的三分之二中,余下2份用于慈善事业。他似乎不把慷慨捐赠教会的行为视为宗教行为,而视为政治性分配行为。

第十三节　主教与修道院院长之选举

教堂变穷,国王就把主教和其他享有国王恩赐的神职人员选任,交由教会自己推选[5]。君主选任神职人员的麻烦减少,争夺职位者求助于国王的也减少。于是,教会被剥夺的土地得到某种

---

〔1〕 829年敕令第七条,载《敕令汇编》巴鲁兹版第一卷,第663页。——原注

〔2〕 参见《伦巴第法》第三卷第三章第八节。——原注

〔3〕 参见《伦巴第法》第三卷第三章第四节。——原注

〔4〕 这是爱因哈特记载的一份追加遗嘱,与戈尔达斯特《皇家法规》和《敕令汇编》巴鲁兹版所载遗嘱不同。——原注

〔5〕 参见查理曼803年敕令第二条,载《敕令汇编》巴鲁兹版,第379页;又参见宽厚者路易834年敕令,载戈尔达斯特《皇家法规》第一卷。——原注

程度补偿。

宽厚者路易把选举教皇权利交给罗马人民[1]，此乃时代普遍精神之要求。他对罗马教皇的选举与他对其他主教的选举态度，并无不同。

第十四节　查理·马特之封地

我无法确定，查理·马特把教会土地以封地赐予他人时，究竟是终生还是永久享有。我所知道的是，查理曼时代[2]和罗泰尔一世时代[3]，有此类封地转入继承人之手，并在他们之间分割。

我还发现，此类土地有部分乃以自由地赐予他人，其余部分以封地赐予他人[4]。

我曾说过，自由地所有人如封地所有人一样应承担徭役。也许这正是查理·马特既赐予自由地，又赐予封地的原因之一。

第十五节　查理·马特之封地(续)

应注意：封地变为教会土地，教会土地又变为封地，两者性质

[1] 此说见于著名圣典"朕路易"，但此件显系伪造。参见《敕令汇编》巴鲁兹版，第591页关于817年的记载。——原注

[2] 查理曼801年敕令，载《敕令汇编》巴鲁兹版中的第一卷，第360页。——原注

[3] 参见《伦巴第法》第三卷第一章第四十四节所附罗泰尔法规。——原注

[4] 参见前注提及的罗泰尔法规以及秃头查理846年敕令第二十章"于埃佩尔奈"，载《敕令汇编》巴鲁兹版第二卷，第31页；秃头查理853年在苏瓦松主教会议上颁布的敕令第三、五条，载《敕令汇编》巴鲁兹版第二卷，第54页；秃头查理854年敕令"于阿提尼"第十条，载《敕令汇编》巴鲁兹版二卷，第70页。又参见查理曼年份不明的第一道敕令第四十九、五十六条，载《敕令汇编》巴鲁兹版第一卷，第519页。——原注

乃你中有我、我中有你。因此,教会土地享有封地某些特权,封地也享有教会土地某些特权。教会荣誉性权利就在那时产生。[1]该权利始终以领主拥有的司法权为依托,尤其与今天人们所说的封地具有密切联系,因此,这些权利乃与世袭司法权同时产生。

第十六节　王权与相权在加洛林王朝合而为一

出于论述对象的连续性,我打乱了时序,尚未谈及王位转移至加洛林王朝丕平国王的重要王朝更迭历史事件,就已谈及查理曼。其实,该王朝更迭并非普通历史事件,其引人瞩目程度,今天甚于当时。

墨洛温王朝末期,国王徒有其名,并无实权;王位世袭,宫相选任;尽管宫相可以把其属意者扶上国王宝座,但是,他们从未在王室外物色继位者;王位专属某个家族的古老法律,尚未从法兰克人心中抹去;国王是谁国人几乎不知,存在王权却无人不晓。查理・马特之子丕平认为,王权和相权合而为一更好。不过,二者合而为一,就会使新王权是否仍然世袭发生争议。对丕平而言,让王权具有权威,兼具原由宫相执掌的权力,就已足够。因此,王权与相权就融合在一起。这两种权力的合并,有所调和:在过去,宫相选任,国王世袭;至加洛林王朝初期,国王既世袭又选任:之所以是选任,盖国王由人民选举产生;之所以说是世袭,盖人民始终从同一家族中选出新国王。[2]

---

〔1〕 参见安泽吉士:《敕令集》第四章第四十四节;866 年皮斯特谕令第八、九条,其中所说的领主享有的荣誉性特权至今依然存在。——原注

〔2〕 参见查理曼遗嘱以及有关宽厚者路易在吉耶兹召集的三级会议上将国土分给儿子的记述。参见戈尔达斯特《皇家法规》:“一个人民愿意选出的人,让他继承其父的王位。”——原注

勒库安特神父[1]罔顾所有历史文献[2],断定教皇未曾批准这一巨变[3],其理由之一是:教皇倘若予以批准,就等于作出不公正裁决。历史学家竟然以应然判断已然,令人瞠目结舌!倘若如此推理,就无历史可言。

无论如何,可以确定的是,丕平公爵[4]获胜后,其家族取得统治大权,墨洛温王族丧失统治大权。丕平公爵之孙丕平三世加冕为王,只不过多了一场加冕仪式、少了一个傀儡而已。除国王的华丽装饰外,丕平并无其他收获,国家也未发生任何变化。

我之所以这样说,乃为确定变革发生时刻,以免人们误把变革结果当作变革本身。

于格·加佩在加佩王朝肇始之初加冕为王时,国家发生巨大变化,由无政府状态转入有政府状态;丕平加冕为王时,前后治理并没有任何变化。

丕平加冕为王时,仅仅改换称呼;于格·加佩加冕为王时,情况大不相同,大封地与国王尊号相结合,从而结束无政府状态。

丕平加冕为王时,实现国王尊号与最高官职之结合;于格·加佩加冕为王时,完成国王尊号与最大封地之结合。

---

〔1〕 勒库安特(1611—1681),法国外交家和历史学家。——译注

〔2〕 参见无名氏《高卢和法兰西史学家文集》关于752年的记述、《桑都伦西纪年》关于754年的记述。——原注

〔3〕 丕平死后编造的故事完全违背教皇撒迦利亚的公正和圣洁。参见《法国教会年鉴》第二卷,第319页。——原注

〔4〕 特垂战役确立丕平家族在法兰克王国无可争议的统治地位,时任宫相丕平二世遂自称"全法兰克公爵和郡王"。——译注

第十七节 加洛林王朝推选国王之特殊情形

从丕平加冕祝圣书[1]可以看出：查理曼和卡洛曼也曾被涂油祝圣；法兰西领主永远不得选举另一家族之人为国王，否则，将受到禁止参加圣事和开除教籍之罚。[2]

从查理曼和宽厚者路易的遗嘱可以看出，法兰克人是从国王儿子中推选国王的——这与上面所述相符。当帝国落入查理曼家族之外时，不再受往昔的限制与条件的约束，人们抛弃了古老制度，推选国王极为纯粹简单。

丕平自感即将离世时，把领主、神职人员和世俗官员召至圣德尼开会[3]，把王国分给其两个儿子查理曼和卡洛曼。此次会议有关文件无法找到，但如巴鲁兹先生所说[4]，当时会议内容记录在卡尼西乌斯出版的《古史选》[5]和《麦斯年鉴》中。我发现有两个矛盾之说：一说丕平征得权贵同意后把王国分给两个儿子；一说他依父权分割王国给儿子。这恰恰证实我所说，即人民权力仅限于从王族中推选继位者，确切而言，人民权力，不是选举某人，而是不选举某人。

加洛林王朝历史文献表明，的确存在这种选举权。查理曼将王国分给其三个儿子的敕令，乃明证之一。在这道敕令中，查理曼

---

[1] 参见本笃会神父：《法兰西历史学家》第五卷，第9页。——原注

[2] 参见本笃会神父：《法兰西历史学家》第五卷，第10页："他们永远不从另一个家族选出国王。"——原注

[3] 768年。——原注

[4] 参见《敕令汇编》巴鲁兹版第一卷，第188页。——原注

[5] 参见卡尼西乌斯：《古史选》第二卷。——原注

将王国分割后说:“三兄弟若有男嗣,倘若人民愿意选他继承王位,叔伯必须同意。”[1]

837年,宽厚者路易为分割王国在艾克斯拉沙佩勒所举行会议的文件,也有同样规定。在这次会议上,他把王国分给其三子丕平、路易和查理。二十年前,当罗泰尔、丕平和路易[2]瓜分帝国时,也有同样规定。我们还可以从结巴路易在贡比涅加冕时的誓词看到类似规定:“我,路易,承上帝仁慈和人民选举,即位为王,我承诺……”[3]890年在瓦朗斯[4]举行公会议[5],选举巴松[6]之子路易为阿尔勒[7]国王的会议文件,也证实我所说。选举他的主要理由乃其具有皇族血统[8],胖子查理[9]给予其国王尊位,皇帝阿尔努[10]曾以自己的令牌在使臣们协助下将权力授予他。如同其他被肢解或者隶属查理曼帝国的王国一样,阿尔勒王位既选举又世袭。

---

〔1〕 806年第一道敕令第五条,载《敕令汇编》巴鲁兹版,第439页。——原注

〔2〕 参见《敕令汇编》巴鲁兹版第十四条,第574页:“执政王族中某人死亡时,其合法儿子们不得分割权力,应由人民达成一致,选出先王中意的一人继位,他们的叔伯和堂兄弟应以儿子或者兄弟待之。”——原注

〔3〕 参见《敕令汇编》巴鲁兹版,第72页:877年敕令。——原注

〔4〕 瓦朗斯,法国东南部城市。——译注

〔5〕 参见迪蒙:《外交文献》第一卷第三十六章。——原注

〔6〕 巴松,米兰公爵,秃头查理堂兄。——译注

〔7〕 阿尔勒王国,即勃艮第第二王国(933—1378),包括前中法兰克王国部分领土,由上勃艮第(统治中心在今瑞士西部,也包括今法国和意大利部分领土)和下勃艮第(主要在今法国东南部)联合而成。——译注

〔8〕 母系血统。——原注

〔9〕 胖子查理(839—888),即查理三世,日耳曼人路易之子。加洛林王朝东法兰克国王(876—887在位),西法兰克国王(884—887在位)和神圣罗马帝国皇帝(881—887在位)。——译注

〔10〕 阿尔努,卡洛曼私生子,888年任日耳曼尼亚国王,896年加冕为皇帝。——译注

第十八节　查理曼

查理曼力图适当限制贵族权力，并阻止他们压迫教士和自由民。他缓和了国内各阶层矛盾，并巩固了自身主宰地位。他凭借自身能力凝聚了各种力量，率领贵族不断征战，让贵族唯有全力按照其旨意行事，无法玩弄阴谋诡计。伟大领袖造就伟大帝国。他，作为君主，很伟大；作为个人，更伟大。其子，乃其首要臣属，乃其行使权力之工具，乃忠实执行其命令之典范。他所立之法，不但富有远见、令人赞叹，而且切实得到执行，具有带动一切的力量。他的才干，帝国上下无人不知。推脱责任的借口被清除，疏于职守的现象被纠正，弊端被杜绝或者得到预防。[1] 他懂惩罚，更懂宽恕。他胸怀宏图大略，但脚踏实地，从点滴做起。他完成伟业之从容，克服困难之迅捷，无人企及。他不断巡视幅员辽阔的帝国，无处不显帝力：哪里有问题，他就到哪里解决。从来没有哪位君主能像他那样勇敢面对危险，从来没有哪位君主能像他那样善于躲避危险。他笑对一切险恶，尤其是几乎所有伟大征服者都会遇到的那种险恶，即阴谋。这位神奇的君主非常宽厚，性格温和，举止简朴，喜欢与朝臣打成一片。也许他过于沉湎女色，但是，一位始终亲自处理国务，在艰险繁忙中度过一生的君主，在这点上是可以原谅的。他花钱有度，精明、细心、节俭地经营领地庄园，一家之主可以从其法律中学到治家之道。[2] 从其《敕令集》可以看出，其财富

---

〔1〕 参见查理曼 811 年敕令第一至八条、812 年第一道敕令第一条以及同年敕令第九、十一条等。——原注

〔2〕 参见 800 年维利斯敕令；参见 813 年第二道敕令第六、十九条；参见《敕令集》第五章第三百零三节。——原注

来源纯净圣洁。再说一点:他下令出售其庄园出产的多余鸡蛋和蔬菜;[1]伦巴第人的所有财富、抢遍天下的匈奴人的巨额财宝,他统统赐予人民。

第十九节　查理曼(续)

查理曼及其最初几位继承人,担心安置于边远地区者造反,认为教会人士较听话,因此,在日耳曼大量设置主教区,并配置大型封地。[2] 尽管今天有人认为,日耳曼高级神职人员享有至高无上权力,但是,从一些条令可以看出,这些封地特权条款,与租佃契约一般条款并无区别。[3] 无论如何,如此举措,有些类似他们为对付撒克逊人而采取的措施。查理曼及其最初几位继承人认为,懒散而漫不经心的封臣不可能做的事,热情、勤勉、忠于职守的主教们会尽力去做。他们还认为,像教士这种封臣,绝不可能利用被征服的人民反对君主,反而是君主对付人民时需要教士的支持与帮助。

第二十节　宽厚者路易

奥古斯都在埃及下令打开亚历山大坟墓。有人问是否要打开

---

〔1〕 参见维利斯敕令第三十九条。该敕令是谨慎、善于行政和管理的杰作,请阅读其全文。——原注

〔2〕 参见789年敕令,载《敕令汇编》巴鲁兹版,第245页:关于不来梅主教区的设立。——原注

〔3〕 例如,禁止国王法官进入封地索取安保金以及其他赋税。前一章已论及。——原注

托勒密诸王坟墓时，他答曰：他想看的是国王，而不是死人。同理，对加洛林王朝历史，我们欲探寻的是丕平和查理曼；我们想看的，是国王，而不是死人。

有这么一位君主，被自己的感情所玩弄，被自己的品德所欺骗；从不知道自己的力量与弱点，从不懂如何令人畏惧，从不懂如何受人爱戴；他内心邪恶不多，性格缺陷却难以尽述。查理曼之后，统治帝国的，就是这样一位国王。

在普天之下为其父亲驾崩而痛哭时，在人们祈求查理曼的威力而不得时，在加紧步伐继承查理曼王位时，他派遣亲信逮捕那些为其姐妹出轨而推波助澜者。于是，发生血腥悲剧。[1] 此乃仓促鲁莽之举：尚未入宫，就开始惩治家族中的犯罪行为；尚未登上大位，就让人离心离德。

他的侄子意大利国王贝尔纳[2]前往乞求其宽恕，他竟下令挖掉其侄子眼睛，导致几天后贝尔纳就死去。他树敌越来越多。他不放心几个兄弟，把他们送进修道院，又树敌一批。这两件事让他备受谴责。[3] 人们指责他违背誓言以及在加冕日向其父亲作出的庄严承诺。[4]

伊曼迦德[5]皇后为宽厚者路易生下三个孩子。她死后，他续娶茹蒂特，生一子。不久，他集年迈丈夫的殷勤和老国王的种种弱点于一身，把皇室搞得一团糟，最终葬送王国。

---

[1] 参见杜申：《文集》第二卷，第 295 页，无名氏著《宽厚者路易传》。——原注

[2] 贝尔纳(797—818)，意大利(伦巴第)国王丕平之子，意大利(伦巴第)国王(810—818 在位)。——译注

[3] 参见杜申：《文集》第二卷，第 333 页。——原注

[4] 他的父亲要求他善待兄弟姐妹和侄子："待以无限仁慈。"(泰冈语)参见杜申：《文集》第二卷，第 276 页。——原注

[5] 伊曼迦德(718—818)，794 年与宽厚者路易结婚。——译注

分给儿子们的领土，他一改再改，尽管每次分配皆由他自己立法确定，也由其儿子们宣誓确认，领主们也对此确认无疑。这无异于企图亵渎封臣的忠诚，让他们对服从产生疑虑困惑。那时堡垒罕见，王权首要屏障乃臣民对国王的忠诚。宽厚者路易如此做派，不啻是自毁堡垒。

皇子们为保住所分领土，向教士大献殷勤，赐予他们前所未有的华而不实特权。他们藉此要求教士作出承诺，支持他们想做之事。阿戈巴尔告诉宽厚者路易，[1]他曾让罗泰尔前往罗马，争取宣布其为皇帝；他曾征询天意，斋戒并祈祷三天后，把土地分给其几个儿子。原本就迷信的君主，更加迷信，他还能做什么？君主先遭监禁，后公开忏悔认罪[2]，谁都能感受到，至高无上的权威因这两次事件而受到的打击有多大。他的儿子们想要贬抑国王其人，结果却贬抑了王权。

人们起初很难理解，一个具有不少优秀品德、不乏智慧、本质善良的君主，又是查理曼的儿子，竟然有那么多仇敌。[3] 那些仇敌，如此凶狠，与他不共戴天，迫不及待地攻击他，蛮横地羞辱他，坚决要消灭他。究竟为何？若不是终究还算忠于他的那些儿子，放弃原本要遵循的两次计划和达成的某些协议，他的仇敌早已把他置于死地。

---

〔1〕 参见他的信件。——原注

〔2〕 829年，宽厚者路易被儿子罗泰尔监禁，被逼削发为僧，另两个儿子丕平和路易将其解救。833年，三个儿子联手把他撵下王位，并让他当众忏悔认罪。——译注

〔3〕 参见其退位文书，参见杜申：《文集》第三卷，第331页。又参见泰冈：《宽厚者路易传》："他种下的仇恨无数，人们甚至不愿意见到他还活着。"参见杜申：《文集》第二卷，第307页。——原注

第二十一节　宽厚者路易(续一)

查理曼创建的强大国家,至宽厚者路易统治时,活力犹存,影响犹在,并受外国尊重;虽然君主柔弱,但国民骁勇善战;虽然在国内王权衰弱,但对外实力依然如故。

查理·马特、丕平和查理曼先后统治国家。查理·马特迎合军人的贪婪,丕平和查理曼迎合教会的贪婪,宽厚者路易则惹恼军人和教会。

当时的法国状况是,国王、贵族和教士共同执掌国家权力。查理·马特、丕平和查理曼时而拉拢贵族而牵制教会,时而拉拢教会而牵制贵族,但一般与这两股势力均保持良好关系。可是,宽厚者路易把这两股势力都抛在一边。他的一些法律,主教认为过于严酷而深感不满。他们感觉,国王与他们渐行渐远。有些法律本身不错,但不合时宜。在当时,主教们经常与撒克逊人和萨克森人作战,与宗教精神相去甚远。[1] 另一方面,他完全不信任贵族,提拔的乃平民百姓[2]。他剥夺贵族的职位,将他们逐出王宫,用外国人取而代之。[3] 他与贵族、教士决裂,结果却被他们抛弃。

---

〔1〕“在当时,主教和教士开始舍弃金腰带、剑带以及挂在腰带上镶满宝石的宝刀,华丽服饰,华贵饰物压着脚踵的马刺。可是,人类的敌人不能容忍这种虔诚,煽动各修会神职人员起而反对,并与之作战。”参见《宽厚者路易传》,载杜申《文集》第二卷,第298页。——原注

〔2〕泰冈说,查理曼时期罕见之事,路易当政时极为常见。——原注

〔3〕为控制贵族,他任命名叫贝纳尔之人当内廷总管,让贵族大失所望。——原注

第二十二节　宽厚者路易(续二)

这位国王削弱王国最甚之举，乃把领地分赠殆尽。[1] 关于此点，我们应听听尼塔尔[2]是怎么说的。尼塔尔，乃我们最高明的历史学家之一，查理曼外孙，属宽厚者路易一派，奉秃头查理之命编撰史书。

他说："有段时间，有名叫阿德拉尔者在精神上牢牢控制皇帝，皇帝对其言听计从。在这位宠臣怂恿下，皇帝把国土赐予所有想要之人[3]，国家就此被毁[4]。"如前所述，他在整个帝国范围内的做派，与他在阿奎坦的做派完全一模一样。[5] 查理曼曾对其在阿奎坦的做法予以纠正，但查理曼之后再也无人纠正。

查理·马特就任宫相时，国力已消耗殆尽。在如此状况下，仅凭权威，不可能恢复国家元气。

秃头查理统治时期，国库空虚。于是，谁欲获得荣宠，谁就得掏钱[6]；谁欲获得安全保障，谁就得掏钱。诺曼人本来难逃厄

---

〔1〕 他把祖父、父亲和他本人拥有的领地，作为永久领地赐予臣属。如此之举持续很久。参见泰冈：《宽厚者路易传》。——原注

〔2〕 尼塔尔，法兰克人历史学家，查理曼女儿贝尔特与法兰克王国诗人、查理曼部下安吉贝尔的私生子。840年，宽厚者路易死后，成为西法兰克国王秃头查理的顾问。根据秃头查理指令，撰写《历史》，叙述宽厚者路易诸子之争。——译注

〔3〕 "他就这样被人说服，把自由地和公共土地赐予个人。"参见尼塔尔：《历史》第四章末尾。——原注

〔4〕 "他毁了国家。"参见尼塔尔：《历史》第四章末尾。——原注

〔5〕 参见本书第三十章第十三节。——原注

〔6〕 安克马尔致结巴路易第一封信。——原注

运,但他们掏了钱,于是,就被放跑。[1] 安克马尔[2]向结巴路易提出的第一项建议就是召开会议,解决王室开支来源问题。

第二十三节 宽厚者路易(续三)

教会有理由后悔保护宽厚者路易的儿子们。前已谈及,宽厚者路易从未颁布把教会土地交给世俗百姓的训谕。[3] 但是,不久后,在意大利的罗泰尔和在阿奎坦的丕平[4]皆抛弃查理曼的策略,重拾查理·马特的策略。教会为反对他们而求助皇帝本人,可是,他们所求助的权威早已被他们削弱。阿奎坦方面有所收敛,意大利方面则不予理会。

生前困扰宽厚者路易的内战,乃其死后的内战根源。罗泰尔、路易和查理三兄弟各自努力拉拢权贵,让他们成为自己的心腹。他们颁布训谕把教会土地赐予追随他们之人,为笼络贵族而牺牲教士。

敕令表明[5],这些君主不得不向无休止的要求让步,不得不

---

〔1〕 参见安戈尔斯:《圣德尼修道院纪年》片断,载杜申《文集》第二卷,第 401 页。——原注

〔2〕 安克马尔(806—882),兰斯大主教,秃头查理顾问、亲信。——译注

〔3〕 参见主教们 845 年在蒂永维尔宫主教会议上的发言第四条。——原注

〔4〕 丕平(797—838),即法兰克王国阿奎坦国王丕平一世(817—838 在位),宽厚者路易次子。814 年,其父即帝位后,其获阿奎坦作为封地。817 年被承认为阿奎坦国王。830 年和 833 年两度参加其兄罗泰尔一世发动的反对父皇的叛乱。834 年因对罗泰尔不满而与其父言和。838 年死后,宽厚者路易欲将其领地分给罗泰尔和秃头查理,遭阿奎坦贵族反对,他们拥立丕平之子丕平二世。843 年,根据《凡尔登条约》,阿奎坦仍属丕平二世。——译注

〔5〕 参见 845 年蒂永维尔主教会议文件第三、四条,对于当时形势有清晰描述。参见同年在韦尔农宫举行的主教会议文件第十二条,以及同年举行的博韦主教会议文件第三、四、六条。参见 846 年埃佩尔奈宫敕令第二十条、858 年主教们在兰斯大会上致日耳曼人路易之信第八条。——原注

作出赏赐。此乃表明,教会认为对他们的压迫,贵族甚于国王。抨击教会财产最为激烈的,似乎是秃头查理。[1] 或许是因为教会曾把其父赶下王位,或许是因为他最胆怯。无论如何,反正从《敕令集》可以看出[2],教会与贵族争吵不断:教会要求归还土地;贵族要么拒绝,要么推脱,要么躲避,迟迟不予归还;国王居中调解。

当时情景确实凄楚可怜。宽厚者路易把大量土地赐予教会,他的儿子们却把教会土地赐予非教会人士。时而兴建修道院,时而劫掠修道院,乃常见情形。神职人员始终处于不稳定状态;此时遭剥夺,彼时重新获取。无论如何,王权日益衰落。

从秃头查理统治末期始,在返还教会土地问题上,神职人员与世俗人员不再争吵,但是,主教们在致秃头查理的信中依然长吁短叹,从856年敕令和主教们858年致日耳曼人路易之信,也可以看到如此情形。[3] 不过,他们一再建言,要求兑现承诺,却毫无回音。此乃表明,他们不可能实现如此愿望。

当时所能做的,只是补救国家与教会遭受的一般损失。[4] 国王们承诺,不与封臣抢夺自由民,不再发布训谕将教会土地赐予他人。[5] 如此看来,贵族与教士的利益,似乎得到协调。

---

〔1〕 参见846年埃佩尔奈宫敕令。贵族怂恿国王与主教作对,国王把主教们逐出大会。国王和贵族找出几种主教会议法规后向教会宣布,这是他们应遵守的唯一法规,把教会置于不可能反对的境地。参见此敕令第二十一、二十二条。又参见858年与会的主教们致日耳曼人路易之信第八条、864年皮斯特敕令第五条。——原注

〔2〕 参见864年蒂永维尔敕令。参见847年美茵兹会议敕令第四条:在此次会议上,教士只要求重新得到宽厚者路易在位时所拥有的财产。参见851年美茵兹敕令第六、七条:这道敕令维持贵族和教会的原有财产;参见856年博纳伊敕令:此件其实是主教们呈送国王的一份陈情书,内容是关于制定许多法规之后,弊病依然不能消除的情况。还可参见858年主教们在兰斯开会时致日耳曼人路易之信第八条。——原注

〔3〕 参见前述第八条。——原注

〔4〕 参见851年敕令第六、七条。——原注

〔5〕 853年,秃头查理在苏瓦松主教会议上承诺,不再以训谕将教会土地赐予人。参见853年敕令第二条,载《敕令汇编》巴鲁兹版第二卷,第56页。——原注

如前所述,之所以结束争执,很大程度上缘于诺曼人异乎寻常的劫掠。

国王威望每况愈下,由于前述和将要提及的原因,他们认为除投靠教会外,别无他途。总之,教会削弱了国王的地位,国王也削弱了教会的地位。

秃头查理及其继承者号召教士支持、拯救国家;[1]他们欲利用民众对教会的尊重,维系他们自己应受到的尊重;[2]他们企图借助教会法权威,树立他们所立之法的权威;[3]他们混合使用世俗法和教会法的惩罚;[4]他们为抗衡伯爵势力,把国王外省特派员身份赋予主教。[5] 但是,所有这一切努力,皆徒劳无功;亡羊补牢,犹未迟也。下面将提及的异常可怕的灾难,最终导致王冠落地。

第二十四节　自由民拥有封地

前已论及,出征时,自由民由伯爵带领,封臣由领主带领。如

〔1〕 参见尼塔尔:《历史》第四章。其中谈到,罗泰尔逃跑后,国王路易和查理征询主教意见,应否分割罗泰尔的领土。实际上,主教比封臣更团结,他们议定,确保两位国王的权力,并让所有领主依此行事。——原注

〔2〕 参见秃头查理 859 年埃佩尔奈宫敕令第三条:“我让维尼隆当上桑斯大主教,他则为我加冕。所以,其他人都不能把我赶下王位,除非经由主教们听证和审判;主教们曾以他们的职责为我加冕,他们被称为上帝的宝座,上帝就落座在这个宝座上,并从宝座上发布其判决。我准备接受他们父亲般的训斥和惩罚,而且现在已经这样做。”——原注

〔3〕 参见秃头查理卡里西亚哥主教会议 857 年敕令,载《敕令汇编》巴鲁兹版第二卷第二、三、四、七条,第 88 页。——原注

〔4〕 参见 863 年皮斯特主教会议文件第四条,卡洛曼和路易二世 883 年韦尔农宫敕令第四、五条。——原注

〔5〕 秃头查理 876 年在蓬永主教会议上的敕令第十二条,载《敕令汇编》巴鲁兹版。——原注

此这般，国家各等级处于平衡状态。封臣虽然还有自己的封臣，但是，他们依然可能受伯爵制约，盖伯爵乃王国中所有自由民的首领。

最初自由民不得拥有封地，后来则可以。[1] 窃认为，这是从贡特朗至查理曼统治期间发生的变化。比较如下三份文献，即可证实我的观点：一是贡特朗、希尔德贝以及布伦希尔德王太后三方签订的安德里条约[2]，二是查理曼把国土分割给其三个儿子的文件，三是宽厚者路易把国土分割给几个儿子的文件。[3] 这三份文献，有关封臣的规定大体相同，要解决的问题极为相似，所处情形也相同，所以，无论是其精神实质或者文字内容，三份文献几乎无甚区别。

但在自由民问题上，三份文献迥异。安德里条约没有提及自由民可以拥有封地；查理曼和宽厚者路易分割国土的文件，明确规定允许自由民拥有封地。此乃说明，在安德里条约后，出现新做法，自由民有可能获取这一重要特权。

这种变化，应该发生在查理·马特统治时期。他把教会土地分给军人，部分作为封地，部分作为自由地，此乃封建法的巨变，在某种意义上而言，甚至是革命。接受赏赐时，很可能是这样：已有封地的贵族认为，获得自由地对自己更为有利；自由民则欣喜若狂地接受封地。

---

〔1〕 参见本书第三十章最后一节末尾的论述。——原注

〔2〕 587 年，参见图尔的格列高利：《法兰克教会史》第九章。——原注

〔3〕 参见下节及其脚注，我将该节中详谈这两次分地。——原注

第二十五节　加洛林王朝衰落主因以及自由地变迁

前节所述的查理曼分地文件规定：[1]他去世后，每个国王的封臣，只可接受该王国内的赏赐地，而不可接受在另一王国内的赏赐地，但可以保留在任一王国内拥有的自由地。[2] 查理曼还规定：任何自由民在其领主死后，都可以在任一王国申请封地；没有领主的自由民，亦然。[3] 宽厚者路易 817 年为其儿子们分地时，也有类似规定。[4]

尽管自由民可以拥有封地，但是，伯爵的兵力并未削弱；自由民始终需要为其自由地缴纳赋税，并按四个份地出一人的标准为封地准备服役人员，否则，就应为封地提供一人服役。查理曼之法[5]以及意大利国王丕平之法[6]可以互相印证。此事曾出现一些弊病，后来得到纠正。

---

〔1〕 806 年查理、丕平和路易的分地文件，戈尔达斯特《皇家法规》有记述，参见《敕令汇编》巴鲁兹版第一卷，第 439 页。——原注

〔2〕 参见《敕令汇编》巴鲁兹版第九条，第 443 页。该规定符合安德里条约精神。参见图尔的格列高利：《法兰西教会史》第九章。——原注

〔3〕 第十条，安德里条约对此根本未曾提及。——原注

〔4〕 参见《敕令汇编》巴鲁兹版第一卷，第 174 页："没有领主的自由民可以从三兄弟中任选一人。"参见这位皇帝 837 年颁布的分地文件，第 6 页，载《敕令汇编》巴鲁兹版，第 686 页。——原注

〔5〕 参见 811 年敕令第七、八条，载《敕令汇编》巴鲁兹版第一卷，第 486 页。参见 812 年敕令第一条，载《敕令汇编》巴鲁兹版第一卷，第 490 页："有四个份地的自由民或是作为他人的赏赐地拥有四个份地的自由民，应做好准备亲自前往或者与其领主一道前往。"参见 807 年敕令，载《敕令汇编》巴鲁兹版第一卷，第 458 页。——原注

〔6〕 参见 793 年敕令，附于《伦巴第法》第三卷第九章第九节。——原注

历史学家已说得很对,丰特奈战役[1]导致帝国解体。不过,请允许我对不幸的这一天的后续影响说几句。

丰特奈战役后不久,罗泰尔、路易和查理三兄弟缔结条约。[2]我发现,其中一些条款改变了整个法国的政治面貌。

1. 查理在向人民宣告[3]涉及人民部分的条款时说,每个自由民皆可以任意选择自己的领主[4],无论是国王还是领主。此前,自由民可以通过把自由地献给国王,再转封给自己而拥有封地,但是,其自由地始终处于国王直接管辖之下,换言之,始终处于伯爵管辖之下。他之所以隶属领主,只是因为其封地取自该领主。自有该条约后,任何自由民都可以把自由地交给国王或者其所选定的领主管辖。就是说,不是为获得封地而将自由地献给某人,而是直接将自由地转换为封地。从某种意义上说,这些人是放弃市民法的管辖,而接受国王或者他们自己所选定领主的管辖。

因此,往昔作为自由民由伯爵管辖而直接隶属国王的那些人,不知不觉就成为彼此的封臣,盖每个自由民皆可依照自身意愿,选择国王或者其他领主作为自己的领主。

2. 将享有永久所有权的土地更换为封地,新封地就不再仅仅为终生拥有。正如我们所看到的,不久后就有一项普适法律规定,封地可以由儿子继承。此乃缔结条约的三方之一秃头查理所

---

〔1〕 丰特奈战役,又译“冯特奈战役”,系日耳曼人路易和秃头查理联合反对其长兄罗泰尔一世之战。840年,宽厚者去世,长子罗泰尔承袭帝位后,与其侄阿奎坦国王丕平联合,企图夺取日耳曼人路易和秃头查理的封地。841年6月25日,在丰特奈,日耳曼人路易和秃头查理联手打败罗泰尔。——译注

〔2〕 缔结于847年,奥贝尔·勒密尔的《恩赏录》对此有所记述。又参见《敕令汇编》巴鲁兹版第二卷,第42页“美茵兹大会”。——原注

〔3〕 拉丁文为“*Adnuncaitio*”。——原注

〔4〕 “我国自由民可以接受他所选定的任何人为领主:我,或者我的封臣。”参见查理《文告》第二条。——原注

立之法。[1]

前已谈及,自三兄弟缔结条约后,王国内所有人皆可依照自身意愿选择领主;这个领主,可以是国王,也可以是其他领主。这种自由,为随后颁布的法令所确认。

查理曼时期,封臣若接受领主赏赐,哪怕只值一苏,封臣就再也不得抛弃该领主。[2] 但至秃头查理时期,封臣可以按照自身利益或者喜好自由选择领主。秃头查理刻意强调此点,似乎让人觉得,他在强制大家享用该自由,而不是劝导人们享用该自由。[3] 查理曼时期赏赐地的属人性质大于属物性质,后演变为属物性质大于属人性质。

第二十六节 封地变迁

封地变化不比自由地小。从丕平时期的贡比涅敕令[4]可以看出,从国王处获得赏赐地者,要把其中一部分转封给不同属下,不过,转封地并不脱离整个赏赐地:倘若国王下令收回赏赐地,转封地一并收回;国王封臣去世,封臣属下即丧失转封地。于是,又有新的赏赐地拥有者,他同样要发展隶属于其的封臣。因

---

[1] 参见 877 年敕令第五十三章第九、十条。“于吉耶兹。涉及我的封臣时,也应如此处理。”这道敕令与同年同地颁布的另一敕令第三条相关。——原注

[2] 参见 813 年埃克斯拉沙佩勒敕令第十六条。“接受领主一苏赏赐后,就不可离他而去。”又参见丕平 783 年敕令第五条。——原注

[3] 参见 856 年卡里西亚哥敕令第十、十三条,载《敕令汇编》巴鲁兹版第二卷,第 83 页。国王、教会领主和非教会领主在这份文件中达成协议:“你们的封臣中有人若不愿意继续隶属于现在的领主,而希望另择领主,就可以另找领主,原领主应平心静气让他离去……但愿他能平平安安得到上帝愿意给他的东西,从新领主那里得到他所希望得到的东西。”——原注

[4] 参见 757 年敕令第六条,载《敕令汇编》巴鲁兹版,第 181 页。——原注

此，转封地不是属物性质而是属人性质。一方面，封臣的封臣终究是国王的封臣，盖其并非永远隶属其领主；另一方面，封地的转封之地也终究归属国王，盖其本身乃封地，而非封地附属物。

在封地可以转让时，封臣的封臣乃处于上述状态；至封地变成终生所有时，封臣的封臣依然处于上述状态；至封地可以继承而且转封地也可以继承时，情况发生变化。封地直属国王变成间属国王，从某种意义上说，王权后退一步乃至两步，甚至更多。

从《封地概要》可以看出，国王封臣虽然可以将封地转封他人，亦即使之成为国王封地的封地，但是，这些封臣的封臣，即小封臣，不能再将封地转封他人。〔1〕 因此，由他们转封的封地，随时可以收回。此外，这种转封地不能像封地一样传给儿子，盖人们认为这种转封地不符合封地法。

若将两位米兰元老院元老撰写《封地概要》时期封臣的封臣处境，与丕平时期封臣的封臣处境相比，就不难发现，就保留其初始性质的时间而言，封地的封地比封地长。〔2〕

在这两位元老撰写《封地概要》时，普遍存在诸多例外，乃至几乎取消规则本身。从小封臣手中获得封地者，若随其出征罗马，就可获得封臣的所有权利；同样，此人若向小封臣买得封地，在小封臣归还价款之前，小封臣既不能收回这份封地，也不能阻止购买者把封地传给儿子。〔3〕 最终，米兰元老院不再遵守上述规则。〔4〕

---

〔1〕 参见《封地概要》第一章第一节。——原注
〔2〕 至少在意大利和日耳曼是如此。——原注
〔3〕 参见《封地概要》第一章第一节。——原注
〔4〕 同上。——原注

第二十七节 封地另一变迁

查理曼时期,无论发生什么战争,只要国王征召,臣民应无条件应征,违者严惩;擅自允许他人免征的伯爵,也严惩。[1] 三兄弟缔结的条约[2]对此作了一定限制,可以把贵族从国王手中救出[3]:除保卫战外,他们不必跟随国王出征;在其他性质的战争中,他们可以自由选择,或跟随国王、领主出征,或专心自身事务。该条约与五年前的另一协议[4]即秃头查理和日耳曼人路易两兄弟签署的协议有关。根据这一协议,倘若他们两兄弟兵戎相见,他们的封臣无需跟随他们作战。两兄弟皆发誓遵守协议,而且让各自军队宣誓遵守协议。

丰特奈战役多达十万人阵亡,幸存贵族不由想到,国王之间分地引发的私人战争,将会毁灭贵族;国王们的野心和贪婪将会榨干贵族鲜血。因此,他们促使国王立法规定,规定除抵御外敌而保家卫国外,不得强迫贵族跟随国王出征。[5] 这一法律沿用了数世纪。[6]

---

[1] 802年敕令第七条,载《敕令汇编》巴鲁兹版,第365页。——原注

[2] 美茵兹847年敕令,载《敕令汇编》巴鲁兹版,第42页。——原注

[3] 美茵兹847年敕令第五条,载《敕令汇编》巴鲁兹版,第44页:"兹谕令如下:无论在何王国,人人均可选择随其领主出征御敌,或留下照管个人事务;王国遭到入侵而处于全国动员状态,任何人的出缺均将导致形势恶化,因此,全国人民必须同心协力抵御外敌。"——原注

[4] 参见《斯特拉斯堡誓言》,载《敕令汇编》巴鲁兹版第二卷,第39页。——原注

[5] 参见尼塔尔:《历史》第四章。——原注

[6] 参见罗马皇帝居伊的法律,此法与另一些相关法律皆附于《萨利克法》和《伦巴第法》中;参见埃卡尔:《法兰克人的〈萨利克法〉和〈里皮埃尔法〉》第六章,第39页。——原注

第二十八节　重要官职与封地变迁

似乎一切都染上了一种怪病，一时间全都变坏。前已述及，最初，有诸多封地乃永久转让，不过此乃特殊现象。总体而言，封地始终保持其特有性质。国王丧失一些封地，又有其他封地补上。前也述及，国王从未赐予终生任职的重要官职。〔1〕

秃头查理制定的一项普遍法规，对重要官职和封地均产生影响。收录于《敕令集》中的这项法规规定，伯爵职位应传给伯爵之子，封地也应依该法精神处理。〔2〕

不久，该法适用范围有所扩大，乃至重要官职和封地均可传给远亲。其结果是，大多数直属国王的领主变成间属国王的领主。往昔在国王审判会议中负责断案的伯爵，往昔率领自由民出征的伯爵，皆成为国王与自由民之间的中介，国王权力再次后退一步。

从敕令可以看出，伯爵有附属于伯爵职位的赏赐地和属于他们的封臣。〔3〕伯爵职位演变为世袭后，伯爵封臣就不再是国王的直接封臣，附属于伯爵职位的赏赐地也不再是国王的赏赐地。伯爵权力扩大，盖他们的封臣让他们可以拥有其他封臣。

加洛林王朝末期走向衰弱的原因，从加佩王朝初期的状况不

---

〔1〕 有人说，图卢兹伯爵这个职位由查理·马特送出，后来一代代传至最后一位伯爵雷蒙。虽然事实确实如此，但有特殊原因，让人们从伯爵职位前一拥有者的儿子中遴选图卢兹伯爵。——原注

〔2〕 参见877年秃头查理在卡里卡西亚哥颁布的敕令第五十三章第九、十条。这道敕令与同年同地颁布的另一敕令第三条有关。——原注

〔3〕 参见812年敕令第三章第七条，815年敕令关于西班牙人的第六条；《敕令集》第五章第二百八十八节，869年敕令第二条，877年敕令第十三条，载《敕令汇编》巴鲁兹版。——原注

难看出。在加佩王朝初期,由于封地的封地大量增多,大领主们个个陷于绝望境地。

当时的王国习俗是,兄长分地给弟弟,弟弟就得臣服兄长。[1]如此这般,称霸一方的领主虽然仍然拥有领地,但是,这些领地却变成封地的封地。勃艮第公爵菲利普二世[2]和内维尔、布洛涅、圣保罗、丹皮尔等地伯爵以及其他领主纷纷宣布:从此以后,封地无论是否分割,皆永远属于同一领主,领主与封臣之间不得有中间领主。[3] 但是,该谕令并未得到普遍执行,盖正如前述,那时的谕令不可能在各地普遍有效,发挥作用的往往是习惯法。

第二十九节　秃头查理当政后封地性质

前已述及,秃头查理下令,重要官职或者封地拥有者死后有子,官职和封地应传给其子。由此产生的弊端,随其适用范围扩大而蔓延。若想梳理一番,并非易事。我从《封地概要》[4]发现,康拉德二世皇帝[5]执政初期,在其统治地区,封地不能传给孙子,只能传给前领主之子[6],换言之,由现领主在前领主的儿子中挑选一人继承领地。

---

〔1〕 弗里辛根的奥托乃如此。参见《腓德烈的战功》第二章第二十九节。——原注

〔2〕 勃艮第公爵菲利普二世(1165—1223),法国加佩王朝国王(1180—1223 在位)。——译注

〔3〕 参见菲利普二世 1219 年谕令,载《法国古代法律新集》。——原注

〔4〕 参见《封地概要》第一章第一节。——原注

〔5〕 康拉德二世(990—1039),1024 年被德意志贵族选举为国王而开创萨利安王朝;意大利国王(1026 年继位),神圣罗马帝国皇帝(1027 年加冕)。——译注

〔6〕 参见《封地概要》第一章第一节:“因此,有关此事的规定是,封地传给领主选中的那个儿子。”——原注

本章第十七节已论述,加洛林王朝王位为何既是世袭又是选任:说其是世袭,盖继位者始终出于王族,继任者始终是先王之子;说其是选任,盖由人民从这些儿子中挑选适宜之人继位。各种事物总是彼此联系的,一项政治法总是与另一政治法密切相关,封地继承也遵循王位继承精神。[1] 此后,封地既是世袭又是选举,如同王位一样,依继承权和选举权传给儿子。

在《封地概要》作者[2]所处时代,领主没有这种选举权[3],换言之,在腓特烈一世[4]皇帝在位时,不存在这种选举权。

第三十节　秃头查理当政后封地性质(续)

《封地概要》记载,康拉德皇帝前往罗马时,效力皇帝的封臣奏请其颁布法令,可以传子的封地也可以传孙;兄弟死后无合法继承人,可以由同父兄弟继承曾属其父的封地。皇帝准奏。[5]

还记得吧,该书两位作者生活于腓特烈一世时期。[6] 该书又说:"古代法学家一直主张,封地的旁系传承,以同父同母兄弟为限;后来,扩至七等亲。依新法,直系传承没有任何限制"。[7] 就这样,康拉德所立之法适用范围逐渐扩大。

---

〔1〕 至少在意大利和日耳曼是如此。——原注

〔2〕《封地概要》作者:杰拉杜斯·尼日尔、奥贝杜斯·德 ·奥托。——原注

〔3〕"事情就这样确定,大家皆可继承。"参见《封地概要》第一章第一节。——原注

〔4〕 腓特烈一世(1122—1190),又译"腓德烈一世",欧洲中世纪神圣罗马帝国皇帝(1155—1190在位)。——译注

〔5〕 参见《封地概要》第一章第一节。——原注

〔6〕 屈亚斯对此作了有力论证。——原注

〔7〕 参见《封地概要》第一章第一节。——原注

抛开一切假设，只要读读法国史就会明白，封地永久世袭制度的确立时间，法国比德国早。1024 年康拉德二世皇帝统治伊始，在这方面，德国情形与 877 年去世的秃头查理统治时期的法国情形相当。不过，秃头查理身后的法国，发生巨变。至糊涂查理[1]，无法与非王族争夺其对帝国无可争辩的权力。最后至于格·加佩时期，王室竟然被剥夺了所有领地，甚至难以维持王室。

秃头查理懦弱，致使法兰西虚弱不堪。不过，其兄日耳曼人路易及其几位王位继承人比较强势，得以较长久地维持国家实力。

该怎么说呢？恕我冒昧，也许是日耳曼民族冷峻坚毅甚至冷漠无情，才在抗拒事物发展走向方面，强于法兰西民族。此处所说的事物发展走向，乃指封地因自然本性而逐渐发展为家族永久所有。

再补充一点：饱受诺曼人和撒拉逊人入侵蹂躏，法兰西王国几乎被彻底摧毁，但是，日耳曼王国未经受如此遭遇。在日耳曼，财富较少、城市较少、海岸线较少而沼泽较多、森林较多，君主不认为自己国家随时会遭受抢掠、随时会倾覆，故不太需要封臣，换言之，不怎么倚赖封臣。很显然，倘若日耳曼皇帝不是被迫前往罗马接受加冕并在意大利不断征战，其封地的原始特性可能会保持得更为长久。

第三十一节　帝国何以摆脱查理曼家族控制

秃头查理支系受排斥，帝位此前已传日耳曼人路易支系的私

---

〔1〕 糊涂查理(879—929)，又译“傻瓜查理”“天真汉查理”等，西法兰克国王查理三世(898—929 在位)。——译注

生子[1];由于法兰克尼亚公爵康拉德当选国王[2],帝位于912年落入外族之手。统治法兰西的支系,欲争夺乡村已相当吃力,更谈不上争夺整个帝国。糊涂查理与继承康拉德帝位的亨利一世皇帝[3]缔结协议,即波恩条约[4]。两位君主在莱茵河上的一条船上会面,发誓永结友好。他们巧妙采取折中办法,查理自称西法兰西国王,亨利自称东法兰西国王。如此这般,与查理缔约的,就是日耳曼国王,而不是皇帝。

第三十二节　法兰西王权何以传至于格·加佩家族

封地世袭制确立与封地的封地普遍出现,促使封建政府逐渐形成。往昔国王拥有不计其数的封臣,如今所剩无几,其他封臣皆隶属这几个封臣。国王几乎不再拥有直接管辖权;仅剩的些许权力,在行使过程中要经过他人权力的层层关口,而且其中有些人的权力相当大,乃至国王旨意尚未传至执行者,就已半途中止或者半途而废。大封臣实力之大,大至不再听命于国王,甚至还利用自己的封臣对抗王权。国王丧失自身领地后,只剩下兰斯和拉昂[5]等城市,故不得不听任封臣们摆布。树枝长得太长,树冠就会干枯。

---

〔1〕 阿努尔及其儿子。——原注

〔2〕 即康拉德一世(911—918),东法兰克国王(911—918在位)。911年,孩童路易死后,由东法兰克四大公爵以及美茵茨大主教选举其为国王。——译注

〔3〕 亨利一世(约876—936),东法兰克国王(919—936在位),萨克森王朝创立者。——译注

〔4〕 926年。奥贝尔·勒密尔在《虔诚捐赠法典》第二十七章中提及此条约。——原注

〔5〕 拉昂,法国北部城市。——译注

没有领地的王国就像今天的帝国[1],王冠就会落入势力最大的封臣手中。

诺曼人入侵法兰西王国,划着木筏,摇着小船,从河口溯流而上,恣意蹂躏沿岸地区。奥尔良和巴黎这两座城市挡住了这些匪徒[2],让其无法沿塞纳河[3]和卢瓦尔河[4]继续入侵。于格·加佩控制着这两座城市,握有王国残存领土的钥匙;能够捍卫王权的,唯有他。于是,人们就把王权授予他。后来把帝国交给固守边疆抵御土耳其人入侵的那个家族之手,也出于同一原因。

帝国脱离查理曼家族时,封地世袭制虽已确立,但仅为王权让步而已。法兰西人实行封地世袭制早于日耳曼人[5],故在视为大封地的日耳曼,皇帝选举产生。与此相反,法兰西摆脱查理曼家族统治时,封地早已实行世袭制,故王冠犹如大封地,也为世袭。

倘若认为这次巨变前后发生的所有变化,都发生于此时,乃大错特错。不过,所有这一变化,皆可归纳为两件大事:一是改朝换代;二是王权与封地紧紧相联。

第三十三节　封地永久化若干影响

封地永久化后,法兰西人确立了长子继承权。墨洛温王朝不

---

〔1〕 指日耳曼帝国。——译注

〔2〕 参见秃头查理877年“于卡里西亚哥”敕令关于当时巴黎、圣德尼和卢瓦尔河上堡垒的重要性记述。——原注

〔3〕 塞纳河,法国北部大河,全长776.6公里。巴黎系在塞纳河两岸渡口逐步发展起来的。——译注

〔4〕 卢瓦尔河,法国最长河流,源出临地中海岸的塞文山脉南麓,西北流至奥尔良,折向西流,在南特形成长而宽的河口湾,至布列塔尼半岛南面注入大西洋。——译注

〔5〕 参见本章第三十节。——原注

知长子继承权为何物，兄弟们共分王位；兄弟们同样共分自由地；封地，或可转让，或仅为终生享用，并非可继承，故不能分割。[1]

至加洛林王朝，宽厚者路易享有皇帝尊号，并把该尊号授予长子罗泰尔。因此，罗泰尔认为，其地位高于两位弟弟。两位身为国王的弟弟每年均携带礼物朝觐皇帝哥哥，然后带回其赐予的更多礼物，而且必须与皇帝商讨双方共同事务。[2] 罗泰尔遂生非分之想，但未能如愿。阿戈巴尔替罗泰尔写信给皇帝，皇帝决定把帝位传于罗泰尔；阿戈巴尔表示支持皇帝的如下安排：首先，戒斋三天，举行圣祭，进行祈祷，广为施舍，征询上帝旨意；其次，让国民立誓绝不违背誓言；最后，让罗泰尔前往罗马，征询教皇认可。[3] 阿戈巴尔认为，这一切都很重要，但他并未考虑长子继承权问题。他说，皇帝分了一些地给长子以外的儿子们，并给予长子特殊优惠。既然是给予长子特殊优惠，就意味着这些特殊优惠本来也可以给予长子以外的其余儿子。

封地世袭后，就在封地继承中确立长子继承权，也同样在王位继承中确立长子继承权。规定兄弟均分的旧法不再有效。由于封地必须承担义务，封地拥有者就应有能力履行义务。长子继承权确立后，封建法规定的权利就优于政治法或者市民法规定的权利。

封地由拥有者儿子继承后，领主乃丧失处分封地之权。作为补偿，领主设立一种称为赎回税的税种。法兰西习惯法对此有所提及。这种税，最初由直系继承者缴纳，后演变为仅由旁系继承者缴纳。

不久，封地作为世袭封地可以转让给外人，乃普遍出现封地出

---

〔1〕 参见《萨利克法》和《里皮埃尔法》有关“自由地”章节。——原注

〔2〕 参见817年敕令。该敕令含有关于宽厚者路易为其儿子们首次分地的记述。——原注

〔3〕 参见有关此事的两封信，其中一封题为“瓜分帝国”。——原注

售税。最初,其税率很随意;普遍征收该税后,各地税率得以固定。

赎回税在封地继承人发生变动时缴纳。最初,直系继承封地,甚至也要缴纳赎回税。[1] 最普遍习惯,乃把赎回税定为一年收入。这种税,对封臣而言,难以承受,很不方便;在一定程度上,也不利于封地本身。因此,在效忠时,封臣一般争取以一定金钱作为赎回税支付给领主;[2]由于货币变换,领主收取的这笔钱变得微不足道,甚至到如今赎回税几乎可以忽略不计。封地出售税,依然照常征收。这种税,与封臣无关,也与其继承人无关,偶尔发生而已,无法预测,属意外之税。因此,一直按照售价比例缴纳,未对此作出更多规定。

封地只能终生享有时,拥有者不能把封地分割给他人永远拥有而使之成为封地上的封地,盖对某物仅享有使用权者处分该物,不合逻辑。封地变为永久拥有后,就可以如此处分[3],即"分割封地",只要遵守习惯上的限制即可。[4]

封地永久化而设立赎回税后,无子时,可由女儿继承封地。女儿继承封地,可以大大增加领主收取赎回税的机会,盖丈夫和妻子一样都要缴纳赎回税。[5] 但是,这种规定不适用于国王,盖国王不是任何人的下属,对国王而言,根本不存在赎回税。

图卢兹伯爵威廉五世之女未能继承伯爵领地。后来,埃莉诺[6]

---

〔1〕 参见菲利普二世1209年关于封地的谕令。——原注

〔2〕《敕令汇编》可以找到很多此类协议,例如,旺多姆敕令、普瓦图的圣西普里安修道院敕令。加朗在《论自由地》中收有其内容摘要。——原注

〔3〕 但不能将封地缩小,换言之,不得部分取消封地。——原注

〔4〕 习惯法规定了可以分割的封地比例。——原注

〔5〕 所以,领主往往逼迫寡妇再嫁。——原注

〔6〕 埃莉诺(1122—1204),阿奎坦公爵之女,法国国王路易七世之妻(1137—1152);与路易七世离婚当年,即改嫁后来成为英国国王的亨利二世。——译注

在阿奎坦继承领地，玛蒂尔达[1]在诺曼底继承领地。那时，女性继承权已牢固确立，当埃莉诺与小路易[2]解除婚约后，毫无障碍继承吉耶纳领地。埃莉诺和玛蒂尔达分别继承领地，是发生在威廉五世之女未能继承领地后不久。由此推测，普遍允许女性继承封地之法，大概在图卢兹伯爵领地实施较晚，而在王国其他省份实施较早。[3]

欧洲诸多王国基本保持其创立时的封地状况。无论在法兰西或者日耳曼，妇女都不能继承王位，盖这两国在创立时妇女都不能继承封地。但是，封地永久化后建立之国，妇女可以继承封地，诸如诺曼人创立之国、征服摩尔人后创立之国以及在日耳曼边界以外、近代因基督教的建立而在某种意义上获得新生之国。

可以撤销封地时期，封地通常授予能为封地缴纳赋税者，故封地拥有者不可能是未成年人。但在封地永久化后，在继承人成年前，领主一般把封地控制在自己手中。这或许是出于增加收益的考虑，或许是为了让未成年继承人能在习武中长大成人。[4] 此乃我们的习惯法所称的幼年贵族监护权。它所依据的原则不是一般监护权原则，两者完全不同。

封地仅能终生享有时，人们可以通过效忠方式把自身土地转化为封地；封地交付仪式依令牌进行，封地所有权就此得到确认，就像如今行臣服礼一样。我们不曾见过伯爵和国王特使在外

---

〔1〕 玛蒂尔达（1031—1083），即玛蒂尔达王后，诺曼底女公爵，1054 年与后来成为英国国王的"征服者"威廉一世结婚。——译注

〔2〕 小路易（1120—1180），即路易七世，法国国王（1137—1180 在位）。——译注

〔3〕 大多数大家族都有其继承法。参见托玛希耶尔：《贝里古今地方性习惯法》有关贝里家族的记载。——原注

〔4〕 从《敕令汇编》巴鲁兹版所载 887 年卡里西亚哥敕令第三条可以看出，国王们为了替封地的幼年继承人保管封地而派人代为管理封地，领主们也照此办理。此乃我们所说的幼年贵族监护权。——原注

省接受臣服礼，保存于敕令中的这些官员委任状表明，他们不负有此项使命。他们有时让当地所有臣民立誓效忠。[1] 效忠誓言与后来的臣服礼上的效忠誓言性质相同。臣服礼上的效忠誓言，乃臣服行为而已，可以在臣服礼前后发誓，并非都要在臣服礼上进行，不像臣服礼那样庄严，故与臣服礼迥异。[2]

对忠诚可疑的封臣，伯爵和国王特使有时还要求他们作出一种被称为“佛米塔斯”的保证。[3] 但这种保证并非臣服礼，盖国王与国王相互之间有时作出这种保证。[4]

絮热院长[5]提及达戈贝尔的一把交椅。据古代传说，法兰西国王习惯坐在这把交椅上接受领主的臣服礼。[6] 可见，他此处采用的乃他那个时代的观念和语言。

封地可以继承时，对封臣的正式承认，最初乃偶有现象，后演变为一种规范化仪式，不但要大张旗鼓，而且还有诸多程序，盖对封臣的正式承认，对领主与封臣双方而言，均意味着世世代代要牢记彼此义务。

窃以为，臣服礼始于国王丕平时代。我曾提及，那时有不少赏

---

〔1〕 802年敕令第二章有这种规定。还可参见854年敕令第十三条以及其他各条。——原注

〔2〕 参见迪康热：《晚期拉丁语和希腊语词汇》第1163页词条“臣服”和第474页词条“效忠”。这两个词条援引了许多古代臣服礼的有关规定，从中可以看出两者区别。此外，还有大量权威文献可资参考。在臣服礼上，封臣立誓时将手放在领主手中；在效忠立誓时，立誓人将手按在《福音书》上面。臣服礼要求双膝跪地，效忠立誓站立即可。唯有领主有资格接受臣服，而效忠立誓则可由领主官员接受。参见李特尔顿：《效忠与臣服》第九十一、九十二章。——原注

〔3〕 秃头查理860年敕令“从科布伦茨回銮”第三条，载《敕令汇编》巴鲁兹版，第145页。——原注

〔4〕 同上。——原注

〔5〕 絮热（1081—1151），圣德尼修道院院长，圣德尼大教堂创建者，法国国王路易六世、路易七世顾问；在路易七世参加第二次十字军东征期间，任摄政王。——译注

〔6〕 参见絮热：《修道院管理回忆录》。——原注

赐地被赋予永久性质。不过，我是小心翼翼地这样说的，而且还是假定古代法兰西年鉴的作者并非愚昧无知。他们描写的巴伐利亚公爵塔西庸向丕平国王〔1〕效忠的仪式，就是按照他们当时所目睹的习俗进行记载的。〔2〕

第三十四节　封地永久化若干影响（续）

在封地可以撤销或者仅为终生享有时期，封地与政治法关系不大，正因为如此，那时的市民法极少提及与封地有关之法。在封地变成世袭并可以赠与、出售、转让后，封地与政治法和市民法关系密切。军役义务属性封地，与政治法有关；商业财产属性封地，与市民法有关。有关封地的市民法规定由此而生。

封地世袭后，有关继承顺序之法就应与封地永久化相适应。因此，确立了封地不能上传的规定，〔3〕尽管罗马法和《萨利克法》规定可以上传。〔4〕封地负有义务，若让祖父或者伯祖父继承封地，他们肯定不是领主的好封臣。所以，正如布蒂利耶所说，这项规定最初仅用于封地。〔5〕

封地世袭后，不得不关注封地是否履行义务的领主，要求即将

---

〔1〕 参见艾穆安：《法兰克人史》第十七章：757 年。——原注

〔2〕 “塔西庸以封臣身份行效忠礼，时而高举双手，时而把手按在圣物上，发诸多誓言向丕平表忠心。”这似乎既有臣服礼，又有效忠誓言。参见本节关于臣服与效忠的脚注。——原注

〔3〕 参见屈亚斯：《论封地》第五十九章。——原注

〔4〕 参见《萨利克法》关于自由地条款。——原注

〔5〕 参见布蒂利耶：《乡村大全》第一卷第七十四章，第 447 页。——原注

继承封地的女儿[1],我想有时也包括儿子,未经其同意不得结婚。如此这般,贵族婚约就演变为一种封建条款和民事条款。在领主监督下撰写的这种文书,包含有关将来继承的条款,旨在让继承人承担封地义务。诚如布瓦耶[2]与奥弗里乌斯[3]所说,最初只有贵族享有借助婚约处分未来遗产的自由。[4]

唯有封地永久化后,才能在封地上行使家族财产赎回权。财产赎回权,乃建立于古代亲属权上的权利,此乃法国古代法学的一大奥秘,此处不便详述。

意大利,意大利[5]……[6]终于完成封地论。我论述之终,乃大多数作者论述之始。

---

〔1〕 圣路易1246年颁布谕令规定,为遵守安茹和曼恩地区的习惯法,取得封地未来女继承人的租赁权者,必须向领主作出保证:不经领主同意,女继承人不得结婚。——原注

〔2〕 布瓦耶(1469—1553),法国法学家,著有《伦巴第法典》《布尔日习惯法评释》等。——译注

〔3〕 奥弗里乌斯,15世纪图卢兹大学教授。——译注

〔4〕 判决155第8号,判决204第38号。图卢兹高等法院判例453号。——原注

〔5〕 参见维吉尔:《埃涅阿斯纪》第三卷,第523行。——原注

〔6〕 “意大利,意大利!”乃历经磨难后的埃涅阿斯远远望见港口时发出的感叹。——译注

附录：孟德斯鸠生平大事年表

1689 年　1 月 18 日，孟德斯鸠出生于法国波尔多拉布莱德。

1696 年　10 月 16 日，母逝。

1700 年　8 月，入读朱伊公学。

1705 年　8 月，入读波尔多法学院。

1708 年　7 月，获法学学士学位；8 月，获法学硕士学位；8 月，任职波尔多高等法院律师。

1713 年　11 月 15 日，父逝，继承“孟德斯鸠男爵”封号。

1714 年　2 月，购得波尔多高等法院推事职位。

1715 年　4 月，与加尔文派新教徒让娜·德·拉尔蒂克结婚。

1716 年　2 月，儿子出生；4 月，当选波尔多科学院院士；4 月，伯父去世，孟德斯鸠继承波尔多高等法院庭长职位。

1717 年　1 月 22 日，大女儿玛丽出生；9 月 6

日,当选波尔多科学院院长。

1721 年　5 月,出版《波斯人信札》。

1723 年　7 月 3 日,接到关于解除年龄下限,可正式担任波尔多高等法院庭长的通知。

1724 年　撰写《论西班牙的财富》。

1725 年　8 月 28 日,再度当选波尔多科学院院长;12 月 7 日,最后一次在波尔多高等法院上班。

1726 年　7 月 7 日,出售波尔多高等法院庭长职务;12 月 18 日,将家业托付给妻子,动身前往巴黎。

1727 年　2 月 23 日,次女戴妮丝出生,后成为其私人秘书。

1728 年　1 月 15 日,当选法兰西学院院士;1 月 24 日,在法兰西学院就职;4 月 5 日,启程前往维也纳、卢森堡、匈牙利、威尼斯、米兰、都灵、热那亚、佛罗伦萨、罗马、那不勒斯、波伦亚、慕尼黑、法兰克福、波恩、汉诺威、阿姆斯特丹、海牙等地;10 月 31 日,从海牙启程前往英国;11 月 3 日,抵达伦敦。

1730 年　2 月 26 日,成为英国皇家学会会员。

1731 年　5 月,返回波尔多拉布莱德。

1734 年　出版《罗马盛衰原因论》。

1739 年　4 月,第三次当选波尔多科学院院长。

1745 年　2 月,在波尔多向若干好友宣读《论法的精神》部分章节。

1746 年　当选柏林科学院院士。

1747 年　7 月,在巴黎宣读《论法的精神》部分章节。

1748 年　11 月,《论法的精神》在日内瓦出版。

1749 年　《论法的精神》遭当局审查。

1750 年　《为〈论法的精神〉辩护》在日内瓦出版;8 月 1 日,索尔邦神学院开始审查《论法的精神》;11 月 26 日,草拟遗嘱。

1751 年　《论法的精神》被列为禁书。

1755 年　2 月 10 日,去世。